LES MANUELS DE RÉFÉRENCE

Le Grand Manuel du TAGE 2®

6e ÉDITION – 2022 – NOUVEAU PROGRAMME OFFICIEL

Joachim **PINTO** & Arnaud **SÉVIGNÉ**

120 FICHES
10 TESTS
1 000 QUESTIONS
1 100 VIDÉOS

ellipses

ISBN 9782340-058071
©Ellipses Édition Marketing S.A., 2021
8/10 rue la Quintinie 75015 Paris

www.editions-ellipses.fr

Table des matières

120. CORRIGÉ

Préface 1

« Amis lecteurs, nous sommes heureux et fiers de vous présenter **Le Grand Manuel du TAGE 2®**, un livre qui sera votre fidèle allié dans votre préparation aux concours d'admission sur titre en Grande Ecole.

CE LIVRE N'EST PAS UN LIVRE COMME LES AUTRES

D'abord parce qu'il est **le premier de sa catégorie à renvoyer à des cours en vidéo** : plusieurs dizaines d'heures de cours de TAGE 2® sont ici à portée de flash. Si vous en êtes encore à vous demander qui sont ces gens étranges qui utilisent les flashcodes, méfiez-vous : vous allez devenir accro à ce gadget, qui vous permettra de retrouver Arnaud et Joachim en chair et en os... Ou presque.
Ensuite parce qu'il est **le fruit du travail acharné des deux meilleurs experts du TAGE 2®** actuellement en activité. Nous avons été témoins, depuis plus de deux ans, du soin maniaque apporté par Arnaud et Joachim à la rédaction de cet ouvrage et au tournage de ces vidéos. Ils avaient l'ambition de faire un livre qui ferait date, un livre qui soit de nature à faire oublier tous les autres ; à la lecture de ce Manuel du TAGE 2®, nous pouvons dire qu'ils y sont parvenus.

ARNAUD ET JOACHIM NE SONT PAS DES PROFS COMME LES AUTRES

Tous deux **diplômés d'HEC Paris**, ils ont fait le choix, plutôt que de se jeter dans les bras d'un grand groupe à La Défense, à Londres ou à New York, de rester parmi nous pour s'adonner à leur passion : **l'enseignement du TAGE 2®**. Drôle de passion, nous direz-vous ? Le mot n'est pourtant pas exagéré : **Joachim et Arnaud sont les deux plus grands obsessionnels du TAGE 2® que nous n'ayons jamais rencontrés.**
Et c'est une excellente nouvelle pour les élèves d'Admissions Parallèles, qui ne tarissent pas d'éloges à leur égard. « Arnaud est un professeur clair, concis, efficace, méthodique, à l'écoute... On ne pourrait pas être mieux préparé ! » « Merci à Joachim, le meilleur prof du monde ! Sans ses précieux conseils, sa patience et sa pédagogie, j'aurais pris 100 points de moins, c'est sûr... »
Des témoignages comme ceux-ci, on pourrait vous en citer des kilomètres. **Des centaines d'élèves ont profité de leur enseignement chez Admissions Parallèles à Paris, Lille, Lyon, Aix-en-Provence...** Et c'est de façon unanime qu'ils ont salué les compétences d'Arnaud et Joachim, en les gratifiant de notes d'évaluation dont la moyenne avoisine les 9,5/10.

LA RECETTE DU SUCCÈS

Arnaud et Joachim ont toutes les qualités des grands professeurs : l'empathie, l'enthousiasme, la capacité à motiver, à mettre en confiance et à mettre au travail n'importe quel élève. Ce sont de vrais expert du TAGE 2®, ce test si retors dont ils suivent, avec passion, depuis des années les moindres évolutions.

Alors si vous souhaitez vous confronter à ce test, la recette du succès est simple : jetez-vous dans la lecture de ce manuel, flashez les codes pour voir les vidéos et surtout, pour oser espérer atteindre un score exceptionnel, venez retrouver Arnaud et Joachim, en cours, chez Admissions Parallèles. Nous accueillons des élèves en classe à Paris, en région, et partout ailleurs à distance. Nous avons à cœur de permettre, grâce à notre politique égalité des chances, à tous, quels que soient vos moyens financiers de nous rejoindre, alors n'hésitez pas.

À bientôt !

Mathilde Andrade & Elise Paez
Co-directrices de la prépa leader Admissions Parallèles

Posez toutes vos questions (concours, écoles, dossiers, TAGE 2®, etc.) au sein des **communautés d'entraide Facebook et Instagram « Monsieur TAGE 2 »** et **« Monsieur Ecoles de commerce » (+ de 20 000 membres).**

Monsieur ÉCOLES de COMMERCE

Suivez l'actualité des concours et des écoles de commerce sur **www.monsieur-ecoles-de-commerce.com** et rejoignez nos **communautés d'entraide « Monsieur TAGE 2 »** et **« Monsieur Ecoles de commerce » sur Facebook / Instagram / Youtube / Linkedin / Twitter (+ de 30 000 membres – Communauté N° 1 des candidats AST).**

RDV individuel (gratuit) avec un expert de la prépa leader Admissions Parallèles !
Chaque **lecteur du Manuel du TAGE 2®** bénéficie d'un **RDV individuel gratuit (présentiel ou téléphonique)** pour **être conseillé(e) dans sa préparation aux concours** sur www.rendez-vous-monsieur-tage-2.com

La prépa Admissions Parallèles 2-1

POURQUOI CHOISIR LA PRÉPA ADMISSIONS PARALLÈLES ?

Pour ses résultats

Depuis 2012, **Admissions Parallèles est la prépa n° 1 sur les admissions sur titre** par les résultats obtenus par ses élèves. En 2021 par exemple :

- 149 élèves admis à l'EM LYON
- 98 % de nos élèves préparés à Tremplin et Passerelle ont été admis dans une école du Top 10
- 48 élèves admis dans une Grande École du Top 3 (HEC, ESSEC, ESCP)
- 114 élèves admis à l'EDHEC
- 514 admis au concours TREMPLIN

Pour son expertise

Admissions Parallèles est **la seule prépa spécialisée à 100 % sur les concours d'admission sur titre en grande école**. Pas étonnant, dans ces conditions, qu'elle occupe la position de leader sur ces concours : les professeurs connaissent sur le bout des doigts les épreuves auxquelles ils préparent, et dont ils suivent les moindres évolutions, année après année.

Pour ses méthodes pédagogiques

Admissions Parallèles, c'est l'alliance des méthodes les plus traditionnelles et éprouvées, avec les techniques d'apprentissage les plus innovantes :

- **Cours en live et en replay** dans toutes les matières, en complément des cours en classe
- Des dizaines d'heures de **vidéos pédagogiques**
- **Bilans pédagogiques** individuels
- **Espace de préparation en ligne**
- Correction de copies en vidéo

Pour nous retrouver en cours !

Après avoir enseigné le TAGE 2® dans plusieurs instituts de préparation, nous avons fait le choix de la prépa Admissions Parallèles parce que nous nous retrouvons pleinement dans ses valeurs et dans l'exigence pédagogique qui anime les enseignants, l'équipe de direction, les tuteurs et tous ceux qui participent à la préparation des élèves aux concours.

Retrouvez-nous en cours dans les classes d'Admissions Parallèles à Paris, Lille, Lyon, Angers, Aix-en-Provence, et en live partout ailleurs !

2-2 Bilan individuel : Prenez RDV avec nous

RÉSERVEZ UN RDV INDIVIDUEL (GRATUIT) AVEC NOUS ! SOYEZ ACCOMPAGNÉ DANS VOTRE PRÉPARATION AUX CONCOURS.

Réservez un RDV individuel (gratuit) de 30 minutes avec nous – Joachim Pinto & Arnaud Sévigné – pour :

1. **Faire un bilan individuel** de votre parcours académique.
2. **Classer les écoles que vous visez en 3 catégories** selon vos ambitions et votre profil : plan A, plan B et plan C.
3. **Établir un programme de préparation et de révisions personnalisé** pour les épreuves écrites et orales adapté à votre emploi du temps et à vos ambitions.

COMMENT RÉSERVER UN RDV INDIVIDUEL GRATUIT ?

www.rendez-vous-monsieur-tage-2.com

Rien de plus simple : réservez le jour et l'horaire qui vous convient le mieux via le lien ci-dessus !

L'entretien peut être **téléphonique** ou **en présentiel** dans nos locaux (Paris 6e – 11 rue Michelet). Vous pouvez venir accompagné de vos parents ou d'un(e) ami(e).

Préparez au mieux vos concours en étant conseillé !

Joachim Pinto & Arnaud Sévigné.
HEC Paris – Spécialistes reconnus du TAGE MAGE® et TAGE 2® depuis 7 ans.
Auteurs du Manuel du TAGE MAGE® et TAGE 2®.
Professeurs à la prépa leader « Admissions Parallèles ».
Fondateurs des communautés d'entraide « Monsieur TAGE 2 » et « Monsieur TAGE MAGE » (+ de 30 000 membres).
Fondateurs du site www.monsieur-ecoles-de-commerce.com

Les 7 avantages de ce livre

120 FICHES DE COURS

Ce livre est composé de 120 fiches de cours qui détaillent l'ensemble du programme du TAGE 2®. Aucun sous-test n'est négligé. De plus, une attention particulière a été portée aux sous-tests 2 et 5 (« Calcul ») et aux sous-tests 3 et 6 (« Logique ») (seuls sous-tests où tout candidat doit viser le sans-faute).

10 TESTS BLANCS

Pour que votre préparation soit optimale, nous avons rédigé **10 tests blancs de TAGE 2®** pour que vous puissiez vous entraîner en conditions réelles de concours. Tous ces tests ont été testés sur des centaines d'étudiants avant d'être publiés dans cet ouvrage. La difficulté de chaque test est donc identique à celle de l'examen. Les tests sont corrigés de manière très détaillée par étapes. Chaque question est corrigée en vidéo sur le site www.monsieur-tage-2.com.

Les 3 premiers tests ont été décomposés par sous-partie (calcul, lexiphrase, paratexte, logique numérique et alphabétique et logique graphique) pour vous laisser le choix de les traiter soit partie par partie (notre recommandation), soit en entier.

PLUS DE 100 ASTUCES

La principale difficulté du TAGE 2® est la **contrainte du temps.** Vous êtes limité dans le temps pour chacun des 6 sous-tests. Il est donc primordial de gagner le maximum de temps, afin de pouvoir traiter le plus de questions possibles. Apprenez donc par cœur nos astuces ! La différence entre un score de 100/210 et un score de 140/210 est le **temps de résolution des questions**, et non le niveau de maîtrise du cours !

1 000 VIDÉOS

1 000 vidéos de cours, de résolution d'exercices, d'astuces et de conseils d'entraînement sont accessibles dans cet ouvrage via votre smartphone (avec les QR codes).
Les vidéos sont également consultables sur notre site Internet www.monsieur-tage-2.com ou sur la **chaîne Youtube Admissions Parallèles.**

3 C : CONCIS, CLAIR, COMPLET

Les révisions du TAGE 2® étant longues, nous avons fait le choix d'être le plus concis et le plus clair possible tout en étant complet. **Pas de « blabla » dans cet ouvrage.** Nous allons **« droit au but » dans chaque fiche pour optimiser votre temps de travail.**

L'important est que vous soyez à 100 % de vos capacités le jour J.

DISPONIBILITÉ DES AUTEURS

Nous sommes 100 % disponibles pour répondre à toutes vos questions. Qu'il s'agisse de questions sur le TAGE 2®, sur vos concours, sur votre choix d'école ou autre, n'hésitez pas à nous écrire **sur le groupe FACEBOOK** / INSTAGRAM « **Monsieur TAGE 2** ».

WWW.MONSIEUR-TAGE-2.COM

Abonnez-vous gratuitement à notre Newsletter et recevez chaque semaine des **conseils de préparation**, des **exercices inédits** (non présents dans le livre) ainsi que des sous-tests exclusifs corrigés.

Au travers de cette Newsletter, nous vous accompagnerons tout au long de votre préparation.

Posez toutes vos questions (concours, écoles, dossiers, TAGE 2®, etc.) au sein des **communautés d'entraide Facebook et Instagram « Monsieur TAGE 2 »** et **« Monsieur Ecoles de commerce » (+ de 20 000 membres).**

Suivez l'actualité des concours et des écoles de commerce sur **www.monsieur-ecoles-de-commerce.com** et rejoignez nos **communautés d'entraide « Monsieur TAGE 2 »** et **« Monsieur Ecoles de commerce » sur Facebook / Instagram / Youtube / Linkedin / Twitter (+ de 30 000 membres – Communauté N° 1 des candidats AST).**

RDV individuel (gratuit) avec un expert de la prépa leader Admissions Parallèles !
Chaque **lecteur du Manuel du TAGE 2®** bénéficie d'un **RDV individuel gratuit (présentiel ou téléphonique)** pour **être conseillé(e) dans sa préparation aux concours** sur www.rendez-vous-monsieur-tage-2.com

Les auteurs du livre : Joachim Pinto & Arnaud Sévigné

	Joachim PINTO	Arnaud SÉVIGNÉ
Nos « têtes »		
	Score record de 178/210 au TAGE 2®	
Expert TAGE 2® à ...	**2015 – Auj.** : Admissions Parallèles	
	2013 – 2015 : Aurlom **2012** : CAP HEC	**2012 – 2015** : Aurlom
Années d'expérience	10 années d'expérience	10 années d'expérience
Formation	**2010 – 2015 :** HEC Paris Master Grande École (Majeure Entrepreneurs) **2013 – 2014** : 2 années de césure – Asie du Sud-Est. **2008 – 2010 :** Classe préparatoire ECE (Ipesup).	**2012 – 2015 :** HEC Paris Master Grande École (Majeure International Business) **2011 :** Année de césure – New York **2007 – 2010 :** Licence Économie-Gestion (Spécialité Finance).
Facebook **Instagram** **Linkedin** **Youtube** **Twitter**	Monsieur TAGE 2 Monsieur Ecoles de commerce	
Nous contacter ?	**N'hésitez pas !** Vous avez des questions sur le TAGE 2®, le livre, vos concours, votre choix d'école ou de prépa, nous sommes 100 % disponibles et répondrons à tous vos messages sur le groupe Facebook « Monsieur TAGE 2 » ou en DM sur l'Instagram « Monsieur TAGE MAGE / TAGE 2 » ou « Monsieur Ecoles de commerce. »	
Un conseil en particulier ?	« Planifiez vos révisions. »	« Gagnez du temps en apprenant nos astuces. »
Un site en particulier ?	www.monsieur-tage-2.com www.monsieur-ecoles-de-commerce.com	

ATTESTATION DE SCORE AU TAGE 2®

TEST D'APTITUDE AUX ETUDES DE GESTION

TAGE® 2

PINTO JOACHIM

Résultat au test
TAGE 2 2016 - Semestre 1

Nom :	PINTO		
Prenom :	JOACHIM	Date de naissance :	24/06/1991

Session de test	N° d'inscription
15/03/2016	980-1026457

Score final : 178 sur 210

DIMENSION VERBALE	DIMENSION CALCULATOIRE	DIMENSION LOGIQUE
71 sur 90	56 sur 60	51 sur 60

Toute déclaration fausse, erronée, falsification de documents, attestation de résultats TAGE 2 ® entraînera des poursuites pénales. Il est ainsi rappelé que toute personne effectuant une fausse déclaration ou falsifiant les attestations délivrées par la FNEGE est susceptible d'être poursuivie des chefs d'escroquerie, faux et usage de faux conformément aux dispositions des articles 313-1 et 441-1 du Code Pénal.

FNEGE - 2, avenue Hoche 75008 Paris
www.tage2.fr

TAGE 2®

Posez toutes vos questions (concours, écoles, dossiers, TAGE 2®, etc.) au sein des **communautés d'entraide Facebook et Instagram « Monsieur TAGE 2 »** et **« Monsieur Ecoles de commerce » (+ de 20 000 membres).**

Monsieur ÉCOLES de COMMERCE

Suivez l'actualité des concours et des écoles de commerce sur **www.monsieur-ecoles-de-commerce.com** et rejoignez nos **communautés d'entraide « Monsieur TAGE 2 »** et **« Monsieur Ecoles de commerce » sur Facebook / Instagram / Youtube / Linkedin / Twitter (+ de 30 000 membres – Communauté N° 1 des candidats AST).**

RDV individuel (gratuit) avec un expert de la prépa leader Admissions Parallèles !
Chaque **lecteur du Manuel du TAGE 2®** bénéficie d'un **RDV individuel gratuit (présentiel ou téléphonique)** pour **être conseillé(e) dans sa préparation aux concours** sur www.rendez-vous-monsieur-tage-2.com

5 Présentation du TAGE 2®

TAGE 2®	Test d'Aptitude aux études de Gestion.
Organisme de création	**FNEGE** (Fondation Nationale pour l'Enseignement de la Gestion des Entreprises).
Pour quelles écoles ?	**Écoles de commerce** : NEOMA, SKEMA, TBS, KEDGE, ISG, ICN, ESCA, ESC RENNES, CEFAM, ESC CLERMONT, etc.
Pour quels concours ?	Tremplin 1, Passerelle 1, TEAM
Inscription	Sur le site www.tage2.fr
Combien de fois par an ?	On peut passer le TAGE 2® **2 fois par an** (1 fois par semestre : 1 fois entre janvier et juin inclus et 1 fois entre juillet et décembre inclus).
Nombre de candidats/an	Environ 15 000 candidats par an.

Durée du test	**1 heure 55** (1 sous-test de 10 minutes + 3 sous-tests de 15 minutes chacun + 2 sous-tests de 30 minutes chacun = 115 minutes).
Nombre de questions	**70** (= 4 sous-tests de 10 questions chacun + 2 sous-tests de 15 questions chacun).
Nombre de sous-tests	**6** (Lexiphrase, Calcul (1/2), Logique chiffres et lettres, Paratexte, Calcul (2/2) et Logique graphique).
Nombre de réponses possibles/question	**4** (A, B, C, D). **1 seule bonne réponse par question** (A, B, C ou D).
Bonne réponse	+ 3 points
Aucune réponse	0 point
Mauvaise réponse	− 1 point
Score maximum	210 points
Score minimum	− 70 points
Moyenne nationale	80 – 100 (selon les sessions et les années)

Sous-tests	Durée (min)	Nombre de questions	Score	Score TAGE 2®
1. Lexiphrase	15	15	/45	**/210**
2. Calcul (1/2)	30	10	/30	
3. Logique (chiffre et lettres)	15	10	/30	
4. Paratexte	15	15	/45	
5. Calcul (2/2)	30	10	/30	
6. Logique graphique	10	10	/30	
TOTAL	**1h55**	**70**	**/210**	

Aptitudes évaluées	**Aptitudes directes** : – Partie 1 : Dimension verbale (Lexiphrase et Paratexte). – Partie 2 : Dimension calculatoire (Calcul 1 et 2). – Partie 3 : Dimension logique (Logique 1 et 2). **Aptitudes indirectes :** Fixation d'objectifs, Planification des révisions, Connaissance de soi, Apprentissage des méthodes de résolution et du cours, etc.

6 Quel score pour quelle école ?

SCORE MINIMUM & SCORE CONSEILLÉ (OBJECTIF) AU TAGE 2® POUR ÊTRE PROBABLEMENT ADMISSIBLE

À partir de nos expériences de professeurs de TAGE 2® (10 années d'expérience et des milliers de candidats préparés) et d'anciens candidats aux concours, voici les 2 types de scores par école :

– **Les scores minimums (SM)** : Moyenne des 10% des scores de TAGE 2® les moins élevés des admissibles dans l'école.
– **Les scores conseillés (SC)** : Score que nous vous recommandons de viser (objectif) pour être « probablement » admissible avec l'hypothèse d'un score de 930/990 au TOEIC et/ou 14/20 aux autres épreuves (synthèse, QCM d'anglais, dossier, etc.).

	SM	SC		SM	SC
Grenoble EM	120	140	**KEDGE (Marseille + Bordeaux)**	90	120
NEOMA (Rouen + Reims)	100	130	**ESC Toulouse**	90	120
Passerelle 2 (Autres écoles)	90	120	**SKEMA**	90	120
Rennes School of Business	90	120	**EM Strasbourg**	85	115
			Autres écoles	80	110

RÉPARTITION DES SCORES AU TAGE 2®

Score	< 85	85 – 100	100 – 115	115 – 130	130 – 145	145 – 160	> 160
% des candidats	15	22	28	19	9	6	1

Source : Rapport « Scores TAGE 2® 2021 » (Monsieur TAGE 2).

ATTENTION Le niveau de difficulté du TAGE 2® a augmenté depuis 2017.

7 Avant/Pendant/Après le TAGE 2®

AVANT LE TAGE 2®

Inscription	Sur le site www.tage2.fr
Coût	65 €
Recommandation	Lors de votre inscription à une session de TAGE 2®, choisissez la possibilité que les écoles consultent votre score en ligne en cochant la totalité des écoles de la liste proposée par la FNEGE.
Nombre de passages par an	On peut passer le TAGE 2® **2 fois par an** (1 fois par semestre : 1 fois entre janvier et juin inclus et 1 fois entre juillet et décembre inclus).
Conseils	• Repérez sur Google Maps la localisation de votre centre d'examen, ainsi que le moyen de vous y rendre. • Prévoyez au moins 30 minutes d'avance.

LE JOUR DU TAGE 2®

Documents nécessaires	Convocation à l'examen et carte d'identité.
Matériel autorisé	Stylo bille noir.
Matériel interdit	Calculatrice, brouillon, surligneur, effaceur, Typex, téléphone et tout type de montre.
Rôle des surveillants	Le surveillant lit les consignes de chaque sous-test, donne l'autorisation de commencer un sous-test, annonce à haute voix le temps restant (10 minutes, puis 5 minutes, puis 2 minutes) et enfin annonce la fin du sous-test (et du test).
En cas de triche	Toute triche est **éliminatoire**.
Déroulement	Pendant un sous-test, il est interdit de revenir à un sous-test précédent ou de commencer un sous-test suivant.

FEUILLE DE RÉPONSE DU TAGE 2®

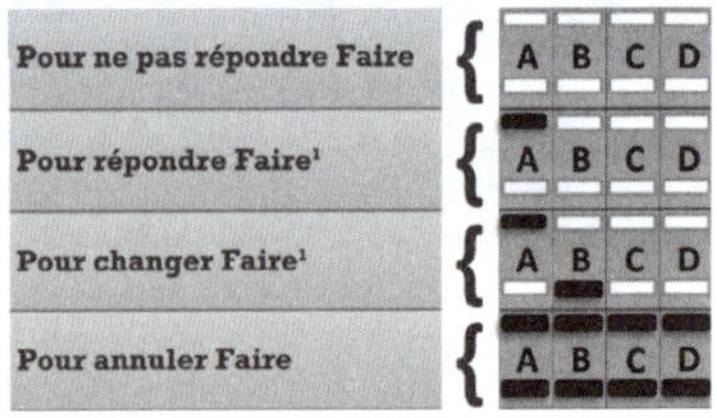

1re ligne	**Réponse A.** 1er choix de réponse.
2e ligne (optionnel)	**Réponse B.** 2e choix de réponse (= 2e chance). Si vous décidez de **modifier** votre réponse de la 1re ligne (Ici, réponse A), répondez dans la 2e ligne (Ici, réponse B). Si vous ne souhaitez **pas modifier** votre réponse de la 1re ligne, gardez votre réponse en 1re ligne (Ici, réponse A). Vous ne pouvez pas modifier une 2e fois votre réponse.
Annuler sa réponse	Si vous décidez d'**annuler** votre réponse (= 0 point), coloriez toutes les cases de la question (1re et 2e lignes).

CONSEIL Reportez vos réponses sur la feuille au fur et à mesure.
N'attendez pas le dernier moment pour tout reporter.

APRÈS LE TAGE 2®

Publication des résultats	10 à 15 jours après l'examen, sur le site : www.tage2.fr

Posez toutes vos questions (concours, écoles, dossiers, TAGE 2®, etc.) au sein des **communautés d'entraide Facebook et Instagram « Monsieur TAGE 2 »** et **« Monsieur Ecoles de commerce » (+ de 20 000 membres).**

Monsieur ÉCOLES de COMMERCE

Suivez l'actualité des concours et des écoles de commerce sur **www.monsieur-ecoles-de-commerce.com** et rejoignez nos **communautés d'entraide « Monsieur TAGE 2 »** et **« Monsieur Ecoles de commerce » sur Facebook / Instagram / Youtube / Linkedin / Twitter (+ de 30 000 membres – Communauté N° 1 des candidats AST).**

RDV individuel (gratuit) avec un expert de la prépa leader Admissions Parallèles !
Chaque **lecteur du Manuel du TAGE 2®** bénéficie d'un **RDV individuel gratuit (présentiel ou téléphonique)** pour **être conseillé(e) dans sa préparation aux** concours sur www.rendez-vous-monsieur-tage-2.com

La veille du TAGE 2® 8

1 – Décontractez-vous.

Vous êtes la veille d'un examen très important. Il est primordial de vous relaxer afin de ne pas être trop stressé le lendemain. N'hésitez donc pas à aller marcher, à aller au cinéma avec des amis pour « vous changer les idées ». Cela permettra de vous ressourcer avant le jour J.

2 – Désacralisez le TAGE 2®.

Le TAGE 2® est un test important pour vos concours. Toutefois, nous vous conseillons de relativiser. Votre score au TAGE 2® ne va pas déterminer votre carrière professionnelle et encore moins votre personnalité, votre caractère, votre projet de vie, etc. Ainsi, partez du principe que le TAGE 2® est un test comme les autres examens, comme le brevet.

3 – Repérez le lieu du centre d'examen sur Internet.

Afin de réduire au maximum votre niveau de stress, soyez prévoyant en repérant sur Internet le lieu de votre centre d'examen. Prévoyez également le trajet à effectuer (bus ? métro ? voiture ?) et le temps nécessaire pour vous y rendre, en prévoyant une marge de sécurité.

4 – Préparez les documents nécessaires.

Tout comme le conseil n° 3, soyez prévoyant en préparant à l'avance les documents nécessaires pour passer le TAGE 2® : convocation et carte d'identité. Sans ces 2 documents, il vous sera impossible de passer le TAGE 2®.

5 – Réveillez-vous tôt la veille.

Nous vous conseillons de vous réveiller tôt la veille du TAGE 2®. Pourquoi ? Il est très fréquent que les candidats aient du mal à s'endormir la veille à cause du stress et du manque de fatigue. En vous levant tôt la veille (7 heures du matin par exemple), vous serez donc assez fatigué pour vous endormir à une heure raisonnable (22 heures par exemple).
Cela vous permettra d'être en forme le jour J !

6 – Ne vous couchez pas tard.

Conseil classique mais souvent oublié... Il va de soi qu'il est préférable de ne pas se coucher tard pour être en forme le lendemain, surtout si vous passez le TAGE 2® le matin.

7 – Ne changez pas vos habitudes.

Un des meilleurs moyens de ne pas être stressé est de ne pas changer ses habitudes. Donc, faites ce que vous avez l'habitude de faire un jour « normal » la veille du TAGE 2®.
Ni plus, ni moins.

8 – Mangez équilibré.

La nourriture est aussi importante que le sommeil. En effet, pensez à manger équilibré la veille, à ne pas tomber malade et surtout à bien prendre un petit-déjeuner le jour J pour éviter toute baisse de forme.

9 – Lisez mais ne vous exercez pas.

Il est inutile de s'exercer la veille du TAGE 2®. Cela fait déjà plusieurs semaines, voire plusieurs mois, que vous vous entraînez. Vous êtes à présent prêt pour passer le TAGE 2®. Relisez donc simplement les « fiches récapitulatives » de notre livre pour vous « rafraîchir la mémoire ».

10 – Soyez optimiste !

N'imaginez pas le pire scénario... pensez plutôt aux écoles que vous pouvez intégrer en atteignant votre score ! Vous avez beaucoup révisé, ce qui n'est pas le cas de tous les candidats. Soyez donc optimiste quant à vos chances d'atteindre un bon score !

7 idées reçues sur le TAGE 2®

9

1 – Le TAGE 2® est fait pour les « matheux » : FAUX.

Le TAGE 2® évalue aussi bien vos aptitudes calculatoires (sous-tests « Calcul » 1 et 2) que vos aptitudes verbales (sous-tests « Lexiphrase » et « Paratexte »). Il est donc FAUX de croire que les étudiants qui ont un baccalauréat Scientifique réussissent mieux que les étudiants qui ont un baccalauréat Littéraire.
Tout est une question de préparation !

2 – Il est impossible d'intégrer l'EM Grenoble avec un score inférieur à 100 : FAUX.

L'EM Grenoble est considérée comme une école d'excellent niveau. Un bon score au TAGE 2® (= score > 120/210) est préférable. Toutefois, les écrits des concours ne sont pas uniquement composés du TAGE 2®. Il y a également votre note de dossier, votre score au TOEIC, votre note de synthèse, etc. **Il est donc tout à fait possible d'être admissible** (puis admis) **à l'EM Grenoble avec un score au TAGE 2® inférieur à 100/210**, à condition que vous réussissiez vos autres épreuves (note supérieure à 14-15/20).

3 – Il est impossible de traiter toutes les questions de chaque sous-test dans le temps imparti : FAUX.

Bien que cela soit difficile, il est tout à fait possible de traiter toutes les questions de chaque sous-test dans le temps imparti. Pour cela, il faut être rapide, astucieux et stratège.
En d'autres termes, apprenez par cœur l'ensemble des **formules** et des **méthodes de résolution rapide** détaillées dans nos 120 fiches. L'ensemble de nos **astuces** qui vous feront gagner un temps précieux. Enfin, appliquez bien nos **stratégies** selon votre profil pour maximiser votre score. Cependant, visez un score cohérent avec votre profil.

4 – Le TAGE 2® est similaire à un test de QI : FAUX.

Le test évalue vos capacités de résolution de calculs et vos aptitudes verbales. En aucun cas le TAGE 2® n'est un bon indicateur pour évaluer votre « Quotient Intellectuel » (QI). Il s'agit simplement de sélectionner les étudiants avec le meilleur potentiel managérial pour intégrer des écoles de commerce.

5 – Le TAGE 2® ne nécessite pas de préparation spécifique : FAUX.

Le TAGE 2® est un test qui évalue vos **aptitudes verbales**, vos **aptitudes logiques** et vos **aptitudes calculatoires.** En ce sens, il est tout simplement **impossible** d'avoir un bon score au TAGE 2® (> 140) sans réelle préparation. Le format du test est très particulier (**Exemples :** Le sous-test « Paratexte » ou le sous-test « Logique ») et nécessite donc une préparation en amont avec un planning de révision et d'entraînement à définir selon **vos ambitions** et **votre profil** (voir la fiche 11).

6 – Il faut souvent répondre au feeling : FAUX.

De nombreux candidats vous diront que vous pouvez répondre au feeling à beaucoup de questions. Nous sommes dans le regret de vous annoncer que cela est **totalement faux.** Certes, vous pouvez répondre intuitivement pour plusieurs questions. Toutefois, nous vous conseillons de ne répondre à une question que si vous êtes sûr de la réponse ou si vous hésitez entre 2 réponses (au maximum). Si vous hésitez entre 3 ou 4 réponses, ne répondez pas.

7 – Il faut répondre à toutes les questions : FAUX.

Dernière idée reçue sur le TAGE 2®... **Non, il n'est pas obligatoire de répondre à toutes les questions.** Par exemple, pour un sous-test de 15 questions, il est préférable de prendre un peu plus de temps par question et répondre correctement à 11 questions que de se dépêcher de répondre à 15 questions et d'avoir 10 bonnes réponses et 5 fautes. Soyez donc **stratège** et sélectionnez vos questions !

N'oubliez pas que les mauvaises réponses sont pénalisées !

7 conseils pour réussir le TAGE 2® 10

Conseil n° 1 : Établissez un programme de révisions.

Le TAGE 2® est un test qui se prépare en amont. Les 2 heures d'examen le jour J ne sont que « la partie émergée de l'iceberg ». Le TAGE 2® évalue davantage vos capacités de planification les mois qui précédent le jour J que vos capacités de calcul. Il est donc primordial que vous établissiez un programme de révision pour être à 100 % de vos capacités le jour J. Les révisions du TAGE 2® sont longues. Prenez-y vous à l'avance !

C'est la raison pour laquelle nous vous proposons plusieurs programmes de révision selon **votre profil, vos ambitions** et **votre temps de révision et d'entraînement au TAGE 2®** – voir la fiche 11).

Conseil n° 2 : Fixez-vous un objectif selon les écoles visées.

Sans objectif, vous aurez du mal à vous motiver... Ainsi, dès le commencement de votre préparation aux concours (et donc au TAGE 2®), fixez-vous un « objectif A » (**Exemple :** Intégrer l'EM Grenoble), un « objectif B » (**Exemple :** Intégrer KEDGE ou SKEMA) et un « objectif C » (**Exemple :** Intégrer une école du concours Passerelle). Une fois ces objectifs établis, fixez-vous un objectif de score au TAGE 2® selon la fiche 6).

Conseil n° 3 : Apprenez les 120 fiches du livre.

Nous avons décidé de vous faire gagner du temps en rédigeant 120 fiches de cours, méthodes de résolution rapides et astuces. **Plus besoin de faire des fiches de révisions !** Nous avons rédigé des fiches de cours concises, complètes et claires. Chacune de ces fiches contient des conseils, des formules à connaître par cœur, des moyens mnémotechniques, etc. qui vous permettront de maximiser votre score et de gagner du temps (temps de révision ou temps de résolution durant l'examen). Apprenez donc bien les 120 fiches de ce livre qui traitent toutes les notions abordées au TAGE 2®.

Conseil n° 4 : Entraînez-vous en conditions réelles de concours.

Beaucoup de candidats sont « piégés » par le temps imparti de 10, 15 ou 30 minutes par sous-test. Cela provient généralement du fait qu'ils ne se sont pas assez entraînés en conditions réelles de concours. Il est donc très important que vous vous exerciez en vous chronométrant. Cela vous habituera au format de l'épreuve, à être plus rapide dans vos résolutions de questions et à appliquer nos astuces et moyens mnémotechniques. Souvenez-vous que la grande difficulté au TAGE 2® est le temps imparti de 10 à 30 minutes par sous-test.

Conseil n° 5 : Sélectionnez vos questions.

Si après plusieurs semaines de révision et d'entraînement dans un sous-test, vous éprouvez toujours des difficultés à avoir la moyenne, **sélectionnez vos questions !** Vous n'aurez pas le temps de traiter toutes les questions. Sélectionnez les questions que vous allez traiter en priorité, c'est-à-dire les questions « faciles » ou « moyennes ». Pour cela, au début du sous-test (**Exemple :** Sous-test « Calcul »), regardez rapidement l'ensemble des 10 questions et **mettez un rond à côté de celles que vous souhaitez traiter en priorité et des croix à côté des autres.** Comment reconnaître une question « facile » ou « moyenne » ? Ce sont généralement des **questions courtes** ou des **questions abordant une notion que vous maîtrisez parfaitement**.

Conseil n° 6 : Ne répondez jamais au hasard... sauf si...

Ne répondez jamais au hasard à une question... sauf si vous hésitez entre 2 réponses seulement. Répondre au hasard à une question vous fera perdre plus de points que vous pouvez potentiellement en gagner, sauf si vous hésitez entre 2 réponses. Dans ce cas, nous vous recommandons de répondre au hasard en choisissant l'une des 2 réponses. Vous avez 1 chance sur 2 de gagner 3 points, tentez votre chance !

Conseil n° 7 : Travaillez en groupe.

Nous vous conseillons de ne pas uniquement apprendre et réviser seul. Le TAGE 2® est un test qui nécessite de nombreuses heures de révision. Pour éviter toute baisse de motivation, n'hésitez pas à réviser et à apprendre en groupe, avec d'autres amis ou d'autres étudiants rencontrés sur les salons ou dans un institut de préparation aux concours. En plus d'échanger entre vous les meilleures méthodes de résolution et astuces, vous pourrez comparer vos scores. Cela vous permettra de connaître **vos points forts** et **vos points faibles.**

PLANNINGS DE RÉVISION (selon votre profil)

11 Votre profil de candidat : 15 profils

UN PROFIL DE CANDIDAT = UN PLANNING DE RÉVISIONS

Chaque candidat est unique. C'est la raison pour laquelle nous avons créé **15 profils de candidat** (selon les **3 critères** ci-dessous).
Chaque **profil de candidat a son planning de révisions** (voir le tableau) que nous vous recommandons de suivre pour arriver à **100 % de vos capacités le jour J** !

DÉTERMINEZ VOTRE PROFIL DE CANDIDAT

<table>
<tr><td>Score visé au TAGE 2</td><td colspan="2">> 100 / 210</td><td colspan="2">> 120 / 210</td><td colspan="2">> 140 / 210</td></tr>
<tr><td>Temps de préparation disponible d'ici le jour J</td><td colspan="2">1 mois</td><td colspan="2">3 mois</td><td colspan="2">5 mois</td></tr>
<tr><td>Nombre de fois que vous souhaitez passer le TAGE 2</td><td colspan="3">1</td><td colspan="3">2</td></tr>
</table>

CHOISISSEZ VOTRE PLANNING DE RÉVISIONS

Score visé	Temps de préparation	Nombre de fois	Type de profil	En téléchargement ou dans le livre	Planning de révision
> 140 / 210	5 mois	1	Roger Federer	Téléchargeable	**N° 1**
		2	Rafael Nadal	**Livre**	**N° 2**
	3 mois	1	Serena Williams	Téléchargeable	**N° 3**
		2	Novak Djokovic	Téléchargeable	**N° 4**
	1 mois	1	J.-W. Tsonga	Téléchargeable	**N° 5**
> 120 / 210	5 mois	1	Lionel Messi	Téléchargeable	**N° 6**
		2	Cristiano Ronaldo	Téléchargeable	**N° 7**
	3 mois	1	Zinédine Zidane	Téléchargeable	**N° 8**
		2	Neymar Jr.	Téléchargeable	**N° 9**
	1 mois	1	Kylian Mbappé	Téléchargeable	**N° 10**
> 100 / 210	5 mois	1	Teddy Riner	Téléchargeable	**N° 11**
		2	Mike Tyson	Téléchargeable	**N° 12**
	3 mois	1	Tiger Woods	Téléchargeable	**N° 13**
		2	Michael Jordan	Téléchargeable	**N° 14**
	1 mois	1	Usain Bolt	Téléchargeable	**N° 15**

REMARQUE Pour **réduire le volume et le poids** du livre, les plannings de révisions N° 1 à 15 sont **téléchargeables sur le site www.monsieur-tage-2.com !** (Rubrique « Nos documents » → « Plannings de révision »).

12-2 Planning de révision n° 2

RAFAEL NADAL - 5 MOIS DE PRÉPARATION – 2 FOIS – > 140/210

Semaine	Jour	Durée heures	Fiches : Cours + Exercices ou CB	Fiches + Vidéos	Exercices faits
1	Mercredi	1	**Introduction** – Fiches 1 à 12.	✔	✔
	Weekend	2	**Lexiphrase** – Fiches 13 à 22.		
2	Mercredi	1	**Lexiphrase** – Fiches 23 à 29.		
	Weekend	2	**TAGE 2 n° 1 et 2 – Lexiphrase.**		
3	Mercredi	1	**Paratexte** – Fiches 38 à 43.		
	Weekend	2	**TAGE 2 n° 1 et 2 – Paratexte.**		
4	Mercredi	1	**Lexiphrase** – Fiches 30 à 37.		
	Weekend	2	**TAGE 2 n° 3 – Lexiphrase.** **TAGE 2 n° 3 – Paratexte.**		
5	Mercredi	2	**Calcul** – Fiches 44 à 56.		
	Weekend	2	**Calcul** – Fiches 57 à 66.		
6	Mercredi	1	**Calcul** – Fiches 67 à 77.		
	Weekend	2	**TAGE 2 n° 1 et 2 – Calcul.**		
7	Mercredi	2	**Logique** – Fiches 84 à 95.		
	Weekend	1	**Logique** – Fiches 96 à 104.		
8	Mercredi	2	**Logique** – Fiches 105 à 119.		
	Weekend	2	**TAGE 2 n° 1 et 2 – Logique.**		
9	Mercredi	1	**Calcul** – Fiches 78 à 83.		
	Weekend	4	**TAGE 2 n° 3 + Corrigé.**		
10	Mercredi	4	**TAGE 2 n° 4 + Corrigé.**		
	Weekend	4	**TAGE 2 n° 5 + Corrigé.**		
Passage du 1er TAGE 2					
11	Mercredi	1	**TAGE 2** – Révisions des fiches.		
	Weekend	1	**TAGE 2** – Révisions des fiches.		
12	Mercredi	2	**TAGE 2** – Révisions des fiches.		
	Weekend	3	**TAGE 2** – Révisions des fiches.		

Semaine - Jour		Durée heures	Fiches : Cours + Exercices ou CB	Fiches + Vidéos	Exercices faits
13	Mercredi	2	TAGE 2 – Révisions des fiches.		
	Weekend	3	TAGE 2 – Révisions des fiches.		
14	Mercredi	2	TAGE 2 – Révisions des fiches.		
	Weekend	3	TAGE 2 – Révisions des fiches.		
15	Mercredi	2	TAGE 2 – Révisions des fiches.		
	Weekend	4	**TAGE 2 n° 6 + Corrigé.**		
16	Mercredi	2	TAGE 2 – Révisions des fiches.		
	Weekend	4	**TAGE 2 n° 7 + Corrigé.**		
17	Mercredi	2	TAGE 2 – Révisions des fiches.		
	Weekend	3	TAGE 2 – Révisions des fiches.		
18	Mercredi	2	TAGE 2 – Révisions des fiches.		
	Weekend	4	**TAGE 2 n° 8 + Corrigé.**		
19	Mercredi	3	TAGE 2 – Révisions des fiches.		
	Weekend	3	TAGE 2 – Révisions des fiches.		
20	Mercredi	4	**TAGE 2 n° 9 + Corrigé.**		
	Weekend	4	**TAGE 2 n° 10 + Corrigé.**		
TOTAL		**93 heures**		**10 TAGE 2**	
Semaine 21 = Passage du TAGE 2					

BILAN

	Fiches (en heures)	+ TAGE 2 (en heures)	= TOTAL	% du TOTAL
Lexiphrase	9 heures.	10 TAGE 2 + Corrigé = 40 heures	19 heures.	21 %
Paratexte	7 heures.		17 heures.	18 %
Calcul	21 heures.		31 heures.	33 %
Logique	16 heures.		26 heures.	28 %
TOTAL	53 heures	40 heures	93 heures	100%
BILAN	**5 heures en moyenne / semaine**			

REMARQUE Pour **réduire le volume et le poids** du livre, les plannings de révisions N° 1 à 15 sont **téléchargeables sur le site www.monsieur-tage-2.com !** (Rubrique « Nos documents » → « Plannings de révision »).

LEXIPHRASE & PARATEXTE (Sous-tests 1 & 4)

Sous-test 1

LEXIPHRASE (1)

13 Présentation du sous-test

LEXIPHRASE

Le sous-test « **Lexiphrase** » est le premier sous-test du TAGE 2®. Il est généralement apprécié des candidats.

Il nécessite moins « d'efforts intellectuels » que les autres sous-tests. En effet, il s'agit d'évaluer **votre connaissance de la langue française** et **votre niveau de vocabulaire**.

Ce sous-test se divise en **3 parties** : « **Lexique** », « **Intrus/Relations verbales** » et « **Phrases** ».

FORMAT

Durée du sous-test	15 minutes
Nombre de questions	15
Bonne réponse	+ 3 points
Aucune réponse	0 point
Mauvaise réponse	– 1 point

CONTENU

Partie 1 : LEXIQUE		
Type de questions	**Nombre de questions**	**Exemple**
Définition	2	Être cynique, c'est […] (A) Être audacieux et généreux. (B) Avoir des opinions contraires à la morale. (C) Être visionnaire et avant-gardiste. (D) Être direct et autoritaire.
Synonymie	2	**Consigne** : Choisissez le meilleur **synonyme** au mot souligné. Il devrait vraiment arrêter d'<u>aduler</u> ce sportif au comportement plus que douteux.
Antonymie	2	**Consigne** : Choisissez le meilleur **antonyme** au mot souligné. Avant de commencer son tableau, le peintre a <u>ébauché</u> le paysage avec un crayon.

Partie 2 : INTRUS/RELATIONS VERBALES		
Type de questions	**Nombre de questions**	**Exemple**
Intrus	3	Trouvez l'intrus : (A) Maison (B) Bateau (C) Marcher (D) Champ
Analogie	1	Trouvez le mot qui correspond au lien logique qui lie les 2 mots. Mer – Bleu ; Soleil – Jaune ; Herbe – ? ? ?

Partie 3 : PHRASES		
Type de questions	**Nombre de questions**	**Exemple**
Correction orthographique / grammaticale	2	Parmi les cinq propositions suivantes, une seule est correctement orthographiée. Laquelle ?
Cohérence textuelle (texte à trou(s))	3	Complétez les phrases ci-dessous avec le mot adéquat. L'organisme sanitaire [...] de prendre des mesures de lutte anti-vectorielle, du type de celles prises pour lutter contre le chikungunya aux Antilles. Parmi celles-ci, figure l'isolement des cas suspects pour ne pas [...] la contamination de nouveaux moustiques.

OBJECTIFS DE SCORE

Nous vous recommandons de vous fixer les **objectifs suivants selon votre objectif de score au TAGE 2®.**

Objectif TAGE 2®	Objectif sous-test « Lexiphrase »
> 140/210	> 33/45
120 < X < 140	> 29/45
100 < X < 120	> 25/45

Score moyen des candidats	**26/45**
Temps de révision nécessaire	**Apprentissage du cours :** 1 – 3 heures **Entraînement :** 2 – 4 heures

14 7 conseils pour réussir le sous-test

LEXIPHRASE

Conseil n°1 : Maîtrisez l'orthographe et la grammaire.

Il va de soi qu'une **bonne maîtrise de la langue française est indispensable** pour réussir ce sous-test. Cette maîtrise passe par l'**apprentissage de toutes les règles d'orthographe et de grammaire** (fiches 22 à 34).

Conseil n°2 : Faites attention aux pièges de la langue française.

Comme vous le savez probablement, **la langue de Molière** repose sur de **nombreuses règles** mais également sur de **nombreuses exceptions**. Il est donc important de bien les connaître pour **ne pas tomber dans les pièges** des concepteurs du TAGE 2®.

Conseil n°3 : Soyez méthodique.

Le sous-test « Lexiphrase » peut sembler facile car il concerne un domaine que tout candidat maîtrise plus ou moins de manière naturelle : **la langue française**. Toutefois, ne soyez pas trop confiant. Les règles de la langue française peuvent vous « jouer des tours ». Il est donc très important d'**être méthodique pour éliminer les mauvaises réponses**.

Conseil n°4 : Éliminez les réponses extrêmes.

Une **bonne réponse** ne peut pas être une réponse extrême, radicale ou politiquement incorrecte (**Exemple :** Les malades sont responsables du déficit de la Sécurité Sociale). Une telle réponse serait polémique. La FNEGE (organisateur du test) évite donc de considérer les réponses extrêmes comme des bonnes réponses. Les réponses extrêmes comportent souvent des mots-clés extrêmes tels « toujours », « jamais », « uniquement », etc. **Vous pouvez directement les éliminer.**

Conseil n°5 : Faites attention à la conjugaison.

Les questions de correction grammaticale ou de concordance des temps font appel aux tableaux de conjugaison des verbes du 1er, 2e et 3e groupe. Les fiches 33-1, 33-2 et 33-3 sont donc à apprendre par cœur.

N'hésitez pas à acheter un Bescherelle pour vous perfectionner.

Conseil n°6 : Lisez beaucoup.

Conseil utile et évident. **Plus vous lisez, meilleur sera votre niveau de vocabulaire et votre maîtrise de la langue française.** N'hésitez donc pas à lire des journaux comme *Le Monde* ou des revues/magazines comme *Challenges*.

Conseil n°7 : Apprenez par cœur nos listes.

De nombreuses listes sont à connaître dans les fiches suivantes : proverbes, expressions françaises, figures de style, locutions latines, etc. **Vous devez les apprendre par cœur.**

Lexique

15 Questions de définition

LEXIPHRASE Fréquence ●●●●● Difficulté ★★★☆☆

Les questions de « **Définition** » consistent à relier **un mot et sa définition** ou **une définition à un mot**.

Il existe **2 types de questions de « Définition »** :
- Mot – Définition.
- Définition – Mot.

MOT – DÉFINITION

Application ★★☆☆☆ **15 sec. – 1 min.**

Une situation ubuesque, est [...]
(A) Une situation inédite.
(B) Une situation absurde.
(C) Une situation inadmissible.
(D) Une situation honteuse.

Corrigé : Une situation « **ubuesque** » est une situation absurde. **Réponse B.**

DÉFINITION – MOT

Application ★★★☆☆ **15 sec. – 1 min.**

Les préjugés communément admis dans une société donnée sont [...]
(A) Les rumeurs.
(B) Les légendes.
(C) La doxa.
(D) Les idées préétablies.

Corrigé : La « **doxa** » est l'ensemble des préjugés communément admis dans une société donnée à partir desquels s'établissent différentes formes de communication. **Réponse C.**

EXERCICES

Question 1 ★★★☆☆ **15 sec. – 1 min.**

Être flegmatique, c'est [...]

(A) Avoir un comportement calme.
(B) Adopter une attitude hautaine.
(C) Avoir trop confiance en soi.
(D) Être hésitant face à une situation.

Question 2 ★★★★☆ **15 sec. – 1 min.**

Une framboise aigrelette est une framboise légèrement [...]

(A) Acide
(B) Mûre
(C) Pourrie
(D) Sucrée

CORRIGÉ FICHE 120

16 Questions de synonymie

LEXIPHRASE Fréquence ●●●●● Difficulté ★★★☆☆

Les questions de « **Synonymie** » consistent à choisir la réponse dont **le sens se rapproche le plus du ou des mots soulignés.**

Il existe **3 types de questions de « Synonymie »** :

– Synonymie d'**un seul mot**.
– Synonymie de **plusieurs mots consécutifs**.
– Synonymie de **plusieurs mots non consécutifs**.

SYNONYMIE D'UN SEUL MOT

Application ★★☆☆☆ **15 sec. – 1 min.**

Choisissez le mot dont le sens se rapproche le plus du mot souligné.

Cet homme vit dans l'indigence.

(A) La grande pauvreté.
(B) Le bonheur.
(C) Une grande tristesse.
(D) La solitude.

Corrigé : L'indigence désigne une grande pauvreté, qui va jusqu'à la privation du nécessaire. **Réponse A.**

SYNONYMIE DE PLUSIEURS MOTS CONSÉCUTIFS

Application ★★☆☆☆ **15 sec. – 1 min.**

Choisissez la réponse dont le sens se rapproche le plus des mots soulignés.

José est passionné de piano, mais il en joue à un niveau amateur.

(A) Officieusement.
(B) Avec rémanence.
(C) En dilettant.
(D) En dilettante.

Corrigé : Faire quelque chose « **en dilettante** » signifie le faire en amateur, en tant que non-professionnel. **Réponse D.**

REMARQUE La **rémanence** n'a aucun rapport. Il s'agit de la propriété d'une sensation, notamment visuelle, de persister après la disparition du stimulus.

SYNONYMIE DE PLUSIEURS MOTS NON CONSÉCUTIFS

Application ★★★☆☆ **30 sec. – 2 min.**

Choisissez les mots dont le sens se rapproche le plus des mots soulignés.

Bien qu'il ait toujours fait preuve d'innocuité, ses amis l'ont toujours considéré comme une personne sordide.

(A)	De neutralité	Ignoble
(B)	De sympathie	Malveillant
(C)	De méchanceté	Agréable
(D)	De folie	Sage

Corrigé : L'innocuité est le caractère inoffensif, non nocif. Une personne **sordide** est une personne sale, repoussante, répugnante. **Réponse A.**

17 Questions d'antonymie

LEXIPHRASE Fréquence ●●●●● Difficulté ★★★☆☆

Les questions d'« **Antonymie** » consistent à choisir la réponse dont **le sens est opposé au(x) mot(s) souligné(s).**

Il existe **3 types de questions d' « Antonymie »** :

- Antonymie d'**un seul mot**.
- Antonymie de **plusieurs mots consécutifs.**
- Antonymie de **plusieurs mots non consécutifs.**

ANTONYMIE D'UN SEUL MOT

Application ★★★☆☆ **15 sec. – 1 min.**

Choisissez le meilleur antonyme pour le mot souligné.

Je n'aime pas côtoyer ce type de personne que je trouve très apathique.

(A) Émouvant.

(B) Émotif.

(C) Antipathique.

(D) Intéressé.

Corrigé : « **Apathique** » se dit d'une personne sans énergie et qui est indifférente aux émotions. Le meilleur **antonyme** est donc **émotif. Réponse B.**

ANTONYMIE DE PLUSIEURS MOTS CONSÉCUTIFS

Application ★★☆☆☆ **15 sec. – 1 min.**

Choisissez le meilleur antonyme pour les mots soulignés.

Notre entreprise a signé un partenariat ad vitam aeternam avec l'entreprise Dupont.

(A) À long terme.

(B) À court terme.

(C) À élaborer à l'avenir.

(D) Applicable dès aujourd'hui.

Corrigé : « **Ad vitam aeternam** » signifie « pour toujours », donc à long terme. Le meilleur antonyme est donc « à court terme ». **Réponse B.**

ANTONYMIE DE PLUSIEURS MOTS NON CONSÉCUTIFS

Application ★★★☆☆ **30 sec. – 2 min.**

Choisissez les meilleurs antonymes pour les mots soulignés.

En plus de ne pas être altruiste, cette personne est éhontée.

(A)	Généreuse	Cynique
(B)	Égoïste	Scandaleuse
(C)	Intéressée	Décente
(D)	Égocentrique	Audacieuse

Corrigé : « **Être altruiste** » signifie être généreux et désintéressé. **« Être éhonté »** signifie être scandaleux, ne pas avoir honte. La meilleure paire d'antonymes est donc « intéressée » et « décente ». **Réponse C.**

REMARQUE **« Intéressée »** est ici entendu au sens de « vénale », c'est-à-dire qui s'intéresse d'abord à son intérêt propre. **Exemple :** Un personnage intéressé, une visite intéressée, etc.

18 Questions de proverbes/d'expressions

LEXIPHRASE Fréquence ●●●●○ Difficulté ★★★☆☆

Les questions de « **Proverbes/expressions** » consistent à :

- **Cas n°1 :** Trouver le bon proverbe/la bonne expression.
- **Cas n°2 :** Trouver le mauvais proverbe/la mauvaise expression.
- **Cas n°3 :** Compléter un proverbe ou une expression.

CAS N°1 : TROUVER LE BON PROVERBE/LA BONNE EXPRESSION

Il s'agit de choisir **le bon proverbe/la bonne expression**, c'est-à-dire celui/celle qui correspond à l'énoncé.

Application 1 ★★★☆☆ **30 sec. – 2 min.**

Laquelle des expressions suivantes désigne le fait de manquer de répartie ?

(A) « Avoir l'esprit de l'escalier ».
(B) « Avoir de l'esprit ».
(C) « Tomber de Charybde en Scylla ».
(D) « Passer du coq à l'âne ».

➔ **Fiches utiles pour vos révisions : 17 et 18.**

CAS N°2 : TROUVER LE MAUVAIS PROVERBE/LA MAUVAISE EXPRESSION

Il s'agit de choisir **le mauvais proverbe/la mauvaise expression**, c'est-à-dire celui/celle qui ne correspond pas à l'énoncé.

Application 2 ★★☆☆☆ **15 sec. – 1 min.**

Les problèmes de Jean sont toujours de plus en plus graves.
Quelle expression ne correspond pas à l'énoncé ?

(A) « Aller de mal en pis ».
(B) « Tomber de Charybde en Scylla ».
(C) « Après la pluie, le beau temps ».
(D) « Tout part à vau-l'eau ».

➔ **Fiches utiles pour vos révisions : 17 et 18.**

CAS N°3 : COMPLÉTER UN PROVERBE/UNE EXPRESSION

Il s'agit de compléter correctement **un proverbe/une expression**.

Application 3 ★★☆☆☆ **15 sec. – 1 min.**

Complétez le proverbe suivant : « La bave du crapaud n'atteint pas ... »

(A) Le haut de l'herbe.

(B) Le haut de sa taille.

(C) Sa proie tant désirée.

(D) La blanche colombe.

Fiches utiles pour vos révisions : 17 et 18.

EXERCICES

Question 1 ★★★☆☆ **30 sec. – 2 min.**

Ayant été informé qu'il était surveillé par la professeure qui le suspectait de tricher pendant les contrôles, Jérémy a choisi délibérément de se placer au premier rang pour se faire passer pour l'élève idéal. Quel proverbe illustre le mieux le comportement de cette personne ?

(A) L'enfer est pavé de bonnes intentions.

(B) Mieux vaut prévenir que guérir.

(C) L'habit ne fait pas le moine.

(D) Un homme averti en vaut deux.

Question 2 ★★★☆☆ **30 sec. – 2 min.**

Pour mieux infiltrer un réseau de revendeurs de drogue, Pierre s'est mis dans la peau du personnage. À tel point qu'il s'est laissé appâter par le gain, et a fini par prendre la tête du cartel.

De quelle expression cette histoire est-elle l'illustration la plus exacte ?

(A) C'est la quadrature du cercle.

(B) C'est l'arroseur arrosé.

(C) Se ranger des voitures.

(D) Parler de corde dans la maison d'un pendu.

CORRIGÉ FICHE 120

19 Proverbes

LEXIPHRASE

Cette fiche liste les proverbes les plus fréquemment utilisés au TAGE 2®. Cette liste est donc à apprendre par cœur !

Proverbe	Signification
A beau mentir qui vient de loin.	Mentir devient plus aisé lorsque ce que l'on dit est difficilement vérifiable.
À bon chat, bon rat.	Les adversaires montrent la même force.
À cheval donné on ne regarde pas la denture.	On ne se montre pas exigeant sur un cadeau reçu.
À malin, malin et demi.	On trouve toujours plus fort que soi.
À la guerre comme à la guerre.	Tous les moyens sont bons pour atteindre une fin.
Aide-toi, le ciel t'aidera.	La Providence n'aide que ceux qui se donnent les moyens de réussir.
Au royaume des aveugles, les borgnes sont rois.	Les classements sont toujours relatifs.
Avec des « si » on mettrait Paris en bouteille.	On ne peut pas refaire l'Histoire.
Bien mal acquis ne profite jamais.	Une chose obtenue d'une mauvaise manière ne sert jamais.
C'est dans les vieux pots qu'on fait la meilleure soupe.	Les méthodes établies depuis longtemps sont les meilleures.
C'est en forgeant qu'on devient forgeron.	La maîtrise s'acquiert par la pratique.
C'est l'occasion qui fait le larron.	L'occasion peut pousser à faire des mauvaises choses.
C'est la goutte d'eau qui fait déborder le vase.	C'est l'élément de trop.
C'est l'hôpital qui se moque de la charité.	Il ne faut pas critiquer un défaut que l'on a soi-même.
Ce n'est pas à un vieux singe qu'on apprend à faire la grimace.	On n'apprend rien à quelqu'un de plus expérimenté que soi dans un domaine.

Proverbe	Signification
Chacun voit midi à sa porte.	Chacun analyse un fait par rapport à sa propre situation.
Charité bien ordonnée commence par soi-même.	1. Il faut penser à soi avant de penser aux autres. 2. Il faut regarder ses propres défauts avant de critiquer.
Chassez le naturel, il revient au galop.	Nul ne peut cacher sa véritable nature.
Chat échaudé craint l'eau froide.	Quand on a été victime d'un phénomène, on devient trop prudent.
Déshabiller Pierre pour habiller Paul.	Régler un problème en en créant un autre.
Faute avouée à moitié pardonnée.	Pour se faire pardonner, rien de tel que d'avouer sa faute.
Faute de grives, on mange des merles.	Il faut se contenter de ce que l'on a.
Il faut battre le fer tant qu'il est chaud.	Il faut saisir sa chance quand elle se présente.
Il faut que jeunesse se passe.	La jeunesse amène à faire des erreurs.
Il faut se méfier de l'eau qui dort.	Même les choses apparemment inoffensives peuvent être dangereuses.
Il faut tourner sept fois sa langue dans sa bouche avant de parler.	Il faut prendre son temps pour penser à ce que l'on va dire.
Il ne faut pas dire : « Fontaine, je ne boirai pas de ton eau ».	Il ne faut jamais dire « jamais ».
Il ne faut pas mettre tous ses œufs dans le même panier.	Il faut diversifier les risques.
Il ne faut pas remettre au lendemain ce qu'on peut faire le jour même.	On ne sait pas ce qui nous attend demain donc autant se débarasser au plus vite de ce que l'on doit faire.
Il ne faut pas réveiller le chat qui dort.	Revenir sur une histoire passée ne peut que causer du tort.
Il ne faut pas vendre la peau de l'ours avant de l'avoir tué.	Il ne faut rien prendre pour acquis.
Il n'y a pas de fumée sans feu.	Toute rumeur a un fondement.
Il vaut mieux tenir que courir.	Mieux vaut avoir quelque chose de petit que d'essayer (en vain) d'obtenir quelque chose de plus grand.

Proverbe	Signification
Jamais deux sans trois.	Quelque chose qui s'est produit 2 fois, risque de se produire une 3e fois.
Jeux de mains, jeux de vilains.	Les chamailleries se terminent souvent par des coups.
L'appétit vient en mangeant.	3. Plus on mange, plus on a faim. 4. Plus on possède, plus on souhaite posséder.
L'argent n'a pas d'odeur.	Peu importe d'où provient l'argent.
L'avenir appartient à ceux qui se lèvent tôt.	Plus on se met tôt à la tâche, plus on augmente ses chances de réaliser ses objectifs.
L'argent est un bon serviteur et un mauvais maître.	L'argent doit être un moyen et non une fin.
L'enfer est pavé de bonnes intentions.	La volonté de bien faire aboutit parfois au résultat inverse.
L'habit ne fait pas le moine.	Il ne faut pas se fier aux apparences.
L'Homme est un loup pour l'Homme.	L'Homme nuit souvent à son semblable.
L'œil du maître engraisse le cheval.	Plus le maître va voir son cheval, plus les valets en prennent soin et donc mieux le cheval se porte.
La bave du crapaud n'atteint pas la blanche colombe.	Les critiques n'atteignent pas ceux qui n'ont rien à se reprocher.
La caque sent toujours le hareng.	On garde toujours une trace de son origine sociale.
La fin justifie les moyens.	Tous les coups sont permis pour atteindre son but.
La fortune sourit aux audacieux.	Plus on tente, plus on est récompensé.
La nuit, tous les chats sont gris.	La nuit, difficile de distinguer les choses.
La nuit porte conseil.	La nuit permet de réfléchir à la journée écoulée.
La parole est d'argent et le silence est d'or.	Parfois, il faut savoir se taire.
La plume est plus forte que l'épée.	Les mots sont plus forts que les armes.
La vengeance est un plat qui se mange froid.	Des représailles peuvent avoir lieu longtemps après l'affront subi.

Proverbe	Signification
Le chien aboie, la caravane passe.	Quand on est sûr de soi, les contestations ne nous atteignent pas.
Le malheur des uns fait le bonheur des autres.	Ce qui nuit à une personne avantage une autre.
Mieux vaut prévenir que guérir.	Mieux vaut éviter un danger que d'en subir les conséquences.
Mieux vaut tard que jamais.	Il vaut mieux faire une chose tardivement que ne pas la faire.
Nécessité fait loi.	Une situation extrême peut expliquer que l'on passe outre ses obligations.
Nul n'est prophète en son pays.	Le talent est plus souvent reconnu à l'étranger que dans son propre pays.
Nul n'est censé ignorer la loi.	Le crime ne peut pas se réfugier derrière l'ignorance de la loi.
Œil pour œil, dent pour dent.	La peine doit être égale au crime commis.
On ne fait pas d'omelette sans casser des œufs.	Certains sacrifices sont nécessaires pour obtenir des résultats.
On ne peut être à la fois au four et au moulin.	On ne peut pas faire plusieurs choses à la fois.
On ne peut pas avoir le beurre et l'argent du beurre.	Il faut faire des choix.
On ne prête qu'aux riches.	Le système avantage les gens les plus établis.
On voit la paille dans l'œil de son voisin et non la poutre dans le nôtre.	On est toujours plus critique envers les autres qu'envers soi-même.
Paris ne s'est pas fait en un jour.	Il faut de la patience pour accomplir un grand projet.
Petit à petit, l'oiseau fait son nid.	La patience et la persévérance permettent d'accomplir de grandes choses.
Pierre qui roule n'amasse pas mousse.	Si on voyage trop, on n'accumule rien.
Plus on est de fous, plus on rit.	L'ambiance est d'autant meilleure que le nombre de personnes est grand.
Promettre ne ruine pas.	Promettre est moins compliqué que faire vraiment.
Quand le bateau coule, les rats partent les premiers.	Quand la situation dégénère, le chacun pour soi prévaut.

Proverbe	Signification
Quand le chat n'est pas là, les souris dansent.	Sans surveillance, on agit plus librement.
Quand le vin est tiré, il faut le boire.	Quand on a commencé quelque chose, il est trop tard pour revenir en arrière.
Quand on parle du loup, on en voit la queue.	Quand on parle de quelqu'un et qu'il arrive.
Qui aime bien, châtie bien.	Titiller quelqu'un est une preuve d'affection.
Qui dort dîne.	Dormir permet d'oublier la faim.
Qui trop embrasse mal étreint.	Il vaut mieux n'entreprendre qu'une chose et la réussir que d'en entreprendre trop.
Qui ne dit mot consent.	Celui qui ne dit pas « non » dit « oui ».
Qui paie ses dettes s'enrichit.	En remboursant ses dettes, on s'enlève un poids.
Qui peut le plus, peut le moins.	Si quelqu'un peut réaliser une tâche difficile, il peut a fortiori réaliser une tâche plus facile.
Qui sème le vent, récolte la tempête.	Quand on provoque de petits troubles, on en récolte de plus importants.
Qui veut la fin veut les moyens.	La fin justifie les moyens.
Qui veut la paix, prépare la guerre.	Le meilleur moyen de ne pas faire la guerre est d'être prêt à la faire.
Qui veut tuer son chien l'accuse de la rage.	On trouve aisément un prétexte pour justifier ses actes.
Qui veut voyager loin ménage sa monture.	Pour atteindre des objectifs lointains, il faut avancer pas à pas.
Qui vole un œuf vole un bœuf.	Ce qui est grave c'est l'acte de voler, pas l'objet volé.
Qui vivra verra.	Les pronostics sur l'avenir sont inutiles.
Rien ne sert de courir ; il faut partir à point.	Il faut accorder aux choses le temps qu'elles méritent.
Si jeunesse savait, si vieillesse pouvait.	Les jeunes manquent d'expérience et les personnes âgées manquent de force.
Tant va la cruche à l'eau, qu'à la fin elle se brise.	À force de braver le danger, on finit par se faire prendre.

Proverbe	Signification
Tel est pris qui croyait prendre.	Celui qui voulait piéger se retrouve pris à son propre piège.
Tous les chemins mènent à Rome.	Pour réussir une action, plusieurs moyens sont possibles.
Tous les goûts sont dans la nature.	Chacun ses goûts.
Tout ce qui brille n'est pas or.	Il ne faut pas se fier aux apparences.
Tout travail mérite salaire.	Tout travail effectué doit être récompensé.
Tout vient à point à qui sait attendre.	Pour atteindre son but, il faut être patient.
Un tiens vaut mieux que deux tu l'auras.	Il vaut mieux tenir que courir.
Une hirondelle ne fait pas le printemps.	Le cas particulier n'est pas le cas général.
Ventre affamé n'a point d'oreilles.	Impossible de raisonner quelqu'un qui a faim.

20 Les expressions françaises

LEXIPHRASE

PRINCIPALES EXPRESSIONS FRANÇAISES

Expression	Signification
Aller sur la haquenée des cordeliers.	Se déplacer à pied, un bâton à la main.
Au doigt mouillé.	Approximativement.
Autant que faire se peut.	Dans la mesure du possible.
Avoir de la bouteille.	Avoir de l'expérience.
Avoir du plomb dans l'aile.	Être mal en point.
Avoir les yeux plus gros que le ventre.	Voir trop grand, exagérer ses capacités.
Boire le calice jusqu'à la lie.	Souffrir jusqu'au bout un mal ou une douleur. Subir une humiliation complète.
C'est blanc bonnet et bonnet blanc.	Se dit de 2 choses similaires qui sont présentées comme différentes.
Chercher la petite bête.	Chercher à tout prix une erreur.
Couper l'herbe sous le pied de quelqu'un.	L'empêcher de réussir en le devançant.
Couper la poire en deux.	Trouver un compromis.
Dire ses quatre vérités à quelqu'un.	Dire à quelqu'un ce que l'on pense de lui franchement.
Être aux pièces.	Être pressé, ne pas avoir tout son temps.
Être de mèche avec quelqu'un.	Être complice de quelqu'un.
Être connu comme le loup blanc.	Être très connu.
Être la bête noire de quelqu'un.	Être la chose ou la personne qui pose le plus de problèmes à quelqu'un.
Être la lanterne rouge.	Être le dernier.
Faire couler beaucoup d'encre.	Susciter de nombreux commentaires.
Faire le dos rond.	Laisser passer les critiques sans réagir.
Faire le pied de grue.	Attendre, debout, pendant longtemps.
Jouer des coudes.	Se frayer un passage dans une foule.

Expression	Signification
La cerise sur le gâteau.	Le petit détail qui parfait une réalisation.
La quadrature du cercle.	Un problème insoluble.
Laver son linge sale en famille.	Régler des affaires discrètement.
Les démons de midi.	Tentation de la chair qui s'empare des humains vers le milieu de leur vie.
Marcher à pas de loup.	Marcher sur la pointe des pieds.
Mettre les bouchées doubles.	Redoubler d'efforts.
Mettre les pieds dans le plat.	Aborder une question délicate avec une franchise brutale.
Ne pas y aller avec le dos de la cuillère.	Agir sans modération.
Ne pas y aller par 4 chemins.	Agir ou parler sans détour.
Parler de corde dans la maison d'un pendu.	Évoquer des sujets qui réveillent des souvenirs pénibles à quelqu'un.
Pleurer comme une madeleine.	Pleurer abondamment.
Quand les poules auront des dents.	Jamais.
Rouler des mécaniques.	Avoir une attitude prétentieuse.
S'entendre comme larrons en foire.	S'entendre parfaitement.
Se faire mousser.	Se vanter exagérément.
Se noyer dans un verre d'eau.	Être débordé par pas grand chose.
Se ranger des voitures.	S'assagir, se calmer.
Tenir la dragée haute à quelqu'un.	Résister longtemps à quelqu'un.
Tiré par les cheveux.	Exagéré, alambiqué.
Tourner au vinaigre.	Mal tourner.
Voir midi à sa porte.	Juger selon son propre point de vue.

21 Questions de figures de style

LEXIPHRASE Fréquence ●●●○○ Difficulté ★★★★☆

Les questions de « **Figures de style** » consistent à :

- **Cas n°1 :** Trouver la bonne figure de style.
- **Cas n°2 :** Trouver la mauvaise figure de style.

CAS N°1 : LA BONNE FIGURE DE STYLE

Il s'agit de choisir la **bonne figure de style**, c'est-à-dire celle qui correspond à l'énoncé.

Question 1 ★★★☆☆ **30 sec. – 2 min.**

Quelle figure de style correspond le plus à la citation suivante ?

« Pour qui sont ces serpents qui sifflent sur vos têtes ? » (Blaise Pascal, Pensées, XXVIII)

(A) Allitération

(B) Oxymore

(C) Métaphore

(D) Antiphrase

Corrigé : L'**allitération** consiste en la répétition d'une ou plusieurs consonnes à l'intérieur d'une même phrase. Ici, on a une répétition de la consonne « s ». **Réponse A.**

➔ **Fiche utile pour vos révisions : 20**

CAS N°2 : LA MAUVAISE FIGURE DE STYLE

Il s'agit de choisir la **mauvaise figure de style**, c'est-à-dire celle qui ne correspond pas à l'énoncé.

Question 2 ★★★☆☆ **30 sec. – 2 min.**

Parmi les expressions suivantes, laquelle n'utilise pas la figure de style de la métaphore ?

(A) Tu es lent, une vraie tortue !

(B) Paris est un véritable océan : profond et mystérieux.

(C) Tu es belle comme le jour.

(D) Ses cheveux sont couleur de blé.

Corrigé : « Tu es belle comme le jour » est une **comparaison** et non une métaphore.
La principale différence entre la métaphore et la comparaison est que la métaphore n'utilise pas d'outil de comparaison alors que la comparaison en utilise un (ici « comme »). **Réponse C.**

➔ Fiche utile pour vos révisions : 20

EXERCICE

Question 1 ★★★☆☆ **30 sec. – 2 min.**

Quelle figure de style est utilisée dans la phrase suivante ?

« La neige fait au Nord ce qu'au Sud fait le sable », Victor Hugo.

(A) Une litote.

(B) Une allitération.

(C) Un parallélisme.

(D) Un chiasme.

➔ CORRIGÉ FICHE 120

22 Les figures de style

LEXIPHRASE

FIGURES DE STYLE DE RÉPÉTITION

Figure de style	Définition	Exemple
Anaphore	**Répétition** d'un mot ou d'un groupe de mots **en début de phrase.**	« Paris outragé, Paris brisé, Paris martyrisé mais Paris libéré. »
Chiasme	**Croisement d'éléments** (modèle AB/BA).	« Il faut manger pour vivre, et non pas vivre pour manger. »
Énumération	**Liste** d'au moins 3 mots de même nature.	« J'ai acheté des pommes, des poires, des figues. »
Épiphore	**Répétition** d'un mot ou d'un groupe de mots **en fin de phrase.**	« Infiniment, la pluie, la longue pluie, la pluie. »
Pléonasme	Répétition de termes ou expressions qui ont le **même sens.**	« Monter en haut. »
Parallélisme	**Symétrie d'éléments** (modèle AB/AB).	« Et jamais je ne pleure, et jamais je ne ris. »

FIGURES DE STYLE DE CONSTRUCTION

Figure de style	Définition	Exemple
Antithèse	Parallèle entre **2 mots opposés.**	« Certains l'aiment chaud, d'autres l'aiment froid. »
Oxymore	Réunion de **2 mots opposés** dans une même expression.	« Un soleil froid. »
Allitération	**Répétition** d'une même **consonne.**	« Cassandre sous son Capuce. »
Assonance	**Répétition** d'une même **voyelle.**	« Ce rêve étrange et pénétrant. »

FIGURES DE STYLE D'ANALOGIE

Figure de style	Définition	Exemple
Allégorie	**Personnification** d'une **idée abstraite.**	« Ô Mort, vieux capitaine, il est temps ! »
Personnification	Attribution de caractéristiques humaines à un objet ou un animal.	« Cette rose aimable comme toi. »
Comparaison	Parallèle entre un comparé et un comparant **avec outil de comparaison** (comme, tel que, etc.)	« Elle est comme mon Soleil. »
Métaphore	Parallèle entre un comparé et un comparant **sans outil de comparaison.**	« Elle est mon Soleil. »
Métonymie	**Remplacement d'un mot par un autre mot** qui entretient un lien logique avec le premier.	« Faire de la voile » = « Faire du bateau à voile »
Synecdoque	**Cas particulier de métonymie :** Remplacement d'un mot par un autre mot qui a une relation d'**inclusion** avec celui-ci (la partie pour le tout ou le tout pour la partie).	« Boire un verre » = « Boire ce qui est contenu dans le verre ».
Périphrase	Remplacement d'un mot par un groupe de mots.	« La capitale de la France » pour Paris.

FIGURES DE STYLE D'ATTÉNUATION

Figure de style	Définition	Exemple
Litote	**Suggestion** de plus que ce qu'on ne dit réellement.	« Ce n'est pas mauvais » = « C'est bon ».
Euphémisme	**Atténuation** d'une réalité brutale.	« Il est parti » = Il est mort
Antiphrase	Figure ironique qui **exprime le contraire** de ce que l'on pense.	« Que tu es gentil ! »

FIGURE DE STYLE D'ÉXAGÉRATION

Figure de style	Définition	Exemple
Hyperbole	**Exagération** d'une idée pour la mettre en relief. Utile pour l'ironie ou la caricature.	« Je suis mort de rire. »

Intrus

23 Les questions d'intrus

LEXIPHRASE Fréquence ●●●○○ Difficulté ★★☆☆☆

Les questions « d'intrus » consistent à **trouver l'intrus dans une série de 5 mots.**

La meilleure méthode pour trouver l'intrus est de se concentrer sur :

- Le **fond** des mots (= le sens des mots).
- La **forme** des mots (= l'orthographe des mots).

CRITÈRES (FOND DU MOT)

Critère	Exemple	Intrus
Sens du mot **Champ lexical**	BATEAU – VOITURE - ROUTE – AVION	ROUTE (Les autres mots sont des moyens de transport)

CRITÈRES (FORME DU MOT)

Critère	Exemple	Intrus
Nombre de lettres	DUR – BAR – NON – MILLE	MILLE (Les autres mots ont 3 lettres)
Nombre de consonnes	HUIT – LOT – BRAS – FIL	BRAS (Les autres mots ont 2 consonnes)
Nombre de voyelles	EAU – GRUE – HIBOU – UNIE	GRUE (Les autres mots ont 3 voyelles)
Positions des consonnes	CERF – FORT – PERD – CARIE	CARIE (Les autres mots ont une consonne en 1re, 3e et 4e position)

Critère	Exemple	Intrus
Positions des voyelles	BALLE – BELLE – MALLE – SORTIR – AVION	AVION (Les autres mots ont une voyelle en 2e et 5e position).
Première lettre	MAISON – TOIT – MARRE – MASSE	TOIT (Les autres mots ont la même première lettre : M)
Dernière lettre	MANGER – AVALER – PLUIE – ÉMIR	PLUIE (Les autres mots ont la même dernière lettre : R)
Lettre centrale	ALLER – RÂLER – FAUTE – COLIS	FAUTE (Les autres mots ont la même lettre centrale : L)
Nombre de syllabes	HARICOT – DEBOUT – ALLER – DEHORS	HARICOT (Les autres mots ont 2 syllabes)
Genre des mots identique (masculin/féminin)	MER – BOUÉE – BATEAU – RIVIÈRE	BATEAU (Les autres mots sont féminins)
Nature des mots identique (verbe, adverbe, adjectif, etc.)	PASSAGER – ALLER – BOIRE – VOIR	PASSAGER (Les autres mots sont des verbes)
Anagrammes	CHIEN – NICHE – DÉNICHER – CHINE	DÉNICHER (Les autres mots sont des anagrammes)

Toutes les questions sont corrigées en vidéo dans votre espace **E-LEARNING sur www.monsieur-tage-2.com**

Phrases

Posez toutes vos questions (concours, écoles, dossiers, TAGE 2®, etc.) au sein des **communautés d'entraide Facebook et Instagram « Monsieur TAGE 2 »** et **« Monsieur Ecoles de commerce » (+ de 20 000 membres).**

Suivez l'actualité des concours et des écoles de commerce sur **www.monsieur-ecoles-de-commerce.com** et rejoignez nos **communautés d'entraide « Monsieur TAGE 2 »** et **« Monsieur Ecoles de commerce » sur Facebook / Instagram / Youtube / Linkedin / Twitter (+ de 30 000 membres – Communauté N° 1 des candidats AST).**

RDV individuel (gratuit) avec un expert de la prépa leader Admissions Parallèles !
Chaque **lecteur du Manuel du TAGE 2®** bénéficie d'un **RDV individuel gratuit (présentiel ou téléphonique)** pour **être conseillé(e) dans sa préparation aux concours** sur www.rendez-vous-monsieur-tage-2.com

24 Questions de correction orthographique

LEXIPHRASE Fréquence ●●●●● Difficulté ★★★★★

Les questions de « **Correction d'orthographe** » consistent à **identifier les fautes d'orthographe**.

Il existe **2 types de questions de « Correction d'orthographe »** :
- Correction d'orthographe par phrase.
- Correction d'orthographe par paragraphe.

CORRECTION ORTHOGRAPHIQUE PAR PHRASE

Il s'agit de choisir la réponse **correctement orthographiée** ou la réponse **mal orthographiée** parmi les réponses.

Application ★★★★☆ **1 min. – 3 min.**

Laquelle de ces propositions est bien orthographiée ?
(A) Neuf cent millions trois cent quatre-vingt mille sept cent euros.
(B) Neuf cents millions trois cent quatre-vingt mille sept cents euros.
(C) Neuf cents millions trois cents quatre-vingts mille sept cents euros.
(D) Neuf cent millions trois cent quatre-vingt mille sept cent euro.

Corrigé : Neuf **cents** millions trois **cent** quatre-**vingt** mille sept **cents** euros. **Réponse B.**

➔ **Fiches utiles pour vos révisions : 23 à 30.**

CORRECTION ORTHOGRAPHIQUE PAR PARAGRAPHE

Il s'agit de comptabiliser le **nombre de fautes d'orthographe** dans un paragraphe.

Application ★★★★☆ **1 min. – 3 min.**

Dans le paragraphe suivant, combien y a-t-il de fautes d'orthographe ?
De grands hommes se sont succédés à la tète de ce ministère. M. Martin, réçamment nommé, a ainsi expliqué que c'était un honeur pour lui de poursuivre leur œuvre. Il a cepandent souligné qu'il lui faudrait pour cela résoudre quelque problèmes de fonctionnement récurents.
(A) 4 (B) 5 (C) 6 (D) 7

Corrigé : De grands hommes se sont **succédé** à la **tête** de ce ministère. M. Martin, **récemment** nommé, a ainsi expliqué que c'était un **honneur** pour lui de poursuivre leur œuvre. Il a **cependant** souligné qu'il lui faudrait pour cela résoudre **quelques** problèmes de fonctionnement **récurrents**. **7 fautes. Réponse D.**

> **ATTENTION** On peut vous demander de repérer les fautes d'usage.
> **Exemple** : Il parle parfaitement Espagnol, il est à l'aise avec la langue de Goethe.
> C'est une faute d'usage, il aurait fallu dire la langue de Cervantes. En effet, la langue de Goethe est une périphrase qui désigne la langue allemande.
> Il faut donc la compter comme une faute.

Fiches utiles pour vos révisions : 23 à 30.

EXERCICE

Question 1 ★★★☆☆ **30 sec. – 2 min.**

Combien de fautes d'orthographe le passage suivant contient-il ?

« Si je ne fais plus de cauchemards, c'est parce que ma maman laisse toujours la lumière allumée quand je m'endors. Ce n'est qu'une fois que je dors profondément, qu'elle entre à pas de loups dans ma chambre pour éteindre ma veilleuse. J'éspère ne plus avoir besoin de lumière pour dormir d'ici l'année prochaine. Les adultes sont censés s'endormir dans le noir. »

(A) 2
(B) 3
(C) 4
(D) 5

CORRIGÉ FICHE 120

25 Principales fautes d'orthographe

LEXIPHRASE

Principales fautes d'orthographe	Règle	Exemple
Les noms à double consonnes	**Astuces :** Apercevoir (je n'aperçois qu'un « p » à apercevoir), Chuter (on ne chute qu'une fois, un seul « t »), Nourrir (on se nourrit plusieurs fois par jour, deux « r »), Mourir (on ne meurt qu'une fois, un seul « r »).	
Les adverbes en -ment	Si la syllabe « -ment » est précédée du son « a » écrit avec un « e » ou un « a », l'adverbe prend **deux « m ».**	Évide**mm**ent, Éléga**mm**ent
	Si la syllabe « -ment » est précédée d'un son « e », l'adverbe prend **un seul « m ».**	Notable**m**ent
Terminaison en « -quant » ou « cant »	• **« quant »** est la marque du participe présent – donc invariable. • **« cant »** est la marque de l'adjectif. **Astuce** : Si on peut mettre la phrase au féminin (en prononçant « convaincante »), alors il faut utiliser « convaincant » avec un « c ».	« Convain**quant** son patron, Jean a obtenu une augmentation. » « Cet homme est convain**cant**. »
Les nombres	Les nombres sont **invariables sauf « vingt » et « cent ».** « Vingt » et « Cent » prennent un « s » lorsqu'ils sont multipliés **et** qu'ils ne sont pas suivis d'un autre chiffre.	Deux cents. Deux cent vingt-quatre.

Principales fautes d'orthographe	Règle	Exemple
Sensé/Censé	« **Sensé** » = « qui a du sens » ou « qui a du bon sens ». « **Censé** » = « supposé ». **Astuce** : Quand on peut remplacer « censé » par « supposé », on écrit « censé », avec un « c ».	C'est un homme **sensé**. (= qui a du bon sens) Je suis **censé** (= supposé) travailler.
Davantage/ D'avantage	« **Davantage** » = « plus ». « **D'avantage** » = « de profit ».	J'en connais maintenant **davantage** sur Pierre. Je n'ai pas tiré **d'avantage** (= de profit) de cette collaboration.
Or/Hors	« **Or** » est une conjonction de coordination. « **Hors** » est une préposition qui signifie « à l'extérieur de ».	« **Or**, à ce moment-là, il jouait. » « Il est **hors** du jardin. »

EXERCICES

Question 1 ★★★☆☆ 30 sec. – 2 min.

Combien de fautes d'orthographe le passage suivant contient-il ?

« La rationnalité des individus est sensée amener à d'avantage de respect entre les gens. Cela reste a démontrer. »

(A) 2 (B) 3 (C) 4 (D) 5

Question 2 ★★★☆☆ 30 sec. – 2 min.

Combien des mots suivants sont mal orthographiés ?

Espéré – voilà – déja – Circonflêxe – éffet – fete – Hôpital

(A) 2 (B) 3 (C) 4 (D) 5

➔ **CORRIGÉ FICHE 120**

26 Les pluriels

LEXIPHRASE

La plupart des noms forment leur pluriel en ajoutant un « s » au singulier.
Toutefois, des **exceptions sont à connaître**.

PLURIELS IRRÉGULIERS POUR CERTAINS NOMS

Les noms terminés par…	Forment leur pluriel en…	Exemples	Exceptions
-eu, -au, -eau	Ajoutant un « x »	Cheveu → Chev**eux** Carreau → Carr**eaux**	**Landau**, **sarrau**, **pneu** et **bleu** forment leur pluriel en ajoutant un **« s »**.
-ou	Ajoutant un « s »	Écrou → Écr**ous** Mérou → Mér**ous**	**Bijou**, **caillou**, **chou**, **genou**, **hibou**, **joujou** et **pou** prennent un **« x »** au pluriel.
-s, -x, ou -z	Ne changeant pas	Un gaz → Des gaz	
-al	-aux	Animal → Anim**aux** Cheval → Chev**aux**	**Bal**, **carnaval**, **chacal**, **festival**, **récital**, **régal**, **cal** et **serval** forment leur pluriel en **« als »**.
-ail	-ails	Portail → Port**ails** Éventail → Évent**ails**	**Bail**, **corail**, **émail**, **gemmail**, **soupirail**, **travail**, **vantail** et **vitrail** forment leur pluriel en **« aux »**.

REMARQUE **Pluriels irréguliers :** Monsieur → Messieurs, Madame → Mesdames, Mademoiselle → Mesdemoiselles, Ciel → Cieux, Aïeul → Aïeux, Ail → Aulx, Œil → Yeux.

LE PLURIEL DES NOMS COMPOSÉS

Les différents types de noms composés ne forment pas tous leur pluriel de la même manière.

Type de mot composé	Au pluriel ...	Exemples	Exceptions
Verbe + Nom	Le **verbe** reste **invariable**, Le **nom** se met au **pluriel** selon le sens.	Des chasse-neige Des tire-bouchons	Des touche-à-tout
Nom + Nom	Les **deux noms** prennent la marque du **pluriel**.	Des choux-fleurs	Des pauses-café (pour prendre **un** café), Des timbres-poste (de **la** poste).
Nom + Adjectif **Adjectif + Nom**	Les **deux éléments** prennent la marque du **pluriel**.	Des grands-mères Des belles-mères Des coffres-forts	Quand le 1er élément se termine par **-o**, il est invariable : des micro-ondes, etc.
Adverbe + Nom	L'**adverbe** est **invariable**. Le **nom** prend le **pluriel**.	Des en-têtes	
Verbe + Verbe	Les **2 verbes** restent **invariables**.	Des savoir-être	

LE PLURIEL DES ADJECTIFS

Règle n°1	**L'adjectif s'accorde en genre et en nombre avec le nom qu'il accompagne.** **Exemple :** Un écrit intéressant, Une œuvre intéressante, Des œuvres intéressantes.
Règle n°2	**Quand l'adjectif accompagne plusieurs noms de même genre, il prend le genre de ces noms et se met au pluriel.** **Exemple :** Un écrit et un auteur intéressants, Une œuvre et une auteure intéressantes.
Règle n°3	**Quand l'adjectif accompagne plusieurs noms de genres différents, il se met au masculin pluriel. Exemple :** Un écrit et une auteure intéressants, Une œuvre et un scénario intéressants.
Règle n°4	**Les noms utilisés comme adjectifs de couleur restent invariables (sauf rose, mauve, pourpre).** **Exemple :** Des pantalons marron, Des yeux noisette.

27 Les accents

LEXIPHRASE

L'ACCENT AIGU

L'accent aigu n'est utilisé que sur la lettre « e ». Il retranscrit le **son** [é].

Cas d'usage	Exemples
Lorsque « e » est la **première lettre** d'un mot.	Été, épreuve, édition, etc.
Lorsque « e » est la **dernière lettre** d'un mot (y compris si le mot se termine par un pluriel avec « s » ou un « e » muet).	Licencié, licenciés, etc. Lycée, lycées, etc.
Dans les préfixes « dé », « mé », « pré ».	Dérangé, méconnu, prévu, etc.
Dans les participes passés des verbes en « er » et du verbe « être ».	Chanté, donné, tué, été, etc.

Cas de non usage	Exemples
Pas d'accent sur la voyelle « e » si elle est suivie d'une consonne finale « d », « f », « r » ou « z ».	Clef, pied, chanter, nez, etc.
Jamais d'accent aigu devant un « x ».	Circonflexe, expédié, etc.
Jamais d'accent aigu devant une consonne double.	Efficace, étiquette, roulette, etc.
Exceptions	Pedigree, repartie, ère, etc.

L'ACCENT GRAVE

L'accent grave est utilisé sur les lettres « e », « a » ou « u ». Il retranscrit le **son** [è] quand il est sur le « e » mais n'induit pas de changement de prononciation quand il est sur « a » ou « u ».
Exemples : Le frère, là, où.

Cas d'usage	Exemples
Lorsque « e » est suivi d'un « e » muet.	Collège, avènement, complète, etc.
Lorsque « e » est suivi d'un « s » final (sauf le « s » du pluriel).	Près, abcès, très, etc.
Pour différencier des homonymes.	a et à ou et où

QUAND METTRE L'ACCENT AIGU OU GRAVE ?

Pour le savoir, il faut couper le mot par syllabes :

Si la syllabe qui contient le son « é/è » se termine par une **consonne**, on ne met pas d'accent.

Exemples : ter/ri/ble **ef**/f**er**/v**es** /c**en**/ce pa/t**er**/n**el** com/pl**et**

Sinon, on met un accent.

Exemples : in/té/res/sant sé/ré/ni/té com/plè/te brè/ve

QUEL ACCENT METTRE : L'ACCENT AIGU OU GRAVE ?

Pour le savoir, il faut observer la syllabe suivante (à droite) :

Si elle contient un « e » muet, alors on met un accent grave « è ».

Exemples : pè/re der/niè/re chè/vre

Sinon, on met un accent aigu « é ».

Exemples : é/lé/phant l'hé/té/ro/gé/né/ité

L'ACCENT CIRCONFLEXE

L'accent circonflexe est utilisé pour toutes les voyelles sauf « y ».

Exemples : La tête, le râteau, mûr, drôle, l'abîme.

Cas d'usage	Exemples
Pour préciser la prononciation d'une lettre.	Gâteau, âme, etc.
Pour indiquer la disparition d'une lettre.	Hôpital (se disait hospital), Fête (se disait feste), etc.
Pour différencier des homonymes.	Sur et sûr Du et dû

28 Masculin/Féminin

LEXIPHRASE

RÈGLES GÉNÉRALES SUR LE GENRE DES NOMS

Terminaisons des mots masculins	-age, al, -et, -ier, -isme, et -teur **sont des terminaisons de mots masculins.**
Terminaisons des mots féminins	-ade, -ance, -ation, -ence, -esse, -ette, -euse, -té et -ude **sont des terminaisons de mots féminins.**
Certains noms masculins se terminent par :	**-ée :** athée, apogée, musée, etc. **-eurre :** leurre, beurre. **-ette :** squelette **(c'est le seul).** **-ie :** génie, sosie, parapluie, etc. **-oire :** pourboire, déboire, territoire, etc.
Adjectifs masculins terminés par un « e » :	Les adjectifs masculins terminés par le **son** [**il**] s'écrivent -**ile** (agile, etc.) **sauf** civil, puéril, subtil, vil, volatil et tranquille.
Terminaisons trompeuses des noms féminins **Les noms féminins terminés par :**	– Le son [**tié**] ne prend **jamais de « e » final** : amitié, pitié, etc. – Le son [**té**] ne prennent **pas de « e » final** : beauté, rapidité, etc. **sauf** butée, dictée, jetée, montée, nuitée, pâtée, portée, tétée, potée, platée et assiettée. – Les **sons** [i], [u], [è], [ou], **prennent un « e » final sauf** : brebis, fourmi, nuit, perdrix, souris, bru, glu, tribu, vertu, forêt, paix et toux.

MOTS DONT LE GENRE CHANGE AU PLURIEL

Singulier masculin	Amour	Délice	Orgue
Pluriel féminin	Amours	Délices	Orgues

Exemple : Cet orgue est puissant. Ces orgues sont puissantes.

LISTE DE MOTS MASCULINS

Agrume	Aphte	Augure	Entracte	Hémisphère	Obélisque
Amalgame	Apogée	Cerne	Épilogue	Intervalle	Opuscule
Amiante	Appendice	Effluve	Équinoxe	Ivoire	Pétale
Antidote	Armistice	Éloge	Exécutoire	Interclasse	Planisphère
Antipode	Asphalte	Emblème	Exode	Interstice	Rail
Aparté	Astérisque	En-tête	Haltère	Méandre	Tentacule

LISTE DE MOTS FÉMININS

Acné	Anagramme	Atmosphère	Écritoire	Idylle	Omoplate
Aérogare	Alcôve	Câpre	Épithète	Interview	Orbite
Agora	Apothéose	Catacombes	Équivoque	Obsèques	Stalactite
Algèbre	Argile	Échappatoire	Icône	Octave	Ténèbres

LISTE DE MOTS UTILISABLES DANS LES 2 GENRES (SENS IDENTIQUE)

Alvéole	Enzyme	Oasis	Perce-neige
Après-midi	Météorite	Palabre	Réglisse

LISTE DE MOTS UTILISABLES DANS LES 2 GENRES (SENS DIFFÉRENT)

Mot	Signification
Livre	**Un livre :** Document écrit. ≠ **Une livre :** Unité de mesure de la masse.
Manche	**Un manche :** Partie d'un outil qui permet de le tenir. ≠ **Une manche :** 1) Partie d'un vêtement, 2) Partie d'un match
Voile	**Un voile :** 1) Étoffe, 2) Coiffure, 3) Tissu léger ≠ **Une voile :** Pièce de toile qui fait avancer un bateau.
Moule	**Un moule :** Objet creux destiné à donner une forme. ≠ **Une moule :** Mollusque marin comestible.
Poêle	**Un poêle :** Appareil de chauffage. ≠ **Une poêle :** Ustensile de cuisine qui sert à frire.

29 Mots difficiles à orthographier

LEXIPHRASE

MOTS ET EXPRESSIONS DIFFICILES À ORTHOGRAPHIER

Abbaye	Dissymétrie
Aborigène	Ennuyer
Accueil	Erroné
Acoustique	Étymologie
Acquérir	Exaucer
Alizé	Exorbitant
Amygdale	Fanfaronnade
Appeler	Fioul
Astérisque	Fourmilière
Au temps pour moi	Frayeur
Bâiller	Gaufre
Balbutier	Geyser
Bayer aux corneilles	Graffiti
Boycotter	Hippopotame
Camelote	Houppette
Cannelle	Hypoténuse
Canule	Hypothèse
Carrousel	Illettrisme
Cassolette	Imbécilité
Cassonade	Indemne
Clown	Intéresser
Coccyx	Interroger
Dilemme	Inondation
Discerner	Intriguer
Dissonance	Joaillier
Écuyer	Kinésithérapeute
Embarrasser	Langage

En l'occurrence	Larynx
Lubie	Poliomyélite
Magazine	Poney
Malgré	Prohiber
Marchepied	Quinconce
Méditerranéen	Rapiécer
Misogynie	Rayure
Montgolfière	Recueillir
Mystère	Rhododendron
Nonne	Ruisseler
Obnubiler	Satellite
Obscurcir	Serpillière
Occurrence	Staphylocoque
Opprobre	Susurrer
Ornithorynque	Toboggan
Par acquit de conscience	Tressaillir
Parallélépipède	Triptyque
Parmi	Trottinette
Papyrus	Tutoiement
Philanthrope	Vraisemblable
Pittoresque	Ver
Phlébite	Yaourt
Plinthe	Zoo

EXERCICE

Question 1 ★★★☆☆ **30 sec. – 2 min.**

Combien de fautes d'orthographe le passage suivant contient-il ?

« L'enfant méditerranéen recueilli présentait des capacités mystérieuses et interessantes, notamment en ce qui concernait son language ».

(A) 2 (B) 3 (C) 4 (D) 5

CORRIGÉ FICHE 120

30 Questions de correction grammaticale

LEXIPHRASE Fréquence ●●●●● Difficulté ★★★★☆

Les questions de « **Correction grammaticale** » consistent à **identifier les fautes de grammaire**.

Il existe **3 types de questions de « Correction grammaticale »** :

- La conjugaison d'un verbe (phrase).
- La concordance des temps (phrase).
- La correction grammaticale par paragraphe (paragraphe).

CONJUGAISON D'UN VERBE (PHRASE)

Il s'agit de choisir la réponse **grammaticalement correcte** ou la réponse **grammaticalement incorrecte** parmi les 5 réponses (**conjugaison d'un verbe**).

Application ★★★☆☆ **30 sec. – 2 min.**

Parmi les propositions suivantes, laquelle est correcte d'un point de vue grammatical ?

(A) Il n'avait pas mangées ses oranges, c'est pour cela qu'il est tombé malade.

(B) Elle n'est pas stéréotypé malgré son envie de faire comme les autres.

(C) Il ne s'est pas rendu compte que ses jours étaient comptés.

(D) Elle a échoué à convaincre son père qui lui avait donnée sa confiance.

Corrigé : (A) Il n'avait pas mang**é** ; (B) Elle n'est pas stéréotyp**ée** ; (C) OK ; (D) Son père qui lui avait donn**é** sa confiance. **Réponse C.**

➔ **Fiches utiles pour vos révisions : 31 à 33.**

LA CONCORDANCE DES TEMPS (PHRASE)

Il s'agit de choisir la réponse **grammaticalement correcte** ou la réponse **grammaticalement incorrecte** parmi les réponses (**concordance des temps = conjugaison de 2 verbes**).

Application ★★★☆☆ 30 sec. – 2 min.

Laquelle de ces propositions est grammaticalement correcte ?

(A) Quoiqu'il nous a fait, il faudra bien se résoudre à lui pardonner.

(B) Quoi qu'il nous a fait, il faudra bien se résoudre à le pardonné.

(C) Quoiqu'il nous aura fait, il nous faudra bien nous résoudre à lui pardonner.

(D) Quoi qu'il nous ait fait, il nous faudra bien nous résoudre à lui pardonner.

Corrigé : Quoi qu'il nous ait fait, il nous faudra bien nous résoudre à lui pardonner. **Réponse D.**

➔ **Fiches utiles pour vos révisions : 31 à 33.**

CORRECTION GRAMMATICALE (PARAGRAPHE)

Il s'agit de comptabiliser le **nombre de fautes de grammaire** dans un paragraphe.

Application ★★★☆☆ 30 sec. – 2 min.

Combien de fautes de grammaire le passage suivant contient-il ?

Salomé fit l'achat d'une robe rouge à un prix exorbitant et son père la réprimandai sévèrement, avant d'être rassérénée par l'air contrit de sa fille.

(A) 1

(B) 2

(C) 3

(D) 4

Corrigé : Salomé fit l'achat d'une robe rouge à un prix exorbitant et son père la **réprimanda** sévèrement, avant d'être **rasséréné** par l'air contrit de sa fille. **2 fautes. Réponse B.**

➔ **Fiches utiles pour vos révisions : 31 à 33.**

31 Principales fautes de grammaire

LEXIPHRASE

LA CONCORDANCE DES TEMPS

La concordance des temps s'applique dans une phrase qui contient une **proposition principale** et une **proposition subordonnée**.

Proposition principale	Proposition subordonnée	Exemple
Présent	Présent	Je **pense** qu'il **travaille**.
Présent	Imparfait	Je **pense** qu'il **dormait**.
Présent	Passé composé	Je te **dis** ce que j'**ai acheté**.
Imparfait	Imparfait	Je te **disais** ce que j'**achetais**.
Imparfait	Plus-que-parfait	Je te **disais** ce que j'**avais acheté**.
Imparfait	Conditionnel présent	Je **savais** ce qu'il **dirait**.
Futur	Futur	Je te **dirai** ce que j'**achèterai**.
Futur	Futur antérieur	Je te **dirai** ce que j'**aurai acheté**.
Passé simple	Passé simple	Il **partit** dès qu'il **vit** la voiture.
Passé simple	Imparfait	Je **sus** qu'il **disait** des choses.
Passé composé	Conditionnel présent	J'ai **su** ce qu'il **choisirait**.
Passé simple	Conditionnel présent	Je **sus** ce qu'il **ferait**.
Conditionnel présent	Conditionnel passé	Il était convenu qu'il **viendrait** dès qu'il **aurait quitté** l'école.

FAUTES DE GRAMMAIRE

	Règle	Exemple
É/Er	**Terminaison en « é »** = Participe passé des verbes du 1er groupe. **Terminaison en « er »** = Infinitif des verbes du 1er groupe. **Astuce :** Pour savoir si le verbe doit être conjugué ou écrit à l'infinitif, remplacez-le par un verbe du 3e groupe comme « vendre ».	« J'ai appelé la police » (car on dit « j'ai vendu la police » et non « j'ai vendre la police », donc « é »).
Ai/Ais	**Terminaison en « ai »** = « Je » au **futur**. **Terminaison en « ais »** = « Je » au **conditionnel**. **Astuce :** Remplacez par la 1re personne du pluriel (ou la 3e du singulier), la différence sera alors bien plus évidente.	Je **devrai** faire les courses (= futur ; il devra). Je **devrais** faire les courses (= conditionnel ; il devrait).
Terminaisons des participes passés	**Astuce :** Pour connaître la terminaison d'un participe passé, mettez la phrase au féminin.	« J'ai retranscrit l'allocution présidentielle » (car elle est « retranscrite »). « J'ai appris ma leçon » (car ma leçon est « apprise »).

Principales fautes de grammaire	Règle	Exemple
A/À	« **A** » est la conjugaison à la 3e personne du singulier de l'indicatif du verbe **avoir**. « **À** » est une préposition. **Astuce** : Si on peut utiliser « avait », alors on met « **a** ». Sinon, on met « **à** ».	Il **a** 17 ans (car on peut dire « il avait 17 ans »). Je vais **à** Paris (on ne peut pas dire « Je vais avait Paris »).
Sur/Sûr	« **Sur** » est une préposition qui indique une position. « **Sûr** » est un adjectif qui signifie « certain ». **Astuce** : Si on peut utiliser « sous », alors on met « **sur** ». Si on peut utiliser « certain », alors on met « **sûr** ». **Remarque** : « **Bien sûr** » est invariable.	Il est **sur** la table (car on peut dire **sous** la table). Il est **sûr** de ce qu'il dit (car on peut dire certain de ce qu'il dit).
Ou/Où	« **Ou** » est une conjonction de coordination, qui conditionne une alternative/un choix. « **Où** » est un adverbe ou un pronom, qui désigne un lieu, un moment ou une conséquence. **Astuce** : Si on peut utiliser « ou bien » , alors on met « **ou** ». Sinon, « **où** ».	Souhaites-tu aller à Paris **ou** (= ou bien) ailleurs ? Je vais **où** bon me semble (on ne peut pas dire : « Je vais ou bien bon me semble »).

Principales fautes de grammaire	Règle	Exemple
Quelque / Quel que	• « **Quel que** » est suivi du subjonctif. **Quel** s'accorde avec le sujet du verbe. • « **Quelque** » est : **1)** Un **adjectif variable** lorsqu'il est suivi d'un nom. Il peut être remplacé par « **plusieurs** ». **2)** Un **adverbe invariable** lorsqu'il est suivi d'un adjectif employé seul ou d'un adverbe. Il peut être remplacé par « **si** ». **3)** Un **adverbe invariable** lorsqu'il signifie **environ**.	**Quelles que soient** ses intentions, ... **Quelques** femmes célèbres. **Quelque** (durement) touché qu'il soit, ... (= **Si** (durement) touché qu'il soit, ...) **Quelque** 50 ans se sont écoulés.
Quoique / Quoi que	« **Quoi que** » est suivi du subjoncif. Il peut être remplacé par « **Peu importe ce que** ». « **Quoique** » est suivi du subjonctif ou du participe. C'est une conjonction de subordination. Il peut être remplacé par « **bien que** ».	**Quoi que** je fasse, il m'en voudra toujours. **Quoiqu'**il soit malade, il a pensé à appeler (= **Bien qu'**il soit malade)
Ce/Se	« **Se** » est un pronom personnel réfléchi qui ne s'emploie que dans les verbes pronominaux. « **Ce** » est un adjectif ou un pronom démonstratif. **Astuce** : Si on peut remplacer « se » par « me », alors on écrit « **se** ». Sinon « **ce** ».	Il **se** faufile parmi les arbres (On peut dire « je **me** faufile). J'aime ce que vous faites ; J'aime **ce** bijou.

32 Conjugaison : ÊTRE et AVOIR

LEXIPHRASE

AVOIR (AUXILIAIRE)

INFINITIF		PARTICIPE	
Présent	**Passé**	**Présent**	**Passé**
Avoir	Avoir eu	Ayant	Ayant eu

INDICATIF			
Présent	**Passé composé**	**Imparfait**	**Passé simple**
J'ai	J'ai eu	J'avais	J'eus
Tu as	Tu as eu	Tu avais	Tu eus
Il a	Il a eu	Il avait	Il eut
Nous avons	Nous avons eu	Nous avions	Nous eûmes
Vous avez	Vous avez eu	Vous aviez	Vous eûtes
Ils ont	Ils ont eu	Ils avaient	Ils eurent
Plus que parfait	**Passé antérieur**	**Futur**	**Futur antérieur**
J'avais eu	J'eus eu	J'aurai	J'aurai eu
Tu avais eu	Tu eus eu	Tu auras	Tu auras eu
Il avait eu	Il eut eu	Il aura	Il aura eu
Nous avions eu	Nous eûmes eu	Nous aurons	Nous aurons eu
Vous aviez eu	Vous eûtes eu	Vous aurez	Vous aurez eu
Ils avaient eu	Ils eurent eu	Ils auront	Ils auront eu

SUBJONCTIF			
Présent	**Passé**	**Imparfait**	**Plus que parfait**
Que j'aie	Que j'aie eu	Que j'eusse	Que j'eusse eu
Que tu aies	Que tu aies eu	Que tu eusses	Que tu eusses eu
Qu'il ait	Qu'il ait eu	Qu'il eût	Qu'il eût eu
Que nous ayons	Que nous ayons eu	Que nous eussions	Que nous eussions eu
Que vous ayez	Que vous ayez eu	Que vous eussiez	Que vous eussiez eu
Qu'ils aient	Qu'ils aient eu	Qu'ils eussent	Qu'ils eussent eu

CONDITIONNEL		IMPÉRATIF	
Présent	**Passé**	**Présent**	**Passé**
J'aurais	J'aurais eu	Aie	Aie eu
Tu aurais	Tu aurais eu		
Il aurait	Il aurait eu		
Nous aurions	Nous aurions eu	Ayons	Ayons eu
Vous auriez	Vous auriez eu	Ayez	Ayez eu
Ils auraient	Ils auraient eu		

ÊTRE (AUXILIAIRE)

INFINITIF		PARTICIPE	
Présent	**Passé**	**Présent**	**Passé**
Être	Avoir été	Étant	Ayant été

INDICATIF			
Présent	**Passé Composé**	**Imparfait**	**Passé Simple**
Je suis	J'ai été	J'étais	Je fus
Tu es	Tu as été	Tu étais	Tu fus
Il est	Il a été	Il était	Il fut
Nous sommes	Nous avons été	Nous étions	Nous fûmes
Vous êtes	Vous avez été	Vous étiez	Vous fûtes
Ils sont	Ils ont été	Ils étaient	Ils furent
Plus que parfait	**Passé antérieur**	**Futur**	**Futur antérieur**
J'avais été	J'eus été	Je serai	J'aurai été
Tu avais été	Tu eus été	Tu seras	Tu auras été
Il avait été	Il eut été	Il sera	Il aura été
Nous avions été	Nous eûmes été	Nous serons	Nous aurons été
Vous aviez été	Vous eûtes été	Vous serez	Vous aurez été
Ils avaient été	Ils eurent été	Ils seront	Ils auront été

SUBJONCTIF			
Présent	**Passé**	**Imparfait**	**Plus que parfait**
Que je sois	Que j'aie été	Que je fusse	Que j'eusse été
Que tu sois	Que tu aies été	Que tu fusses	Que tu eusses été
Qu'il soit	Qu'il ait été	Qu'il fût	Qu'il eût été
Que nous soyons	Que nous ayons été	Que nous fussions	Que nous eussions été
Que vous soyez	Que vous ayez été	Que vous fussiez	Que vous eussiez été
Qu'ils soient	Qu'ils aient été	Qu'ils fussent	Qu'ils eussent été

CONDITIONNEL		IMPÉRATIF	
Présent	**Passé**	**Présent**	**Passé**
Je serais	J'aurais été	Sois	Aie été
Tu serais	Tu aurais été		
Il serait	Il aurait été		
Nous serions	Nous aurions été	Soyons	Ayons été
Vous seriez	Vous auriez été	Soyez	Ayez été
Ils seraient	Ils auraient été		

33 Accord du participe passé

LEXIPHRASE

ACCORD DU PARTICIPE PASSÉ SANS AUXILIAIRE

Règle	Exemple
Sans auxiliaire, les participes passés **s'accordent** comme des adjectifs.	Des montres conçues pour résister à l'eau.

ATTENTION Les participes passés approuvé, attendu, certifié, communiqué, entendu, excepté, ôté, ouï, passé, lu, reçu, supposé, vu, étant donné, excepté que, ci-joint, **placés immédiatement avant le nom** précédé ou non d'un article, sont **invariables**.
Exemple : Toutes ses sœurs sont mariées, excepté la plus jeune.
En revanche, ils **s'accordent** s'ils sont placés **après le nom** auquel ils se rapportent.
Exemple : Toutes ses sœurs sont mariées, la plus jeune exceptée.

ACCORD DU PARTICIPE PASSÉ AVEC L'AUXILIAIRE ÊTRE

	Règle	Exemple
Verbes non pronominaux	Avec l'auxiliaire « être », le participe passé des verbes non pronominaux **s'accorde comme un adjectif.**	Elle est concernée. Elles sont exténuées.
Verbes essentiellement pronominaux	= Verbes qui n'existent qu'à la forme pronominale (se méfier, etc.) ou qui ont un sens particulier à la forme pronominale (se plaindre, etc.). Le participe passé **s'accorde avec le sujet**.	Ils se sont tus.
Verbes pronominaux réfléchis	= Verbes qui expriment une action faite par le sujet sur lui-même (se laver, etc.). Le participe passé **s'accorde** si **le complément d'objet direct (COD) est placé avant le verbe.** Si **le COD est placé après le verbe**, alors le participe passé **ne s'accorde pas.**	Elle s'est cachée. Elle s'est caché un œil.

	Règle	Exemple
Verbes pronominaux réciproques	= Verbes qui expriment une action exercée par 2 personnes l'une sur l'autre. Le participe passé **s'accorde** si **le complément d'objet direct (COD) est placé avant le verbe.** Si **le COD est placé après le verbe,** alors le participe passé **ne s'accorde pas.**	Ils se sont entendus. Ils se sont serré la main.

REMARQUE Les participes passés de verbes pronominaux qui ne peuvent pas avoir de COD sont **toujours invariables** : Ils se sont succédé, parlé, souri, menti, plu, rendu compte, etc.

ACCORD DU PARTICIPE PASSÉ AVEC L'AUXILIAIRE AVOIR

Règle	Exemple
Si **le COD précède l'auxiliaire « avoir »**, alors le **participe passé s'accorde** en genre et en nombre avec le COD.	Les champignons qu'elle a cuisinés.
Si **le COD est placé après l'auxiliaire « avoir »** ou s'il n'y a pas de COD, alors le **participe passé ne s'accorde pas**.	Elle a cuisiné les champignons.

REMARQUE Les participes passés qui ne peuvent pas avoir de COD sont **toujours invariables** : voyagé, cessé, disparu, agi, pu, ri, suffi, participé, plu, insisté, dormi, etc.

ATTENTION

1. Le participe passé **suivi d'un attribut du COD** s'accorde avec ce complément lorsque celui-ci précède le participe. **Exemple** : Je les avais crus opticiens.
2. **Le participe passé suivi d'un infinitif** s'accorde uniquement si le COD, placé avant le participe, fait l'action exprimée par l'infinitif. **Exemple :** La cantatrice que j'ai entendue chanter (car c'est elle qui chante).

34 Questions de cohérence textuelle

LEXIPHRASE Fréquence ●●●●● Difficulté ★★★☆☆

Les questions de « **Cohérence textuelle** » (textes à trous) consistent à **choisir le meilleur mot/groupe de mots/phrase** pour compléter une phrase ou un paragraphe.

Il existe **5 types de questions de « cohérence textuelle »** :
- 1 phrase et 1 trou (1 mot).
- 1 texte et 1 trou (1 mot).
- 1 texte et 2 trous (2 mots).
- 1 texte et 3 trous (3 mots).
- 1 texte et 1 phrase (groupe de mots).

Le choix de la bonne réponse s'effectue selon :
- **Le fond de la réponse** (= signification du mot ou du sens de la phrase).
- **La forme de la réponse** (= le champ lexical/jargon/ton de la réponse doit correspondre au texte).

MÉTHODE DE RÉSOLUTION (SIGNIFICATION DU MOT)

Application ★★★☆☆ **30 sec. – 2 min.**

Complétez avec les mots ou les expressions assurant la meilleure cohérence textuelle.
[...] Charlie est très différent. [...] il cherche à se faire des amis parmi ses camarades d'école, il se sent terriblement seul.

(A)	Heureusement que	Sinon
(B)	Bien qu'	Toutefois
(C)	C'est pourquoi	Cependant
(D)	Il est vrai que	Bien qu'

Étape 1 Analysez uniquement les mots de la 1re colonne + Éliminez les mauvaises réponses.

(A) Heureusement que
~~(B) Bien qu'~~ (Orthographe incorrecte)
~~(C) C'est pourquoi~~ (Réponse illogique)
(D) Il est vrai que

Étape 2 Analysez uniquement les mots restants dans la 2e colonne + Choisissez la bonne réponse.

(A) ~~Sinon~~

(D) Bien qu'

Réponse D.

ATTENTION Veillez à ce que le(s) mot(s) à intégrer s'insèrent parfaitement dans la phrase. Faites particulièrement attention aux prépositions et à la concordance des temps.

Fiches utiles pour vos révisions : 35 à 37.

MÉTHODE DE RÉSOLUTION (SIGNIFICATION DE LA PHRASE)

Il s'agit généralement de questions de **variations sucessives.**

Application ★★★☆☆ 30 sec. – 2 min.

Choisissez la réponse qui assure la meilleure cohérence textuelle.

C'est le [...] cheval de tous les temps, le [...] et le [...] à même d'écraser ses adversaires pendant la course.

(A)	Plus petit	Plus mignon	Plus
(B)	Meilleur	Plus rapide	Plus
(C)	Pire	Plus laid	Plus
(D)	Plus vieux	Moins cher	Presque

Étape 1 Testons chaque réponse en éliminant les réponses incohérentes.

Testons d'abord la réponse A. (Plus petit/Plus mignon/Plus)

Si c'est le plus petit cheval de tous les temps, il ne peut pas écraser ses adversaires pendant la course. On élimine la réponse A.

Étape 2 Sélectionnons la bonne réponse.

Testons la réponse B. (Meilleur/Plus rapide/Plus)

C'est le meilleur cheval de tous les temps, le plus rapide et le plus à même d'écraser ses adversaires pendant la course. La phrase est cohérente.

Réponse B.

Fiches utiles pour vos révisions : 35 à 37.

MÉTHODE DE RÉSOLUTION (SIGNIFICATION DU TEXTE)

Application ★★★☆☆ **30 sec. – 2 min.**

Choisissez la phrase de fin qui assure la meilleure cohérence textuelle.

L'alliance n'exclut pas la compétition, et les divergences sont même souvent de notoriété publique. Le renseignement, de par sa nature d'outil d'aide à la décision des responsables politiques, est donc une pratique courante, y compris entre alliés. C'est la raison pour laquelle l'indignation actuelle et les protestations officielles, logiques du point de vue de l'affichage politique, ont une portée limitée. [...]

(A) L'indignation des autorités est réelle et aura de lourdes conséquences sur les alliances actuelles.

(B) Le renseignement entre alliés continuera, malgré les protestations affichées.

(C) Le renseignement est une pratique essentielle pour un pays souhaitant être une puissance.

(D) Il a toujours été de notoriété publique que le renseignement se pratique aussi entre alliés.

Corrigé

(A) L'indignation des autorités est réelle et aura de lourdes conséquences sur les alliances actuelles. **Contredit.**

(B) Le renseignement entre alliés continuera, malgré les protestations affichées. **Conclusion. Bonne réponse.**

(C) Le renseignement est une pratique essentielle pour un pays souhaitant être une puissance. **Hors-sujet.**

(D) Il a toujours été de notoriété publique que le renseignement se pratique aussi entre alliés. **Résumé.**

L'auteur explique que le renseignement entre alliés est une pratique commune, tolérée, pas hostile, et acceptée dans le milieu. L'indignation officielle est ainsi une façade. La réponse B est la réponse qui se rapproche le plus de cela : les renseignements n'auront aucune portée et les écoutes continueront. **Réponse B.**

REMARQUE Les questions de cohérence textuelle qui demandent de trouver une phrase finale sont très similaires aux questions de conclusions.

Fiches utiles pour vos révisions : 35 à 37.

Les locutions latines 35

LEXIPHRASE

Cette fiche liste les locutions latines les plus fréquemment utilisées au TAGE 2®, en particulier dans les questions de cohérence textuelle.

Locution latine	Signification
A contrario	Inversement.
A fortiori	À plus forte raison.
A posteriori	Après coup.
A priori	Avant examen des faits.
Ad hoc	Chose parfaitement adaptée à un effet.
Ad hominem	Dirigé contre la personne.
Ad litteram	À la lettre.
Ad vitam aeternam	Pour toujours.
Alea jacta est	Advienne que pourra.
Alter ego	Un autre moi.
Carpe diem	Profite du jour.
Casus belli	Acte qui peut déclencher une guerre.
De facto	De fait.
De visu	Après avoir vu.
Et caetera	Et ainsi de suite.
Ex abrupto	Brusquement.
Ex æquo	À égalité.
Ex cathedra	Sur un ton professoral.
Ex nihilo	À partir de rien.
Grosso modo	Dans les grandes lignes.
In abstracto	Abstraitement.
In extenso	Intégralement.
In extremis	De justesse.
In fine	Finalement, tout compte fait.
In situ	Dans son milieu naturel.
In vitro	En milieu artificiel.

Locution latine	Signification
In vivo	Sur un organisme vivant.
Intra muros (≠ extra muros)	À l'intérieur de la ville.
Ipso facto	Par voie de conséquence.
Manu militari	De force.
Modus operandi	Mode opératoire. Compromis.
Nec plus ultra	Ce qu'il y a de mieux.
Nolens volens	Bon gré, mal gré.
Pro bono	Pour le bien public.
Pro domo	Pour sa propre cause.
Sic	En citant exactement.
Sine die	Sans préciser la date.
Sine qua non	Nécessaire.
Statu quo	État actuel des choses.
Stricto sensu (lato sensu)	Au sens propre.
Urbi et orbi	Partout.
Vice versa	Inversement.

Les connecteurs logiques 36

LEXIPHRASE

CONNECTEURS LOGIQUES DE CAUSE			
Prépositions	**Conjonctions de coordination**	**Conjonctions de subordination**	**Adverbes et locutions**
À cause de En raison de Grâce à Du fait de	Car En effet	Parce que Puisque Comme Étant donné que	Effectivement

CONNECTEURS LOGIQUES D'ADDITION			
Prépositions	**Conjonctions de coordination**	**Conjonctions de subordination**	**Adverbes et locutions**
	Et	De même que Sans compter que Ainsi que	Ensuite De plus De surcroît En outre

CONNECTEURS LOGIQUES D'OPPOSITION			
Prépositions	**Conjonctions de coordination**	**Conjonctions de subordination**	**Adverbes et locutions**
Malgré En dépit de	Mais Or	Bien que Quoique Tandis que Alors que Même si	Cependant Pourtant Toutefois Néamoins En revanche

CONNECTEURS LOGIQUES DE CONSÉQUENCE			
Prépositions	**Conjonctions de coordination**	**Conjonctions de subordination**	**Adverbes et locutions**
	Donc Et	De sorte que Si bien que De façon que Au point que Tellement ... que	Aussi Finalement Ainsi Voilà pourquoi Par conséquent

CONNECTEURS LOGIQUES DE BUT			
Prépositions	**Conjonctions de coordination**	**Conjonctions de subordination**	**Adverbes et locutions**
En cas de	Donc Et	Pour que De peur que De crainte que Afin que	

CONNECTEURS LOGIQUES DE CONCLUSION			
Prépositions	**Conjonctions de coordination**	**Conjonctions de subordination**	**Adverbes et locutions**
	Donc		Ainsi En somme Bref Pour conclure En résumé

Les paronymes 37

LEXIPHRASE

Les **paronymes** sont des **mots qui se ressemblent** fortement de par leur forme, leur orthographe mais qui ont des sens différents.

ATTENTION Ne confondez pas deux mots pour les **questions de synonymie et les questions de cohérence textuelle.**

Définition	Mot	Mot	Définition
Renoncer à une croyance	**Abjurer**	**Adjurer**	Supplier
Qui n'est pas concret	**Abstrait**	**Abstrus**	Difficile à comprendre
Donner son accord	**Acceptation**	**Acception**	Sens d'un mot
Événement non souhaité	**Accident**	**Incident**	Fait non essentiel
Émotion associée à un sentiment	**Affectif**	**Effectif**	Nombre de personnes
Sentiment	**Affection**	**Affectation**	Assignation
Rendre ferme	**Affermir**	**Affirmer**	Dire
À qui on se fie	**Affidé**	**Affilié**	Associé à un groupe
Dire	**Affirmer**	**Infirmer**	Démentir/Contredire
Apparaître à la surface	**Affleurer**	**Effleurer**	Toucher légèrement
Peiner	**Affliger**	**Infliger**	Punir
Discours	**Allocution**	**Élocution**	Manière de parler
Choix	**Alternative**	**Alternance**	Succession tour à tour
Qui ignore les principes de la morale	**Amoral**	**Immoral**	Contraire à la morale
Contradiction	**Antinomie**	**Antonymie**	De sens contraire
Égaliser	**Aplanir**	**Aplatir**	Rendre plat
Vérifier l'exactitude d'un compte	**Apurer**	**Épurer**	Rendre pur
Montrer	**Arborer**	**Abhorrer**	Détester
Qui n'est pas naturel	**Artificiel**	**Artificieux**	Trompeur, Rusé

Définition	Mot	Mot	Définition
Certifier	**Assurer**	**Assumer**	Prendre ses responsabilités
2 fois par mois	**Bimensuel**	**Bimestriel**	Tous les 2 mois
Histoire d'une vie	**Biographie**	**Bibliographie**	Ensemble des livres
Rendre blanc	**Blanchiment**	**Blanchissage**	Nettoyer du linge
Tirer au canon	**Canonner**	**Canoniser**	Déclarer comme saint
Recevoir un message	**Capter**	**Captiver**	Attirer l'attention
Concerne le cerveau	**Cérébral**	**Cervical**	Concerne la nuque
Amateur de cinéma	**Cinéphile**	**Cynophile**	Amateur de chiens
Choc brutal	**Collision**	**Collusion**	Entente secrète
Naïf	**Crédule**	**Crédible**	Que l'on peut croire
Découvrir	**Déceler**	**Desceller**	Ouvrir
Supprimer le caractère mystérieux	**Démystifier**	**Démythifier**	Supprimer le caractère mythique
Dépourvoir de	**Dénuer**	**Dénuder**	Se déshabiller
Relâcher ce qui est tendu	**Détendre**	**Distendre**	Soumettre à une forte tension
Advenir	**Échoir**	**Échouer**	Ne pas réussir
Ordonner par une loi	**Édicter**	**Éditer**	Publier
Bris de clôture, de serrure	**Effraction**	**Infraction**	Violation d'un règlement
Éviter	**Éluder**	**Élucider**	Rendre clair
Sortir de l'eau	**Émerger**	**Immerger**	Plonger dans l'eau
S'installer dans un logement	**Emménager**	**Aménager**	Disposer avec ordre
Jaillissement volcanique	**Éruption**	**Irruption**	Entrée soudaine
Dessiner	**Esquisser**	**Esquiver**	Éviter
Imprimer en relief	**Estamper**	**Estomper**	Effacer
Sortie	**Évasion**	**Invasion**	Entrée de force sur un territoire
Glorifier	**Exalter**	**Exulter**	Être très heureux
Dit clairement	**Explicite**	**Implicite**	Sous-entendu
Accroissement progressif	**Gradation**	**Graduation**	Mesure des degrés
Adresse	**Habileté**	**Habilité**	Qui a l'autorisation de
Qui contient des images	**Imagé**	**Imaginé**	Inventé
Dérangeant	**Importun**	**Opportun**	Au bon moment
Causer du tort	**Léser**	**Lésiner**	Économiser en avare

Définition	Mot	Mot	Définition
Délivrer d'une oppression	**Libération**	**Libéralisation**	Rendre une économie libérale
Riche	**Luxueux**	**Luxurieux**	Débauché
Liquide organique	**Lymphe**	**Nymphe**	Divinité
Demander	**Mander**	**Mandater**	Payer par mandat
Matière pour travailler	**Matériau**	**Matériel**	Outils, équipement
Changer de peau/de voix	**Muer**	**Muter**	Changer de lieu de travail
Récupérer	**Recouvrer**	**Recouvrir**	Couvrir à nouveau
Renoncement avec regret	**Résignation**	**Résiliation**	Annulation d'un contrat
Qui peut être respecté	**Respectable**	**Respectueux**	Qui respecte
Qui doute	**Sceptique**	**Septique**	Qui produit une infection
Splendide	**Somptueux**	**Somptuaire**	Relatif aux lois
Causer du tort	**Léser**	**Lésiner**	Économiser en avare
Délivrer d'une oppression	**Libération**	**Libéralisation**	Rendre une économie libérale
Riche	**Luxueux**	**Luxurieux**	Débauché
Liquide organique	**Lymphe**	**Nymphe**	Divinité
Demander	**Mander**	**Mandater**	Payer par mandat
Matière pour travailler	**Matériau**	**Matériel**	Outils, équipement
Changer de peau/de voix	**Muer**	**Muter**	Changer de lieu de travail
Récupérer	**Recouvrer**	**Recouvrir**	Couvrir à nouveau
Renoncement avec regret	**Résignation**	**Résiliation**	Annulation d'un contrat
Qui peut être respecté	**Respectable**	**Respectueux**	Qui respecte
Qui doute	**Sceptique**	**Septique**	Qui produit une infection
Splendide	**Somptueux**	**Somptuaire**	Relatif aux lois

TAGE 2® N° 1/2/3

LEXIPHRASE

Rendez-vous sur

www.monsieur-tage-2.com

pour accéder aux corrigés des questions en vidéo !

TAGE 2® N° 1

1 LEXIPHRASE

CONSIGNES

15 questions	15 minutes	Calculatrice interdite	Chronomètre recommandé

BARÈME

Bonne réponse : +3 points	Aucune réponse : 0 point	Mauvaise réponse : –1 point

DÉFINITIONS & SYNONYMES

Question 1. Cette plante ne peut pas être mouillée, elle est [...] :

(A) Perméable
(B) Hydrophobe
(C) Hydraulique
(D) Insensible

Question 2. Cet animal pond des œufs pour se reproduire, c'est un [...] :

(A) Vivipare
(B) Omnivore
(C) Ovipare
(D) Ovovivipare

Question 3. Choisissez la reformulation dont le sens se rapproche le plus des mots soulignés.
Bien qu'il s'entraîne <u>en dilettante</u>, ce sportif est réputé pour sa capacité à <u>être flegmatique</u> dans toutes les situations qu'il rencontre.

(A) Avec assiduité	Savoir s'adapter à la réalité
(B) Avec plaisir	S'énerver facilement
(C) De manière irrégulière	Rester calme
(D) Sans zèle	Être serein

Question 4. Choisissez la reformulation dont le sens se rapproche le plus du mot souligné.

Pour de nombreux économistes, les politiques économiques actuelles menées dans la zone euro ne sont que des <u>expédients</u>. À quand des mesures <u>pérennes</u> ?

(A) Solutions temporaires	Permanentes
(B) Promesses non tenues	Importantes
(C) Politiques futiles	Innovantes
(D) Solutions provisoires	Durables

ANTONYMES

Question 5. Véritable <u>encenseur</u> du pouvoir, le duc de Blois est parvenu à se faire anoblir.

(A) Contempteur
(B) Thuriféraire
(C) Laudateur
(D) Caudataire

Question 6. Thomas aime ce qu'il fait ; c'est pourquoi il travaille <u>avec ardeur</u>.

(A) Sans relâche
(B) Avec soin
(C) Avec acharnement
(D) Nonchalamment

INTRUS

Question 7. Quel est l'intrus ?

(A) Célérité
(B) Rapidité
(C) Diligence
(D) Taille

Question 8. Quel est l'intrus ?

(A) Passer l'arme à gauche.
(B) Avoir du plomb dans l'aile.
(C) Rendre l'âme.
(D) Passer de vie à trépas.

Question 9. Quel est l'intrus ?

(A) Courir
(B) Marcher
(C) Danser
(D) Voyager

ANALOGIES

Question 10.

Peintre : pinceau Écrivain : ?

(A) Stylo
(B) Livre
(C) Fichier
(D) Ouvrage

CORRECTION

Question 11. Classez ces phrases de celle qui contient le plus de fautes d'orthographe et de grammaire à celle qui en contient le moins. Si 2 phrases comportent le même nombre de fautes, on peut les classer indifféremment.

(1) Des réponses claires, voila ce que j'attends de toi.
(2) Assurrément, cet homme était un escrot.
(3) Cet enfant sensé être dificile à gérer était tout a fait agreable.
(4) Je veux que tu prennes cette route pour rentrer à la maison de Paul.
(5) Des vertues milénaires sont prétées à ce produit miracle.

(A) 3 – 5 – 1 – 2 – 4
(B) 3 – 2 – 5 – 1 – 4
(C) 5 – 3 – 2 – 1 – 4
(D) 3 – 5 – 2 – 1 – 4

Question 12. Parmi les propositions suivantes, laquelle est grammaticalement fausse ?

(A) Marion et Justine sont furieuses que votre discours leur ait causé autant de torts.
(B) Les torts que votre discours leur a causé sont irréparables.
(C) La tarte au citron que Mamie a préparée a l'air exquise.
(D) Le paquet de livres que j'ai reçu par la poste est très lourd.

COHÉRENCE TEXTUELLE

Question 13. L'organisme sanitaire [...] de prendre des mesures de lutte anti-vectorielle, du type de celles prises pour lutter contre le chikungunya aux Antilles. Parmi celles-ci, figure l'isolement des cas suspects pour ne pas [...] la contamination de nouveaux moustiques.

(A) Recommande Contribuer à
(B) Interdit Assurer
(C) Conseille Éviter
(D) Essaye Se débarrasser

Question 14. Ce médicament a des effets secondaires graves qui ont causé la mort de plusieurs patients. La justice a enfin tranché en faveur des patients, qui ont été [...] par le laboratoire.

(A) Pardonnés
(B) Remboursés
(C) Excusés
(D) Indemnisés

Question 15. [...] l'avertissement de ses parents, il continue quand même à rentrer tard le soir. Ce jeune adolescent [...].

(A) En dépit Est bien sage.
(B) En écoutant N'en fait qu'à sa tête.
(C) Grâce à N'en fait qu'à sa tête.
(D) Malgré Est très têtu.

TAGE 2® N° 1

1 CORRIGÉ « LEXIPHRASE »

Difficulté	NORMAL														
Question	1	2	3	4	5	6	7	8	9	10	11	12	13	14	15
Réponse	B	C	D	D	A	D	D	B	A	A	D	B	A	D	D

Toutes les questions sont corrigées en vidéo dans votre espace **E-LEARNING sur www.monsieur-tage-2.com**

Posez toutes vos questions (concours, écoles, dossiers, TAGE 2®, etc.) au sein des **communautés d'entraide Facebook et Instagram « Monsieur TAGE 2 »** et **« Monsieur Ecoles de commerce » (+ de 20 000 membres).**

Question 1 — Réponse B — ★★★☆☆ — 30 sec. – 2 min. — Fiches 15/16

On dit d'un objet qui repousse l'eau (et donc qui ne peut pas être mouillé) qu'il est **« hydrophobe »**. C'est un synonyme d' **« imperméable »**. **Réponse B.**

À l'inverse, **« perméable »** désigne un objet qui laisse passer l'eau.
L' **« hydraulique »** désigne la branche de la physique qui étudie la circulation des liquides sous pression, principalement l'eau ou huile.
« Insensible » fait référence à un objet ou une personne qui ne fait pas preuve de sentiment.

Question 2 — Réponse C — ★★★★☆ — 1 min. – 3 min. — Fiches 15/16

Un animal qui pond des œufs pour se reproduire est un **« ovipare »**. **Réponse C.**

À l'inverse, les **« vivipares »** mettent au monde des petits entièrement développés (mammifères).
Les **« ovovivipares »** pondent des œufs et les gardent dans une poche de leur ventre.
Enfin, les **« omnivores »** sont des animaux qui se nourrissent aussi bien d'aliments végétaux qu'animaux.

Question 3 Réponse D ★★★☆☆ 30 sec – 2 min. Fiches 15/16

« En dilettante » : De manière discontinue, sans enthousiasme particulier, au gré de ses envies.
« Être flegmatique » : Garder son calme, ne pas s'emporter facilement.

1re colonne **On garde les réponses C et D.**
Les synonymes de **« En dilettante »** sont : « De manière irrégulière », « Sans zèle ». On garde donc les réponses C et D.

2e colonne **On choisit la réponse D.**
Les synonymes de **« Être flegmatique »** sont : « Être serein » et « Rester calme ».
Les réponses C et D sont valables, mais la réponse D est plus proche du sens initial. On choisit donc la **réponse D.**

Question 4 Réponse D ★★★☆☆ 30 sec. – 2 min. Fiches 15/16

Les « **expédients** » sont des moyens provisoires, souvent faits avec ce que l'on a mais pas mis en œuvre dans des conditions optimales.
« **Pérenne** » signifie : qui s'inscrit dans la durée, qui est là pour longtemps.

1re colonne **On garde les réponses A et D.**
Les synonymes de « **Expédients** » sont : « Solutions temporaires » et « Solutions provisoires ». On garde donc les réponses A et D.

2e colonne **On choisit la réponse D.**
Les synonymes de « **Pérennes** » sont : « Permanentes » et « Durables ».
Les réponses A et D sont valables, mais la réponse D est plus proche du sens initial.
On choisit donc la **réponse D**.

Question 5 Réponse A ★★★☆☆ 30 sec. – 2 min. Fiche 17

« Contempteur » : Personne qui dénigre quelqu'un ou quelque chose.
« Thuriféraire » : Personne qui loue, vante quelqu'un ou quelque chose avec excès.
« Laudateur » : Personne qui loue, qui exprime une louange.
« Caudataire » : Personne qui soutenait la traîne du pape, d'un cardinal ou d'un évêque. Au sens figuré, il s'agit d'un individu obséquieux, qui flatte ceux dont il peut espérer une faveur.
« Encenseur » : Personne qui a tendance à flatter plus que nécessaire les personnes qui l'entourent.

Le **« contempteur »** est le seul qui ne flatte pas, c'est donc l'antonyme d' **«** encenseurs **».**
Réponse A.

Question 6 Réponse D ★★★☆☆ **30 sec. – 2 min.** **Fiche 17**

« **Sans relâche** », « **Avec soin** » et « **Avec acharnement** » font référence à une grande motivation pour accomplir une tâche.

« **Nonchalamment** » qui signifie « avec nonchalance » est la seule réponse qui ne va pas dans ce sens. La nonchalance fait référence à un laisser-aller, à une mollesse. **Réponse D.**

Question 7 Réponse D ★★★☆☆ **30 sec. – 2 min.** **Fiche 23**

Intrus : Réponse D : Taille.
Critère : Le sens des mots.

Les mots « **Célérité** », « **Rapidité** » et « **Diligence** » expriment la notion de vitesse.
L'intrus est donc « **Taille** » qui n'a aucun rapport de sens avec les autres mots. **Réponse D.**

Question 8 Réponse B ★★★☆☆ **30 sec. – 2 min.** **Fiche 23**

Intrus : Réponse B : Avoir du plomb dans l'aile.
Critère : Le sens des expressions.

Les expressions « **Passer l'arme à gauche** », « **Rendre l'âme** » et « **Passer de vie à trépas** » sont des manières détournées de dire « mourir ».
L'intrus est donc « **Avoir du plomb dans l'aile** » qui signifie « être mal en point ».
Réponse B.

Question 9 Réponse A ★★★☆☆ **30 sec. – 2 min.** **Fiches 23/32**

Intrus : Réponse A : Courir.
Critère : La nature des mots (verbes).

Les mots « **Marcher** », « **Danser** » et « **Voyager** » sont des verbes du 1er groupe (leur infinitif se termine par – ER).
L'intrus est donc « **Courir** » qui n'est pas un verbe du 1er groupe. **Réponse A.**

Question 10 Réponse A ★★★☆☆ **30 sec. – 2 min.**

Critère : Le peintre utilise un pinceau pour réaliser sa toile. L'écrivain utilise un **stylo** pour faire son travail. **Réponse A.**

Question 11 **Réponse D** ★★★★☆ **45 sec – 2 min.** **Fiches 24/30**

- **Rappels de cours** **A/À :** Pour ne pas confondre « a » et « à », vérifiez si la phrase a toujours un sens en remplaçant par le mot « avait ». Si oui, on écrit **« a »** car c'est la **forme verbale**.

  Sinon, on écrit **« à »** car c'est la **préposition**.

  Ne confondez pas **« sensé »** (= qui a du sens) et **« censé »** (= supposé).

---

(1) Des réponses claires, **voilà** ce que j'attends de toi. **1 faute.**

(2) **Assurément**, cet homme était un **escroc**. **2 fautes.**

(3) Cet enfant **censé** être **difficile** à gérer était tout **à** fait **agréable**. **4 fautes.**

(4) Je veux que tu prennes cette route pour rentrer à la maison de Paul. **0 faute.**

(5) Des **vertus** **millénaires** sont **prêtées** à ce produit miracle. **3 fautes.**

---

3 – 5 – 2 – 1 – 4. Réponse D.

Question 12 **Réponse B** ★★★☆☆ **30 sec. – 2 min.** **Fiches 25/31**

- **Rappel de cours** Avec l'auxiliaire « avoir », **le participe passé s'accorde si et seulement si le COD est placé avant le verbe.**

Dans la réponse B, le COD est « les torts », placé avant le verbe (et après dans la réponse A), donc on accorde « causés » dans la réponse B et pas dans la A.

Les torts que votre discours leur a caus**és** sont irréparables. **Réponse B.**
Les autres phrases sont correctes.

Question 13 **Réponse A** ★★☆☆☆ **15 sec. – 1 min.** **Fiche 34**

L'organisme sanitaire **recommande** de prendre des mesures de lutte anti-vectorielle, du type de celles prises pour lutter contre le chikungunya aux Antilles. Parmi celles-ci, figure l'isolement des cas suspects pour ne pas **contribuer à** la contamination de nouveaux moustiques. **Réponse A.**

Question 14 **Réponse D** ★★★☆☆ **30 sec. – 2 min.** **Fiche 34**

Ce médicament a des effets secondaires graves qui ont causé la mort de plusieurs patients. La justice a enfin tranché en faveur des patients, qui ont été **indemnisés** par le laboratoire. **Réponse D.**

REMARQUE Ils n'ont pas été **« remboursés »** car le remboursement implique d'avoir payé quelque chose auparavant, ce qui n'est pas le cas ici.

Question 15 Réponse D ★★☆☆☆ 15 sec. – 1 min. Fiche 34

Malgré l'avertissement de ses parents, il continue quand même à rentrer tard le soir. Ce jeune adolescent **est très têtu**. **Réponse D.**

TAGE 2® N° 2

1 LEXIPHRASE

CONSIGNES

15 questions	15 minutes	Calculatrice interdite	Chronomètre recommandé

BARÈME

Bonne réponse : +3 points	Aucune réponse : 0 point	Mauvaise réponse : –1 point

DÉFINITIONS & SYNONYMES

Question 1. Cet avion peut flotter sur l'eau, c'est un [...] :

(A) Hydravion
(B) Deltaplane
(C) Vaisseau
(D) Zinc

Question 2. Cet homme est taciturne, il [...] :

(A) Aime parler de lui.
(B) Se sent bien.
(C) Est renfermé.
(D) Lit beaucoup.

Question 3. Choisissez les reformulations dont le sens se rapproche le plus des passages soulignés.

Cet enfant de 3 ans marchait <u>de guingois</u>, ce qui laissait ses parents <u>médusés</u>.

(A)	Bien	Sans voix
(B)	Pas droit	Stupéfaits
(C)	De travers	Inquiets
(D)	En biais	Pantois

Question 4. Choisissez le mot dont le sens se rapproche le plus des mots soulignés.

Mes collègues médisent de tout le monde. Ces persiflages sont dommageables.

(A)	Critiquent	Quolibets
(B)	Font l'éloge de	Dénonciations
(C)	Louent	Tiraillements
(D)	S'attaquent à	Moqueries

ANTONYMES

Question 5. Les mesures prises par ce professeur sont assez draconiennes.

(A) Laxistes
(B) Fortes
(C) Strictes
(D) Rigoureuses

Question 6. Il a vilipendé son interlocuteur.

(A) Traité avec mépris.
(B) Applaudi.
(C) Rcspecté.
(D) Puni.

INTRUS

Question 7. Quel est l'intrus ?

(A) Acné
(B) Anagramme
(C) Haltère
(D) Orbite

Question 8. Quel est l'intrus ?

(A) Pomme
(B) Poire
(C) Citron
(D) Melon

Question 9. Quel est l'intrus ?

(A) Ils étaient semblables à un couple de tourtereaux.
(B) Il est tel un aigle déployant ses ailes.
(C) Elles étaient des anges.
(D) Elle est belle comme le jour.

ANALOGIES

Question 10.

Réfuter : approuver Parler : ?

(A) Crier
(B) Hurler
(C) Se taire
(D) Chanter

CORRECTION

Question 11. Combien de fautes d'orthographe, de grammaire et d'usage la phrase suivante contient-elle ?

La montre qu'il avait acheté ne fonctionnait déja plus un an plus tard. Malheuresement, elle n'était plus sous garantie. Il n'avait plus qu'à en racheter une, malgré ses difficultés pécunières. La prochaine fois, il prendra la garantie pour éviter ce genre de désagréments ou alors il fera en sorte d'acquérir une montre de qualité, sans obsolessence programmée. Ce n'est pas comme si je ne l'avais pas prévenu !

(A) 4
(B) 5
(C) 3
(D) 6

Question 12. Combien y-a-t-il de fautes d'orthographe, de grammaire et d'usage dans le passage suivant ?

« Parce qu'elle avait brillament réussi à marquer plusieurs buts en un match, elle attira l'attention des meilleurs clubs sportifs. Ce n'était pas seulement au poste d'attaquant qu'elle s'était ardemment illustré. Elle avait également démontré ses qualités en défense et en tactique. Assurément, ce serait une excellente recrue. Heureux le recruteur qui parviendrai à l'attrapper dans ses filets et à en faire une future prodige du ballon ovale ».

(A) 3
(B) 4
(C) 5
(D) 6

COHÉRENCE TEXTUELLE

Question 13. Sextuple champion olympique, Usain Bolt revient de loin pour [...] d'un centième son rival américain Justin Gatlin, convaincu de dopage à deux reprises dans le passé.

(A) Gagner
(B) Trahir
(C) Outrepasser
(D) Devancer

Question 14. [...] d'inactivité peut être à l'origine de problèmes cardiaques.

(A) Le manque
(B) L'insuffisance
(C) L'horreur
(D) L'excès

Question 15. Guillaume n'a [...] aucune envie de devenir un savant. Il continue [...] à apprendre ses leçons avec ferveur [...] il croit que ses parents l'en aimeraient davantage.

(A)	Toutefois	Pour cela	Mais
(B)	En effet	Toutefois	Car
(C)	Surtout	Malgré cela	Sans qu'
(D)	Absolument	Ainsi	Car

TAGE 2® N° 2

1 CORRIGÉ « LEXIPHRASE »

Difficulté	NORMAL														
Question	1	2	3	4	5	6	7	8	9	10	11	12	13	14	15
Réponse	A	C	D	A	A	C	C	D	C	C	B	C	D	D	B

Toutes les questions sont corrigées en vidéo dans votre espace **E-LEARNING sur www.monsieur-tage-2.com**

Posez toutes vos questions (concours, écoles, dossiers, TAGE 2®, etc.) au sein des **communautés d'entraide Facebook et Instagram « Monsieur TAGE 2 »** et **« Monsieur Ecoles de commerce » (+ de 20 000 membres).**

Question 1 Réponse A ★★★☆☆ **30 sec. – 2 min.** **Fiches 15/16**

Un « **hydravion** » est un avion équipé de flotteurs lui permettant de se poser sur l'eau. C'est donc la bonne réponse. **Réponse A.**

Un « **deltaplane** » est un genre de planeur ultra-léger.
En marine, un « **vaisseau** » est un navire de guerre.
Le mot « **zinc** » est un mot argotique ancien, qui désignait un avion.

Question 2 Réponse C ★★★☆☆ **30 sec. – 2 min.** **Fiches 15/16**

Une personne « **taciturne** » est une personne silencieuse, renfermée, pas vraiment disposée à entretenir une conversation. **Réponse C.**

Question 3 Réponse D ★★★★☆ 30 sec. – 1 min. Fiches 15/16

« **De guingois** » signifie « de travers ». « **Marcher de guingois** » signifie donc marcher de travers, en biais.
« **Médusé** » signifie sans voix, sans réaction.

1re colonne **On garde les réponses C et D.**

Les synonymes de « **De guingois** » sont : « Pas droit », « De travers » et « En biais ». Cependant, syntaxiquement, il est incorrect de dire : « Il marchait pas droit ». Il faudrait dire : « Il **ne** marchait pas droit ». On ne conserve donc pas la réponse B.
On garde les réponses C et D.

2e colonne **On choisit la réponse D.**

Les synonymes de « **Médusés** » sont : « Sans voix » et « Pantois ».
On choisit donc la **réponse D.**

Question 4 Réponse A ★★★☆☆ 30 sec. – 2 min. Fiches 15/16

« **Médire de quelqu'un** », c'est dire du mal de cette personne.
« **Persifler** » c'est se moquer de manière ironique.

1re colonne **On garde les réponses A et D.**

Les synonymes de « **Médisent de** » sont : « Critiquent » et « S'attaquent à ». On garde donc les réponses A et D.

2e colonne **On choisit la réponse A.**

Les synonymes de « **Persiflages** » sont : « Quolibets » et « Moqueries ». Le niveau de langue de l'énoncé est soutenu. On choisit donc la réponse A plutôt que la réponse D.

Question 5 Réponse A ★★☆☆☆ 15 sec. – 1 min. Fiche 17

Des mesures « **draconiennes** » sont des mesures très sévères, très rigoureuses.
C'est donc l'inverse de mesures « **laxistes** ». **Réponse A.**

Question 6 Réponse C ★★★☆☆ 30 sec. – 2 min. Fiche 17

« **Vilipender** » quelqu'un, c'est le traiter avec beaucoup de mépris, le dénigrer. C'est donc l'antonyme de « **respecter** ». **Réponse C.**

Question 7 Réponse C ★★★☆☆ 30 sec. – 2 min. Fiches 23/28

Intrus : Réponse C : Haltère.

Critère : Le genre des mots (masculin/féminin).

Les mots **« Acné »**, **« Anagramme »** et **« Orbite »** sont féminins.

L'intrus est donc **« Haltère »** qui est masculin. **Réponse C.**

Question 8 Réponse D ★★★☆☆ 30 sec. – 2 min. Fiche 23

Intrus : Réponse D : Melon.

Critère : Le sens des mots.

Les fruits **« Pomme »**, **« Poire »** et **« Citron »** poussent sur des arbres.

L'intrus est donc **« Melon »** qui ne pousse pas sur un arbre. **Réponse D.**

Question 9 Réponse C ★★★☆☆ 30 sec. – 2 min. Fiche 23

Intrus : Réponse C : Elles étaient des anges.

Critère : La figure de style utilisée (métaphore/comparaison).

Les expressions « Ils étaient **semblables à** un couple de tourtereaux », « Il est **tel** un aigle déployant ses ailes » et « Elle est belle **comme** le jour » sont des comparaisons. Dans les comparaisons, il y a utilisation d'un outil de comparaison (semblable à, comme, tel, etc.). L'intrus est donc **« Elles étaient des anges »** qui est une métaphore et non une comparaison. En effet, cette expression ne fait pas intervenir d'outil de comparaison. **Réponse C.**

Question 10 Réponse C ★★★☆☆ 30 sec. – 2 min. Fiche 23

Critère : Approuver est l'antonyme de réfuter. **Se taire** est l'antonyme de parler. **Réponse C.**

Question 11 Réponse B ★★★★☆ 30 sec. – 2 min. Fiches 24/30

- **Rappels de cours** Avec l'auxiliaire « avoir », le participe passé s'accorde si et seulement si le COD est placé avant le verbe. Ici, le COD (« la montre ») est placé avant l'auxiliaire « avoir ». On accorde donc « achetée ».

La montre qu'il avait **achetée** ne fonctionnait **déjà** plus un an plus tard. **Malheureusement**, elle n'était plus sous garantie. Il n'avait plus qu'à en racheter une, malgré ses difficultés **pécuniaires**. La prochaine fois, il prendra la garantie pour éviter ce genre de désagréments ou alors il fera en sorte d'acquérir une montre de qualité, sans **obsolescence** programmée. Ce n'est pas comme si je ne l'avais pas prévenu !

La phrase comporte **5 fautes. Réponse B.**

REMARQUE Les difficultés pécuniaires sont des difficultés financières.

Question 12 Réponse C ★★★★☆ 30 sec. – 2 min. Fiches 24/30

Parce qu'elle avait **brillamment** réussi à marquer plusieurs buts en un match, elle attira l'attention des meilleurs clubs sportifs. Ce n'était pas seulement au poste d'attaquant qu'elle s'était ardemment **illustrée**. Elle avait également démontré ses qualités en défense et en tactique. Assurément, ce serait une excellente recrue. Heureux le recruteur qui **parviendrait** à l'**attraper** dans ses filets et à en faire une future prodige du ballon **rond** ». **(Faute d'usage :** Marquer des buts = probablement le football = ballon rond ≠ ballon ovale = rugby).

Le passage contient **5 fautes. Réponse C.**

Question 13 Réponse D ★★☆☆☆ 15 sec. – 1 min. Fiche 34

Sextuple champion olympique, Usain Bolt revient de loin pour **devancer** d'un centième son rival américain Justin Gatlin, convaincu de dopage à deux reprises dans le passé. **Réponse D.**

Question 14 Réponse D ★★☆☆☆ 15 sec. – 1 min. Fiche 34

L'excès d'inactivité peut être à l'origine de problèmes cardiaques. **Réponse D.**

ATTENTION **L'excès** d'inactivité est le manque d'activité.
Ne pas confondre avec « le manque d'inactivité ».

Question 15 Réponse B ★★★★☆ 45 sec. – 3 min. Fiche 34

Guillaume n'a **en effet** aucune envie de devenir un savant. Il continue **toutefois** à apprendre ses leçons avec ferveur **car** il croit que ses parents l'en aimeraient davantage.

On comprend que Guillaume n'aime pas apprendre mais il fait cela pour plaire à ses parents. **Réponse B.**

TAGE 2® N° 3

1 LEXIPHRASE

CONSIGNES

15 questions	15 minutes	Calculatrice interdite	Chronomètre recommandé

BARÈME

Bonne réponse : + 3 points	Aucune réponse : 0 point	Mauvaise réponse : – 1 point

DÉFINITIONS & SYNONYMES

Question 1. C'est un renégat car il a […] :

(A) Perdu un pari.
(B) Tué quelqu'un.
(C) Manqué de respect à un ancien.
(D) Renié ses opinions.

Question 2. Le proverbe « Le chien aboie, la caravane passe » signifie […] :

(A) Que les contestations n'atteignent que ceux qui ne sont pas sûrs d'eux.
(B) Que les chiens ont tendance à aboyer quand ils voient une caravane passer.
(C) Qu'il ne faut jamais dire « jamais ».
(D) Qu'après la pluie, vient le beau temps.

Question 3. Il fut expulsé de l'école […] sa tricherie était […] et […].

(A)	Du fait que	Avérée	Impardonnable
(B)	Considérant que	Prouvée	Mal dissimulée
(C)	Si ce n'est que	Irréfutable	Intraitable
(D)	Pour le cas où	Fausse	Non prouvée

Question 4. Il <u>confessera</u> dans ses mémoires qu'il avait vécu la situation comme <u>un camouflet</u>.

(A)	Révèlera	Un succès
(B)	Confiera	Une humiliation
(C)	Concèdera	Un échec
(D)	Reconnaîtra	Un préjudice

ANTONYMES

Question 5. Il a toujours été <u>prolixe</u>.

(A) Bavard
(B) Pointilleux
(C) Maniaque
(D) Concis

Question 6. Il est connu pour être <u>acrimonieux</u>.

(A) Méchant
(B) Acariâtre
(C) Agréable
(D) Puissant

INTRUS

Question 7. Quel est l'intrus ?

(A) La Belle Province
(B) La France
(C) L'Italie
(D) Le Luxembourg

Question 8. Quel est l'intrus ?

(A) Il faut que je voie un docteur.
(B) L'important est que tu fasses attention en traversant.
(C) Éteins la lumière en sortant.
(D) Il fallait qu'il eût vendu son scooter avant lundi.

Question 9. Quel est l'intrus ?

(A) En son fort intérieur, il savait qu'il avait raison.
(B) Quand à moi, je serai de la partie.
(C) Il a laissé sa chambre sans dessus dessous.
(D) Nous avons eu des différends concernant l'éducation des enfants.

ANALOGIES

Question 10.

Tout : partie — Stade : ?

(A) Tribune
(B) Supporteur
(C) Arbitre
(D) Équipe

CORRECTION

Question 11. Les verbes des phrases suivantes sont conjugués au présent de l'indicatif ou au présent du subjonctif selon les cas. Pour chacune des phrases ci-dessous, quelle est la terminaison des verbes à compléter ?

(1) Il faut que tu ai... de bons résultats
(2) Je crains qu'elle ne fui... son passé.
(3) Quoi que tu en dis..., tu devras le faire.
(4) Tu cou... un vêtement pour le réparer.

(A)	1 – es	2 – e	3 – es	4 – ds
(B)	1 – es	2 – t	3 – es	4 – ds
(C)	1 – s	2 – t	3 – e	4 – s
(D)	1 – es	2 – e	3 – es	4 – s

Question 12. Parmi les cinq propositions suivantes, laquelle est correcte d'un point de vue grammatical ?

(A) Ils étaient cents milles à regarder le défilé.
(B) Je suis sensé le voir la semaine prochaine.
(C) Il n'a pas été assez convaincant pour moi.
(D) Vous n'êtes pas assez qualifié a mon goût.

COHÉRENCE TEXTUELLE

Question 13. Je pratique l'escalade et le tennis. Alors que le tennis [...] l'esprit de compétition, l'escalade se caractérise par la [...] du dépassement de soi.

(A)	Diminue	Recherche
(B)	Accentue	Prééminence
(C)	Augmente	Proéminence.
(D)	Joue sur	Totale absence

Question 14. Elle avait des baskets [...] et des manteaux [...]

(A)	Marron	Verts
(B)	Colorées	Marrons
(C)	Oranges	Bleus
(D)	Marrons	Verts

Question 15. Le dodo a disparu au XVIIe siècle sur l'île Maurice. Cette extinction a fait prendre conscience aux Européens de l'impact [...] qu'ils ont sur [...].

(A)	Irréversible	La biodiversité
(B)	Irrémédiable	Les animaux
(C)	Signifiant	Nos amis les bêtes
(D)	Temporaire	La faune et la flore

TAGE 2® N° 3

1 CORRIGÉ « LEXIPHRASE »

Difficulté	DIFFICILE														
Question	1	2	3	4	5	6	7	8	9	10	11	12	13	14	15
Réponse	D	A	A	B	D	C	A	C	D	A	A	C	B	A	A

Toutes les questions sont corrigées en vidéo dans votre espace **E-LEARNING sur www.monsieur-tage-2.com**

Posez toutes vos questions (concours, écoles, dossiers, TAGE 2®, etc.) au sein des **communautés d'entraide Facebook et Instagram « Monsieur TAGE 2 »** et **« Monsieur Ecoles de commerce » (+ de 20 000 membres).**

Question 1 Réponse D ★★★☆☆ 30 sec. – 2 min. Fiches 15/16

On dit de quelqu'un qui a renié ses origines, son parti, sa religion, ses opinions, etc. que c'est un « **renégat** ». **Réponse D.**

Question 2 Réponse A ★★★☆☆ 30 sec. – 2 min. Fiches 15/16

Le proverbe « **Le chien aboie, la caravane passe** » signifie que, quand on est sûr de soi, les contestations ne nous atteignent pas. Elles ne font douter que ceux qui ne sont pas sûrs d'eux. **Réponse A.**

Question 3 Réponse A ★★★☆☆ 30 sec. – 2 min. Fiches 15/16

Il fut expulsé de l'école **du fait que** sa tricherie était **avérée** et **impardonnable**. **Réponse A.**

Question 4 Réponse B ★★★★☆ **30 sec. – 2 min.** **Fiches 15/16**

« **Confesser** » une chose c'est la reconnaître publiquement, l'admettre. « Confesser » peut, ou non, avoir un sens religieux.
Un « **camouflet** » est un affront, une vexation, une humiliation.

1re colonne On garde les réponses A, B, C et D.

Les synonymes de « **Confessera** » sont : « Révèlera », « Confiera », « Concèdera » et « Reconnaîtra ». On garde donc les réponses A, B, C et D.

2e colonne On choisit la réponse B.

Les synonymes de « **Un camouflet** « sont : « Une humiliation » et « Un échec ».

> **ATTENTION** Les mots « Échec » et « Préjudice » ne reprennent pas bien la notion d'humiliation comprise dans le camouflet. On choisit donc la **réponse B.**

Question 5 Réponse D ★★★☆☆ **30 sec. – 2 min.** **Fiche 17**

Être « **prolixe** », c'est soit :
(1) Être trop long, trop diffus.
(2) Être prolifique.

Ici, la réponse la plus éloignée d'un des 2 sens est la réponse D, et le sens utilisé est donc le sens (1). En effet, être concis c'est être court et non trop long. **Réponse D.**

Question 6 Réponse C ★★★★☆ **45 sec. – 3 min.** **Fiche 17**

« **Être acrimonieux** » c'est avoir un caractère agressif, aigre dans le comportement ou le langage. C'est donc l'antonyme d' « **agréable** ». **Réponse C.**

Question 7 Réponse A ★★★☆☆ **30 sec. – 2 min.** **Fiche 23**

Intrus : Réponse A : La Belle Province.
Critère : Périphrases.

« La France », « L'Italie » et « Le Luxembourg » sont des noms de pays.
L'intrus est « La Belle Province » car c'est une périphrase (= une manière détournée) de désigner le Québec. **Réponse A.**

Question 8	Réponse C	★★★☆☆	30 sec. – 2 min.	Fiches 23/32

Intrus : Réponse C : Éteins la lumière en sortant.
Critère : Utilisation du subjonctif.

Les phrases : « Il faut que je **voie** un docteur », « L'important est que tu **fasses** attention en traversant » et « Il fallait qu'il **eût vendu** son scooter avant lundi » contiennent chacune un verbe au subjonctif (présent ou passé).
L'intrus est « Éteins la lumière en sortant » car elle ne contient pas de verbe au subjonctif.
Réponse C.

Question 9	Réponse D	★★★☆☆	30 sec. – 2 min.	Fiche 23

Intrus : Réponse D : Nous avons eu des différends concernant l'éducation des enfants.
Critère : Fautes d'orthographe.

(A) En son **for** intérieur, il savait qu'il avait raison.
(B) **Quant** à moi, je serai de la partie.
(C) Il a laissé sa chambre **sens** dessus dessous.
(D) Nous avons eu des différends (= désaccords) concernant l'éducation des enfants.

Les phrases : « En son for**t** intérieur, il savait qu'il avait raison », « Quan**d** à moi, je serai de la partie » et « Il a laissé sa chambre s**a**ns dessus dessous » contiennent chacune une faute d'orthographe.
L'intrus est « Nous avons eu des différends concernant l'éducation des enfants » car elle ne contient pas de faute d'orthographe. **Réponse D.**

Question 10	Réponse A	★★★☆☆	30 sec. – 2 min.

Critère : Le tout englobe l'ensemble des parties. Le stade englobe l'ensemble des **tribunes**.
Réponse A.

Question 11	Réponse A	★★★★☆	45 sec. – 2 min.	Fiches 24/30

(1) Il faut que tu **aies** de bons résultats
(2) Je crains qu'elle ne **fuie** son passé.
(3) Quoi que tu en **dises**, tu devras le faire.
(4) Tu **couds** un vêtement pour le réparer.

Réponse A.

Question 12 Réponse C ★★★☆☆ 30 sec. – 2 min. Fiches 25/31

- **Rappel de cours**
  - **A/À :** On écrit « **a** » quand on peut le remplacer par « avait/avais » (verbe avoir). On écrit « **à** » quand on ne peut pas dire « avait », c'est alors une préposition.
  - **Cent/Cents :** « **Cent** » prend un « s » quand il est multiplié par un autre nombre ET qu'il n'est pas suivi d'un autre chiffre (200 = deux cents, mais 203 = deux cent trois). Il en est de même pour « **Vingt** ».
  - « **Mille** » est toujours invariable.

(A) Ils étaient **cent mille** à regarder le défilé.
(B) Je suis **censé** le voir le voir la semaine prochaine.
(C) Il n'a pas été assez convaincant pour moi.
(D) Vous n'êtes pas assez qualifié **à** mon goût.

La seule phrase correctement orthographiée est la **réponse C.**

REMARQUES :
- Ne confondez pas **« convainquant »** (participe présent) et **« convaincant »** (adjectif).
- Ne confondez pas **« sensé »** (= qui a du sens) et **« censé »** (= supposé).

Question 13 Réponse B ★★★☆☆ 30 sec. – 2 min. Fiche 34

Je pratique l'escalade et le tennis. Alors que le tennis **accentue** l'esprit de compétition, l'escalade se caractérise par la **prééminence** du dépassement de soi. **Réponse B.**

REMARQUE La **« prééminence »** est la supériorité ; la **« proéminence »** est l'anormalité.

Question 14 Réponse A ★★★★☆ 30 sec. – 2 min. Fiches 24/30

- **Rappel de cours** Dans le cas d'adjectifs de couleurs, on accorde l'adjectif avec le nom auquel il se rapporte (**Exemple :** Des manteaux noir**s**, des jupes vert**es**, etc.), sauf si l'adjectif de couleur est un **nom commun** (**Exemple :** Des manteaux marro**n**, des yeux noisett**e**, etc.).

  Seulement **5 exceptions** à cette règle : rose, pourpre, écarlate, fauve et mauve, qui s'accordent.

1re colonne **On garde les réponses A et B.**
On élimine la réponse C (on devrait dire : « Des baskets orang**e** ») et la réponse D (on devrait dire : « Des baskets marro**n** »). On conserve les réponses A et B.

2e colonne **On choisit la réponse A.**

On élimine la réponse B (on devrait dire : « Des manteaux marro**n** »). On choisit donc par élimination la réponse A : Elle avait des baskets **marron** et des manteaux **verts**. **Réponse A.**

Question 15 Réponse A ★★★☆☆ 30 sec. – 2 min. Fiche 34

Le dodo a disparu au XVIIe siècle sur l'île Maurice. Cette extinction a fait prendre conscience aux Européens de l'impact **irréversible** qu'ils ont sur **la biodiversité**. **Réponse A.**

Remarques : « Irréversible » signifie : « Qui ne peut être annulé, enrayé ».

La « **biodiversité** » regroupe l'ensemble des espèces vivantes.

Sous-test 4

PARATEXTE (4)

38 Présentation du sous-test

PARATEXTE

Le sous-test « **Paratexte** » est le quatrième sous-test du TAGE 2®. Ce sous-test a pour objectif d'évaluer votre **compréhension de la langue française**. Ce sous-test se divise en **2 parties** : « **Paragraphe** » et « **Texte** ».

FORMAT

Durée du sous-test	15 minutes
Nombre de questions	15
Bonne réponse	+3 points
Aucune réponse	0 point
Mauvaise réponse	–1 point
Sources	*Le Monde*, *Courrier International*, *Historia*, etc.

CONTENU

Partie 1 : PARAGRAPHE		
Type de questions	**Nombre de questions**	**Explications**
Questions liées (cohérence textuelle)	5	Vous devez **compléter les trous** (avec un ou plusieurs mot(s)) d'un court paragraphe qui a été divisé en 5 questions (1 question = 1 phrase à compléter).

Partie 2 : TEXTE		
Type de questions	**Nombre de questions**	**Explications**
Questions liées (cohérence textuelle)	3	Vous devez **compléter les trous** (avec un ou plusieurs mot(s)) du **début d'un texte** qui a été divisé en 3 questions (1 question = 1 phrase à compléter).
Compréhension de textes	7	Vous devez **répondre** à 7 questions qui portent sur un texte (**début de texte**, c'est-à-dire les 3 premières questions **+ la fin du texte** (environ 10-15 lignes)). Il peut s'agir de questions de **repérage d'informations**, **d'interprétation des propos**, de **définition**, de **titre**, de **conclusion**, de **résumé** ou encore de **choix multiple**.

Le sous-test « Paratexte » est souvent sous-estimé par les candidats. À tort. Ce sous-test nécessite d'adopter de bonnes méthodes de résolution de questions. C'est la raison pour laquelle nous avons consacré 6 fiches de conseils et de méthodes.

OBJECTIFS DE SCORE

Nous vous recommandons de vous fixer les **objectifs suivants selon votre objectif au TAGE 2®**.

Objectif TAGE 2®	Objectif sous-test « Paratexte »
> 140/210	> 32/45
120 < X < 140	> 28/45
105 < X < 120	> 24/45

Score moyen des candidats	23/45
Temps de révision nécessaire	**Apprentissage du cours :** 1 - 3 heures **Entraînement :** 2 - 4 heures

39 7 conseils pour réussir le sous-test

PARATEXTE

Conseil n°1 : Soyez stratège.

La stratégie est une attitude à adopter pour l'ensemble du sous-test selon son déroulement. Bien que le sous-test « Paratexte » ne soit pas le plus difficile, il est important d'adopter une stratégie pour maximiser son score. Le choix de votre stratégie s'effectuera après avoir traité les 5 premières questions liées de cohérence textuelle.

Conseil n°2 : Soyez méthodique.

Une méthode de résolution est une technique à adopter pour répondre le plus rapidement et le plus efficacement possible à une question. Sans méthode de résolution efficace, vous ne maximiserez pas votre score... **Rendez-vous à la fiche « La méthode de l'entonnoir »** pour découvrir la méthode de résolution des questions à appliquer !

Conseil n°3 : Lisez de manière selective.

Il est fondamental que vous lisiez de manière sélective et non « routinière ». Pour cela, vous devez connaître le type d'informations à chercher et mémoriser les mots-clés utiles, ainsi que comprendre la structure de l'argumentation. **Rendez-vous à la fiche « Aperçu visuel d'un texte »**pour plus de détails !

Conseil n°4 : Analysez la stucture du texte.

Tout texte au TAGE 2® est composé d'une argumentation ou d'un message. Il y a donc obligatoirement une structure à chaque texte. Cette structure permet de lister les différents arguments d'un auteur ou d'échanger plusieurs arguments entre plusieurs individus. Il est donc important de bien suivre cette structure. Cela vous permettra de décomposer le texte en différentes parties, ce qui vous sera très utile pour les questions de résumé (questions difficiles).

Conseil n°5 : Concentrez-vous sur les mots-clés.

Chaque argument ou partie d'un texte est relié par des mots-clés. Ces mots clés permettent d'analyser la structure du texte : 2 parties ? 3 parties ? Un argument ? Un contre-argument ? Une conclusion ? Un sous-entendu ?

Les mots-clés fréquemment utilisés sont : donc, en conclusion, toutefois, néanmoins, cependant, de surcroît, de plus, en revanche, a priori, a fortiori, à l'instar, etc.

Conseil n°6 : Ne soyez pas influencé par l'actualité.

Les thèmes abordés dans les textes peuvent être d'ordre économique, politique, géopolitique, managérial, etc. Vous risquez donc de lire des opinions, des avis ou des informations concernant des individus, des organisations ou des entreprises qui sont souvent cités dans l'actualité.

> **ATTENTION** **Restez bien concentré sur le contenu/le message/l'argumentation du texte**, sans être influencé par ce que vous pouvez lire dans les journaux ou entendre à la radio ou à la télévision.

Conseil n°7 : Pas de réponses extrêmes/radicales.

Le TAGE 2® est un test de sélection pour faire des études supérieures de management. Ce test est passé par des milliers de candidats chaque année. **Il est donc impossible que vous ayez une bonne réponse qui soit une réponse extrême**, politiquement incorrecte (**Exemple :** Les malades sont responsables du déficit de la Sécurité Sociale). Cela créerait une polémique. La FNEGE (organisateur du test) évite donc de considérer les réponses extrêmes comme des bonnes réponses. Vous pouvez donc directement les éliminer.

Paragraphe

Posez toutes vos questions (concours, écoles, dossiers, TAGE 2®, etc.) au sein des **communautés d'entraide Facebook et Instagram « Monsieur TAGE 2 »** et **« Monsieur Ecoles de commerce » (+ de 20 000 membres).**

Suivez l'actualité des concours et des écoles de commerce sur **www.monsieur-ecoles-de-commerce.com** et rejoignez nos **communautés d'entraide « Monsieur TAGE 2 »** et **« Monsieur Ecoles de commerce » sur Facebook / Instagram / Youtube / Linkedin / Twitter (+ de 30 000 membres – Communauté N° 1 des candidats AST).**

RDV individuel (gratuit) avec un expert de la prépa leader Admissions Parallèles !
Chaque **lecteur du Manuel du TAGE 2®** bénéficie d'un **RDV individuel gratuit (présentiel ou téléphonique)** pour **être conseillé(e) dans sa préparation aux concours** sur www.rendez-vous-monsieur-tage-2.com

40 Questions liées

PARATEXTE Fréquence ●●●●● Difficulté ★★★★★

Les « **Questions liées** » sont des questions de cohérence textuelle qui consistent à choisir **le meilleur mot/groupe de mots/phrase** pour **compléter plusieurs phrases** qui forment un texte quand elles sont mises à la suite.

CONSEIL Nous vous recommandons de lire toutes les questions liées afin de connaître le sujet traité. Lire les réponses des questions permet également de trouver plus facilement la réponse de la 1re question liée.

APPLICATION

Complétez les phrases en remplaçant les [...] par la réponse adéquate.

Question 1.

Le [...] est très [...] : ...

(A)	Marché de l'édition	Concentré
(B)	Marché du livre	Dynamique
(C)	Marché de l'éducation	Concentré
(D)	Marché du livre	Concentré

Question 2. (suite de la question 1)

Les deux premiers groupes [...] [...] et Gallimard totalisent environ [...] des ventes de livres et ...

(A)	D'édition	Hachette Livre	37 %
(B)	De presse	Lagardère	49 %
(C)	D'édition	Lagardère	18 %
(D)	De presse	Hachette	75 %

Question 3. (suite de la question 2)

Les 12 premiers [...] (Hachette Livre, France Loisirs, Atlas, etc.) près de [...].

(A) Auteurs 49 %

(B) Éditeurs 82 %

(C) Éditeurs 36 %

(D) Distributeurs 92 %

Question 4. (suite de la question 3)

[...], l'édition française se caractérise aussi par l'existence de nombreux acteurs indépendants, aux dimensions variables.

(A) En définitive

(B) Par contre

(C) Cependant

(D) En revanche

CORRIGÉ

Question 1. Réponse D. Toutes les réponses sont possibles. Il faut donc lire la 2e question pour comprendre qu'il s'agit de livres. Étant donné que **Gallimard est un éditeur,** on hésite entre les réponses A, B et D. La question 2 aborde la question des parts de marché (et non de la croissance), donc la bonne réponse est **« concentré »** (plutôt que « dynamique »). Enfin, pour **éviter de répéter le mot « édition »**, on choisit le mot « livre ». **Réponse D.**

Question 2. Réponse A. Gallimard est un éditeur. Ainsi, la bonne réponse est « édition ». On hésite entre les réponses A et C. De plus, étant donné que le marché est « concentré », le pourcentage doit être élevé : **37 %. Réponse A.**

Question 3. Réponse B. On choisit « éditeurs » et un pourcentage encore plus élevé que la question 2, soit 82 %. **Réponse B.**

Question 4. Réponse C. Cette dernière phrase nuance les précédents propos en indiquant qu'il existe de nombreux acteurs indépendants avec des tailles variables. Donc, « Cependant ». **Réponse C.**

Texte

Posez toutes vos questions (concours, écoles, dossiers, TAGE 2®, etc.) au sein des **communautés d'entraide Facebook et Instagram « Monsieur TAGE 2 »** et **« Monsieur Ecoles de commerce » (+ de 20 000 membres).**

Suivez l'actualité des concours et des écoles de commerce sur **www.monsieur-ecoles-de-commerce.com** et rejoignez nos **communautés d'entraide « Monsieur TAGE 2 »** et **« Monsieur Ecoles de commerce » sur Facebook / Instagram / Youtube / Linkedin / Twitter (+ de 30 000 membres – Communauté N° 1 des candidats AST).**

RDV individuel (gratuit) avec un expert de la prépa leader Admissions Parallèles !
Chaque **lecteur du Manuel du TAGE 2®** bénéficie d'un **RDV individuel gratuit (présentiel ou téléphonique)** pour **être conseillé(e) dans sa préparation aux concours** sur www.rendez-vous-monsieur-tage-2.com

41 La méthode de l'entonnoir

COMPRÉHENSION DE TEXTES

Les **réponses des sous-tests verbaux** (Compréhension de textes, Raisonnement & Arugmentation et Expression) sont **très similaires** entre elles. Il est **difficile de distinguer** la **bonne réponse** des **mauvaises réponses.**

Ainsi, nous vous recommandons d'appliquer notre **« méthode de l'entonnoir »** qui consiste à **choisir la bonne réponse par élimination. Aucune réponse n'est parfaite**. Ainsi, la **bonne réponse** est la **moins mauvaise des réponses**.

La « méthode de l'entonnoir » est composée de **2 étapes** (avec 2 filtres) :

ÉTAPE 1 ÉLIMINATION des mauvaises réponses avec le filtre sur le FOND (avec les « critères éliminatoires »).

ÉTAPE 2 COMPARAISON des réponses restantes avec le filtre sur la FORME (avec les « critères de forme ») pour sélectionner la bonne réponse.

ÉTAPE 1 : ÉLIMINATION : FILTRE SUR LE FOND

Supprimez les mauvaises réponses avec les « critères éliminatoires ».

Les « **critères éliminatoires** » ci-dessous permettent d'**éliminer** les **mauvaises réponses**.

Critères éliminatoires	Explications
1. Hors-sujet.	Réponse **hors-sujet** = mauvaise réponse.
2. Réponse **fausse** / Information **fausse**.	Une **partie** ou la **totalité** de la réponse est **fausse** = mauvaise réponse (même si certains éléments sont vrais).
3. Une **partie** de réponse fausse.	
4. Réponse **partielle**.	Il **manque** une **information importante** ou un **acteur important** dans la réponse = mauvaise réponse.
5. Réponse **trop précise**.	La réponse se concentre sur **un détail** ou **une partie trop précise** du texte (exemple : une seule ligne du texte) = mauvaise réponse. Même si la réponse est vraie, **ce n'est pas la meilleure réponse.**
6. Réponse **trop vague**.	La réponse pourrait être vraie pour **n'importe quel texte ou thème abordé** = mauvaise réponse.
7. Réponse **trop générale.**	

Critères éliminatoires	Explications
8. Réponse **radicale / extrême**.	La réponse est **extrême** ou **radicale** = mauvaise réponse (sauf si le texte est extrême ou radical, ce qui est rarement le cas). **Remarque** : Les réponses extrêmes / radicales contiennent souvent un des adverbes ou un des adjectifs suivants : toujours, jamais, forcément, exclusivement, uniquement, nécessairement, obligatoirement, seul(e), l'unique, etc.
9. Réponse **vraie** mais qui **ne correspond pas** à la question posée.	La réponse est **composée d'informations vraies** (issues du texte) **mais** elle **ne correspond pas à la question posée.** **Exemple :** Une conclusion n'est pas la bonne réponse à une question de résumé. **Exemple :** Un titre n'est pas la bonne réponse à une question de conclusion.
10. Réponse **connotée** / avec **jugement** de valeurs	La réponse est **connotée** ou est composée d'**un jugement de valeurs** = mauvaise réponse. Aucun élément subjectif ou personnel de votre part ne doit être ajouté.

Une fois les **mauvaises réponses éliminées, il reste** généralement **2 à 3 réponses (potentiellement bonnes). Passez à l'étape 2** pour choisir la bonne réponse !

ÉTAPE 2 : COMPARAISON : FILTRE SUR LA FORME

Choisissez la réponse qui correspond le plus à la FORME / STYLE du texte.

Les **réponses restantes** correspondent sur le fond à la question posée. Elles sont donc **potentiellement des bonnes réponses.** Pour les départager, **choisissez la réponse** avec les **« critères de forme » qui correspondent le plus au texte.**

Critères de forme	Explications
1. Le vocabulaire	Le **type de vocabulaire** utilisé dans la bonne réponse doit être **identique / similaire** à celui utilisé dans le texte. **Exemple :** Si le texte utilise un **vocabulaire riche et varié**, choisissez la réponse qui utilise le plus un vocabulaire riche et varié.
2. Le jargon	Le **jargon** est le **vocabulaire spécialisé** d'une profession ou d'une activité. Le **jargon** utilisé dans la bonne réponse doit être identique à celui utilisé dans le texte. **Exemple :** Si le texte utilise un jargon **spécifique au monde des start-up** (business angel, levée de fonds, fonds d'investissement, etc.), choisissez la réponse qui utilise le plus un jargon spécifique au monde des start-up.
3. Le style	Le **style d'écriture** utilisé dans la bonne réponse doit être identique à celui utilisé dans le texte. **Exemple :** Si le texte utilise un **style direct / explicite / affirmatif**, choisissez la réponse qui utilise le plus un style direct / explicite / affirmatif (souvent le cas des interviews).
4. Niveau de langue / Tonalité	Il existe 2 niveaux de langue : **courant** (style direct, souvent les interviews) ou **soutenu** (vocabulaire riche et varié, souvent les textes d'experts avec beaucoup de données et de statistiques). **Exemple :** Si le texte utilise un **niveau de langue courant**, choisissez la réponse qui utilise le plus un niveau de langue courant.
5. La construction de la réponse.	La **contruction de la réponse** doit reprendre – si possible – la construction du texte (chronologie des arguments / idées). Cela est surtout valable pour les questions de résumé.

MÉTHODE DE L'ENTONNOIR : ÉTAPE 1 (FOND) + ÉTAPE 2 (FORME)

Nombre de réponses	Étape 1 : ÉLIMINATION Filtres sur le FOND Critères éliminatoires	Nombre de réponses restantes	Étape 2 : COMPARAISON Filtres sur la FORME	Bonne réponse
5	**1.** Hors-sujet. **2.** Réponse fausse / Information fausse. **3.** Une partie de réponse fausse. **4.** Réponse partielle. **5.** Réponse trop précise. **6.** Réponse trop vague. **7.** Réponse trop générale. **8.** Réponse radicale / extrême. **9.** Réponse vraie mais qui ne correspond pas à la question posée. **10.** Réponse connotée / avec jugement de valeurs	2 ou 3	**1.** Le vocabulaire. **2.** Le jargon. **3.** Le style. **4.** Niveau de langue / Tonalité. **5.** Construction de la réponse.	1

CONSEIL Appliquez notre **méthode de l'entonnoir** en Lexiphrase et en Paratexte.

ATTENTION N'oubliez pas qu'aucune réponse n'est parfaite pour les sous-tests verbaux. **La bonne réponse est la moins mauvaise des réponses.**

42 Aperçu visuel d'un texte

PARATEXTE

En appliquant nos conseils des fiches précédentes, voici un aperçu d'un texte après sa lecture au cours du TAGE 2® (Source : *Maddyness*).

Mots à écrire sur votre sujet (surlignés en bleu)	TEXTE - 277 mots (Mots à souligner en bleu)
Idée du paragraphe n°1 : Numérique = amélioration de la relation clients.	Microsoft et Ipsos Mori ont conduit une étude sur l'appropriation du numérique par les PME/TPE. Si on en doutait encore, l'étude révèle que le numérique constitue un levier fort dans le développement d'un capital relationnel solide avec les clients. PME à vos claviers !
Idée du paragraphe n°2 : Objectifs de la transformation digitale des TPE/PME. **Souligner les objectifs** (en bleu dans le texte) = probablement une question du type « 1 + 2 + 3 ».	Difficile d'échapper à la transformation digitale, cette lame de fond qui est d'une importance cruciale pour les grands groupes mais aussi pour les TPE/PME. Ces dernières doivent répondre aux demandes de clients de plus en plus connectés, et gérer des collaborateurs familiers et adeptes des nouvelles technologies. L'étude Microsoft sur les challenges des PME à l'ère du numérique, souligne la place importante prise par le numérique, pour prospecter et améliorer les relations clients, mais aussi pour être plus compétents et motivés au travail.
1re idée du paragraphe n°3 : Objectif = Pourcentage (cela permet de classer par ordre d'importance les objectifs du numérique) = probablement une question.	**Améliorer la relation client grâce au numérique** L'acquisition de nouveaux clients est considérée comme le défi majeur pour 42 % des collaborateurs de TPE-PME en 2016, et le numérique y joue un rôle important. Pour plus de la moitié (52 %), le numérique leur permet d'améliorer les relations avec leurs clients, mais aussi de mieux les connaître et de mieux connaître leurs besoins (47 %). 45 % se sentent également mieux à même d'engager les clients et de développer le chiffre d'affaires grâce au numérique.

Mots à écrire sur votre sujet (surlignés en bleu)	TEXTE (suite) (Mots à souligner en bleu)
2e idée du paragraphe n°3 : Source d'inquiétude : Protection des données. **Attention** au « **toutefois** » (connecteur logique qui marque l'opposition).	La protection des données est toutefois un point majeur pour toutes les générations, puisque 84 % des 35-84 ans s'y déclarent attachés, et 75 % des 18-34 ans. Connaître le client et accéder à ses demandes, voire devancer ses besoins est attendu. En revanche, les PME doivent porter une attention particulière à la protection de ces données qui est un point de vigilance de plus en plus important des consommateurs.

RAPPEL Sous-test « PARATEXTE » :

1. Partie « PARAGRAPHE »
   - 5 questions liées (phrases à trou(s)).
2. Partie « TEXTE »
   - 3 questions liées (phrases à trou(s)) = début du texte.
   - 7 questions sur le texte = suite et fin du texte.

43 Exercice de perfectionnement

PARATEXTE

Les 2 principales qualités requises pour réussir le sous-test « PARATEXTE » sont votre **rapidité de lecture** et votre **capacité à lire de manière sélective**.
C'est la raison pour laquelle nous vous conseillons de faire l'exercice ci-dessous.

ÉLÉMENTS NÉCESSAIRES POUR L'EXERCICE

- **10 à 15 textes de 200 à 300 mots** (extraits d'article, extraits d'ouvrage, interviews, etc.).
- **Thèmes abordés** : Économie, Actualité, Culture, Environnement, Sciences humaines, Débats de société, Management, Histoire, Géographie, Sciences, Sport, Discours politique, etc.
- **Sites conseillés** : *Le Monde, Le Monde Diplomatique, Courrier International, Historia*, etc.

ASTUCE Copiez-collez le texte dans un fichier Word et vérifiez le nombre de mots indiqués en bas à gauche de votre écran (200 à 300).

EXERCICE

Imprimez vos 10 à 15 textes.
Prenez une feuille et tracez le tableau suivant :

Niveau		Personnes/États/ Entreprises/ONG	Arguments/ Explications	Exemples/ Données
1	**2 textes - 5 minutes** **Report autorisé**	OK	OK	OK
2	**3 textes - 5 minutes** **Report autorisé**	OK	OK	OK
3	**2 textes - 5 minutes** **Report interdit (mémorisation)**	OK	OK	OK
4	**3 textes - 5 minutes** **Report interdit (mémorisation)**	OK	OK	OK

Les **niveaux 1 et 2** ont pour objectif d'améliorer votre **rapidité de lecture**.
Les **niveaux 3 et 4** ont pour objectif d'améliorer vos **capacités de lecture sélective**.

CONSIGNES DE L'EXERCICE

Chaque argument est très souvent construit de la façon suivante :

Émetteur de l'argument (personne/entreprise/État/ONG) → Argument → Exemple(s)

Le but est de remplir le tableau précédent en respectant les consignes ci-dessous (par niveau).

Niveau 1	**Lisez le texte 1** puis **remplissez les cases du tableau** : Émetteurs des arguments → Arguments → Exemples/Données. **Lisez le texte 2** puis **remplissez les cases du tableau** : Émetteurs des arguments → Arguments → Exemples/Données.
Niveau 2	Si vous avez écrit au minimum 75 % des informations du texte, **passez au niveau 2** (3 textes). Sinon, retentez le niveau 1. **Report autorisé** signifie que vous avez le droit de vous reporter plusieurs fois au texte pour le relire ou vérifier des informations.
Niveau 3	Les consignes sont identiques à celles des niveaux 1 et 2 sauf que le **report est interdit** à présent.
Niveau 4	**Report interdit** signifie que vous n'avez pas le droit de vous reporter au texte pour le relire. Vous devez donc tenter de **mémoriser les informations** en lisant le texte.

Nous vous recommandons de faire cet exercice en 3 séances : Niveaux 1 et 2, Niveaux 2 et 3, Niveaux 3 et 4 : **Progression en « escalier »** (1-2, 2-3, 3-4).

TAGE 2® N° 1/2/3

PARATEXTE

Rendez-vous sur

www.monsieur-tage-2.com

pour accéder aux corrigés des questions en vidéo !

CONSIGNES

15 questions	15 minutes	Calculatrice interdite	Chronomètre recommandé

BARÈME

Bonne réponse : +3 points	Aucune réponse : 0 point	Mauvaise réponse : – 1 point

PARAGRAPHE

Question 36. Pour un tiers des Français, Internet est l'invention qui a le plus modifié leurs loisirs [...]. Suivent [...] le smartphone ou la tablette, avec 14 %.

(A)	Dans la vie de tous les jours	Après
(B)	Au quotidien	Ensuite
(C)	Dans leur vie	Par la suite
(D)	Vraisemblablement	À la suite

Question 37. La photographie numérique [...] le podium (10 %). Les réseaux sociaux sont cités comme la principale invention ayant modifié les loisirs au quotidien par 4 % des [...].

(A)	S'ajoute sur	Interrogés
(B)	Est présente sur	Investigateurs
(C)	Complète	Sondés
(D)	Manque de peu	Personnes investiguées

Question 38. [...], le online est cité en premier par 43 % des Français.

(A) Au global
(B) En moyenne
(C) En général
(D) En définitive

Question 39. [...], les actifs cumulent 30 minutes par jour de courtes pauses de détente.

(A) En moyenne
(B) Au global
(C) En général
(D) Au final

Question 40. [...], les « [...] » se font loisirs : les 4/5 des actifs français profitent souvent de leur trajet domicile-travail pour avoir des activités de détente.

(A)	Finalement	Activités de loisirs
(B)	Puis	Activités détente
(C)	Enfin	Temps loisirs
(D)	Désormais	Temps morts

TEXTE

Question 41. Depuis la naissance de la société industrielle, le secteur financier est [...] l'un des plus importants pour l'économie car de lui dépend [...] des acteurs économiques.

(A)	Possiblement	La vivacité
(B)	Sans doute	L'irrigation
(C)	Sans aucun doute	L'essor
(D)	Probablement	De la survie

Question 42. [...], depuis une vingtaine d'années, ce secteur est devenu bien trop puissant et s'est détourné de son indispensable vocation.

(A) Malheureusement
(B) Heureusement
(C) Hélas
(D) Toutefois

Question 43. Le [...] problème concerne la pression [...] que ce secteur exerce sur les entreprises, au détriment de l'investissement et des autres parties prenantes.

(A)	Gros	À court terme
(B)	Principal	Long-termiste
(C)	Premier	Court-termiste
(D)	Nœud du	Long-termiste

Le deuxième problème est le détournement des ressources et la ponction que la finance opère sur l'économie réelle, à son seul avantage. Il est évident au vu de sa taille (moins de 5 % de la population active) que le secteur financier ne peut atteindre cette situation sans vampiriser, au sens propre, tant les consommateurs que les entreprises des autres secteurs.

Troisième problème : le détournement de talents qu'elle opère à son profit, en particulier par les salaires démesurés qu'elle peut offrir. La spéculation financière a fini par phagocyter de nombreux talents, qui ont préféré aller y faire fortune plutôt que travailler pour deux ou trois fois moins dans la recherche ou l'ingénierie, grevant nos chances de découvrir de nouveaux progrès techniques.

Quatrième problème : la stabilité des économies. Cette toute puissance des mouvements de capitaux a entraîné des crises à répétition depuis vingt ans, qui n'existaient plus depuis la crise des années 1930.

Le cinquième et dernier problème posé par la nouvelle finance est démocratique, par son influence sur les pouvoirs publics en raison de son poids et de ses ressources. Après avoir obtenu une large dérèglementation, puis une liberté absolue de circulation des capitaux, il y eut ensuite le temps des chantages aux États pour obtenir des fonds faramineux pour sauver ce système.

Question 44. Quel est le sentiment de l'auteur vis-à-vis du secteur financier ?

(A) L'auteur semble condamner les pratiques du secteur financier dans son ensemble.
(B) L'auteur distingue d'une part une spéculation néfaste et d'autre une finance utile à l'économie réelle.
(C) L'auteur condamne davantage la passivité des acteurs publics que les acteurs de la finance.
(D) L'auteur estime que le secteur financier est l'unique responsable de la situation économique actuelle.

Question 45. Que signifie le terme « phagocyter » ?

(A) Contaminer économiquement.
(B) Neutraliser par absorption.
(C) Repousser par allergie.
(D) Attirer par attrait.

Question 46. Selon l'auteur, quel est le principal critère dans le choix de carrière des salariés ?

(A) Les perspectives d'avenir.
(B) La rémunération.
(C) Le contenu des missions proposées.
(D) La stabilité de l'emploi.

Question 47. Comment l'auteur pourrait définir la spéculation ?

(A) Activité « vampire » des économies capitalistes.
(B) Activité florissante mais néfaste pour les entreprises.
(C) Activité condamnée par les acteurs publics.
(D) Activité « improductive » du système économique.

Question 48. Quel serait le meilleur titre pour ce texte ?

(A) La finance est l'ennemi de l'économie.
(B) La prolifération du secteur financier.
(C) Les 5 principaux problèmes dans le secteur financier.
(D) La finance : un problème pour tous.

Question 49. Quels sont les domaines abordés dans ce texte ?

1. L'économie
2. La politique
3. La finance
4. La démocratie

(A) 1 + 2 + 3
(B) 1 + 2 + 3 + 4
(C) 1 + 3 + 4
(D) 1 + 3

Question 50. Selon l'auteur, depuis combien de temps le secteur financier prolifère-t-il ?

(A) Une vingtaine d'années.
(B) Les années 1980.
(C) Un demi-siècle.
(D) Un siècle.

TAGE 2® N° 1

4 CORRIGÉ « PARATEXTE »

Difficulté	NORMAL													
Question	36	37	38	39	40	41	42	43	44	45	46	47	48	49	50
Réponse	B	C	A	A	D	B	A	C	A	B	B	D	B	B	A

Toutes les questions sont corrigées en vidéo dans votre espace **E-LEARNING sur www.monsieur-tage-2.com**

Posez toutes vos questions (concours, écoles, dossiers, TAGE 2®, etc.) au sein des **communautés d'entraide Facebook et Instagram « Monsieur TAGE 2 »** et **« Monsieur Ecoles de commerce » (+ de 20 000 membres).**

Question 36 Réponse B ★★☆☆☆ **15 sec. – 1 min.** **Fiche 40**

Pour un tiers des Français, Internet est l'invention qui a le plus modifié leurs loisirs **au quotidien**. Suivent **ensuite** le smartphone ou la tablette, avec 14 %.

1re colonne On garde les réponses A, B et C.

La réponse D est fausse. « Vraisemblablement » ne peut être placé en fin de phrase.

2e colonne On choisit la réponse B.

On choisit la réponse B. Il s'agit d'un classement. La formulation la plus adéquate est « suivent ensuite » plutôt que « suivent après » ou « suivent par la suite ». **Réponse B.**

Question 37 Réponse C ★★★☆☆ **15 sec. – 1 min.** **Fiche 40**

La photographie numérique **complète** le podium (10 %). Les réseaux sociaux sont cités comme la principale invention ayant modifié les loisirs au quotidien par 4 % des **sondés**.

1re colonne On garde les réponses B et C.

La réponse A est fausse. « S'ajouter sur le podium » n'est pas une formulation correcte.

La réponse D est également fausse. Il s'agit d'un podium. Les 2 premières places ont déjà été indiquées. Il ne manque plus que la 3e place. Donc, la photographie numérique ne peut pas « manquer » le podium.

2e colonne On choisit la réponse C.

Le bon terme pour une étude est « sondés » et non « investigateurs ». **Réponse C.**

Question 38 Réponse A ★★★☆☆ 15 sec. – 1 min. Fiche 40

Au global, le online est cité en premier par 43 % des Français.

Il ne s'agit pas d'une moyenne (réponse B). Le terme « En général » (réponse C) ne convient pas. Aucun élément ne nous permet de répondre « En définitive » (réponse D), connecteur logique de conclusion. On choisit donc la réponse A « Au global » qui englobe bien l'ensemble des sondés. **Réponse A.**

Question 39 Réponse A ★★★☆☆ 15 sec. – 1 min. Fiche 40

En moyenne, les actifs cumulent 30 minutes par jour de courtes pauses de détente.

« Au final » (réponse D) n'est pas le terme qui convient le mieux. « Au global » (réponse B) est un terme utilisé pour un ensemble d'éléments, ce qui n'est pas le cas ici. « En général » (réponse C) n'est pas le terme le plus approprié car une statistique est citée. Le terme « En moyenne » (réponse A) correspond davantage. **Réponse A.**

Question 40 Réponse D ★★★☆☆ 15 sec. – 1 min. Fiche 40

Désormais, les « **temps morts** » se font loisirs : les 4/5 des actifs français profitent souvent de leur trajet domicile-travail pour avoir des activités de détente.

1re colonne On garde les réponses A, C et D.

Il s'agit de la dernière question de la série. On choisit donc un connecteur logique de conclusion. On garde donc « Finalement », « Enfin » et « Désormais ».

2e colonne On choisit la réponse D.

Le terme à trouver est entouré de guillemets. Il s'agit donc d'une expression. La bonne réponse est donc « temps morts ». **Réponse D.**

Question 41 Réponse B ★★★☆☆ 15 sec. – 1 min. Fiche 40

Depuis la naissance de la société industrielle, le secteur financier est **sans doute** l'un des plus importants pour l'économie car de lui dépend **l'irrigation** des acteurs économiques.

1re colonne On garde les réponses A, B, C et D.

Toutes les réponses de la 1re colonne sont possibles. On garde donc les réponses A, B, C et D.

2e colonne On choisit la réponse B.

On élimine les réponses A (« Vivacité »), C (« L'essor ») et D (« De la survie ») qui sont inappropriées d'un point de vue stylistique ou de la cohérence textuelle. On choisit donc la réponse B « L'irrigation » qui est une métaphore du financement des acteurs économiques par le secteur financier. **Réponse B.**

Question 42 Réponse A ★★★★☆ 15 sec. – 1 min. Fiche 40

Malheureusement, depuis une vingtaine d'années, ce secteur est devenu bien trop puissant et s'est détourné de son indispensable vocation.

On élimine la réponse B (« Heureusement ») qui est un contre-sens. La réponse C (« Hélas ») est fausse car ne correspond pas d'un point de vue stylistique. On hésite donc entre la réponse A (« Malheureusement ») et D (« Toutefois »). En lisant la suite du texte, on se rend compte que l'auteur condamne les dérives de la finance. On choisit donc la **réponse A**.

Question 43 Réponse C ★★★☆☆ 15 sec. – 1 min. Fiche 40

Le **premier** problème concerne la pression **court-termiste** que ce secteur exerce sur les entreprises, au détriment de l'investissement et des autres parties prenantes.

1re colonne On garde les réponses B, C et D.

On élimine la réponse A (« Gros ») qui est inélégante d'un point de vue stylistique. On garde donc les réponses B, C et D.

2e colonne On choisit la réponse C.

On choisit la réponse C « Court-termiste ». En effet, les réponses B et D sont fausses aussi bien en terme de cohérence textuelle que d'élégance stylistique. **Réponse C.**

Question 44 Réponse A ★★★☆☆ 30 sec. – 2 min. Fiche 41

(A) L'auteur semble condamner les pratiques du secteur financier dans son ensemble. **Bonne réponse.**

(B) L'auteur distingue d'une part une spéculation néfaste et d'autre une finance utile à l'économie réelle. **Réponse fausse.**

(C) L'auteur condamne davantage la passivité des acteurs publics que les acteurs de la finance. **Hors-sujet.**

(D) L'auteur estime que le secteur financier est l'unique responsable de la situation économique actuelle. **Réponse extrême.**

Bonne réponse : A. Avec un ton accusateur et un vocabulaire péjoratif, l'auteur condamne en effet les pratiques du secteur financier dans son ensemble. Pour cela, il utilise les termes « la finance », « le secteur financier », « vampiriser », « phagocyter », « chantage », etc.

Hésitation possible : D. Aucun élément ne nous permet de conclure que l'auteur considère que le secteur financier est le **seul et unique** responsable de la situation économique actuelle. Il affirme simplement que le secteur financier est responsable de troubles économiques.

Autres réponses : B et C. La réponse B est fausse. L'auteur n'établit aucune distinction entre les 2 types de finance. La réponse C est également fausse. L'auteur ne mentionne nullement la passivité des acteurs publics.

Question 45	Réponse B	★★★★☆	15 sec. – 1 min.	Fiche 41

« **Phagocyter** » signifie « neutraliser par absorption ». Dans le contexte du texte, cela signifie que la finance attire de nombreux talents qui ne peuvent être mis au service de l'ingénierie et du progrès technique. **Réponse B.**

Question 46	Réponse B	★★☆☆☆	15 sec. – 1 min.	Fiche 41

Selon l'auteur, la principale motivation des salariés dans le choix de leur emploi est la **rémunération** : « La spéculation financière a fini par phagocyter de nombreux talents, qui ont préféré aller y **faire fortune**. ». **Réponse B.**

Question 47	Réponse D	★★★★☆	15 sec. – 1 min.	Fiche 41

La bonne réponse est la réponse D : Activité « improductive » du système économique. L'auteur l'oppose en effet aux activités productives (recherche et ingénierie).

La réponse A est fausse car l'expression « activité vampire » n'a pas de sens, bien que le terme « vampiriser » soit utilisé.

La réponse B est fausse car la spéculation est (selon l'auteur) positive pour le secteur financier, donc les banques et hedge fund. La spéculation n'est donc pas néfaste pour toutes les entreprises (seulement celles de l'économie réelle selon l'auteur).

La réponse C est hors-sujet car le texte ne mentionne pas le fait la spéculation est condamnée par les acteurs publics.

Question 48 Réponse B ★★★☆☆ 30 sec. – 2 min. Fiche 41

(A) La finance est l'ennemi de l'économie. **Réponse extrême.**
(B) La prolifération du secteur financier. **Titre. Bonne réponse.**
(C) Les 5 principaux problèmes dans le secteur financier. **Contre-sens.**
(D) La finance : un problème pour tous. **Réponse extrême.**

Bonne réponse : B. L'auteur critique l'expansion et l'influence du secteur financier dans de nombreux domaines (économie réelle, orientation professionnelle, sphère politique, etc.).

Hésitations possibles : A et D. Les réponses A et D sont extrêmes. Déclarer que la finance est l'ennemi de l'économie est trop radical à la lecture du texte. Le raisonnement est identique pour la réponse D.

Autre réponse : C. La réponse C est un contre-sens. Le texte n'aborde pas les 5 problèmes dans le secteur financier, mais les 5 problèmes dus au secteur financier.

Question 49 Réponse B ★★★★☆ 15 sec. – 1 min. Fiche 41

Dans le texte, les conséquences néfastes de la **finance** sur **l'économie** sont expliquées. De plus, l'auteur explique dans le dernier paragraphe les chantages exercés par le secteur financier sur les pouvoirs publics, créant de ce fait un problème démocratique.

La bonne réponse est donc la **réponse B : 1 + 2 + 3 + 4 : Économie, Politique, Finance et Démocratie. Réponse B.**

Question 50 Réponse A ★★★★☆ 15 sec. – 1 min. Fiche 41

Selon l'auteur, le secteur financier prolifère **depuis une vingtaine d'années** (voir question 42). **Réponse A.**

TAGE 2® N° 2

4 PARATEXTE

CONSIGNES

15 questions	15 minutes	Calculatrice interdite	Chronomètre recommandé

BARÈME

Bonne réponse : + 3 points	Aucune réponse : 0 point	Mauvaise réponse : – 1 point

PARAGRAPHE

Question 36. Les Français font [...] de sport. 80 % déclarent pratiquer un sport [...].

(A)	Énormément	Peu fréquemment
(B)	Beaucoup	Régulièrement
(C)	De temps à autre	Fréquemment
(D)	Régulièrement	Chaque semaine

Question 37. Les sports [...] tels le football ou le rugby sont pratiqués dans des clubs qui appartiennent à des fédérations. Il y a environ 10 millions de [...] en France.

(A)	Populaires	Abonnés
(B)	De ballon	Joueurs
(C)	D'équipe	Membres
(D)	Collectifs	Licenciés

Question 38. Le football est le sport le plus [...], avec 2 millions d'inscrits, loin devant le tennis (1 million) ou le judo (500 000).

(A) Vendu
(B) Populaire
(C) Pratiqué
(D) Médiatique

Question 39. [...], les Français passent [...] beaucoup de temps à regarder des émissions sportives à la télévision.

(A) En définitive	Énormément
(B) En outre	Peu de
(C) De plus	Naturellement
(D) De surcroît	Évidemment

Question 40. Ils regardent les matchs de football et de rugby [...], car les équipes nationales sont de haut niveau.

(A) Notamment
(B) Principalement
(C) En moyenne
(D) En principal

TEXTE

Question 41. Le Programme Européen d'Aide aux plus Démunis (PEAD) est un programme créé en 1987, [...] du Président de la Commission Européenne Jacques Delors et de Coluche.

(A) De la part
(B) De la directive
(C) À la demande
(D) Sous les demandes

Question 42. Il utilisait les stocks [...] issus de la PAC (Politique Agricole Commune) en les redistribuant à des associations caritatives [...].

(A) D'inventaire	Reconnues
(B) De nourriture	Lucratives
(C) Importés	Non-gouvernementales
(D) D'invendus	Agréées

Question 43. En 2011, le PEAD a distribué une aide alimentaire à plus de 13 millions de personnes dans 19 États de l'Union Européenne (UE), [...] en France, en Pologne et en Italie.

(A) En particulier
(B) Surtout
(C) Dans l'essentiel
(D) Uniquement

En 2008, 7 pays européens, menés par l'Allemagne et la Suède, ont déposé un recours contre la Commission Européenne tendant à l'annulation du PEAD. En effet, depuis plusieurs années, la diminution du nombre de stocks d'invendus issus de la PAC était complétée par l'achat direct des produits par l'Union Européenne.
En 2011, la Cour de Justice des Communautés Européennes (CJCE), a rendu son arrêt, en faveur de l'Allemagne, annulant le règlement financier, au motif que l'importance prise par les achats complémentaires est devenue telle que le PEAD n'était plus lié à la PAC mais relevait de l'aide sociale directe, et devait donc être financé dans ce cadre, lequel n'est pas communautarisé.
La Commission Européenne a annoncé en juin 2011, une réduction drastique du programme d'aide alimentaire destiné aux plus démunis : l'enveloppe financière serait divisée par 4, passant de 500 millions à 113 millions en 2012.
En novembre 2011 est intervenu un accord entre la France et l'Allemagne sur l'avenir du PEAD. Cette dernière accepte une prolongation pour les deux prochaines années – 2012 et 2013 – en l'échange d'un abandon de ce programme à partir de 2014.
La Commission Européenne en accord avec le Parlement Européen et le Conseil Européen a proposé, en octobre 2012, un nouveau fonds visant à remplacer le PEAD à partir de 2014. Ce nouveau fonds a été dénommé Fonds Européen d'Aide aux plus Démunis (FEAD). [...]

Question 44. Quelle est la raison de la demande d'arrêt du PEAD ?

(A) Ce programme est trop coûteux pour l'Union Européenne.
(B) La réalisation de ce programme n'est plus du ressort de l'UE mais des États.
(C) Plusieurs États sont défavorables à soutenir une aide importante aux plus démunis.
(D) Les pays Nordiques ne souhaitent plus financer ce programme.

Question 45. Laquelle de ces institutions européennes n'est pas citée dans le texte ?

(A) La Commission Européenne.
(B) Le Parlement Européen.
(C) Le Conseil Européen.
(D) Le Conseil de l'Union Européenne.

Question 46. De quel type de texte s'agit-il ?

(A) Explicatif
(B) Argumentatif
(C) Engagé
(D) Descriptif

Question 47. Quel pourrait être le titre de ce texte ?

(A) Bras de fer européen pour l'aide aux plus démunis.
(B) Le Programme Européen d'Aide aux plus Démunis.
(C) Causes et conséquences du Programme Européen d'Aide aux plus Démunis.
(D) L'avenir du Programme Européen d'Aide aux plus Démunis.

Question 48. Quel est le meilleur résumé de ce texte ?

(A) Plusieurs États européens estiment que le PEAD est trop onéreux et demandent donc sa suppression. Après un vote du Parlement Européen, le PEAD est supprimé.
(B) Quelques États européens demandent la suppression du PEAD. Après des négociations entre plusieurs pays, ce programme est remplacé par un autre programme avec moins de moyens financiers.
(C) Après des années de débats et négociations, le Programme Européen d'Aide aux plus Démunis est supprimé. À présent, chaque pays est responsable de l'aide aux plus démunis.
(D) Après de nombreux mois d'échanges et de pressions, le Programme Européen d'Aide aux plus Démunis (PEAD) est maintenu mais avec moins de moyens financiers.

Question 49. D'après cet article, que peut-on déduire des relations entre États européens ?

(A) Les États européens préfèrent garder leur souveraineté nationale.
(B) Les États européens éprouvent des difficultés économiques.
(C) Les États européens sont en faveur d'un État européen fédéral.
(D) Les États européens manquent de solidarité entre eux.

Question 50. Quelle conclusion aurait-on pu mettre à la fin du texte à la place de [...] ?

(A) Ce Fonds Européen d'Aide aux plus Démunis (FEAD) sera géré en collaboration par la France et l'Allemagne.
(B) À présent, les États européens doivent trouver un accord sur le financement de ce fonds.
(C) Dès lors, la question se pose de savoir si les États européens vont compenser la baisse des sommes allouées à ce fonds.
(D) Ainsi, les États européens ont réussi à solutionner le problème du financement de l'aide aux plus démunis.

Difficulté	NORMAL														
Question	36	37	38	39	40	41	42	43	44	45	46	47	48	49	50
Réponse	B	D	C	C	A	C	D	A	B	D	A	B	B	D	C

Toutes les questions sont corrigées en vidéo dans votre espace **E-LEARNING sur www.monsieur-tage-2.com**

Posez toutes vos questions (concours, écoles, dossiers, TAGE 2®, etc.) au sein des **communautés d'entraide Facebook et Instagram « Monsieur TAGE 2 »** et **« Monsieur Ecoles de commerce » (+ de 20 000 membres).**

Question 36 Réponse B ★★★☆☆ **15 sec. – 1 min.** **Fiche 40**

Les Français font **beaucoup** de sport. 80 % déclarent pratiquer un sport **régulièrement**.

1re colonne On garde les réponses B et D.

« Énormément de sport » (réponse A) n'est pas une formulation correcte d'un point de vue stylistique. « De temps à autre de sport » (réponse C) n'est pas correcte.

2e colonne On choisit la réponse B.

Le terme « Régulièrement » est plus approprié que « Chaque semaine ». La pratique d'un sport 1 fois par semaine ne correspond pas tout à fait à la 1re partie de la phrase : « Beaucoup de sport ». De plus, « pratiquer un sport chaque semaine » n'est pas très élégant. **Réponse B.**

Question 37 Réponse D ★★★☆☆ **15 sec. – 1 min.** **Fiche 40**

Les sports **collectifs** tels le football ou le rugby sont pratiqués dans des clubs qui appartiennent à des fédérations. Il y a environ 10 millions de **licenciés** en France.

1re colonne On garde les réponses A et D.

Les réponses B (« De ballon ») et C (« D'équipe ») auraient pu convenir sur le fond (sens de la phrase) mais la forme (style de la phrase) ne convient pas. On garde donc les réponses A (« Populaires ») et D (« Collectifs »).

2e colonne On choisit la réponse D.

Un sportif membre d'un club ou d'une fédération se nomme un « Licencié » (réponse D) et non un « Abonné » (réponse A). **Réponse D.**

Question 38	Réponse C	★★★☆☆	15 sec. – 1 min.	Fiche 40

Le football est le sport le plus **pratiqué**, avec 2 millions d'inscrits, loin devant le tennis (1 million) ou le judo (500 000).

La bonne réponse est la réponse C : « Pratiqué », car la question du nombre de pratiquants est abordée dans cette phrase. **Réponse C.**

Question 39	Réponse C	★★★☆☆	15 sec. – 1 min.	Fiche 40

De plus, les Français passent **naturellement** beaucoup de temps à regarder des émissions sportives à la télévision.

1re colonne On garde les réponses B, C et D.

Aucun élément ne nous permet d'affirmer qu'il s'agit d'une conclusion. Donc, la réponse A (« En définitive ») est fausse.

2e colonne On choisit la réponse C.

La réponse D est fausse car le terme « Évidemment » est trop extrême.
La réponse B est un contre-sens.
La bonne réponse est donc la réponse C (« Naturellement ») car on peut déduire que si les Français pratiquement régulièrement un sport, ils regardent par conséquent fréquemment le sport à la télévision. **Réponse C.**

Question 40	Réponse A	★★★☆☆	15 sec. – 1 min.	Fiche 40

Ils regardent les matchs de football et de rugby **notamment**, car les équipes nationales sont de haut niveau.

La réponse D (« En principal ») n'est pas correcte. La réponse C (« En moyenne ») ne correspond pas. La réponse B est fausse car le terme « principalement » devrait être placé en début de phrase : « Ils regardent principalement ... ». On choisit donc la **réponse A.**

Question 41 Réponse C ★★☆☆☆ 15 sec. – 1 min. Fiche 40

Le Programme Européen d'Aide aux plus Démunis (PEAD) est un programme créé en 1987, **à la demande** du Président de la Commission Européenne Jacques Delors et de Coluche.

La réponse la plus appropriée est la réponse C : « À la demande ». **Réponse C.**

Question 42 Réponse D ★★★☆☆ 15 sec. – 1 min. Fiche 40

Il utilisait les stocks **d'invendus** issus de la PAC (Politique Agricole Commune) en les redistribuant à des associations caritatives **agréées**.

1re colonne On garde les réponses B et D.

On élimine la réponse A (« Stocks d'inventaire ») qui n'a pas de sens. On élimine la réponse C (« Stocks importés ») qui n'est pas correcte. On garde donc les réponses B et D.

2e colonne On choisit la réponse D.

On a le choix entre « Associations caritatives lucratives » (réponse B) et « Associations caritatives agréées » (réponse D). La bonne réponse est D. En effet, « Lucrative » signifie « qui rapport de l'argent », ce qui est contraire au sens de la phrase. **Réponse D.**

Question 43 Réponse A ★★★☆☆ 15 sec. – 1 min. Fiche 40

En 2011, le PEAD a distribué une aide alimentaire à plus de 13 millions de personnes dans 19 États de l'Union européenne (UE), **en particulier** en France, en Pologne et en Italie.

La réponse la plus appropriée d'un point de vue stylistique est « en particulier ». **Réponse A.**

Question 44 Réponse B ★★★★☆ 30 sec. – 2 min. Fiche 41

(A) Ce programme est trop coûteux pour l'Union Européenne. **Réponse fausse.**

(B) La réalisation de ce programme n'est plus du ressort de l'UE mais des États. **Bonne réponse.**

(C) Plusieurs États sont défavorables à soutenir une aide importante aux plus démunis. **Réponse fausse.**

(D) Les pays Nordiques ne souhaitent plus financer ce programme. **Réponse fausse.**

Bonne réponse : B. Comme indiqué dans le texte : « Le PEAD n'était plus lié à la PAC mais relevait de **l'aide sociale directe**, et devait donc être financé dans ce cadre, lequel n'est pas communautarisé ». La raison de la demande d'arrêt du programme provient donc du fait que la dépense de l'UE en faveur du PEAD était trop importante pour que ce programme soit rattaché à la PAC. Il doit être rattaché à l'aide sociale directe, relevant de chaque État.

Hésitation possible : A. La réponse A est une mauvaise interprétation du texte : « Au motif que l'importance prise par les achats complémentaires est devenue telle » ne signifie pas que le programme est trop coûteux pour les États, mais que l'importance des dépenses engagées change la nature de cette dépense (c'est-à-dire quel acteur gère la dépense). En d'autres termes, l'augmentation des achats directs de nourriture de l'UE pour le PEAD fait que cette dépense doit être assurée par chaque État (aide sociale directe) et non l'UE.
Autres réponses : C et D. On élimine la réponse C. Aucun élément ne nous permet d'affirmer que des États souhaitent réduire l'aide aux plus démunis. Le texte traite le sujet de qui contrôle quelle dépense. La réponse D est fausse. « Les pays Nordiques » est une généralité qui n'est pas forcément vraie.

Question 45 Réponse D ★★☆☆☆ 15 sec. – 1 min. Fiche 41

L'institution européenne qui n'est pas citée dans le texte est le Conseil de l'Union Européenne. **Réponse D.**

Question 46 Réponse A ★★★☆☆ 15 sec. – 1 min. Fiche 41

Texte explicatif : Bonne réponse. Le but est de répondre à différentes questions que peut se poser le lecteur. Le discours est centré sur l'information. L'auteur informe en effet le lecteur sur l'avenir du programme PEAD et des négociations entre les États et les décisions des institutions. **Réponse A.**
Texte argumentatif : Exprime une opinion défendue par l'auteur. **Réponse fausse.** Dans ce texte, l'auteur est objectif et n'exprime pas son point de vue.
Texte engagé : Lorsque l'auteur prend parti pour telle ou telle opinion. **Réponse fausse.** Dans ce texte, l'auteur est objectif.
Texte descriptif : Décrit un évènement, un fait, un paysage. **Réponse fausse.** Dans ce texte, l'auteur explique les interactions entre les États, il ne se contente pas de décrire.

Question 47 Réponse B ★★★☆☆ 15 sec. – 1 min. Fiche 41

(A) Bras de fer européen pour l'aide aux plus démunis. **Réponse extrême.**
(B) Le Programme Européen d'Aide aux plus Démunis. **Titre. Bonne réponse.**
(C) Causes et conséquences du Programme Européen d'Aide aux plus Démunis. **Hors-sujet.**
(D) L'avenir du Programme Européen d'Aide aux plus Démunis. **Trop précis.**

Bonne réponse : B. Le texte traite du Programme Européen d'Aide aux plus Démunis (son origine, son histoire, son évolution et son avenir).

Hésitation possible : D. La réponse D est trop précise et se concentre trop sur l'avenir (2e partie du texte).

Autres réponses : A et C. Il ne s'agit pas d'un « bras de fer européen » (réponse extrême). La réponse C sur les « causes et conséquences » est hors-sujet : ce n'est pas le thème du texte.

Question 48 Réponse B ★★★★☆ 30 sec. – 2 min. Fiche 41

(A) Plusieurs États européens estiment que le PEAD est trop onéreux et demandent donc sa suppression. Après un vote du Parlement Européen, le PEAD est supprimé. **Faux.**

(B) Quelques États européens demandent la suppression du PEAD. Après des négociations entre plusieurs pays, ce programme est remplacé par un autre programme avec moins de moyens financiers. **Résumé. Bonne réponse.**

(C) Après des années de débats et négociations, le Programme Européen d'Aide aux plus Démunis est supprimé. À présent, chaque pays est responsable de l'aide aux plus démunis. **Faux.**

(D) Après de nombreux mois d'échanges et de pressions, le Programme Européen d'Aide aux plus Démunis (PEAD) est maintenu mais avec moins de moyens financiers. **Faux.**

Bonne réponse : B. Toutes les informations de cette réponse sont correctes et résument bien le texte.

Autres réponses : A, C et D. La réponse A est fausse car ce n'est pas après un vote du Parlement Européen que le PEAD a été supprimé, mais après une décision de la Cour de Justice des Communautés Européennes (CJCE).
La réponse C est fausse car l'information « chaque pays est responsable de l'aide aux plus démunis » est fausse. L'Union Européenne continue de gérer une partie de cette aide avec le nouveau programme FEAD.
Enfin, la réponse D n'est pas correcte car le programme PEAD n'est pas maintenu mais remplacé par le programme FEAD.

Question 49 Réponse D ★★★☆☆ 30 sec. – 2 min. Fiche 41

(A) Les États européens préfèrent garder leur souveraineté nationale. **Réponse fausse.**

(B) Les États européens éprouvent des difficultés économiques. **Réponse fausse.**

(C) Les États européens sont en faveur d'un État fédéral européen. **Réponse fausse.**

(D) Les États européens manquent de solidarité entre eux. **Bonne réponse.**

Bonne réponse : D. En effet, il s'agit d'un programme d'aide aux plus démunis dont bénéficient principalement la France, la Pologne et l'Italie. On peut donc légitimement penser que la contestation de ce programme par l'Allemagne et la Suède provient d'un manque de solidarité entre États européens.

Hésitation possible : A. Le fait que l'aide aux plus démunis doive être gérée par les États et non l'UE peut nous faire penser que la réponse A est correcte. Toutefois, on peut aussi légitimement penser que cette réponse n'est qu'un prétexte pour supprimer le programme.

Autres réponses : B et C. Les réponses B et C sont fausses. Aucun élément ne nous permet d'affirmer que les États sont en difficulté économique et encore moins désireux d'un État fédéral européen.

Question 50 Réponse C ★★★★☆ **30 sec. – 1 min.** **Fiche 41**

(A) Ce Fonds Européen d'Aide aux plus Démunis (FEAD) sera géré en collaboration par la France et l'Allemagne. **Hors-sujet.**

(B) À présent, les États européens doivent trouver un accord sur le financement de ce fonds. **Réponse fausse.**

(C) Dès lors, la question se pose de savoir si les États européens vont compenser la baisse des sommes allouées à ce fonds. **Bonne réponse.**

(D) Ainsi, les États européens ont réussi à solutionner le problème du financement de l'aide aux plus démunis. **Réponse trop optimiste.**

Bonne réponse : C. En effet, après avoir délégué à chaque État la gestion d'une grande part de l'aide aux plus démunis et avoir drastiquement diminué le budget communautaire pour cette mission, la question se pose de savoir si les États vont compenser cette baisse de budget de l'UE.

Hésitation possible : D. On aurait pu hésiter avec la réponse D qui considère que les États ont résolu le problème du financement d'aide aux plus démunis. Peut-on considérer que la suppression du fonds et la baisse du budget communautaire soit une solution ? Pas vraiment...

Autres réponses : A et B. Les réponses A et B sont fausses. La réponse A est presque hors-sujet. En aucun cas, la France et l'Allemagne ne sont amenées à gérer ce nouveau fonds. La réponse B est fausse car un accord financier a bien été trouvé (réduction du budget alloué).

TAGE 2® N° 3

4 PARATEXTE

CONSIGNES

15 questions	15 minutes	Calculatrice interdite	Chronomètre recommandé

BARÈME

Bonne réponse : + 3 points	Aucune réponse : 0 point	Mauvaise réponse : – 1 point

PARAGRAPHE

Question 36. Comme tout bon économiste, John Maclaw sait pertinemment que [...] n'est pas synonyme de [...].

(A)	Décroissance	Récession
(B)	Corrélation	Causalité
(C)	Croissance	Développement
(D)	Développement	Croissance

Question 37. En effet, en s'appuyant sur une courbe compilant de nombreuses données, si de [...] taux d'imposition du capital [...] la croissance économique...

(A)	Faibles	Favoriseraient
(B)	Forts	Soutiendraient
(C)	Faibles	Ralentiraient
(D)	Bons	Favoriseraient

Question 38. ... on s'attendrait à voir une [...] entre les deux critères, c'est-à-dire un [...] et [...].

(A)	Corrélation	Fort taux	Une forte croissance
(B)	Lien de causalité	Faible taux	Une forte croissance
(C)	Lien	Faible taux	Une croissance forte
(D)	Relation négative	Taux fort	Une faible croissance

Question 39. Or, [...]. Le coefficient de [...] est de 0,12.

(A) Il n'en est rien	Corrélation
(B) C'est tout le contraire	GINI
(C) Absolument pas	Variation
(D) Bien au contraire	Croissance

Question 40. [...], l'interprétation des statistiques peut s'avérer trompeuse.

(A) En somme
(B) En clair
(C) En résumé
(D) En aparté

TEXTE

Question 41. D'après une étude de la Banque des Règlements Internationaux (BRI), les politiques monétaires visant à [...] la crise financière ont pu contribuer à [...] des inégalités.

(A) Endiguer	L'essor
(B) Combattre	La disparition
(C) Lutter contre	L'anéantissement
(D) Contrecarrer	La réduction

Question 42. Pour empêcher les systèmes financiers de [...] aux lendemains de la faillite de la banque américaine Lehman Brothers, les banques centrales avaient multiplié les mesures [...].

(A) Dévier	Monétaires
(B) S'effondrer	Non-conventionnelles
(C) S'affoler	D'urgence
(D) S'engloutir	Budgétaires

Question 43. Elles avaient abaissé les taux d'intérêt à des niveaux extrêmement bas et [...] des liquidités par le biais de politiques d'assouplissement quantitatif qui impliquaient de vastes programmes de rachat d'actifs.

(A) Investi
(B) Introduit
(C) Inséré
(D) Injecté

Or deux arguments semblent soutenir l'idée que ces politiques exceptionnelles ont pu contribuer à exacerber les écarts de richesses, le premier étant que la courbe des rendements, proche de zéro sur une très longue période, a impacté durablement la valorisation des actifs. Le second est que ces politiques exceptionnelles ont ciblé spécifiquement certains marchés, comme par exemple l'immobilier. Pour mettre ces hypothèses à l'épreuve, les économistes de la BRI, une institution considérée comme la banque centrale des banques centrales, ont commencé par procéder à une simulation sur le patrimoine des ménages dans six pays. L'objectif était d'examiner la part des actions, des obligations, des dépôts, des fonds, de l'immobilier et de la dette dans le patrimoine des ménages les plus riches et les plus pauvres. Cet exercice, purement théorique ont insisté les auteurs de l'étude, a notamment fait ressortir que le patrimoine des ménages les plus riches avait progressé deux fois plus vite que celui des plus pauvres en Allemagne et en Italie, quatre fois plus vite aux États-Unis, et cinq fois plus vite en France. Au Royaume Uni, les inégalités sont revenues à leur niveau d'avant-crise après un déclin initial.

Question 44. Quelles sont les mesures prises par les banques centrales pour lutter contre la crise ?

1. Diminution des taux d'intérêts.
2. Augmentation des liquidités.
3. Achats d'actifs financiers.
4. Investissements sur le marché immobilier.

(A) 1 + 2 + 3
(B) 1 + 2 + 3 + 4
(C) 1 + 2
(D) 2 + 3 + 4

Question 45. Dans quel pays les inégalités sont-elles les plus élevées ?

(A) Les États-Unis.
(B) La France
(C) Le Royaume-Uni.
(D) Impossible de savoir.

Question 46. Qu'est-ce que la BRI ?

(A) Banque des règlements intercontinentaux.
(B) La banque centrale des banques commerciales.
(C) La banque des marchés immobiliers.
(D) Banque des règlements internationaux.

Question 47. Que veut dire l'auteur lorsqu'il écrit « purement théorique » au sujet de la simulation réalisée les économistes de la BRI ?

(A) L'auteur sous-entend que les résultats de cette étude sont erronés.

(B) L'auteur indique au lecteur que cette étude n'est pas le reflet exact de la réalité.

(C) L'auteur explique au lecteur que les hypothèses de cette étude sont fausses, car purement théoriques.

(D) L'auteur souhaite montrer au lecteur le décalage entre les inégalités subies par les populations et les travaux des économistes.

Question 48. Selon le texte, quelle est la raison qui fait que les politiques des banques centrales ont augmenté les inégalités ?

(A) Modification des liquidités disponibles et donc du coût des emprunts.

(B) Modification de la valorisation des dettes.

(C) Modification de la valorisation des actifs sur certains marchés.

(D) Modification des revenus issus du travail.

Question 49. Quel titre serait le plus approprié pour ce texte ?

(A) Les conséquences économiques de la crise.

(B) Mesures des banques centrales face à la crise.

(C) Hausse des inégalités de richesse dans les pays développés.

(D) Les populations face à la crise économique.

Question 50. Quel résumé conviendrait le mieux à ce texte ?

(A) Pour faire face à la crise, les banques centrales ont pris des mesures qui ont indirectement favorisé l'augmentation des inégalités.

(B) Les banques centrales ont pris des mesures non-conventionnelles dont elles ne maîtrisaient pas les conséquences, comme l'augmentation des inégalités.

(C) Malgré de nombreuses mesures prises par les banques centrales, ces dernières n'ont pas réussi à limiter les effets de la crise.

(D) Les mesures prises par les banques centrales ont eu les effets inverses aux effets désirés.

4 CORRIGÉ « PARATEXTE »

Difficulté	DIFFICILE													
Question	36	37	38	39	40	41	42	43	44	45	46	47	48	49	50
Réponse	B	A	D	A	A	A	B	D	A	D	D	B	C	C	A

Toutes les questions sont corrigées en vidéo dans votre espace **E-LEARNING sur www.monsieur-tage-2.com**

Posez toutes vos questions (concours, écoles, dossiers, TAGE 2®, etc.) au sein des **communautés d'entraide Facebook et Instagram « Monsieur TAGE 2 »** et **« Monsieur Ecoles de commerce » (+ de 20 000 membres).**

Question 36 Réponse B ★★★★☆ **15 sec. – 1 min.** **Fiche 40**

Comme tout bon économiste, John Maclaw sait pertinemment que **corrélation** n'est pas synonyme de **causalité**.

La bonne réponse est B. On peut le deviner en regardant la question 39 : « coefficient de corrélation ». On aurait également pu garder les réponses C et D, mais celles-ci n'avaient aucun lien avec les questions suivantes. **Réponse B.**

Question 37 Réponse A ★★★★☆ **15 sec. – 1 min.** **Fiche 40**

En effet, en s'appuyant sur une courbe compilant de nombreuses données, si de **faibles** taux d'imposition du capital **favoriseraient** la croissance économique…

De faibles taux d'imposition sont supposés favoriser la croissance économique. La réponse D reprend la même idée mais le vocabulaire est inapproprié. **Réponse A.**

Question 38 Réponse D ★★★★☆ 15 sec. – 1 min. Fiche 40

... on s'attendrait à voir une **relation négative** entre les deux critères, c'est-à-dire un **taux fort** et une **faible croissance**.

En choisissant « favoriseraient » (conditionnel) à la question précédente, on émet l'hypothèse que la corrélation n'existe pas, donc on « s'attendrait » (conditionnel) à voir une « relation négative » (l'inverse), soit un « taux fort » et « une faible croissance » (le contraire de la question précédente). **Réponse D.**

Question 39 Réponse A ★★★★☆ 15 sec. – 1 min. Fiche 40

Or, **il n'en est rien**. Le coefficient de **corrélation** est de 0,12. **Réponse A.**

Question 40 Réponse A ★★★★☆ 15 sec. – 1 min. Fiche 40

En somme, l'interprétation des statistiques peut s'avérer trompeuse.

Il s'agit d'une conclusion. La bonne réponse est donc « En somme ». **Réponse A.**

Question 41 Réponse A ★★★☆☆ 15 sec. – 1 min. Fiche 40

D'après une étude de la Banque des Règlements Internationaux (BRI), les politiques monétaires visant à **endiguer** la crise financière ont pu contribuer à **l'essor** des inégalités.

1re colonne **On garde les réponses A, B et C.**

On élimine la réponse D (« contrecarrer ») qui est incorrecte. On peut « contrecarrer les effets de la crise financière » mais pas « contrecarrer la crise financière ».

2e colonne **On choisit la réponse A.**

On a le choix entre « l'essor des inégalités », « la disparition des inégalités » et « l'anéantissement des inégalités ». La bonne réponse est bien « l'essor des inégalités ». **Réponse A.**

Question 42 Réponse B ★★★☆☆ 15 sec. – 1 min. Fiche 40

Pour empêcher les systèmes financiers de **s'effondrer** aux lendemains de la faillite de la banque américaine Lehman Brothers, les banques centrales avaient multiplié les mesures **non-conventionnelles**.

1re colonne **On garde les réponses B et C.**

On élimine les réponses A (« dévier ») et D (« s'engloutir ») car la phrase n'aurait pas de sens. On garde donc les réponses B et C.

2e colonne On choisit la réponse B.

On a le choix entre « mesures non-conventionnelles » et « mesures d'urgence ». Les deux réponses pourraient convenir. Toutefois, on est dans un contexte économique. Le jargon économique est « mesures non-conventionnelles » qui signifie « mesures non classiques ». **Réponse B.**

Question 43	Réponse D	★★★☆☆	15 sec. – 1 min.	Fiche 40

Elles avaient abaissé les taux d'intérêt à des niveaux extrêmement bas et **injecté** des liquidités par le biais de politiques d'assouplissement quantitatif qui impliquaient de vastes programmes de rachat d'actifs.

La bonne réponse est D : « Injecté » des liquidités (jargon économique). **Réponse D.**

Question 44	Réponse A	★★★☆☆	15 sec. – 1 min.	Fiche 41

1. Diminution des taux d'intérêts. **Vrai.** (voir question 43).
2. Augmentation des liquidités. **Vrai.** (voir question 43).
3. Achats d'actifs financiers. **Vrai.** (voir question 43).
4. Investissements sur le marché immobilier. **Faux.** Les banques centrales ne réalisent pas d'investissement sur les marchés immobiliers, bien que le terme soit mentionné dans le texte.

La bonne réponse est la **réponse A : 1 + 2 + 3.**

Question 45	Réponse D	★★★☆☆	15 sec. – 1 min.	Fiche 41

Il est impossible de savoir dans quel pays les inégalités sont les plus élevées.
Le texte aborde uniquement la question de la progression relative des patrimoines des riches et des pauvres (dernier paragraphe du texte). **Réponse D.**

Question 46	Réponse D	★★☆☆☆	15 sec. – 1 min.	Fiche 41

La BRI est le Banque des Règlements Internationaux (voir question 41). **Réponse D.**

Question 47	Réponse B	★★★★☆	30 sec. – 2 min.	Fiche 41

(A) L'auteur sous-entend que les résultats de cette étude sont erronés. **Réponse extrême.**
(B) L'auteur indique au lecteur que cette étude n'est pas le reflet exact de la réalité. **Bonne réponse.**

(C) L'auteur explique au lecteur que les hypothèses de cette étude sont fausses, car purement théoriques. **Réponse extrême.**

(D) L'auteur souhaite montrer au lecteur le décalage entre les inégalités subies par les populations et les travaux des économistes. **Hors-sujet.**

Bonne réponse : B. Avec « Purement théorique », l'auteur indique au lecteur que l'étude menée par la BRI n'est pas le reflet exact de la réalité.

Hésitations possibles : A et C. La réponse A est une réponse extrême. Aucun élément ne nous permet de conclure que les résultats de l'étude sont faux. La réponse C est fausse car l'auteur n'aborde pas les hypothèses de cette étude.

Autre réponse : D. La réponse D est hors-sujet. L'expression « purement théorique » n'a pas comme but de montrer le décalage entre les inégalités des populations et les résultats des études des économistes.

Question 48 | Réponse C | ★★★★☆ | 30 sec. – 2 min. | Fiche 41

Selon le texte, c'est bien la modification de la valorisation des actifs sur certains marchés (exemple : le marché de l'immobilier) qui a augmenté les inégalités : « A impacté durablement la valorisation des actifs. Le second est que ces politiques exceptionnelles ont ciblé spécifiquement certains marchés, comme par exemple l'immobilier. ». **Réponse C.**

Question 49 | Réponse C | ★★★★☆ | 30 sec. – 2 min. | Fiche 41

(A) Les conséquences économiques de la crise. **Trop général.**

(B) Mesures des banques centrales face à la crise. **Trop général.**

(C) Hausse des inégalités de richesse dans les pays développés. **Titre. Bonne réponse.**

(D) Les populations face à la crise économique. **Trop général.**

Bonne réponse : C. Le texte traite en effet de la hausse des inégalités des les pays développés (États-Unis, France, Royaume-Uni, etc.) du fait des mesures prises par les banques centrales durant la crise.

Hésitations possibles : A et B. La réponse A est trop générale et ne mentionne pas les inégalités. La réponse B mentionne bien les banques centrales mais pas les conséquences de leurs mesures, c'est-à-dire l'augmentation des inégalités.

Autre réponse : D. La réponse D est trop éloignée des explications de l'auteur du texte.

Question 50 Réponse A ★★★★☆ 30 sec. – 2 min. Fiche 41

(A) Pour faire face à la crise, les banques centrales ont pris des mesures qui ont indirectement favorisé l'augmentation des inégalités. **Bonne réponse.**

(B) Les banques centrales ont pris des mesures non-conventionnelles dont elles ne maîtrisaient pas les conséquences, comme l'augmentation des inégalités. **Réponse fausse.**

(C) Malgré de nombreuses mesures prises par les banques centrales, ces dernières n'ont pas réussi à limiter les effets de la crise. **Hors-sujet.**

(D) Les mesures prises par les banques centrales ont eu les effets inverses aux effets désirés. **Réponse fausse.**

Bonne réponse : A. En effet, le texte mentionne bien que les écarts de richesse ont augmenté du fait des mesures non-conventionnelles prises par les banques centrales.

Hésitation possible : B. La réponse B n'est pas la bonne réponse. L'affirmation que les banques centrales ont pris des mesures dont elles ne maîtrisaient pas les conséquences est partiellement vraie, partiellement fausse. Toutes les mesures prises n'étaient pas incontrôlées. La réponse B est fausse.

Autres réponses : C et D. Aucun élément ne nous permet d'affirmer que les mesures des banques centrales n'ont pas limité les effets de la crise ou ont eu des effets inverses aux effets recherchés.

CALCUL (Sous-tests 2 & 5)

44 Présentation des sous-tests

CALCUL

Les sous-tests « **Calcul** » (sous-tests 2 et 5) sont les **plus redoutés** des candidats (score moyen de **13/30** pour chacun des 2 sous-tests de calcul). Toutefois, **ce n'est pas une raison pour baisser les bras !** C'est justement le sous-test parfait pour **faire la différence** (si vous êtes d'un bon niveau) ou pour « limiter la casse » (si vous êtes d'un niveau moyen) par rapport aux autres candidats qui vont perdre beaucoup de points.
Pas de panique ! Les notions de mathématiques à connaître sont au maximum de niveau seconde (lycée).

FORMAT

	Sous-test 2	Sous-test 5
Durée du sous-test	30 minutes chacun	
Nombre de questions	10 chacun	
Bonne réponse	+ 3 points	
Aucune réponse	0 point	
Mauvaise réponse	– 1 point	
Nombre de questions faciles/moyennes/difficiles	4 faciles/3 moyennes/3 difficiles (dans le désordre) chacun	

CONTENU

Types de questions	Notions abordées
Calcul (mental)	Carrés, cubes, tables de multiplication, multiplications et divisions avec ou sans virgule, identités remarquables, décompositions un calcul, nombres décimaux/premiers/entiers/réels/consécutifs, etc.
Fractions	Additions/soustractions/multiplications/divisions/simplifications de fractions, critères de divisibilité, etc.
Proportionnalité	Proportionnalité simple et multiple, produit en croix, etc.
Moyennes	Moyennes arithmétiques/pondérées/harmoniques, barycentres, sommes des n premiers entiers, etc.

Équations/ Inéquations	Équations, inéquations, systèmes d'équations, systèmes d'inéquations, etc.
Vitesse, Temps, Distance	Calcul de la vitesse/temps/distance, cas de rattrapage, cas de croisement, cas aller-retour, etc.
Unités et conversions	Tableaux de conversion, équivalence d'unités, conversion de temps, échelles, etc.
Géométrie	Aires, surfaces, angles, cercles, carrés, rectangles, triangles, parallélogrammes, diamètres, hauteurs, hypoténuses, losanges, bissectrices, médianes, etc.

En définitive, que vous ayez un niveau moyen, bon ou très bon, ne baissez surtout pas les bras face à ces sous-tests. Fixez-vous un objectif et faites votre possible pour l'atteindre. Un score de 15/30 pour chacun des 2 sous-tests est atteignable quel que soit votre niveau. Les sous-tests « Calcul » nécessitent de nombreuses heures de préparation, n'hésitez donc pas à vous y prendre à l'avance !

Bon courage !

OBJECTIFS DE SCORE

Nous vous recommandons de vous fixer les **objectifs suivants selon votre objectif au TAGE 2®**.

Objectif TAGE 2®	Objectif sous-test « Calcul »
> 140/210	> 18/30
120 < X < 140	> 15/30
105 < X < 120	> 12/30

Score moyen des candidats	**13/30**
Temps de révision nécessaire	**Apprentissage du cours :** 3 - 8 heures **Entraînement :** 3 - 10 heures

45 7 conseils pour réussir le sous-test

CALCUL

Conseil n°1 : Faîtes attention au temps !

Le temps imparti de 30 minutes est **la plus grande difficulté des sous-tests « Calcul ».** En effet, vous devrez être efficace et rapide pour ces sous-tests. Gérez donc bien votre temps en consacrant au maximum 3 minutes à chaque question. Si après 1 minute, vous n'avez pas identifié la méthode de résolution à appliquer, passez à la question suivante !

Conseil n°2 : Sélectionnez vos questions.

Nous vous conseillons de sélectionner vos questions selon votre niveau.
Si vous êtes d'un **très bon niveau** (score visé > 20/30), traitez les questions **dans l'ordre**.
Si vous êtes d'un **bon niveau** (score visé entre 15 et 20/30), sélectionnez et traitez en priorité les questions « **faciles** » et « **moyennes** ». Comment reconnaître ces questions ? En fonction de la longueur de l'énoncé et de la notion abordée (**Objectif :** Traiter 6 questions en priorité).
Si vous êtes d'un **niveau moyen** (score visé < 15/30), sélectionnez et traitez en priorité les questions « **faciles** » puis traitez les questions « **moyennes** » (**Objectif** : Traiter 4 questions en priorité).

Conseil n°3 : Identifiez la théorie sous-jacente.

La méthode la plus efficace pour répondre correctement à une question est d'identifier la théorie mathématique sous-jacente. **Un énoncé = une histoire + une théorie mathématique.** Vous devez donc très rapidement **faire abstraction de l'histoire** et **identifier la théorie mathématique ou la méthode de résolution à appliquer**. Pour cela, pour chaque théorie ou méthode, listez les 2 ou 3 éléments nécessaires pour l'appliquer.

Conseil n°4 : Apprenez par cœur nos astuces/les formules/carrés/cubes/multiples/etc.

Il est fondamental de **connaître par cœur les astuces et les formules** de ce livre. Toutes nos astuces et formules vous permettront de bien répondre aux questions et de gagner énormément de temps.
Cela vous permettra de traiter **1 à 3 questions supplémentaires en moyenne.**

Conseil n°5 : Schématisez l'énoncé.

Afin de ne pas relire plusieurs fois l'énoncé, nous vous recommandons de schématiser les données de votre énoncé. Réalisez un schéma pour représenter les questions de rattrapage, de croisement, de proportionnalité, de concentration, de volume, etc.
Cela facilitera la résolution de la question.

Conseil n°6 : Ne répondez jamais au hasard... sauf si...

Ne répondez jamais au hasard... sauf si vous hésitez entre 2 réponses seulement. En effet, si vous n'avez éliminé aucune réponse, ne répondez surtout pas. Vous perdrez des points. Cependant, si vous hésitez entre 2 réponses, vous pouvez répondre au hasard, vous gagnerez des points au final (bonne réponse : +3 points, mauvaise réponse : – 1 point).

Conseil n°7 : Améliorez votre calcul mental !

Développez au quotidien vos capacités de calcul mental en effectuant mentalement le plus de calculs possibles. On vous rend la monnaie ? Calculez le montant mentalement. Vous effectuez un achat sur Internet ? Calculez le montant de votre achat de tête !
Tous les moyens sont bons pour améliorer vos capacités de calcul mental.

46 Calcul mental

CALCUL — Fréquence ●●●●● — Difficulté ★★☆☆☆

ASTUCES DE CALCUL MENTAL

Opération	Astuce	Exemple
Multiplier un nombre entier par 10	Ajoutez un « 0 » à la fin.	$45 \times 10 = 450$
Diviser un nombre entier par 10	Ajoutez une virgule avant le dernier chiffre.	$\frac{45}{10} = 4{,}5$
Multiplier un nombre décimal par 10	Décalez la virgule d'un « rang » vers la droite.	$45{,}5 \times 10 = 455$
Diviser un nombre décimal par 10	Décalez la virgule d'un « rang » vers la gauche.	$45{,}5 \div 10 = 4{,}55$
Multiplier un ou plusieurs nombres décimaux	Effectuez l'opération comme s'il n'y avait pas de virgule et replacer la virgule ensuite.	$3{,}4 \times 9 = \frac{(34 \times 9)}{10} = 30{,}6$
Diviser un ou plusieurs nombres décimaux	Multipliez par 10 « en haut et en bas » pour éliminer les virgules.	$\frac{34}{0{,}6} = \frac{340}{6} = 56{,}7$
Multiplier plus de 2 nombres	Commencez toujours par multiplier les petits facteurs entre eux.	$54 \times 2 \times 5 = 54 \times 10 = 540$
« Découpez » les opérations pour les rendre plus faciles.		$21 \times 9 = 21 \times (10 - 1) = 210 - 21 = 189$
Quand 2 nombres sont « situés » à égale distance d'un même nombre, utilisez l'identité remarquable suivante : **$(a - b) \times (a + b) = a^2 - b^2$**		$13 \times 17 = (15 - 2) \times (15 + 2) = 15^2 - 2^2 = 221$

DÉVELOPPEMENTS ET PRIORITÉS

Addition	
Commutativité	$A + B = B + A$
Associativité	$(A + B) + C = A + (B + C)$

REMARQUE La **soustraction** n'est :

- **ni commutative :** $A - B \neq B - A$
- **ni associative :** $(A - B) - C \neq A - (B - C)$

Multiplication	
Commutativité	$A \times B = B \times A$
Associativité	$(A \times B) \times C = A \times (B \times C)$
Distributivité	$A \times (B + C) = A \times B + A \times C$
	$(A + B) \times (C + D) = A \times C + A \times D + B \times C + B \times D$

REMARQUES

1. La **division** n'est :
   - **ni commutative :** $\frac{A}{B} \neq \frac{B}{A}$
   - **ni associative :** $\frac{A - B}{C} \neq A - \left(\frac{B}{C}\right)$
   - **ni distributive :** $\frac{A}{(B+C)} \neq \frac{A}{B} + C$
2. En l'absence de parenthèses, **la multiplication et la division sont prioritaires** sur l'addition et la soustraction.

   Exemple : $3 + 4 \times 3 = 3 + 12 = 15$ (et non 21).

2 MINUTES

27 + 33 =	31 + 47 =	62 + 64 =
14 + 29 =	57 + 96 =	65 + 67 =
37 + 16 =	90 + 79 =	56 + 95 =
67 + 52 =	82 + 100 =	61 + 77 =
43 + 28 =	69 + 86 =	62 + 63 =

2 MINUTES

34 – 26 =	49 – 67 =	97 – 61 =
43 – 12 =	17 – 76 =	70 – 50 =
46 – 32 =	77 – 70 =	9 – 60 =
32 – 17 =	58 – 17 =	96 – 87 =
24 – 18 =	8 – 57 =	38 – 29 =

3 MINUTES

10 × 6 =	7 × 7 =	19 × 14 =
8 × 7 =	6 × 9 =	11 × 19 =
6 × 4 =	11 × 17 =	18 × 19 =
18 × 12 =	12 × 16 =	15 × 14 =
19 × 16 =	17 × 17 =	16 × 16 =

3 MINUTES

$16 \div 8 =$	$270 \div 15 =$	$272 \div 16 =$
$24 \div 4 =$	$280 \div 14 =$	$247 \div 13 =$
$30 \div 6 =$	$204 \div 12 =$	$132 \div 11 =$
$64 \div 8 =$	$208 \div 16 =$	$220 \div 20 =$
$72 \div 9 =$	$288 \div 18 =$	$324 \div 18 =$

2 MINUTES

Quelle est la racine carrée du carré de la racine carrée de 16 ?

(A) 2 (B) 4 (C) 8 (D) 16

Que vaut $1^2 + 2^2 - 3^2 + 4^2$?

(A) 3 (B) 6 (C) 9 (D) 12

Que vaut $21^2 - 19^2$?

(A) 4 (B) 80 (C) 120 (D) 6

---

3 MINUTES

$1{,}6 \times 8 =$	$2{,}7 \div 15 =$
$2{,}4 \times 4{,}2 =$	$2{,}8 \div 1{,}4 =$
$30 \times 6{,}4 =$	$200 \times 1{,}2 =$
$6{,}4 \div 0{,}8 =$	$28 \div 1{,}6 =$
$72 \times 5 =$	$28{,}8 \div 1{,}8 =$

CONSEIL Téléchargez de nombreuses autres questions de calcul mental sur le site www.monsieur-tage-2.com (rubrique " Calcul mental " dans votre espace E-LEARNING) !

CORRIGÉ FICHE 120

47 Multiplications et divisions

CALCUL Fréquence ●●●●○ Difficulté ★★☆☆☆

MULTIPLICATIONS ET DIVISIONS (SANS VIRGULE)

POSER UNE MULTIPLICATION

Exemple : 664 × 36

Étape 1	Étape 2	Étape 3
Chiffre de droite du membre inférieur (6) × **3 chiffres du membre supérieur** (664)	**Chiffre de gauche du membre inférieur** (3) × **3 chiffres du membre supérieur** (664)	**Addition des 2 résultats intermédiaires**
664 × 36 3 984	664 × 36 3 984 19 920	664 × 36 3 984 + 19 920 = 23 904
Ici : 6 × 664	**Ici :** 3 × 664 sans oublier de poser un « 0 » à chaque nouvelle ligne.	**Ici :** 3 984 + 19 920 = 23 904

POSER UNE DIVISION

Exemple : 6 640 ÷ 362

Opération	Méthode & Réalisation
6 6 4 0 | 362	Choisissez le premier nombre divisible par 362. 6 n'est pas divisible par 362 ; 66 non plus ; **on choisit donc 664.**
6 6 4 0 | 362 – 3 6 2 | 1 = 3 0 2	**Combien de fois peut-on « mettre » 362 dans 664 ?** On peut le mettre 1 fois, il reste 302 (664 – 362 = 302).
6 6 4 0 | 362 – 3 6 2 | 18 = 3 0 2 0 – 2 8 9 6 = 1 2 4	**On a descendu le « 0 »** de 6 640 ce qui fait 3 020. **Combien de fois peut-on « mettre » 362 dans 3 020 ?** On peut le mettre 8 fois, il reste 124 (3 020 – 2 896 = 124).
6 6 4 0 | 362 – 3 6 2 | 18,3 = 3 0 2 0 – 2 8 9 6 = 1 2 4 0 – 1 0 8 6 = 1 5 4	**On a ajouté un « 0 », ce qui fait 1 240.** **On compense en ajoutant une « , » au quotient.** **Combien de fois peut-on « mettre » 362 dans 1 240 ?** On peut le mettre 3 fois, il reste 154 (1 240 – 1 086).
6 6 4 0 | 362 – 3 6 2 | 18,34 = 3 0 2 0 – 2 8 9 6 = 1 2 4 0 – 1 0 8 6 = 1 5 4 0 – 1 4 4 8 = 9 2	**On a ajouté un « 0 »**, ce qui fait 1 540. **Cette fois-ci, on ne compense pas en ajoutant une « , » car on l'a déjà fait.** **Combien de fois peut-on « mettre » 362 dans 1 540 ?** On peut le mettre 4 fois, il reste 92 (1 540 – 1 448 = 92). **Conclusion : 6 640 = (18,34 × 362) + 92.**

MULTIPLICATIONS (AVEC VIRGULE(S))

POSER UNE MULTIPLICATION À VIRGULE(S)

Exemple : 66,4 ÷ 3,62

Étape 1 « Éliminons les virgules » (en multipliant par 10, 100, 1 000, etc).

$$66{,}4 \times 3{,}6 \rightarrow 664 \times 36$$

Décalez la virgule vers la droite d'un rang aux 2 nombres afin qu'il n'y ait plus de virgule. (On remettra la virgule à l'étape 5).

Étape 2	Étape 3	Étape 4
Chiffre de droite du membre inférieur (6) × **3 chiffres du membre supérieur** (664)	**Chiffre de gauche du membre inférieur** (3) × **3 chiffres du membre supérieur** (664)	**Addition des 2 résultats intermédiaires**
664 × 36 ――― 3 984 .. ... ―――	664 × 36 ――― 3 984 19 920 ―――	664 × 36 ――― 3 984 + 19 920 ――― = 23 904
Ici : 6 × 664	**Ici :** 3 × 664 sans oublier de poser un « 0 » à chaque nouvelle ligne.	**Ici :** 3 984 + 19 920 = 23 904

Étape 5 « Remettons » la virgule.

Il y avait 2 chiffres après la virgule à l'étape 1. On doit donc avoir 2 chiffres après la virgule :
239,04

EXERCICES

$3{,}2 \times 18{,}1 =$	$0{,}8 \times 5{,}2 =$	$5{,}9 \times 7{,}8 =$
$2{,}2 \times 4{,}8 =$	$1{,}9 \times 3{,}2 =$	$2{,}4 \times 3{,}4 =$
$5{,}9 \times 1{,}6 =$	$1{,}1 \times 2{,}2 =$	$1{,}1 \times 1{,}1 =$
$3{,}8 \times 4{,}05 =$	$1{,}9 \times 3{,}8 =$	$2{,}4 \times 6{,}9 =$
$6{,}9 \times 1{,}1 =$	$4{,}9 \times 0{,}6 =$	$12{,}4 \times 2{,}8 =$

Question 1 ★★★★☆ **1 min. – 3 min.**

Elisabeth a 3,25 livres sterling dans son porte-monnaie. Elle souhaite les échanger contre des euros. Sachant que le taux de change est de 1 livre sterling pour 1,32 euro, combien Elisabeth aura-t-elle d'euros?

(A) 4,14 €
(B) 4,21 €
(C) 4,29 €
(D) 4,35 €

➔ **CORRIGÉ FICHE 120**

DIVISIONS (AVEC VIRGULE(S))

POSER UNE DIVISION À VIRGULE(S)

Exemple : 66,4 ÷ 3,62

Opération	Méthode & Réalisation
$\frac{66{,}4}{3{,}62}$ $= \frac{66{,}4 \times 100}{3{,}62 \times 100} = \frac{6\ 640}{362}$	**Transformez la division initiale en division sans virgule. Multipliez le numérateur et le dénominateur par la même valeur** (Ici : 100). Cela ne change pas la valeur de la division mais permet d'éliminer les « virgules ». On a alors 6 640 ÷ 362, c'est-à-dire une division sans virgule.
6 6 4 0 | 362	**Choisissez le premier nombre divisible par 362.** 6 n'est pas divisible par 362 ; 66 non plus ; **on choisit donc 664.**
6 6 4 0 | 362 – 3 6 2 | 1 = 3 0 2	**Combien de fois peut-on « mettre » 362 dans 664 ?** On peut le mettre 1 fois, il reste 302 (664 – 362 = 302).
6 6 4 0 | 362 – 3 6 2 | 18 = 3 0 2 0 – 2 8 9 6 = 1 2 4	**On a descendu le « 0 »** de 6 640 ce qui fait 3 020. **Combien de fois peut-on « mettre » 362 dans 3 020 ?** On peut le mettre 8 fois, il reste 124 (3 020 – 2 896 = 124).
6 6 4 0 | 362 – 3 6 2 | 18,3 = 3 0 2 0 – 2 8 9 6 = 1 2 4 0 – 1 0 8 6 = 1 5 4	**On a ajouté un « 0 », ce qui fait 1 240.** **On compense en ajoutant une « , » au quotient.** **Combien de fois peut-on « mettre » 362 dans 1 240 ?** On peut le mettre 3 fois, il reste 154 (1 240 – 1 086 = 154).

Opération	Méthode & Réalisation
6 6 4 0 | 362 – 3 6 2 | 18,34 = 3 0 2 0 – 2 8 9 6 = 1 2 4 0 – 1 0 8 6 = 1 5 4 0 – 1 4 4 8 = 9 2	**On a ajouté un « 0 »**, ce qui fait 1 540. **Cette fois-ci, on ne compense pas en ajoutant une « , » car on l'a déjà fait.** **Combien de fois peut-on « mettre » 362 dans 1 540 ?** On peut le mettre 4 fois, il reste 92 (1 540 – 1 448 = 92). **Conclusion : 6 640 = (18,34 × 362) + 92.**

EXERCICES

Question 1 ★★★☆☆ **45 sec. – 1 min.**

Marc-Antoine va au marché et achète 12,3 kg de pommes de terre pour 19,6 euros.

Quel est le prix au kg des pommes de terre ?

(A) 1,57 €
(B) 1,59 €
(C) 1,62 €
(D) 1,66 €

Question 2 ★★★★☆ **45 sec. – 3 min.**

Julien part en voyage aux États-Unis et décide de changer ses euros en dollars à un bureau de change. Il échange donc 125 euros contre 132,78 dollars. Quel est le taux de change euro/dollar ?

(A) 0,89
(B) 0,91
(C) 0,94
(D) 1,06

➔ CORRIGÉ FICHE 120

48 Carrés, cubes, nombres premiers et tables de multiplication

CALCUL Fréquence ●●●●○ Difficulté ★★☆☆☆

CARRÉS ET CUBES

Les carrés (1 à 25)			
$1^2 = 1$	$8^2 = 64$	**$15^2 = 225$**	$22^2 = 484$
$2^2 = 4$	$9^2 = 81$	$16^2 = 256$	$23^2 = 529$
$3^2 = 9$	**$10^2 = 100$**	$17^2 = 289$	$24^2 = 576$
$4^2 = 16$	$11^2 = 121$	$18^2 = 324$	**$25^2 = 625$**
$5^2 = 25$	$12^2 = 144$	$19^2 = 361$	
$6^2 = 36$	$13^2 = 169$	**$20^2 = 400$**	
$7^2 = 49$	$14^2 = 196$	$21^2 = 441$	

Les cubes (1 à 20)		
$1^3 = 1$	$8^3 = 512$	**$15^3 = 3\,375$**
$2^3 = 8$	$9^3 = 729$	$16^3 = 4\,096$
$3^3 = 27$	**$10^3 = 1\,000$**	$17^3 = 4\,913$
$4^3 = 64$	$11^3 = 1\,331$	$18^3 = 5\,832$
$5^3 = 125$	$12^3 = 1\,728$	$19^3 = 6\,859$
$6^3 = 216$	$13^3 = 2\,197$	**$20^3 = 8\,000$**
$7^3 = 343$	$14^3 = 2\,744$	

5 propriétés sur les carrés	Exemples
Un carré se termine nécessairement par 0, 1, 4, 5, 6 ou 9.	25, 36, 64, 81, etc.
Si l'**unité d'un carré est 6**, alors le chiffre des dizaines est **impair**.	36, 256, etc.
Si l'**unité d'un carré est 0, 1, 4, 5 ou 9**, le chiffre des dizaines est **pair**.	64, 289, 324, etc.
Le carré d'un nombre dont l'unité est 5 se termine par 25.	$35^2 = 1\,225$
Égalité de Carroll : 3 fois la somme de 3 carrés est aussi la somme de 4 autres carrés.	$3 \times (5^2 + 6^2 + 7^2) = 15^2 + 8^2 + 5^2 + 4^2$

LES NOMBRES PREMIERS

Les **nombres premiers** sont les nombres **divisibles uniquement par 1 et par eux-mêmes**: 2, 3, 5, 7, 11, 13, 17, 19, 23, 29, 31, 37, 41, 43, 47, 53, 59, 61, 67, 71, 73, 79, 83, 89, 97, 101.

REMARQUE Tous les nombres **premiers** sont **impairs** sauf « 2 ».

TABLES DE MULTIPLICATION (1 à 10)

×	1	2	3	4	5	6	7	8	9	10
1	1	2	3	4	5	6	7	8	9	10
2	2	4	6	8	10	12	14	16	18	20
3	3	6	9	12	15	18	21	24	27	30
4	4	8	12	16	20	24	28	32	36	40
5	5	10	15	20	25	30	35	40	45	50
6	6	12	18	24	30	36	42	48	54	60
7	7	14	21	28	35	42	49	56	63	70
8	8	16	24	32	40	48	56	64	72	80
9	9	18	27	36	45	54	63	72	81	90
10	10	20	30	40	50	60	70	80	90	100

TABLES DE MULTIPLICATION (10 à 20)

×	11	12	13	14	15	16	17	18	19	20
11	121	132	143	154	165	176	187	198	209	220
12	132	144	156	168	180	192	204	216	228	240
13	143	156	169	182	195	208	221	234	247	260
14	154	168	182	196	210	224	238	252	266	280
15	165	180	195	210	225	240	255	270	285	300
16	176	192	208	224	240	256	272	288	304	320
17	187	204	221	238	255	272	289	306	323	340
18	198	216	234	252	270	288	306	324	342	360
19	209	228	247	266	285	304	323	342	361	380
20	220	240	260	280	300	320	340	360	380	400

49 Astuces de calcul

CALCUL — Fréquence ●●●●○ — Difficulté ★★☆☆☆

Astuce n° 1 : Calculer les carrés de nombres qui se terminent par 5. Exemple : 105^2

Étape 1	**Isolez** le(s) chiffre(s) situés avant le dernier 5.	10
Étape 2	**Multipliez-les** par le nombre suivant.	$10 \times 11 =$ **110**
Étape 3	« **Collez** » 25 au résultat de l'étape 2.	$105^2 =$ **11 025**

Astuce n° 2 : Calculer une multiplication avec « l'astuce de l'équidistance ».

Quand 2 nombres sont « situés » à égale distance d'un même nombre, alors on utilise l'identité remarquable suivante : $\mathbf{(a - b) \times (a + b) = a^2 - b^2}$

Exemple : $13 \times 17 = (15 - 2) \times (15 + 2) = 15^2 - 2^2 = 225 - 4 = \mathbf{221}$

Astuce n° 3 : Calculer un carré avec la « méthode des carrés consécutifs ».

Si vous connaissez le carré d'un nombre N, il suffit d'ajouter 2N + 1 au résultat pour trouver le carré de (N + 1).

Exemple : $15^2 = 225$. Donc $16^2 = 15^2 + (2 \times 15) + 1 = 225 + 30 + 1 = \mathbf{256}$

Astuce n° 4 : Calculer une multiplication avec « l'astuce de l'écart ».

Quand on multiplie 2 nombres proches, on peut passer par l'écart avec le carré.

Exemple : $15 \times 16 = 15 \times (15 + 1) = 15^2 + 15 = 225 + 15 = \mathbf{240}$

Astuce n° 5 : Calculer un pourcentage avec la « méthode de la décomposition ».

Pour calculer un « pourcentage complexe », décomposez ce pourcentage en « pourcentages simples » (10 %, 5 % et 1 %).

Exemple : 16 % de 15 = (10 % + 5 % + 1 %) de 15 = 1,5 + 0,75 + 0,15 = **2,4**

Astuce n° 6 : Calculer un multiple avec la « méthode de la décomposition ».

Pour calculer un « multiple complexe », on peut passer par la décomposition de ce multiple en « multiple simples » ou « multiples connus ». **Exemple :** Combien vaut 3×46 ?

Étape 1 : 3×40 (les dizaines) = **120** puis 3×6 (les unités) = **18**. **Étape 2 :** 120 + 18 = **138**.

Astuce n° 7 : Retrouver la valeur de départ après une variation de 1/N.

1) Quand une valeur **diminue de** $\frac{1}{N}$, alors on doit **augmenter** le résultat de $\frac{1}{N-1}$ pour **retrouver la valeur de départ.**

   Exemple : Si le chiffre d'affaires **diminue de 1/5** (20 %), alors il faut **l'augmenter de 1/4**, c'est-à-dire 25 %, car $\frac{1}{N-1} = \frac{1}{5-1}$ pour **retrouver sa valeur de départ**.

2) Quand une valeur **augmente de $\frac{1}{N}$**, alors on doit **diminuer** le résultat de $\frac{1}{N+1}$ pour **retrouver la valeur de départ.**

Exemple : Si le chiffre d'affaires **augmente de 1/4** (25 %), alors il faut le **diminuer de 1/5**, c'est-à-dire 20 %, car $\frac{1}{N+1} = \frac{1}{4+1}$ = 20 % pour **retrouver sa valeur de départ.**

Astuce n° 8 : Utiliser la base 100 pour les pourcentages.

Pour les exercices avec des pourcentages, nous vous recommandons de partir d'une **base 100**, c'est-à-dire que **le total est toujours égal à 100**. Ainsi, 40 % des personnes = 40 personnes, 25 % de la distance = 25 km, 30 % de son épargne = 30 €. **Vos calculs seront beaucoup plus simples à effectuer par la suite !**

Astuce n° 9 : Découpez votre multiplication (ou division) en 2.

Pour diviser par ...	
4	**Divisez** par 2 puis **redivisez** par 2.
5	**Divisez** par 10 puis **multipliez** par 2.
6	**Divisez** par 2 puis **redivisez** par 3.
8	**Divisez** par 2 puis **redivisez** par 2 puis **redivisez** par 2.
Pour multiplier par ...	
4	**Multipliez** par 2 puis **remultipliez** par 2.
5	**Multipliez** par 10 puis **divisez** par 2.
6	**Multipliez** par 2 puis **remultipliez** par 3.
8	**Multipliez** par 2 puis **remultipliez** par 2 puis **remultipliez** par 2.

Astuce n° 10 : Inversez les pourcentages.

Pour calculer X % de Y, on peut calculer Y % de X quand c'est plus simple.

Exemples : 1) 4 % de 75 = 75 % de 4 = 3 ; **2)** 18 % de 50 = 50 % de 18 = 9 ; etc.

EXERCICES

25^2 =	95^2 =	65^2 =
35^2 =	45^2 =	75^2 =
23 × 27 =	11 × 19 =	18 × 22 =
15 × 17 =	21 × 25 =	16 × 22 =

Question 1 ★★☆☆☆ **30 sec. – 1 min.**

Pierre constate que son poids a augmenté de 25 % entre janvier et mars. Il décide d'entamer un régime. De quel pourcentage son poids doit-il diminuer pour retrouver sa valeur de janvier ?

(A) Il manque des informations. (B) 15 % (C) 20 % (D) 25 %

➜ **CORRIGÉ FICHE 120**

50 Critères de divisibilité

CALCUL Fréquence ●●●●○ Difficulté ★★☆☆☆

Les critères de divisibilité d'un nombre sont à connaître par cœur ! **Un nombre N est...**

Divisible par ...	Si ...	Exemples
2	**N est pair** ⇔ N se termine par 0, 2, 4, 6 ou 8.	10, 34, 108
3	**La somme des chiffres de N est divisible par 3.** 348 → 3 + 4 + 8 = 15. 15 est divisible par 3. 348 est donc divisible par 3 (348 ÷ 3 = 116).	126, 342, 561
4	**Les 2 derniers chiffres de N forment un nombre divisible par 4.** 424 → 24 est divisible par 4. 424 est donc divisible par 4 (424 ÷ 4 = 106).	316, 588, 904
5	**Si N se termine par 0 ou par 5.**	155, 800, 345
6	**Si N est divisible par 2 et par 3.** ⇔ Si N est pair et si la somme des chiffres de N est divisible par 3. 654 est pair et 6 + 5 + 4 = 15 (divisible par 3). 654 est donc divisible par 6 (654 ÷ 6 = 109).	654, 336, 222
7	**Nombre de dizaines – (Chiffre des unités × 2) = 0 ou un multiple de 7** (– 14, – 7, 0, 7, 14, etc.). 413. 41 dizaines – (3 unités × 2) = 41 – 6 = 35. 35 est divisible par 7. 413 est donc divisible par 7 (413 ÷ 7 = 59).	8 981, 245, 287, 336
8	**Les 3 derniers chiffres de N forment un nombre divisible par 8.** 2 **072** → 072 est divisible par 8. 2 072 est donc divisible par 8 (2 072 ÷ 8 = 259).	1 **816**, **424**
9	**La somme des chiffres de N est divisible par 9.** 1 089 → 1 + 0 + 8 + 9 = 18. 18 est divisible par 9. 1 089 est donc divisible par 9 (1 089 ÷ 9 = 121).	324, 1 125
10	**N se termine par 0.**	120, 360, 890

Divisible par ...	Si ...	Exemples
11	**Somme des chiffres de rangs impairs – Somme des chiffres de rangs pairs = 0 ou un multiple de 11** (–22, –11, 0, 11, 22, etc.) 13 431. Somme des rangs impairs (n° 1, 3, 5) = 1 + 4 + 1 = 6. Somme des rangs pairs (n° 2, 4) = 3 + 3 = 6. Donc : 6 – 6 = 0 (multiple de 11). 13 431 est donc divisible par 11 (13 431 ÷ 11 = 1 221).	528, 1 353

EXERCICES

Question 1 ★★★☆☆ 1 min. – 3 min.

Entourez les nombres divisibles par 7 :

14 – 45 – 54 – 32 – 123 – 280 – 98 – 143 – 1 134 – 115 – 444

Question 2 ★★★★☆ 1 min. – 3 min.

Entourez les nombres divisibles par 3, 7 et 11.

1 134 – 2 133 – 2 079 – 77 – 33 – 21 – 462

Question 3 ★★☆☆☆ 15 sec. – 1 min.

Dans une classe, 2/3 des enfants sont bruns, 1/4 sont blonds et le reste sont roux.

Quel peut-être le nombre d'enfants de cette classe ?

(A) 12 (B) 24 (C) 36 (D) Plusieurs réponses sont possibles.

Question 4 ★★★★☆ 45 sec. – 2 min.

Lequel des nombres suivants ne peut pas être la somme de 3 entiers consécutifs ?

(A) 3 027

(B) 3 636

(C) 3 366

(D) 3 313

➔ CORRIGÉ FICHE 120

51 PPCM et PGCD

CALCUL Fréquence ●●○○○ Difficulté ★★★☆☆

PPCM

Le Plus Petit Commun Multiple (**PPCM**) de 2 nombres A et B est le plus petit entier naturel à la fois **multiple** de A et de B.

Méthode des diviseurs		Exemple (PPCM de 60 et 153)
Étape 1	**Décomposez** chaque entier en facteurs de nombres premiers.	$60 = 3 \times 5 \times 2 \times 2 = 2^2 \times 3 \times 5$ $153 = 17 \times 9 = 17 \times 3^2$
Étape 2	**Multipliez les facteurs** entre eux, en prenant à chaque fois **le plus grand exposant** des 2 décompositions.	PPCM $(60 ; 153) = 2^2 \times 3^2 \times 5 \times 17$ $=$ **3 060**

CONSEIL Le **PPCM** est utile pour trouver un **dénominateur commun entre des fractions.**

PGCD

Le Plus Grand Commun Diviseur (**PGCD**) de 2 nombres A et B est le plus grand entier naturel qui **divise** simultanément A et B.

Méthode des diviseurs		Exemple (PGCD de 60 et 150)
Étape 1	**Décomposez** chaque entier en facteurs de nombres premiers.	$60 = 3 \times 5 \times 2 \times 2 = 2^2 \times 3 \times 5$ $150 = 2 \times 3 \times 5 \times 5 = 2 \times 3 \times 5^2$
Étape 2	**Multipliez les facteurs communs** entre eux, en prenant à chaque fois **le plus petit exposant** des 2 décompositions.	PGCD $(60 ; 150) = 2 \times 3 \times 5 =$ **30**

CONSEIL Le **PGCD** est utile pour **simplifier des fractions.**

ATTENTION

1. Contrairement à ce que son nom semble indiquer, le **PPCM** (Plus Petit Commun Multiple) est **toujours supérieur aux nombres** dont on cherche le PPCM.
2. Contrairement à ce que son nom semble indiquer, le **PGCD** (Plus Grand Commun Diviseur) est **toujours inférieur aux nombres** dont on cherche le PGCD.

EXERCICES

Question 1 ★★★☆☆ **45 sec. – 2 min.**

Quel est le PGCD de 96 et de 40 ?

(A) 4
(B) 7
(C) 8
(D) 9

Question 2 ★★★★☆ **1 min. – 3 min.**

Afin d'avoir une terrasse, les Dupont souhaitent carreler une partie de leur jardin à l'aide de carreaux identiques de forme carrée. La partie du jardin qu'ils souhaitent carreler mesure 70 décimètres de long et 60 décimètres de large. Les Dupont souhaitent utiliser les plus grands carreaux possibles. Quelle est la longueur maximale possible du côté d'un carreau ?

(A) 1,5 m
(B) 1 m
(C) 0,8 m
(D) 0,6 m

CORRIGÉ FICHE 120

52 Opérations à trous

CALCUL Fréquence ●●○○○ Difficulté ★★★☆☆

Il existe 3 types de questions d'opérations à trous : les multiplications, les divisions et les additions/soustractions.

Opérations à trous : Trouver les valeurs numériques qui permettent de compléter l'opération.

LES MULTIPLICATIONS

Application ★★★☆☆ **30 sec. – 2 min.**

```
      6 6 4
×       a a
-----------
    1 3 a 8
  1 3 a 8 0
-----------
  1 4 6 0 8
```

Que vaut « a » ?

(A) 1 (B) 2 (C) 3 (D) 4

Méthode de résolution conseillée : Backsolving : Tester les réponses, en commençant par la réponse C (milieu) (voir la fiche « Backsolving »).

Si « a » = 3, alors $3 \times 4 = 12$, mais le dernier chiffre de la 1re ligne est 8. **Mauvaise réponse.**
Si « a » = 2, alors $2 \times 4 = 8$. Le dernier chiffre de la 1re ligne est bien égal à 8.
On effectue le même raisonnement pour la seconde ligne. **Bonne réponse. Réponse B.**

LES ADDITIONS/LES SOUSTRACTIONS

Application ★★☆☆☆ **30 sec. – 2 min.**

$$\begin{array}{r} 88a \\ +\ 1a2a \\ \hline 2308 \end{array}$$

Que vaut « a » ?

(A) 2 (B) 3 (C) 4 (D) 5

En testant les réponses (méthode du backsolving), **la bonne réponse est C.**
(En effet, 884 + 1 424 = 2 308).

LES DIVISIONS

Application ★★★★☆ **1 min. – 3 min.**

$$\begin{array}{r|l} 67a & 16 \\ \hline \text{- - -} & ab \\ \text{- - -} & \\ 2 & \end{array}$$

Que valent « a » et « b » ?

(A) 4 et 2 (B) 4 et 3 (C) 3 et 5 (D) 5 et 2

Pour ce type de questions, la méthode de résolution la plus rapide est d'effectuer la multiplication suivante :

(diviseur × quotient) + reste = dividende

Soit ici :

ab × 16 + 2 = 67a

Donc « ab » multiplié par 16 auquel on ajoute 2 est égal à un résultat compris entre 670 et 679. En testant par tâtonnement, on trouve : 16 × 42 = 672 (seul multiple de 16 compris entre 670 et 679) et donc 16 × 42 + 2 = 674.
On en conclut que a = 4 et b = 2. **Réponse A.**

53 Astuces du premier et du dernier chiffre

CALCUL Fréquence ●●●○○ Difficulté ★★★☆☆

ASTUCE DU DERNIER CHIFFRE

Cette astuce consiste à trouver la **bonne réponse** en vérifiant **uniquement le dernier chiffre des réponses proposées. Le dernier chiffre du produit *(ou de la somme)* de 2 nombres est égal au dernier chiffre du produit *(ou de la somme)* des 2 derniers chiffres de ces nombres.**

> **ATTENTION** Cette astuce n'est utilisable **que si le dernier chiffre de chaque réponse proposée est différent.**

Étape 1

Vérifiez que toutes les réponses ont un dernier chiffre différent.

Étape 2

Calculez le produit des deux derniers chiffres des deux nombres mutipliés.
(**Exemple :** $42\underline{2} \times 5\underline{9} \Leftrightarrow \underline{2} \times \underline{9} = 1\underline{8}$)

Interprétation

$42\underline{2} \times 5\underline{9} \Leftrightarrow \underline{2} \times \underline{9} = 1\underline{8} \Leftrightarrow$ On en déduit donc que le dernier chiffre du résultat de la multiplication $42\underline{2} \times 5\underline{9}$ se termine par $\underline{\mathbf{8}}$.

Étape 3

Comparez ce résultat avec le dernier chiffre de chacune des réponses.

En résumé

Le dernier chiffre du produit *(ou de la somme)* de 2 nombres est égal au produit *(ou la somme)* des 2 derniers chiffres de ces nombres.

Application 1 ★★★☆☆ **1 min. – 3 min.**

Anne, propriétaire d'un haras, souhaite partir à la retraite et vendre l'ensemble de ses chevaux à Antoine, un autre passionné de courses. Antoine propose de racheter les 47 chevaux d'une même race à un prix de 1 455 euros chacun, et les 36 autres chevaux à 746 euros chacun. Quel est le montant total de la proposition d'achat d'Antoine ?

(A) 89 732 € (B) 90 000 € (C) 91 505 € (D) 95 241 €

Étape 1 Vérifions que les 5 réponses ont bien un dernier chiffre différent.

Étape 2 Trouvons le dernier chiffre du résultat du produit 47 × 1 455.

7 × 5 = 35. Donc 47 × 1 455 = un nombre qui se termine par **5**.

Étape 3 Trouvons le dernier chiffre du résultat du produit 36 × 746.

6 × **6** = 36. Donc 36 × 746 = un nombre qui se termine par 6.

Étape 4 Déduisons le dernier chiffre de la bonne réponse.

Un nombre qui se termine par **5** + un nombre qui se termine par **6** = un nombre qui se termine par **1** (car 6 + 5 = 11). **Réponse D.**

ASTUCE DU PREMIER CHIFFRE

Cette astuce consiste à trouver la **bonne réponse** en vérifiant **uniquement le premier chiffre après la virgule**, c'est-à-dire sans calculer les chiffres suivants.

ATTENTION Cette astuce n'est utilisable **que si le premier chiffre après la virgule de chaque réponse proposée est différent**.

Application 2 ★★☆☆☆ **30 sec. – 2 min.**

André achète sept planches de bois identiques pour un total de 745 euros.
Combien coûte une planche de bois ?

(A) 105,55 € (B) 105,76 € (C) 106,10 € (D) 106,43 €

Étape 1 Vérifions que les 5 réponses ont bien un dernier chiffre différent.

Étape 2 Calculons le résultat avec une précision de 10^{-1}.

André achète 7 planches pour 745 €. Donc, chaque planche vaut $\frac{745}{7}$ €.

$$\frac{745}{7} = \frac{700 + 45}{7} = \frac{700}{7} + \frac{45}{7} = 100 + \frac{45}{7} = 100 + 6{,}4... = 106{,}\underline{4}..$$

Étape 3 Concluons. Il y a donc un 4 après la virgule. Réponse D.

54 Puissances et racines carrées

CALCUL Fréquence ●●●●○ Difficulté ★★★☆☆

PUISSANCES

Égalités	$a^0 = 1$	$a^{-n} = \dfrac{1}{a^n}$
	$\sqrt{a} = a^{1/2}$ $(a > 0)$	$(a^n)^p = a^{n \times p}$
Multiplications	$a^n = a \times a \times \ldots \times a$ (n fois)	$a^n \times b^n \times c^n = (a \times b \times c)^n$
	$a^n \times a^p = a^{n+p}$	$a^n \times a^{-n} = 1$
Divisions	$\dfrac{a^n}{b^n} = \left(\dfrac{a}{b}\right)^n$	$\dfrac{a^n}{a^p} = a^{n-p}$

ATTENTION

1. Un nombre élevé à une **puissance paire** est **toujours positif**.
   Exemple : $(-7)^2 = 49$ ou encore $(-12)^2 = 144$.
2. Un nombre élevé à une **puissance impaire conserve son signe**.
   Exemple : $(-7)^3 = -343$ ou encore $-3^3 = -27$.

5 IDENTITÉS REMARQUABLES

Au carré	Au cube
$(a + b)^2 = a^2 + 2ab + b^2$	$(a + b)^3 = a^3 + 3a^2b + 3ab^2 + b^3$
$(a - b)^2 = a^2 - 2ab + b^2$	$(a - b)^3 = a^3 - 3a^2b + 3ab^2 - b^3$
$(a + b) \times (a - b) = a^2 - b^2$	

RACINES CARRÉES

Opérations	Équivalences numériques
$\sqrt{a} = a^{1/2}$	$\sqrt{2} \approx 1{,}414$
$\sqrt{a^2} = a$	$\sqrt{3} \approx 1{,}732$
$\left(\sqrt{a}\right)^n = a^{n/2}$	$\sqrt{5} \approx 2{,}236$
$\sqrt{a \times b} = \sqrt{a} \times \sqrt{b}$	$\sqrt{7} \approx 2{,}646$
$\sqrt{\frac{a}{b}} = \frac{\sqrt{a}}{\sqrt{b}}$	$\sqrt{10} \approx 3{,}162$
$\left(\sqrt{a} \times \sqrt{b}\right)^2 = \left(\sqrt{a}\right)^2 \times \left(\sqrt{b}\right)^2 = a \times b$	$\sqrt{15} \approx 3{,}872$

ATTENTION Une racine carrée est toujours positive !

EXERCICE

Question 1 ★★★☆☆ **2 min. – 4 min.**

Remplissez le tableau suivant :

a	b	$\sqrt{a}$	$\sqrt{b}$	$a \times b$	$\sqrt{a \times b}$	$\sqrt{a} \times \sqrt{b}$	$a \div b$	$\sqrt{\frac{a}{b}}$	$\frac{\sqrt{a}}{\sqrt{b}}$
9	16								
25	4								
36	64								
49	81								

➔ CORRIGÉ FICHE 120

55 Pourcentages et ratios

CALCUL Fréquence ●●●●● Difficulté ★★★☆☆

POURCENTAGES/FRACTIONS/NOMBRES DÉCIMAUX

Il existe 3 manières d'exprimer un pourcentage. À connaître par cœur !

Pourcentage	Fraction	Nombre décimal
X %	**X/100**	**0,0X ou 0,X**
1 %	1/100	0,01
2 %	2/100	0,02
4 %	1/25	0,04
5 %	1/20	0,05
10 %	1/10	0,1
12,5 %	1/8	0,125
16,66 %	1/6	0,166
20 %	1/5	0,2
25 %	1/4	0,25
33,33 %	1/3	0,333
37,5 %	3/8	0,375
40 %	2/5	0,4
50 %	1/2	0,5
60 %	3/5	0,6
62,5 %	5/8	0,625
66,66 %	2/3	0,666
75 %	3/4	0,75
80 %	4/5	0,8
100 %	1	1
200 %	2	2

ATTENTION

Doubler une quantité	+ 100 %
Tripler une quantité	+ 200 %
Quintupler une quantité	+ 400 %
Décupler une quantité	+ 900 %

CALCUL DE VARIATIONS

	FORMULE	EXEMPLE
Variation en pourcentage	$\frac{\text{Variation}}{\text{Total}} \times 100$	Réduction de 100 € sur 430 €. **Variation** = $\frac{-100}{430}$ = **– 23,2 %**
Variation en pourcentage	$\frac{(\text{Valeur}_{\text{arrivée}} - \text{Valeur}_{\text{départ}})}{\text{Valeur}_{\text{départ}}} \times 100$	Un objet valait 65 € l'an dernier et vaut 58 € cette année. **Variation** = $\frac{58 - 65}{65}$ = **– 10,8 %**
Variation en valeur absolue (VA)	**Total × Variation en %**	Une robe valait 36 € l'an dernier. Son prix a diminué de 10 % cette année. $P_{\text{cette année}} = P_{\text{an dernier}} \times 0,9 = $ **32,4 €**
Ancien total (avant variation)	**Ancien total** = $\frac{\text{Nouveau total}}{1 \pm \text{Variation en \%}}$	Après une augmentation de 15 %, le prix d'une tonne de fer est de 200 €. $P_{\text{an dernier}} = \frac{P_{\text{cette année}}}{1,15} = \frac{200}{1,15} = $ **173,9 €**
Nouveau total (après variation)	**Nouveau total = Ancien total × (1 ± Variation %)**	
Variations successives	**Variation 1 × Variation 2 × …**	Le prix du kilo de maïs a augmenté de 10 % puis a baissé de 14 %. **Variation** = (+ 10 %) × (– 14 %) = 1,1 × 0,86 = 0,946 = **– 5,4 %**

56 Intérêts simples et composés

CALCUL Fréquence ●●●●● Difficulté ★★★☆☆

INTÉRÊTS	SIMPLES	COMPOSÉS
Le taux d'intérêt s'applique ...	**Uniquement** sur le **capital initial mais pas** sur les **intérêts générés.**	**À la fois** sur le **capital initial** et sur les **intérêts générés réinvestis.**
Conséquence	Pas d'intérêts sur les intérêts.	Intérêts sur les intérêts.
Éléments à prendre en compte	K_0 = **Capital initial** (investi) n = **Durée de placement** (en jours , mois, trimestres, années, etc.) r = **Taux d'intérêt**, en % K_n = **Capital final**	
Valeur du capital final (K_n)	$K_n = K_0 \times (1 + n \times r)$	$K_n = K_0 \times (1 + r)^n$
Valeur du capital initial (K_0)	$K_0 = \frac{K_n}{1 + n \times r}$	$K_0 = \frac{K_n}{(1 + r)^n}$
Valeur du capital en année 1 (K_1)	$K_1 = K_0 \times (1 + r)$	

Exemple 1 : Combien rapporte un investissement de 1 000 € au taux d'intérêt simple de 5 % pendant 5 ans ?
Capital final : $K_5 = K_0 \times (1 + 5 \times r)$ = 1 000 € × (1 + 5 × 5 %) = 1 000 × 1,25 = **1 250 €.**
Gain final : $K_5 - K_0$ = 1 250 € – 1 000 € = **250 €.**

Exemple 2 : Quel est le montant du capital final après un investissement de 1 000 € au taux d'intérêt composé de 10 % pendant 2 ans ?
Capital final : $K_2 = K_0 \times (1 + r)^2$ = 1 000 € × (1 + 10 %)² = 1 000 € × 1,21 = **1 210 €.**

REMARQUE Si l'énoncé ne précise pas si les intérêts sont « simples » ou « composés », considérez qu'ils sont **composés**.

EXERCICES

Question 1 ★★☆☆☆ **45 sec. – 2 min.**

Pauline a placé 4 500 € au taux d'intérêt simple de 2 %.
Combien Pauline a-t-elle d'argent sur ce compte après 10 ans ?

(A) 5 400 €
(B) 5 600 €
(C) 5 900 €
(D) 7 000 €

Question 2 ★★★★☆ **1 min. – 3 min.**

Corentin dispose d'un capital de 6 000 €. Il peut placer son argent sur un compte A où le capital est rémunéré en intérêts simples ou sur un compte B, rémunéré en intérêts composés. Le taux de rémunération est de 6 % annuels pour les deux comptes.
À combien s'élèverait la différence de capital accumulé entre les valeurs des deux placements après 3 ans ?

(A) ≈ 20 €
(B) ≈ 34 €
(C) ≈ 66 €
(D) ≈ 95 €

Question 3 ★★★★☆ **1 min. – 3 min.**

Jean dispose d'un capital de 40 000 €. Il investit une partie de ce capital sur un compte rémunéré à 3 % annuels et le reste sur une assurance-vie rémunérée à 8 % annuels. Les intérêts acquis au bout d'un an s'élèvent à 1 800 €.
Quelle proportion du capital a été placée sur l'assurance-vie ?

(A) 25 %
(B) 30 %
(C) 32 %
(D) 35 %

➔ **CORRIGÉ FICHE 120**

57 Proportionnalité simple/ Règle de trois/Produit en croix

CALCUL Fréquence ●●●●○ Difficulté ★★☆☆☆

DÉFINITION ET CAS D'UTILISATION

On utilise la méthode du **produit en croix (ou règle de 3)** pour **les questions de proportionnalité** quand **3 données sur 4** sont connues.

<table>
<tr><th></th><th colspan="2">Étape 1</th><th>Étape 2</th></tr>
<tr><td>Méthode</td><td colspan="2">Synthétisez les données dans un tableau</td><td>Liez les inconnues entre elles</td></tr>
<tr><td rowspan="3">Réalisation</td><td>Unité 1</td><td>Unité 2</td><td rowspan="3">On a :
a × d = b × c</td></tr>
<tr><td>a</td><td>b</td></tr>
<tr><td>c</td><td>d</td></tr>
<tr><td>Remarques</td><td colspan="2">a et c doivent être de la même unité.
Idem pour b et d.
Exemple : en €, etc.

L'inconnue cherchée peut être a, b, c ou d (selon l'énoncé).</td><td>Adaptez la formule selon l'inconnue cherchée.
$a = \frac{b \times c}{d}$ $b = \frac{a \times d}{c}$
$c = \frac{a \times d}{b}$ $d = \frac{b \times c}{a}$</td></tr>
</table>

APPLICATION

Application ★★★☆☆ **1 min. – 3 min.**

Les États-Unis et la France sont les deux plus grands consommateurs de fast-food au monde. Leur population est proportionnelle au nombre de fast-foods présents sur leur territoire. Il y a 64 millions d'habitants en France, contre 320 millions aux États-Unis.
Combien y a-t-il de fast-foods en France sachant qu'il y en a 260 000 aux États-Unis ?

(A) 35 000 (B) 43 000 (C) 52 000 (D) 55 000

ASTUCE Pour simplifier les calculs en milliers ou en millions, **supprimez les zéros** !

Étape 1 Construisons un tableau avec les données de l'énoncé.

	Population du pays (en millions d'habitants)	Nombre de fast-foods (en milliers)
France	64	X
États-Unis	320	260

Étape 2 Calculons l'inconnue à l'aide du produit en croix.

$X \times 320 = 260 \times 64 \Leftrightarrow X = \frac{260 \times 64}{320} = \mathbf{52}$

Étape 3 Concluons.

Il y a **52 000 fast-foods** en France. **Réponse C.**

EXERCICE

Question 1 ★★☆☆☆ **15 sec. – 1 min.**

Camille achète une boîte de 25 chocolats pour 15 €. Maxime, quant à lui, achète une boîte de chocolats qui coûte 21 €. Sachant que le prix de la boîte est proportionnel au nombre de chocolats qu'elle contient, combien y a-t-il de chocolats dans la boîte de Maxime ?

(A) 33
(B) 34
(C) 35
(D) 36

Question 2 ★★★☆☆ **30 sec. – 2 min.**

Une école est composée de 2 classes : une petite d'une superficie de 28 m^2 et une grande d'une superficie de X m^2. On peut placer 36 élèves dans la grande classe et 21 élèves dans la petite classe. Que vaut X sachant que le nombre de places dans chaque classe est proportionnel à leur superficie ?

(A) 40 m^2
(B) 48 m^2
(C) 50 m^2
(D) 58 m^2

➜ **CORRIGÉ FICHE 120**

58 Proportionnalité multiple

CALCUL Fréquence ●●●○○ Difficulté ★★★★☆

Proportionnalité simple (produit en croix) : 1 lien de proportionnalité entre **2 types de données** (voir la fiche « Proportionnalité simple »).
Proportionnalité multiple : 2 liens de proportionnalité entre **3 types de données.**

Étape 1 Synthétisez les données de l'énoncé dans un tableau.

Unité 1	Unité 2	Unité 3
a	b	e
c	d	f (inconnue)

REMARQUE L'inconnue cherchée peut être a, b, c, d, e ou f.

Étape 2 Calculez les coefficients « intermédiaires » et le coefficient « final ».

	Unité 1	Unité 2	Unité 3
	a	b	e
	c	d	f (inconnue)
Coefficients « intermédiaires »	$\times \frac{c}{a}$	$\times \frac{d}{b}$	
Coefficient « final »	$\times \frac{c}{a} \times \frac{d}{b}$ = coefficient final		
Coefficient « final » = Coefficient « intermédiaire » × Coefficient « intermédiaire ».			

Étape 3 Calculez le résultat final avec le coefficient « final ».

f (inconnue) = e × coefficient final

ATTENTION

1. « a » et « c », « b » et « d » et « e » et « f » doivent respectivement être exprimés dans la **même unité** (heures, jours, kg, grammes, litres, etc.).
2. Pour les questions de temps, pensez à inverser les informations.
   Mettre 2 fois moins de temps à réaliser une action, c'est la faire 2 fois plus vite.

APPLICATION

Application ★★★★☆ **1 min. – 3 min.**

La société TransportExpress emploie 30 conducteurs de camions en 2015. Ces routiers parcourent en moyenne 400 km/jour et transportent 20 tonnes de marchandises par jour au total. La société réalise de bons profits et décide d'embaucher 30 conducteurs supplémentaires pour 2016.
Combien de tonnes de marchandises l'entreprise TransportExpress sera-t-elle en mesure de transporter entre le 1er mars 2016 et le 30 octobre 2016 ?

(A) 5 500 (B) 6 600 (C) 7 800 (D) 9 600

Étape 1 Synthétisons les données de l'énoncé dans un tableau.

Nombre de routiers	Durée	Marchandises transportées
30	1 jour	20 tonnes
60	8 mois ≈ 240 jours	?

Étape 2 Calculons les coefficients « intermédiaires » et le coefficient « final ».

	Nombre de routiers	Durée	Marchandises transportées
	30	1 jour	20 tonnes
	60	env. 240 jours	?
Coefficients « intermédiaires »	**× 2**	**× 240**	
Coefficient « final »	**× 2 × 240 = × 480**		

Étape 3 Calculons le résultat final avec le coefficient « final ».

20 × 480 = **9 600 tonnes. Réponse D.**

59 Les moyennes

CALCUL — Fréquence ●●●●● — Difficulté ★★★☆☆

MOYENNE ARITHMÉTIQUE, PONDÉRÉE ET HARMONIQUE

MOYENNE	FORMULE	APPLICATION
Arithmétique (sans coefficient)	$\dfrac{\textbf{Somme des termes}}{\textbf{Nombre de termes}}$	Paul a 120 timbres, Samuel en a 500 et Bernard en a 1 000. En moyenne, chacun en a : $\dfrac{1000+500+120}{3}=\dfrac{1620}{3}=\mathbf{540}$
Pondérée (avec coefficient)	**X** : Valeur numérique **P** : Son « poids » (coefficient) **N** : Nombre de termes $\dfrac{X_1 \times P_1 + X_2 \times P_2 + \ldots + X_N \times P_N}{\textbf{Somme des coefficients}}$	Arnaud calcule sa moyenne générale. Il a eu 14/20 (coefficient 3), 16/20 (coefficient 2) et 17/20 (coefficient 6). Quelle est sa moyenne générale ? $\dfrac{(14\times 3)+(16\times 2)+(17\times 6)}{3+2+6}=\mathbf{16}$
Harmonique	**X** : Valeur numérique **N** : Nombre de termes $\dfrac{N}{\left(\dfrac{1}{X_1}\right)+\left(\dfrac{1}{X_2}\right)+\ldots+\left(\dfrac{1}{X_N}\right)}$	Jean conduit entre 2 villes distantes de 10 km à 80 km/h de moyenne (aller) puis conduit le retour à 120 km/h en moyenne. Quelle est sa vitesse moyenne ? $\dfrac{2}{\left(\dfrac{1}{80}\right)+\left(\dfrac{1}{120}\right)}=\mathbf{96\ km/h}$

ASTUCE Quand tous les coefficients sont identiques, la moyenne pondérée est égale à la moyenne arithmétique.

EXERCICES

Question 1 ★★☆☆☆ **30 sec. – 2 min.**

Les parents de Martin ont promis de lui offrir une moto s'il avait 400/600 ou plus au TAGE MAGE®. Le score du TAGE MAGE® se décompose en 3 notes sur 200, toutes affectées au même coefficient. Il connaît déjà 2 de ses 3 notes : 150/200 et 50/200.
Quel score au minimum doit-il obtenir à la 3e épreuve pour recevoir sa moto ?

(A) 100
(B) 150
(C) 200
(D) Aucune de ces notes ne convient.

Question 2 ★★☆☆☆ **30 sec. – 2 min.**

À l'adolescence, Baptiste a connu une croissance fulgurante. L'année de ses 14 ans, il a grandi de 8 cm. L'année suivante, il a grandi de 10 cm. Enfin, l'année de ses 16 ans, Baptiste a grandi de 18 cm. Quelle a été sa croissance annuelle moyenne entre 14 ans et 16 ans ?

(A) 10 cm
(B) 12 cm
(C) 14 cm
(D) 16 cm

Question 3 ★★★★☆ **1 min. – 3 min.**

Thomas a renversé du café sur son bulletin de notes de BTS. La note d'économie et son coefficient ne sont plus lisibles. Toutefois, il sait qu'il a 13 de moyenne générale, 14 en comptabilité et 12 de moyenne dans les autres matières (Statistiques, Histoire, Anglais), dont la somme des coefficients est de 20 sur un total de 30.
Ainsi, quel couple (note ; coefficient) Thomas peut-il avoir obtenu en économie ?

(A) (15,5 ; 5)
(B) (16 ; 6)
(C) (16,5 ; 4)
(D) (17 ; 3)

➔ **CORRIGÉ FICHE 120**

60 Le barycentre

CALCUL Fréquence ●●●○○ Difficulté ★★★★☆

DÉFINITION

Le **barycentre est le point d'équilibre/le centre de gravité de 2 points ou plus** qui soutient des « poids différents ». On utilise le barycentre dans les exercices qui demandent d'évaluer le poids relatif de 2 groupes par rapport à une moyenne générale. Plus un groupe « pèse » dans la moyenne et plus il est présent relativement à l'autre groupe. Graphiquement, plus un groupe est proche de la moyenne générale, plus ce groupe est présent comparativement à l'autre groupe.

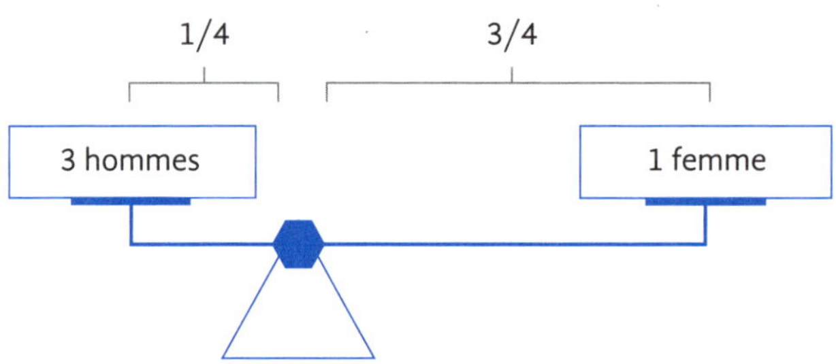

$$\textbf{Proportion d'un des 2 groupes} = \frac{\textbf{Moyenne générale} - \textbf{Moyenne mini}}{\textbf{Moyenne maxi} - \textbf{Moyenne mini}}$$

ASTUCE Pour trouver auquel des 2 groupes cette proportion correspond, on observe son poids. Si **la proportion est inférieure à 1/2**, alors elle désigne le groupe **le moins proche** de la moyenne générale. Si **la proportion est supérieure à 1/2**, alors elle désigne le groupe **le plus proche** de la moyenne générale.

Application ★★★☆☆ **30 sec. – 3 min.**

L'équipe de France de rugby a marqué en moyenne 4 essais par match sur un total de 30 matchs joués en 2015. Les jours de pluie, le XV de France a marqué 2 essais en moyenne, contre 5 en moyenne les jours sans pluie. Combien de matchs ont-été joués sous la pluie ?

(A) 9 (B) 10 (C) 11 (D) 12

Étape 1 Schématisons les données de l'énoncé.

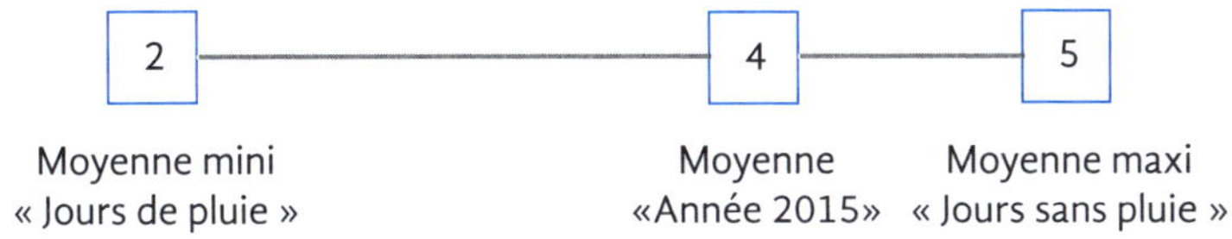

ASTUCE La moyenne générale (4) est plus proche de la moyenne des jours sans pluie (5) que de la moyenne des jours de pluie (2). Donc, il y a eu plus de jours sans pluie que de jours avec pluie.

Étape 2 Calculons la proportion d'un des 2 groupes.

$$\frac{\text{Moyenne générale} - \text{Moyenne mini}}{\text{Moyenne maxi} - \text{Moyenne mini}} = \frac{4-2}{5-2} = \frac{2}{3}$$

REMARQUE 2/3 > 1/2 donc 2/3 est la proportion des matchs sans pluie (voir astuce).

Étape 3 Calculons le nombre de matchs sans pluie.

Proportion (2/3) × Effectif total (30 matchs) = (2/3) × 30 = **20 matchs sans pluie.**

Étape 4 Concluons.

Nombre de matchs avec pluie = Nombre total de matchs – Nombre de matchs sans pluie, soit : 30 – 20 = **10 matchs avec pluie. Réponse B.**

EXERCICES

Question 1 ★★★★☆ 30 sec. – 3 min.

Victor fête son anniversaire chez lui et reçoit 10 invités. Les filles offrent en moyenne 2 cadeaux chacune tandis que les garçons offrent en moyenne 1 cadeau chacun. Sachant que chaque invité offre en moyenne 1,4 cadeau, combien de filles y a-t-il à cette soirée ?

(A) 1 (B) 2 (C) 3 (D) 4

Question 2 ★★★☆☆ 30 sec. – 2 min.

Dans une entreprise, la taille moyenne des hommes est de 176 cm, alors que celle des femmes est de 160 cm. Quelle est la taille moyenne des employés de l'entreprise (hommes et femmes), sachant qu'il y a 3 fois plus d'hommes que de femmes ?

(A) 166 cm (B) 168 cm (C) 170 cm (D) 172 cm

➔ CORRIGÉ FICHE 120

61 Contenance, concentration, flux et débit

CALCUL Fréquence ●●○○○ Difficulté ★★★★☆

Contenance	Quantité de liquide que peut contenir un contenant. **Exemple** : 30 cL pour un verre.
Concentration	Proportion d'un liquide dans un volume total. **Exemple** : 20 % de vinaigre dans la vinaigrette.
Flux	Écoulement d'un liquide.
Débit	Liquide qui s'écoule en un point donné par unité de temps. **Exemple** : 8 cL/minute.

CAS DE FLUX/DÉBIT

Application ★★★☆☆ **45 sec. – 2 min.**

Un réservoir de 2500 litres est percé et perd 3 litres par minute. Le liquide du réservoir percé s'écoule dans un autre réservoir, troué lui aussi, qui perd 2 litres par minute.
Si on met un seau sous ce 2e réservoir pour récolter l'eau qui s'écoule, au bout de combien de temps aura-t-on récolté 15 L d'eau ?

(A) 5 minutes (B) 6 minutes (C) 6,5 minutes (D) 7,5 minutes

Étape 1 Réalisons un schéma de la situation.

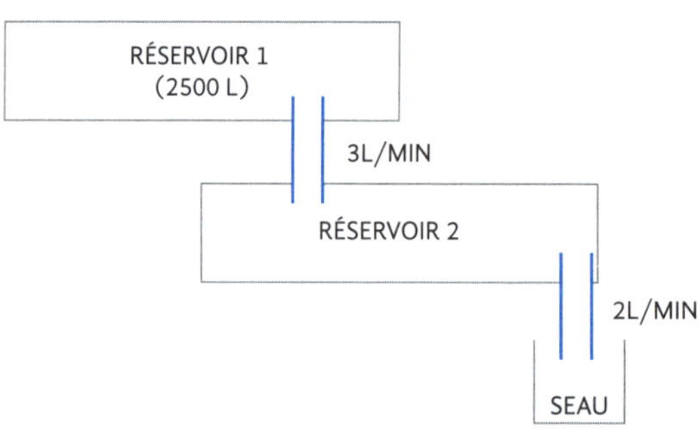

Étape 2 Calculons le temps nécessaire.

On comprend (voir schéma) que seulement 2 litres par minute s'écoulent par le 2e trou. Ainsi, au rythme de 2 litres/minute, il faudra 15 ÷ 2 = **7,5 minutes** pour récolter 15 litres. **Réponse D.**

CAS D'ÉVAPORATION ET DE CONCENTRATION

Application ★★★☆☆ **45 sec. – 2 min.**

Un réservoir contient 1000 litres d'une solution qui est un mélange d'eau et d'essence. La concentration d'essence est de 10 % en volume. Si 400 litres d'eau s'évaporent du réservoir, quelle sera la concentration en essence de la solution?

(A) 15 % (B) 12,5 % (C) 20 % (D) 16,5 %

Étape 1 Calculons la quantité de l'élément cherché avant évaporation.

La quantité initiale d'essence est 10 % × 1 000 = **100 L.**

Étape 2 Calculons la concentration de l'élément cherché dans la quantité après évaporation.

Il y a 100 L d'essence et la nouvelle quantité de liquide est: 1 000 – 400 = 600 L.

La concentration en essence est donc de: $\frac{100}{600} = \frac{1}{6} \approx$ **16,5 %. Réponse D.**

CAS DE CONCENTRATION DE 2 LIQUIDES

Application ★★★☆☆ **45 sec. – 2 min.**

2 bouteilles contiennent de l'huile et de l'eau. La 1re bouteille contient 1 litre dont 20 % d'huile. La 2e bouteille contient 1,5 litre dont 2/3 d'huile.
On mélange le contenu des deux bouteilles. Quelle est la concentration en huile du mélange?

(A) 18 % (B) 34 % (C) 43 % (D) 48 %

Étape 1 Calculons la quantité d'huile contenue dans chacune des 2 bouteilles.

La 1re contient: $\frac{20}{100} \times 1\text{L} =$ **0,2 L d'huile**. La 2e contient: $\frac{2}{3} \times \frac{3}{2}\text{ L} =$ **1 litre d'huile.**

Étape 2 Calculons la concentration du mélange des 2 bouteilles.

En mélangeant, on obtient 1 + 1,5 L = **2,5 L de liquide** dont 0,2 + 1 = 1,2 L d'huile.

La concentration en huile est donc: $\frac{1,2}{2,5} =$ **48 %. Réponse D.**

62 Équations et inéquations

CALCUL Fréquence ●●●●● Difficulté ★★★☆☆

ÉQUATIONS

Une **équation** est une **égalité** liant **une ou plusieurs inconnues. Exemple**: X + 4Y = 16.

ASTUCES

1. Dans une équation, on peut intervertir les termes à gauche et à droite du « = ».
2. Dans une équation, il est possible d'ajouter le même terme des deux côtés du « = » ou de multiplier par le même nombre (positif ou négatif) des deux côtés du « = ».
3. **Utilisez des initiales pour simplifier les équations**, sauf lorsque deux éléments ont la même initiale ! (**Exemple**: Arnaud ⇔ A).

ÉQUATIONS DU PREMIER DEGRÉ

Une **équation du premier degré** est une équation de la forme: **aX + b**.

Méthode: Il faut isoler l'inconnue cherchée (souvent X) à gauche.

Exemple de résolution: $9X = 33 \Leftrightarrow X = \frac{33}{9} = \frac{3 \times 11}{3 \times 3} \Leftrightarrow \mathbf{X = \frac{11}{3}}$

ATTENTION Quand on passe un terme de l'autre côté du signe « = », son **signe change**.
Exemple de résolution: X – 5 = 3 ⇔ X = 3 + 5 = 8.

ÉQUATIONS DU SECOND DEGRÉ

Une **équation du second degré** est une équation de la forme: $\mathbf{aX^2 + bX + c = 0}$

Exemple de résolution quand b = 0: $6X^2 = 96 \Leftrightarrow X^2 = \frac{96}{6} = 16 \Leftrightarrow$ **X = 4 ou X = –4**

Exemple de résolution quand b ≠ 0: $6X^2 - 4X + 16 = 0$. Il faut calculer le **discriminant** Δ.

$$\Delta = b^2 - 4 \times a \times c$$

3 cas se présentent selon le signe de Δ		
Si $\Delta < 0$	**Si $\Delta = 0$**	**Si $\Delta > 0$**
0 solution	**1 solution :** $X = \frac{-b}{2a}$	**2 solutions :** $X_1 = \frac{-b - \sqrt{\Delta}}{2a}$ et $X_2 = \frac{-b + \sqrt{\Delta}}{2a}$

Exemple : Résoudre l'équation : $-X^2 + 4X + 12 = 0$.

Calculons le **discriminant Δ** : $\Delta = 4^2 - 4 \times (-1) \times (12) = 16 + 48 = 64$ (> 0).

$\Delta > 0$. Donc l'équation admet deux solutions, X_1 et X_2.

$$X_1 = \frac{-4 - \sqrt{64}}{-2} = 6 \text{ et } X_2 = \frac{-4 + \sqrt{64}}{-2} = -2$$

INÉQUATIONS

Une **inéquation** est une **inégalité** liant **une ou plusieurs inconnues. Exemple** : $X + 4Y < 16$.

Méthode : Il faut isoler l'inconnue cherchée (souvent X) à gauche.

Exemple de résolution : $3Z > 16 - 3Z \Leftrightarrow 6Z > 16 \Leftrightarrow Z > 16/6$

> **ATTENTION**
>
> 1. Les deux membres ne sont pas interchangeables (**Exemple** : $3 < 5 \neq 5 < 3$) !
> 2. Dans une inéquation, il est possible **d'ajouter le même terme** des deux côtés du « > » (ou « < ») mais **on ne peut multiplier des deux côtés que par un nombre positif**. Lorsque l'on multiplie par un nombre négatif, on inverse l'inégalité : si $a > b$, alors $-a < -b$ (**inversion !**). De la même manière, si $a > b$, alors $\frac{1}{a} < \frac{1}{b}$ (**inversion !**).
> 3. Quand on passe un terme de l'autre côté du signe « = », son **signe change**.
>   **Exemple de résolution** : $X - 5 > 3 \Leftrightarrow X > 3 + 5$

EXERCICE

Question 1 ★★★☆☆ **30 sec. – 2 min.**

Sachant que $X > Y > 3$ et que $Z > 2$, que peut-on conclure ?

(A) $X > Y > Z$ (B) $Z < 3$ (C) $X > Z > 2$ (D) On ne peut pas savoir.

➔ CORRIGÉ FICHE 120

63 Systèmes d'équations

CALCUL Fréquence ●●●●● Difficulté ★★★★☆

INTRODUCTION ET DÉFINITIONS

Un **système d'équations** est un **ensemble de plusieurs** **équations** à **plusieurs inconnues** (X, Y, Z, etc.) relatives à un **même** **problème**.

Exemple: $\begin{cases} X + 2Y = 5 \\ 5X + 4Y = 10 \end{cases}$ est un système d'équations.

ATTENTION Pour qu'un système d'équations **admette une solution, le nombre d'inconnues doit être égal au nombre d'équations non proportionnelles (ou différentes).**

Définitions	Exemples
2 équations sont « **proportionnelles** » (**ou** « **liées** ») si elles apportent **la même information**.	**(1)** X + Y = 2 et **(2)** 3X + 3Y = 6 (car (2) = 3 × (1)).
2 équations sont « **incompatibles** » si elles apportent **2 informations contradictoires**.	**(1)** 2X + 2Y = 0 et **(2)** X + Y = 3 (car (1) ⇔ X + Y = 0 mais (2) ⇔ X + Y = 3).
2 équations sont « **indépendantes** » si elles ne sont **ni proportionnelles/liées, ni incompatibles**.	**(1)** X + Y = 5 et **(2)** 3X + 4Y = 18

OPÉRATIONS AUTORISÉES DANS UN SYSTÈME D'ÉQUATIONS

Dans un système d'équations, on peut :	X + Y = Z
Ajouter la même quantité aux 2 membres.	$X + Y + \mathbf{4} = Z + \mathbf{4}$
Soustraire la même quantité aux 2 membres.	$X + Y - \mathbf{5} = Z - \mathbf{5}$
Multiplier les 2 membres par la même quantité.	$\mathbf{3} \times (X + Y) = \mathbf{3} \times Z$
Diviser les 2 membres par la même quantité (≠ 0).	$\frac{X+Y}{\mathbf{4}} = \frac{Z}{\mathbf{4}}$

MÉTHODES DE RÉSOLUTION : SUBSTITUTION ET COMBINAISON

	Méthode	Exemple
SUBSTITUTION	**(1) Isolez** une des inconnues. (Ici, on isole X)	$\begin{cases} 2X + Y = 4{,}2 \\ X + 3Y = 7{,}1 \end{cases} \Leftrightarrow \begin{cases} 2X + Y = 4{,}2 & \textbf{(1)} \\ X = \mathbf{7{,}1 - 3Y} & \textbf{(2)} \end{cases}$
	(2) Insérez-la dans l'autre équation. ((2) dans (1))	$\Leftrightarrow \begin{cases} 2 \times \mathbf{(7{,}1 - 3Y)} + Y = 4{,}2 \\ X = 7{,}1 - 3Y \end{cases}$
	(3) Développez les calculs.	$\Leftrightarrow \begin{cases} 14{,}2 - 5Y = 4{,}2 \\ X = 7{,}1 - 3Y \end{cases}$
	(4) Trouvez une des deux inconnues.	$\Leftrightarrow \begin{cases} 5Y = 10 \\ X = 7{,}1 - 3Y \end{cases} \Leftrightarrow \begin{cases} \mathbf{Y = 2} \\ X = 7{,}1 - 3Y \end{cases}$
	(5) Insérez cette inconnue dans la 2e équation.	$\Leftrightarrow \begin{cases} Y = 2 \\ X = 7{,}1 - 3 \times 2 \end{cases}$
	(6) Concluez.	$\Leftrightarrow \begin{cases} \mathbf{Y = 2} \\ \mathbf{X = 1{,}1} \end{cases}$
COMBINAISON	**(1) Faites apparaître** le même coeff. devant une des deux inconnues dans les 2 équations (Ici, 2X).	$\begin{cases} 2X + Y = 4{,}2 \\ X + 3Y = 7{,}1 \end{cases} \Leftrightarrow \begin{cases} \mathbf{2X} + Y = 4{,}2 & \textbf{(1)} \\ \mathbf{2X} + 6Y = 14{,}2 & \textbf{(2)} \end{cases}$ *(On a multiplié la 2e équation par 2 pour faire apparaître 2X)*
	(2) Soustrayez les 2 équations. ((2) – (1))	$\Leftrightarrow \begin{cases} 2X + Y = 4{,}2 \\ 2X + 6Y - 2X - Y = 14{,}2 - 4{,}2 \end{cases}$ $\Leftrightarrow \begin{cases} 2X + Y = 4{,}2 \\ 5Y = 10 \end{cases}$
	(3) Trouvez une des deux inconnues.	$\Leftrightarrow \begin{cases} 2X + Y = 4{,}2 \\ Y = 2 \end{cases}$
	(4) Insérez cette inconnue dans la 1re équation.	$\Leftrightarrow \begin{cases} 2X + 2 = 4{,}2 \\ Y = 2 \end{cases}$
	(5) Concluez.	$\Leftrightarrow \begin{cases} \mathbf{Y = 2} \\ \mathbf{X = 1{,}1} \end{cases}$

64 Les fractions

CALCUL Fréquence ●●●●● Difficulté ★★★☆☆

DÉFINITION

$$\frac{a}{b} = \frac{\text{Numérateur}}{\text{Dénominateur}} \text{ ; « b » différent de 0.}$$

OPÉRATIONS (À CONNAÎTRE PAR CŒUR)

	Additions de fractions	Soustractions de fractions
Dénominateurs différents	$\frac{a}{b} + \frac{c}{d} = \frac{a \times d + c \times b}{b \times d}$	$\frac{a}{b} - \frac{c}{d} = \frac{a \times d - c \times b}{b \times d}$
Dénominateurs identiques	$\frac{a}{b} + \frac{c}{b} = \frac{a + c}{b}$	$\frac{a}{b} - \frac{c}{b} = \frac{a - c}{b}$

REMARQUE Pour additionner ou soustraire 2 fractions, **les mettre au même dénominateur.**

	Multiplications de fractions	Divisions de fractions
Dénominateurs différents ou identiques	$\frac{a}{b} \times \frac{c}{d} = \frac{a \times c}{b \times d}$	$\frac{\frac{a}{b}}{\frac{c}{d}} = \frac{a}{b} \times \frac{d}{c}$

REMARQUES

1. Multiplier 2 fractions, c'est multiplier leur numérateur et leur dénominateur.
2. Diviser par une fraction, c'est **multiplier par l'inverse de cette fraction.**

Égalité de fractions	
$c = a \times b \Leftrightarrow a = \frac{c}{b} \Leftrightarrow b = \frac{c}{a} \Leftrightarrow \frac{a}{c} = \frac{1}{b} \Leftrightarrow \frac{b}{c} = \frac{1}{a}$	$\frac{a}{b} = \frac{c}{d} \Leftrightarrow a \times d = b \times c$

ASTUCE Simplifiez vos fractions en divisant le numérateur et le dénominateur par un multiple commun. **Exemple :** $\frac{35}{49} = \frac{5 \times 7}{7 \times 7} = \frac{5}{7}$

ATTENTION Toutes les fractions ne sont pas simplifiables. **Exemple :** 3/5.

ASTUCE Pour les fractions avec des nombres décimaux, faites disparaître la ou les virgules en multipliant les chiffres/nombres par 10, 100 ou 1 000, « en haut et en bas ».
Exemple : $\frac{20{,}9}{1{,}1} = \frac{20{,}9 \times 10}{1{,}1 \times 10} = \frac{209}{11} = 19.$

EXERCICES

Question 1 ★★☆☆☆ **30 sec. – 1 min.**

Un nombre augmenté de son quart donne 20. Quel est ce nombre ?

(A) 16 (B) 15 (C) 14 (D) 12

Question 2 ★★★☆☆ **30 sec. – 2 min.**

Jacques vient de fêter ses 50 ans en famille. Sa fille Marie est âgée du tiers de la différence entre les quatre cinquièmes et la moitié de l'âge de son père. Quel est l'âge de Marie ?

(A) 4 (B) 5 (C) 6 (D) 7

Question 3 ★★★★☆ **45 sec. – 3 min.**

Andrew MacDonald est un producteur de whisky pur malt depuis 1832. À la suite d'une mauvaise récolte, il ne parvient à remplir sa cuve de chêne de 1 000 litres qu'aux trois quarts. Il doit ensuite attendre 3 ans avant d'effectuer la mise en bouteille. Durant ces trois années, une partie du volume d'alcool s'évapore, si bien que le volume de whisky dans la cuve baisse de 25 %.
Combien de bouteilles de whisky de 25 cl Andrew MacDonald peut-il remplir après 3 ans ?

(A) 2 150 (B) 2 200 (C) 2 250 (D) 2 300

CORRIGÉ FICHE 120

65 Vitesse, distance et temps

CALCUL Fréquence ●●●●● Difficulté ★★★★☆

VITESSE MOYENNE SANS CHANGEMENT DE VITESSES

CAS DE 1 ÉLÉMENT SANS CHANGEMENT DE VITESSES

On cherche	On connaît	Formule	Exemple
Vitesse	Temps, Distance	$\mathbf{V = \frac{D}{T}}$	Si on parcourt 10 kilomètres en 30 minutes (= 0,5 h), la vitesse est de : $V = \frac{D}{T} = \frac{10}{0,5} = \mathbf{20\ km/h}$
Temps	Vitesse, Distance	$\mathbf{T = \frac{D}{V}}$	Si on parcourt 90 kilomètres à 45 km/h, on met : $T = \frac{D}{V} = \frac{90}{45} = \mathbf{2\,h}$
Distance	Vitesse, Temps	$\mathbf{D = V \times T}$	Si on se déplace à 100 km/h pendant 4 heures, on parcourt : $D = V \times T = 100 \times 4 = \mathbf{400\ km}$

ATTENTION Les unités doivent être identiques ! (km/h avec h, m/sec avec sec.).

CAS DE 2 ÉLÉMENTS SANS CHANGEMENT DE VITESSES

ASTUCE Synthétisez les données dans un tableau.

	Vitesse	Distance	Temps
Personne 1	V_1	D_1	T_1
Personne 2	V_2	D_2	T_2

VITESSE MOYENNE AVEC CHANGEMENT DE VITESSES

ATTENTION Dans un cas de changement de vitesses, la vitesse moyenne n'est pas la moyenne des vitesses.

VITESSE MOYENNE AVEC CHANGEMENT DE VITESSES QUAND $D_1 = D_2$

$$\text{Vitesse moyenne A/R} = \frac{2 \times V_{\text{Aller}} \times V_{\text{Retour}}}{V_{\text{Aller}} + V_{\text{Retour}}}$$

REMARQUE Utilisez cette formule pour les trajets qui sont de **distances égales** **(Exemples** : Des aller-retour, des tours de circuit, etc.).

VITESSE MOYENNE AVEC CHANGEMENT DE VITESSES QUAND $D_1 \neq D_2$

$$\text{Vitesse moyenne} = \frac{D_1 + D_2}{\left(\frac{D_1}{V_1}\right) + \left(\frac{D_2}{V_2}\right)}$$

REMARQUE Utilisez cette formule pour les trajets qui ne sont **pas de distances égales.**

EXERCICES

Question 1 ★★★☆☆ **30 sec. – 1 min.**

Caroline a effectué un trajet de 45 minutes en voiture entre son domicile et Paris, distants de 40 kilomètres. Quelle a été sa vitesse moyenne en km/h ?

(A) ≈ 44 km/h (B) ≈ 47 km/h (C) ≈ 50 km/h (D) ≈ 53 km/h

Question 2 ★★★★☆ **45 sec. – 3 min.**

À la sortie des cours, Arnaud propose à ses amis de faire un tour dans sa nouvelle voiture. Pour les impressionner, il roule à une vitesse de 120 km/h sur une distance de 10 kilomètres. Voyant au loin une voiture de police, il décide de ralentir et roule à 60 km/h sur une distance de 2 kilomètres. Ensuite, à cette même vitesse, il effectue un demi-tour et emprunte le même chemin pour le retour. Quelle est la vitesse moyenne d'Arnaud sur ce trajet ?

(A) ≈ 72 km/h (B) ≈ 76 km/h (C) ≈ 77 km/h (D) ≈ 79 km/h

➔ CORRIGÉ FICHE 120

66 Partage du temps de travail

CALCUL Fréquence ●●●●○ Difficulté ★★★☆☆

PARTAGE DU TEMPS DE TRAVAIL ENTRE « N » PERSONNES

T_{Total} = Temps total mis par « **n** » **personnes (ensemble)** pour réaliser une **même action.**

Exemple : Ranger une chambre.

T_1 = Temps mis par la **personne 1** pour réaliser l'action **seule**.

T_2 = Temps mis par la **personne 2** pour réaliser l'action **seule**.

T_n = Temps mis par la **personne « n »** pour réaliser l'action **seule**.

$$\frac{1}{T_{Total}} = \frac{1}{T_1} + \frac{1}{T_2} + \ldots + \frac{1}{T_n}$$

ATTENTION

1. Les temps doivent être **exprimés dans la même unité** (heures, minutes, etc.).
2. Cette formule permet d'obtenir $1/T_{Total}$ (et non T_{Total} directement).
   Inversez la fraction à la fin du calcul pour trouver $\mathbf{T_{Total}}$.

PARTAGE DU TEMPS DE TRAVAIL ENTRE 2 PERSONNES

La majorité des exercices de partage du temps de travail au TAGE 2® concerne le cas de **2 personnes**. Dans ce cas, la formule est :

$$\frac{1}{T_{Total}} = \frac{1}{T_1} + \frac{1}{T_2}$$

APPLICATION

Application ★★★☆☆ **30 sec. – 2 min.**

Joachim et Arnaud mettent respectivement 2 mois et 90 jours pour écrire un livre de TAGE MAGE®. Combien de temps mettraient-ils s'ils écrivaient ensemble le livre ?

(A) 5 mois
(B) ≈ 1,6 mois
(C) ≈ 135 jours
(D) ≈ 1 mois et 6 jours

Étape 1 Traduisons l'énoncé.

On pose $T_1 = 2$ mois et $T_2 = 90$ jours ≈ 3 mois.

Étape 2 Calculons le temps mis par les 2 ensemble.

$\frac{\mathbf{1}}{\mathbf{T}} = \frac{1}{T_1} + \frac{1}{T_2} = \frac{1}{2} + \frac{1}{3} = \frac{\mathbf{5}}{\mathbf{6}}$ **mois** ⇔ $T = \frac{6}{5}$ mois ⇔ $T = \frac{5+1}{5}$ mois ⇔ $T = \frac{5}{5} + \frac{1}{5}$ mois = **1 mois et 6 jours. Réponse D.**

PRODUCTION, PRODUCTIVITÉ ET TEMPS DE TRAVAIL

	Définition	Formule	Exemple
Production	Quantité de biens produits	Productivité × Temps de travail	4 voitures
Productivité	Production réalisée au cours d'une période	$\frac{\text{Production}}{\text{Temps de travail}}$	2 voitures/30 min
Temps de travail	Temps consacré à la production	$\frac{\text{Production}}{\text{Productivité}}$	1 heure

ATTENTION Utilisez les **mêmes unités de temps** (heures, minutes, etc.).

67 Cas de rattrapage

CALCUL Fréquence ●●●●○ Difficulté ★★★★☆

DÉFINITION ET ÉLÉMENTS NÉCESSAIRES

Les **cas de rattrapage** consistent à calculer le temps (*ou la distance*) que met un « poursuivant » à rattraper un « poursuivi », parti avant et dans la même direction.

Les éléments nécessaires pour traiter un cas de rattrapage sont :

- la vitesse du poursuivant et du poursuivi ou la différence de vitesses entre les 2.
- le retard que compte le poursuivant sur le poursuivi au début de la poursuite (en temps ou en distance).

> **ATTENTION** Si **vitesse du poursuivant** < **vitesse du poursuivi**, alors le poursuivant ne rattrapera jamais le poursuivi !

APPLICATION

Joachim part de Paris en direction de Marseille à 10 heures à la vitesse de 56 km/h. Arnaud part de Paris à midi en direction de Marseille à 70 km/h.
À quelle heure Arnaud aura-t-il rattrapé Joachim ? Combien de kilomètres aura-t-il parcouru ?

MÉTHODE À APPLIQUER

Étape 1 Calculez la distance d'avance du poursuivi sur le poursuivant, au moment de son départ.

Joachim part de Paris à 10 heures. Arnaud part de Paris à 12 heures. Joachim part donc 2 heures avant et avance à 56 km/h.
Il a donc 56km/h × 2 heures = **112 km d'avance sur Arnaud**, au moment de son départ.

Étape 2 Calculez l'écart de vitesses entre Arnaud et Joachim.

Arnaud avance à 70 km/h. Joachim avance à 56 km/h.
Arnaud rattrape donc Joachim de 70 – 56 = **14 km/h.**

Étape 3 Divisez le résultat de l'étape 1 par le résultat de l'étape 2.

Selon la formule **T = D/V**, on a : **Temps de rattrapage = (Distance d'avance)/(Écart de vitesses)** Soit **Temps de rattrapage = (Étape 1) / (Étape 2).**

Donc, on a : Temps de rattrapage = 112/14 = **8 heures.** Arnaud met 8 heures pour rattraper Joachim. Il le rattrapera à 12 h (départ) + 8 h (de rattrapage) = **20h.**

Arnaud aura parcouru : 8 heures de rattrapage × 70 km/h = **560 km.**

EXERCICES

Question 1 ★★★☆☆ **30 sec. – 2 min.**

2 cyclistes font la course sur un circuit circulaire de 800 mètres de circonférence en partant du même point. Sachant que l'un des 2 cyclistes avance 4 km/h plus vite que l'autre, en combien de temps le plus rapide aura-t-il un tour d'avance sur le moins rapide ?

(A) 10 minutes.
(B) 12 minutes.
(C) 15 minutes.
(D) 20 minutes.

Question 2 ★★★★☆ **30 sec. – 2 min.**

Paul débute son jogging à 10h00 à la vitesse de 12 km/h. Parti 15 minutes plus tard, Marianne le rattrape à 10h45. Quelle est la vitesse de Marianne ?

(A) 14 km/h.
(B) 15 km/h.
(C) 16 km/h.
(D) 18 km/h.

➔ **CORRIGÉ FICHE 120**

68 Cas de croisement : Départ simultané

CALCUL Fréquence ●●●●○ Difficulté ★★★★☆

Définition	Les 2 éléments partent **en même temps** (départ simultané) et se croisent.
Schéma	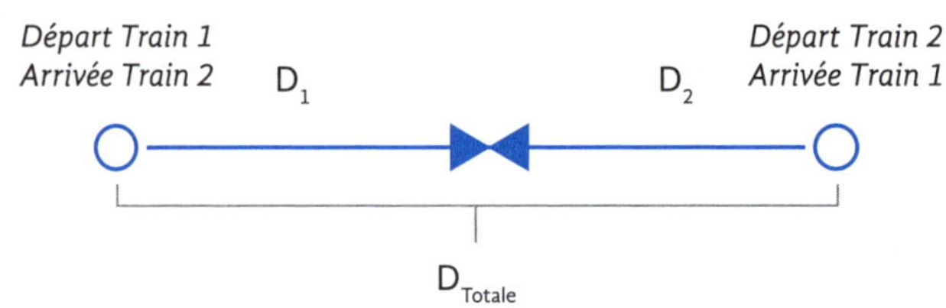
Élements	**D_1** = Distance entre le départ du train 1 et le lieu de croisement. **D_2** = Distance entre le départ du train 2 et le lieu de croisement. **D_{Totale}** = Distance entre le lieu de départ du train 1 et le lieu de départ du train 2.

MÉTHODE 1 Valeur cherchée : Durée du trajet avant le croisement

$$\text{Durée du trajet avant le croisement (T)} = \frac{\text{Distance entre les deux éléments (D)}}{\text{Somme des vitesses des deux éléments (V)}}$$

MÉTHODE 2 Valeurs cherchées : D_1 ou D_2

$$D_1 = \frac{V_1}{(V_1 + V_2)} \times \text{Distance Totale ou } D_2 = \frac{V_2}{(V_1 + V_2)} \times \text{Distance Totale}$$

MÉTHODE 3 Valeur cherchée : Durée de croisement des 2 éléments

$$\text{Durée de croisement des 2 éléments} = \frac{\text{Somme des longueurs des 2 éléments}}{\text{Somme des vitesses des 2 éléments}}$$

MÉTHODE 4 Valeur cherchée : Durée du dépassement

$$\text{Durée de dépassement des 2 éléments} = \frac{\text{Somme des longueurs des 2 éléments}}{\text{Écart de vitesses entre les 2 éléments}}$$

EXERCICES

Question 1 ★★★☆☆ **30 sec. – 2 min.**

Deux voitures partent simultanément de deux villes A et B et se croisent au bout de 45 minutes. Sachant que la 1re voiture roule à 100 km/h et que la 2e voiture roule 20 % plus vite, quelle distance sépare les 2 villes ?

(A) 155 km
(B) 165 km
(C) 175 km
(D) 180 km

Question 2 ★★★☆☆ **30 sec. – 2 min.**

Deux voitures partent simultanément de deux villes différentes A et B, distantes de 320 km. Elles se croisent à 80 km de A. Quelle est la vitesse de la voiture qui est partie de la ville A exprimée en proportion de la vitesse de la voiture qui est partie de la ville B ?

(A) 1/6
(B) 1/5
(C) 1/4
(D) 1/3

➔ **CORRIGÉ FICHE 120**

69 Cas de croisement : Départ différé

CALCUL Fréquence ●●○○○ Difficulté ★★★★☆

<table>
<tr><td>Définition</td><td>Les 2 éléments ne partent pas en même temps (départ différé) et se croisent.</td></tr>
<tr><td>Schéma</td><td>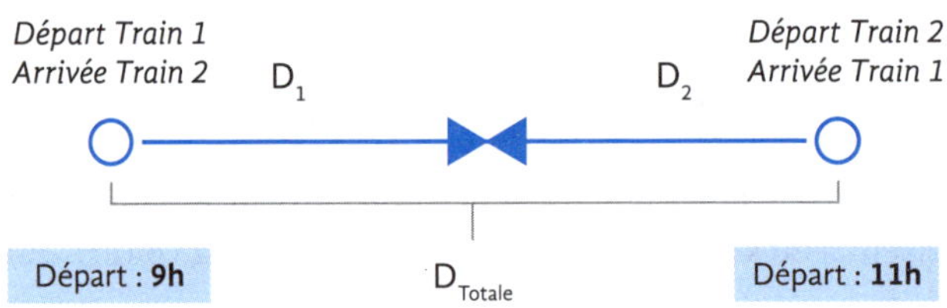
</td></tr>
<tr><td>Élements</td><td>D_1 = Distance entre le départ du train 1 et le lieu de croisement.
D_2 = Distance entre le départ du train 2 et le lieu de croisement.
D_{Totale} = Distance entre le lieu de départ du train 1 et le lieu de départ du train 2.</td></tr>
</table>

MÉTHODE : DÉPART DIFFÉRÉ

Dans le cas d'un **départ différé, appliquez les 2 étapes ci-dessous** avant d'appliquer les formules de la fiche précédente pour trouver la bonne réponse.

Étape 1 Laissez partir l'élément qui part en avance (train 1) et calculez la distance parcourue par cet élément (train 1) au moment où l'autre élément part (train 2).

Par exemple, en reprenant le schéma, si le train 1 avance à 120 km/h, il aura parcouru (11h – 9h) × 120 km/h = **240 km seul** (car parti en avance).

Étape 2 Retirez cette distance parcourue à la distance totale.

On retire donc **240 km à la distance totale.**

Par exemple, si la distance totale séparant les 2 trains était de 700 km, on prendra en compte une distance totale restante de 700 – 240 = 460 km.

Une fois cette modification de distance totale effectuée, appliquez les formules de la fiche précédente « Cas de croisement départ simultané » pour trouver la bonne réponse.

REMARQUE La formule ne peut être appliquée que si les 2 éléments partent en même temps. Cela explique notre modification initiale de la distance totale.

EXERCICES

Question 1 ★★★☆☆ **30 sec – 2 min.**

A 9h00, un randonneur qui se déplace à la vitesse de 4 km/h s'élance du point X pour rejoindre le point Y, situé à 18 km. 1 heure plus tard, un autre randonneur part de Y pour rejoindre X en marchant à la vitesse de 6 km/h. À quelle heure vont-ils se croiser ?

(A) 10h34
(B) 11h24
(C) 11h54
(D) 12h17

Question 2 ★★★★☆ **30 sec – 2 min.**

Une voiture effectue un trajet de 300 km, partant de A pour rejoindre B en 3 heures. Un train effectuant le chemin inverse part 45 minutes après, à une vitesse 25 % supérieure à la voiture. À quelle distance de B vont-ils se croiser ?

(A) 100 km
(B) 125 km
(C) 225 km
(D) 150 km

CORRIGÉ FICHE 120

70 Tableaux de conversion (Unités)

CALCUL Fréquence ●●●●○ Difficulté ★★☆☆☆

LONGUEUR/DISTANCE, MASSE ET CAPACITÉ

Longueur	km	hm	dam	m	dm	cm	mm
Distance	1	0	0	0	0	0	0

1 kilomètre = 10 hm = 100 dam = 1 000 m = 10 000 dm = 100 000 cm = 1 000 000 mm.

Masse	kg	hg	dag	g	dg	cg	mg
	1	0	0	0	0	0	0

1 kilogramme = 10 hg = 100 dag = 1 000 g = 10 000 dg = 100 000 cg = 1 000 000 mg.
1 quintal = 100 kg, 1 tonne = 1 000 kg = 10 quintaux.

Capacité	kL	hL	daL	L	dL	cL	mL
	1	0	0	0	0	0	0

1 kilolitre = 10 hL = 100 daL = 1 000 L = 10 000 dL = 100 000 cL = 1 000 000 mL.

REMARQUE Les multiples vont **de 10 en 10** car l'unité (m, g ou L) est à la **puissance 1.**

AIRE

Aire	km^2		hm^2		dam^2		m^2		dm^2		cm^2		mm^2	
		1	0	0	0	0	0	0	0	0	0	0	0	0

1 kilomètre^2 = 100 hm^2 = 10 000 dam^2 = 1 000 000 m^2 = 100 000 000 dm^2
= 10 000 000 000 cm^2 = 1 000 000 000 000 mm^2.
1 are = 100 m^2, 1 hectare = 10 000 m^2, 1 centiare = 1 m^2.

REMARQUE Les multiples vont **de 100 en 100** car l'unité (mètre carré) est à la **puissance 2.**

VOLUME

Volume	km^3			hm^3			dam^3			m^3			dm^3			cm^3			mm^3		
			1	0	0	0	0	0	0	0	0	0	0	0	0	0	0	0	0	0	0

1 kilomètre^3 = 1 000 hm^3 = 1 000 000 dam^3 = 1 000 000 000 m^3 = 1 000 000 000 000 dm^3 = 1 000 000 000 000 000 cm^3 = 1 000 000 000 000 000 000 mm^3.

REMARQUE Les multiples vont **de 1 000 en 1 000** car l'unité (mètre cube) est à la **puissance 3**.

VOLUME - CAPACITÉ

Volume	m^3			dm^3			cm^3		
Capacité			kL	hL	daL	L	dL	cL	mL

REMARQUE **1 L = 1 dm^3, 1 000 L = 1 m^3.**

LA CONVERSION DE TEMPS

CORRESPONDANCES					
6 min	1/10 h	**20 min**	1/3 h	**45 min**	3/4 h
10 min	1/6 h	**30 min**	1/2 h	**50 min**	5/6 h
15 min	1/4 h	**40 min**	2/3 h	**60 min**	1 h
1 jour = 24 h = 1440 min = 86 400 secondes					

ASTUCES

1. Pour passer de **m/s à km/h, multipliez par 3,6.**
2. Pour passer de **km/h à m/s, divisez par 3,6.**

ATTENTION 2,5 h ≠ 2 h 50. **2,5 h = 2 h + 0,5 h = 2 h + 0,5 h × 60 min = 2 h 30**

71 Suites arithmétiques et suites géométriques

CALCUL Fréquence ●●●○○ Difficulté ★★★☆☆

SUITE ARITHMÉTIQUE

Définition	Une **suite** (ou progression) **arithmétique** est une **suite de nombres dans laquelle on ajoute toujours le même nombre (la raison r) pour passer d'un élément de la suite à l'élément suivant.**
Schéma	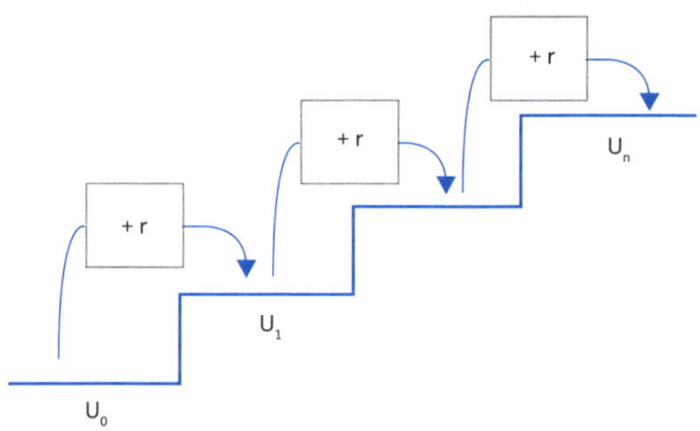
Formule	$\mathbf{U_0}$ = Premier terme de la suite $\mathbf{U_n}$ **n** = Nombre de termes de la suite $\mathbf{U_n}$ **r** = Raison de la suite $\mathbf{U_n}$ $$\mathbf{U_n = U_0 + n \times r}$$
Exemple	$U_n = 3 + 8n$ est la suite de premier terme 3 et de raison 8. La suite arithmétique sera 3 – 11 – 19 – etc.
Somme des N premiers termes	$\frac{1}{2}$ **× nombre de termes × (1er terme + dernier terme)**
Somme des N premiers entiers naturels	$$\frac{N \times (N+1)}{2}$$
Nombre d'éléments entre A et B	Soit B le plus grand nombre et A le plus petit. Il y a : **B – A + 1 éléments entre A et B.** **Exemple** : Entre les pages 40 et 80, il y a 80 – 40 + 1 = **41 pages**.

EXERCICES

Question 1 ★☆☆☆☆ **15 sec. – 1 min.**

Calculez la somme des termes suivants : 3 – 6 – 9 – 12 – 15 – 18 – 21.

(A) 81
(B) 82
(C) 83
(D) 84

Question 2 ★★★☆☆ **30 sec. – 2 min.**

Un professeur demande à ses élèves de lire les pages 122 à 157 et les pages 168 à 185 pour le prochain cours. Finalement, les élèves n'ont lu qu'un tiers des pages demandées.
Combien de pages ont été lues par les élèves ?

(A) 54
(B) 36
(C) 18
(D) 52

Question 3 ★★★☆☆ **30 sec. – 2 min.**

On considère 5 nombres consécutifs. Sachant que la moyenne du plus grand et du plus petit est de 36, quelle est la somme de ces 5 nombres ?

(A) 108
(B) 120
(C) 156
(D) 180

➔ **CORRIGÉ FICHE 120**

SUITE GÉOMÉTRIQUE

Définition	Une **suite** (ou progression) **géométrique est une suite de nombres dans laquelle on multiplie toujours par le même nombre (la raison q) pour passer d'un élément de la suite à l'élément suivant.**
Schéma	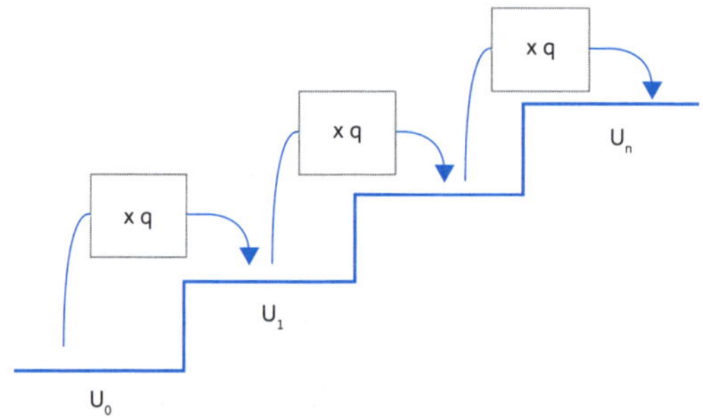
Formule	$\mathbf{U_0}$ = Premier terme de la suite $\mathbf{U_n}$ **n** = Nombre de termes de la suite $\mathbf{U_n}$ **q** = Raison de la suite $\mathbf{U_n}$ $\mathbf{U_n = U_0 \times q^n}$
Exemple	$U_n = \mathbf{3 \times 8^n}$ est la suite de premier terme 3 et de raison 8. La suite géométrique sera 3 – 24 – 192 – 1536 – etc.
Somme des N premiers termes	$\mathbf{1^{er}\ terme \times \frac{\left(q^{\text{nombre de termes}} - 1\right)}{q - 1}}$

EXERCICES

Question 1 ★★☆☆☆ **30 sec. – 1 min.**

Calculez la somme des termes suivants :

3 – 6 – 12 – 24 – 48 – 96 – 192

(A) 379
(B) 380
(C) 381
(D) 382

Question 2 ★★★★☆ **1 min. – 3 min.**

Un professeur organise une compétition d'entrepreneuriat pour les étudiants de sa classe dont l'effectif est compris entre 60 et 120. Les règles sont les suivantes: chaque étudiant commence par présenter un projet. À chaque phase de sélection, seule la moitié des projets sont retenus et chaque perdant ou équipe perdante rejoint une équipe gagnante. La compétition se poursuit jusqu'à ce qu'il n'y ait plus que deux équipes en compétition.
Combien y a-t-il d'équipes à la troisième phase de la compétition?

(A) 4
(B) 8
(C) 16
(D) 32

CORRIGÉ FICHE 120

72 Suites de nombres

CALCUL Fréquence ●●●○○ Difficulté ★★☆☆☆

Les questions de « **suites de nombres** » sont de plus en plus fréquentes au TAGE 2®.
Il s'agit d'**une succession de nombres qui forment une suite logique (logique à trouver).**

CRITÈRES (= LIEN LOGIQUE)

Critère	Exemple	Réponse
Progression arithmétique écart constant	3 – 6 – 9 – 12 – 15 – ???	**18** (écart de +3)
Progression arithmétique écart croissant	6 – 8 – 11 – 15 – 20 – ???	**26** (écart de +2, +3, +4, +5, +6)
Progression arithmétique écart décroissant	18 – 14 – 11 – 9 – 8 – ???	**8** (écart de −4, −3, −2, −1, −0)
Progression géométrique écart constant	3 – 6 – 12 – 24 – 48 – ???	**96** (écart de ×2)
Progression géométrique écart croissant	5 – 5 – 10 – 30 – 120 – ???	**600** (écart de ×1, ×2, ×3, ×4, ×5)
Progression géométrique écart décroissant	4 – 20 – 80 – 240 – 480 – ?	**480** (écart de ×5, ×4, ×3, ×2, ×1)
Puissances	5 – 6 – 11 – 36 – ???	**161** (écart de + 5^0, + 5^1, + 5^2, + 5^3)
Addition – Soustraction (ou vice-versa)	5 – 15 – 14 – 24 – ???	**23** (écart de +10, −1, +10, −1)

REMARQUE L'ensemble des écarts possibles sont ceux décrits dans la fiche « Les différents écarts ».

ATTENTION

1. Les critères précédents sont les principaux critères d'une suite logique de nombres au TAGE 2®. Il existe une multitude de critères qui permettent de faire une suite logique de nombres. La seule limite est l'imagination du concepteur !

2. Il est possible d'avoir 2 suites logiques imbriquées. Généralement, vous devrez « sauter » un nombre sur 2.

Exemple : 2 - 4 - 5 - 6 - 8 - 8 - 11 - 10 - ???

Logique 1 : 2 - 5 - 8 - 11 - **14**

Logique 2 : 4 - 6 - 8 - 10

EXERCICES

Question 1 ★★☆☆☆ **15 sec. – 1 min.**

Trouvez l'élément manquant qui respecte la suite logique.

8 – 13 – 19 – 26 – 34 – ???

(A) 45

(B) 44

(C) 43

(D) 42

Question 2 ★★★☆☆ **15 sec. – 2 min.**

Trouvez l'élément manquant qui respecte la suite logique.

4 – 12 – 9 – 27 – 24 – ???

(A) 27

(B) 29

(C) 62

(D) 72

Question 3 ★★★★☆ **30 sec. – 3 min.**

Trouvez l'élément manquant qui respecte la suite logique.

1 – 1 – (–2) – (–8) – (–11) – ???

(A) –1331

(B) 121

(C) 1

(D) 22

➔ **CORRIGÉ FICHE 120**

73 Géométrie (1) : Les cercles

CALCUL Fréquence ●●●●● Difficulté ★★★★☆

PÉRIMÈTRE, AIRE ET VOLUME

Figure	Définition	Périmètre	Aire
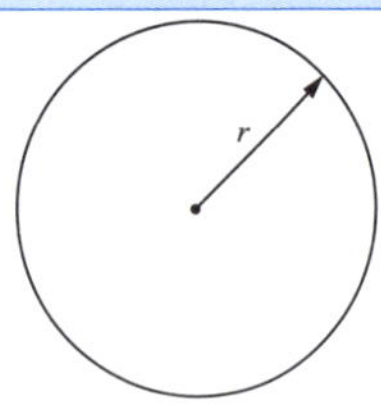	C = **Cercle** r = rayon d = diamètre 2r = d	$2 \times \pi \times r$	$\pi \times r^2$
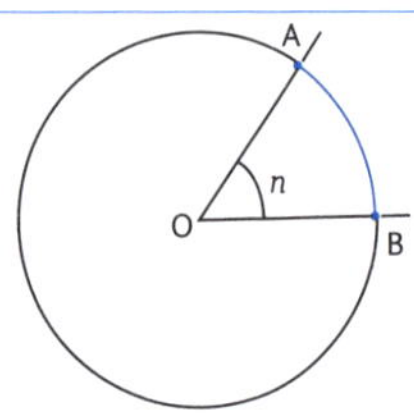	A à B = **Arc de cercle** n = angle en degrés.	$2 \times \pi \times r \times \frac{n}{360}$	$\pi \times r^2 \times \frac{n}{360}$
		Volume	
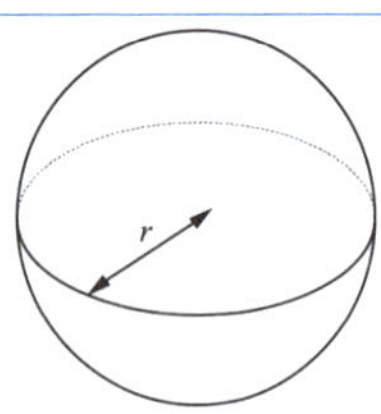	**Sphère/boule/globe**	$\frac{4}{3} \times \pi \times r^3$	
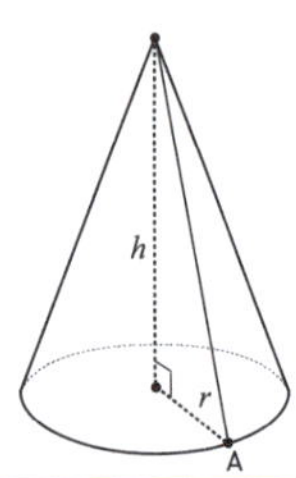	**Cône**	$\frac{1}{3} \times \pi \times r^2 \times h$	
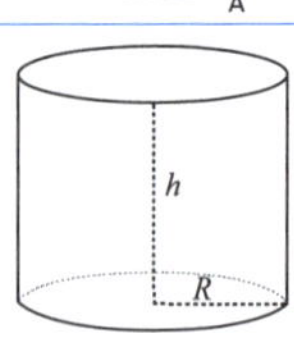	**Cylindre**	$\pi \times r^2 \times h$	

REMARQUES

1. Pour un même centre, il existe une infinité de cercles et pour un même cercle, il existe une infinité de rayons, de diamètres et d'arcs de cercle.
2. Le centre du cercle est le milieu de tous ses diamètres.

PROPRIÉTÉS

Figure	Propriété
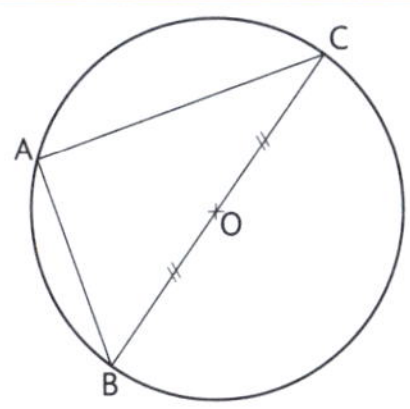	Si un **triangle** est **inscrit dans un cercle** et que l'un des côtés du triangle est le **diamètre du cercle**, alors le triangle est **rectangle** et ce côté est l'**hypoténuse**.
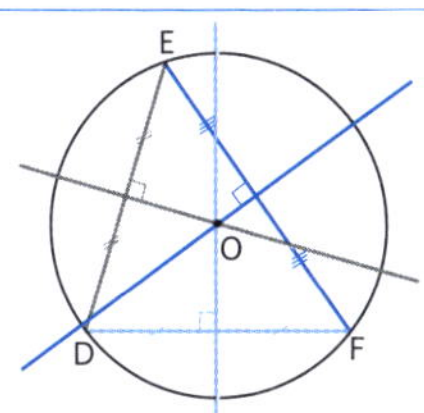	Si un **triangle** est **inscrit dans un cercle**, alors les **3 médiatrices** des côtés du triangle **se croisent en un point** qui est le **centre du cercle**.
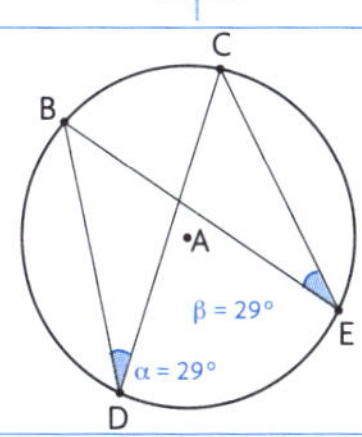	**Deux angles inscrits** dans un cercle et qui interceptent le **même arc de cercle** ont la **même valeur** (**Exemple :** 29°).
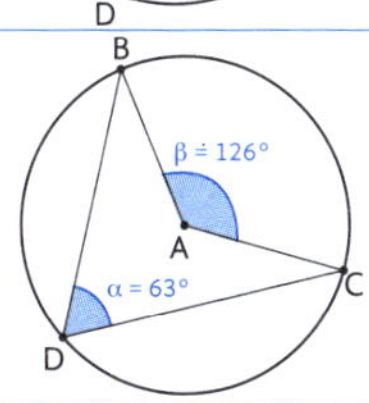	Dans un cercle, un **angle inscrit** est égal à la **moitié** de **l'angle au centre** qui intercepte le **même arc de cercle.**
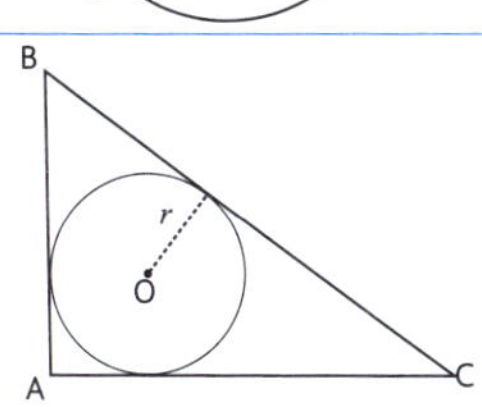	**La longueur du rayon** d'un **cercle inscrit** dans un **triangle rectangle** est : $\textbf{Rayon} = \dfrac{\textbf{2} \times \textbf{Surface du triangle}}{\textbf{Périmètre du triangle}}$

74 Géométrie (2) : Les triangles

CALCUL Fréquence ●●●●● Difficulté ★★★★☆

VOCABULAIRE

Hauteur	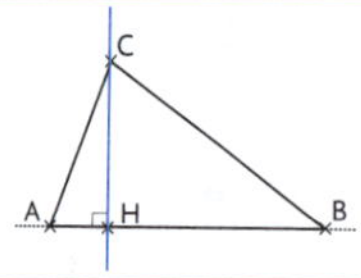	Droite qui passe par un **sommet** et est **perpendiculaire** au **côté opposé** à ce sommet.
Médiane	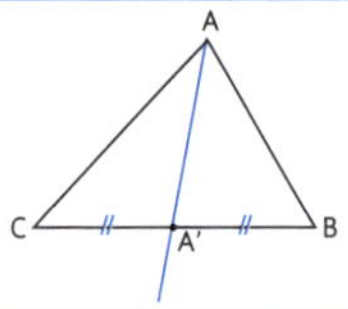	Droite qui passe par un **sommet** et par **le milieu du côté opposé** à ce sommet.
Médiatrice	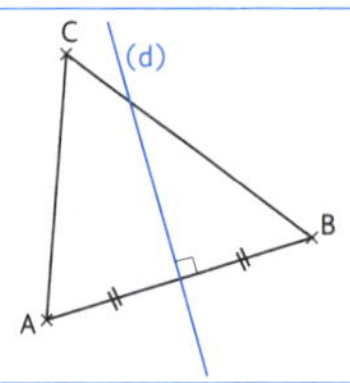	Droite qui passe par le **milieu** d'un des **côtés du triangle** et qui est **perpendiculaire** à ce même côté.

PÉRIMÈTRE, AIRE ET VOLUME

Figure	Définition	Périmètre	Aire
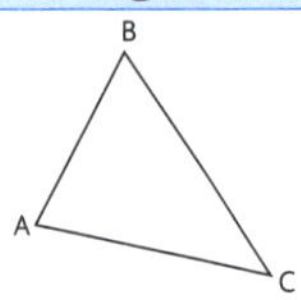	**Triangle quelconque :** 3 côtés différents, 3 angles différents, 3 sommets.	**AB + BC + AC**	b : base h : hauteur $\frac{(b \times h)}{2}$
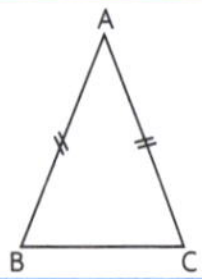	**Triangle isocèle (en A) :** 2 côtés égaux (AB et AC) 2 angles égaux (B et C)	**(2 × AB) + BC**	
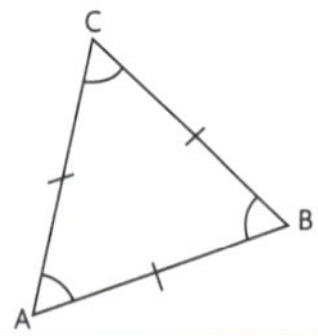	**Triangle équilatéral :** 3 côtés égaux 3 angles égaux (= 60°)	**3 × AB**	$\frac{\sqrt{3}}{4} \times AB^2$

Figure	Définition	Périmètre	Aire
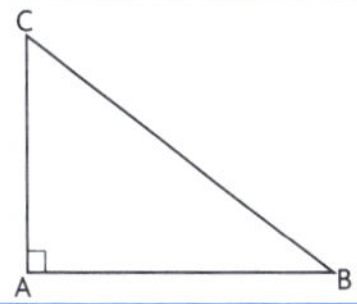	**Triangle rectangle en A :** 1 angle droit (A)	$\mathbf{AB + BC + AC}$	$\mathbf{\frac{AB \times AC}{2}}$
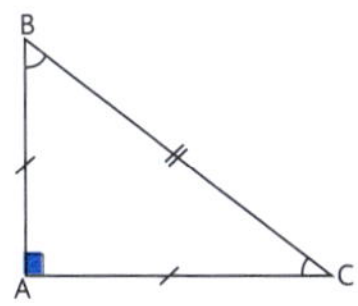	**Triangle rectangle isocèle :** 1 angle droit (A) 2 côtés égaux (AB et AC) 2 angles égaux (B et C) (= 45°)	$\mathbf{AB \times (2 + \sqrt{2})}$	$\mathbf{\frac{AB^2}{2}}$

Figure	Nom	Volume
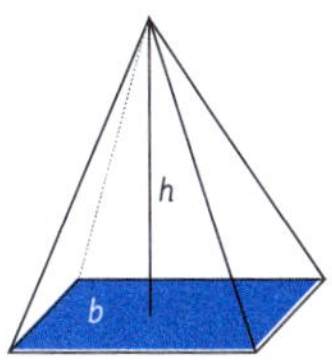	**Pyramide**	$\mathbf{V = \frac{1}{3} \times \text{Aire de la base} \times \text{hauteur}}$

PROPRIÉTÉS

Figure	Propriété
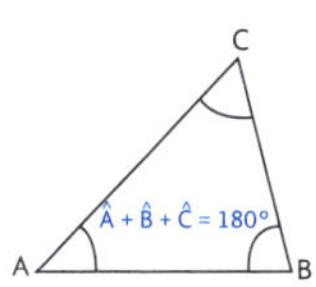	La somme des **angles d'un triangle est égale à 180°.** Triangle **isocèle** : 2 angles égaux. Triangle **équilatéral** : 3 angles égaux (60° chacun). Triangle **rectangle** : 1 angle de 90°. Triangle **rectangle isocèle** : 1 angle de 90°, 2 angles de 45° chacun.
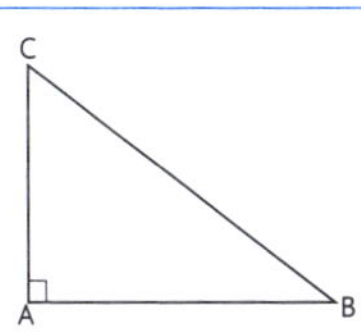	**Théorème de Pythagore** (voir la fiche « Le théorème de Pythagore »). $\mathbf{AB^2 + AC^2 = BC^2}$
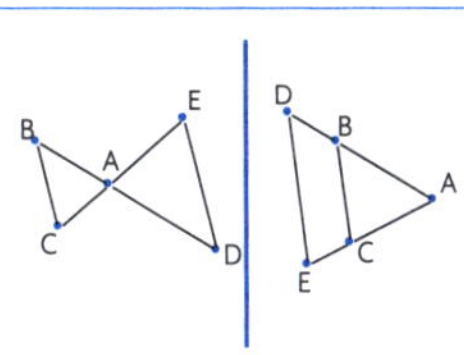	**Théorème de Thalès** (voir la fiche « Le théorème de Thalès »). Si BC est parallèle à DE, alors : $\mathbf{\frac{BC}{ED} = \frac{AB}{AD} = \frac{AC}{AE}}$

75 Géométrie (3) : Les quadrilatères

CALCUL Fréquence ●●●●○ Difficulté ★★★★☆

PÉRIMÈTRE, AIRE ET VOLUME

Figure	Définition	Périmètre	Aire
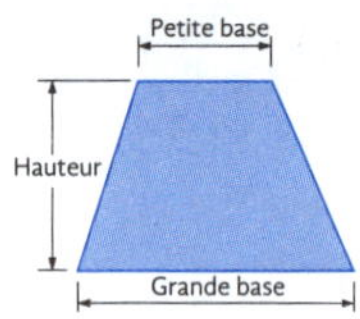	**Trapèze**: 2 côtés opposés parallèles.	**Somme des 4 côtés**	B = grande base b = petite base h = hauteur $\frac{\mathbf{(B + b) \times h}}{\mathbf{2}}$
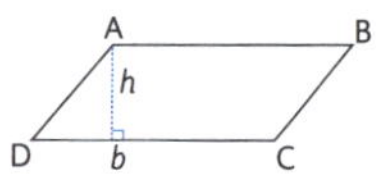	**Parallélogramme**: Côtés opposés parallèles 2 à 2 et les diagonales se coupent en leur milieu.		**Base × Hauteur**
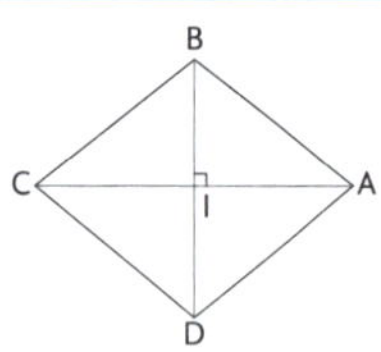	**Losange**: 4 côtés de même longueur **et** les diagonales se coupent perpendiculairement en leur milieu.	**4 × côté**	$\frac{AC \times BD}{2}$
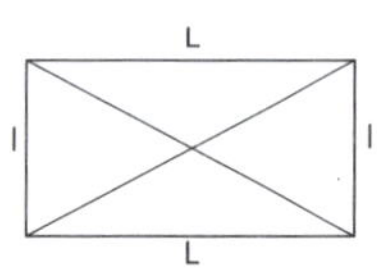	**Rectangle**: 4 angles droits **et** les diagonales (tailles égales) se coupent en leur milieu.	**2 × (L + l)**	**L × l**
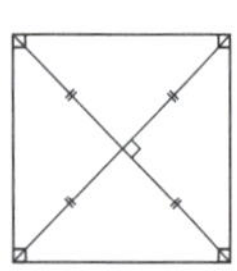	**Carré**: 4 angles droits, 4 côtés égaux **et** les diagonales (tailles égales) se coupent perpendiculairement en leur milieu.	**4 × côté**	**Côté²**

Figure	Nom	Aire des surfaces externes	Volume
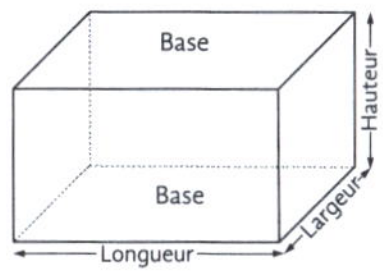	**Pavé droit**	$2 \times (L \times l) + 2 \times (L \times h) + 2 \times (l \times h)$	$L \times l \times h$
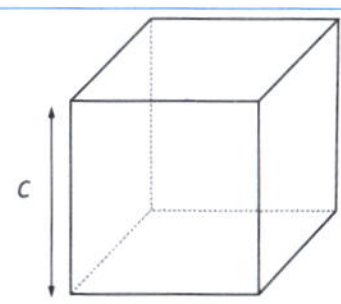	**Cube**	$6 \times \text{côté}^2$	Côté^3

REMARQUES

1. Le **losange**, le **rectangle** et **le carré** sont des **parallélogrammes particuliers**.
2. Un **carré** est à la fois un **losange** et un **rectangle**.

PROPRIÉTÉS

Figure	Propriété
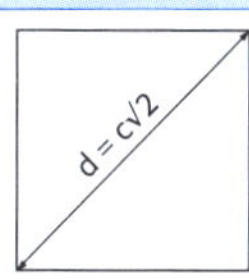	**Diagonale d'un carré de côté c : d = $c\sqrt{2}$.**
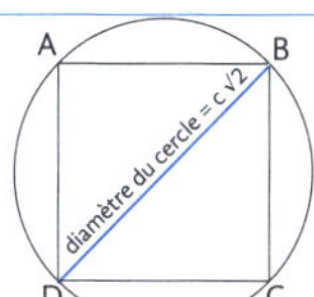	Quand un **carré est inscrit dans un cercle,** alors **sa diagonale est le diamètre du cercle.**
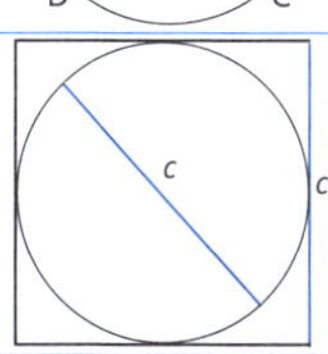	Quand un cercle est inscrit dans un carré, alors **son côté est le diamètre du cercle.**

AUTRES FIGURES (PLUS DE 4 CÔTÉS)

Pentagone	Hexagone	Heptagone	Octogone	Nonagone	Décagone
5 côtés	6 côtés	7 côtés	8 côtés	9 côtés	10 côtés
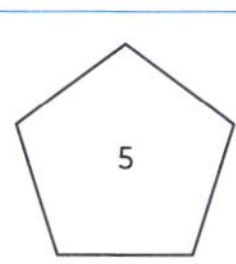	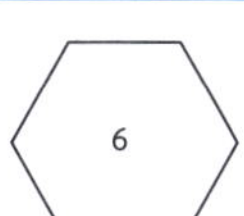	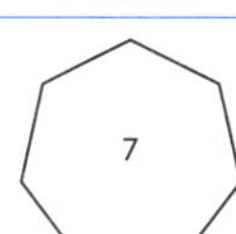	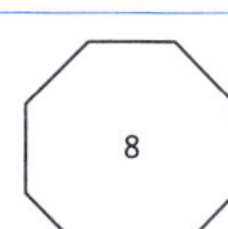	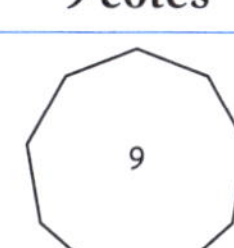	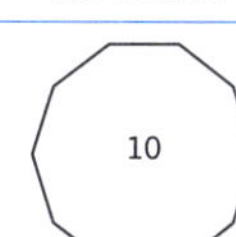

76 Géométrie (4) : Astuces géométriques

CALCUL Fréquence ●●●○○ Difficulté ★★★★☆

PROPRIÉTÉS SUR LES ANGLES

Propriété	Schéma
Angles opposés par le sommet : Lorsque 2 droites se croisent, elles forment des angles opposés par le sommet **égaux 2 à 2**.	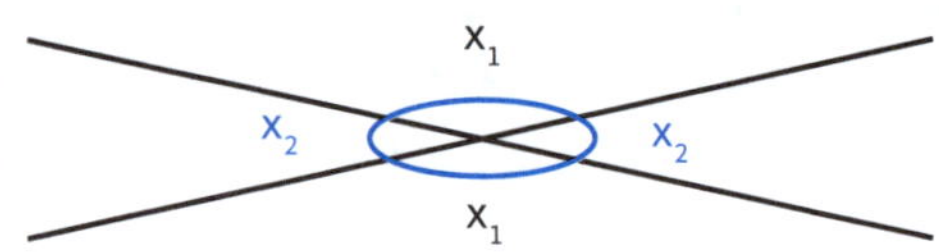
Angles alternes internes : Si 2 droites parallèles sont toutes les 2 coupées par une même autre droite, les angles formés **sont égaux 4 à 4**.	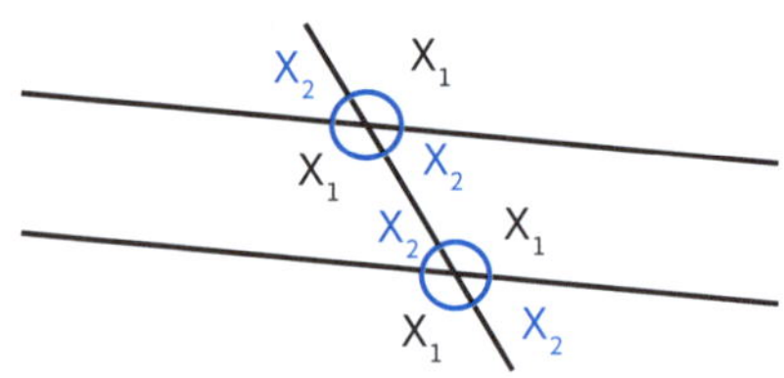
Somme des angles d'une figure : Dans une figure de N côtés, la somme S des angles est égale à : **S = 180° × (N – 2)**	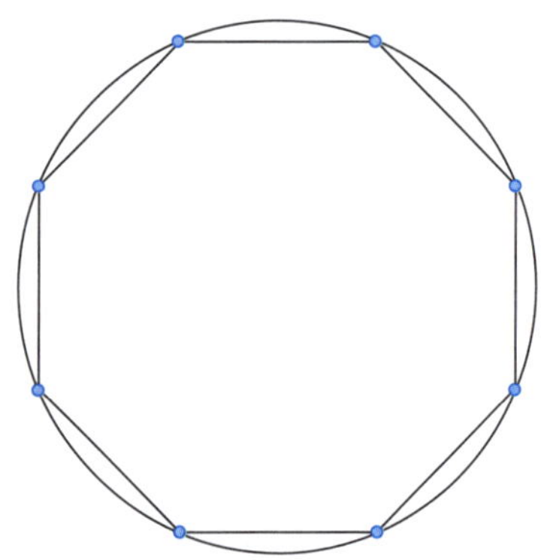 La somme des angles d'un octogone est donc 180 × (8 – 2) = **1 080°**.

REMARQUE La **somme des angles d'un triangle** est : **S = 180° × (3 – 2) = 180°.**

PROPRIÉTÉS SUR LES FIGURES

Propriété	Schéma
Toutes les données d'un triangle **équilatéral** (aire, périmètre, hauteur, médiane, bissectrice, médiatrice) peuvent s'obtenir avec le théorème de **Pythagore** si on connaît la **longueur d'un côté**.	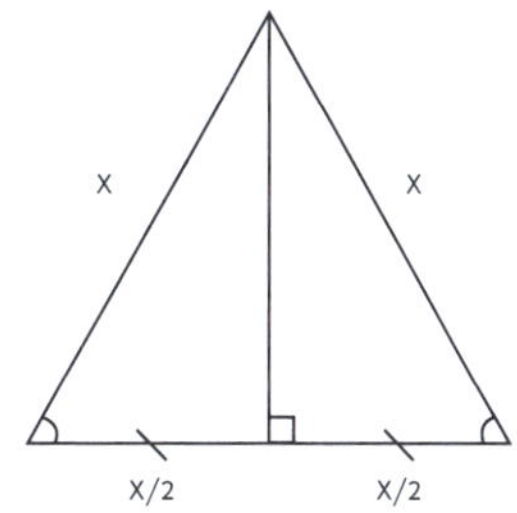
Dans un triangle **isocèle ou équilatéral** coupé en 2 par la bissectrice d'un angle, l'aire du triangle à gauche (S_1) est **égale** à l'aire du triangle à droite (S_2) : $S_1 = S_2$	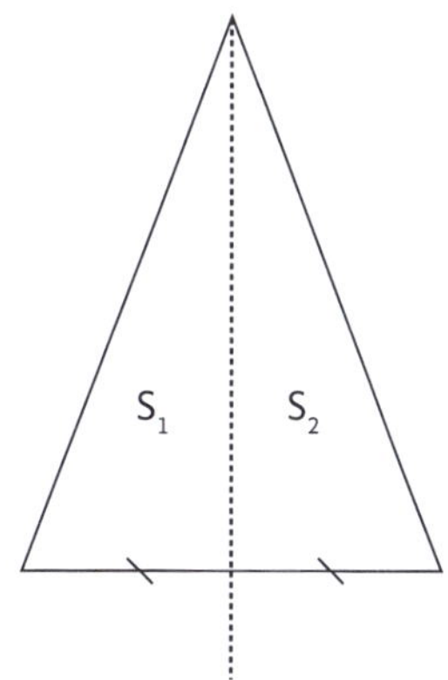
Si un carré de côté c est inscrit dans un cercle de diamètre d, alors le diamètre du cercle est égal à la diagonale du carré : **Diamètre = diagonale du carré = $c \times \sqrt{2}$** **Rayon du cercle = 1/2 diagonale = $\frac{c \times \sqrt{2}}{2}$**	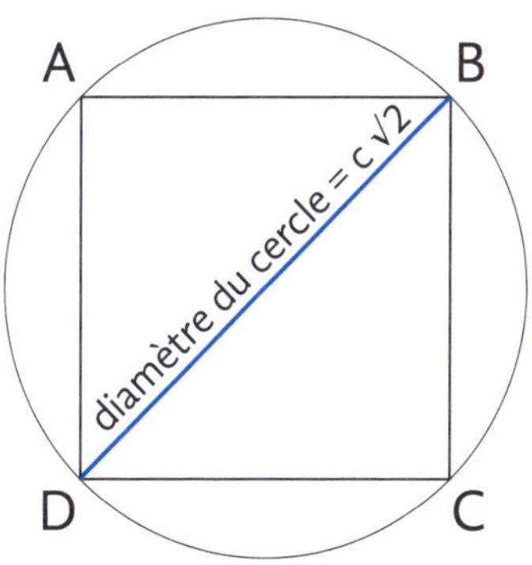

77 Théorèmes de Pythagore et de Thalès

CALCUL Fréquence ●●●●● Difficulté ★★★☆☆

THÉORÈME DE PYTHAGORE

Un **triangle rectangle** est un triangle avec un **angle droit**. Le côté opposé à l'angle droit est **l'hypoténuse**.

D'après le théorème de Pythagore, dans un triangle rectangle, **le carré de la longueur de l'hypoténuse est égal à la somme des carrés des longueurs des deux autres côtés.**

$$AB^2 + AC^2 = BC^2$$

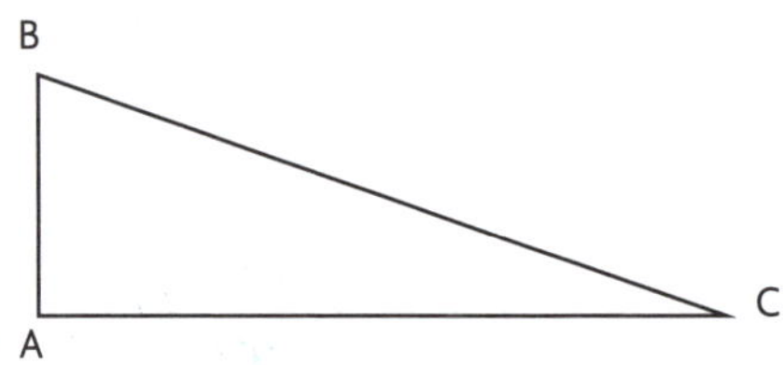

Réciproque du théorème de Pythagore : Si $AB^2 + AC^2 = BC^2$, alors le triangle est **rectangle**.

PROPRIÉTÉS

5 triangles pythagoriciens à connaître par cœur	
AB = 3 cm, AC = 4 cm, BC = 5 cm	AB = 5 cm, AC = 12 cm, BC = 13 cm
AB = 6 cm, AC = 8 cm, BC = 10 cm	AB = 8 cm, AC = 15 cm, BC = 17 cm
AB = 9 cm, AC = 12 cm, BC = 15 cm	

ASTUCES

1. Dans un **triangle équilatéral**, la longueur d'un seul côté permet de déduire la totalité des données du triangle en appliquant le **théorème de Pythagore**.
2. Tout **triangle inscrit dans un cercle** et dont un des côtés est le diamètre du cercle est **rectangle**.
3. Si un **rectangle est inscrit dans un cercle**, alors ses diagonales se coupent au **centre du cercle** et chaque diagonale correspond à un **diamètre du cercle**.
4. Un **triangle rectangle** correspond à la **moitié d'un rectangle**. Ainsi, la surface d'un triangle rectangle multipliée par 2 correspond à la surface d'un rectangle (et vice-versa).

EXERCICES

Question 1 ★★☆☆☆ **15 sec. – 45 sec.**

L'hypoténuse d'un triangle rectangle mesure 17 cm et un autre de ses côtés mesure 8 cm. Quelle est la longueur du troisième côté ?

(A) 6 cm
(B) 9 cm
(C) 12 cm
(D) 15 cm

Question 2 ★★☆☆☆ **15 sec. – 45 sec.**

Le plus petit côté d'un triangle rectangle mesure 6 cm. Le plus long côté mesure 10 cm. Combien mesure le dernier côté du triangle ?

(A) 5 cm
(B) 6 cm
(C) 7 cm
(D) 8 cm

Question 3 ★★★☆☆ **30 sec. – 2 min.**

Ferdinand vient d'acheter un studio de 48 m^2 dans le 2e arrondissement de Paris. Il s'agit d'une grande pièce rectangulaire, dont la largeur est égale aux trois quarts de la longueur. Combien mesure la diagonale du studio de Ferdinand ?

(A) 7 mètres
(B) 8 mètres
(C) 9 mètres
(D) 10 mètres

➔ **CORRIGÉ FICHE 120**

THÉORÈME DE THALÈS

DÉFINITION

D'après le **théorème de Thalès**, dans un plan, toute droite parallèle à l'un des côtés d'un triangle sépare ce dernier en un triangle de **proportions identiques**.

REMARQUE Toute droite qui passe par les milieux de deux côtés d'un triangle est parallèle au troisième côté de ce triangle.

CAS N° 1 : LE TRIANGLE SIMPLE

Si (DE) est parallèle à (CB), alors on a :

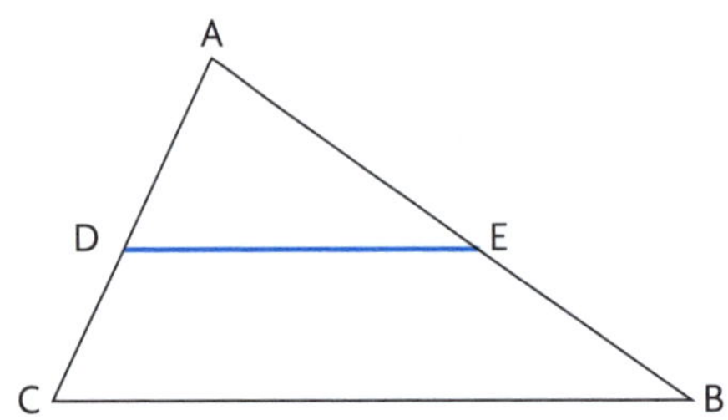

$$\frac{AD}{AC} = \frac{AE}{AB} = \frac{DE}{CB} = \frac{\text{Petit côté}}{\text{Grand côté}}$$

CAS N° 2 : LE « NŒUD PAPILLON »

Si (AD) est parallèle à (BC), alors on a :

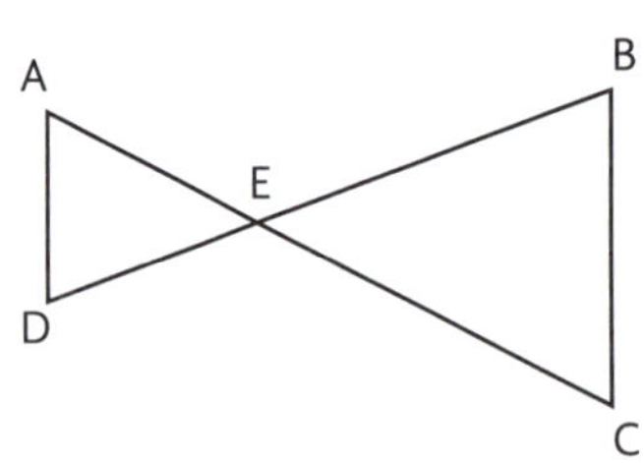

$$\frac{EA}{EC} = \frac{ED}{EB} = \frac{AD}{BC} = \frac{\text{Petit côté}}{\text{Grand côté}}$$

CAS N° 3 : LE THÉORÈME DE THALÈS « IMAGINAIRE » (LE CERCLE)

Soit AB un diamètre du cercle de centre E. En plaçant D tel que (ED) soit parallèle à (AC), on a :

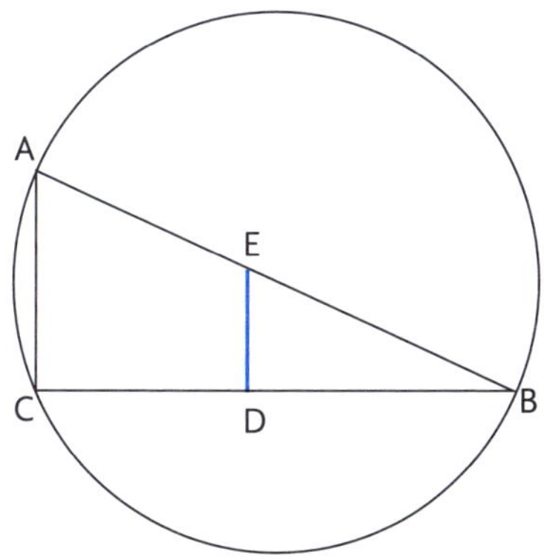

$$\frac{ED}{AC} = \frac{BE}{BA} = \frac{BD}{BC} = \frac{\text{Rayon}}{\text{Diamètre}} = \frac{1}{2}$$

EXERCICE

Question 1 ★★★★☆ **1 min. – 3 min.**

Dans la figure suivante, AB est parallèle à EF.

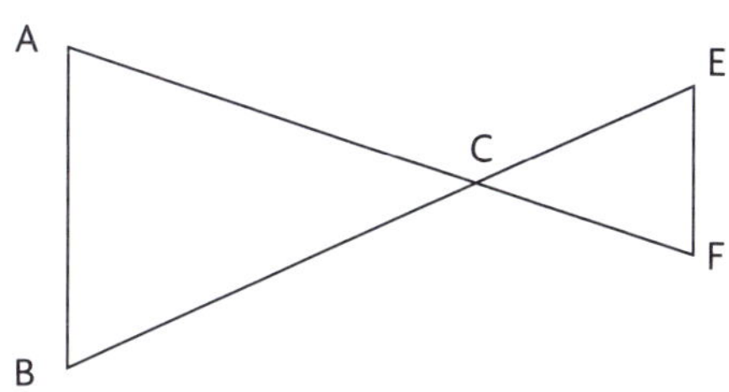

AC mesure 19 cm et EC mesure 4/20 de BC. Quelle est la longueur de CF ?

(A) 1,6 cm

(B) 2,2 cm

(C) 3,8 cm

(D) 4 cm

CORRIGÉ FICHE 120

78 Probabilités (1/3) : Les pièces

CALCUL Fréquence ●●●●○ Difficulté ★★★★☆

Il existe **5 cas de questions de probabilités** au TAGE 2 :

1) Les **pièces** : pile / face.
2) Les **enfants** : garçons / filles.
3) La **loterie** / **les boules**.
4) Les **dés** : pipés ou non.
5) Les **cartes** : jeu de cartes.

Pour chacun des cas, nous avons développé une méthode qui vous permet de trouver la bonne réponse, quel que soit votre niveau en calcul ! **Nos méthodes sont pragmatiques / concrètes et non théoriques.** Aucune connaissance en mathématiques n'est nécessaire !

VOCABULAIRE

La **probabilité d'un événement** est le pourcentage de chances qu'il a de se réaliser.
Cette probabilité est toujours **comprise entre 0 et 1**.
Un **événement** qui a une **probabilité de 0** est un événement **« impossible »**.
Un **événement** qui a une **probabilité de 1** est **« certain »**.

FORMULES DE BASE

La probabilité	est :
d'un événement A	$p(A) = \frac{\text{Nombre de cas correspondant à A}}{\text{Nombre total de cas}}$
de l'inverse de A	$p(\bar{A}) = 1 - p(A)$
de $A \cup B$ **(= A ou B)**	$p(A \cup B) = p(A) + p(B) - p(A \cap B)$
de $(A \cap B)$ **(= A et B)**	$P(A \cap B) = P(A) \times P_A(B)$ La probabilité de $(A \cap B)$ est la probabilité de réaliser A × la probabilité de réaliser B sachant que A est réalisé. Si A et B sont **indépendants**, alors on a : $p(A \cap B) = p(A) \times p(B)$

CAS N° 1 : LES PIÈCES (PILE / FACE)

Application

Julien lance 3 pièces en même temps. Quelle est la probabilité d'avoir au moins 2 fois pile ?

(A) 1/2 (B) 1/3 (C) 3/8 (D) 5/8

Méthode 1 L'arbre de probabilité

Un **arbre de probabilité est un schéma** permettant de résumer une expérience aléatoire avec des probabilités. Établissons un arbre de probabilité pour l'exercice :

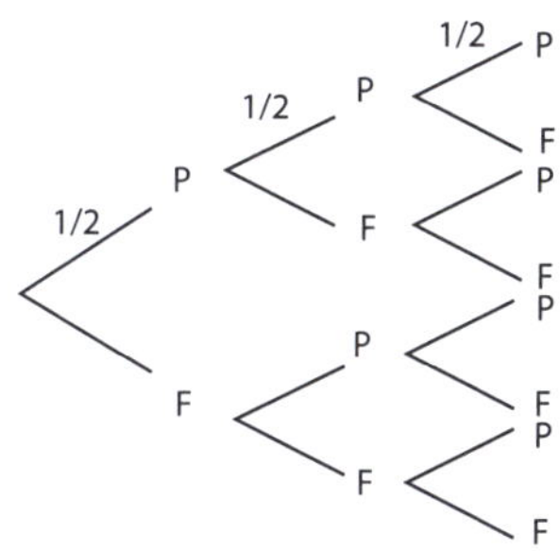

1) « Au moins 2 fois pile » (énoncé) signifie « 2 fois pile ou plus ».

2) **Chaque branche a une probabilité de** 1/2 × 1/2 × 1/2 = **1/8**.

3) Il y a **4 branches qui contiennent « au moins 2 fois pile »** : PPP, PPF, PFP, FPP.

Donc, la bonne réponse est : 1/8 + 1/8 + 1/8 + 1/8 = 4/8 = **1/2. Réponse A.**

CONSEIL Vous devez **obligatoirement** appliquer cette méthode si la probabilité des 2 événements (pile et face) **n'est pas** de 0,5 et 0,5 (exemple : 0,4 et 0,6 par exemple).

Méthode 2 La liste des cas

Probabilité de l'événement demandé dans l'énoncé $= \dfrac{\textbf{(1) Nombre de cas correspondants}}{\textbf{(2) Nombre total de cas}}$

(1) **Nombre de cas avec « au moins 2 piles »** : PPP, FPP, PFP, PPF (le F se décale vers la droite) = **4 cas** qui correspondent à l'énoncé.

(2) **Nombre total de cas** : 3 lancers, 2 résultats possibles (pile ou face) = 2 × 2 × 2 = **8 cas** au total.

La bonne réponse est donc : **Probabilité « au moins 2 fois pile »** $= \dfrac{(1)}{(2)} = \dfrac{4}{8} = \dfrac{1}{2}$. **Réponse A**

79 Probabilités (2/3) : Les enfants & la loterie

CALCUL Fréquence ●●●●○ Difficulté ★★★★☆

CAS N° 2 : LES ENFANTS (GARÇONS/FILLES)

Application ★★★☆☆ **30 sec. – 2 min.**

Audrey et Arnaud ont 3 enfants. Quelle est la probabilité d'avoir 2 filles et 1 garçon ?

(A) 1/3 (B) 2/4 (C) 3/8 (D) 5/8

Méthode 1 **L'arbre de probabilité**

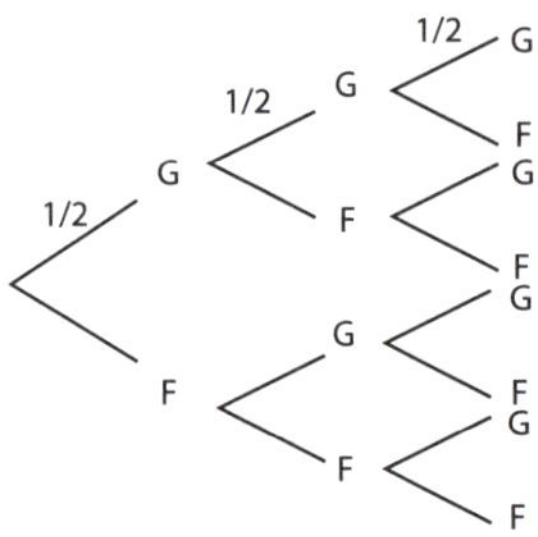

1) Chaque branche a une probabilité de 1/2 × 1/2 × 1/2 = **1/8.**

2) Il y a **3 branches qui contiennent « 2 filles et 1 garçon »** : FFG, FGF, GFF.

Donc, la bonne réponse est : 1/8 + 1/8 + 1/8 = 3/8 = 3/8. **Réponse C.**

CONSEIL Vous devez **obligatoirement** appliquer cette méthode si la probabilité des 2 événements (garçon ou fille) **n'est pas** de 0,5 et 0,5 (exemple : 0,4 et 0,6 par exemple).

Méthode 2 **La liste des cas**

(1) **Nombre de cas avec « 2 filles et 1 garçon »** : GFF, FGF, FFG (le G se décale vers la droite) = **3 cas** qui correspondent à l'énoncé.

(2) **Nombre total de cas** : 3 enfants, 2 résultats possibles (fille ou garçon) = 2 × 2 × 2 = **8 cas** au total.

La bonne réponse est donc : **Probabilité « 2 filles et 1 garçon »** = $\frac{(1)}{(2)} = \frac{3}{8}$. **Réponse C.**

CAS N° 3 : LA LOTERIE / LES BOULES

Application ★★★★☆ **45 sec. – 2 min.**

Juliette participe à une loterie composée de boules numérotées de 0 à 104. Elle a parié 20 € sur les boules qui ont un nombre pair et sont des multiples de 13.
Quelle probabilité Juliette a-t-elle de gagner 20 € ?
(A) 1/26 (B) 1/15 (C) 13/100 (D) 1/21

Méthode La liste des cas

(1) **Nombre de cas avec « nombre pair + multiples de 13 »** : 0 (multiple de n'importe quel nombre), 26, 52, 78, 104 = **5 cas** qui correspondent à l'énoncé.

(2) **Nombre total de cas** : de 0 à 104, il y a **105 boules** (Formule utilisée : B – A + 1).

La bonne réponse est donc :

Probabilité « nombre pair + multiple de 13 » $= \frac{(1)}{(2)} = \frac{5}{105} = \frac{1}{21}$. **Réponse D.**

EXERCICES

Question 1 ★★★☆☆ **30 sec. – 2 min.**

Si une famille a 4 enfants, quelle est la probabilité qu'au moins l'un des enfants de cette famille soit une fille ?
(A) 1/4 (B) 1/8 (C) 10/16 (D) 15/16

Question 2 ★★★☆☆ **30 sec. – 2 min.**

Lors d'une loterie, le candidat fait face à 40 jetons numérotés de 1 à 40. Quelle est la probabilité, pour le candidat, que le nombre tiré soit un nombre premier ?
(A) 20 % (B) 25 % (C) 30 % (D) 35 %

Question 3 ★★★★☆ **45 sec. – 3 min.**

Muriel est face à une urne remplie de 6 boules numérotées de 0 à 5. Si Muriel tire 2 boules sans remise, quelle est la probabilité que la somme des 2 numéros obtenus soit inférieure ou égale à 6 ?
(A) 1/2 (B) 9/15 (C) 11/15 (D) 7/12

➔ **CORRIGÉ FICHE 120**

80 Probabilités (3/3) : Les dés & les cartes

CALCUL Fréquence ●●●●○ Difficulté ★★★★☆

CAS N° 4 : LES DÉS – NON PIPÉS

Application ★★★★☆ **45 sec. – 2 min**

Thomas lance 2 dés non pipés de 6 faces numérotées de 1 à 6. Quelle est la probabilité d'obtenir 2 chiffres dont la somme fait 6 ?

(A) $\frac{1}{36}$ (B) $\frac{5}{12}$ (C) $\frac{1}{6}$ (D) $\frac{5}{36}$

Méthode **La liste des cas**

(1) Nombre de cas avec « 1er chiffre + 2^{e} chiffre = 6 » : (1,5), (2,4), (3,3), (4,2), (5,1) = **5 cas** correspondent à l'énoncé.

(2) Nombre total de cas : 6 faces × 6 faces = **36 cas** au total.

La bonne réponse est : **Probabilité « 1er chiffre + 2^{e} chiffre = 6 » =** $\frac{(1)}{(2)} = \frac{5}{36}$. **Réponse D.**

CAS N° 4 : LES DÉS – PIPÉS

Application ★★★★★ **45 sec. – 3 min**

Sacha lance 2 dés pipés dont les chiffres pairs ont deux fois plus de chances de s'afficher que les chiffres impairs. Quelle est la probabilité d'obtenir 2 chiffres identiques ?

(A) $\frac{2}{9}$ (B) $\frac{9}{19}$ (C) $\frac{11}{25}$ (D) $\frac{5}{27}$

Méthode **Le tableau**

(1) Calculons la probabilité de chaque face dans un tableau en affectant des coefficients.

	N° 1	N° 2	N° 3	N° 4	N° 5	N° 6	TOTAL (= somme)
Coefficient	1	2	1	2	1	2	9
Probabilité	$\frac{1}{9}$	$\frac{2}{9}$	$\frac{1}{9}$	$\frac{2}{9}$	$\frac{1}{9}$	$\frac{2}{9}$	$\frac{9}{9}$

(2) Nombre de cas avec « 1er chiffre = 2^e chiffre » : (1,1), (2,2), (3,3), (4,4), (5,5), (6,6) = **6 cas** correspondent à l'énoncé.

(3) Calculons la probabilité de « 1er chiffre = 2^e chiffre » :

	(1 ; 1)	(2 ; 2)	(3 ; 3)	(4 ; 4)	(5 ; 5)	(6 ; 6)
Probabilité P(X) × P(X)	$\frac{1}{81}$	$\frac{4}{81}$	$\frac{1}{81}$	$\frac{4}{81}$	$\frac{1}{81}$	$\frac{4}{81}$

Probabilité de 2 chiffres identiques = $\frac{1}{81}+\frac{4}{81}+\frac{1}{81}+\frac{4}{81}+\frac{1}{81}+\frac{4}{81}=\frac{15}{81}=\frac{5}{27}$. **Réponse D.**

CAS N° 5 : LES CARTES

Application ★★★★☆ 45 sec. – 3 min

Marie a 2 jeux de cartes composés de 52 cartes chacun. Sachant que Marie tire une carte dans chaque paquet, quelle est la probabilité de tirer un cœur dans le 1er paquet et une carte rouge dans le 2e paquet ?

(A) $\frac{1}{8}$ (B) $\frac{1}{4}$ (C) $\frac{1}{16}$ (D) $\frac{1}{5}$

Méthode **Formules de base (fiche « Probabilités 1 sur 3 »).**

Théorie : $P(A \cap B) = p(A) \times p(B)$ (événements indépendants)

Evénement A = Tirer un cœur dans le 1er paquet.

Evénement B = Tirer une carte rouge dans le 2e paquet.

Pratique : $P(A \cap B) = \frac{1}{4} \times \frac{1}{2} = \frac{1}{8}$. **Réponse A.**

EXERCICE

Question 1 ★★★★★ 45 sec. – 3 min.

Victor disposé d'un dé truqué. La probabilité qu'une face tombe correspond au chiffre inscrit sur cette face. Si on lance 42 fois le dé, combien de fois est-on censé obtenir le chiffre 2 ?

(A) 2 fois (B) 4 fois (C) 6 fois (D) 8 fois

➔ CORRIGÉ FICHE 120

81 Nombre de rencontres et nombre de salutations

CALCUL Fréquence ●●○○○ Difficulté ★★★☆☆

NOMBRE DE RENCONTRES DANS UN TOURNOI

Le **nombre total de matchs joués au cours d'un tournoi avec N joueurs (Exemple**: Tournoi de tennis) **en simple** (un joueur contre un joueur) **à élimination directe** (c'est à dire que dès qu'un joueur perd, il est éliminé et ne joue plus de match) est:

$$\mathbf{N - 1}$$

Application: Si 64 joueurs participent au tournoi d'échecs de l'école, le nombre total de matchs joués sera: 64 – 1 = **63**.

NOMBRE DE POIGNÉES DE MAINS/MATCHS DE CHAMPIONNAT (ALLER)/ COUPLES

Le **nombre de poignées de mains au cours d'une soirée entre N personnes** (chaque personne ne salue toutes les personnes qu'une seule fois) est:

$$\frac{N \times (N - 1)}{2}$$

Application: Dans une soirée avec 44 invités, il y a: $\frac{44 \times 43}{2}$ = **946 poignées de main.**

REMARQUE On utilise la même formule pour calculer:

- **Le nombre de matchs disputés entre N équipes de football dans le cadre d'un championnat** ***(lorsque chaque équipe rencontre toutes les équipes une seule fois)***.
- **Le nombre de couples différents qu'il est possible de constituer au cours d'une soirée avec N personnes.**

Application ★★☆☆☆ **15 sec. – 1 min.**

Combien de matchs sont joués dans un championnat composé de 30 équipes (chaque équipe rencontre toutes les équipes une seule fois?

Réponse: N = 30 donc on a: $\frac{N \times (N-1)}{2} = \frac{30 \times (30 - 1)}{2} = \frac{30 \times 29}{2}$ = **435 matchs joués.**

NOMBRE DE BISES/MATCHS DE CHAMPIONNAT (ALLER - RETOUR)

Le **nombre de bises au cours d'une soirée entre N personnes** (chaque personne fait 2 bises à chaque autre) est :

$$N \times (N - 1)$$

REMARQUES

1. On utilise la même formule pour calculer **le nombre de matchs disputés entre N équipes de football dans le cadre d'un championnat (*lorsque chaque équipe rencontre toutes les équipes 2 fois*).**
2. C'est 2 fois plus que la formule des poignées de mains car il y a 2 fois plus de bises que de poignées de mains.

EXERCICES

Question 1 ★★☆☆☆ **30 sec. – 1 min.**

Lors d'un championnat départemental de rugby, 12 équipes se rencontrent. Le championnat est aller-retour : chaque équipe rencontre toutes les autres équipes deux fois, une fois à domicile et une fois à l'extérieur. Combien de matchs sont joués lors de ce championnat ?

(A) 66
(B) 72
(C) 132
(D) 144

Question 2 ★★★☆☆ **30 sec. – 1 min.**

Avant le début d'un match, chaque membre d'une équipe serre la main des membres de son équipe et de l'autre équipe. Sachant qu'il y a eu 66 poignées de main en tout et que chaque équipe a le même nombre de joueurs, combien de joueurs y a-t-il dans chaque équipe ?

(A) 6
(B) 8
(C) 10
(D) 12

➔ CORRIGÉ FICHE 120

82 Les questions rares

CALCUL Fréquence ●○○○○ Difficulté ★★★☆☆

Plusieurs questions sont **atypiques** et ne correspondent pas aux questions classiques.

LE CARRÉ MAGIQUE

10	2	8
13	11	21
24	9	16

Énoncé : Quelle **somme minimale** peut-on obtenir en utilisant uniquement un chiffre par colonne et par ligne ?

ATTENTION Si vous utilisez un chiffre, il n'est pas autorisé d'utiliser un autre chiffre de la même ligne ou de la même colonne. Par exemple, si on prend 10, on ne peut pas utiliser le 2 et le 8 de la ligne et le 13 et le 24 de sa colonne.

Réponse : La plus petite somme est : $13 + 9 + 8 = \mathbf{30}$.

LES RECTANGLES « IMBRIQUÉS »

Énoncé : Quel est le nombre de rectangles différents dans la figure ci-dessous ?

Soit C **le nombre de colonnes** et L **le nombre de lignes** du grand rectangle. La formule pour calculer le nombre N de rectangles différents dans ce grand rectangle est :

$$N = \frac{C \times (C + 1) \times L \times (L + 1)}{4}$$

Ainsi, la réponse est : $\frac{4 \times 5 \times 2 \times 3}{4}$ = **30 rectangles différents.**

LES CARRÉS « IMBRIQUÉS »

Énoncé : Quel est le nombre de carrés différents dans la figure ci-dessous ?

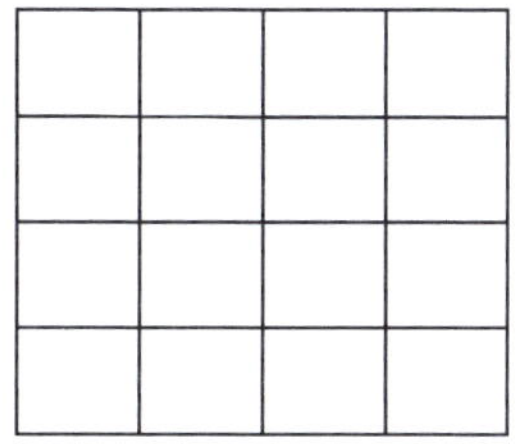

Soit **n le nombre de petits carrés par côté**. Ici, on a : **n = 4.**

$$\textbf{Nombre de carrés « imbriqués »} = \frac{n \times (n+1) \times (2n+1)}{6}$$

La bonne réponse est donc : $\frac{4 \times (4+1) \times (8+1)}{6} = \frac{20 \times 9}{6}$ = **30 carrés imbriqués.**

LES TRIANGLES « IMBRIQUÉS »

Énoncé : Quel est le nombre de triangles différents dans la figure ci-dessous ?

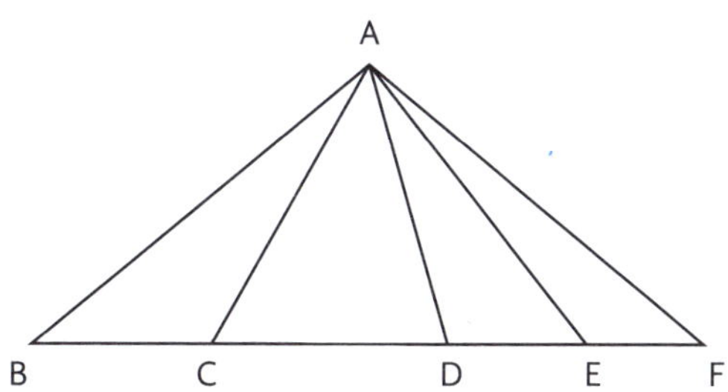

Soit **n le nombre de points à la base du triangle qui relient le sommet A.** Ici, on a : **n = 5** (les points B, C, D, E et F « relient » le sommet A).

$$\textbf{Nombre de triangles « imbriqués »} = \frac{n \times (n-1)}{2}$$

La bonne réponse est donc : $\frac{5 \times (5-1)}{2}$ = **10 triangles imbriqués.**

ATTENTION Cette formule est uniquement valable pour ce type de triangles (cas le plus fréquent). Sinon, vous devrez compter manuellement le nombre de triangles « imbriqués ».

83 Technique du backsolving

CALCUL Fréquence ●●●●● Difficulté ★★★☆☆

La technique du **backsolving** consiste à répondre à une question en **testant les réponses**. Il y a des **informations intermédiaires** et un **résultat final** dans l'énoncé. **Problème** : il **manque une information intermédiaire** – que vous devez trouver (= la bonne réponse). **Testez les réponses !** La réponse testée doit donner un résultat identique au résultat final de l'énoncé.

Si **résultat trouvé > résultat final**, alors la valeur testée est **trop grande.**
Si **résultat trouvé = résultat final**, alors c'est la **bonne réponse !**
Si **résultat trouvé < résultat final**, alors la valeur testée est **trop petite.**

LE BACKSOLVING

Étape 1 Testez la réponse C.

Si **le résultat trouvé = résultat final de l'énoncé**, alors c'est la **bonne réponse !**
Si **le résultat trouvé < résultat final de l'énoncé**, il faut une réponse plus grande, donc **réponse D.**
Sinon, passer à **l'étape 2.**

Étape 2 Testez la réponse A.

Si **le résultat trouvé = résultat final de l'énoncé**, alors c'est la **bonne réponse !**
Sinon, c'est la **réponse B**.

ATTENTION Les réponses ne sont pas forcément classées par ordre croissant.

REMARQUE Au maximum, on teste 2 réponses pour conclure. Cette technique peut éviter des calculs longs et permet de réduire les risques d'erreurs.

EXERCICE D'APPLICATION

Application ★★★☆☆ **45 sec. – 2 min.**

Max n'a pas suffisamment d'argent pour faire le plein de sa voiture. Il dépense la somme d'argent qu'il a pour mettre le maximum d'essence. Avec 4 fois plus d'argent, il aurait pu mettre 48 litres en plus et parvenir à faire le plein.
Quelle est la contenance (en litres) de son réservoir ?

(A) 64
(B) 65
(C) 66
(D) 68

Étape 1 Testons la réponse C (66).

Si Max peut mettre 48 L de plus avec 4 fois plus d'argent et ainsi remplir le réservoir, cela signifie qu'initialement, il avait mis : 66 L – 48 L = 18 L.
Donc, avec 4 fois plus d'argent, la contenance du réservoir serait de 4 × 18 = **72 L (≠ 66 L).**
La réponse est trop grande. On passe à l'étape 2 (on élimine les réponses C et D).

Étape 2 Testons la réponse A (64).

Si Max peut mettre 48 L de plus avec 4 fois plus d'argent et ainsi remplir le réservoir, cela signifie qu'initialement, il avait mis 64 L – 48 L = 16 L.
Donc, avec 4 fois plus d'argent, la contenance serait de 16 × 4 = **64 L (= réponse A).**
La réponse A est la bonne réponse.

Étape 3 Concluons. Réponse A.

TAGE 2® N° 1/2/3

CALCUL (2 & 5)

Rendez-vous sur

www.monsieur-tage-2.com

pour accéder aux corrigés des questions en vidéo !

CONSIGNES

10 questions	30 minutes	Calculatrice interdite	Chronomètre recommandé

BARÈME

Bonne réponse : + 3 points	Aucune réponse : 0 point	Mauvaise réponse : – 1 point

Question 16. L'appartement de Virginie est composé de 4 pièces, toutes rectangulaires. Toutes les pièces mesurent 3 mètres de large et respectivement 1,5 ; 2 ; 3 et 4,5 mètres de long. Quelle est l'aire de l'appartement de Virginie ?

(A) 25 m^2
(B) 28 m^2
(C) 30 m^2
(D) 33 m^2

Question 17. Dans un test de « n » questions, Camille répond juste à 34 des 40 premières questions. Puis, elle répond correctement à un quart des questions restantes. Ce test ne comporte pas de points négatifs. Si son score final est égal à 50 % de la note maximale, combien de questions ce test comporte-t-il ?

(A) 94
(B) 96
(C) 98
(D) 100

Question 18. M. Gambino a une exploitation de 70 vaches laitières. Chaque vache produit en moyenne 22 litres de lait par jour. Chaque vache de type A produit en moyenne 30 litres de lait par jour et chaque vache de type B produit en moyenne 16 litres de lait par jour.

Combien de vaches de type B M. Gambino possède-t-il ?

(A) 28
(B) 30
(C) 40
(D) 42

Question 19. Un produit subit deux augmentations de même pourcentage au cours de la même année. Sachant qu'en début d'année, il valait 80 euros et qu'en fin d'année il vaut 115,2 euros, quel est le pourcentage de chaque augmentation de prix ?

(A) 16 %
(B) 18 %
(C) 20 %
(D) 22 %

Question 20. Que vaut l'aire du losange ABCD ?

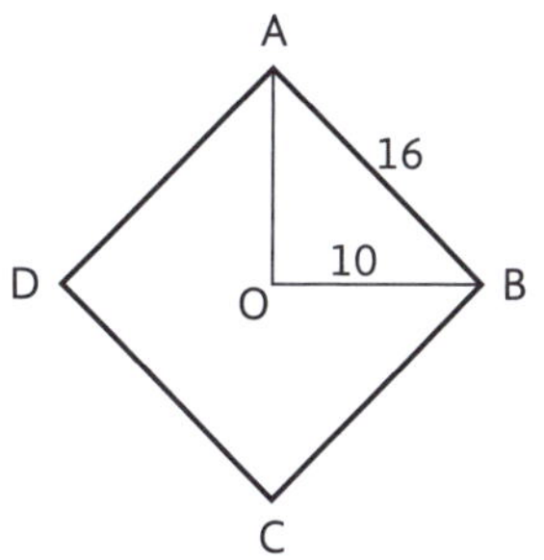

(A) $2\sqrt{39}$
(B) $10\sqrt{39}$
(C) $20\sqrt{39}$
(D) $40\sqrt{39}$

Question 21. Pour son restaurant, Clémence achète deux caisses de fraises tous les trois jours. Chaque caisse pèse 15 kg. Sachant qu'une caisse vide pèse 1 kg, combien de kilogrammes de fraises en moyenne achète-t-elle par semaine (7 jours) ?

(A) 60 kg
(B) 65 kg
(C) 70 kg
(D) 75 kg

Question 22. Sachant que $32^n + 32^n + 32^n + 32^n = 4^{301}$, combien vaut n ?

(A) 120

(B) 121

(C) 60

(D) 4

Question 23. Soit 2 nombres à 4 chiffres dont la somme des chiffres est égale à 7. Quel est le plus grand écart possible entre ces deux nombres ?

(A) 5 886

(B) 5 994

(C) 6 000

(D) 6 993

Question 24. On lance simultanément deux dés non pipés, quelle est la probabilité de ne pas obtenir 2 chiffres identiques ?

(A) 27/36

(B) 30/36

(C) 32/36

(D) 33/36

Question 25. A, B et C sont des chiffres positifs tels que : $A = 2B = 3C$ et $A \times B \times C = 36$.

Quelle est la valeur de C ?

(A) 2

(B) 3

(C) 4

(D) 5

CONSIGNES

10 questions	30 minutes	Calculatrice interdite	Chronomètre recommandé

BARÈME

Bonne réponse : + 3 points	Aucune réponse : 0 point	Mauvaise réponse : – 1 point

Question 51. Deux cercles ont le même centre O. Soit C un cercle de diamètre « d » et de rayon « r ». Soit C' un cercle de rayon « r' » = 5d/2. Soit AB un diamètre du grand cercle et BC une corde du grand cercle, tangente au petit cercle. On sait que AC = 20 cm.

Que vaut r' ?

(A) 10 cm
(B) 20 cm
(C) 50 cm
(D) 75 cm

Question 52. Pierre fait son jogging et se promet de courir à une vitesse moyenne de 12 km/h. Il court la première heure à 10 km/h. Puis, il décide d'augmenter son rythme à 15 km/h. Combien de temps doit-il courir à cette dernière vitesse pour tenir sa promesse ?

(A) 1h
(B) 1h10
(C) 40 minutes
(D) 50 minutes

Question 53. Le maire d'une petite ville dont la forme est strictement rectangulaire est autorisé à agrandir la ville. Toutefois, le conseil régional lui propose deux modes d'élargissement :

(1) Augmenter la longueur de 60 % et la largeur de 10 %.
(2) Baisser de 18 % la largeur et augmenter de 100 % la longueur de la ville.

Quel choix doit prendre le maire pour avoir la plus grande ville possible ?

(A) Le choix (1).
(B) Le choix (2).
(C) Cela revient au même.
(D) Les deux choix réduisent la taille de la ville.

Question 54. Dans 10 ans, Jade aura 2 fois l'âge de sa sœur Joséphine. Aujourd'hui, Jade a 12 ans de plus que Joséphine. Quel âge aura Jade dans 47 ans ?

(A) 47 ans
(B) 54 ans
(C) 58 ans
(D) 61 ans

Question 55. Combien vaut la somme totale des angles de la figure ci-dessous ?

(A) 180 degrés
(B) 360 degrés
(C) 980 degrés
(D) 1 440 degrés

Question 56. Alban et Timothée partent du même point d'un circuit circulaire à 12h, respectivement à 100 km/h et à 120 km/h. Le rayon de ce circuit est de $\frac{200}{\pi}$ mètres.
Combien de temps Timothée met-il pour rattraper Alban pour la deuxième fois ?

(A) 2 min et 12 sec.
(B) 2 min et 24 sec.
(C) 2 min et 48 sec.
(D) 3 min et 12 sec.

Question 57. Champion de natation de sa ville, Pierre s'entraîne 4 fois par semaine au club aquatique composé de deux piscines : une de 50 mètres de long et une autre de 25 mètres. À chaque séance d'entraînement, il fait 95 aller-retour. Il en effectue 50 en crawl dans la piscine de 50 mètres et 45 en brasse dans la piscine de 25 mètres. Combien de kilomètres de nage parcourt-il par semaine ?

(A) 26 km
(B) 27 km
(C) 28 km
(D) 29 km

Question 58. Une somme placée sur un compte à taux d'intérêt composé rapporte 180 euros d'intérêts la première année et 185,4 euros d'intérêts la deuxième année.

Quelle est la somme de départ ?

(A) 7 800
(B) 7 200
(C) 6 600
(D) 6 000

Question 59. Si une pizza de 10 cm de rayon permet de nourrir 9 personnes, combien de personnes une pizza de 30 cm de rayon permettrait-elle de nourrir ?

(A) 27
(B) 36
(C) 63
(D) 81

Question 60. Fabien rentre un peu éméché de soirée et a du mal à se souvenir de son code d'entrée d'immeuble. Il décide de tester toutes les possibilités. Son code comporte 4 chiffres (de 0 à 9) et un symbole ou une lettre, en 3e position (A, B, # ou *). Combien de possibilités de codes a Fabien ?

(A) 3 000
(B) 30 000
(C) 40 000
(D) 14

Difficulté	NORMAL									
Question	16	17	18	19	20	21	22	23	24	25
Réponse	D	B	C	C	D	B	A	B	B	A

Toutes les questions sont corrigées en vidéo dans votre espace **E-LEARNING sur www.monsieur-tage-2.com**

Posez toutes vos questions (concours, écoles, dossiers, TAGE 2®, etc.) au sein des **communautés d'entraide Facebook et Instagram « Monsieur TAGE 2 »** et **« Monsieur Ecoles de commerce » (+ de 20 000 membres).**

Question 16 Réponse D ★★★☆☆ 30 sec. – 2 min. Fiche 75

- **Rappel de cours** L'aire d'un rectangle est : **Aire = Longueur × Largeur.**

L'aire de l'appartement est :

$A = (3 \times 4,5) + (3 \times 1,5) + (3 \times 2) + (3 \times 3)$

$\Leftrightarrow A = 3 \times (4,5 + 1,5 + 2 + 3)$ (Factorisation avec 3)

$\Leftrightarrow A = 3 \times 11 \text{ m}^2$

$\Leftrightarrow \mathbf{A = 33 \text{ m}^2}$.

L'aire de l'appartement est donc de **33 m². Réponse D.**

Question 17 Réponse B ★★★☆☆ 30 sec. – 2 min. Fiche 83

- **Rappel de cours** La technique du backsolving consiste à tester la réponse du milieu (C), puis à tester les réponses au-dessus ou en dessous, en fonction du résultat de la première étape.

Étape 1 Testons la réponse du milieu (réponse C).

Supposons que Camille réponde correctement à **la moitié des 98 questions, c'est-à-dire 49 questions correctes.**

Camille a bien répondu à **34 des 40 premières questions**. Elle a également bien répondu à **un quart des questions restantes, soit : 1/4 × (98 – 40) = 1/4 × 58 = 14,5 questions correctes.** Avec la réponse C, le score final est donc de **34 + 14,5 = 48,5 bonnes réponses (≠ 49).** Comme 49 est supérieur au résultat trouvé, on élimine les réponses C et D et on teste la réponse A.

Étape 2 Testons la réponse A.

Supposons que Camille réponde correctement à **la moitié des 94 questions, c'est-à-dire 47 questions correctes.**

Camille a bien répondu à **34 des 40 premières questions**. Elle a également bien répondu à **un quart des questions restantes, soit : 1/4 × (94 – 40) = 1/4 × 54 = 13,5 questions correctes.** Avec la réponse A, le score final est donc de **34 + 13,5 = 47,5 bonnes réponses (≠ 47).**

Étape 3 Concluons.

Cette fois-ci, 47 est inférieur au résultat attendu. On élimine donc la réponse A et **on valide la réponse B : 96 questions (Vérification** : 34 + 1/4 × (96 – 40) = 34 + 14 = 48, soit 50 % de la note maximale (96/2 = 48)). **Réponse B.**

> **REMARQUE** On aurait pu poser une équation.
> On appelle X les questions restantes. On résout : 34 + 1/4 X = 6 + 3/4 X.

Question 18	Réponse C	★★★☆☆	30 sec. – 2 min.	Fiche 59

- **Rappel de cours** La formule du barycentre permet de trouver les proportions relatives de 2 ensembles :

$$\frac{\textbf{Moyenne générale – Moyenne mini}}{\textbf{Moyenne maxi – Moyenne mini}}$$

Étape 1 Schématisons la situation

Étape 2 Calculons la proportion relative des vaches de type A et B.

$$\frac{\text{Moyenne générale – Moyenne mini}}{\text{Moyenne maxi – Moyenne mini}} = \frac{22-16}{30-16} = \frac{6}{14} = \mathbf{\frac{3}{7}}$$

La moyenne générale (22) tend davantage vers la moyenne basse, soit les vaches de type B (16) que vers la moyenne haute, soit les vaches de type A (30). Donc, la proportion de vaches de type B est plus grande (1 – 3/7 = **4/7**) que la proportion de vaches de type de A (**3/7**). Les 3/7 correspondent donc aux vaches de type A.

Étape 3 Calculons le nombre de vaches de type B.

Proportion (4/7) × Effectif total (70 vaches) = 4/7 × 70 = **40 vaches de type B. Réponse C.**

Question 19 Réponse C	★★★☆☆	30 sec. – 2 min.	Fiche 55

- **Rappel de cours** **Nouveau total = Ancien total × (1 ± Variation en %).**

Étape 1 Modélisons la situation.

Soit X l'augmentation en pourcentage subie par le produit lors de la première variation. D'après l'énoncé, le produit subit cette même augmentation lors de la deuxième variation.

On peut donc écrire : $80 \times (1 + \frac{X}{100}) \times (1 + \frac{X}{100}) = 115,2$.

Étape 2 Calculons le taux de variation (X).

$80 \times (1 + \frac{X}{100}) \times (1 + \frac{X}{100}) = 115,2$

$\Leftrightarrow \; 80 \times (1 + \frac{X}{100})^2 = 115,2$

$\Leftrightarrow \; (1 + \frac{X}{100})^2 = \frac{115,2}{80}$

$\Leftrightarrow \; (1 + \frac{X}{100})^2 = \frac{1152}{800}$

$\Leftrightarrow \; (1 + \frac{X}{100})^2 = 1,44$

$\Leftrightarrow \; 1 + \frac{X}{100} = \sqrt{1,44}$

$\Leftrightarrow \; 1 + \frac{X}{100} = 1,2$ **Astuce : $144 = 12^2$ donc $1,44 = 1,2^2$**

$\Leftrightarrow \; \frac{X}{100} = 0,2 = 20\ \%$

Étape 3 Concluons.

Le produit a donc augmenté de **20 % à 2 reprises** (80 × 1,2 × 1,2 = 115,2). **Réponse C.**

> **REMARQUE** On aurait pu utiliser la technique du backsolving.

Question 20 Réponse D	★★★★☆	45 sec. – 3 min.	Fiches 77, 78 et 80

- **Rappels de cours**
  - **Théorème de Pythagore :** Dans un triangle rectangle, le carré de l'hypoténuse est égal à la somme des carrés des deux autres côtés.
  - **Aire du triangle** = $\frac{\text{Base} \times \text{hauteur}}{2}$
  - **L'aire d'un losange** vaut 4 fois l'aire d'un des triangles rectangles qui le composent.
  - $\sqrt{a \times b} = \sqrt{a} \times \sqrt{b}$

Étape 1 Calculons AO avec le théorème de Pythagore.

$AB^2 = AO^2 + BO^2 \Leftrightarrow 16^2 = 10^2 + AO^2 \Leftrightarrow AO^2 = 16^2 - 10^2 = 156.$

$\Leftrightarrow AO = \sqrt{156} = \sqrt{4 \times 39} = \sqrt{4} \times \sqrt{39} = \mathbf{2\sqrt{39}}.$

Étape 2 Calculons l'aire du triangle AOB.

$$\text{Aire AOB} = \frac{10 \times 2\sqrt{39}}{2} = \mathbf{10\sqrt{39}}.$$

Étape 3 Calculons l'aire du losange ABCD.

Aire ABCD = $4 \times$ Aire AOB = $4 \times 10\sqrt{39} = \mathbf{40\sqrt{39}}$. **Réponse D.**

Question 21 Réponse B	★★★☆☆	30 sec. – 2 min.	Fiche 57

- **Rappel de cours** La proportionnalité simple se résout avec la méthode du produit en croix ou de la règle de trois.

Étape 1 Calculons le poids des fraises achetées tous les 3 jours.

2 caisses de (15 – 1) kg chacune = $(15 - 1) \times 2 =$ **28 kg.**

Étape 2 Calculons le poids des fraises achetées par jour.

$$\frac{28}{3} \approx \mathbf{9{,}3\ kg}.$$

Étape 3 Calculons le poids des fraises achetées par semaine (7 jours).

$$9{,}3 \times 7 \approx \mathbf{65\ kg}.\ \textbf{Réponse B.}$$

Question 22 Réponse A	★★★★☆	45 sec. – 3 min.	Fiche 54

- **Rappel de cours**

- $a^b = a^c \Leftrightarrow b = c$
- $a^b \times a^c = a^{b+c}$
- $(a^b)^c = a^{b \times c}$

Étape 1 Exprimons $32^n + 32^n + 32^n + 32^n$ en fonction de 2.

D'une part : $32^n + 32^n + 32^n + 32^n = 4 \times 32^n$

$= 2^2 \times (2^5)^n$

$= 2^2 \times 2^{5n}$

$= 2^{5n+2}$

D'autre part, $4^{301} = (2^2)^{301} = 2^{602}$

Étape 2 Concluons.

Donc $2^{5n+2} = 2^{602} \Leftrightarrow 5n + 2 = 602$

$\Leftrightarrow 5n = 600$

$\Leftrightarrow n = 120.$

Question 23 Réponse B ★★★★☆ 30 sec. – 2 min. Fiche 82

Étape 1 Identifions le plus grand nombre à 4 chiffres dont la somme des chiffres est égale à 7.

Le plus grand nombre à 4 chiffres dont la somme des chiffres est égale à 7 est 7 000.

Étape 2 Identifions le plus petit nombre à 4 chiffres dont la somme des chiffres est égale à 7.

Le plus petit nombre à 4 chiffres dont la somme des chiffres est égale à 7 est 1 006.

ATTENTION Le plus petit nombre à 4 chiffres dont la somme des chiffres est égale à 7 est 1 006 et non 0 007 (qui n'est pas un nombre à 4 chiffres mais un nombre à 1 chiffre).

Étape 3 Calculons l'écart entre le plus grand nombre à 4 chiffres et le plus petit nombre à 4 chiffres dont la somme des chiffres est égale à 7.

L'écart entre le plus grand nombre à 4 chiffres et le plus petit nombre à 4 chiffres dont la somme des chiffres est égale à 7 est donc : 7 000 – 1 006 = **5 994. Réponse B.**

Question 24 Réponse B ★★★☆☆ 45 sec. – 2 min Fiche 80

- **Rappel de cours** Probabilité d'un événement = $\dfrac{\text{Nombre de cas favorables}}{\text{Nombre de cas possibles}}$

Étape 1 Modélisons la situation.

On lance 2 dés non pipés (= non truqués). On cherche la probabilité que les 2 chiffres soient différents.

Étape 2 Concluons grâce à la formule.

Sur les 6 × 6 = **36 situations possibles**, seules 6 situations correspondent à 2 chiffres identiques : (1,1) ; (2, 2) ; (3, 3) ; ... ; (6 ; 6).

Autrement dit, 36 – 6 = **30 situations avec 2 chiffres différents.**

Ainsi, la probabilité que les 2 chiffres soient différentes est : **P =** $\mathbf{\dfrac{30}{36}}$**. Réponse B.**

Question 25 Réponse A ★★☆☆☆ 15 sec. – 1 min. Fiche 62

Étape 1 Interprétons l'énoncé.

Selon l'énoncé, A × B × C = 36 (**1**) et A = 2B = 3C (**2**).

Avec la relation (**2**), on peut remplacer A et B par un multiple de C.

Ainsi, on a : **A = 3C** et **B = 3C/2.**

Étape 2 Développons l'équation.

$A \times B \times C = 36$ (**1**) ⇔ $3C \times (3C/2) \times C = 36$ ⇔ $9C^3/2 = 36$ ⇔ $9C^3 = 72$

⇔ $C^3 = 8$ ⇔ **C = 2. Réponse A.**

Difficulté	NORMAL									
Question	51	52	53	54	55	56	57	58	59	60
Réponse	C	C	A	D	D	B	D	D	D	C

Toutes les questions sont corrigées en vidéo dans votre espace **E-LEARNING sur www.monsieur-tage-2.com**

Posez toutes vos questions (concours, écoles, dossiers, TAGE 2®, etc.) au sein des **communautés d'entraide Facebook et Instagram « Monsieur TAGE 2 »** et **« Monsieur Ecoles de commerce » (+ de 20 000 membres).**

Question 51 Réponse C ★★★★★ 45 sec. – 3 min. Fiche 77

Étape 1 Interprétons l'énoncé.

Les deux cercles ont le même centre mais un rayon différent. Ils sont donc **concentriques.**

Le rayon du petit cercle vaut « r ». Le diamètre du petit cercle vaut « d ».

Le rayon du grand cercle vaut $r' = \frac{5 \times d}{2}$. Son diamètre « d' » vaut donc d' = 2r' = 5d.

On en déduit que le grand cercle est **5 fois plus grand que le petit.**

Étape 2 **Dessinons la figure.**

Traçons le rayon du petit cercle. Pour faciliter la résolution de la question, nous le traçons parallèlement à AC. Ainsi, on a 2 segments parallèles dans le triangle ABC. On peut alors utiliser le théorème de Thalès.

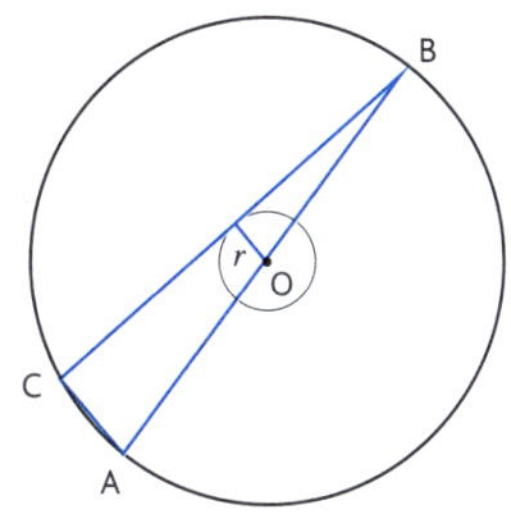

Étape 3 **Utilisons le théorème de Thalès pour calculer r'.**

D'après le théorème de Thalès, on a :

$$\frac{BO}{BA}=\frac{r}{AC} \Leftrightarrow \frac{r'}{d'}=\frac{r}{d} \Leftrightarrow \frac{1}{2}=\frac{r}{20} \Leftrightarrow r=10 \Leftrightarrow \mathbf{r'=5\times r=50\ cm.}$$ **Réponse C.**

> **REMARQUE** Par définition, le rayon r d'un cercle est égal à la moitié du diamètre d de ce cercle, donc $\frac{r}{d}=\frac{1}{2}$.

Question 52	Réponse C	★★★★☆	45 sec. – 3 min.	Fiche 64

- **Rappel de cours** La vitesse moyenne dans le cadre d'un changement de vitesses sur 2 distances différentes est : $\mathbf{Vitesse_{moyenne}}=\dfrac{\mathbf{D_1+D_2}}{\left(\dfrac{\mathbf{D_1}}{\mathbf{V_1}}\right)+\left(\dfrac{\mathbf{D_2}}{\mathbf{V_2}}\right)}$

Étape 1 **Modélisons la situation.**

V_1	10 km/h
D_1	10 km (10 km/h pendant 1h)
V_2	15 km/h
D_2	?
$V_{moyenne}$	12 km/h (promesse de Pierre)

Étape 2 **Calculons le temps nécessaire pour courir à 12 km/h en moyenne.**

En reprenant la formule, on a : $12=\dfrac{10+D_2}{1+\dfrac{D_2}{15}} \Leftrightarrow 12\times\left(1+\dfrac{D_2}{15}\right)=10+D_2$.

$\Leftrightarrow\ 12 + \frac{12 \times D_2}{15} = 10 + D_2 \Leftrightarrow 12 - 10 = D_2 - \frac{4 \times D_2}{5} \Leftrightarrow 2 = \frac{D_2}{5} \Leftrightarrow D_2 = 10$ km.

Or, on sait que $T = \frac{D}{V}$ donc on a : $\mathbf{T_2} = \frac{D_2}{V_2} = \frac{10}{15} = \frac{2}{3}$ h = **40 min. Réponse C.**

Question 53 Réponse A ★★★☆☆ 30 sec. – 2 min. Fiche 55

- **Rappels de cours**

  L'aire d'un rectangle de longueur L et de largeur l est : **A = L × l.**
  Nouveau total = Ancien total × (1 ± Variation en %).

Étape 1 Interprétons l'énoncé.

Posons L et l respectivement la longueur et la largeur de la ville.
Avant l'élargissement, la surface de la ville vaut : **S = L × l.**

Étape 2 Calculons la nouvelle surface avec la proposition (1).

Selon le mode d'élargissement (1), la longueur passe à 1,6 × L et la largeur passe à 1,1 × l.
En comparaison avec l'ancienne surface de la ville S, la nouvelle surface de la ville S(1) est égale à : **S(1)** = 1,6 × L × 1,1 × l = 1,76 × L × l = **1,76 × S.**

Étape 3 Calculons la nouvelle surface avec la proposition (2).

Selon le mode d'élargissement (2), la longueur passe à 2 × L et la largeur passe à 0,82 × l.
En comparaison avec l'ancienne surface de la ville S, la nouvelle surface de la ville S(2) est égale à : **S(2)** = 2 × L × 0,82 × l = 1,64 × L × l = **1,64 × S.**

Étape 4 Concluons.

Ainsi, S(1) > S(2), donc il faut **favoriser le mode d'élargissement 1. Réponse A.**

Question 54 Réponse D ★★★☆☆ 30 sec. – 2 min. Fiche 62

Étape 1 Interprétons l'énoncé.

Soit Ja l'âge de Jade et Jo l'âge de Joséphine. On sait que : $\begin{cases} Ja + 10 = 2 \times (Jo + 10) & \mathbf{(1)} \\ Ja = Jo + 12 & \mathbf{(2)} \end{cases}$

Étape 2 Calculons l'âge de Jade.

On intègre **(2)** dans **(1)**.
(Jo + 12) + 10 = 2 Jo + 20 ⇔ Jo + 22 = 2 Jo + 20 ⇔ Jo = 2 ans ⇔ Ja = 12 + 2 = **14.**
Aujourd'hui, Jade a 14 ans. Donc, dans 47 ans, elle aura 14 + 47 = **61 ans. Réponse D.**

Question 55	Réponse D	★★★☆☆	30 sec. – 2 min.	Fiche 76

■ **Rappel de cours** La somme des angles (S) dans une figure de N côtés est :

$$S = (N - 2) \times 180°$$

Calculons la somme des angles de cette figure de 10 côtés.

Avec 10 côtés, la somme totale des angles est égale à $(10 - 2) \times 180° = 8 \times 180° = \mathbf{1440°}$.
Réponse D.

Question 56	Réponse B	★★★★☆	30 sec. – 2 min.	Fiche 73

■ **Rappel de cours** Circonférence (périmètre) d'un cercle de rayon R : $C = 2 \times \pi \times R$

Étape 1 Calculons la circonférence (= le périmètre) du cercle.

Le circuit est un cercle de rayon égal à : $\frac{200}{\pi}$ mètres. Sa circonférence est donc égale à :
$C = 2 \times \pi \times \frac{200}{\pi} = 400$ mètres. **Un tour complet mesure donc 400 mètres.**

Étape 2 Modélisons la situation.

Timothée va plus vite qu'Alban. Il va donc nécessairement le rattraper, ce qui équivaut à faire 1 tour de plus (soit 400 mètres de plus). Autrement dit, quand Timothée aura parcouru 400 mètres de plus qu'Alban, il aura parcouru un tour de plus que lui. Ainsi, quand Timothée aura parcouru 800 mètres de plus, il aura parcouru 2 tours de plus qu'Alban, et l'aura donc rattrapé pour la 2e fois.
On cherche donc à calculer au bout de combien de temps Timothée aura parcouru 800 mètres de plus qu'Alban.

Étape 3 Calculons au bout de combien de temps Timothée aura parcouru 2 tours de plus qu'Alban (= + 800 m).

Timothée se déplace 20 km/h plus vite qu'Alban. Donc, chaque heure, il parcourt 20 kilomètres de plus qu'Alban.
Pour calculer au bout de combien de temps Timothée aura parcouru 800 mètres (= 0,8 kilomètre) de plus qu'Alban, on utilise la formule du produit en croix :

Avance	Temps
20 km	1 heure
0,8 km	X

D'après la formule du produit en croix, on a :
$X \times 20 = 1 \times 0{,}8 \Leftrightarrow X = \frac{0{,}8}{20}\,h = \frac{0{,}8}{20} \times 60\text{ min} = 0{,}8 \times 3\text{ min} = 2{,}4\text{ min} = 2\text{ min} + 0{,}4 \times 60\text{ sec}$

$\Leftrightarrow$ **X = 2 min et 24 sec. Réponse B.**

Question 57 Réponse D ★★★☆☆ 30 sec. – 2 min. Fiche 61

Étape 1 Calculons la distance parcourue à chaque séance dans la piscine de 50 m.

50 m × 50 × 2 = **5 000 mètres.**

Étape 2 Calculons la distance parcourue à chaque séance dans la piscine de 25 m.

25 m × 45 × 2 = **2 250 mètres.**

Étape 3 Calculons la distance totale parcourue à chaque séance.

5 000 m + 2 250 m = **7 250 mètres.**

Étape 4 Calculons la distance totale parcourue par semaine.

Il s'entraîne 4 fois par semaine donc chaque semaine, il parcourt :

7 250 m × 4 = 29 000 m = **29 km.**

La distance parcourue par Pierre chaque semaine est de **29 kilomètres. Réponse D.**

Question 58 Réponse D ★★★★☆ 1 min. – 2 min. Fiche 56

- **Rappel de cours** **K × (1 + TI) = Total** et **K × TI = Bénéfice.**

Étape 1 Modélisons la situation.

La 1re année, la somme placée a rapporté 180 euros. La 2e année, la somme placée a rapporté 185,4 euros, soit 5,4 euros de plus que la 1re année. Ces 5,4 euros correspondent aux intérêts des 180 euros nouvellement placés.

Pour trouver le taux d'intérêt, il faut calculer : **Taux d'intérêt** = $\dfrac{\textbf{Intérêts supplémentaires}}{\textbf{Somme supplémentaire}}$.

Étape 2 Calculons le taux d'intérêt.

Taux d'intérêt = $\dfrac{5{,}4}{180} = \dfrac{54}{1800} = \dfrac{3\times 18}{100\times 18} = \dfrac{\mathbf{3}}{\mathbf{100}}$ **= 3 %.**

Étape 3 Calculons la somme de départ.

Puisque le taux d'intérêt est de 3 %, il faut résoudre :

$K \times \dfrac{3}{100} = 180 \Leftrightarrow K = 180 \times \dfrac{100}{3} \Leftrightarrow$ **K = 6 000. Réponse D.**

Question 59 Réponse D ★★★★☆ 30 sec. – 2 min. Fiche 73

- **Rappels de cours**

  Aire d'un cercle de rayon r : A = π × r²

  Quand on multiplie le rayon d'un cercle par X, on multiplie son aire par X^2.

Étape 1 Modélisons la situation.

Une pizza de 10 cm de rayon a une aire de : $\pi \times 10^2$ = **100 × π.**

Cette aire de 100 × π permet de nourrir 9 personnes.

Étape 2 Calculons le nombre de personnes que l'on peut désormais nourrir.

Une pizza de 30 cm de rayon est $3^2 = 9$ fois plus grande qu'une pizza de 10 cm de rayon, et permettra donc de nourrir 9 fois plus de personnes, soit **81 personnes.**

En effet, l'aire de la grande pizza est : $\pi \times 30^2 =$ **$900 \times \pi$, soit 9 fois plus que l'aire initiale de la pizza. Réponse D.**

Question 60 | Réponse C | ★★★★☆ | 45 sec. – 3 min. | Fiche 78

Calculons le nombre total de possibilités.

Il y a 10 possibilités de chiffres (0 à 9 inclus) et 4 possibilités de lettres ou symboles. Multiplions les 5 probabilités (on multiplie les probabilités car les événements sont indépendants : le 2e chiffre ne dépend pas des autres, etc.).

1er chiffre : 10 possibilités.
2e chiffre : 10 possibilités.
Symbole/Lettre : 4 possibilités.
3e chiffre : 10 possibilités.
4e chiffre : 10 possibilités.

Au total, on a donc $10 \times 10 \times 4 \times 10 \times 10 =$ **40 000 possibilités. Réponse C.**

TAGE 2® N° 2

2 CALCUL (2)

CONSIGNES

10 questions	30 minutes	Calculatrice interdite	Chronomètre recommandé

BARÈME

Bonne réponse : +3 points	Aucune réponse : 0 point	Mauvaise réponse : – 1 point

Question 16. Le cercle C est inscrit dans un triangle rectangle. Les côtés adjacents à l'angle droit mesurent respectivement 3 cm et 4 cm.

Quelle est la longueur du rayon de ce cercle ?

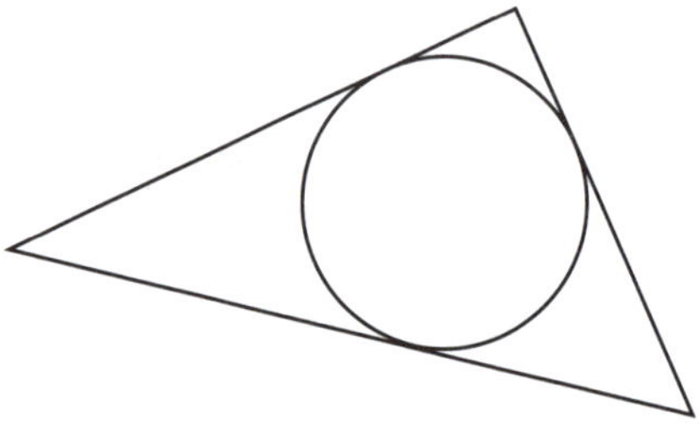

(A) 0,25 cm
(B) 0,5 cm
(C) 1 cm
(D) 1,25 cm

Question 17. Cécile et Julie décident de partir en vacances à Cannes, distante de 900 km de leur domicile. Elles choisissent de partir à des heures différentes : 15h pour Cécile et 16h30 pour Julie. Sachant que Cécile roule à une vitesse de 80 km/h et Julie à une vitesse de 120 km/h, à quelle heure Julie rattrapera-t-elle Cécile ?

(A) 20h
(B) 20h30
(C) 21h45
(D) 19h30

Question 18. La somme des âges d'une fratrie de 5 enfants est égale à 60 ans. Chaque enfant a 2 ans de plus que le suivant. Quel âge aurait le plus jeune frère s'il était né 10 ans plus tôt ?

(A) 18 ans
(B) 16 ans
(C) 14 ans
(D) 12 ans

Question 19. Fabien prévoit un voyage en avion : l'aller du point A vers le point B et le retour du point B vers le point A. À l'aller, Fabien décolle à 10h00 et atterrit à 12h00 (heure locale). Au retour, l'avion décolle à 21h15 (heure locale) et atterrit à 07h15.
Sachant que les temps de vol aller et retour sont identiques, quel est le décalage horaire entre les villes A et B ?

(A) 4h.
(B) 4h30.
(C) 5h.
(D) 6h.

Question 20. Une petite librairie de quartier sur le point d'ouvrir reçoit sa première livraison de l'année. Parmi les livres reçus, un neuvième sont des romans policiers, un sixième sont des livres parascolaires et les 156 restants sont des biographies.

Combien de livres la librairie va-t-elle pouvoir proposer à la vente ?

(A) 192
(B) 202
(C) 216
(D) 236

Question 21. Un candidat à un concours écrit sur une feuille tous les nombres de 0 à 501 compris. Combien de fois a-t-il écrit le chiffre 1 ?

(A) 186
(B) 201
(C) 211
(D) 226

Question 22. Un éleveur possède 20 vaches laitières qui produisent 520 litres de lait par jour et mangent 800 kilos d'herbe par jour au total. À la suite d'un achat de 60 vaches supplémentaires, il décide de nourrir moitié moins chacune de ses vaches.

Étant donné que la production de lait est proportionnelle à la quantité de nourriture consommée, quelle quantité de lait est désormais produite chaque jour par l'ensemble des vaches ?

(A) 1 020 L
(B) 10,4 hL
(C) 10,8 hL
(D) 1 560 L

Question 23. On considère les deux triangles ci-dessous, identiques, rectangles isocèles, et d'aire 16 cm^2 chacun. Le cercle représenté dans la figure a pour centre le sommet commun des deux triangles. Que vaut le double de l'aire de la partie grisée de la figure ?

(A) $8 \times (2 + \pi)$ cm^2
(B) $16 \times (4 - \pi)$ cm^2
(C) $64 - 4\pi$ cm^2
(D) $64 + 4\pi$ cm^2

Question 24. Sur 4 lancers de pièce équilibrée, quelle est la probabilité d'obtenir maximum 2 fois pile ?

(A) 12/16
(B) 11/16
(C) 10/16
(D) 9/16

Question 25. À la fédération de beach-volley de Lille, 60 % des licenciés sont des femmes et 20 % des licenciés sont des anciens professionnels. 40 % des anciens professionnels sont des hommes. Quelle est la proportion de femmes parmi les licenciés qui ne sont pas des anciens professionnels ?

(A) 32 %
(B) 48 %
(C) 60 %
(D) 72 %

5 CALCUL (5)

CONSIGNES

10 questions	30 minutes	Calculatrice interdite	Chronomètre recommandé

BARÈME

Bonne réponse : + 3 points	Aucune réponse : 0 point	Mauvaise réponse : – 1 point

Question 51. Soit XX un nombre à 2 chiffres identiques, tel que XX + XX = YYZ, avec YYZ un nombre à 3 chiffres.

Que vaut $(X + 2 \times Y + Z)^2$?

(A) 36
(B) 100
(C) 64
(D) 49

Question 52. Arnaud met 3 heures et 30 minutes pour fabriquer 115 avions en papier. Quelle est la productivité d'Arnaud ?

(A) ≈ 25 avions/heure.
(B) ≈ 28 avions/heure.
(C) ≈ 30 avions/heure.
(D) ≈ 33 avions/heure.

Question 53. Anne et Manon ont rendez-vous à 14h00 à la gare. Chacune s'y rend en voiture. Anne a 25 kilomètres de trajet et Manon 10 kilomètres. Elles roulent toutes les deux à la même vitesse. Sachant qu'Anne part de chez elle à 13h30, à quelle heure Manon doit-elle partir pour arriver à l'heure au rendez-vous ?

(A) 13h55
(B) 13h48
(C) 13h42
(D) 13h38

Question 54. Le sprinteur du Magistan, Karl Bolt a 70 % de chances de gagner la finale du 100 mètres s'il n'est pas blessé. S'il se blesse, la probabilité de gagner la course est de 20 %. Sachant que la probabilité totale de victoire est de 30 %, quelle est la probabilité que Bolt soit blessé ?

(A) 10 %

(B) 75 %

(C) 80 %

(D) 25 %

Question 55. La société de jardinage MonBeauJardin (MBJ) a commandé 9 880 pots de fleurs qui arriveront par bateau au port du Havre dans des cartons individuels cubiques de 0,125 m^3. MonBeauJardin dispose de camions dont la remorque fait 10 mètres de long, 2 mètres de hauteur et 2,75 mètres de largeur.
Combien de camions devront être affrétés pour transporter les pots de fleurs du Havre à l'entrepôt de MonBeauJardin ?

(A) 22

(B) 23

(C) 24

(D) 25

Question 56. Complétez la suite de nombres suivante : 2 – 3 – 7 – 16 – 32 – ? ? ?

(A) 39

(B) 47

(C) 51

(D) 57

Question 57. Patrick manque d'argent pour s'acheter un tourne-disques. Il demande de l'argent à son père qui lui donne 30 euros. Puis, il demande à son grand-père, qui lui dit : « Je vais te donner autant que ce que tu possèdes déjà ». Au final, Patrick a 300 euros.

Combien aurait-il eu au final s'il avait demandé directement et uniquement à son grand-père ?

(A) 120 euros

(B) 150 euros

(C) 200 euros

(D) 240 euros

Question 58. On lance simultanément deux dés non pipés, quelle est la probabilité d'obtenir un résultat qui soit le double de l'autre ?

(A) 1/6
(B) 2/5
(C) 4/6
(D) 3/4

Question 59. André est un retraité qui habite Nice avec sa fille unique Marie et sa petite-fille Juliette. Juliette a un dixième de l'âge de sa mère Marie, qui a elle-même un tiers de l'âge d'André. Sachant qu'André a 90 ans, quel est l'âge de Juliette ?

(A) 10 trimestres.
(B) 4 semestres.
(C) 2 ans et 10 mois.
(D) 36 mois.

Question 60. Si 5 femmes épluchent 150 pommes de terre en deux heures et que 3 hommes font le travail d'une femme, combien de pommes de terre environ peuvent être épluchées en 4 heures avec une équipe de 3 femmes et 4 hommes ?

(A) 180
(B) 240
(C) 260
(D) 300

CORRIGÉ « CALCUL (2) »

Difficulté	NORMAL									
Question	16	17	18	19	20	21	22	23	24	25
Réponse	C	D	A	A	C	B	B	B	B	C

Toutes les questions sont corrigées en vidéo dans votre espace **E-LEARNING sur www.monsieur-tage-2.com**

Posez toutes vos questions (concours, écoles, dossiers, TAGE 2®, etc.) au sein des **communautés d'entraide Facebook et Instagram « Monsieur TAGE 2 »** et **« Monsieur Ecoles de commerce » (+ de 20 000 membres).**

Question 16 Réponse C ★★★☆☆ 30 sec. – 2 min. Fiches 73/74/77

- **Rappels de cours**
  - **Théorème de Pythagore :** Dans un triangle rectangle, le carré de l'hypoténuse est égal à la somme des carrés des deux autres côtés.
  - **Aire du triangle** = $\dfrac{\textbf{Base} \times \textbf{hauteur}}{\textbf{2}}$
  - **Le rayon** d'un cercle inscrit dans un triangle rectangle est :

$$R = \frac{\textbf{2} \times \textbf{Aire du triangle}}{\textbf{Périmètre du triangle}}$$

Étape 1 Calculons le périmètre du triangle.

Utilisons le théorème de Pythagore dans ce triangle rectangle.

$a^2 + b^2 = c^2 \Leftrightarrow 3^2 + 4^2 = c^2 \Leftrightarrow c^2 = 25 \Leftrightarrow c = 5.$

Ainsi, le périmètre du triangle est de **P = 3 + 4 + 5 = 12 cm.**

Étape 2 Calculons l'aire du triangle.

$A = \dfrac{\text{Base} \times \text{hauteur}}{2} = \dfrac{3 \times 4}{2} = \mathbf{6\ cm^2}.$

Ainsi, l'aire du triangle est de **A = 6 cm²**.

Étape 3 Calculons le rayon du cercle.

D'après la formule, $R = \frac{2 \times \text{aire}}{\text{Périmètre}} = \frac{12}{12}$ ⇔ **Rayon = 1 cm. Réponse C.**

Question 17 Réponse D ★★★☆☆ 30 sec. – 2 min. Fiche 67

- **Rappel de cours Cas de rattrapage :** Pour déterminer le temps que met un poursuivant à rattraper un poursuivi, on procède en 3 étapes :
  - **Étape 1 :** Calculez la distance d'avance du poursuivi au moment du départ du poursuivant.
  - **Étape 2 :** Calculez l'écart de vitesses entre le poursuivant et le poursuivi.
  - **Étape 3 :** Divisez le résultat obtenu en étape 1 par celui obtenu en étape 2 (les unités doivent être les mêmes).

Étape 1 Calculons la distance d'avance accumulée par le poursuivi.

Grâce à la formule D = V × T, on a : **Avance** = 1,5h × 80 km/h = **120 km.**

Autrement dit, quand Julie démarre, Cécile est déjà 120 km devant (car elle a roulé 1h30 à 80 km/h).

Étape 2 Calculons la différence de vitesses entre le poursuivant et le poursuivi.

$$V_{\text{Julie}} - V_{\text{Cécile}} = 120 - 80 = \mathbf{40\ km/h.}$$

Ainsi, chaque heure, Julie « grappille » 40 km sur Cécile.

Étape 3 Divisons le résultat de l'étape 1 par le résultat de l'étape 2.

Selon T = D/V, on a : $\frac{120 \text{ km d'avance}}{40 \text{ km/h}}$ = **3 heures** à Julie pour rattraper son retard sur Cécile.

L'heure à laquelle Julie rattrape Cécile est donc : 16h30 + 3h = **19h30. Réponse D.**

Vérification : À 19h30, Cécile a parcouru : 4,5h × 80 km/h = 360 km et Julie a parcouru : 3h × 120 km/h = 360 km également.

Question 18 Réponse A ★★★★☆ 45 sec. – 3 min. Fiche 62

Étape 1 Calculons l'âge du plus jeune frère.

Soit **F_1 le plus vieux frère** et **F_5 le plus jeune frère.**

Exprimons les âges de tous les frères en fonction du plus jeune frère.

$F_1 + F_2 + F_3 + F_4 + F_5 = 60$

$F_4 = F_5 + 2$

$F_3 = F_4 + 2 = F_5 + 4$

$F_2 = F_3 + 2 = F_5 + 6$

$F_1 = F_2 + 2 = F_5 + 8$

⇔ $F_1 + F_2 + F_3 + F_4 + F_5 = F_5 + 8 + F_5 + 6 + F_5 + 4 + F_5 + 2 + F_5 = 5\,F_5 + 20 = 60.$

$\Leftrightarrow$ 5 F_5 = 40 $\Leftrightarrow$ **F_5 = 8**. Le plus jeune frère a donc 8 ans.

Étape 2 Concluons.

Si le jeune frère était né 10 ans avant, il aurait 10 ans de plus, c'est-à-dire **18 ans. Réponse A.**

Question 19 — Réponse A — ★★★☆☆ — 30 sec. – 2 min. — Fiche 63

Étape 1 Calculons le temps de vol + le décalage horaire pour le vol A → B (Aller).

Fabien part à 10h00 et arrive à 12h00. Il met donc 2 heures.

On peut donc écrire : V + D = 2 heures (avec V : le temps de vol et D : le décalage horaire à l'aller).

Étape 2 Calculons le temps de vol + le décalage horaire pour le vol B → A (Retour).

Fabien part à 21h15 et arrive à 07h15. Il met donc 10 heures.

On peut donc écrire : V – D = 10 heures (avec V : le temps de vol et –D : le décalage horaire au retour).

Étape 3 Posons le système d'équations et concluons.

On a : $\begin{cases} V + D = 2 \ (1) \\ V - D = 10 \ (2) \end{cases}$

En additionnant **(1)** et **(2)**, on a : V + D + V – D = 12 $\Leftrightarrow$ 2 V = 12 $\Leftrightarrow$ V = 6.

Le temps de vol est donc de 6 heures à l'aller et de 6 heures au retour.

En insérant cette valeur dans **(1)**, on a : V + D = 2 $\Leftrightarrow$ 6 + D = 2 $\Leftrightarrow$ **D = –4 et –D = 4.**

On en conclut que le décalage horaire entre les villes A et B est de **4 heures. Réponse A.**

Question 20 — Réponse C — ★★☆☆☆ — 15 sec. – 1 min. — Fiche 50

- **Rappels de cours** Un nombre N est divisible par 6 si N est divisible par 2 <u>et</u> par 3.

  Un nombre N est divisible par 9 si la somme de ses chiffres est divisible par 9.

Étape 1 Interprétons l'énoncé.

Selon l'énoncé, un neuvième du stock reçu est composé de romans policiers et un sixième du stock reçu est composé de livres parascolaires. **Le nombre de livres en stock doit donc être divisible par 6 et par 9.**

Étape 2 Concluons.

La seule réponse proposée divisible par 6 et par 9 est la **réponse C : 216**.

Vérification : 216/6 = 36 et 216/9 = 24. Or, 36 + 24 = 60 et 156 + 60 = 216. **Réponse C.**

> **REMARQUE** On aurait aussi pu poser une équation avec X le nombre de livres.
> On aurait posé : 1/6 X + 1/9 X + 156 = X.

Question 21 Réponse B ★★★★☆ **45 sec. – 3 min.** **Fiche 82**

- **Rappel de cours** Il y a **B – A + 1 éléments** compris entre A et B inclus.

Étape 1 Calculons le nombre de fois où le chiffre 1 apparaît au rang des centaines.

Le chiffre 1 apparaît au rang des centaines pour chacun des nombres de 100 à 199, soit 199 – 100 + 1 = **100 fois** entre 0 et 501.

Étape 2 Calculons le nombre de fois où le chiffre 1 apparaît au rang des dizaines.

Le chiffre 1 apparaît au rang des dizaines pour tous les éléments de la forme : X10, X11, X12, X13, X14, X15, X16, X17, X18 et X19, soit **10 fois par centaine** (avec X = 0, 1, 2, 3 ou 4). Donc, on a : 5 × 10 = **50 fois** entre 0 et 501.

Étape 3 Calculons le nombre de fois où le chiffre 1 apparaît au rang des unités.

Le chiffre 1 apparaît au rang des unités pour tous les éléments de la forme : X01, X11, X21, X31, X41, X51, X61, X71, X81 et X91, soit **10 fois par centaine** (avec X = 0, 1, 2, 3 ou 4). Donc, on a : 5 × 10 = **50 fois** entre 0 et 500.

ATTENTION N'oubliez pas le 1 au rang des unités de 501 : 50 fois + 1 fois = **51 fois.**

Étape 4 Concluons.

Le chiffre 1 apparaît donc : 100 + 50 + 51 fois = **201 fois au total. Réponse B.**

REMARQUE On aurait pu modéliser la situation par un tableau comme ci-dessous.

	Le chiffre 1 apparaît...		
Plage	**Au rang des centaines**	**Au rang des dizaines**	**Au rang des unités**
0 – 99	0 fois	10 fois	10 fois
100 – 199	100 fois	10 fois	10 fois
200 – 299	0 fois	10 fois	10 fois
300 – 399	0 fois	10 fois	10 fois
400 – 499	0 fois	10 fois	10 fois
500 – 501	0 fois	0 fois	1 fois
Total	**100 fois**	**50 fois**	**51 fois**
	100 + 50 + 51 = **201 fois**		

Question 22 Réponse B ★★★★☆ 45 sec. – 3 min. Fiche 57

- **Rappel de cours** Effectuez un tableau récapitulatif des données de l'énoncé et calculez le coefficient d'augmentation de la quantité de lait.

Étape 1 Récapitulons les données de l'énoncé dans un tableau.

Nombre de vaches	Quantité herbe/jour/vache	Quantité de lait/jour
20	40 kg	520 L
80	20 kg	

Étape 2 Calculons les coefficients intermédiaires afin de calculer le coefficient final.

	Nombre de vaches	Qté herbe/jour/vache	Qté de lait/jour
	20	40 kg	520 L
	80	**20 kg**	**520 × 2 = 1040 L**
Coefficients intermédiaires	**80 ÷ 20 = × 4**	**20 ÷ 40 = ÷ 2**	
Coefficient final	**(× 4)(÷ 2) = × 2**		

Étant donné que la production de lait est proportionnelle à la nourriture consommée, la quantité de lait produit double de 520 L à 1 040 L soit **10,4 hL. Réponse B.**

Question 23 Réponse B ★★★★☆ 45 sec. – 3 min. Fiches 73/74/75

- **Rappels de cours**

  L'aire d'un carré de côté C est : $\mathbf{A = C^2}$

  L'aire d'un cercle de rayon r est : $\mathbf{A = \pi \times r^2}$

Étape 1 Modélisons la situation.

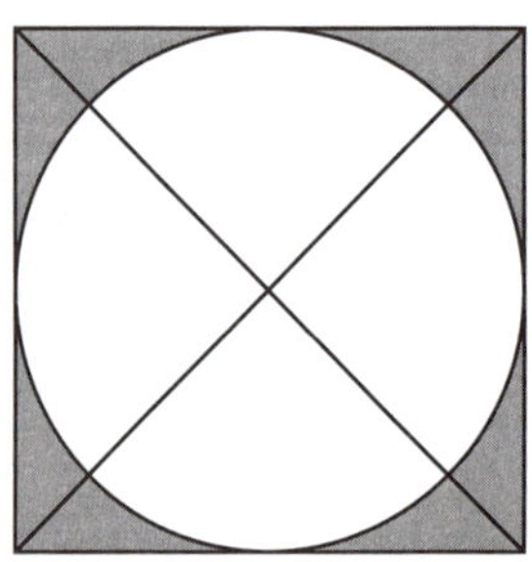

En « fermant le carré » et en calculant Aire du carré – Aire du cercle, on fait apparaître 2 fois l'aire grisée.

Ainsi, on cherche le résultat de Aire du carré – Aire du cercle.

Étape 2 Calculons l'aire du carré.

Le carré est constitué de 4 triangles identiques d'aire 16 cm^2 donc l'aire du carré est : $4 \times 16 = 64$ cm^2.

Étape 3 Calculons l'aire du cercle.

Or, l'aire d'un carré de côté C est C^2, donc on a : $C^2 = 64 \Leftrightarrow C = 8$ cm. Le côté du carré mesure 8 cm, et d'après la configuration du schéma, cela signifie que le diamètre du cercle inscrit mesure 8 cm, soit encore que son rayon mesure 4 cm.
Ainsi, l'aire du cercle inscrit est égale à : $\pi \times 4^2 = 16 \times \pi$.

Étape 4 Concluons.

Ainsi, le double de l'aire grisée est égale à : $64 - 16\pi = 16 \times (4 - \pi)$ cm^2. **Réponse B.**

Question 24 Réponse B ★★★★☆ 45 sec. – 2 min. Fiche 78

- **Rappel de cours** Probabilité d'un événement = $\dfrac{\text{Nombre de cas favorables}}{\text{Nombre de cas possibles}}$

Étape 1 Modélisons la situation.

Sur 4 lancers, il y a :

	0 Pile	1 Pile	2 Piles	3 Piles	4 Piles
Configurations	FFFF	PFFF FPFF FFPF FFFP	PPFF PFPF PFFP FPFP FPPF FFPP	PPPF PPFP PFPP FPPP	PPPP
Total : 16	1	4	6	4	1

Étape 2 Calculons la probabilité d'avoir maximum 2 piles.

Sur les $2 \times 2 \times 2 \times 2 = 16$ **configurations possibles**, seulement **11** font apparaître maximum 2 piles (0 pile, 1 pile ou 2 piles). Soit une probabilité de **11/16. Réponse B.**

REMARQUE On aurait aussi pu effectuer le calcul suivant :
Nombre **total** de configurations – Nombre de configurations **non demandées** = nombre de configurations **demandées dans l'énoncé**, soit 16 – 5 = **11**.

Question 25 Réponse C ★★★★☆ 45 sec. – 2 min. Fiche 55

- **Rappel de cours** La proportion d'un élément A (ici, les femmes) parmi un groupe B (ici, les licenciés qui ne sont pas des anciens professionnels) est :

$$P = \frac{\text{Nombre d'éléments du groupe A}}{\text{Nombre d'éléments du groupe B}}$$

Étape 1 Synthétisons les informations dans un tableau (base 100).

	Anciens pros	Pas anciens pros	TOTAL
Femmes			**60**
Hommes			**40**
TOTAL	**20**	**80**	**100**

Étape 2 Exploitons le fait que 40 % des anciens professionnels sont des hommes.

	Anciens pros	Pas anciens pros	TOTAL
Femmes	20 – 8 = **12**	**60 – 12 = 48**	**60**
Hommes	40 % de 20 = **8**	40 – 8 = **32**	**40**
TOTAL	**20**	**80**	**100**

Étape 3 Concluons.

Au total, parmi les 80 licenciés qui ne sont pas des anciens professionnels, il y a 48 femmes. La proportion de femmes parmi les licenciés qui ne sont pas des anciens professionnels est donc : $P = \frac{48}{80} = \frac{6 \times 8}{10 \times 8} = \frac{6}{10}$ = **60 %. Réponse C.**

ATTENTION Il fallait calculer la proportion de femmes parmi les licenciés qui ne sont pas des anciens professionnels (48/80) et non la proportion de femmes qui ne sont pas des anciennes joueuses professionnelles (48/100).

5 CORRIGÉ « CALCUL (5) »

Difficulté	NORMAL								
Question	51	52	53	54	55	56	57	58	59	60
Réponse	D	D	B	C	D	D	D	A	D	C

Toutes les questions sont corrigées en vidéo dans votre espace **E-LEARNING sur www.monsieur-tage-2.com**

Posez toutes vos questions (concours, écoles, dossiers, TAGE 2®, etc.) au sein des **communautés d'entraide Facebook et Instagram « Monsieur TAGE 2 »** et **« Monsieur Ecoles de commerce » (+ de 20 000 membres).**

Question 51 Réponse D ★★★★☆ 45 sec. – 3 min. Fiche 61

Étape 1 Modélisons la situation.

Soit XX un nombre à 2 chiffres identiques.

XX peut être égal à : 11, 22, 33, 44, 55, 66, 77, 88, 99.

Calculons la somme XX + XX pour chacune des valeurs listées ci-dessus.

XX	11	22	33	44	55	66	77	88	99
XX + XX	22	44	66	88	110	132	154	176	198

Étape 2 Concluons.

La seule valeur de la forme YYZ est 110. Donc XX = 55.

On conclut que X = 5, Y = 1 et Z = 0.

Ainsi, $(X + 2 \times Y + Z)^2 = (5 + 2 + 0)^2 = 7^2 =$ **49. Réponse D.**

Question 52 Réponse D ★★☆☆☆ 15 sec. – 1 min. Fiche 61

- **Rappel de cours** Productivité = $\dfrac{\textbf{Production}}{\textbf{Temps de travail}}$

Calculons la productivité d'Arnaud.

On sait qu'Arnaud produit 115 avions (production) en 3,5 heures (temps de travail).

Divisons 115 par 3,5 pour obtenir la productivité d'Arnaud : $\dfrac{115}{3{,}5} \approx$ **33 avions/heure.**
Réponse D.

Question 53 Réponse B ★★★★☆ 30 sec. – 2 min. Fiche 64

- **Rappel de cours** Vitesse = $\dfrac{\text{Distance}}{\text{Temps}}$

Étape 1 Récapitulons les données de l'énoncé dans un tableau.

	Distance	Vitesse	Temps
Anne	$D_1 = 25$ km	$V_1 = V_2$	$T_1 = 30$ min = 0,5 h
Manon	$D_2 = 10$ km		T_2

Étape 2 Calculons la vitesse d'Anne V_1.

$V_1 = \dfrac{D_1}{V_1} = \dfrac{25}{0{,}5} =$ **50 km/h.**

Étape 3 Calculons le temps mis par Manon (T_2) et déduisons-en son heure de départ.

Étant donné que $V_2 = V_1$, on a : $T_2 = \dfrac{D_2}{V_2} = \dfrac{10}{50} = \dfrac{1}{5} = 0{,}2$ heure = **12 minutes.**

Ainsi, Manon doit partir 12 minutes avant 14 h, à **13 h 48** pour être au lieu de RDV à 14 heures.
Réponse B.

Question 54 Réponse C ★★★★☆ 45 sec. – 3 min. Fiche 78

- **Rappel de cours** La probabilité du contraire d'un événement est : $\mathbf{P(\overline{A}) = 1 - P(A)}$.

Étape 1 Modélisons la situation.

Soit X la probabilité qu'il se blesse. La probabilité qu'il ne se blesse pas est donc 1 – X.

Étape 2 Calculons la probabilité qu'il se blesse.

La formule de la moyenne pondérée est :

$$\frac{0{,}7 \times (1 - X) + X \times 0{,}2}{1 - X + X} = 30\ \% \Leftrightarrow 0{,}7 - 0{,}7\,X + 0{,}2\,X = 0{,}3 \Leftrightarrow 0{,}5\,X = 0{,}4 \Leftrightarrow \mathbf{X = 0{,}8.}$$

La probabilité que Karl Bolt se blesse est de **80 %. Réponse C.**

Question 55 Réponse D ★★★★★ **45 sec. – 3 min.** **Fiche 75**

- **Rappel de cours** Le volume d'un parallélépipède rectangle de longueur L, de largeur l et de hauteur h est : **V = L × l × h.**

Étape 1 Calculons la longueur d'un côté d'un carton.

Soit C le côté d'un carton en mètres. On sait que : $C^3 = 0{,}125\ m^3 \Leftrightarrow$ **C = 0,5 m.**

Étape 2 Calculons le nombre de cartons que l'on peut ranger en largeur, en longueur et en hauteur dans la remorque d'un camion.

Largeur : $\frac{2{,}75}{0{,}5} = \mathbf{5{,}5}$. On peut donc aligner 5 cartons (et non 5,5) dans la largeur du camion.

Longueur : $\frac{10}{0{,}5} = \mathbf{20}$. On peut donc aligner 20 cartons dans la longueur du camion.

Hauteur : $\frac{2}{0{,}5} = \mathbf{4}$. On peut donc empiler 4 cartons dans la hauteur du camion.

Ainsi, on peut mettre : 4 × 5 × 20 = **400 cartons** dans chaque camion.

> **ATTENTION** Certains espaces du camion sont vides.

Étape 3 Calculons le nombre de camions nécessaires aux 9 880 cartons.

On peut mettre 400 cartons par camion donc il faut :

$$\frac{9\,880}{400} = \frac{9\,600 + 280}{400} = \frac{9\,600}{400} + \frac{280}{400} = 24 + 0{,}7 = \mathbf{24{,}7}.$$

Il faudra donc affréter **25 camions** pour transporter ces **9 880 cartons. Réponse D.**

Question 56 Réponse D ★★☆☆☆ **30 sec. – 1 min.** **Fiche 72**

Étape 1 Calculons les écarts entre les éléments.

Les écarts successifs sont : 2 → 3 : **+1** ; 3 → 7 : **+4** ; 7 → 16 : **+9** ; 16 → 32 : **+16**.

Étape 2 Identifions la suite logique et concluons.

Les écarts successifs sont des carrés : +1 (= $+1^2$) ; +4 (= $+2^2$) ; +9 (= $+3^2$) ; +16 (= $+4^2$). L'écart suivant devra donc être +25 (= $+5^2$). 32 + 25 = **57. Réponse D.**

Question 57 Réponse D ★★★☆☆ **30 sec. – 2 min.** **Fiche 61**

Étape 1 Modélisons la situation.

Soit X la somme initialement détenue par Patrick avant de demander de l'argent.

Après avoir demandé de l'argent à son père, Patrick a 30 euros de plus, soit **X + 30**.

Son grand-père double cette somme, donc Patrick a : **2 × (X + 30).**

Au final, on sait que Patrick a 300 euros.

On peut donc écrire : **2 × (X + 30) = 300.**

Étape 2 Calculons la somme initialement détenue par Patrick (avant de demander de l'argent à son père et à son grand-père).

On sait que : 2 × (X + 30) = 300 ⇔ X + 30 = 150 ⇔ X = 120.

Avant de demander de l'argent, **Patrick possédait 120 euros.**

Étape 3 Calculons la somme que Patrick possèderait s'il était allé voir directement et uniquement son grand-père.

Si Patrick était allé voir son grand-père directement, sans passer par son père, il aurait eu : 120 × 2 = **240 euros**, car son grand-père aurait doublé les 120 euros que Patrick possédait initialement. **Réponse D.**

Question 58 Réponse A	★★★☆☆	30 sec. – 1 min.	Fiche 80

- **Rappel de cours** Probabilité d'un événement = $\frac{\text{Nombre de cas favorables}}{\text{Nombre de cas possibles}}$

Étape 1 Modélisons la situation.

On lance 2 dés. On cherche la probabilité que l'un des 2 chiffres soit le double de l'autre.

Étape 2 Résolvons l'équation.

Sur 6 × 6 = **36 situations possibles**, seules **6 situations** correspondent à un résultat qui est le double de l'autre : (1,2) ; (2, 4) ; (3, 6) ; (2,1) ; (4, 2) ; (6, 3).

Ainsi, la probabilité que l'un des 2 chiffres soit le double de l'autre est : $\mathbf{P = \frac{6}{36} = \frac{1}{6}}$. **Réponse A.**

Question 59 Réponse D	★★☆☆☆	15 sec. – 1 min.	Fiche 63

- **Rappel de cours** $\frac{a}{b} \times c = \frac{a \times c}{b}$ et $\frac{a}{b} \times \frac{c}{d} = \frac{a \times c}{b \times d}$

Étape 1 Calculons l'âge de Marie.

Marie a 1/3 de l'âge d'André : 1/3 × 90 = **30 ans.**

Étape 2 Calculons l'âge de Juliette.

Juliette a 1/10 de l'âge de Marie : 1/10 × 30 = **3 ans.**

Étape 3 Exprimons l'âge de Juliette en mois.

3 × 12 = 36 mois. **Juliette a 36 mois. Réponse D.**

Question 60 Réponse C ★★☆☆☆ **15 sec. – 1 min.** **Fiche 61**

- **Rappel de cours** La proportionnalité simple se résout avec la méthode du produit en croix ou de la règle de trois.

Étape 1 Calculons le nombre de pommes de terre épluchées par heure par une femme.

Si 5 femmes épluchent 150 pommes de terre en 2 heures, alors elles épluchent :

150/2 = 75 pommes de terre/heure.

Ainsi, 1 femme épluche 75/5 = **15 pommes de terre/heure**.

Étape 2 Calculons le nombre de pommes de terre épluchées par heure par un homme.

Si 3 hommes font le travail d'1 femme, alors 1 homme épluche :

15/3 = **5 pommes de terre/heure**.

Étape 3 Calculons le nombre de pommes de terre épluchées en 4 heures avec une équipe de 3 femmes et 4 hommes.

$((3 \times 15) + (4 \times 5)) \times 4 =$ **260 pommes de terre. Réponse C.**

TAGE 2® N° 3

2 CALCUL (2)

CONSIGNES

10 questions	30 minutes	Calculatrice interdite	Chronomètre recommandé

BARÈME

Bonne réponse : +3 points	Aucune réponse : 0 point	Mauvaise réponse : –1 point

Question 16. Alice doit lire quatre chapitres de son livre de cours. Les chapitres se trouvent aux pages : 54 à 65, 78 à 95, 130 à 155 et 242 à 265.

Sachant qu'Alice n'a lu que la moitié des pages qu'elle doit lire, combien de pages lui reste-t-il à lire ?

(A) 36
(B) 38
(C) 40
(D) 42

Question 17. 125 joueurs ont participé à un tournoi de tennis en simple à élimination directe.

Combien de matchs ont été disputés durant ce tournoi ?

(A) 62
(B) 63
(C) 124
(D) 125

Question 18. Justine et Lily font une course de relais. Justine court 1 500 mètres puis passe le relais à Lily qui parcourt la même distance jusqu'à la ligne d'arrivée à la vitesse de 15 km/h. Sachant que Justine et Lily terminent la course en 10 minutes au total, quelle est la vitesse moyenne de Justine ?

(A) 15 500 m/h
(B) 18 000 m/h
(C) 20 500 m/h
(D) 22 500 m/h

Question 19. Adrien a parcouru 300 km en voiture, dont 200 km en campagne et 100 km en ville, et a consommé 28 L d'essence. Camille, quant à elle, va parcourir 500 km en voiture, dont 60 % en campagne et le reste en ville. Sachant qu'une voiture consomme 2 fois plus en ville qu'en campagne, quelle sera la quantité d'essence consommée par Camille ?

(A) 35,5 L
(B) 37 L
(C) 42,5 L
(D) 49 L

Question 20. Marco vient de recevoir son salaire hebdomadaire. Il a 19 billets d'une valeur totale de 215 euros. Il n'a reçu que des billets de 5 et 20 euros. Partant précipitamment de chez lui, il prend 9 billets dans sa poche sans les regarder.
Quels sont le minimum et le maximum d'argent que Marco peut avoir sur lui ?

(A) 30 – 150 euros.
(B) 45 – 165 euros.
(C) 60 – 180 euros.
(D) 65 – 185 euros.

Question 21. J'ai 27 ans, combien de bougies ai-je soufflé depuis ma naissance ?

(A) 348
(B) 358
(C) 368
(D) 378

Question 22. Un produit augmente de 20 % et diminue de 20 %. Au final, le produit a perdu 68 centimes. Quel était le prix de départ ?

(A) 19 euros
(B) 18 euros
(C) 17 euros
(D) 16 euros

Question 23. Arnaud et Joachim sont devant un sac de 8 billes numérotées de 1 à 8. Ils tirent chacun 2 paires de billes. Les sommes des numéros de billes tirées par Joachim sont : 14 et 7. Les sommes des numéros de billes tirées par Arnaud sont : 10 et 5.

Quel est le produit des numéros des 4 billes tirées par Arnaud ?

(A) 50
(B) 63
(C) 72
(D) 84

Question 24. Jean est mathématicien. Pour son anniversaire, il a commandé un gâteau en forme d'hexagone régulier, de centre O et a invité 6 convives.

Sachant que les parts sont toutes des triangles identiques, quelle est la mesure des angles à la base de ces triangles ?

(A) 10 degrés
(B) 24 degrés
(C) 46 degrés
(D) 60 degrés

Question 25. Pierre part à vélo de Paris vers Marseille en roulant à une vitesse moyenne de 36 km/h. Un quart d'heure plus tard, Paul part à sa poursuite (en passant par la même route) et le rattrape au bout de 45 minutes. Quelle est la vitesse moyenne de Paul ?

(A) 36 km/h
(B) 40 km/h
(C) 48 km/h
(D) 50 km/h

TAGE 2® N° 3

5 CALCUL (5)

CONSIGNES

10 questions	30 minutes	Calculatrice interdite	Chronomètre recommandé

BARÈME

Bonne réponse : + 3 points	Aucune réponse : 0 point	Mauvaise réponse : – 1 point

Question 51. ABC est un triangle rectangle en B. AB = 6 cm et BC = 4/3 × AB.

Quelle est la longueur de AC ?

(A) 5 cm
(B) 10 cm
(C) 13 cm
(D) 17 cm

Question 52. Que vaut X + Y sachant que 5X × 7Y = 4 144 ?

(A) 3
(B) 7
(C) 8
(D) 10

Question 53. Fiona est vendeuse dans une boutique de vêtements. Avec 5 ans d'ancienneté, son salaire brut est 20 % plus élevé que durant sa première année et s'élève à 1 500 euros brut.

Quel était le salaire brut de Fiona lorsqu'elle a commencé à travailler dans cette boutique ?

(A) 1 100 €
(B) 1 150 €
(C) 1 200 €
(D) 1 250 €

Question 54. Benoît décide de placer son argent sur deux comptes distincts. Il place un quart de son épargne sur un compte à 3 % et le reste sur une assurance-vie rapportant 5 %. Après un an, il a acquis 1 080 € d'intérêts. À combien s'élève le capital de Benoît en fin d'année 1 ?

(A) 24 000 €
(B) 24 580 €
(C) 25 080 €
(D) 25 980 €

Question 55. Le triangle ABC est un triangle rectangle en B. Son périmètre est de 13 cm et sa surface est de 6 cm². O est un cercle inscrit à l'intérieur du triangle ABC.
Combien mesure le rayon du cercle O ?

(A) 0,5 cm
(B) 0,7 cm
(C) 0,9 cm
(D) 1,2 cm

Question 56. Un train part à 11h08 et doit parcourir un trajet de 690 kilomètres. Il parcourt le premier tiers du trajet à la vitesse moyenne de 115 km/h. Puis, il parcourt le reste du trajet à la vitesse moyenne de 50 km/h. À quelle heure le train arrivera-t-il ?

(A) 21h06
(B) 23h07
(C) 22h20
(D) 22h28

Question 57. Combien de cubes de 2 cm de côté peut-on ranger dans une boîte de 8 cm de hauteur, 16 cm de longueur et 7 cm de largeur ?

(A) 112
(B) 96
(C) 68
(D) 122

Question 58. Au dîner, chaque galette des rois contient une fève et on donne une part à chaque personne. La première galette est coupée en 4, la deuxième est coupée en 6 et la troisième est coupée en 12. Quelle est la probabilité d'avoir une fève ?

(A) 6/12
(B) 7/18
(C) 6/21
(D) 3/22

Question 59. Dans une fête foraine, un jeu consiste à tirer des boules dans une urne. L'urne contient cinq boules : une boule blanche, une boule jaune et trois boules rouges. Le joueur paie 2 euros pour jouer et effectue deux tirages sans remise. Il gagne 2 euros s'il tire la boule blanche au premier tirage et 5 euros si, en plus, il tire la boule jaune au second tirage. Sinon, il ne gagne rien. Quelle est la probabilité que le joueur gagne au moins sa dépense initiale ?

(A) 1/4
(B) 1/5
(C) 3/5
(D) 1/20

Question 60. Deux motos partent au même instant de la ligne de départ d'un circuit circulaire de 10 km. Si la première moto roule à 100 km/h et la seconde moto à 30 m/sec., combien de tours complets la moto la plus rapide aura-t-elle parcourus lorsqu'elle dépassera sa rivale pour la première fois ?

(A) 13 tours
(B) 13,5 tours
(C) 14 tours
(D) 15 tours

TAGE 2® N° 3

2 **CORRIGÉ « CALCUL (2) »**

Difficulté	DIFFICILE									
Question	16	17	18	19	20	21	22	23	24	25
Réponse	C	C	D	D	B	D	C	D	D	C

Toutes les questions sont corrigées en vidéo dans votre espace **E-LEARNING sur www.monsieur-tage-2.com**

Posez toutes vos questions (concours, écoles, dossiers, TAGE 2®, etc.) au sein des **communautés d'entraide Facebook et Instagram « Monsieur TAGE 2 »** et **« Monsieur Ecoles de commerce » (+ de 20 000 membres).**

Question 16 Réponse C ★★★☆☆ 30 sec. – 2 min. Fiche 71

- **Rappel de cours** Entre la page A et la page B, il y a **B – A + 1** pages.

Étape 1 Calculons le nombre de pages qu'Alice doit lire.

- **De la page 54 à la page 65 :** 65 – 54 + 1 = 12 pages.
- **De la page 78 à la page 95 :** 95 – 78 + 1 = 18 pages.
- **De la page 130 à la page 155 :** 155 – 130 + 1 = 26 pages.
- **De la page 242 à la page 265 :** 265 – 242 + 1 = 24 pages.

En tout, Alice doit lire : 12 + 18 + 26 + 24 = **80 pages.**

Étape 2 Calculons le nombre de pages qu'il reste à lire (Alice a déjà lu la moitié).

80/2 = **40 pages. Réponse C.**

Question 17 Réponse C ★★★☆☆ **30 sec. – 2 min.** **Fiche 81**

- **Rappel de cours** Si N joueurs s'affrontent dans un tournoi à élimination directe alors le nombre de matchs est : **N – 1 matchs.**

Calculons le nombre de joueurs de ce tournoi.

Le nombre de participants est de 125.

Le tournoi est en simple (un joueur contre un joueur) à élimination directe (c'est-à-dire que dès qu'un joueur perd, il est éliminé et ne joue plus de match).

Le nombre de matchs disputés est donc : 125 – 1 = **124 matchs. Réponse C.**

Question 18 Réponse D ★★★★☆ **30 sec. – 2 min.** **Fiche 64**

- **Rappel de cours** Vitesse = $\frac{\textbf{Distance}}{\textbf{Temps}}$

Étape 1 Modélisons la situation.

Notons T_J et V_J le temps et la vitesse de Justine, et T_L et V_L le temps et la vitesse de Lily.

Étape 2 Calculons le temps de Lily.

$T_L = \frac{D_L}{V_L} = \frac{1,5}{15}$ = 0,1 heure. Lily a mis 0,1 heure, soit **6 minutes.**

Étape 3 Calculons la vitesse de Justine.

Justine met donc : $T_J = 10 - 6 = 4$ minutes = $\frac{1}{15}$ heure pour parcourir 1,5 kilomètres.

En utilisant la formule : $V = \frac{D}{T}$, on obtient $T_J = \frac{1,5}{\frac{1}{15}} = 1,5 \times 15 =$ **22,5 km/h. Réponse D.**

Question 19 Réponse D ★★★★☆ **45 sec. – 3 min.** **Fiche 62**

Étape 1 Utilisons les informations concernant Adrien.

Il parcourt 300 km (dont 200 km en campagne et 100 km en ville) pour une consommation de 28 L. On sait que C (la consommation d'essence en campagne) est le double de V (la consommation d'essence en ville).

On peut donc écrire le système suivant : $\begin{cases} 200C + 100V = 28 & (1) \\ V = 2C & (2) \end{cases}$

Étape 2 Insérons (2) dans (1).

$$\begin{cases} 200C + 200C = 28 & (1) \\ V = 2C & (2) \end{cases} \Leftrightarrow \begin{cases} C = \frac{7}{100} \\ V = \frac{14}{100} \end{cases}$$

En ville, la consommation est de 14 L/100 km. En campagne : 7 L/100 km.

Étape 3 Adaptons au cas de Camille.

Camille parcourt 60 % de son trajet en campagne soit : $\frac{500 \times 60}{100}$ = 300 kilomètres en campagne et donc 500 – 300 = 200 kilomètres en ville.

Elle consomme donc : $(300 \times \frac{7}{100}) + (200 \times \frac{14}{100})$ = **49 L d'essence. Réponse D.**

Question 20	Réponse B	★★★★☆	45 sec. – 3 min.	Fiche 62

Étape 1 Interprétons l'énoncé.

Soit X le nombre de billets de 5 euros. La valeur totale des billets de 5 euros est donc : 5 × X. Le nombre de billets de 20 euros est donc de 19 – X. La valeur totale des billets de 20 euros est donc : 20 × (19 – X).

Étape 2 Mettons l'énoncé sous forme de système.

Selon l'énoncé, la valeur totale des 19 billets est de 215 euros, donc on a :

$$5X + (19 - X) \times 20 = 215 \Leftrightarrow -15X = -165 \Leftrightarrow \mathbf{X = 11}$$

Il y a donc 11 billets de 5 euros et 19 – 11 = 8 billets de 20 euros.

Étape 3 Concluons.

Marco ne prend que 9 billets avec lui. Il peut avoir pris :

Au **minimum :** 9 billets de 5 euros, soit **45 euros.**

Au **maximum :** 8 billets de 20 euros et 1 billet de 5 euros, soit **165 euros**.

La réponse est : **45 – 165 euros. Réponse B.**

Question 21	Réponse D	★★★☆☆	30 sec. – 2 min.	Fiche 71

- **Rappel de cours** La somme des N premiers termes entiers naturels est : $S = \frac{\mathbf{N \times (N+1)}}{\mathbf{2}}$

Étape 1 Identifions une suite arithmétique de raison r = 1.

Chaque année, je souffle une bougie de plus. Ainsi, lors de mes 27 premiers anniversaires, j'ai soufflé : 1 + 2 + 3 +... + 27 bougies.

Il s'agit de la **somme des 27 premiers termes d'une suite arithmétique de raison r = 1** (pour passer d'un terme au suivant, on ajoute 1) et de premier terme 1.

Étape 2 Calculons le nombre de bougies soufflées en 27 anniversaires.

Avec la formule : $S = \frac{N \times (N+1)}{2}$, on a : $S = \frac{27 \times (27+1)}{2} = \frac{27 \times 28}{2}$ = 27 × 14 = **378 bougies. Réponse D.**

Question 22 Réponse C ★★☆☆☆ 30 sec. – 1 min. Fiche 55

- **Rappel de cours** **Nouveau total = Ancien total × (1 ± Variation en %).**

Étape 1 Modélisons la situation.

Soit P le prix de départ. On apprend que : $1{,}2 \times 0{,}8 \times P = P - 0{,}68$.

Étape 2 Résolvons l'équation.

$(1{,}2 \times 0{,}8 \times P) = P - 0{,}68 \Leftrightarrow (0{,}96 \times P) = P - 0{,}68 \Leftrightarrow P - (0{,}96 \times P) = 0{,}68 \Leftrightarrow 0{,}04 \times P = 0{,}68$
$\Leftrightarrow 4 \times P = 68$ (après multiplication par 100) $\Leftrightarrow$ **P = 17 euros. Réponse C.**

REMARQUE On aurait aussi pu utiliser la méthode « Base 100 ».

Question 23 Réponse D ★★★★☆ 45 sec. – 3 min. Fiche 61

Étape 1 Modélisons la situation.

Les billes sont numérotées de 1 à 8.

Joachim : Pour tirer 2 billes dont la somme est égale à 14, il faut nécessairement prendre les billes 6 et 8, car c'est la seule combinaison dont la somme donne 14.

Arnaud : Ensuite, pour tirer 2 billes dont la somme est égale à 10, il faut nécessairement prendre les billes 7 et 3, car c'est la seule combinaison dont la somme donne 10, parmi les billes restantes.

Joachim : Pour tirer 2 billes dont la somme est égale à 7, il faut nécessairement prendre les billes 5 et 2, car c'est la seule combinaison dont la somme donne 7, parmi les billes restantes.

Arnaud : Enfin, pour tirer 2 billes dont la somme est égale à 5, il faut nécessairement prendre les billes 1 et 4, car c'est la seule combinaison dont la somme donne 5, parmi les billes restantes.

Étape 2 Concluons.

Ainsi, pour que les sommes de ses tirages valent 10 et 5, Arnaud a nécessairement tiré les billes numéro 7, 3, 4 et 1.

Le produit des numéros des billes tirées est donc : $7 \times 3 \times 4 \times 1 =$ **84. Réponse D.**

Question 24 Réponse D ★★★☆☆ 30 sec. – 2 min. Fiche 76

- **Rappel de cours** Un hexagone régulier est composé de 6 triangles équilatéraux.

Un hexagone régulier est composé de 6 triangles équilatéraux. Les 6 triangles représentant les parts sont des triangles équilatéraux.

Leurs angles mesurent donc tous 60 degrés. Réponse D.

Question 25 Réponse C ★★★☆☆ 30 sec. – 2 min. Fiche 64

■ **Rappel de cours** Vitesse $= \dfrac{\text{Distance}}{\text{Temps}}$

Quand Paul rattrape Pierre, on a $D_{Paul} = D_{Pierre}$.
Pierre a roulé 1 heure au total (15 minutes seul et 45 minutes poursuivi par Paul). Ainsi, au moment du rattrapage, on a : $D_{Pierre} = V_{Pierre} \times T_{Pierre} = 36 \times 1 = 36$ km.
Quant à Paul, au moment du rattrapage, il a roulé 45 minutes (3/4 d'heure).
Il a donc parcouru : $D_{Paul} = 3/4 \times V_{Paul}$.

Comme $D_{Pierre} = D_{Paul}$, on en déduit alors que : $\dfrac{3}{4} \times V_{Paul} = 36$, soit $\mathbf{V_{Paul} = 48}$ **km/h.**
Réponse C.

CORRIGÉ « CALCUL (5) »

Difficulté	NORMAL									
Question	51	52	53	54	55	56	57	58	59	60
Réponse	B	D	D	C	C	C	B	D	B	A

Toutes les questions sont corrigées en vidéo dans votre espace **E-LEARNING sur www.monsieur-tage-2.com**

Posez toutes vos questions (concours, écoles, dossiers, TAGE 2®, etc.) au sein des **communautés d'entraide Facebook et Instagram « Monsieur TAGE 2 »** et **« Monsieur Ecoles de commerce » (+ de 20 000 membres).**

Question 51 Réponse B ★★☆☆☆ 15 sec. – 1 min. Fiche 77

- **Rappel de cours** D'après le théorème de Pythagore, dans un triangle rectangle, le carré de l'hypoténuse est égal à la somme des carrés des deux autres côtés de ce triangle.

Étape 1 Calculons la longueur du côté BD.

$$BD = 4/3 \times AB = 4/3 \times 6 = 8 \text{ cm}.$$

Étape 2 Calculons la longueur du côté AC.

D'après le théorème de Pythagore, on peut maintenant calculer la longueur du côté AC :

$AC^2 = AB^2 + BC^2 \Leftrightarrow AC^2 = 6^2 + 8^2 \Leftrightarrow AC^2 = 100 \Leftrightarrow$ **AC = 10 cm. Réponse B.**

Remarques AC ne peut pas être égal à (– 10) car une distance est forcément positive. On reconnaît le triangle pythagoricien (6, 8, 10).

Question 52 Réponse D ★★★★☆ 45 sec. – 3 min. Fiche 53

■ **Rappel de cours** Le dernier chiffre du produit de deux nombres est identique au dernier chiffre du produit des derniers chiffres des deux nombres en question.

Étape 1 Listons les différentes possibilités.

D'après la technique du dernier chiffre, il faut que X × Y = un nombre qui se termine par 4.

X ou Y	Y ou X	X × Y
1	4	4
2	2	4
2	7	14
3	8	24
4	6	24
6	9	54
8	8	64

Étape 2 Concluons.

X ou Y	Y ou X	X × Y	X + Y
1	4	4	5
2	2	4	4
2	7	14	9
3	8	24	11
4	6	24	**10**
6	9	54	15
8	8	64	16

La seule possibilité qui se trouve dans la liste des réponses proposées est **10**.

Ainsi : X + Y = **10. Réponse D.**

Question 53 Réponse D ★★★☆☆ 30 sec. – 2 min. Fiche 55

■ **Rappel de cours** **Nouveau total = Ancien total × (1 ± Variation en %).**

Calculons S_{ancien} le salaire de Fiona il y a 5 ans.

$$S_{ancien} \times 1{,}2 = 1\,500 \Leftrightarrow S_{ancien} = \frac{1\,500}{1{,}2} = \mathbf{1\,250}.$$

Son salaire était donc de **1250 euros. Réponse D.**

Question 54 Réponse C ★★★☆☆ **30 sec. – 2 min.** **Fiche 56**

■ **Rappel de cours** Soit K le capital placé, TI le taux d'intérêt en % et B le bénéfice, on a : **K × TI = B.**

Étape 1 Posons l'équation pour retrouver le capital de Benoît en début d'année.

Soit X le montant du capital de Benoît en début d'année. L'équation est la suivante :

$$1\,080 = \frac{1}{4}X \times \frac{3}{100} + \frac{3}{4}X \times \frac{5}{100} \text{ (1)}$$

Étape 2 Résolvons l'équation pour trouver le capital de Benoît en début d'année.

$$\text{(1)} \Leftrightarrow 108\,000 = \frac{1}{4}X \times 3 + \frac{3}{4}X \times 5 \Leftrightarrow 108\,000 = \frac{3}{4}X + \frac{3}{4}X \times 5.$$

$$\Leftrightarrow 108\,000 = \frac{3}{4}X \times 6 \Leftrightarrow 18\,000 = \frac{3}{4}X \Leftrightarrow X = 18\,000 \times \frac{4}{3} = 24\,000.$$

Le capital de départ de Benoît était donc de **24 000 €** en début d'année.

Étape 3 Calculons le capital de Benoît en fin d'année.

24 000 + 1 080 = **25 080 €.**

Le capital de Benoît s'élève donc à **25 080 €** à la fin de l'année. **Réponse C.**

Question 55 Réponse C ★★★☆☆ **30 sec. – 2 min.** **Fiche 73**

■ **Rappel de cours** Pour calculer la longueur du rayon d'un cercle inscrit dans un triangle rectangle, appliquez la formule :

$$\textbf{Rayon} = \frac{\textbf{2} \times \textbf{Surface du triangle}}{\textbf{Périmètre du triangle}}$$

Appliquons la formule pour calculer le rayon.

$$R = \frac{2 \times \text{Surface du triangle}}{\text{Périmètre du triangle}} = \frac{2 \times 6}{13} = \frac{12}{13} = \mathbf{0{,}9\ cm}.$$ **Réponse C.**

Question 56 Réponse C ★★★☆☆ **30 sec. – 2 min.** **Fiche 64**

■ **Rappel de cours** $\text{Vitesse} = \dfrac{\text{Distance}}{\text{Temps}}$

Étape 1 Calculons le temps de trajet sur la 1re partie.

Le trajet est divisé en deux parties. La 1re partie du trajet, parcourue à 115 km/h, est longue de 690/3 = 230 km.

Le train met ainsi 230/115 = **2 heures** à effectuer la 1re partie du trajet.

Étape 2 Calculons le temps de trajet sur la 2e partie.

Le reste du parcours est long de 690 – 230 = **460 km.**

Le train parcourt 460 km à la vitesse moyenne de 50 km/h.

Il aura ainsi effectué cette 2e partie du trajet en 460/50 = 9,2 heures = **9heures et 12 min.**

Étape 3 Concluons.

Le temps de trajet total est donc de 2h + 9h12 = 11h12.

En partant à 11h08, le train arrivera donc à **22h20. Réponse C.**

Question 57 Réponse B ★★★★☆ 45 sec. – 3 min. Fiche 75

- **Rappels de cours**

  Volume d'un cube de côté C = C^3

  Volume d'une boîte : V = largeur × Longueur × hauteur

Calculons le nombre maximum de cubes que l'on peut mettre dans la boîte.

Hauteur : On peut mettre 4 cubes car chaque cube mesure 2 cm de côté pour 8 cm de hauteur.

Longueur : On peut mettre 8 cubes car chaque cube mesure 2 cm de côté pour 16 cm de longueur.

Largeur : On peut mettre 3 cubes car chaque cube mesure 2 cm de côté pour 7 cm de largeur. (**Attention :** On ne peut mettre que 3 cubes, pas 3,5).

Conclusion : On peut donc mettre : 4 × 8 × 3 = **96 cubes dans la boîte. Réponse B.**

Question 58 Réponse D ★★★☆☆ 30 sec. – 2 min. Fiche 78

- **Rappel de cours** Probabilité d'un événement = $\frac{\text{Nombre de cas favorables}}{\text{Nombre de cas possibles}}$

Étape 1 Modélisons la situation.

Il y a **3 fèves** à distribuer et 4 + 6 + 12 = **22 parts** au total.

Étape 2 Concluons.

La probabilité d'avoir une fève est donc : $\frac{\text{Nombre de fèves}}{\text{Nombre de parts}} = \frac{3}{22}$. **Réponse C.**

REMARQUE Il était impossible de faire les 1/4 + 1/6 + 1/12 car cela revenait à « oublier » que les galettes étaient de tailles différentes.

Question 59 Réponse B ★★★☆☆ 30 sec. – 2 min. Fiche 79

- **Rappel de cours** La probabilité d'un événement est : $p = \frac{\text{Nombre de cas favorables}}{\text{Nombre de cas possibles}}$

Étape 1 Traduisons l'énoncé.

La probabilité de gagner au moins la mise initiale de 2 euros équivaut à la probabilité de tirer la boule blanche au premier tirage.

En effet, « tirer la boule blanche au premier tirage » = « gain d'au moins deux euros » et inversement « gain d'au moins deux euros » = « boule blanche tirée au premier tirage ».

Il y a donc équivalence entre ces deux propositions. Autrement dit, il n'y a pas d'autre moyen pour remporter au moins sa mise que de tirer une boule blanche en 1er.

Étape 2 Déterminons la probabilité de tirer la boule blanche au premier tirage : P(B).

P(B) = 1/5 = **0,2** (car il y a 1 boule blanche et 5 boules au total). **Réponse B.**

Question 60 Réponse A ★★★★☆ 30 sec. – 2 min. Fiche 64

- **Rappel de cours** $\text{Vitesse} = \dfrac{\text{Distance}}{\text{Temps}} \Leftrightarrow \text{Distance} = \text{Vitesse} \times \text{Temps}$

Étape 1 Modélisons la situation.

Moto 1 : 100 km/h.

Moto 2 : 30 m/s = 30 × 3,6 = 3 × 36 = **108 km/h.**

On cherche à calculer au bout de combien de temps la moto 2 (la plus rapide) aura parcouru 10 kilomètres de plus que la moto 1 (la moins rapide).

En effet, rattraper l'autre moto correspond à parcourir un tour de plus qu'elle, soit 10 km.

Étape 2 Calculons au bout de combien de temps la moto 2 aura rattrapé la moto 1.

La moto 2 se déplace 8 km/h plus vite que la moto 1, donc chaque heure, elle parcourt 8 kilomètres de plus.

Pour calculer au bout de combien de temps la moto 2 aura parcouru 10 kilomètres de plus que la moto 1, on utilise la formule du produit en croix :

Avance	Temps
8 km	1 heure
10 km	X

D'après la formule du produit en croix, on a :

$X \times 8 = 1 \times 10 \Leftrightarrow X = \dfrac{10}{8}\,\text{h} = 1{,}25\,\text{h} \Leftrightarrow$ **1 heure et 15 minutes.**

La moto 2 aura donc roulé pendant 1,25 h avant de rattraper la moto 1.

Étape 3 Calculons le nombre de tours parcourus par la moto 2 en 1,25 h.

D'après la formule D = V × T, on a : D = 1,25 × 108 = **135 km**, soit 13,5 tours de 10 km, soit **13 tours complets. Réponse A.**

ATTENTION On cherche le nombre de tous complets, donc la réponse ne peut pas être 13,5.

LOGIQUE (Sous-tests 3 & 6)

84 Présentation des sous-tests

LOGIQUE

FORMAT

Sous-tests 3 & 6			
Durée du sous-test	15 et 10 minutes	**Bonne réponse**	+3 points
Nombre de questions	10 chacun	**Aucune réponse**	0 point
– **Chiffres ou Lettres** – **Graphiques**	**10** quest. : **Sous-test 3** **10** quest. : **Sous-test 6**	**Mauvaise réponse**	–1 point

SOUS-TEST 3 : LOGIQUE DE CHIFFRES ET DE LETTRES

Q1 : SÉRIES DE LETTRES/Q2 : SÉRIES DE CHIFFRES

2 séries (verticale et horizontale) **de 5 éléments** (composés de 2, 3 ou 4 lettres ou chiffres) se croisent en un **point d'intersection, matérialisé par un point d'interrogation**.

Vous devez alors trouver l'élément manquant qui respecte **à la fois** **la suite logique de la série verticale et la suite logique de la série horizontale**.

V_1, V_2, V_3, V_4, V_5 = Éléments de la série **Verticale**. **H_1, H_2, H_3, H_4, H_5** = Éléments de la série **Horizontale**.

S_1, S_2, S_3, S_4 = **Solutions** proposées (A, B, C et D).

Exemple de séries	Q1 : Séries de lettres	Q2 : Séries de chiffres
V_1	JDU	58
V_2	KZL	75
H_1 H_2 **?** H_4 H_5	PDC POD **?** PMF TGG	64 81 **?** 49 9
V_4	MLE	56
V_5	NBW	24
S_1 S_2 S_3 S_4	(A) LOE (B) LEZ (C) DHE (D) DBD	(A) 64 (B) 36 (C) 25 (D) 18

Question 1	Séries de lettres	★★☆☆☆
Logique Verticale	**1re lettre** : Écart de + 1 : J – K – **L** – M – N (10, 11, **12**, 13, 14).	
Logique Horizontale	**3e lettre** : Écart de + 1 : C – D – **E** – F – G (3, 4, **5**, 6, 7).	
Réponse A : LOE		

Question 2	Séries de chiffres	★★☆☆☆
Logique Verticale	Petite diagonale avec un écart de – 1 : 8 – 7 – **6** – 5 – 4.	
Logique Horizontale	Carrés (64, 81, **36**, 49, 9).	
Réponse B : 36		

SOUS-TEST 6 : LOGIQUE GRAPHIQUE

Q3 : SÉRIES GRAPHIQUES

3 cadres se suivent. Vous devez trouver le 4e cadre grâce aux 2 suites logiques qui relient les cadres entre eux.

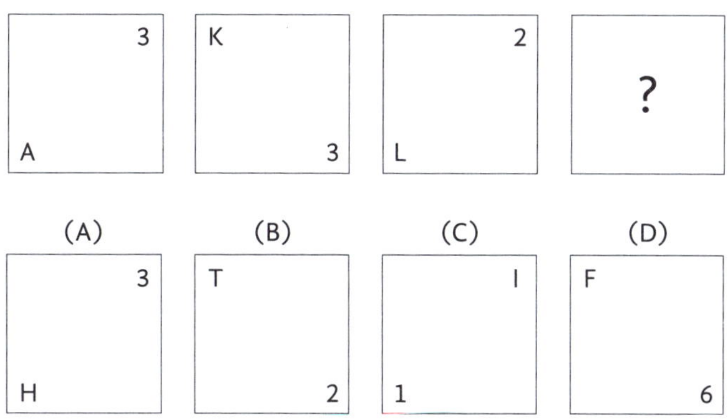

Application	Réponse B	★★★☆☆	30 sec. – 2 min.
Logique 1	Mouvement du « serpent » des éléments : diagonale montante, diagonale descendante, diagonale montante → Diagonale descendante dans la réponse. On élimine les réponses A et C. On garde B et D.		
Logique 2	Chiffre = Nombre de barres de la lettre. On élimine la réponse D. **Réponse B.**		

85 7 conseils pour réussir le sous-test

LOGIQUE

Conseil n°1 : Apprenez par cœur vos carrés et vos cubes.

Il est fondamental de **connaître par cœur vos carrés jusqu'à 25 et vos cubes jusqu'à 20** (voir la fiche « Carrés, cubes et nombres premiers »). Sans cela, il est impossible d'obtenir un très bon score en Logique.

Conseil n°2 : Apprenez par cœur vos rangs alphabétiques.

Il est fondamental de **connaître par cœur vos rangs alphabétiques**. Sans cela, impossible de réussir rapidement les séries de lettres. N'oubliez pas, **l'alphabet est « circulaire »**. Après Z, il y a A. Avant A, il y a Z.

A	B	C	D	**E**	F	G	H	I	**J**	K	L	M
1	2	3	4	**5**	6	7	8	9	**10**	11	12	13

N	**O**	P	Q	R	S	**T**	U	V	W	X	**Y**	Z
14	**15**	16	17	18	19	**20**	21	22	23	24	**25**	26

ASTUCE Retenez le mot imaginaire « EJOTY », composé des lettres n° 5, 10, 15, 20 et 25 de l'alphabet.

Conseil n°3 : Apprenez et appliquez nos méthodes dans l'ordre.

Nous avons classé **les méthodes de résolution par fréquence d'apparition au TAGE 2®. Méthode 1 = suite logique la plus fréquente, etc.** Par conséquent, **nous vous recommandons d'apprendre et d'appliquer les méthodes dans l'ordre du livre**. Ainsi, vous augmentez vos chances de trouver rapidement la bonne réponse.

Conseil n°4 : Entraînez-vous.

Le meilleur moyen de réussir ces sous-tests est de **s'entraîner le plus possible afin de développer de nombreux automatismes.** En effet, il y a peu de réflexion en Logique. Il s'agit essentiellement d'appliquer le plus rapidement possible des méthodes. Donc, entraînez-vous le plus possible afin **d'acquérir de nombreux automatismes et de voir le plus de cas possibles !**

Conseil n°5 : Apprenez par cœur nos astuces.

Apprenez par cœur nos astuces et nos moyens mnémotechniques. Cela vous fera gagner beaucoup de temps et vous permettra de traiter davantage de questions. N'oubliez pas, votre pire enemi au TAGE 2® est le temps.

Conseil n°6 : Soyez stratège.

Nous vous recommandons d'adopter la stratégie suivante en Logique.
Commencez par les séries de chiffres (plus intuitives).
Ensuite, traitez les séries de lettres (généralement plus difficiles).
Cette stratégie permet de maximiser le score obtenu en commençant par le moins difficile et en finissant par le plus difficile.

Conseil n°7 : Commencez toujours par la logique verticale.

Pour les séries de lettres ou de chiffres, nous vous recommandons de toujours commencer par la logique verticale. En effet, la lecture est plus facile et plus intuitive. Vous améliorez donc votre rapidité de résolution et vos chances de trouver la bonne suite logique.

Sous-test 3

LOGIQUE NUMÉRIQUE ET ALPHABÉTIQUE (3)

86 Méthode de résolution générale

LOGIQUE

QU'EST-CE QU'UNE SUITE LOGIQUE ?

Une **suite logique** est une **règle** qui **relie l'ensemble des éléments ou d'une question de logique** (séries de chiffres ou séries de lettres).

La réponse cherchée se situe au croisement d'une série horizontale et d'une série verticale.

La **bonne réponse** doit **respecter les 2 suites logiques des 2 séries** (verticale et horizontale).

Pour trouver la bonne réponse, **apprenez par cœur nos méthodes <u>classées par fréquence d'apparition</u> au TAGE 2®** (Méthode 1 = suite logique la plus fréquente, etc.).

COMMENT TRAITER UNE QUESTION DE LOGIQUE ?

Étape 1 Commencez par la série verticale (plus facile à lire).

Trouvez la suite logique de la série verticale en appliquant les méthodes les unes après les autres. Après plusieurs heures d'entraînement, les suites logiques vous « sauteront aux yeux ». Faites abstraction de la série horizontale pour le moment.

Étape 2 Éliminez les mauvaises réponses.

Éliminez les réponses qui ne respectent pas la suite logique trouvée.

Il ne restera généralement que 2 ou 3 réponses possibles.

Étape 3 Trouvez la suite logique de la série horizontale.

Trouvez la suite logique de la série horizontale en appliquant les méthodes les unes après les autres. Après plusieurs heures d'entraînement, les suites logiques vous « sauteront aux yeux ».

Étape 4 Éliminez les mauvaises réponses.

Éliminez les réponses qui ne respectent pas la suite logique trouvée.

Il ne restera qu'une seule réponse possible.

Étape 5 Choisissez la bonne réponse !

APPLICATION

Application ★★★☆☆ **30 sec. – 2 min.**

		246			(A)	543
725	987	???	422	634	(B)	321
		813			(C)	444
		750			(D)	456
		165				

Étape 1 Commençons par la série verticale.

La suite logique est : **Somme des chiffres de chaque élément = 12** (2 + 4 + 6 = 12, 8 + 1 + 3 = 12, 7 + 5 + 0 = 12, 1 + 6 + 5 = 12).

Étape 2 Éliminons les mauvaises réponses.

On peut éliminer les réponses dont la somme des chiffres ne vaut pas 12 : B (3 + 2 + 1 = 6) et D (4 + 5 + 6 = 15). On garde les réponses A et C.

Étape 3 Trouvons la suite logique de la série horizontale.

La suite logique de la série horizontale est : **Écart de –2 entre le 1er et le 3e chiffres** (**7**2**5**, **9**8**7**, **4**2**2** et **6**3**4**).

Étape 4 Éliminons les mauvaises réponses.

On élimine la réponse C car il n'y a pas d'écart de –2 entre le 1er et le 3e chiffre.

Étape 5 Concluons. Réponse A.

REMARQUES

1. Nous vous recommandons de commencer par la série verticale (plus facile à lire).
2. La méthode de résolution d'une série graphique est identique.
   - La **1re suite logique trouvée permet d'éliminer les mauvaises réponses** (cadres).
   - La **2e suite logique trouvée permet de choisir la bonne réponse.**

87 Méthodes à appliquer (Séries de chiffres et de lettres)

LOGIQUE

MÉTHODES À APPLIQUER (SÉRIES DE CHIFFRES)

Cet ordre d'application des méthodes fait ses preuves chaque année auprès des étudiants que nous préparons à la prépa leader Admissions Parallèles. Cela vous fera gagner un temps précieux !

Ordre d'application	Fiche n°	Nom de la fiche	Fréquence d'apparition
1	91	Méthode 1 : Les colonnes	●●●●●
2	92	Méthode 2 : Les lignes	●●●●●
3	93	Méthode 3 : Les grandes diagonales	●●●●●
4	94	Méthode 4 : Les diagonales moyennes	●●●●●
5	95	Méthode 5 : Les petites diagonales	●●●●○
6	96	Méthode 6 : Somme constante/croissante/décroissante – 1 et 2	●●●●○
7	97	Méthode 7 : Les énoncés à trous	●●●●○
8	98	Méthode 8 : Découpage (1 et 2) – Chiffres	●●●○○
9	100	Méthode 10 : Lecture à l'envers	●●●○○
10	101	Méthode 11 : Produit constant/croissant/décroissant – 1 et 2	●●●○○
11	102	Méthode 12 : Carrés/Cubes	●●●●○
12	103	Méthode 13 : Multiples simples/complexes et Nombres premiers.	●●○○○
13	104	Méthode 14 : Les puissances	●○○○○
14	108	Méthode 18 : La méthode du concepteur	●●○○○

ATTENTION Si vous avez des difficultés, **transformez vos séries horizontales de chiffres en séries verticales de chiffres.**

Vous perdrez 10 secondes au début mais gagnerez 10 à 30 secondes de temps de résolution ensuite.

AVANT	APRÈS
236 583 ? 955 641	236 583 ? 955 641

MÉTHODES À APPLIQUER (SÉRIES DE LETTRES)

Cet ordre d'application des méthodes fait ses preuves chaque année auprès des étudiants que nous préparons à la prépa leader Admissions Parallèles. Cela vous fera gagner un temps précieux !

Ordre d'application	Fiche n°	Nom de la fiche	Fréquence d'apparition
1	91	Méthode 1 : Les colonnes	●●●●●
2	92	Méthode 2 : Les lignes	●●●●●
3	93	Méthode 3 : Les grandes diagonales	●●●●●
4	94	Méthode 4 : Les diagonales moyennes	●●●●●
5	95	Méthode 5 : Les petites diagonales	●●●●○
6	96	Méthode 6 : Somme constante/croissante/décroissante – 1 et 2	●●●●○
7	99	Méthode 8 : Découpage (1 et 2) – Lettres	●●●○○
8	101	Méthode 11 : Produit constant/croissant/décroissant – 1 et 2	●●○○○
9	105	Méthode 15 : Voyelles/Consonnes	●●●○○
10	106	Méthode 16 : Nombre de barres et arrondis	●●●○○
11	107	Méthode 17 : Symétrie	●●○○○
12	108	Méthode 18 : La méthode du concepteur	●●○○○

CONSEIL Si vous avez des difficultés, **transformez vos séries horizontales et vos séries verticales de lettres en séries verticales de rangs alphabétiques.**
Vous perdrez 10 secondes au début mais gagnerez 20 à 30 secondes de temps de résolution ensuite.

RÉSUMÉ : MISE À LA VERTICALE + TRADUCTION EN RANG ALPHABÉTIQUE						
AVANT					APRÈS	
					Série horizontale	Série verticale
		RUE			12 4 15	18 21 5
LDO	MSL	?	OHI	PFA	13 19 12	? ? ?
		KLC			? ? ?	11 12 3
		PMB			15 8 9	16 13 2
		NGA			16 6 1	14 7 1

ATTENTION **L'alphabet est « circulaire ».** Après Z, il y a A. Avant A, il y a Z. Donc, avec la traduction des lettres en rangs alphabétiques, après 26, il y a 1. Avant 1, il y a 26.

Les différents écarts 88

LOGIQUE

ÉCARTS CONSTANTS

9 - -
- 7 -
- - 5
- 3 -
1 - -

L'écart entre chaque lettre (rang alphabétique) ou chaque chiffre d'une suite logique est constant, c'est-à-dire toujours **identique**.

+1 / +1 / +1 / +1 ou −1 / −1 / −1 / −1
+2 / +2 / +2 / +2 ou −2 / −2 / −2 / −2
+3 / +3 / +3 / +3 ou −3 / −3 / −3 / −3
+4 / +4 / +4 / +4 ou −4 / −4 / −4 / −4
+5 / +5 / +5 / +5 ou −5 / −5 / −5 / −5

Exemple : Écart constant de −2 : 9 – 7 – 5 – 3 – 1.

ÉCARTS PROGRESSIFS

B - -
C - -
E - -
H - -
L - -

L'écart entre chaque lettre (rang alphabétique) ou chaque chiffre d'une suite logique est progressif, c'est-à-dire que **l'écart augmente à chaque nouvel écart.**

+1 / +2 / +3 / +4 ou −1 / −2 /−3 / −4
+2 / +4 / +6 / +8 ou −2 / −4 / −6 / −8

Exemple : Écart progressif de +1 / +2 / +3 / +4 : B – C – E – H – L = 2 – 3 – 5 – 8 – 12.

ÉCARTS DÉGRESSIFS

- - W
- - O
- - I
- - E
- - C

L'écart entre chaque lettre (rang alphabétique) ou chaque chiffre d'une suite logique est dégressif, c'est-à-dire que **l'écart diminue à chaque nouvel écart.**

+4 / +3 / +2 / +1 ou −4 / −3 / −2 / −1
+8 / +6 / +4 / +2 ou −8 / −6 / −4 / −2

Exemple : Écart dégressif de −8 / −6 / −4 / −2 : W – O – I – E – C = 23 – 15 – 9 – 5 – 3.

ÉCARTS POSITIFS / NÉGATIFS

- 5 - - - 7 - 5 - - - 7 - 5 -	**L'écart entre chaque lettre (rang alphabétique) ou chaque chiffre d'une suite logique est positif puis négatif (ou vice-versa).** **Constant :** + 1 / − 1 / + 1 / − 1 ou + 2 / − 2 / + 2 / − 2 ou + 3 / − 3 / + 3 / − 3 **Progressif :** + 1 / − 2 / + 3 / − 4 ou − 1 / + 2 / − 3 / + 4 **Dégressif :** + 4 / − 3 / + 2 / − 1 ou − 4 / + 3 / − 2 / + 1 **Exemple :** Écart positif / négatif constant de + 2 / − 2 : 5 – 7 – 5 – 7 – 5.

ÉCARTS DE NOMBRES PREMIERS

- - P - R - U - - - Z - - - G	**L'écart entre chaque lettre (rang alphabétique) est un nombre premier.** + 2 / + 3 / + 5 / + 7 ou − 2 / − 3 / − 5 / − 7 ou + 2 / − 3 / + 5 / − 7 **Exemple :** Écart de nombres premiers : P – R – U – Z – G = 16 – 18 – 21 – 26 – 7 = + 2 / + 3 / + 5 / + 7 (circularité alphabétique).

LA REDONDANCE (LETTRES / CHIFFRES)

A - - - A - - - A - A - A - -	La même lettre ou le même chiffre se répète dans chaque élément. **Exemple :** Redondance de la lettre A en diagonale.

CIRCULARITÉ NUMÉRIQUE (CHIFFRES)

8 - - 9 - - 0 - - 1 - - 2 - -	Après 9, il y a 0. Avant 0, il y a 9. **Exemple :** Écart progressif de + 1 avec une **circularité numérique** : 8 – 9 – 0 – 1 – 2.

CIRCULARITÉ ALPHABÉTIQUE (LETTRES)

- - C - - B - - A - - Z - - Y	Après Z, il y a A. Avant A, il y a Z. **Exemple :** Écart décroissant de – 1 avec une **circularité alphabétique** : C – B – A – Z – Y.

EXERCICES

Question 1 ★★★☆☆ **30 sec. – 2 min.**

	ABC			
	ECG			
	FDD			
RSL	?	SFN	FSO	OPP
	IFS			

(A) EET
(B) AMM
(C) SEM
(D) DAM

Question 2 ★★★★★ **45 sec. – 3 min.**

			645	
			795	
343	793	390	?	345
			984	
			866	

(A) 754
(B) 723
(C) 333
(D) 721

Question 3 ★★★★★ **45 sec. – 3 min.**

			532	
			221	
			598	
939	056	931	?	443
			523	

(A) 101
(B) 345
(C) 208
(D) 201

➔ **CORRIGÉ FICHE 120**

89 Les leurres

LOGIQUE

Un « **leurre** » est un « **dispositif destiné à tromper** ».
Les leurres sont placés par les concepteurs de TAGE 2® pour vous faire perdre du temps (dans le meilleur des cas) ou perdre des points (dans le cas où vous vous précipitez pour répondre).

Les 2 principaux leurres sont :

- **Volontaires :** Une **suite logique où seul le dernier élément est incorrect**.
- **Involontaires :** Une **suite logique qui ne correspond à aucune réponse**. Dans ce cas, ce n'est pas la suite logique qu'il fallait trouver. Vous devez donc continuer à chercher la bonne suite logique, c'est-à-dire celle qui vous permet de sélectionner une réponse.

Attention donc aux leurres ! Ne vous faites pas piéger.

VOLONTAIRE : SEUL LE DERNIER ÉLÉMENT EST INCORRECT

			951		(A)	333
			742		(B)	851
156	523	544	?	322	(C)	453
			124		(D)	335
			105			

Pour la logique verticale, **le concepteur a intégré un « leurre volontaire » pour le 2e chiffre.**
En effet, on pourrait croire que la suite logique est 5-4-3-2-1. **Problème** : Le dernier chiffre est 0. Donc, ce n'est pas la bonne suite logique.
La (vraie) suite logique verticale concerne le 3e chiffre : 1-2-3-4-5.
Pour la logique horizontale, la suite logique est une grande diagonale 3e chiffre – 1er chiffre : 6-5-4-3-2. **Réponse A.**

			95**1**		**(A)**	**333**
			74**2**		(B)	851
15**6**	**5**23	54**4**	**???**	32**2**	(C)	45**3**
			12**4**		(D)	**3**35
			10**5**			

INVOLONTAIRE : SUITE LOGIQUE = AUCUNE RÉPONSE

	JNA				(A)	PML
	CMK				(B)	RNN
UON	?	NKQ	AIC	MGZ	(C)	KME
	GKA				(D)	OQE
	PJI					

Pour la logique verticale, on identifie bien une suite logique avec un écart constant de – 1 pour la 2ᵉ lettre : N-M-**L**-K-J.

Problème : Aucune des réponses ne comporte de « L » au centre. Il s'agit donc d'un leurre – souvent involontaire – de la part du concepteur du TAGE 2®. Cela signifie que la suite logique trouvée n'est pas la bonne et qu'il faut continuer à chercher.

La (vraie) suite logique verticale est une grande diagonale avec un écart constant de + 2 : A-C-**E**-G-I.

Pour la logique horizontale, la suite logique concerne la 2ᵉ lettre avec un écart constant de – 2 : O-**M**-K-I-G. **Réponse C.**

	JN**A**				(A)	P**M**L
	CMK				(B)	RNN
U**O**N	?**??**	N**K**Q	A**I**C	M**G**Z	**(C)**	K**ME**
	GKA				(D)	OQ**E**
	PJ**I**					

Séries de lettres ou de chiffres (Méthodes communes)

90 7 manières de lire une lettre (Séries de lettres)

LOGIQUE

Pour les **séries de lettres** des sous-tests « Logique », il existe **7 manières de lire une lettre. Apprenez par cœur ce « soleil » !**

LE « SOLEIL » DE LA LETTRE « T » (SÉRIES DE LETTRES)

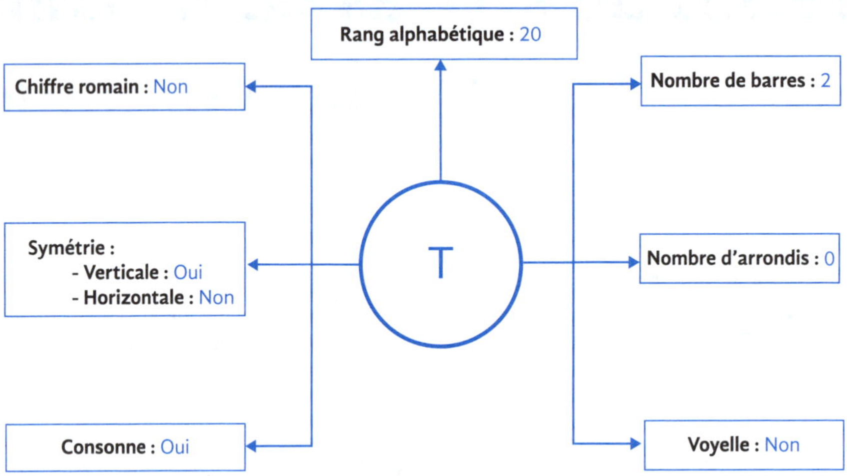

EXERCICE

Remplissez le tableau suivant :

Lettre	Rang alpha	Nombre barres	Nombre arrondis	Voyelle	Consonne	Symétrie	Chiffre romain
A							
B							
Y							
F							
R							
P							
S							
M							

91 Méthode 1 : Les colonnes

LOGIQUE Fréquence ●●●●● Difficulté ★★★☆☆

1RE COLONNE

Théorie	Exemple
X - -	T - -
X - -	Q - -
X - -	N - -
X - -	K - -
X - -	H - -

Théorie : Suite logique entre les **1re lettres (ou chiffres) de chaque élément.**

Exemple : T – Q – N – K – H = 20 – 17 – 14 – 11 – 8 (écart constant de – 3).

2E COLONNE

Théorie	Exemple
- X	- 5
- X	- 6
- X	- 4
- X	- 7
- X	- 3

Théorie : Suite logique entre les **2e chiffres (ou lettres) de chaque élément.**

Exemple : 5 – 6 – 4 – 7 – 3 (écart positif / négatif progressif de + 1 / – 2 / + 3 / – 4).

3E COLONNE

Théorie	Exemple
- - X	- - C
- - X	- - E
- - X	- - G
- - X	- - I
- - X	- - K

Théorie : Suite logique entre les **3e lettres (ou chiffres) de chaque élément.**

Exemple : C – E – G – I – K = 3 – 5 – 7 – 9 – 11 (écart constant de + 2).

4^E COLONNE

Théorie	Exemple
- - - **X**	- - - A
- - - **X**	- - - B
- - - **X**	- - - D
- - - **X**	- - - G
- - - **X**	- - - K

Théorie : Suite logique entre les **4e lettres (ou chiffres) de chaque élément.**

Exemple : A – B – D – G – K = 1 – 2 – 4 – 7 – 11 (écart progressif de +1 / +2 / +3 / +4).

EXERCICES

Question 1 ★★★☆☆ **30 sec. – 2 min.**

	134			
	175			
	201			
730	?	759	761	876
	749			

(A) 466
(B) 540
(C) 442
(D) 245

Question 2 ★★★★☆ **45 sec. – 3 min.**

133	140	729	?	111
			046	
			547	
			348	
			609	

(A) 855
(B) 445
(C) 453
(D) 335

➔ CORRIGÉ FICHE 120

92 Méthode 2 : Les lignes

LOGIQUE Fréquence ●●●●● Difficulté ★★★☆☆

ÉCART À GAUCHE : 1RE ET 2E COLONNE

Théorie	Exemple
X X -	E I -
X X -	T X -
X X -	J N -
X X -	O S -
X X -	G K -

Théorie : Écart entre la 1re et la 2e lettre (ou chiffre) de chaque élément.

Exemple : E – I, T – X, J – N, O – S, G – K = 5 – 9, 20 – 24, 10 – 14, 15 – 19, 7 – 11 = écart constant de + 4.

ÉCART À DROITE : 2E (OU 3E) ET DERNIÈRE COLONNE

Théorie	Exemple
- X X	- 5 6
- X X	- 4 6
- X X	- 3 6
- X X	- 0 4
- X X	- 4 9

Théorie : Écart entre la 2e (ou 3e) et la dernière lettre (ou chiffre) de chaque élément.

Exemple : 5 – 6 , 4 – 6, 3 – 6, 0 – 4, 4 – 9 = écart progressif de +1 / +2 / +3 / +4 / +5.

ÉCART AU MILIEU : 2E ET 3E COLONNE

Théorie	Exemple
- X X -	- T V -
- X X -	- H J -
- X X -	- Z B -
- X X -	E G -
- X X -	- P R -

Théorie : Écart entre la 2e et la 3e lettre (ou chiffre) de chaque élément.

Exemple : T – V, H – J, Z – B, E – G, P – R = 20 – 22, 8 – 10, 26 – 2, 5 – 7, 16 – 18 = écart constant de + 2.

GRAND ÉCART : 1RE ET DERNIÈRE COLONNE

Théorie	Exemple
X - X	2 - 6
X - X	4 - 8
X - X	3 - 7
X - X	5 - 9
X - X	1 - 5

Théorie : Écart entre la 1re et la dernière lettre (ou chiffre) de chaque élément.

Exemple : 2 – 6, 4 – 8, 3 – 7, 5 – 9, 1 – 5 = écart constant de + 4.

EXERCICE

Question 1 ★★★★☆ **45 sec. – 3 min.**

		176		
		380		
		591		
234	456	?	769	345
		798		

(A) 365
(B) 256
(C) 688
(D) 140

CORRIGÉ FICHE 120

Posez toutes vos questions (concours, écoles, dossiers, TAGE 2®, etc.) au sein des **communautés d'entraide Facebook et Instagram « Monsieur TAGE 2 »** et **« Monsieur Ecoles de commerce » (+ de 20 000 membres)**.

Toutes les questions sont corrigées en vidéo dans votre espace **E-LEARNING sur www.monsieur-tage-2.com**

93 Méthode 3 : Les grandes diagonales

LOGIQUE Fréquence ●●●●● Difficulté ★★★☆☆

GRANDE DIAGONALE GAUCHE – DROITE

Théorie	Exemple	
X - -	1 - -	**Grande diagonale entre la 1re lettre (ou chiffre) et la dernière lettre (ou chiffre).**
- - X	- - 3	**Exemple :** 1 – 3 – 5 – 7 – 9 (écart constant de + 2).
X - -	5 - -	
- - X	- - 7	
X - -	9 - -	

GRANDE DIAGONALE DROITE – GAUCHE

Théorie	Exemple	
- - X	- - - 8	**Grande diagonale entre la dernière lettre (ou chiffre) et la 1re lettre (ou chiffre).**
X - -	7 - - -	**Exemple :** 8 – 7 – 6 – 5 – 4 (écart constant de – 1).
- - X	- - - 6	
X - -	5 - - -	
- - X	- - - 4	

EXERCICES

Question 1 ★★☆☆☆ **30 sec. – 2 min.**

	104			
	172			
	301			
432	?	744	579	876
	599			

(A) 981
(B) 314
(C) 544
(D) 316

Question 2 ★★★★☆ **45 sec. – 3 min.**

CGF	EKU	LCD	?	FVB	(A)	ABA
			CRY		(B)	CUT
			FHG		(C)	CRA
			MPO		(D)	CUN
			CPU			

Question 3 ★★★★☆ **45 sec. – 3 min.**

		116			(A)	146
958	737	?	564	984	(B)	621
		345			(C)	636
		763			(D)	667
		444				

➔ CORRIGÉ FICHE 120

94 Méthode 4 : Les diagonales moyennes

LOGIQUE Fréquence ●●●●● Difficulté ★★★☆☆

DIAGONALE MOYENNE : DÉPART À GAUCHE

Théorie	Exemple
X - -	P - -
- **X** -	- P -
- - **X**	- - P
- **X** -	- P -
X - -	P - -

Théorie : Diagonale entre la 1re, puis 2e, puis 3e, puis 2e, puis 1re lettre (ou chiffre).

Exemple : Redondance de la lettre P en diagonale.

DIAGONALE MOYENNE : DÉPART À DROITE

Théorie	Exemple
- - **X**	- Y
- **X** -	- T -
X - -	O - -
- **X** -	- J -
- - **X**	- - E

Théorie : Diagonale entre la 3e, puis 2e, puis 1re, puis 2e, puis 3e lettre (ou chiffre).

Exemple : Y – T – O – J – E = 25 – 20 – 15 – 10 – 5 = Écart constant de – 5.

DIAGONALE MOYENNE : DÉPART AU CENTRE – GAUCHE

Théorie	Exemple
- **X** -	- A -
X - -	C - -
- **X** -	- E -
- - **X**	- - G
- **X** -	- I -

Théorie : Diagonale entre la 2e, puis 1re, puis 2e, puis 3e, puis 2e lettre (ou chiffre).

Exemple : A – C – E – G – I = 1 – 3 – 5 – 7 – 9 = Écart constant de + 2.

DIAGONALE MOYENNE : DÉPART AU CENTRE – DROITE

Théorie	Exemple
- **X** -	- E -
- - **X**	- - D
- **X** -	- F -
X - -	C - -
- **X** -	- G -

Théorie : Diagonale entre la 2e, puis 3e puis 2e, puis 1re puis 2e lettre (ou chiffre).

Exemple : E – D – F – C – G = 5 – 4 – 6 – 3 – 7 = Écart négatif / positif progressif de – 1 / +2 / – 3 / +4.

EXERCICE

Question 1 ★★★☆☆ **30 sec. – 2 min.**

	106			
	127			
	803			
770	?	152	493	233
	506			

(A) 149
(B) 476
(C) 544
(D) 746

CORRIGÉ FICHE 120

Posez toutes vos questions (concours, écoles, dossiers, TAGE 2®, etc.) au sein des **communautés d'entraide Facebook et Instagram « Monsieur TAGE 2 »** et **« Monsieur Ecoles de commerce » (+ de 20 000 membres).**

Toutes les questions sont corrigées en vidéo dans votre espace **E-LEARNING sur www.monsieur-tage-2.com**

95 Méthode 5 : Les petites diagonales

LOGIQUE Fréquence ●●●●○ Difficulté ★★★☆☆

PETITE DIAGONALE : DÉPART À GAUCHE

Théorie	Exemple	
X - -	A - -	**Théorie : Petite diagonale entre la 1re, puis 2e, puis 1re, puis 2e puis 1re colonne (lettre ou chiffre).**
- **X** -	- Y -	**Exemple** : A – Y – F – K – Z = 3 barres.
X - -	F - -	
- **X** -	- K -	
X - -	Z - -	

PETITE DIAGONALE : DÉPART À DROITE

Théorie	Exemple	
- - **X**	- - 0	**Théorie : Petite diagonale entre la 3e, puis 2e, puis 3e, puis 2e, puis 3e colonne (lettre ou chiffre).**
- **X** -	- 2 -	**Exemple :** 0 – 2 – 4 – 6 – 8 = Écart constant de +2.
- - **X**	- - 4	
- **X** -	- 6 -	
- - **X**	- - 8	

PETITE DIAGONALE : DÉPART AU CENTRE – GAUCHE

Théorie	Exemple	
- **X** -	- R -	**Théorie : Petite diagonale entre la 2e, puis 1re, puis 2e, puis 1re, puis 2e colonne (lettre ou chiffre).**
X - -	O - -	**Exemple :** R – O – R – O – R = 18 – 15 – 18 – 15 – 18 = Écart positif/négatif constant de +3/– 3.
- **X** -	- R -	
X - -	O - -	
- **X** -	- R -	

PETITE DIAGONALE : DÉPART AU CENTRE – DROITE

Théorie	Exemple	
- **X** -	- 2 -	**Théorie : Petite diagonale entre la 2e, puis 3e, puis 2e, puis 3e puis 2e colonne (lettre ou chiffre).**
- - **X**	- - 3	**Exemple** : 2 – 3 – 4 – 5 – 6 = Écart de + 1.
- **X** -	- 4 -	
- - **X**	- - 5	
- **X** -	- 6 -	

EXERCICE

Question 1 ★★☆☆☆ **15 sec. – 1 min.**

		106		
		127		
		318		
947	465	?	247	123
		567		

(A) 149
(B) 145
(C) 644
(D) 955

CORRIGÉ FICHE 120

96 Méthode 6 : Somme constante/croissante/décroissante

LOGIQUE Fréquence ●●●●○ Difficulté ★★★☆☆

SOMME CONSTANTE

SOMME CONSTANTE

<table>
<tr><th>Théorie</th><th>Exemple</th><td rowspan="6">Théorie : La somme des chiffres de chaque élément est toujours identique.

Exemple : 6 + 2 + 8 = 16, 3 + 6 + 7 = 16, 4 + 9 + 3 = 16, 7 + 8 + 1 =16, 2 + 9 + 5 = 16.</td></tr>
<tr><td>X + X + X = Y</td><td>6 2 8</td></tr>
<tr><td>X + X + X = Y</td><td>3 6 7</td></tr>
<tr><td>X + X + X = Y</td><td>4 9 3</td></tr>
<tr><td>X + X + X = Y</td><td>7 8 1</td></tr>
<tr><td>X + X + X = Y</td><td>2 9 5</td></tr>
<tr><td>X + X = Y</td><td>H P</td><td rowspan="5">Théorie : La somme des rangs alphabétiques de chaque élément est toujours identique.

Exemple : H + P = 8 + 16 = 24, T + D = 20 + 4 = 24, C + U = 3 + 21 = 24, Q + G = 17 + 7 = 24, O + I = 15 + 9 = 24.</td></tr>
<tr><td>X + X = Y</td><td>T D</td></tr>
<tr><td>X + X = Y</td><td>C U</td></tr>
<tr><td>X + X = Y</td><td>Q G</td></tr>
<tr><td>X + X = Y</td><td>O I</td></tr>
</table>

SOMME CROISSANTE

SOMME CROISSANTE AVEC ÉCART CONSTANT

<table>
<tr><th>Théorie</th><th>Exemple</th><td rowspan="6">Théorie : La somme des chiffres (ou des rangs alphabétiques) de chaque élément est croissante avec un écart constant (Exemple : +2, +2, +2, +2).

Exemple : 5 + 3 = 8, 5 + 5 = 10, 9 + 3 = 12, 8 + 6 = 14, 7 + 9 = 16.
Somme croissante avec un écart constant de +2.</td></tr>
<tr><td>X + X = Y</td><td>5 3</td></tr>
<tr><td>X + X = Y + ?</td><td>5 5</td></tr>
<tr><td>X + X = Y + ?</td><td>9 3</td></tr>
<tr><td>X + X = Y + ?</td><td>8 6</td></tr>
<tr><td>X + X = Y + ?</td><td>7 9</td></tr>
</table>

SOMME CROISSANTE AVEC ÉCART PROGRESSIF

<table>
<tr><th>Théorie</th><th>Exemple</th><td rowspan="6">Théorie : La somme des rangs alphabétiques (ou des chiffres) de chaque élément est croissante avec un écart progressif (Exemple : + 1, + 2, + 3, + 4).

Exemple : A + J + E = 16, J + B + E = 17, H + H + C = 19, K + J + A = 22, U + B + C = 26.
Somme croissante avec un écart progressif de + 1, + 2, + 3, + 4.</td></tr>
<tr><td>X + X + X = Y</td><td>A J E</td></tr>
<tr><td>X + X + X = Y + ?</td><td>J B E</td></tr>
<tr><td>X + X + X = Y + ??</td><td>H H C</td></tr>
<tr><td>X + X + X = Y + ???</td><td>K J A</td></tr>
<tr><td>X + X + X = Y + ????</td><td>U B C</td></tr>
</table>

SOMME CROISSANTE AVEC ÉCART DÉGRESSIF

<table>
<tr><th>Théorie</th><th>Exemple</th><td rowspan="6">Théorie : La somme des chiffres (ou des rangs alphabétiques) de chaque élément est croissante avec un écart dégressif (Exemple : + 4, + 3, + 2, + 1).

Exemple : 5 + 3 + 1 = 9, 6 + 6 + 1 = 13, 2 + 7 + 7 = 16, 9 + 0 + 9 = 18, 8 + 5 + 6 = 19.
Somme croissante avec un écart dégressif de + 4, + 3, + 2, + 1.</td></tr>
<tr><td>X + X + X = Y</td><td>5 3 1</td></tr>
<tr><td>X + X + X = Y + ????</td><td>6 6 1</td></tr>
<tr><td>X + X + X = Y + ???</td><td>2 7 7</td></tr>
<tr><td>X + X + X = Y + ??</td><td>9 0 9</td></tr>
<tr><td>X + X + X = Y + ?</td><td>8 5 6</td></tr>
</table>

REMARQUE On peut également uniquement considérer la somme de 2 des 3 chiffres (ou lettres) de l'élément.

ATTENTION Ne confondez pas la somme constante, croissante, décroissante et l'écart constant, progressif, dégressif. On peut avoir une somme croissante (le résultat augmente à chaque fois) avec un écart dégressif (écart de plus en plus petit à chaque fois).

SOMME DÉCROISSANTE

SOMME DÉCROISSANTE AVEC ÉCART CONSTANT

Théorie	Exemple
X + X = Y	4 9
X + X = Y – ?	6 6
X + X = Y – ?	7 4
X + X = Y – ?	5 5
X + X = Y – ?	3 6

Théorie : La somme des chiffres (ou des rangs alphabétiques) de chaque élément est <u>décroissante</u> avec un <u>écart constant</u> (Exemple : – 1, – 1, – 1, – 1).

Exemple : 4 + 9 = **13**, 6 + 6 = **12**, 7 + 4 = **11**, 5 + 5 = **10**, 3 + 6 = **9**.
Somme décroissante avec un écart constant de – 1.

SOMME DÉCROISSANTE AVEC ÉCART PROGRESSIF

Théorie	Exemple
X + X + X = Y	G H C
X + X + X = Y – ?	K E A
X + X + X = Y – ??	C D H
X + X + X = Y – ???	I B A
X + X + X = Y – ????	B B D

Théorie : La somme des rangs alphabétiques (ou des chiffres) de chaque élément est <u>décroissante</u> avec un <u>écart progressif</u> (Exemple : – 2, – 4, – 6, – 8).

Exemple : G + H + C = 7 + 8 + 3 = **18**, K + E + A = 11 + 5 + 1 = **17**, C + D + H = 3 + 4 + 8 = **15**, I + B + A = 9 + 2 + 1 = **12**, B + B + D = 2 + 2 + 4 = **8**.
Somme décroissante avec un écart progressif de – 1, – 2, – 3, – 4.

SOMME DÉCROISSANTE AVEC ÉCART DÉGRESSIF

Théorie	Exemple
X + X + X = Y	8 4 3
X + X + X = Y – ????	5 6 0
X + X + X = Y – ???	5 1 2
X + X + X = Y – ??	2 2 2
X + X + X = Y – ?	1 2 2

Théorie : La somme des chiffres (ou des rangs alphabétiques) de chaque élément est <u>décroissante</u> avec un <u>écart dégressif</u> (Exemple : – 8, – 6, – 4, – 2).

Exemple : 8 + 4 + 3 = **15**, 5 + 6 + 0 = **11**, 5 + 1 + 2 = **8**, 2 + 2 + 2 = **6**, 1 + 2 + 2 = **5**.
Somme décroissante avec un écart dégressif de – 4, – 3, – 2, – 1.

REMARQUE On peut également considérer uniquement la somme de 2 des 3 chiffres ou lettres de l'élément.

ATTENTION Ne confondez pas la somme constante, croissante, décroissante et l'écart constant, progressif, dégressif. On peut avoir une somme décroissante (le résultat diminue à chaque fois) avec un écart progressif (écart de plus en plus grand à chaque fois).

EXERCICES

Question 1 ★★★★☆ **45 sec. – 3 min.**

		BCO			(A)	ZFC
		JJE			(B)	SOA
		ZBB			(C)	WLH
EPD	SMG	?	ZOE	PFN	(D)	OJJ
		ZJD				

Question 2 ★★★★☆ **45 sec. – 3 min.**

		721			(A)	563
		840			(B)	369
		474			(C)	266
904	812	?	275	639	(D)	187
		543				

➜ CORRIGÉ FICHE 120

97 Méthode 7 : Les énoncés à trous

LOGIQUE Fréquence ●●●●○ Difficulté ★★★☆☆

Un énoncé à trous est un énoncé dans lequel le nombre de chiffres n'est pas identique dans chaque élément. Il manque donc soit le chiffre des centaines soit celui des dizaines.

Exemple : 343 8 216 49

Pour traiter ce type de série, **appliquez les 3 méthodes suivantes dans l'ordre** :

> **1.** Carrés/Cubes (fiche 102)
> **2.** Multiples simples (2 à 10)/Multiples Complexes (11 à 20)/Nombres premiers (2 à 101) (Fiche 103)
> **3.** Lecture à l'envers (fiche 100)

ASTUCE Pour **trouver un multiple complexe, sélectionnez les 2 nombres les plus proches de votre série et calculez l'écart.** Si cet écart est de 19, le multiple complexe de la série est très probablement 19.

ATTENTION Si l'écart est de 38, le multiple complexe est 19 (car 2 × 19 = 38).

APPLICATION

Application ★★★☆☆ **30 sec. – 2 min.**

		204				(A)	51
		85				(B)	333
		136				(C)	128
123	234	?	513	99		(D)	68
		170					

CORRIGÉ

		204				**(A)**	**51**
		85				(B)	333
		136				(C)	128
123	234	?	513	99		(D)	68
		170					

V : Ce sont des multiples complexes de 17 (204 – 170 = 34 = 2 × 17).

H : Ce sont des multiples simples de 3.

Méthode 8 : Découpage (Les chiffres) 98

DÉCOUPAGE GAUCHE : 1ER CHIFFRE (X-XX OU X-XXX)

Opération	Exemple	Explication	
SOMME (ou soustraction)	6 3 3 8 5 3 5 1 4	$\underline{\mathbf{6}} = 3 + 3$ $\underline{\mathbf{8}} = 5 + 3$ $\underline{\mathbf{5}} = 1 + 4$	1er chiffre = 2e chiffre + 3e chiffre.
PRODUIT (ou division)	6 3 2 8 4 2 5 1 5	$\underline{\mathbf{6}} = 3 \times 2$ $\underline{\mathbf{8}} = 4 \times 2$ $\underline{\mathbf{5}} = 1 \times 5$	1er chiffre = 2e chiffre × 3e chiffre.
SOMME INVISIBLE	8 1 2 5 0 9 6 1 0	$8\ (+\underline{\mathbf{4}}) = 1\,2$ $5\ (+\underline{\mathbf{4}}) = 0\,9$ $6\ (+\underline{\mathbf{4}}) = 1\,0$	1er chiffre + chiffre invisible **(Ici 4)** = Nombre formé par les 2e et 3e chiffres.
PRODUIT INVISIBLE	8 2 4 5 1 5 6 1 8	$8\ (\times\underline{\mathbf{3}}) = 2\,4$ $5\ (\times\underline{\mathbf{3}}) = 1\,5$ $6\ (\times\underline{\mathbf{3}}) = 1\,8$	1er chiffre × chiffre invisible **(Ici 3)** = Nombre formé par les 2e et 3e chiffres.
CARRÉS	8 6 4 5 2 5 6 3 6	$\underline{\mathbf{8}^2} = 6\,4$ $\underline{\mathbf{5}^2} = 2\,5$ $\underline{\mathbf{6}^2} = 3\,6$	$(1^{er}\ \text{chiffre})^2$ = Carré formé par les autres chiffres.
CUBES	6 2 1 6 8 5 1 2 5 1 2 5	$\underline{\mathbf{6}^3} = 2\,1\,6$ $\underline{\mathbf{8}^3} = 5\,1\,2$ $\underline{\mathbf{5}^3} = 1\,2\,5$	$(1^{er}\ \text{chiffre})^3$ = Cube formé par les autres chiffres.
SUPPRESSION 1er chiffre	8 6 4 5 5 5 6 8 2	~~8~~ **6 4** ~~5~~ **5 5** ~~6~~ **8 2**	Suppression du 1er chiffre puis Somme constante **(Ici 10)** = 2e chiffre + 3e chiffre.

DÉCOUPAGE DROITE : DERNIER CHIFFRE (XX-X OU XXX-X)

Opération	Exemple	Explication	
SOMME (ou soustraction)	2 5 7 6 3 9 1 5 6	$2 + 5 = \underline{\mathbf{7}}$ $6 + 3 = \underline{\mathbf{9}}$ $1 + 5 = \underline{\mathbf{6}}$	1er chiffre + 2e chiffre = 3e chiffre.
PRODUIT (ou division)	2 3 6 7 1 7 2 4 8	$2 \times 3 = \underline{\mathbf{6}}$ $7 \times 1 = \underline{\mathbf{7}}$ $2 \times 4 = \underline{\mathbf{8}}$	1er chiffre × 2e chiffre = 3e chiffre.
SOMME INVISIBLE	1 1 5 1 3 7 0 8 2	$11 = 5\ \mathbf{(+\underline{6})}$ $13 = 7\ \mathbf{(+\underline{6})}$ $08 = 2\ \mathbf{(+\underline{6})}$	3e chiffre + chiffre invisible **(Ici 6)** = Nombre formé par les 1er et 2e chiffres.
PRODUIT INVISIBLE	1 2 6 1 8 9 1 4 7	$12 = 6\ (\times \underline{\mathbf{2}})$ $18 = 9\ (\times \underline{\mathbf{2}})$ $14 = 7\ (\times \underline{\mathbf{2}})$	3e chiffre × chiffre invisible **(Ici 2)** = Nombre formé par les 1er et 2e chiffres.
CARRÉS	2 5 5 1 6 4 6 4 8	$25 = \underline{\mathbf{5^2}}$ $16 = \underline{\mathbf{4^2}}$ $64 = \underline{\mathbf{8^2}}$	$(3^e$ chiffre$)^2$ = Carré formé par les autres chiffres.
CUBES	1 2 5 5 7 2 9 9 2 1 6 6	$125 = \underline{\mathbf{5^3}}$ $729 = \underline{\mathbf{9^3}}$ $216 = \underline{\mathbf{6^3}}$	$(4^e$ chiffre$)^3$ = Cube formé par les autres chiffres.
SUPPRESSION Dernier chiffre	6 3 5 4 5 9 8 1 7	**6 3** ~~5~~ **4 5** ~~9~~ **8 1** ~~7~~	Suppression du dernier chiffre puis Somme constante **(Ici 9)** = 1er chiffre + 2e chiffre.

ASTUCE On peut supprimer une colonne, à condition que cela fasse apparaître une suite logique (carrés, cubes, somme constante, etc.) sur les éléments restants.

DÉCOUPAGE CENTRAL : 1ER ET DERNIER CHIFFRE (X-X-X OU X-XX-X)

Opération	Exemple	Explication	
SOMME **(ou soustraction)**	3 **6** 3 2 **1 0** 8 1 **5** 4	$3 + 3 = \underline{6}$ $2 + 8 = \underline{10}$ $1 + 4 = \underline{5}$	Chiffre(s) du milieu = 1er chiffre + dernier chiffre.
PRODUIT **(ou division)**	1 **5** 5 4 **8** 2 3 **3** 1	$1 \times 5 = \underline{5}$ $4 \times 2 = \underline{8}$ $3 \times 1 = \underline{3}$	Chiffre(s) du milieu = 1er chiffre × dernier chiffre.
SOMME **INVISIBLE**	0 **1** 4 1 **9** 2 1 **7** 0	1 (+ **3**) = 0 4 9 (+ **3**) = 1 2 7 (+ **3**) = 1 0	Chiffre(s) du milieu + chiffre invisible (**Ici 3**) = Nombre formé par les 1er et dernier chiffres.
PRODUIT **INVISIBLE**	2 **5** 0 1 **4** 6 3 **9** 6	5 (× **4**) = 2 0 4 (× **4**) = 1 6 9 (× **4**) = 3 6	Chiffre(s) du milieu × chiffre invisible (**Ici 4**) = Nombre formé par les 1er et dernier chiffres.
CARRÉS	3 **6** 6 6 **8** 4 2 **5** 5	$\underline{6}^2 = 36$ $\underline{8}^2 = 64$ $\underline{5}^2 = 25$	(Chiffre du milieu)^2 = Carré formé par les autres chiffres.
SUPPRESSION **Chiffre du milieu**	8 **4** 6 7 **2** 7 5 **4** 9	8 **4** 6 7 **2** 7 5 **4** 9	Suppression du chiffre du milieu puis Somme constante (**Ici 14**) = 1er chiffre + dernier chiffre.

DÉCOUPAGE EN 2 DE L'ÉNONCÉ (XX-XX)

Opération	Exemple	Explication	
SOMME (ou soustraction)	1 5 6 0 3 2 1 4 5 6 8 3	$1 + 5 = 6 + 0$ $3 + 2 = 1 + 4$ $5 + 6 = 8 + 3$	1er chiffre + 2^{e} chiffre = 3^{e} chiffre + 4^{e} chiffre.
PRODUIT **(ou division)**	2 3 1 6 2 8 4 4 3 4 2 6	$2 \times 3 = 1 \times 6$ $2 \times 8 = 4 \times 4$ $3 \times 4 = 2 \times 6$	1er chiffre × 2^{e} chiffre = 3^{e} chiffre × 4^{e} chiffre.
SOMME **et** **PRODUIT**	2 3 1 5 2 8 9 7 4 4 8 8	$2 \times 3 = 1 + 5$ $2 \times 8 = 9 + 7$ $4 \times 4 = 8 + 8$	1er chiffre × 2^{e} chiffre = 3^{e} chiffre + 4^{e} chiffre.

EXERCICES

Question 1 ★★★★☆ **45 sec. – 3 min.**

	945			
	859			
	765			
545	?	446	278	327
	853			

(A) 763
(B) 492
(C) 675
(D) 991

Question 2 ★★★★☆ **45 sec. – 3 min.**

			583	
			099	
366	255	684	?	039
			462	
			572	

(A) 479
(B) 242
(C) 891
(D) 636

➔ CORRIGÉ FICHE 120

Méthode 9 : Découpage (Les lettres)

99

LOGIQUE Fréquence ●●●○○ Difficulté ★★★★☆

Pour ces méthodes, il faut remplacer la lettre par son rang alphabétique.

DÉCOUPAGE GAUCHE : 1RE LETTRE (X-XX OU X-XXX)

Opération	Exemple	Explication	
SOMME **(ou soustraction)**	F C C H E C E A D	$6 = 3 + 3$ $8 = 5 + 3$ $5 = 1 + 4$	1re lettre = 2^{e} lettre + 3^{e} lettre.
PRODUIT **(ou division)**	F C B H D B E A E	$6 = 3 \times 2$ $8 = 4 \times 2$ $5 = 1 \times 5$	1re lettre = 2^{e} lettre × 3^{e} lettre.
SOMME **INVISIBLE**	H A C F A A G A B	8 (+ **5**) = 1 3 6 (+ **5**) = 1 1 7 (+ **5**) = 1 2	1re lettre + chiffre invisible **(Ici 5)** = Nombre formé par les rangs des 2e et 3e lettres.
PRODUIT **INVISIBLE**	H B D E A E F A H	8 (× **3**) = 2 4 5 (× **3**) = 1 5 6 (× **3**) = 1 8	1re lettre × chiffre invisible **(Ici 3)** = Nombre formé par les rangs des 2e et 3e lettres.
CARRÉS	H F D E B E F C F	8^2 = 6 4 5^2 = 2 5 6^2 = 3 6	$(1^{re}$ lettre$)^2$ = Carré formé par les autres lettres.
CUBES	F B A F H E A B E A B E	6^3 = 2 1 6 8^3 = 5 1 2 5^3 = 1 2 5	$(1^{re}$ lettre$)^3$ = Cube formé par les autres lettres.
SUPPRESSION **1re lettre**	H F D E E E F H B	8 **6 4** 5 **5 5** 6 **8 2**	Suppression de la 1re lettre puis Somme constante **(Ici 10)** = 2^{e} lettre + 3^{e} lettre.

DÉCOUPAGE DROITE : DERNIÈRE LETTRE (XX-X OU XXX-X)

Opération	Exemple	Explication	
SOMME **(ou soustraction)**	B E G F C I A E F	2 + 5 = **7** 6 + 3 = **9** 1 + 5 = **6**	1re lettre + 2e lettre = 3e lettre.
PRODUIT **(ou division)**	B C F G A G B D H	2 × 3 = **6** 7 × 1 = **7** 2 × 4 = **8**	1re lettre × 2e lettre = 3e lettre.
SOMME **INVISIBLE**	A A E A C G A D H	1 1 = 5 **(+ 6)** 1 3 = 7 **(+ 6)** 1 4 = 8 **(+ 6)**	Nombre formé par les 1re et 2e lettres = 3e lettre + chiffre invisible **(Ici 6)**.
PRODUIT **INVISIBLE**	L F R I N G	1 2 = 6 (× **2)** 1 8 = 9 (× **2)** 1 4 = 7 (× **2)**	Rang alphabétique de la 1re lettre = 2e lettre × chiffre invisible **(Ici 2)**.
CARRÉS	B E E A F D F D H	2 5 = $\mathbf{5^2}$ 1 6 = $\mathbf{4^2}$ 6 4 = $\mathbf{8^2}$	(3e lettre)^2 = Carré formé par les rangs des 1re et 2e lettres.
CUBES	A B E E G B I I B A F F	1 2 5 = $\mathbf{5^3}$ 7 2 9 = $\mathbf{9^3}$ 2 1 6 = $\mathbf{6^3}$	(4e lettre)^3 = Cube formé par les 1re, 2e et 3e lettres.
SUPPRESSION **Dernière lettre**	F C E D E I H A G	**6 3** ~~5~~ **4 5** ~~9~~ **8 1** ~~7~~	Suppression de la dernière lettre puis Somme constante **(Ici 9)** = 1re lettre + 2e lettre.

Pour ces méthodes, il faut remplacer la lettre par son rang alphabétique.

DÉCOUPAGE CENTRAL : 1RE ET DERNIÈRE LETTRE (X-X-X OU X-XX-X)

Opération	Exemple	Explication	
SOMME **(ou soustraction)**	C **F** C B **E** C A **E** D	3 + 3 = **6** 2 + 3 = **5** 1 + 4 = **5**	1re lettre + Dernière lettre = Lettre(s) du milieu.
PRODUIT **(ou division)**	A **E** E D **H** B C **C** A	1 × 5 = **5** 4 × 2 = **8** 3 × 1 = **3**	1re lettre × Dernière lettre = Lettre(s) du milieu.
SOMME INVISIBLE	A **D** B A **I** G A **C** A	4 (+ **8)** = 12 9 (+ **8)** = 17 3 (+ **8)** = 11	Lettre du milieu + chiffre invisible (**Ici 8**) = Nombre formé par les 1re et dernière lettres.
PRODUIT INVISIBLE	C **H** B A **D** F C **I** F	8 (× **4)** = 3 2 4 (× **4)** = 1 6 9 (× **4)** = 3 6	Lettre du milieu × chiffre invisible (**Ici 4**) = Nombre formé par les 1re et dernière lettres.
CARRÉS	C **F** F F **H** D B **E** E	6^2 = 3 6 8^2 = 6 4 5^2 = 2 5	(Lettre du milieu)^2 = Carré formé par les autres lettres.
SUPPRESSION Lettre du milieu	H ~~D~~ F G **B** G E ~~D~~ I	8 ~~4~~ 6 7 ~~2~~ 7 5 ~~4~~ 9	Suppression de la lettre du milieu puis Somme constante (**Ici 14**) = 1re lettre + dernière lettre.

DÉCOUPAGE EN 2 DE L'ÉNONCÉ (XX-XX)

Opération	Exemple	Explication	
SOMME (ou soustraction)	A G F B C B A D E F H C	1 + 7 = 6 + 2 3 + 2 = 1 + 4 5 + 6 = 8 + 3	1re lettre + 2e lettre = 3e lettre + 4e lettre.
PRODUIT **(ou division)**	B C A F B H D D C D B F	2 × 3 = 1 × 6 2 × 8 = 4 × 4 3 × 4 = 2 × 6	1re lettre × 2e lettre = 3e lettre × 4e lettre.
SOMME et PRODUIT	B C A E B H I G C D J B	2 × 3 = 1 + 5 2 × 8 = 9 + 7 3 × 4 = 10 + 2	1re lettre × 2e lettre = 3e lettre + 4e lettre.

EXERCICES

Question 1 ★★★★☆ **45 sec. – 3 min.**

	IBR				(A)	CBF
	CDL				(B)	HCA
	EEY				(C)	JRB
AOF	?	BTE	HUA	DDI	(D)	PAP
	GCU					

Question 2 ★★★★☆ **45 sec. – 3 min.**

			JJT		(A)	ACO
			MMZ		(B)	DEI
CIR	DLT	BFE	?	HXI	(C)	SEX
			OAP		(D)	EOT
			BCE			

➔ **CORRIGÉ FICHE 120**

Méthode 10 : Lecture à l'envers

100

LOGIQUE Fréquence ●●●○○ Difficulté ★★★★☆

Il n'est pas rare que vous deviez **lire l'énoncé à l'envers**, c'est-à-dire de la droite vers la gauche.

LECTURE À L'ENVERS TOTALE : TOUT L'ÉNONCÉ EST À L'ENVERS

CARRÉS / CUBES

Théorie	Exemple
←	
---	5 2 1
---	3 4 3
---	9 2 7
---	4 6 0
---	2 1 5

Théorie : La **lecture à l'envers** de chaque élément donne une suite logique de **carrés** ou de **cubes**.

Exemple :
5 2 1 (lecture normale) = 1 2 5 (lecture à l'envers) = 5^3
3 4 3 (lecture normale) = 3 4 3 (lecture à l'envers) = 7^3
9 2 7 (lecture normale) = 7 2 9 (lecture à l'envers) = 9^3
4 6 0 (lecture normale) = 0 6 4 (lecture à l'envers) = 4^3
2 1 5 (lecture normale) = 5 1 2 (lecture à l'envers) = 8^3

ASTUCE Les concepteurs du TAGE 2® utilisent souvent un **cube palindrome**, c'est-à-dire un cube qui peut se lire de la gauche vers la droite (lecture normale) ou de la droite vers la gauche (lecture à l'envers) (**Exemples :** 1331 ou 343).

LES MULTIPLES

Théorie	Exemple
←	
---	3 5 1
---	6 3 1
---	9 1 1
---	2 0 1
---	0 7 1

Théorie : La **lecture à l'envers** de chaque élément donne une suite logique de **multiples**.

Exemple :
3 5 1 (lecture normale) = 1 5 3 (lecture à l'envers) = 17×9
6 3 1 (lecture normale) = 1 3 6 (lecture à l'envers) = 17×8
9 1 1 (lecture normale) = 1 1 9 (lecture à l'envers) = 17×7
2 0 1 (lecture normale) = 1 0 2 (lecture à l'envers) = 17×6
0 7 1 (lecture normale) = 1 7 0 (lecture à l'envers) = 17×10

LES NOMBRES PREMIERS

Théorie	Exemple
←	
---	5 0
---	7 1
---	7 3
---	3 5
---	9 1

Théorie : La **lecture à l'envers** de chaque élément donne une suite logique de **nombres premiers**.

Exemple :
5 0 (lecture normale) = 0 5 (lecture à l'envers) = Nombre premier
7 1 (lecture normale) = 1 7 (lecture à l'envers) = Nombre premier
7 3 (lecture normale) = 3 7 (lecture à l'envers) = Nombre premier
3 5 (lecture normale) = 5 3 (lecture à l'envers) = Nombre premier
9 1 (lecture normale) = 1 9 (lecture à l'envers) = Nombre premier

LECTURE À L'ENVERS PARTIELLE : SEULE UNE PARTIE EST À L'ENVERS

Théorie	Exemple
---	7 9 4
---	3 9 0
---	9 1 8
---	4 6 1
---	5 5 2

Théorie : La **lecture à l'envers** d'**une partie de chaque élément** donne une suite logique de **carrés**, de **cubes**, de nombres **premiers** ou de **multiples**.

Exemple :
7 9 4 (normale) = 7 4 9 (lecture à l'envers partielle) : $7^2 = 49$
3 9 0 (normale) = 3 0 9 (lecture à l'envers partielle) : $3^2 = 09$
9 1 8 (normale) = 9 8 1 (lecture à l'envers partielle) : $9^2 = 81$
4 6 1 (normale) = 4 1 6 (lecture à l'envers partielle) : $4^2 = 16$
5 5 2 (normale) = 5 2 5 (lecture à l'envers partielle) : $5^2 = 25$

Posez toutes vos questions (concours, écoles, dossiers, TAGE 2®, etc.) au sein des **communautés d'entraide Facebook et Instagram « Monsieur TAGE 2 »** et **« Monsieur Ecoles de commerce » (+ de 20 000 membres)**.

Toutes les questions sont corrigées en vidéo dans votre espace **E-LEARNING sur www.monsieur-tage-2.com**

Méthode 11 : Produit constant/croissant/décroissant 101

LOGIQUE Fréquence ●●○○○ Difficulté ★★★★☆

PRODUIT CONSTANT

Théorie	Exemple	
X × X × X = Y X × X × X = Y X × X × X = Y X × X × X = Y X × X × X = Y	3 3 4 6 6 1 3 2 6 9 2 2 6 2 3	**Le produit des chiffres de chaque élément est identique.** **Exemple :** 3 × 3 × 4 = **36**, 6 × 6 × 1 = **36**, 3 × 2 × 6 = **36**, 9 × 2 × 2 = **36**, 6 × 2 × 3 = **36**.
X × X = Y X × X = Y X × X = Y X × X = Y X × X = Y	L A C D B F D C F B	**Le produit des rangs alphabétiques de chaque élément est identique.** **Exemple :** L × A = 1 × 12 = **12**, C × D = 3 × 4 = **12**, B × F = 2 × 6 = **12**, D × C = 4 × 3 = **12**, F × B = 6 × 2 = **12**.

PRODUIT CROISSANT

PRODUIT CROISSANT AVEC ÉCART CONSTANT

Théorie	Exemple	
X × X = Y X × X = Y + ? X × X = Y + ? X × X = Y + ? X × X = Y + ?	4 3 2 7 4 4 2 9 5 4	**Le produit des chiffres (ou des rangs alphabétiques) de chaque élément est croissant avec un écart constant (Exemple :** +2, +2, +2, +2). **Exemple :** 4 × 3 = **12**, 2 × 7 = **14**, 4 × 4 = **16**, 2 × 9 = **18**, 5 × 4 = **20**. Produit croissant avec un écart constant de +2.

PRODUIT CROISSANT AVEC ÉCART PROGRESSIF

Théorie	Exemple	Le produit des rangs alphabétiques (ou des chiffres) de chaque élément est croissant avec un écart progressif (Exemple : +2, +4, +6, +8).
X × X × X = Y	C E B	**Exemple :** C × E × B = 3 × 5 × 2 = **30**, D × D × B = 4 × 4 × 2 = **32**, A × F × F = 1 × 6 × 6 = **36**, F × G × A = 6 × 7 × 1 = **42**, E × E × B = 5 × 5 × 2 = **50**. Produit croissant avec un écart progressif de +2, +4, +6, +8.
X × X × X = Y + ?	D D B	
X × X × X = Y + ??	A F F	
X × X × X = Y + ???	F G A	
X × X × X = Y + ????	E E B	

PRODUIT CROISSANT AVEC ÉCART DÉGRESSIF

Théorie	Exemple	Le produit des chiffres (ou des rangs alphabétiques) de chaque élément est croissant avec un écart dégressif (Exemple : +8, +6, +4, +2).
X × X × X = Y	5 2 1	**Exemple :** 5 × 2 × 1 = **10**, 1 × 6 × 3 = **18**, 2 × 6 × 2 = **24**, 7 × 4 × 1 = **28**, 5 × 3 × 2 = **30**. Produit croissant avec un écart dégressif de +8, +6, +4, +2.
X × X × X = Y + ????	1 6 3	
X × X × X = Y + ???	2 6 2	
X × X × X = Y + ??	7 4 1	
X × X × X = Y + ?	5 3 2	

REMARQUE On peut également considérer uniquement le produit de 2 des 3 chiffres ou lettres de l'élément.

ATTENTION Ne confondez pas le produit constant, croissant, décroissant et l'écart constant, progressif, dégressif. On peut avoir un produit croissant (le résultat augmente à chaque fois) avec un écart dégressif (écart de plus en plus petit à chaque fois).

PRODUIT DÉCROISSANT

PRODUIT DÉCROISSANT AVEC ÉCART CONSTANT

Théorie	Exemple
$X \times X = Y$	4 5
$X \times X = Y - ?$	2 9
$X \times X = Y - ?$	8 2
$X \times X = Y - ?$	2 7
$X \times X = Y - ?$	4 3

Théorie : Le produit des chiffres (ou des rangs alphabétiques) de chaque élément est décroissant avec un écart constant (**Exemple :** $-2, -2, -2, -2$).

Exemple : $4 \times 5 = \mathbf{20}$, $2 \times 9 = \mathbf{18}$, $8 \times 2 = \mathbf{16}$, $2 \times 7 = \mathbf{14}$, $4 \times 3 = \mathbf{12}$.
Produit décroissant avec un écart constant de -2.

PRODUIT DÉCROISSANT AVEC ÉCART PROGRESSIF

Théorie	Exemple
$X \times X \times X = Y$	B G B
$X \times X \times X = Y - ?$	M B A
$X \times X \times X = Y - ??$	A B K
$X \times X \times X = Y - ???$	B B D
$X \times X \times X = Y - ????$	B B B

Théorie : Le produit des rangs alphabétiques (ou des chiffres) de chaque élément est décroissant avec un écart progressif (**Exemple :** $-2, -4, -6, -8$).

Exemple : $B \times G \times B = 2 \times 7 \times 2 = \mathbf{28}$, $M \times B \times A = 13 \times 2 \times 1 = \mathbf{26}$, $A \times B \times K = 1 \times 2 \times 11 = \mathbf{22}$, $B \times B \times D = 2 \times 2 \times 4 = \mathbf{16}$, $B \times B \times B = 2 \times 2 \times 2 = \mathbf{8}$.
Produit décroissant avec un écart progressif de -2, -4, -6, -8.

PRODUIT DÉCROISSANT AVEC ÉCART DÉGRESSIF

Théorie	Exemple
$X \times X \times X = Y$	8 4 1
$X \times X \times X = Y - ????$	1 3 8
$X \times X \times X = Y - ???$	1 2 9
$X \times X \times X = Y - ??$	7 2 1
$X \times X \times X = Y - ?$	3 2 2

Théorie : Le produit des chiffres (ou des rangs alphabétiques) de chaque élément est décroissant avec un écart dégressif (**Exemple :** $-8, -6, -4, -2$).

Exemple : $8 \times 4 \times 1 = \mathbf{32}$, $1 \times 3 \times 8 = \mathbf{24}$, $1 \times 2 \times 9 = \mathbf{18}$, $7 \times 2 \times 1 = \mathbf{14}$, $3 \times 2 \times 2 = \mathbf{12}$.
Produit décroissant avec un écart dégressif de -8, -6, -4, -2.

REMARQUE On peut également uniquement considérer le produit de 2 des 3 chiffres (ou lettres) de l'élément.

ATTENTION Ne confondez pas le produit constant, croissant, décroissant et l'écart constant, progressif, dégressif. On peut avoir un produit décroissant (le résultat diminue à chaque fois) avec un écart progressif (écart de plus en plus grand à chaque fois).

EXERCICES

Question 1 ★★★★★ **1 min. – 3 min.**

		DAF		
TAX	JBF	?	EDR	DES
		LGB		
		BCF		
		PKB		

(A) EDE
(B) PAJ
(C) BJA
(D) MBE

Question 2 ★★★★★ **1 min. – 3 min.**

		345		
		2235		
		265		
343	862	?	534	926
		543		

(A) 443
(B) 562
(C) 5223
(D) 675

➔ **CORRIGÉ FICHE 120**

Séries de chiffres (Méthodes exclusives)

102 Méthode 12 : Carrés et cubes

LOGIQUE Fréquence ●●●●○ Difficulté ★★☆☆☆

CARRÉS

Théorie	Exemple	
X X	6 4	**Théorie : Tous les éléments** de la série sont des **carrés.** **Exemple** : 64 (8^2), 36 (6^2), 49 (7^2), 81 (9^2), 25 (5^2).
X X	3 6	
X X	4 9	
X X	8 1	
X X	2 5	

REMARQUE Il est possible d'avoir une suite logique composée à la fois de carrés et de cubes.

CARRÉS IMPAIRS / PAIRS

Théorie	Exemple	
X	9	**Théorie : Tous les éléments** de la série sont **UNIQUEMENT des carrés IMPAIRS ou UNIQUEMENT des carrés PAIRS.** **Exemple** : 9 (3^2), 121 (11^2), 49 (7^2), 81 (9^2), 25 (5^2) = **uniquement des carrés impairs.**
X X X	1 2 1	
X X	4 9	
X X	8 1	
X X	2 5	

CUBES

Théorie	Exemple	
X X X	3 4 3	**Théorie : Tous les éléments** de la série sont des **cubes.** **Exemple** : 343 (7^3), 8 (2^3), 27 (3^3), 729 (9^3), 512 (8^3) = **uniquement des cubes.**
X	8	
X X	2 7	
X X X	7 2 9	
X X X	5 1 2	

REMARQUE Il est possible d'avoir une suite logique composée à la fois de carrés et de cubes.

CUBES IMPAIRS / PAIRS

Théorie	Exemple
X X X	7 2 9
X X X	3 4 3
X X X X	1 3 3 1
X X	2 7
X X X	1 2 5

Théorie : Tous les éléments de la série sont **UNIQUEMENT des cubes IMPAIRS ou UNIQUEMENT des cubes PAIRS.**

Exemple : 729 (9^3), 343 (7^3), 1331 (11^3), 27 (3^3), 125 (5^3)
= **uniquement des cubes impairs.**

EXERCICE

Question 1 ★★☆☆☆ **15 sec. – 1 min.**

		343		
		125		
		27		
49	81	?	36	25
		512		

(A) 64
(B) 16
(C) 729
(D) 04

CORRIGÉ FICHE 120

103 Méthode 13 : Multiples simples/complexes/nombres premiers

LOGIQUE Fréquence ●●●○○ Difficulté ★★★★☆

MULTIPLES SIMPLES (DE 2 À 10)

Théorie	Exemple
X X	4 2
X X X	1 4 7
X X	7 7
X X	2 8
X X	6 3

Théorie : Tous les éléments de la série sont des **nombres divisibles par des multiples simples (2 à 10).**

Exemple : 42 = 6 × **7**, 147 = 21 × **7**, 77 = 11 × **7**, 28 = 4 × **7**, 63 = 9 × **7** (= **multiples de 7**).

MULTIPLES COMPLEXES (DE 11 À 20)

Théorie	Exemple
X X X	1 8 2
X X X	1 4 3
X X	5 2
X X X	1 6 9
X X	7 8

Théorie : Tous les éléments de la série sont des **nombres divisibles par des multiples complexes (11 à 20).**

Exemple : 182 = 14 × **13**, 143 = 11 × **13**, 52 = 4 × **13**, 169 = 13 × **13**, 78 = 6 × **13** (= **multiples de 13**).

ASTUCES

1. **Comment repérer un nombre divisible par un multiple complexe ?**
   Calculez l'écart entre les 2 nombres les plus proches de votre série. Cet écart est très probablement le **multiple commun**. Ici, 182 et 169 ont un écart de 13. Il y a donc de fortes chances pour que le **multiple commun soit 13 !**
2. Il est possible que les multiples soient uniquement le nombre formé par les 1er et 2e chiffres (**21**8, **30**4, **09**5, etc.) ou par les 2e et 3e chiffres (4**42**, 2**70**, 3**21**, etc.) ou enfin par les nombres extérieurs (**2**8**1**, **3**4**3**, **9**5**0**, etc.)

REMARQUE Les multiples les plus fréquents en logique sont : 3, 7, 9, 11, 13, 17, et 19.

NOMBRES PREMIERS (DE 2 À 101)

Théorie	Exemple
X X	4 1
X X X	1 0 1
X X	7 9
X X	3 7
X X	2 3

Théorie : **Tous les éléments** de la série sont des **nombres premiers (divisibles par 1 et par eux-mêmes).**

Exemple : Tous les nombres sont des **nombres premiers**.

ATTENTION Il est possible que les nombres premiers soient uniquement le nombre formé par les 1er et 2e chiffres (**23**8, **31**4, **47**5, etc.) ou par les 2e et 3e chiffres (4**41**, 2**37**, 3**23**, etc.) ou enfin par les nombres extérieurs (**2**8**3**, **3**4**1**, **9**5**1**, etc.)

EXERCICES

Question 1 ★★★☆☆ 30 sec. – 2 min.

		51		
		85		
		153		
		136		
143	130	?	39	91

(A) 169
(B) 65
(C) 34
(D) 221

Question 2 ★★★☆☆ 30 sec. – 2 min.

	11			
	97			
	59			
	43			
70	?	749	56	91

(A) 89
(B) 07
(C) 63
(D) 83

➔ CORRIGÉ FICHE 120

104 Méthode 14 : Les puissances

LOGIQUE — Fréquence ●○○○○ — Difficulté ★★★★★

PUISSANCES (VERS LA DROITE)

Théorie	Exemple
X Y $\underline{X^Y}$	2 2 **4**
X Y $\underline{X^Y}$	8 2 **6 4**
X Y $\underline{X^Y}$	3 2 **9**
X Y $\underline{X^Y}$	3 3 **2 7**
X Y $\underline{X^Y}$	0 8 **0**

Théorie : 1er chiffre à la puissance du 2e chiffre = Nombre formé par le(s) dernier(s) chiffre(s).

Exemple : 2 2 4 : $2^2 = \mathbf{4}$, 8 2 6 4 : $8^2 = \mathbf{64}$, 3 2 9 : $3^2 = \mathbf{9}$, 3 3 2 7 : $3^3 = \mathbf{27}$, 0 8 0 : $0^8 = \mathbf{0}$.

PUISSANCES (VERS LA GAUCHE)

Théorie	Exemple
$\underline{X^Y}$ X Y	**8 1** 9 2
$\underline{X^Y}$ X Y	**2 5** 5 2
$\underline{X^Y}$ X Y	**9** 3 2
$\underline{X^Y}$ X Y	**8** 2 3
$\underline{X^Y}$ X Y	**1 6** 4 2

Théorie : 2e (ou 3e) chiffre à la puissance du dernier chiffre = 1er(s) chiffre(s).

Exemple : 8 1 9 2 : $\mathbf{81} = 9^2$, 2 5 5 2 : $\mathbf{25} = 5^2$, 9 3 2 : $\mathbf{9} = 3^2$, 8 2 3 : $\mathbf{8} = 2^3$, 1 6 4 2 : $\mathbf{16} = 4^2$.

EXERCICES

Question 1 ★★★☆☆ 30 sec. – 2 min.

	136			
	325			
	481			
040	?	329	101	111
	649			

(A) 414
(B) 238
(C) 664
(D) 181

Question 2 ★★★★★ **45 sec. – 3 min.**

ABA	BCH	CBI	?	BDP
			BEZ	
			AFQ	
			CFT	
			DIO	

(A) HAH
(B) FDF
(C) DBP
(D) PAL

Question 3 ★★★★★ **45 sec. – 3 min.**

			FCF	
			DAF	
			EBE	
			GDI	
ABD	DCH	PBI	?	YDP

(A) HFD
(B) ARF
(C) IHA
(D) JJP

CORRIGÉ FICHE 120

Séries de lettres (Méthodes exclusives)

105 Méthode 15 : Voyelles/Consonnes

LOGIQUE Fréquence ●●●○○ Difficulté ★★★★☆

« VOYELLES » OU « CONSONNES » PAR COLONNE

Théorie	Exemple
X X X	- - U
X X X	- - E
X X X	- - O
X X X	- - A
X X X	- - I

Théorie : Les 1re ou 2e ou 3e ou 4e lettres de chaque élément sont des voyelles (A, E, I, O, U, Y) **ou des consonnes.**

Exemple : 3e lettre : U – E – O – A – I = **voyelles.**

« VOYELLES » OU « CONSONNES » DANS L'ÉNONCÉ

Théorie	Exemple
X X X	T R F
X X X	K L H
X X X	Q S D
X X X	R F C
X X X	P T Z

Théorie : Toutes les lettres d'une série (verticale ou horizontale) **sont des voyelles** (A, E, I, O, U, Y) **ou des consonnes.**

Exemple : Toutes les lettres de la série verticale sont des **consonnes.**

« VOYELLES » SUR UNE DIAGONALE

Théorie	Exemple
X X X	**A** R F
X X **X**	K L **E**
X X X	**I** S E
X X **X**	R F **O**
X X X	**U** T Z

Théorie : Toutes les lettres en diagonale (grande, moyenne ou petite) **sont des voyelles** (voir les fiches 95 à 97 sur les diagonales).

Exemple : A, E, I, O, U en grande diagonale.

EXERCICES

Question 1 ★★★☆☆ **30 sec. – 2 min.**

			AR	
			ES	
			UZ	
EP	RI	EO	?	UX
			IO	

(A) TU
(B) AV
(C) RY
(D) AE

Question 2 ★★★★☆ **45 sec. – 3 min.**

MZI	FVP	KKL	QZX	?
				PLA
				AOA
				IXE
				TRU

(A) ZOO
(B) BVP
(C) PAA
(D) XDE

Question 3 ★★★★☆ **45 sec. – 3 min.**

MZI	OLE	LPA	QZX	?
				EKD
				POE
				ETG
				AXE

(A) KTE
(B) KLO
(C) RAE
(D) LKP

CORRIGÉ FICHE 120

Toutes les questions sont corrigées en vidéo dans votre espace **E-LEARNING sur www.monsieur-tage-2.com**

106 Méthode 16 : Nombre de barres et nombre d'arrondis

LOGIQUE Fréquence ●●●○○ Difficulté ★★★★☆

NOMBRE DE BARRES

La méthode du **nombre de barres** est une méthode récurrente au TAGE 2®.

Une barre est un segment de lettre.

Lettre à 1 barre	I
Lettres à 2 barres	L, T, V, X
Lettres à 3 barres	A, F, H, K, N, Y, Z
Lettres à 4 barres	E, M, W

ATTENTION

1. Pour éviter toute confusion, les concepteurs du TAGE 2® n'appliquent pas la méthode du **nombre de barres** sur les lettres avec des **arrondis** (**Exemples** : B, D, G, P, Q, R sont des lettres à **0 barre au TAGE 2®**).
2. **I** comporte **1 barre** et **Y** compte **3 barres**.

NOMBRE DE BARRES IDENTIQUE PAR COLONNE

RH JK ?? PZ RN	**Théorie : La 1re, 2e, 3e ou 4e lettre de chaque élément a le même nombre de barres.** **Exemple** : 2e lettre = H = K = ? = Z = N = 3 barres. **Réponses possibles** pour la 2e lettre : A, F, H, K, N, Y, etc.

SOMME DU NOMBRE DE BARRES PAR ÉLÉMENT

La somme du nombre de barres des 2, 3 ou 4 lettres de chaque élément est...

Identique		Décroissante		Croissante	
KL	K + L = 5 barres	YW	Y + W = 7 barres	LI	L + I = 3 barres
MI	M + I = 5 barres	KH	K + H = 6 barres	XV	X + V = 4 barres
VK	V + K = 5 barres	VF	V + F = 5 barres	NT	N + T = 5 barres
IE	I + E = 5 barres	ZI	Z + I = 4 barres	WX	W + X = 6 barres
ZV	Z + V = 5 barres	IT	T + I = 3 barres	HW	H + W = 7 barres

SOMME DU NOMBRE DE BARRES PAR COLONNE

LI MK TK FV VE	**Théorie : La somme du nombre de barres des 1re lettres = la somme du nombre de barres des 2e lettres.** L + M + T + F + V = 13 barres dans la 1re colonne. I + K + K + V + E = 13 barres dans la 2e colonne.

EXERCICE

Question 1 ★★★★☆ 45 sec. – 3 min.

			KKL			(A)	WLT
			WNI			(B)	EIA
			AKV			(C)	FXA
LLL	CSV	CCX	?	MNT		(D)	JLK
			EZI				

➔ CORRIGÉ FICHE 120

NOMBRE D'ARRONDIS

La méthode du **nombre d'arrondis** est une méthode peu fréquente au TAGE 2® mais qui permet de faire la différence le jour J !

Un « **arrondi** » dans une lettre correspond à une « **courbe** » (par opposition à une « **barre** » qui correspond à un **segment**).

Lettre à 1 arrondi	C, D, G, J, P, R, U
Lettres à 2 arrondis	B, S, O, Q

ATTENTION **L'arrondi est plus « fort » que la barre**, c'est-à-dire que si une lettre a 1 barre et 1 arrondi, seul l'arrondi est comptabilisé.
Exemple : La lettre « B » a 2 arrondis et 0 barre au TAGE 2®.

NOMBRE D'ARRONDIS IDENTIQUE PAR COLONNE

<u>R</u>HE <u>J</u>CO <u>G</u>KC <u>P</u>PL <u>?</u>??	**Théorie : La 1re, 2e, 3e ou 4e lettre** de chaque élément a **1 ou 2 arrondis.** **Exemple** : 1re lettre = R = J = G = P = 1 arrondi. **Réponses possibles pour la 1re lettre : <u>R</u>, <u>C</u>**, etc.

SOMME DU NOMBRE D'ARRONDIS PAR ÉLÉMENT

La somme du nombre d'arrondis des 2, 3 ou 4 lettres de chaque <u>ligne</u> est ...

Identique		Décroissante		Croissante	
BA	B + A = 2 arrondis	SB	S + B = 4 arrondis	LI	L + I = 0 arrondi
CD	C + D = 2 arrondis	BC	B + C = 3 arrondis	GM	G + M = 1 arrondi
JR	J + R = 2 arrondis	JR	J + R = 2 arrondis	DC	D + C = 2 arrondis
SV	S + V = 2 arrondis	RT	R + T = 1 arrondi	BC	B + C = 3 arrondis
OT	O + T = 2 arrondis	IT	I + T = 0 arrondi	SB	S + B = 4 arrondis

SOMME DU NOMBRE D'ARRONDIS PAR COLONNE

BQ CO DS PT SR	**La somme du nombre d'arrondis des 1re lettres = la somme du nombre d'arrondis des 2e lettres.** B + C + D + P + S = 7 arrondis dans la 1re colonne. Q + O + S + T + R = 7 arrondis dans la 2e colonne.

EXERCICE

Question 1 ★★★★★ **1 min. – 3 min.**

			AQ			(A)	MB
			ES			(B)	OC
			TO			(C)	FJ
EL	CL	CC	?	BS		(D)	CB
			IB				

➜ CORRIGÉ FICHE 120

107 Méthode 17 : Symétrie (Verticale/Horizontale)

LOGIQUE Fréquence ●●○○○ Difficulté ★★★★☆

Il existe **4 types de symétries** : « **lettres symétriques** » (verticalement et horizontalement), « **symétrie dans l'élément** » et « **symétrie dans l'énoncé** ».

Lettres symétriques verticalement	**Axe de symétrie** qui coupe **verticalement** ou **horizontalement** en **son milieu** une lettre.	A, H, I, M, O, T, U, V, W, X, Y
Lettres symétriques horizontalement		B, C, D, E, H, I, K, O, X.

LETTRES SYMÉTRIQUES (VERTICALEMENT)

Théorie	Exemple	
X⃒ - -	T - -	**Théorie** : La 1re, 2e, 3e ou 4e lettre de chaque élément a un **axe de symétrie vertical en son milieu.**
X⃒ - -	O - -	**Exemple :** T, O, W et M ont un axe de symétrie vertical qui coupe la lettre en deux parties identiques : T⃒, O⃒, W⃒, M⃒.
X⃒ - -	W - -	
X⃒ - -	M - -	

LETTRES SYMÉTRIQUES (HORIZONTALEMENT)

Théorie	Exemple	
- - X̶	- - O	**Théorie** : La 1re, 2e, 3e ou 4e lettre de chaque élément a un **axe de symétrie horizontal en son milieu.**
- - X̶	- - I	**Exemple :** O, I, X et K ont un axe de symétrie horizontal qui coupe la lettre en deux parties identiques : O̶, I̶, X̶, K̶.
- - X̶	- - X	
- - X̶	- - K	

SYMÉTRIE DANS L'ÉLÉMENT (1RE LETTRE = DERNIÈRE LETTRE)

Théorie	Exemple
X - X	O | O
X - X	P | P
X - X	S | S
X - X	L | L

Théorie : Chaque élément a un **axe de symétrie vertical en son milieu**. Ainsi, 1re lettre = 3e lettre.

Exemple : Ce sont des éléments « palindromes » (1re lettre = 3e lettre).

SYMÉTRIE DANS L'ÉNONCÉ

Théorie	ABC DEF G|HG FED CBA
Exemple	KLI MOP C|WC POM ILK

Théorie : L'énoncé a un axe de symétrie vertical en son milieu.

Exemple : Le 1er élément (KLI) est « reflété » avec le dernier élément (ILK), le 2e élément (MOP) avec l'avant-dernier (POM) et l'élément du milieu a un axe de symétrie vertical en son milieu (CWC).

EXERCICE

Question 1 ★★★★☆ 45 sec. – 3 min.

		BMO		
		JWZ		
		ZOT		
KIL	ZXD	?	PKM	ZEL
		ZTD		

(A) PWS
(B) PKI
(C) KTZ
(D) PIL

CORRIGÉ FICHE 120

Toutes les questions sont corrigées en vidéo dans votre espace **E-LEARNING sur www.monsieur-tage-2.com**

108 Méthode 18 : La méthode du concepteur

LOGIQUE Fréquence ●●○○○ Difficulté ★★★☆☆

La **méthode du concepteur** permet de trouver **la bonne réponse sans lire l'énoncé** !

Pour appliquer cette astuce, il faut comprendre comment sont conçus les énoncés.
Le concepteur est « obligé » de vous faire **hésiter entre 2 réponses au minimum par suite logique (verticale ou horizontale)**. En d'autres termes, le concepteur est « obligé » de mettre **au minimum 2 lettres identiques à la même position (1re, 2e ou 3e) dans au minimum 2 réponses différentes.**

Entourez donc les doublons (mêmes lettres à la même position).
Ainsi, la réponse avec un « **double doublon** » est la **bonne réponse !**

> **ATTENTION** Cette astuce n'est à appliquer que **si vous manquez de temps** ou **si vous n'avez trouvé qu'une suite logique sur deux**.

Pourquoi ? Parce que **cette astuce ne fonctionne pas en permanence**. En effet, il est possible que le concepteur crée plusieurs réponses avec des « doubles doublons » ou que la suite logique soit liée aux propriétés des lettres (et non à leurs positions). Dans ce cas, n'appliquez pas cette astuce.

APPLICATION (« VRAI DOUBLE DOUBLON »)

			ORT		(A)	KNV
			NHU		(B)	ASX
ARI	CFC	EAR	?	IRU	(C)	GBV
			AVW		(D)	GHB
			KLX			

CORRIGÉ

			OR**T**		(A)	KN**V**
			NH**U**		(B)	ASX
ARI	**C**FC	**E**AR	**???**	**I**RU	(C)	**GBV**
			AV**W**		(D)	**G**HB
			KL**X**			

V : 3e lettre. Écart constant de +1 : T – U – V – W – X.
H : 1re lettre. Écart constant de +2 : A – C – E – G – I.

Méthode du concepteur : On entoure les doublons (= mêmes lettres à la même position). La réponse avec un « double doublon » (réponse C) est la bonne réponse. Ici, la méthode du concepteur fonctionne.

APPLICATION (« FAUX DOUBLE DOUBLON »)

			ORT		(A)	KNV
			NHU		(B)	KRX
ARI	CFC	EAR	?	IRU	(C)	GBV
			AVW		(D)	GRT
			KLX			

CORRIGÉ

			OR**T**		(A)	**KNV**
			NH**U**		(B)	**KR**X
ARI	**C**FC	**E**AR	**???**	**I**RU	(C)	**GBV**
			AV**W**		(D)	**GR**T
			KL**X**			

Méthode du concepteur : Ici, **la méthode du concepteur** **ne fonctionne pas** car nous avons plusieurs « faux double doublons ». La bonne réponse est C, mais impossible de la trouver grâce à la méthode du concepteur.

Toutes les questions sont corrigées en vidéo dans votre espace **E-LEARNING sur www.monsieur-tage-2.com**

109 Méthode 19 : Les cas rares

LOGIQUE Fréquence ●○○○○ Difficulté ★★★★☆

LES CHIFFRES ROMAINS

Théorie	Exemple
X - -	V - -
X - -	M - -
X - -	L - -
X - -	I - -
X - -	X - -

Théorie : La 1re lettre (ou 2e ou 3e ou 4e) est un **chiffre romain**.

Exemple : V – M – L – I – X = 5 – 1000 – 50 – 1 – 10 (chiffres romains).

LES MOTS

Théorie	Exemple
X X	S A
X X	U N
X X	M I
X X	D E
X X	L E

Théorie : Les lettres de chaque élément forment un **mot**.
Remarque : Le mot peut également se lire à l'envers.

Exemple : S A = SA (sa voiture), U N = UN (1), M I = MI (Do Ré Mi), D E = DE (De l'eau), L E = L E (Le boulanger).

LES ACRONYMES

Théorie	Exemple
X X X	E D F
X X X	O N U
X X X	G D F
X X X	O M C
X X X	F M I

Théorie : Les lettres de chaque élément forment un **acronyme**.

Exemple : EDF (électricité), ONU (Organisation des Nations Unies), GDF (Gaz De France), OMC (Organisation Mondiale du Commerce), FMI (Fonds Monétaire International).

EXERCICES

Question 1 ★★★★☆ 45 sec. – 3 min.

			FMI		
			OMC		
CRI	DUR	CAR	?	CRU	
			BIT		
			BCE		

(A) SPA
(B) POT
(C) ONU
(D) ROT

Question 2 ★★★★★ 1 min. – 3 min.

	JAN			
	DEC			
	FEV			
CLF	?	RXV	DVV	TID
	MAI			

(A) AVR
(B) VVV
(C) SEP
(D) FLM

➔ CORRIGÉ FICHE 120

110 Fiche récapitulative : Méthodes séries de lettres/chiffres

LOGIQUE

MÉTHODE 1 : LES COLONNES

1re COLONNE	2e COLONNE	3e COLONNE	4e COLONNE
X - -	- X	- - X	- - - X
X - -	- X	- - X	- - - X
X - -	- X	- - X	- - - X
X - -	- X	- - X	- - - X
X - -	- X	- - X	- - - X

MÉTHODE 2 : LES LIGNES

ÉCART GAUCHE 1e – 2e COLONNE	ÉCART DROITE 2e – Dernière COLONNE	ÉCART MILIEU 2e – 3e COLONNE	GRAND ÉCART 1re – Dernière COLONNE
X X -	- X X	- X X -	X - X
X X -	- X X	- X X -	X - X
X X -	- X X	- X X -	X - X
X X -	- X X	- X X -	X - X
X X -	- X X	- X X -	X - X

MÉTHODE 3 : LES GRANDES DIAGONALES

1re Colonne – Dernière colonne	Dernière colonne – 1re colonne
X - -	- - X
- - X	X - -
X - -	- - X
- - X	X - -
X - -	- - X

MÉTHODE 4 : LES DIAGONALES MOYENNES

Départ à gauche	Départ à droite	Départ au centre – gauche	Départ au centre – droite
X - -	- - X	- X -	- X -
- X -	- X -	X - -	- - X
- - X	X - -	- X -	- X -
- X -	- X -	- - X	X - -
X - -	- - X	- X -	- X -

MÉTHODE 5 : LES PETITES DIAGONALES

Départ à gauche	Départ à droite	Départ au centre – gauche	Départ au centre – droite
X - -	- - X	- X -	- X -
- X -	- X -	X - -	- - X
X - -	- - X	- X -	- X -
- X -	- X -	X - -	- - X
X - -	- - X	- X -	- X -

MÉTHODE 6 : SOMME CONSTANTE/CROISSANTE/DÉCROISSANTE

SOMME CONSTANTE	SOMME CROISSANTE (écart constant)
X + X + X = Y	X + X = Y
X + X + X = Y	X + X = Y + ?
X + X + X = Y	X + X = Y + ?
X + X + X = Y	X + X = Y + ?
X + X + X = Y	X + X = Y + ?

SOMME CROISSANTE (écart progressif)	SOMME CROISSANTE (écart dégressif)
X + X + X = Y	X + X + X = Y
X + X + X = Y + ?	X + X + X = Y + ????
X + X + X = Y + ??	X + X + X = Y + ???
X + X + X = Y + ???	X + X + X = Y + ??
X + X + X = Y+ ????	X + X + X = Y + ?

SOMME DÉCROISSANTE (écart constant)	SOMME DÉCROISSANTE (écart progressif)	SOMME DÉCROISSANTE (écart dégressif)
X + X = Y	X + X + X = Y	X + X + X = Y
X + X = Y – ?	X + X + X = Y – ?	X + X + X = Y – ????
X + X = Y – ?	X + X + X = Y – ??	X + X + X = Y – ???
X + X = Y – ?	X + X + X = Y – ???	X + X + X = Y – ??
X + X = Y –	X + X + X = Y – ????	X + X + X = Y – ?

MÉTHODE 7 : LES ÉNONCÉS À TROUS

MÉTHODE 8 : DÉCOUPEZ L'ÉNONCÉ – CHIFFRES

DÉCOUPAGE GAUCHE : 1ER CHIFFRE (X-XX ou X-XXX)

SOMME (ou soustraction)		PRODUIT (ou division)		SOMME INVISIBLE		PRODUIT INVISIBLE	
6 3 3	6 = 3 + 3	6 3 2	6 = 3 × 2	8 1 2	8 (+4) = 1 2	8 2 4	8 (×3) = 2 4
8 5 3	8 = 5 + 3	8 4 2	8 = 4 × 2	5 0 9	5 (+4) = 0 9	5 1 5	5 (×3) = 1 5
5 1 4	5 = 1 + 4	5 1 5	5 = 1 × 5	6 1 0	6 (+4) = 1 0	6 1 8	6 (×3) = 1 8
CARRÉS		**CUBES**		**SUPPRESSION Premier chiffre**			
8 6 4	8^2 = 6 4	6 2 1 6	6^3 = 2 1 6	8 6 4	**8 6 4 (=10)**		
5 2 5	5^2 = 2 5	8 5 1 2	8^3 = 5 1 2	5 5 5	**5 5 5 (=10)**		
6 3 6	6^2 = 3 6	5 1 2 5	5^3 = 1 2 5	6 8 2	**6 8 2 (=10)**		

DÉCOUPAGE DROITE : DERNIER CHIFFRE (XX-X ou XXX-X)

SOMME (ou soustraction)		PRODUIT (ou division)		SOMME INVISIBLE		PRODUIT INVISIBLE	
2 5 7	2 + 5 = 7	2 3 6	2 × 3 = 6	1 1 5	1 1 = 5 (+6)	1 2 6	1 2 = 6 (×2)
6 3 9	6 + 3 = 9	7 1 7	7 × 1 = 7	1 3 7	1 3 = 7 (+6)	1 8 9	1 8 = 9 (×2)
1 5 6	1 + 5 = 6	2 4 8	2 × 4 = 8	0 8 2	0 8 = 2 (+6)	1 4 7	1 4 = 7 (×2)
CARRÉS		**CUBES**		**SUPPRESSION Dernier chiffre**			
2 5 5	2 5 = 5^2	1 2 5 5	1 2 5 = 5^3	6 3 5	**6 3 5** (=9)		
1 6 4	1 6 = 4^2	7 2 9 9	7 2 9 = 9^3	4 5 9	**4 5 9** (=9)		
6 4 8	6 4 = 8^2	2 1 6 6	2 1 6 = 6^3	8 1 7	**8 1 7** (=9)		

DÉCOUPAGE CENTRAL : 1ER CHIFFRE – DERNIER CHIFFRE (X-XX ou X-XXX)

SOMME (ou soustraction)		PRODUIT (ou division)		SOMME INVISIBLE		PRODUIT INVISIBLE	
3 **6** 3	3 + 3 = **6**	1 **5** 5	1 × 5 = **5**	0 **1** 4	1 (+ **3**) = 0 4	2 **5** 0	5 (× **4**) = 2 0
2 **1 0** 8	2 + 8 = **10**	4 **8** 2	4 × 2 = **8**	1 **9** 2	9 (+ **3**) = 1 2	1 **4** 6	4 (× **4**) = 1 6
1 **5** 4	1 + 4 = **5**	3 **3** 1	3 × 1 = **3**	1 **7** 0	7 (+ **3**) = 1 0	3 **9** 6	9 (× **4**) = 3 6

CARRÉS		SUPPRESSION Chiffre du milieu	
3 **6** 6	$6^2 = 36$	8 4 6	**8 4 6 (=14)**
6 **8** 4	$8^2 = 64$	7 2 7	**7 2 7 (=14)**
2 **5** 5	$5^2 = 25$	5 4 9	**5 4 9 (=14)**

DÉCOUPAGE EN 2 DE L'ÉNONCÉ (XX-XX)

SOMME (ou soustraction)		PRODUIT (ou division)		SOMME et PRODUIT	
1 5 6 0	1 + 5 = 6 + 0	2 3 1 6	2 × 3 = 1 × 6	2 3 1 5	2 × 3 = 1 + 5
3 2 1 4	3 + 2 = 1 + 4	2 8 4 4	2 × 8 = 4 × 4	2 8 9 7	2 × 8 = 9 + 7
5 6 8 3	5 + 6 = 8 + 3	3 4 2 6	3 × 4 = 2 × 6	4 4 8 8	4 × 4 = 8 + 8

MÉTHODE 9 : DÉCOUPEZ L'ÉNONCÉ - LETTRES

DÉCOUPAGE GAUCHE : 1re LETTRE (X-XX ou X-XXX)

SOMME (ou soustraction)		PRODUIT (ou division)		SOMME INVISIBLE		PRODUIT INVISIBLE	
F C C	**6** = 3 + 3	F C B	**6** = 3 × 2	H A C	8 (+ **5**) = 1 3	H B D	8 (× **3**) = 2 4
H E C	**8** = 5 + 3	H D B	**8** = 4 × 2	F A A	6 (+ **5**) = 1 1	E A E	5 (× **3**) = 1 5
E A D	**5** = 1 + 4	E A E	**5** = 1 × 5	G A B	7 (+ **5**) = 1 2	F A H	6 (× **3**) = 1 8

CARRÉS		CUBES		SUPPRESSION Première lettre	
H F D	$8^2 = 64$	F B A F	$6^3 = 216$	H F D	**8 6 4 (=10)**
E B E	$5^2 = 25$	H E A B	$8^3 = 512$	E E E	**5 5 5 (=10)**
F C F	$6^2 = 36$	E A B E	$5^3 = 125$	F H B	**6 8 2 (=10)**

DÉCOUPAGE DROITE : DERNIÈRE LETTRE (XX-X ou XXX-X)

SOMME (ou soustraction)		PRODUIT (ou division)		SOMME INVISIBLE		PRODUIT INVISIBLE	
B E G	2 + 5 = **7**	B C F	2 × 3 = **6**	A A E	1 1 = 5 (+ **6**)	L F	1 2 = 6 (× **2**)
F C I	6 + 3 = **9**	G A G	7 × 1 = **7**	A C G	1 3 = 7 (+ **6**)	R I	1 8 = 9 (× **2**)
A E F	1 + 5 = **6**	B D H	2 × 4 = **8**	A D H	1 4 = 8 (+ **6**)	N G	1 4 = 7 (× **2**)

CARRÉS		CUBES		SUPPRESSION Dernière lettre	
B E E	2 5 = $\mathbf{5}^2$	A B E E	1 2 5 = $\mathbf{5}^3$	F C E	**6 3 5** (=9)
A F D	1 6 = $\mathbf{4}^2$	G B I I	7 2 9 = $\mathbf{9}^3$	D E I	**4 5 9** (=9)
F D H	6 4 = $\mathbf{8}^2$	B A F F	2 1 6 = $\mathbf{6}^3$	H A G	**8 1 7** (=9)

DÉCOUPAGE CENTRAL : 1re LETTRE – DERNIÈRE LETTRE (X-X-X ou X-XX-X)

SOMME (ou soustraction)		PRODUIT (ou division)		SOMME INVISIBLE		PRODUIT INVISIBLE	
C **F** C	3 + 3 = **6**	A **E** E	1 × 5 = **5**	A **D** B	4 (+ **8**) = 12	C **H** B	8 (× **4**) = 32
B **E** C	2 + 3 = **5**	D **H** B	4 × 2 = **8**	A **I** G	9 (+ **8**) = 17	A **D** F	4 (× **4**) = 16
A **E** D	1 + 4 = **5**	C **C** A	3 × 1 = **3**	A **C** A	3 (+ **8**) = 11	C **I** F	9 (× **4**) = 36

CARRÉS		SUPPRESSION Lettre du milieu	
C **F** F	$\mathbf{6}^2$ = 3 6	H ~~D~~ F	8 ~~4~~ 6 = 14
F **H** D	$\mathbf{8}^2$ = 6 4	G ~~B~~ G	7 ~~2~~ 7 = 14
B **E** E	$\mathbf{5}^2$ = 2 5	E ~~D~~ I	5 ~~4~~ 9 = 14

DÉCOUPAGE EN 2 DE L'ÉNONCÉ (XX-XX)

SOMME (ou soustraction)		PRODUIT (ou division)		SOMME et PRODUIT	
A G F B	1 + 7 = 6 + 2	B C A F	2 × 3 = 1 × 6	B C A E	2 × 3 = 1 + 5
C B A D	3 + 2 = 1 + 4	B H D D	2 × 8 = 4 × 4	B H I G	2 × 8 = 9 + 7
E F H C	5 + 6 = 8 + 3	C D B F	3 × 4 = 2 × 6	C D J B	3 × 4 = 10 + 2

MÉTHODE 10 : LECTURE À L'ENVERS

CARRÉS/CUBES		LES MULTIPLES		LES NOMBRES PREMIERS		PARTIE DE L'ÉNONCÉ	
5 2 1	$125 = 5^3$	3 5 1	$153 = 17 \times 9$	5 0	05 = NP	7 9 4	$49 = 7^2$
3 4 3	$343 = 7^3$	6 3 1	$136 = 17 \times 8$	7 1	17 = NP	3 9 0	$09 = 3^2$
9 2 7	$729 = 9^3$	9 1 1	$119 = 17 \times 7$	7 3	37 = NP	9 1 8	$81 = 9^2$

MÉTHODE 11 : PRODUIT CONSTANT/CROISSANT/DÉCROISSANT

PRODUIT CONSTANT	PRODUIT CROISSANT (écart constant)
$X \times X \times X = Y$ $X \times X \times X = Y$ $X \times X \times X = Y$ $X \times X \times X = Y$ $X \times X \times X = Y$	$X \times X = Y$ $X \times X = Y + ?$ $X \times X = Y + ?$ $X \times X = Y + ?$ $X \times X = Y + ?$

PRODUIT CROISSANT (écart progressif)	PRODUIT CROISSANT (écart dégressif)
$X \times X \times X = Y$ $X \times X \times X = Y + ?$ $X \times X \times X = Y + ??$ $X \times X \times X = Y + ???$ $X \times X \times X = Y + ????$	$X \times X \times X = Y$ $X \times X \times X = Y + ????$ $X \times X \times X = Y + ???$ $X \times X \times X = Y + ??$ $X \times X \times X = Y + ?$

PRODUIT DÉCROISSANT (écart constant)	PRODUIT DÉCROISSANT (écart progressif)	PRODUIT DÉCROISSANT (écart dégressif)
$X \times X = Y$ $X \times X = Y - ?$ $X \times X = Y - ?$ $X \times X = Y - ?$ $X \times X = Y - ?$	$X \times X \times X = Y$ $X \times X \times X = Y - ?$ $X \times X \times X = Y - ??$ $X \times X \times X = Y - ???$ $X \times X \times X = Y - ????$	$X \times X \times X = Y$ $X \times X \times X = Y - ????$ $X \times X \times X = Y - ???$ $X \times X \times X = Y - ??$ $X \times X \times X = Y - ?$

MÉTHODE 12 : CARRÉS/CUBES

Carrés	Carrés Impairs/Pairs	Cubes	Cubes Impairs/Pairs

MÉTHODE 13 : MULTIPLES SIMPLES/COMPLEXES/NOMBRES PREMIERS

Multiples simples (2 à 10)	Multiples complexes (11 à 20)	Nombres premiers (2 à 101)

MÉTHODE 14 : LES PUISSANCES

PUISSANCES (vers la droite)		PUISSANCES (vers la gauche)	
X Y **X^Y**	2 2 **4**	**X^Y** X Y	**9** 3 2
X Y **X^Y**	0 8 **0**	**X^Y** X Y	**8** 2 3
X Y **X^Y**	3 2 **9**	**X^Y** X Y	**16** 4 2

MÉTHODE 15 : VOYELLES/CONSONNES

VOYELLES/CONSONNES (par colonne)		VOYELLES/CONSONNES (dans l'énoncé)		VOYELLES (sur une diagonale)	
- - X	- - U	X X X	T R F	**X** X X	**A** R F
- - X	- - E	X X X	K L H	X X **X**	K L **E**
- - X	- - O	X X X	Q S D	**X** X X	**I** S E

MÉTHODE 16 : NOMBRE DE BARRES ET NOMBRE D'ARRONDIS

Nombre de barres (par colonne)	Somme du nombre de barres (par colonne)
	LV
R**H**	MK
J**K**	TK
P**Z**	Colonne 1 = 8 barres
	Colonne 2 = 8 barres

La somme du nombre de barres des 2, 3 ou 4 lettres de chaque **élément** est…					
Identique		**Décroissante**		**Croissante**	
KL	K + L = 5 barres	YW	Y + W = 7 barres	LI	L + I = 3 barres
MI	M + I = 5 barres	KH	K + H = 6 barres	XV	X + V = 4 barres
VK	V + K = 5 barres	VF	V + F = 5 barres	NT	N + T = 5 barres
IE	I + E = 5 barres	ZI	Z + I = 4 barres	WX	W + X = 6 barres
ZV	Z + V = 5 barres	IT	I + T = 3 barres	HW	H + W = 7 barres

Nombre d'arrondis (par colonne)	**Somme du nombre d'arrondis (par colonne)**
RHE JCO GKC	LI MK TK Colonne 1 = 0 arrondi Colonne 2 = 0 arrondi

La somme du nombre d'arrondis des 2, 3 ou 4 lettres de chaque ligne est …					
Identique		**Décroissante**		**Croissante**	
BA	B + A = 2 arrondis	SB	S + B = 4 arrondis	LI	L + I = 0 arrondi
CD	C + D = 2 arrondis	BC	B + C = 3 arrondis	GM	G + M = 1 arrondi
JR	J + R = 2 arrondis	JR	J + R = 2 arrondis	DC	D + C = 2 arrondis
SV	S + V = 2 arrondis	RT	R + T = 1 arrondi	BC	B + C = 3 arrondis
OT	O + T = 2 arrondis	IT	T + I = 0 arrondi	SB	S + B = 4 arrondis

MÉTHODE 17 : SYMÉTRIE (VERTICALE/HORIZONTALE)

LETTRES SYMÉTRIQUES (Verticalement)		**LETTRES SYMÉTRIQUES (Horizontalement)**	
X - -	T - -	- - X	- - O
X - -	O - -	- - X	- - I
X - -	W - -	- - X	- - X
X - -	M - -	- - X	- - K

SYMÉTRIE DANS L'ÉLÉMENT (1re – Dernière lettre)		SYMÉTRIE DANS L'ÉNONCÉ
X - X X - X X - X X - X	O - O P - P S - S L - L	KLI MOP CWC POM ILK

MÉTHODE 18 : LA MÉTHODE DU CONCEPTEUR

MÉTHODE 19 : LES CAS RARES

Les chiffres romains	Les mots	Les acronymes

TAGE 2® N° 1/2/3

LOGIQUE NUMÉRIQUE ET ALPHABÉTIQUE (3)

Rendez-vous sur

www.monsieur-tage-2.com

pour accéder aux corrigés des questions en vidéo !

TAGE 2® N° 1

3 LOGIQUE (3)

CONSIGNES

10 questions	15 minutes	Calculatrice interdite	Chronomètre recommandé

BARÈME

Bonne réponse : + 3 points	Aucune réponse : 0 point	Mauvaise réponse : – 1 point

Question 26.

	126			
	138			
186	?	454	544	631
	492			
	721			

(A) 279 (B) 368 (C) 224 (D) 241

Question 27.

?	772	664	970	871
246				
473				
691				
883				

(A) 286 (B) 088 (C) 055 (D) 655

Question 28.

	DU			
	SU			
	LU			
	EN			
JN	?	TD	WA	LL

(A) LA (B) RA (C) RF (D) ES

Question 29.

	MA			
	ND			
	OR			
IJ	?	NO	WX	AB
	QF			

(A) PQ (B) AQ (C) PU (D) XY

Question 30.

		63		
		18		
		90		
343	80	?	521	72
		40		

(A) 94 (B) 46 (C) 215 (D) 52

Question 31.

		ACR		
WVU	ETR	?	DNR	KED
		FEG		
		KJO		
		MPR		

(A) RDV (B) FDQ (C) ODE (D) PRQ

Question 32.

		51		
		15		
35	70	?	15	90
		35		
		57		

(A) 52 (B) 55 (C) 72 (D) 75

Question 33.

FAG	RBS	MCN	?	ESF
			GJL	
			MPJ	
			TJA	
			JBX	

(A) KDJ (B) JDC (C) JDK (D) KJL

Question 34.

		73		
		64		
15	20	?	35	70
		46		
		91		

(A) 82 (B) 45 (C) 75 (D) 55

Question 35.

		AB		
		BC		
AJ	RK	?	DM	ZN
		VW		
		XY		

(A) MN (B) KL (C) JL (D) LL

3 CORRIGÉ « LOGIQUE (3) »

Difficulté	NORMAL									
Question	26	27	28	29	30	31	32	33	34	35
Réponse	A	B	D	A	B	B	B	C	D	B

Toutes les questions sont corrigées en vidéo dans votre espace **E-LEARNING sur www.monsieur-tage-2.com**

Posez toutes vos questions (concours, écoles, dossiers, TAGE 2®, etc.) au sein des **communautés d'entraide Facebook et Instagram « Monsieur TAGE 2 »** et **« Monsieur Ecoles de commerce » (+ de 20 000 membres).**

Question 26 Réponse A ★★★★☆ 45 sec. – 3 min Fiches 91/96

	126			
	138			
186	**?**??	454	544	631
	492			
	721			

(A) 279 (B) 368 (C) 224 (D) 241

V : Écart progressif sur le 1er chiffre : +0, +1, +2, +3 : 1 – 1 – **2** – 4 – 7.

H : Somme constante 1er chiffre + 2^{e} chiffre = **9**.

Question 27	Réponse B	★★★☆☆	30 sec. – 2 min.	Fiches 91/96

???	772	664	970	871
246				
473				
691				
883				

(A) 286 **(B) 088** (C) 055 (D) 655

V : Écart constant de +2 sur le 1er chiffre : **0** – 2 – 4 – 6 – 8.

H : Somme constante de chaque élément égale à **16**.

Question 28	Réponse D	★★★★★	1 min. – 3 min	Fiches 96/109

	DU			
	SU			
	LU			
	EN			
JN	?	TD	WA	LL

(A) LA (B) RA (C) RF **(D) ES**

V : Chaque élément est un mot qui a un sens.

H : Somme constante des rangs alphabétiques de chaque élément égale à **24**.

Question 29	Réponse A	★★☆☆☆	15 min. – 1 min	Fiches 91/92

	MA			
	ND			
	OR			
IJ	**?**?	NO	WX	AB
	QF			

(A) PQ (B) AQ (C) PU (D) XY

V : Écart constant de +1 sur la 1re lettre : M – N – O – **P** – Q.

H : Écart de +1 entre la 1re et la 2e lettre.

Question 30	Réponse B	★★★★☆	45 sec. – 3 min	Fiches 100/102

		63		
		18		
		90		
343	80	??	521	72
		40		

(A) 94 **(B) 46** (C) 215 (D) 52

V : Carrés à l'envers : 63 → 36 ; 18 → 81 : 90 → 09 et 40 → 04.

H : Cubes à l'envers : 343 → 343 ; 80 → 08 : 521 → 125 et 72 → 27.

Question 31	Réponse B	★★★★☆	45 sec. – 3 min.	Fiche 94

		ACR		
WVU	E**T**R	?**??**	D**N**R	**K**ED
		FE**G**		
		K**J**O		
		MPR		

(A) RDV **(B) FDQ** (C) ODE (D) PRQ

V : Diagonale moyenne avec écart constant de +3 : **A**XX – X**D**X – XX**G** – X**J**X– **M**XX.

H : Diagonale moyenne avec écart constant de –3 : **W**XX – X**T**X – XX**Q** – X**N**X – **K**XX.

Question 32	Réponse B	★☆☆☆☆	30 sec. – 1 min.	Fiches 95/103

		51		
		1**5**		
35	70	**?**?	15	90
		3**5**		
		57		

(A) 52 **(B) 55** (C) 72 (D) 75

V : Diagonale de 5.

H : Multiples de 5.

Question 33	Réponse C	★★★☆☆	1 min. – 3 min	Fiches 92/94

			???	
			G**J**L	
FAG	RBS	MCN	MP**J**	ESF
			T**J**A	
			JBX	

(A) KDJ (B) JDC **(C) JDK** (D) KJL

V : Diagonale moyenne du J : JXX – XJX – XXJ – XJX – JXX.

H : Écart de + 1 entre le rang alphabétique de la 1re lettre et de la 3e lettre.

Question 34	Réponse D	★★☆☆☆	1 min. – 3 min	Fiches 96/103

		73		
		64		
15	20	?	35	70
		46		
		91		

(A) 82 (B) 45 (C) 75 **(D) 55**

V : La somme des 2 chiffres est constante égale à 10.

H : Multiples de 5.

Question 35	Réponse B	★★☆☆☆	45 sec. – 3 min	Fiches 91/92

		AB		
		BC		
A**J**	R**K**	?	D**M**	Z**N**
		VW		
		XY		

(A) MN **(B) KL** (C) JL (D) LL

V : Écart constant de + 1 entre la 1re et la 2e lettre de chaque élément.

H : Écart constant de + 1 sur la 2e lettre : J – K – L – M – N.

TAGE 2® N° 2

3 LOGIQUE (3)

CONSIGNES

10 questions	15 minutes	Calculatrice interdite	Chronomètre recommandé

BARÈME

Bonne réponse : + 3 points	Aucune réponse : 0 point	Mauvaise réponse : – 1 point

Question 26.

	238			
986	?	763	211	212
	443			
	462			
	861			

(A) 651 (B) 987 (C) 434 (D) 344

Question 27.

				CFM
				SKO
				PYA
PBO	BCA	YCX	DVC	?
				BHN

(A) MNO (B) DHK (C) DBC (D) TFS

Question 28.

	AC			
	DR			
	EF			
	IR			
RL	?	TN	UN	VP

(A) KM (B) SI (C) TM (D) SM

Question 29.

3261
2643
2214
4482
1230 3333 6354 ? 1102

(A) 3462 (B) 2130 (C) 2222 (D) 0260

Question 30.

61
18
10
40
12 58 ? 72 96

(A) 63 (B) 36 (C) 46 (D) 94

Question 31.

BE
GD
KN
KU TV ? SX AY
QT

(A) HE (B) GW (C) ML (D) ZW

Question 32.

LPR
ERQ
FOE
NJI KER ? PCS AZZ
PNR

(A) RNV (B) DNC (C) RTL (D) MNQ

Question 33.

		38		
		54		
		82		
21	32	?	54	67
		81		

(A) 43 (B) 45 (C) 62 (D) 47

Question 34.

		AE		
		KF		
		SG		
AC	SU	?	OQ	RT
		PI		

(A) GI (B) DH (C) ZB (D) FH

Question 35.

		21		
		28		
04	16	?	64	81
		70		
		84		

(A) 25 (B) 49 (C) 36 (D) 14

3 CORRIGÉ « LOGIQUE (3) »

Difficulté	DIFFICILE									
Question	26	27	28	29	30	31	32	33	34	35
Réponse	C	D	D	C	D	D	A	A	D	B

Toutes les questions sont corrigées en vidéo dans votre espace **E-LEARNING sur www.monsieur-tage-2.com**

Posez toutes vos questions (concours, écoles, dossiers, TAGE 2®, etc.) au sein des **communautés d'entraide Facebook et Instagram « Monsieur TAGE 2 »** et **« Monsieur Ecoles de commerce » (+ de 20 000 membres).**

Question 26 Réponse C ★★★★☆ **45 sec. – 3 min.** **Fiches 92/101**

	238			
986	???	763	211	212
	443			
	462			
	861			

(A) 651 (B) 987 **(C) 434** (D) 344

V : Produit constant égal à 48.

H : Écart de – 1 entre le 1er et le 2e chiffre.

Question 27 Réponse D ★★★★☆ 45 sec. – 3 min. Fiches 91/106

				CFM
				SKO
				PYA
PBO	BCA	YCX	DVC	???
				BHN

(A) MNO (B) DHK (C) DBC **(D) TFS**

V : La 2e lettre a 3 barres.

H : Écart de – 1 entre le rang alphabétique de la 1re lettre et de la 3e lettre.

Question 28 Réponse D ★★★☆☆ 30 sec. – 2 min. Fiches 91/95

	AC			
	DR			
	EF			
	IR			
RL	??	TN	UN	VP

(A) KM (B) SI (C) TM **(D) SM**

V : Diagonale avec écart progressif : + 1, + 2, + 3, + 4 : C – D – F – I – **M**.

H : Écart de + 1 sur la 1re lettre : R – S – T – U – V.

Question 29 Réponse C ★★☆☆☆ 15 sec. – 1 min. Fiche 98

			3261	
			2643	
			2214	
			4482	
1230	3333	6354	????	1102

(A) 3462 (B) 2130 **(C) 2222** (D) 0260

V : 1er chiffre × 2^{e} chiffre = 3^{e} chiffre × 4^{e} chiffre.

H : 1er chiffre + 2^{e} chiffre = 3^{e} chiffre + 4^{e} chiffre.

Question 30 — Réponse D — ★★★★☆ — 45 sec. – 3 min. — Fiches 100/103

		61		
		18		
		10		
		40		
12	58	??	72	96

(A) 63 (B) 36 (C) 46 **(D) 94**

V : Carrés à l'envers (61 → 16, 18 → 81, etc.).

H : Le 1er chiffre est impair et le 2e chiffre est pair (1, 2, 5, 8, 7, 2, 9, 6). Impair, Pair.

Question 31 — Réponse D — ★★★☆☆ — 30 sec. – 2 min. — Fiches 91/92

		BE		
		GD		
		KN		
K**U**	T**V**	?**?**	S**X**	A**Y**
		QT		

(A) HE (B) GW (C) ML **(D) ZW**

V : Écart positif/négatif entre la 1re lettre et la 2e lettre de +3, –3, +3, **–3**, +3 : BE (+3), GD (–3), KN (+3), etc.

H : Écart de +1 sur la 2e lettre : U – V – **W** – X – Y.

Question 32 — Réponse A — ★★★★☆ — 30 sec. – 2 min. — Fiche 94

		L**P**R		
		ER**Q**		
		F**O**E		
NJI	KER	**??**?	PC**S**	A**Z**Z
		P**N**R		

(A) RNV (B) DNC (C) RTL (D) MNQ

V : Diagonale moyenne droite - gauche avec écart progressif positif/négatif : +1, –2, +3, –4 : XPX – XXQ – XOX – RXX – XNX.

H : Diagonale moyenne gauche - droite avec écart progressif : +1, +3, +5, +7 : XJX – KXX – XNX – XXS – XZX.

Question 33	Réponse A	★★★★☆	30 sec. – 2 min.	Fiches 91/101

		38		
		54		
		82		
21	**3**2	**?**?	**5**4	**6**7
		81		

(A) 43 (B) 45 (C) 62 (D) 47

V : Produit dégressif de - 4 (3 × 8 = **24**, 5 × 4 = **20**, 8 × 2 =**16**, ? × ? = **12**, 8 × 1 = **8**).

H : Écart de + 1 sur la 1re lettre : 2 – 3 – **4** – 5 – 6.

Question 34	Réponse D	★★☆☆☆	45 sec. – 3 min.	Fiches 91/92

		A**E**		
		K**F**		
		S**G**		
AC	SU	?**?**	OQ	RT
		P**I**		

(A) GI (B) DH (C) ZB **(D) FH**

V : Écart constant de + 1 sur la 2e lettre : E – F – G – **H** – I.

H : Écart constant de + 2 entre la 1re et la 2e lettre.

Question 35	Réponse B	★★☆☆☆	45 sec. – 3 min	Fiches 102/103

		21		
		28		
04	16	??	64	81
		70		
		84		

(A) 25 **(B) 49** (C) 36 (D) 14

V : Ce sont des multiples de 7.

H : Ce sont des carrés.

TAGE 2® N° 3

3 LOGIQUE (3)

CONSIGNES

10 questions	15 minutes	Calculatrice interdite	Chronomètre recommandé

BARÈME

Bonne réponse : + 3 points	Aucune réponse : 0 point	Mauvaise réponse : – 1 point

Question 26.

		BO		
EI	GK	?	VZ	NR
		ZV		
		CT		
		DA		

(A) AM (B) OU (C) MQ (D) TX

Question 27.

		FH		
		DL		
		CP		
		XB		
OZ	IA	?	NC	MJ

(A) PC (B) LR (C) HF (D) LD

Question 28.

		618		
		728		
843	216	?	002	427
		146		
		953		

(A) 935 (B) 214 (C) 841 (D) 632

Question 29.

			10	
			64	
13	50	24	?	71
			84	
			61	

(A) 61 (B) 30 (C) 52 (D) 70

Question 30.

	98			
	47			
59	?	97	02	41
	23			
	16			

(A) 52 (B) 29 (C) 53 (D) 31

Question 31.

			AB	
TR	HF	NL	?	ZX
			CC	
			HA	
			FG	

(A) PN (B) BB (C) CA (D) XV

Question 32.

	ZET			
	PFX			
	VST			
ESR	?	XPP	COR	KLN
	RPJ			

(A) CAT (B) AQT (C) CAR (D) VQR

Question 33.

					07	
					60	
		33	63	27	?	12
					80	
					01	

(A) 03 (B) 30 (C) 07 (D) 36

Question 34.

			62			
			53			
13	46	57	?	79		
			71			
			17			

(A) 80 (B) 24 (C) 35 (D) 64

Question 35.

			PE			
			QR			
		DE	?	SG	ZH	OI
			SD			
			TZ			

(A) RG (B) DF (C) PF (D) RF

CORRIGÉ « LOGIQUE (3) »

Difficulté	NORMAL								
Question	26	27	28	29	30	31	32	33	34	35
Réponse	D	D	D	C	C	C	B	A	C	D

Toutes les questions sont corrigées en vidéo dans votre espace **E-LEARNING sur www.monsieur-tage-2.com**

Posez toutes vos questions (concours, écoles, dossiers, TAGE 2®, etc.) au sein des **communautés d'entraide Facebook et Instagram « Monsieur TAGE 2 »** et **« Monsieur Ecoles de commerce » (+ de 20 000 membres).**

Question 26 Réponse D ★★★★☆ **30 sec. – 2 min.** **Fiches 92/107**

		BO		
EI	GK	??	VZ	NR
		ZV		
		CT		
		DA		

(A) AM (B) OU (C) MQ **(D) TX**

V : La 2e lettre est symétrique verticalement : O – V – T – A.

H : Écart de +4 entre la 1re lettre et la 2e lettre.

Question 27 **Réponse D** ★★★★★ 45 sec. – 3 min. Fiches 101/106

		FH		
		DL		
		CP		
		XB		
OZ	IA	??	NC	MJ

(A) PC (B) LR (C) HF **(D) LD**

V : Produit des rangs alphabétiques égal à 48 : F × H = D × L = C × P = X × B = **48.**

H : Augmentation du nombre de barres sur la 1re lettre : O – I – ? –N – M.

Question 28 **Réponse D** ★★★☆☆ 45 sec. – 3 min. Fiches 91/98

		618		
		728		
843	216	???	002	427
		146		
		953		

(A) 935 (B) 214 (C) 841 **(D) 632**

V : Écart de + 1 sur le 2e chiffre : 1 – 2 – **3** – 4 – 5.

H : 2e chiffre × 2 = 1er chiffre.

Question 29 **Réponse C** ★★★☆☆ 30 sec. – 2 min. Fiches 92/96

			10	
			64	
13	50	24	??	71
			84	
			61	

(A) 61 (B) 30 **(C) 52** (D) 70

V : Écart progressif de – 1, – 2, – 3, – 4, – 5 entre le 1er et le 2e chiffre.

H : Somme croissante de + 1 du 1er et du 2e chiffre : 1 + 3 = **4**, 5 + 0 = **5**, 2 + 4 = **6**, etc.

Question 30	Réponse C	★★★☆☆	30 sec. – 2 min.	Fiches 95/103

	98			
	4**7**			
59	**?**?	97	02	41
	2**3**			
	16			

(A) 52 (B) 29 **(C) 53** (D) 31

V : Diagonale gauche – droite avec un écart constant de –2 : 9 – 7 – **5** – 3 – 1.

H : Nombres premiers.

Question 31	Réponse C	★★★☆☆	30 sec. – 2 min.	Fiches 91/92

			AB	
TR	HF	NL	??	ZX
			CC	
			HA	
			FG	

(A) PN (B) BB **(C) CA** (D) XV

V : Somme progressive de + 1, + 2, + 3, + 4 (A + B = 3, ? + **?** = **4**, C + C = 6, H + A = 9, F + G = 13).

H : Écart de –2 entre la 1re et la 2e lettre.

Question 32	Réponse B	★★★☆☆	30 sec. – 2 min.	Fiches 93/94

	ZET			
	PF**X**			
	VST			
ES**R**	?**??**	XP**P**	C**O**R	KL**N**
	RPJ			

(A) CAT **(B) AQT** (C) CAR (D) VQR

V : Grande diagonale gauche – droite avec écart constant de –2 : Z – X – V – T – R.

H : Diagonale moyenne avec écart constant de – 1 : R – **Q** – P – O – N.

Question 33 **Réponse A** ★★☆☆☆ 15 sec. – 1 min. Fiches 95/103

			07	
			6**0**	
33	63	27	**?**?	12
			8**0**	
			01	

(A) 03 (B) 30 (C) 07 (D) 36

V : Diagonale de « 0 » : **0**X – X**0** – **0**X – X**0** – **0**X.

H : Multiples de 3.

Question 34 **Réponse C** ★★☆☆☆ 30 sec. – 2 min. Fiches 92/96

			62	
13	46	57	53	79
			??	
			71	
			17	

(A) 80 (B) 24 **(C) 35** (D) 64

V : La somme des 2 chiffres est constante égale à 8.

H : Écart constant de –2 entre le 1er et le 2e chiffre.

Question 35 **Réponse D** ★★☆☆☆ 45 sec. – 3 min. Fiche 91

	PE			
	QR			
D**E**	**??**	S**G**	Z**H**	O**I**
	SD			
	TZ			

(A) RG (B) DF (C) PF **(D) RF**

V : Écart constant de +1 sur la 1e lettre : P – Q – **R** – S – T.

H : Écart constant de +1 sur la 2e lettre : E – **F** – G – H – I.

Sous-test 6

LOGIQUE GRAPHIQUE (6)

111 10 manières de lire une lettre (Séries graphiques)

LOGIQUE

Pour les **séries graphiques**, il existe **10 manières de lire une lettre. Apprenez par cœur ce « soleil » !**

LE « SOLEIL » DE LA LETTRE « T » (SÉRIES GRAPHIQUES)

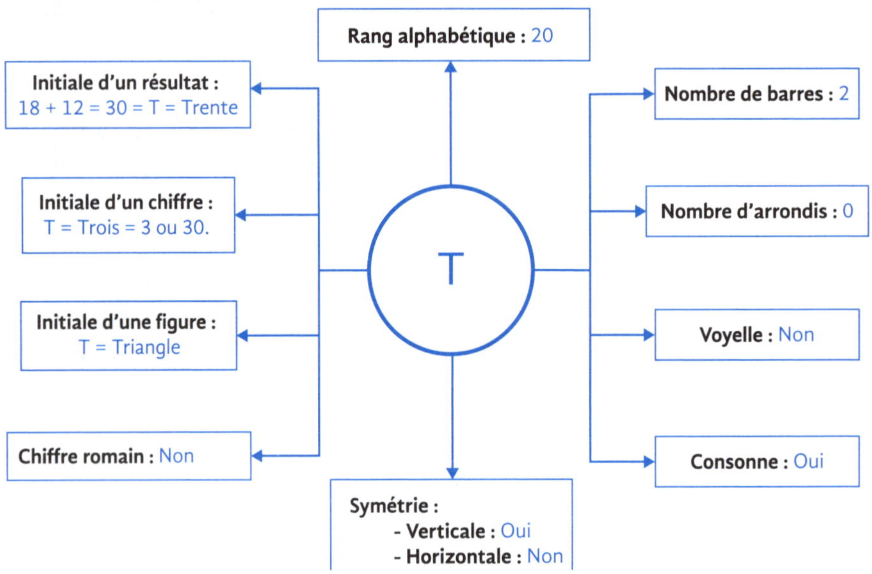

EXERCICES

Remplissez le tableau suivant :

Lettre	Rang alpha	Nombre barres	Nombre arrondis	Voyelle Consonne	Symétrie	Chiffre romain	Initiale (nombre / figure)
T							
S							
V							
M							
C							
H							
Q							
Z							

Question 1 ★★★☆☆ **30 sec. – 2 min.**

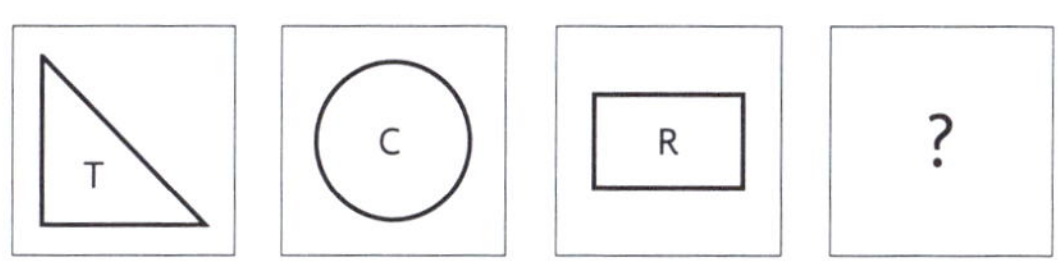

(A) (B) (C) (D)

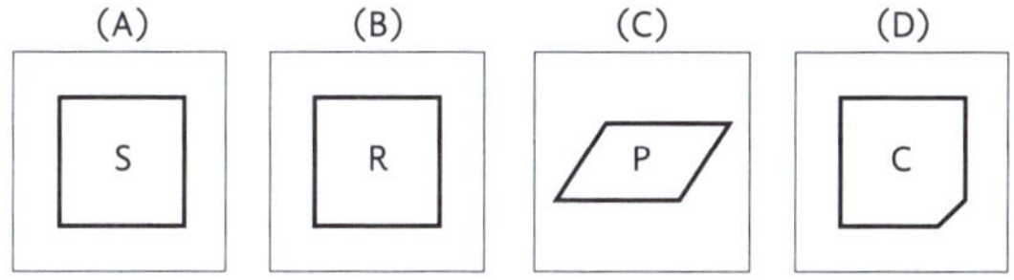

➔ CORRIGÉ FICHE 120

112 Méthode 1 : Suites de chiffres et de lettres

LOGIQUE Fréquence ●●●●● Difficulté ★★★☆☆

SUITE DE CHIFFRES

SUITE ARITHMÉTIQUE

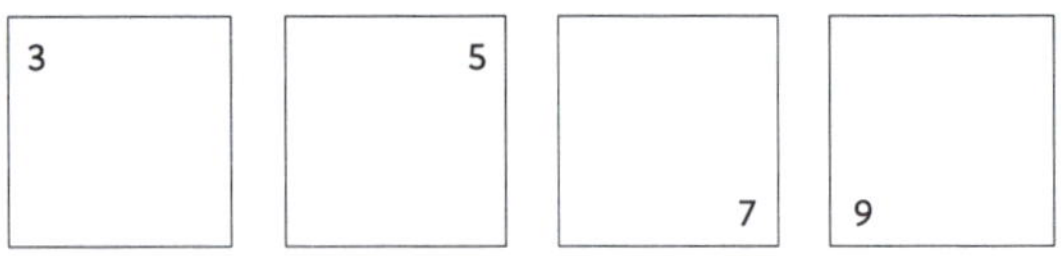

Une **suite arithmétique** est une **suite de chiffres où les écarts sont des soustractions ou des additions.**

Exemple : 3 – 5 – 7 – 9 (+2, +2, +2, +2)

SUITE GÉOMÉTRIQUE

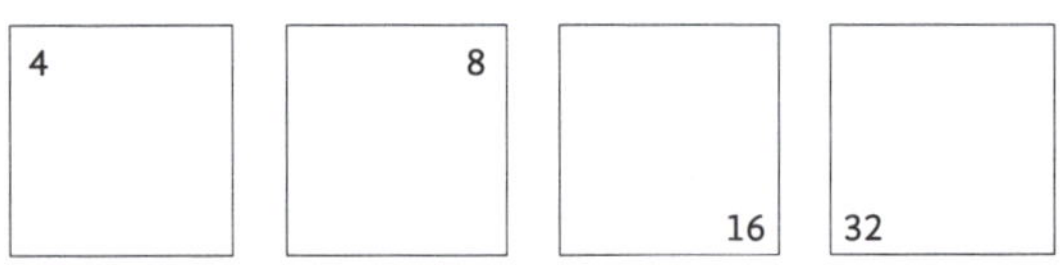

Une **suite géométrique** est une **suite de chiffres où les écarts sont des multiplications ou des divisions.**

Exemple : 4 – 8 – 16 – 32 (× 2, × 2, × 2)

NOMBRES PREMIERS

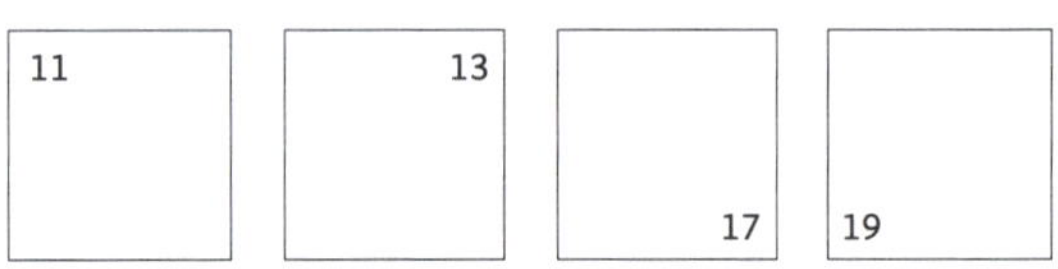

Suite de **nombres premiers.**

Exemple : 11 – 13 – 17 – 19

CARRÉS/CUBES

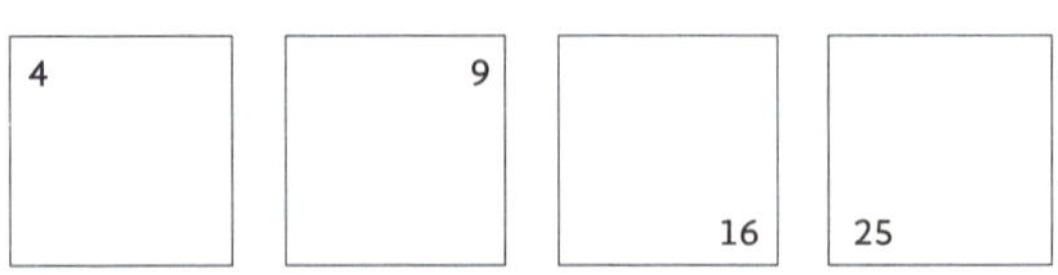

Suite de **carrés** et/ou de **cubes**.

Exemple : 4 – 9 – 16 – 25

NOMBRES PAIRS/IMPAIRS

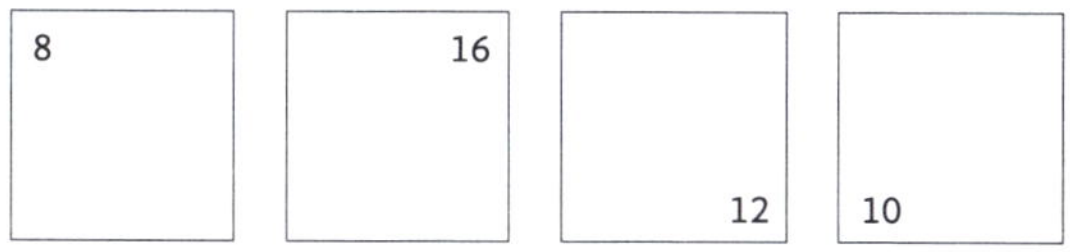

Suite de **nombres pairs** et/ou **impairs**.

Exemple : 8 – 16 – 12 – 10 (nombres pairs)

MULTIPLES SIMPLES/COMPLEXES

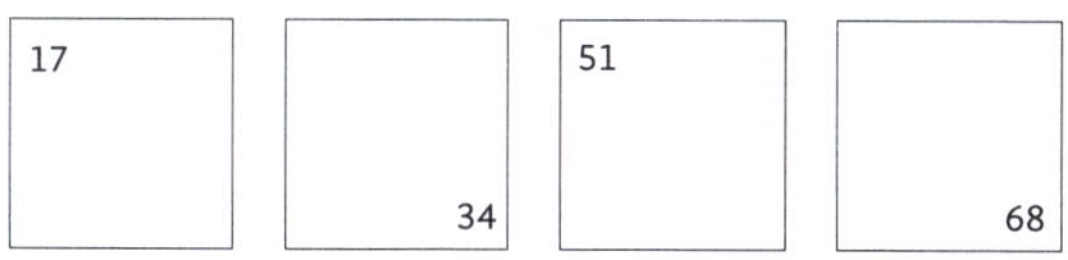

Suite de **multiples simples** ou **complexes**.

Exemple : 17 – 34 – 51 – 68

EXERCICE

Question 1 ★★★☆☆ **30 sec. – 2 min.**

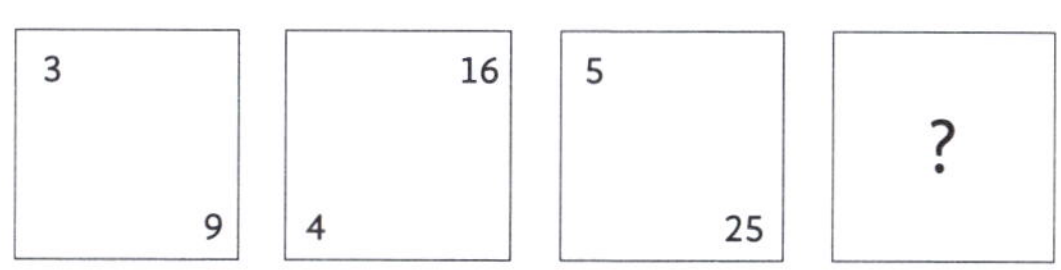

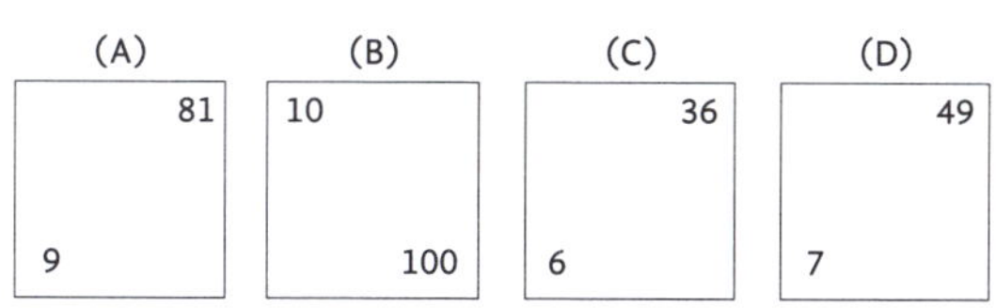

➔ CORRIGÉ FICHE 120

SUITE DE LETTRES

SUITE ARITHMÉTIQUE

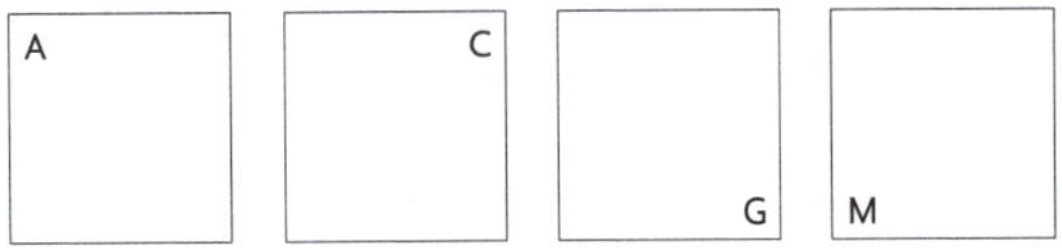

Une **suite arithmétique** est une **suite de lettres où les écarts sont des soustractions ou des additions.**

Exemple : A – C – G – M = 1 – 3 – 7 – 13 (+ 2, + 4, + 6)

SUITE GÉOMÉTRIQUE

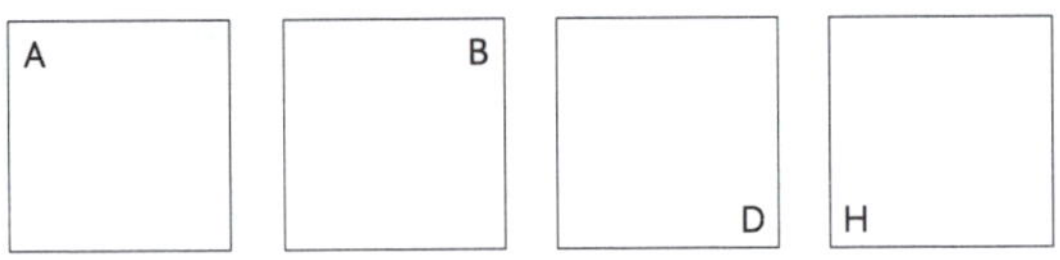

Une **suite géométrique** est une **suite de lettres où les écarts sont des multiplications ou des divisions.**

Exemple : A – B – D – H = 1 – 2 – 4 – 8 (× 2, × 2)

NOMBRE DE BARRES

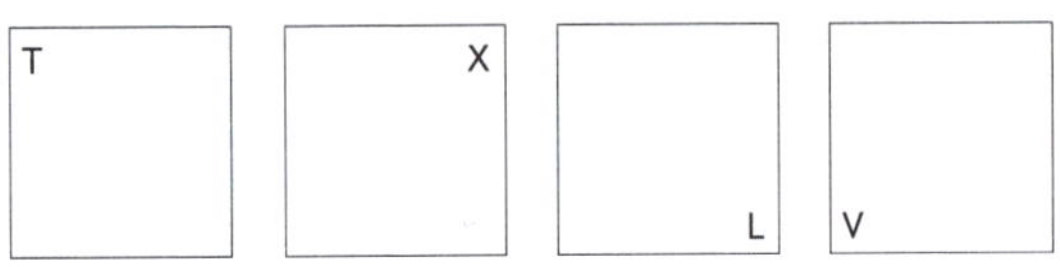

Nombre de barres identique, croissant ou **décroissant.**

Exemple : T – X – L – V (2 barres)

NOMBRE D'ARRONDIS

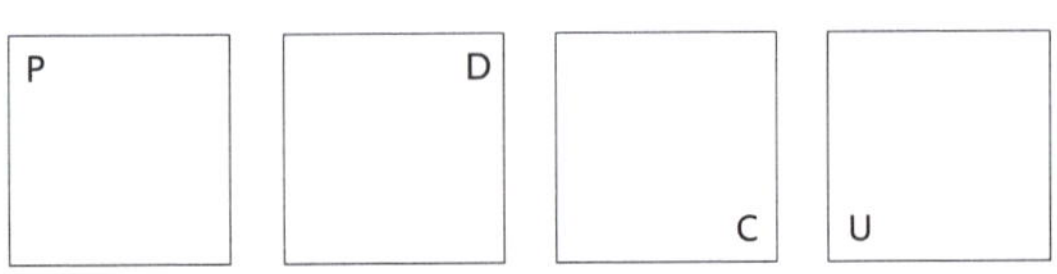

Nombre d'arrondis identique, croissant ou **décroissant.**

Exemple : P – D – C – U (1 arrondi)

LETTRES SYMÉTRIQUES

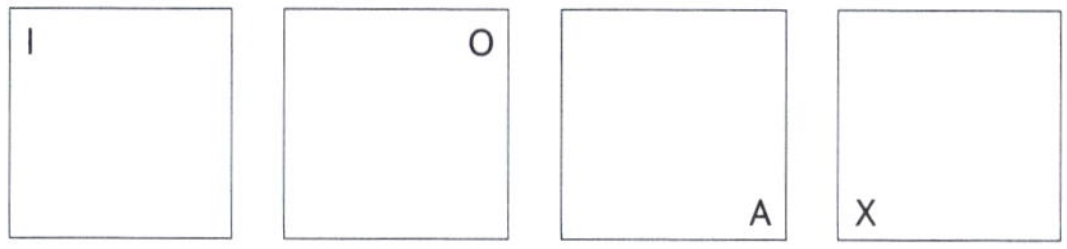

Lettres symétriques verticalement ou **horizontalement** en leur milieu.

Exemple : I – O – A – X (axe de symétrie vertical = symétriques verticalement)

VOYELLES/CONSONNES

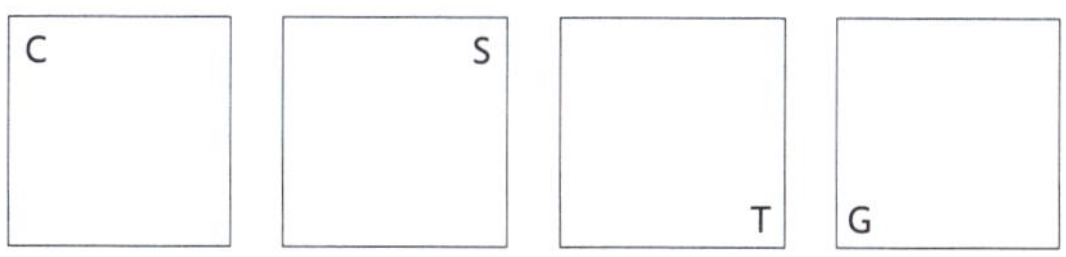

Suite de **voyelles** ou de **consonnes**.

Exemple : C – S – T – G (consonnes)

CHIFFRES ROMAINS

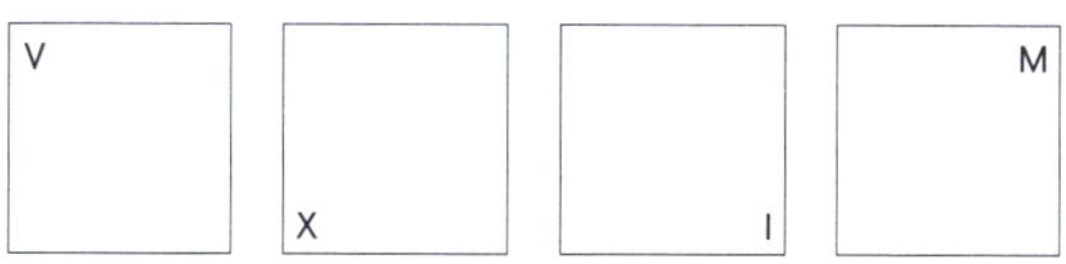

Suite de **chiffres** ou de **nombres romains.**

Exemple : V – X – I – M = 5 – 10 – 1 – 1000

EXERCICE

Question 1 ★★★☆☆ **30 sec. – 2 min.**

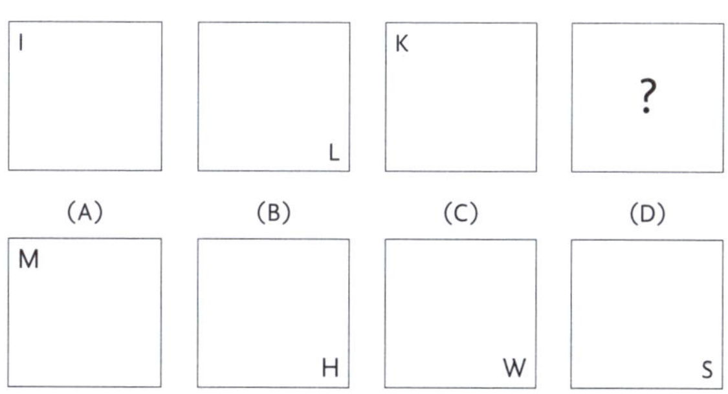

➔ CORRIGÉ FICHE 120

113 Méthode 2 : Les figures

LOGIQUE Fréquence ●●●●● Difficulté ★★★☆☆

Liste de critères par ordre de fréquence pour les figures de la partie « graphique ».

NOMBRE DE CÔTÉS

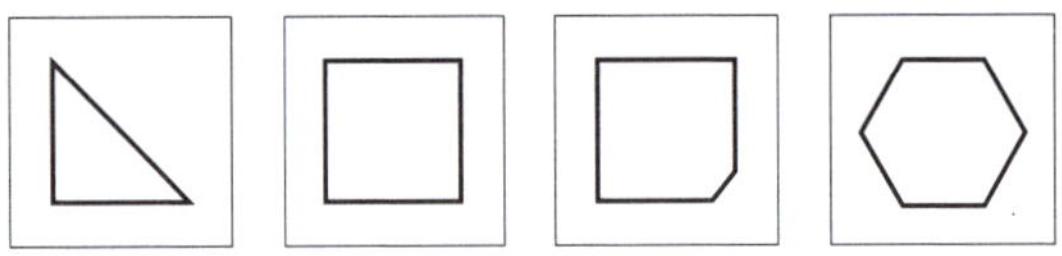

Le nombre de côtés des figures est **identique, croissant ou décroissant.**

Exemple : 3 côtés, puis 4, puis 5. La bonne réponse a 6 côtés.

NOMBRE DE CÔTÉS PARALLÈLES

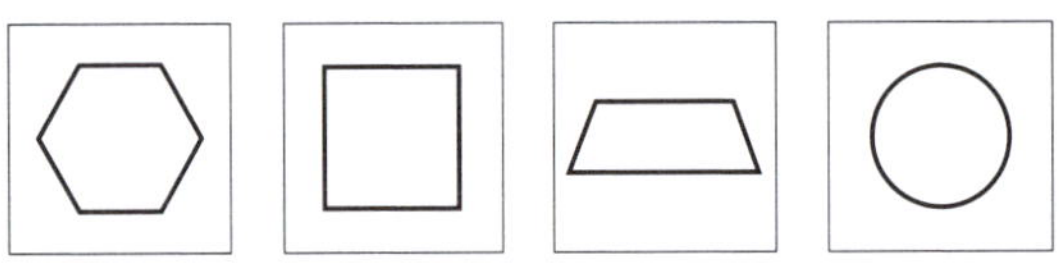

Le nombre de côtés parallèles des figures est **identique, croissant ou décroissant.**

Exemple : 6 côtés parallèles, puis 4, puis 2. La bonne réponse a 0 côté parallèle.

NOMBRE DE PAIRES DE CÔTÉS PARALLÈLES

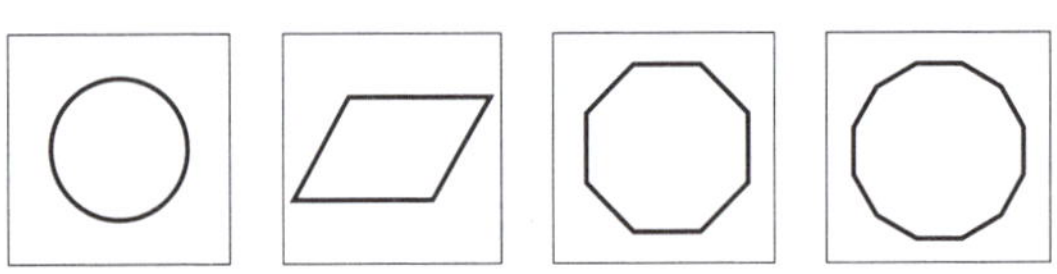

Le nombre de paires de côtés parallèles des figures est **identique, croissant ou décroissant.**

Exemple : 0 paire de côtés parallèles, puis 2, puis 4. La bonne réponse a 6 paires de côtés parallèles.

NOMBRE D'ANGLES DROITS

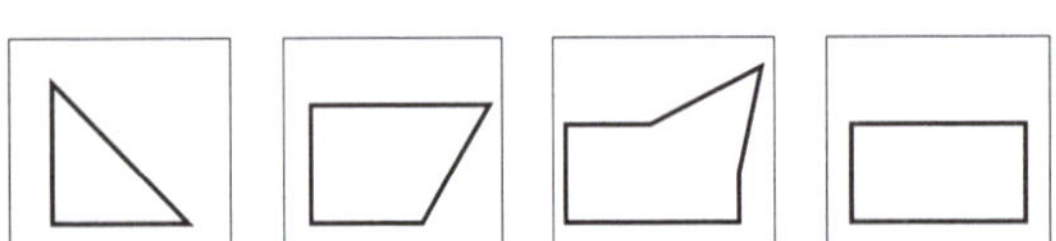

Le nombre d'angles droits des figures est **identique, croissant ou décroissant.**

Exemple : 1 angle droit, puis 2, puis 3. La bonne réponse a 4 angles droits.

NOMBRE DE POINTS D'INTERSECTION

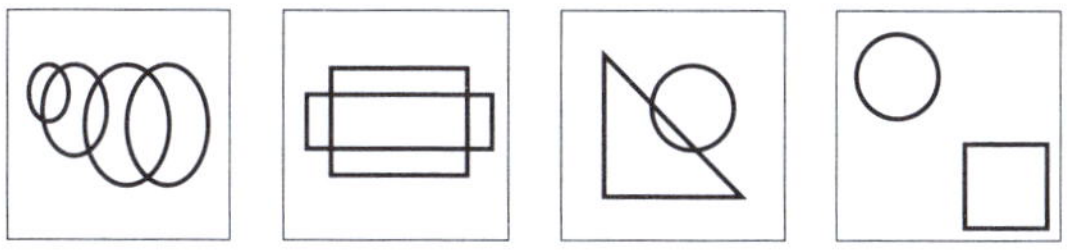

Le nombre de points d'intersection entre 2 figures est identique, croissant ou décroissant.

Exemple : 6 points d'intersection, puis 4, puis 2. La bonne réponse a 0 point d'intersection.

NOMBRE D'ÉLÉMENTS GRAPHIQUES

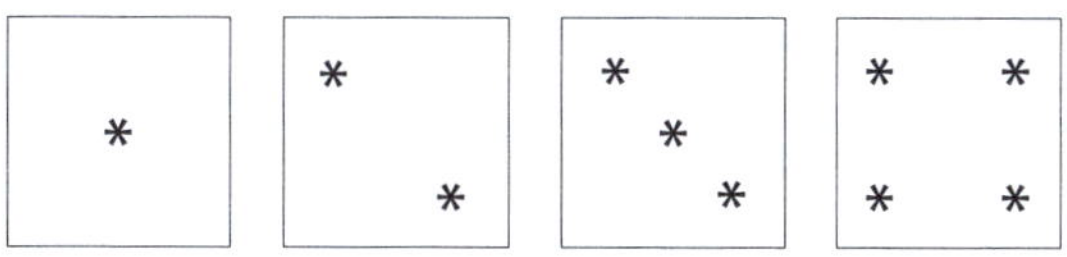

Le nombre d'éléments graphiques dans les figures est **identique, croissant ou décroissant**.

Exemple : 1 élément graphique, puis 2, puis 3. La bonne réponse a 4 éléments graphiques.

EXERCICE

Question 1 ★★★☆☆ **30 sec. – 2 min.**

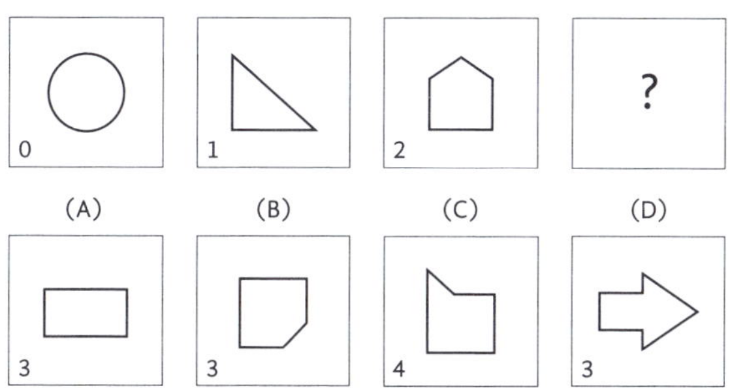

CORRIGÉ FICHE 120

114 Méthode 3 : Les déplacements

LOGIQUE Fréquence ●●●●● Difficulté ★★★☆☆

DÉPLACEMENT CIRCULAIRE

HORAIRE

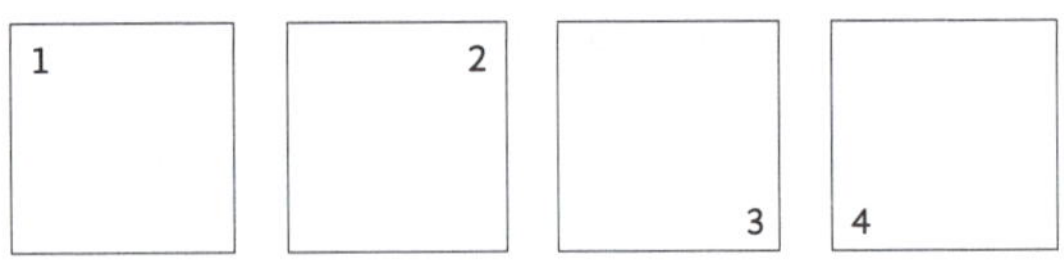

Déplacement circulaire d'une lettre/d'un chiffre/d'un élément graphique **dans le sens des aiguilles d'une montre**.

ANTI-HORAIRE

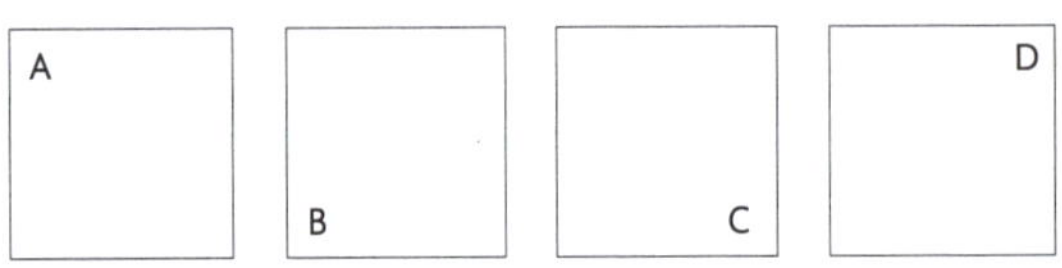

Déplacement circulaire d'une lettre/d'un chiffre/d'un élément graphique **dans le sens inverse des aiguilles d'une montre**.

1 COIN – 1 COIN – 1 COIN

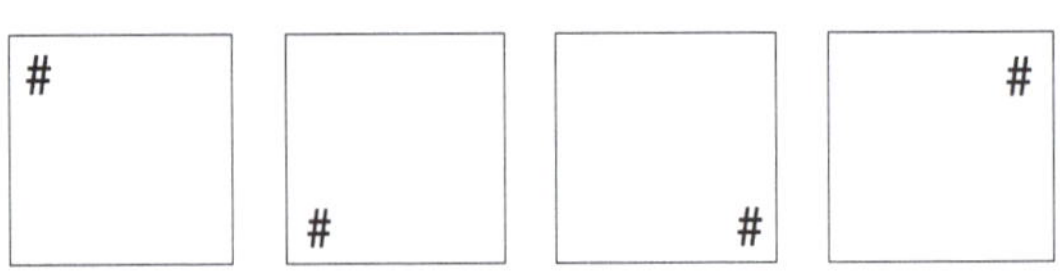

Déplacement circulaire **horaire ou anti-horaire** de **1 coin en 1 coin.**

1 COIN – 2 COINS – 3 COINS

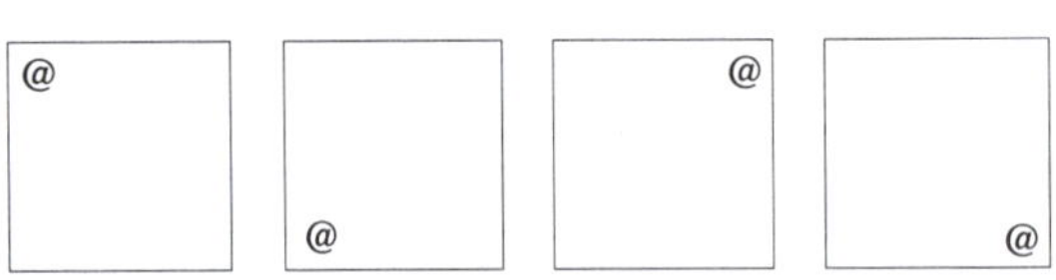

Déplacement circulaire **horaire ou anti-horaire** de **1 coin**, puis **2 coins**, puis **3 coins.**

1 COIN – 2 COINS – 4 COINS

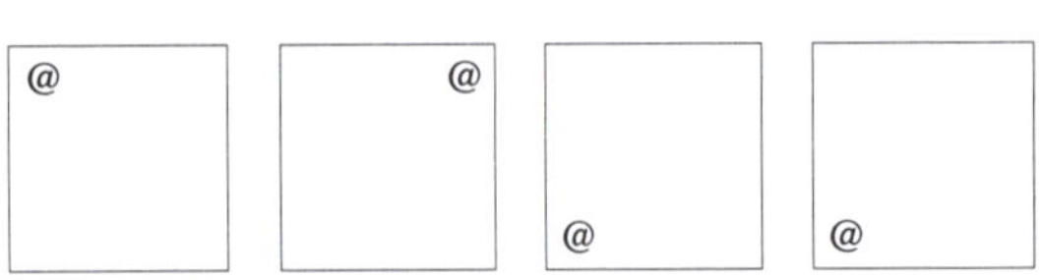

Déplacement circulaire **horaire ou anti-horaire** de **1 coin**, puis **2 coins**, puis **4 coins** (fois 2 à chaque déplacement).

ALTERNANCE DE DIAGONALES

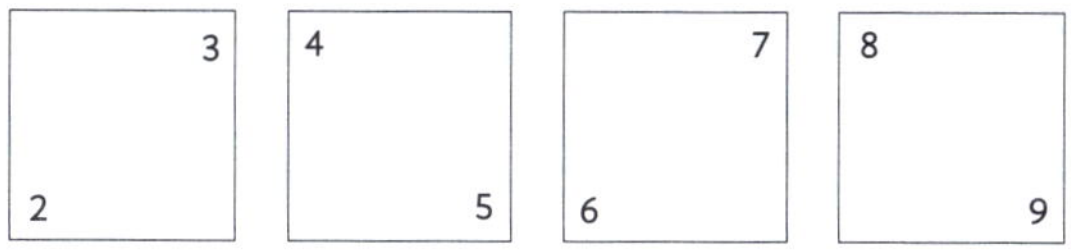

Déplacement « haut/bas » - « bas/haut » en diagonale.

MOUVEMENT DE ROTATION

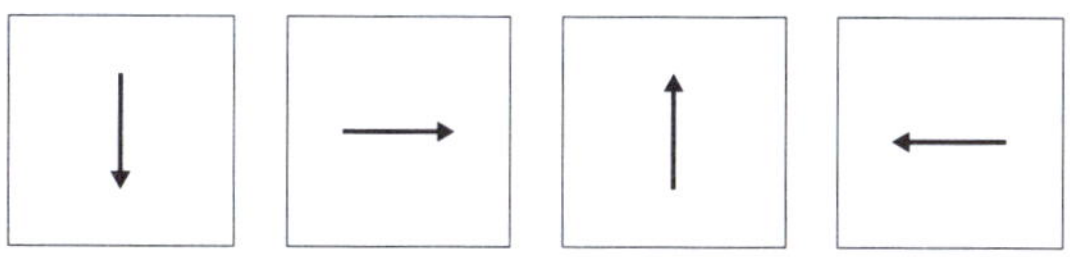

Rotation (sur lui-même) d'un élément à 45°, 60°, 90°, 135° ou 180°.

DÉPLACEMENT DE DÉCALAGE

GAUCHE - DROITE OU DROITE - GAUCHE

Décalage d'un élément de **la gauche vers la droite** ou de **la droite vers la gauche.**

HAUT - BAS OU BAS - HAUT

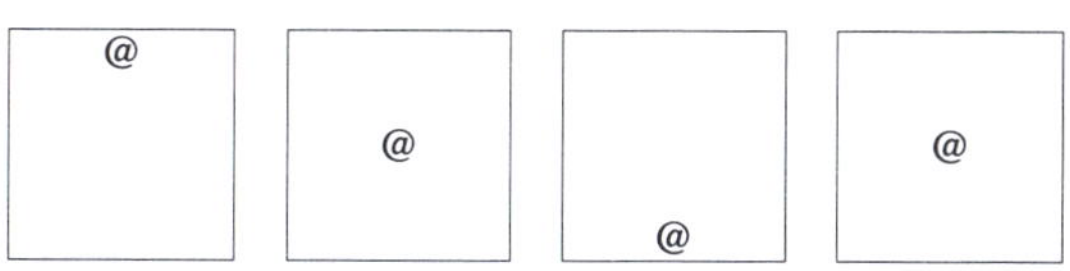

Décalage d'un élément du **haut vers le bas** ou du **bas vers le haut**.

DÉPLACEMENT « AXE DE SYMÉTRIE »

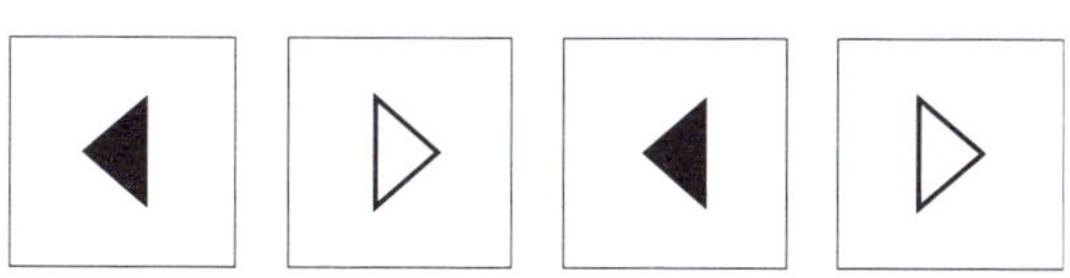

Déplacement le long d'un **axe de symétrie vertical, horizontal ou diagonal** (invisible sur votre sujet).

115 Méthode 4 : Base de données et liens logiques

LOGIQUE Fréquence ●●○○○ Difficulté ★★★★☆

Rappel : Il y a **2 suites logiques** par question. Pour la partie « graphique », nous vous conseillons d'appliquer la méthode de résolution suivante :

- Faites **une base de données avec les critères étudiés** (fiches 113 à 119) en dessous de l'énoncé.
- Trouvez le **lien logique entre les différents critères** : addition, multiplication ou soustraction.

APPLICATION

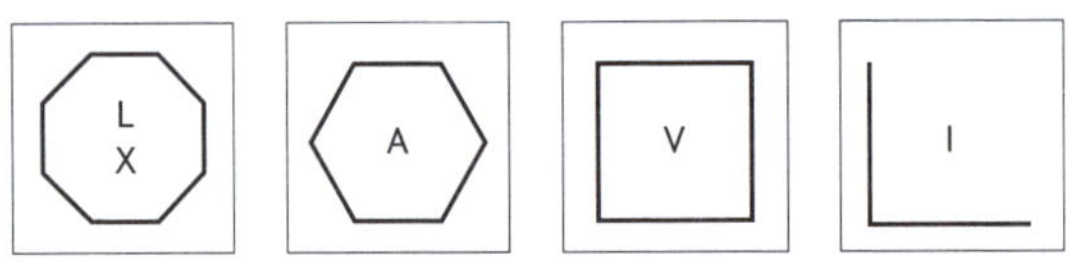

	1er cadre	2e cadre	3e cadre	4e cadre
Nombre de barres des lettres	4	3	2	1
Nombre de côtés de la figure	8	6	4	2
Lien logique ?	Nombre de côtés de la figure = 2 × Nombre de barres			

EXERCICES

Question 1 ★★★★☆ 45 sec. – 3 min.

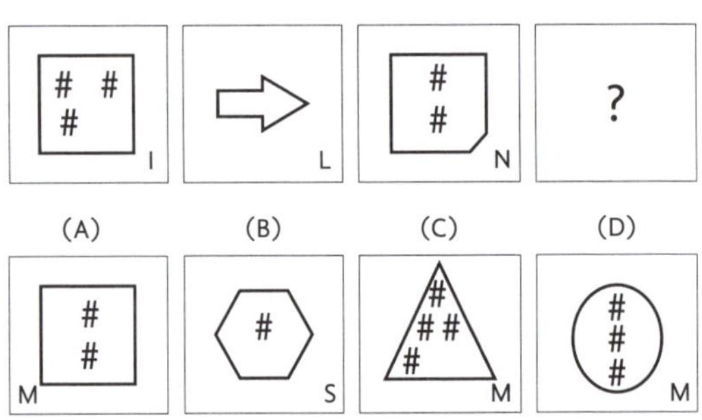

Question 2 ★★★★☆ **45 sec. – 3 min.**

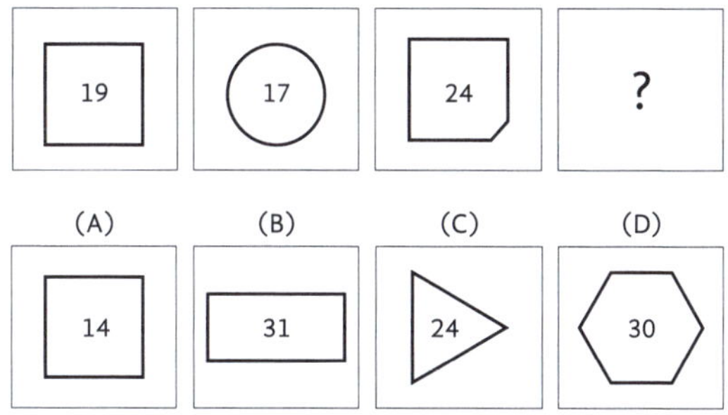

Question 3 ★★★★☆ **45 sec. – 3 min.**

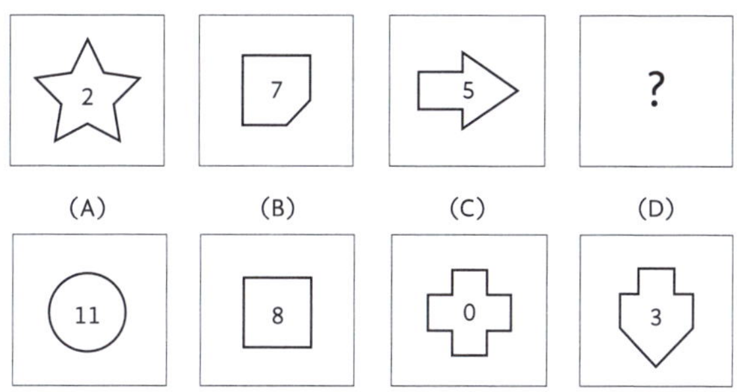

➔ CORRIGÉ FICHE 120

116 Méthode 5 : Les croix

LOGIQUE Fréquence ●●●●○ Difficulté ★★★☆☆

TOUS LES TERMES (+, × OU –)

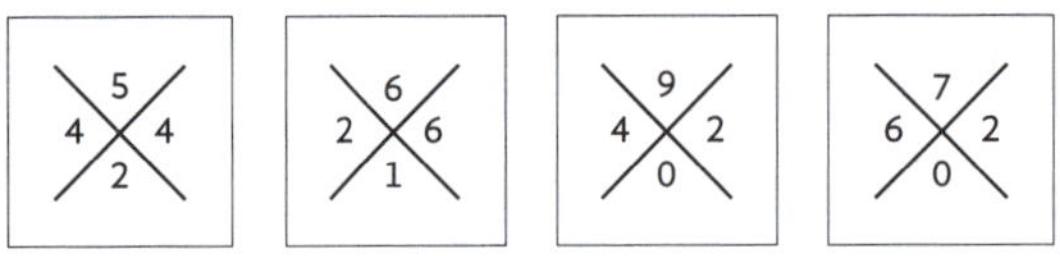

L'addition, la **multiplication** ou la **soustraction** de **tous les éléments de la croix** est **identique/croissante/décroissante** de cadre à cadre.

Exemple : 5 + 4 + 2 + 4 = 6 + 2 + 1 + 6 = 9 + 4 + 2 + 0 = 7 + 6 + 2 + 0 = **15**.

TOUS LES TERMES SAUF UN (+, × OU –)

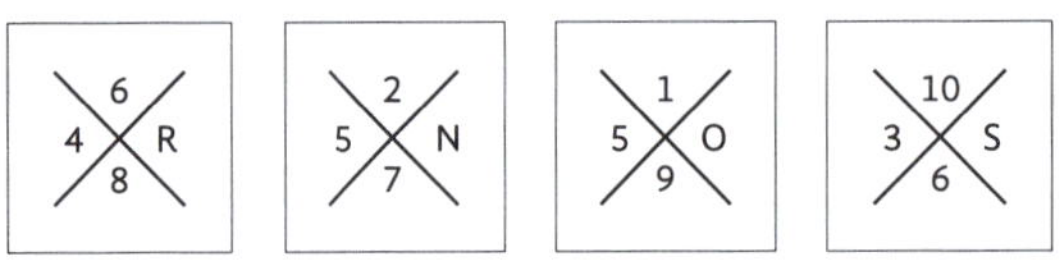

L'addition, la **multiplication** ou la **soustraction** de **3 éléments de la croix est égale au dernier élément.**

Exemple : 6 + 4 + 8 = R (18), 2 + 5 + 7 = N (14), 1 + 5 + 9 = O (15), 10 + 3 + 6 = S (19).

CHIFFRES HORIZONTAUX (+, × OU –) = CHIFFRES VERTICAUX (+, × OU –)

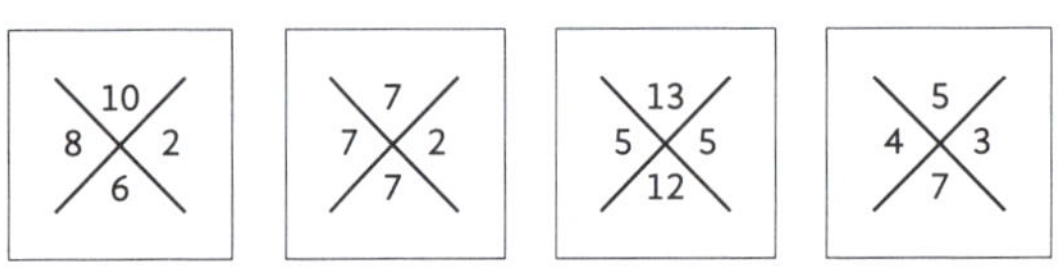

L'addition, la **multiplication** ou la **soustraction** des **chiffres horizontaux** est égale à **l'addition**, la **multiplication** ou la **soustraction** des **chiffres verticaux**.

Exemple : 10 + 6 = 8 × 2, 7 + 7 = 7 × 2, 13 + 12 = 5 × 5, 5 + 7 = 4 × 3.

MOUVEMENT DE ROTATION

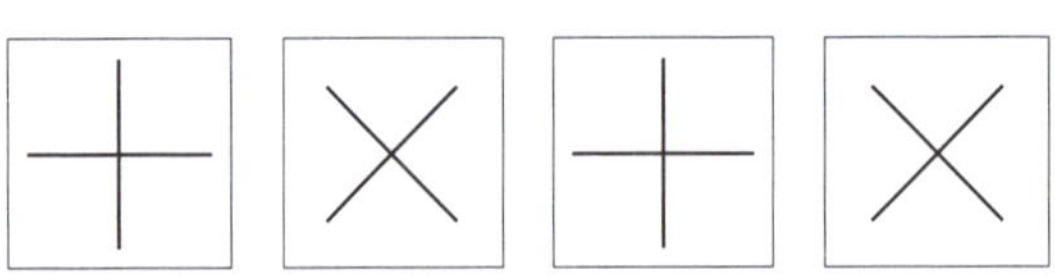

La croix tourne sur elle-même dans le sens **horaire** ou **antihoraire**.

Exemple : Les barres forment alternativement une **croix droite** puis une **croix penchée**.

EXERCICES

Question 1 ★★★☆☆ **30 sec. – 2 min.**

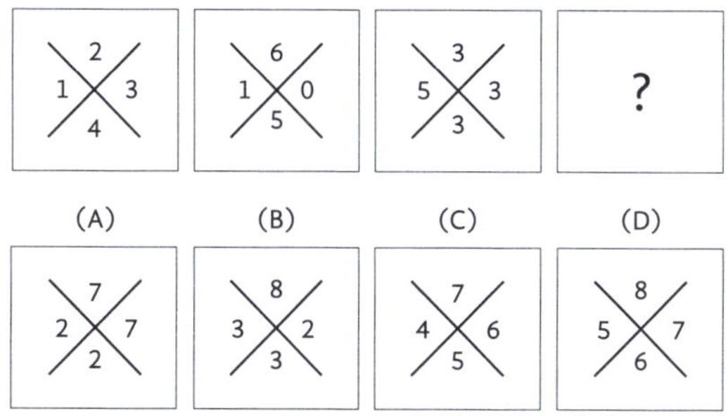

Question 2 ★★★☆☆ **30 sec. – 2 min.**

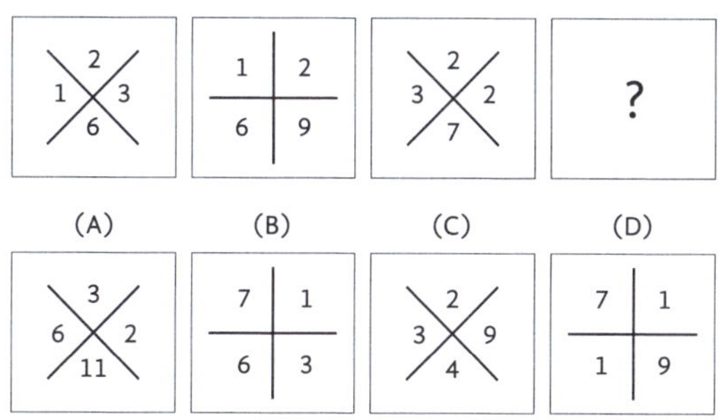

➜ **CORRIGÉ FICHE 120**

117 Méthode 6 : Les initiales

LOGIQUE Fréquence ●●○○○ Difficulté ★★★★☆

LETTRE = INITIALE D'UN CHIFFRE/NOMBRE

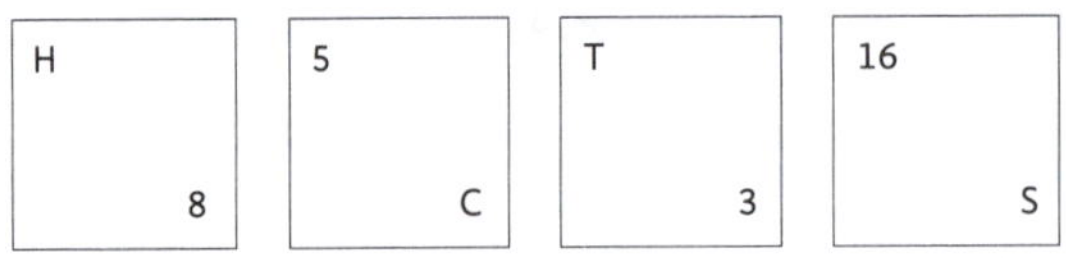

La lettre est l'**initiale du chiffre/du nombre.**

Exemple : H = 8 = Huit, C = 5 = Cinq, T = 3 = Trois, S = 16 = Seize.

LETTRE = INITIALE D'UN RÉSULTAT

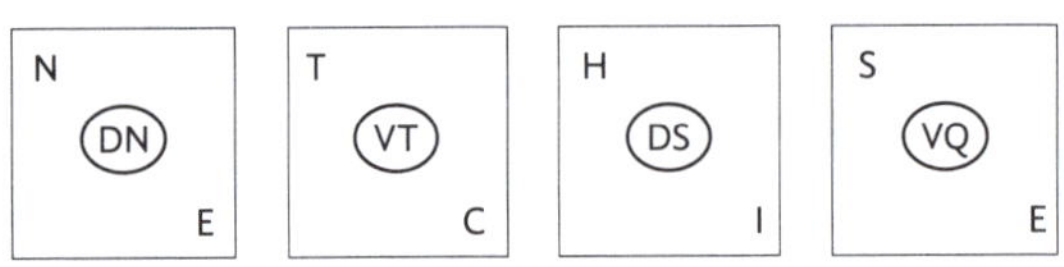

La ou les lettres sont les **initiales du résultat d'une opération** (somme, soustraction ou multiplication) **de plusieurs lettres (rangs alphabétiques) ou de chiffres/de nombres.**

Exemple : N + E = 14 + 5 = 19 = **DN** = Dix-Neuf, T + C = 20 + 3 = 23 = **VT** = Vingt-Trois, H + I = 8 + 9 = 17 = **DS** = Dix-Sept, S + E = 19 + 5 = 24 = **VQ** = Vingt-Quatre.

LETTRE = INITIALE D'UNE FIGURE

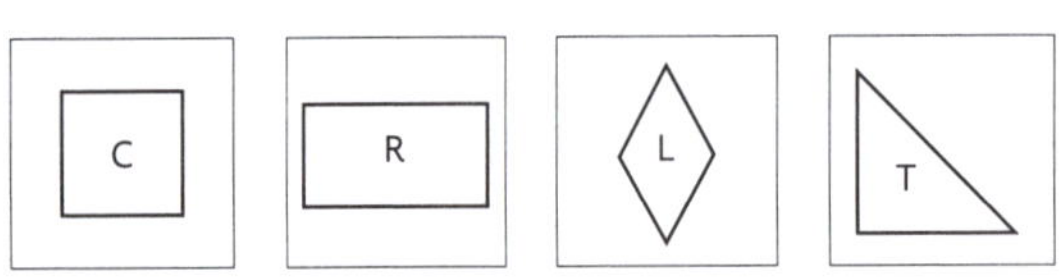

La lettre est l'**initiale du nom de la figure.**

Exemple : **C** = Carré, **R** = Rectangle, **L** = Losange, **T** = Triangle.

EXERCICES

Question 1 ★★★☆☆ 30 sec. – 2 min.

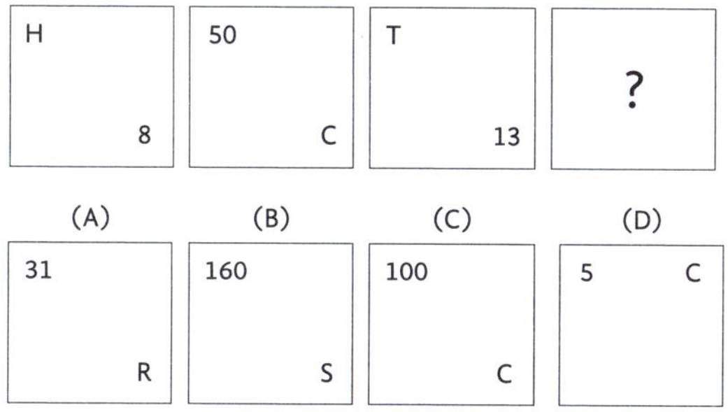

Question 2 ★★★☆☆ 30 sec. – 2 min.

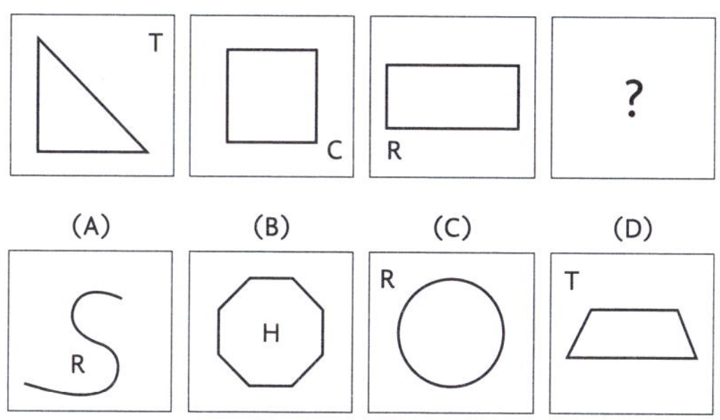

Question 3 ★★★★☆ 45 sec. – 3 min.

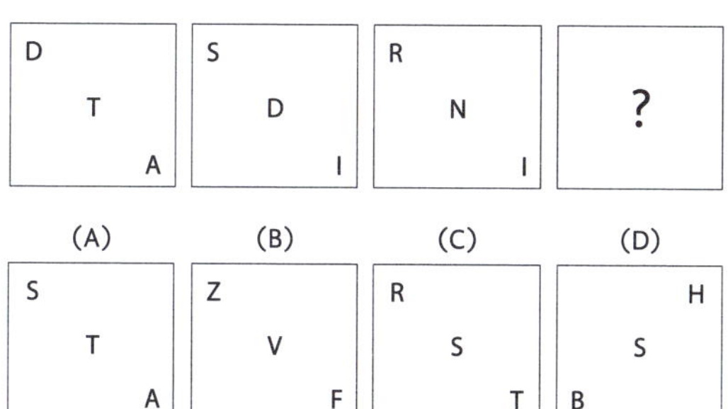

➔ CORRIGÉ FICHE 120

118 Méthode 7 : Les autres cas

LOGIQUE Fréquence ●●●○○ Difficulté ★★★☆☆

ALTERNANCE DE COULEUR

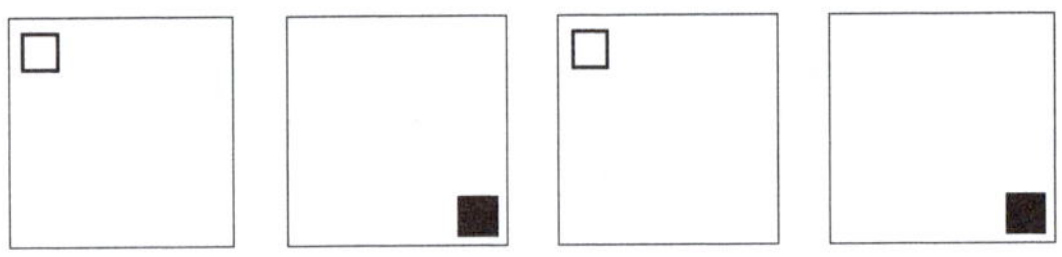

La couleur d'un élément alterne entre le **noir** et le **blanc**.

Exemple : Le carré est alternativement noir et blanc.

ÉQUIVALENCE SYMBOLE = CHIFFRE / NOMBRE

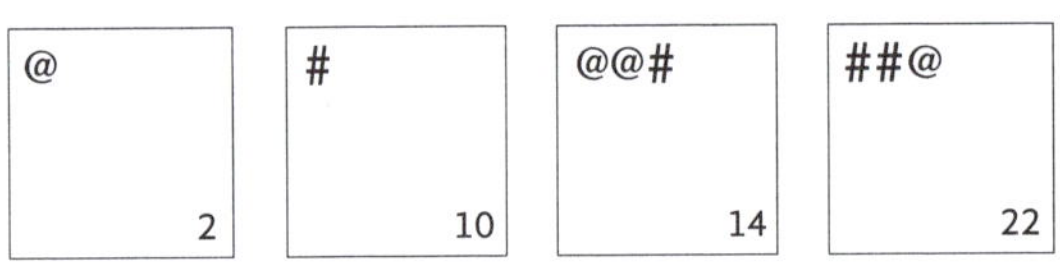

Chaque symbole équivaut à un chiffre / nombre.

Exemple : @ = 2, # = 10, @@# = 2 + 2 + 10 = 14 et ##@ = 10 + 10 + 2 = 22.

LES DAMIERS

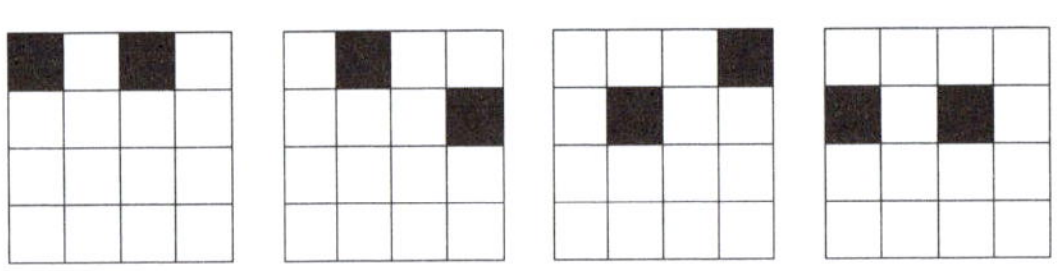

Les damiers superposés forment un damier **totalement noir** ou **moitié noir, moitié blanc** ou encore **une case noire / une case blanche.**

Exemple : En superposant les damiers, on obtient un damier dont la moitié supérieure est noire et la moitié inférieure est blanche.

EMBOÎTEMENT DE FIGURES

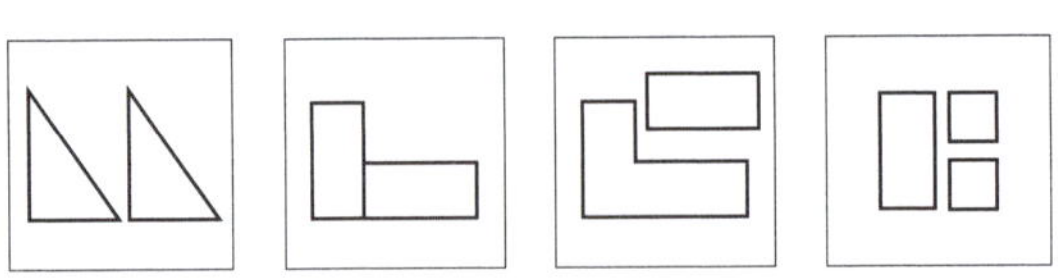

Les figures de chaque cadre **emboîtées** l'une dans l'autre donne une autre figure.

Exemple : Les figures emboîtées forment un carré ou un rectangle.

SÉPARATION DU NOMBRE

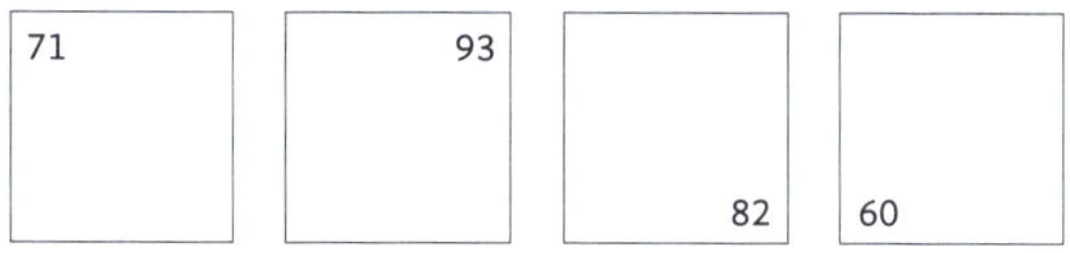

Séparez le nombre et additionnez, multipliez ou soustrayez les deux chiffres entre eux.

Exemple : 71 : 7 – 1 = 6, 93 : 9 – 3 = 6, 82 : 8 – 2 = 6, 60 : 6 – 0 = 6.

L'HORLOGE

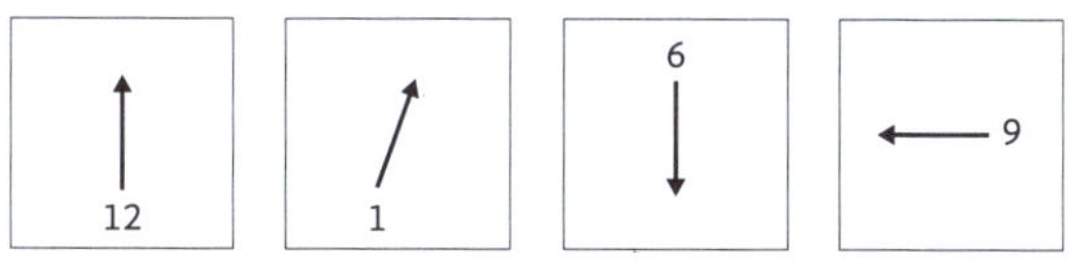

Le chiffre / nombre correspond à l'heure indiquée par les aiguilles.

Exemple : 12 = 12 heures, 1 = 1 heure, 6 = 6 heures et 9 = 9 heures.

LES DIRECTIONS

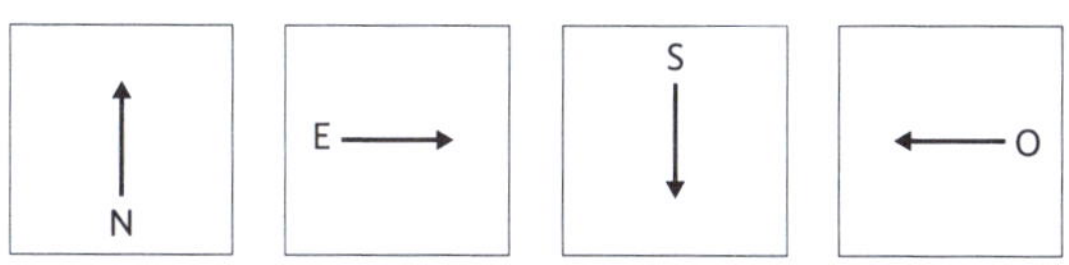

La lettre est **l'initiale de la direction géographique indiquée par la flèche.** (N = Nord, S = Sud, E = Est, O = Ouest, NE = Nord-Est, etc.).

Exemple : N, E, S, O.

EXERCICE

Question 1 ★★★★☆ **45 sec. – 3 min.**

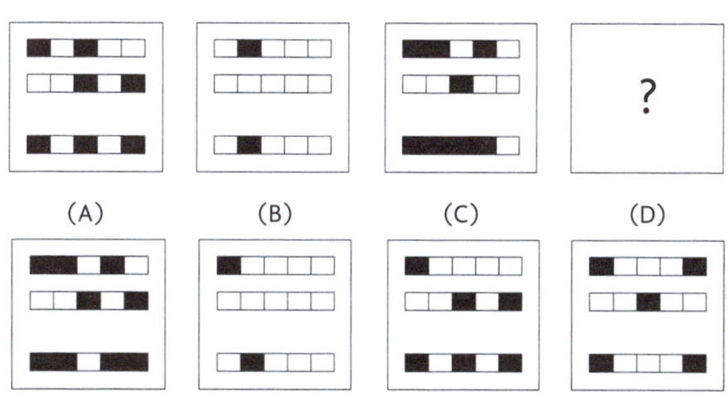

CORRIGÉ FICHE 120

119 Fiche récapitulative : Méthodes séries graphiques

LOGIQUE

MÉTHODE 1-1 : SUITE DE CHIFFRES

Suite arithmétique	3 – 5 – 7 – 9 (+2, +2, +2, +2)
Suite géométrique	4 – 8 – 16 – 32 (× 2, × 2, × 2, × 2)
Nombres premiers	11 – 13 – 17 – 19
Carrés/Cubes	4 – 9 – 16 – 25
Nombres pairs/impairs	8 – 16 – 12 – 10 (nombres pairs)
Multiples simples/complexes	17 – 34 – 51 – 68

MÉTHODE 1-2 : SUITE DE LETTRES

Suite arithmétique	A – C – G – M (+2, +4, +6)
Suite géométrique	A – B – D – H (×2, ×2)
Nombre de barres	T – X – L – V (2 barres)
Nombre d'arrondis	P – D – C – U (1 arrondi)
Lettres symétriques	I – O – A – X (axe de symétrie vertical)
Voyelles/Consonnes	C – S – T – G (consonnes)
Chiffres romains	V – X – I – M = 5 – 10 – 1 – 1000

MÉTHODE 2 : LES FIGURES

Nombre de côtés	**Nombre de côtés parallèles**
Nombre de paires de côtés parallèles	**Nombre d'angles droits**
Nombre de points d'intersection	**Nombre d'éléments graphiques**

MÉTHODE 3 : LES DÉPLACEMENTS

Déplacement HORAIRE (sens des aiguilles d'une montre)	1 coin – 1 coin – 1 coin 1 coin – 2 coins – 3 coins 1 coin – 2 coins – 4 coins (= tour complet)
Déplacement ANTI-HORAIRE (sens inverse des aiguilles d'une montre)	1 coin – 1 coin – 1 coin 1 coin – 2 coins – 3 coins 1 coin – 2 coins – 4 coins (= tour complet)
Déplacement alternance de diagonales	**Mouvement de rotation (45°, 60°, 90°, 120°)**
Déplacement de décalage	**Déplacement « Axe de symétrie »**

MÉTHODE 4 : BASE DE DONNÉES ET LIENS LOGIQUES

MÉTHODE 5 : LES CROIX

Tous les termes (+, × ou –)	**Tous les termes sauf un (+, × ou –)**
Chiffres horizontaux (+, × ou –) = chiffres verticaux (+, × ou –)	**Mouvement de rotation**

MÉTHODE 6 : LES INITIALES

Lettre = Initiale d'un chiffre/nombre	H = 8 = Huit, C = 5 = Cinq.
Lettre = Initiale d'un résultat	N + E = 14 + 5 = 19 = DN = Dix-Neuf.
Lettre = Initiale d'une figure	C = Carré, R = Rectangle.

MÉTHODE 7 : AUTRES CAS

Alternance de couleur	**Équivalence symbole = chiffre/nombre**
Les damiers	**Emboîtement de figures**
L'horloge	Les directions
Séparation du nombre	

TAGE 2® N° 1/2/3

LOGIQUE GRAPHIQUE (6)

Rendez-vous sur

www.monsieur-tage-2.com

pour accéder aux corrigés des questions en vidéo !

TAGE 2® N° 1

6 LOGIQUE (6)

CONSIGNES

10 questions	10 minutes	Calculatrice interdite	Chronomètre recommandé

BARÈME

Bonne réponse : + 3 points	Aucune réponse : 0 point	Mauvaise réponse : – 1 point

Question 61.

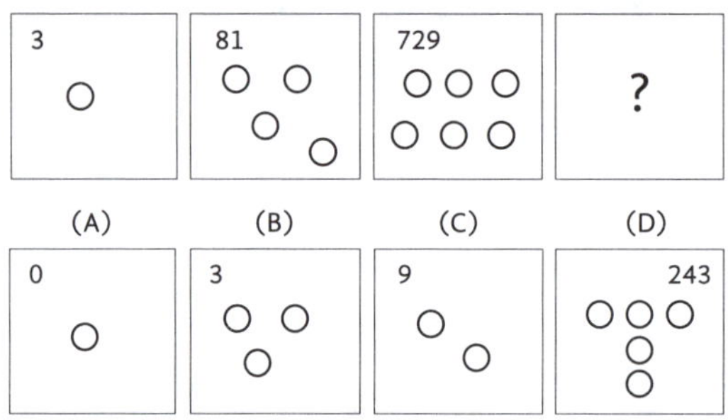

Question 62.

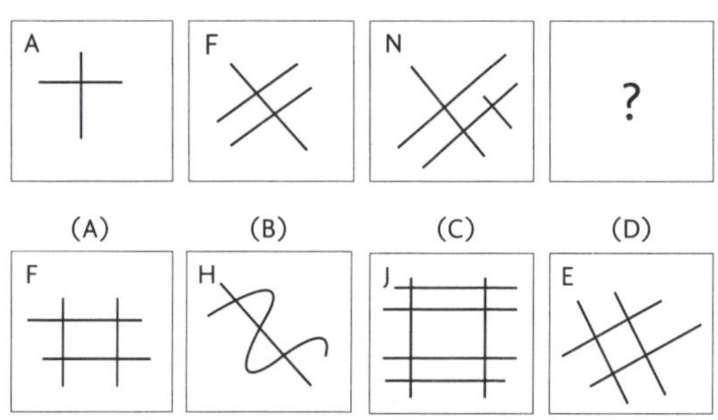

Question 63.

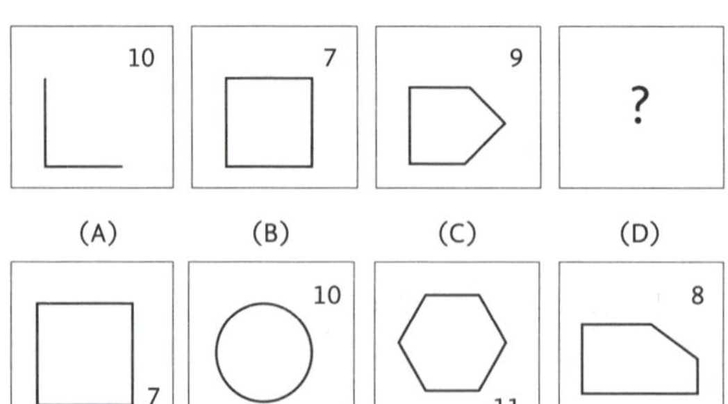

Question 64.

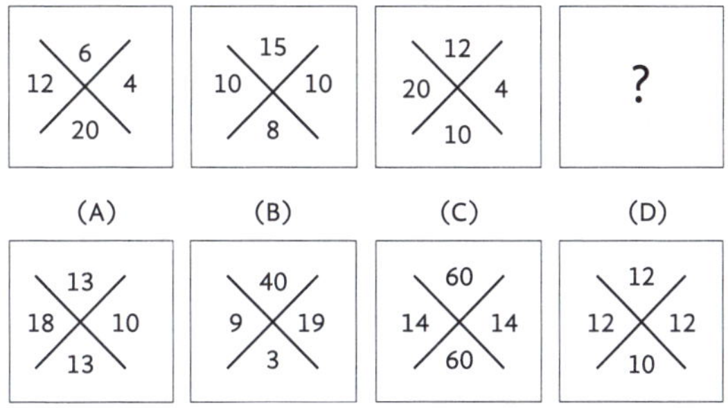

Question 65.

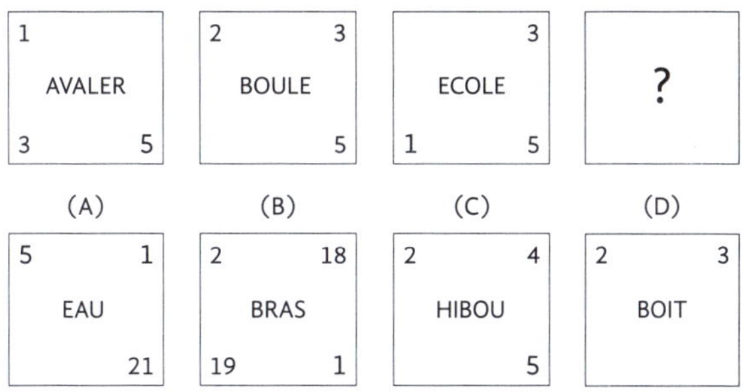

Question 66.

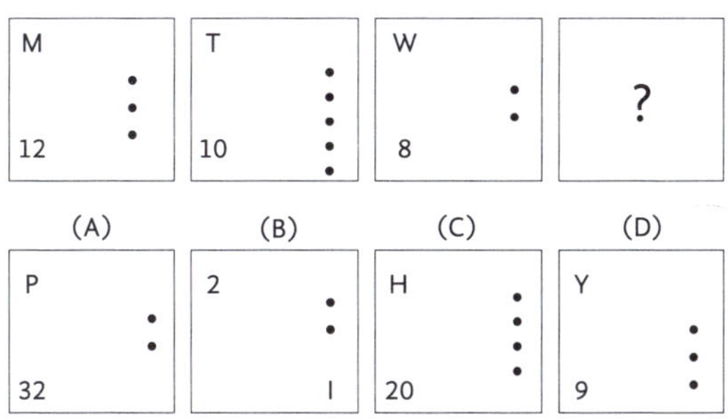

Question 67.

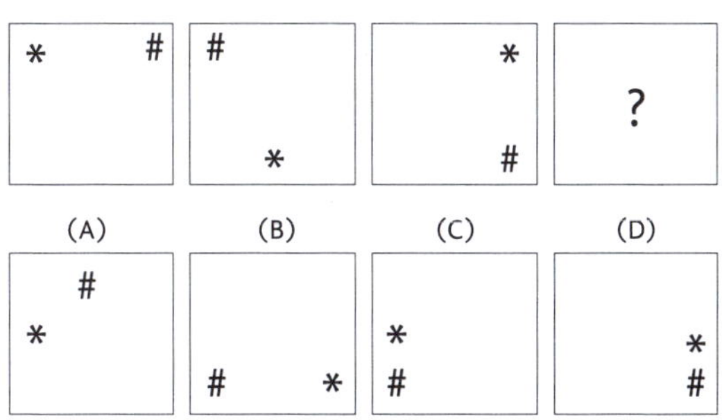

Question 68.

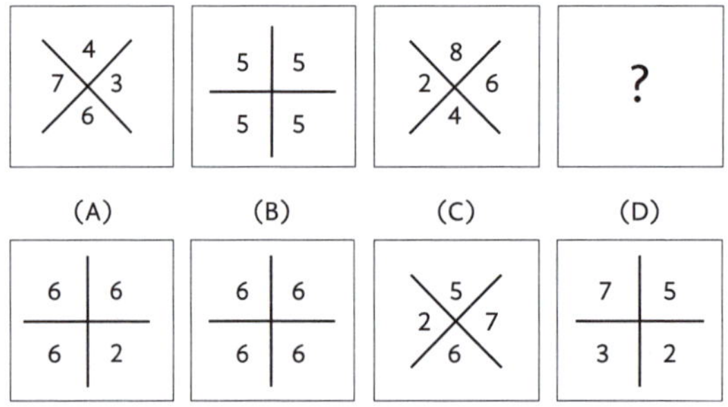

Question 69.

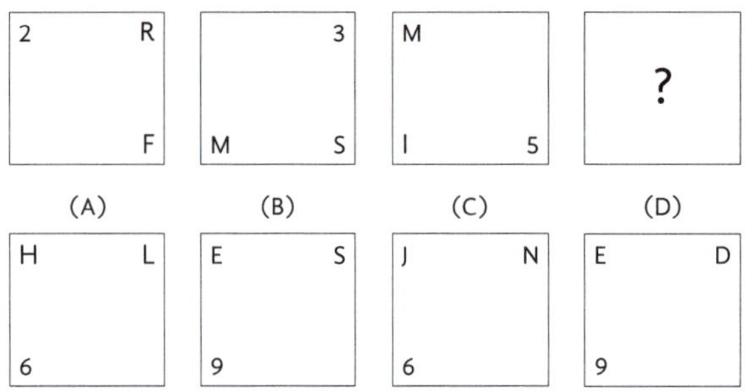

Question 70.

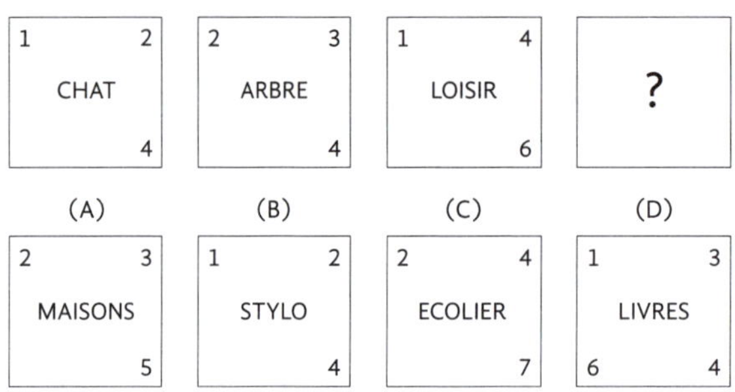

TAGE 2® N° 1

6 CORRIGÉ « LOGIQUE (6) »

Difficulté	NORMAL									
Question	61	62	63	64	65	66	67	68	69	70
Réponse	C	A	D	B	C	D	C	A	B	C

Toutes les questions sont corrigées en vidéo dans votre espace **E-LEARNING sur www.monsieur-tage-2.com**

Posez toutes vos questions (concours, écoles, dossiers, TAGE 2®, etc.) au sein des **communautés d'entraide Facebook et Instagram « Monsieur TAGE 2 »** et **« Monsieur Ecoles de commerce » (+ de 20 000 membres).**

Question 61 Réponse C ★★★☆☆ **30 sec. – 2 min.** **Fiche 115**

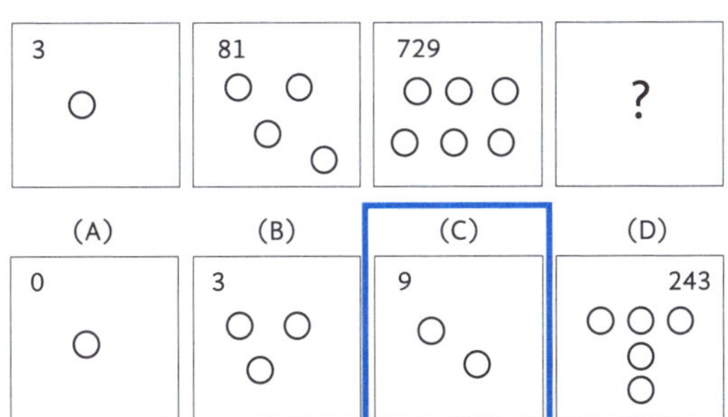

Logique 1 : Le nombre est toujours en haut à gauche du cadre.

Logique 2 : 3 à la puissance du nombre de cercles = nombre en haut à gauche ($3^1 = 3$; $3^4 = 81$; $3^6 = 729$).

Question 62 **Réponse A** ★★★☆☆ **30 sec. – 2 min.** **Fiches 106/113**

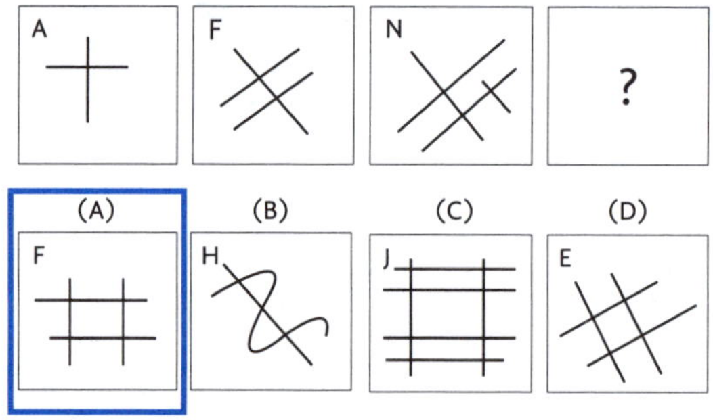

Logique 1 : La lettre en haut à gauche a toujours 3 barres.

Logique 2 : Le nombre de points d'intersection augmente de +1 : 1, puis 2, puis 3 → 4 intersections.

Question 63 **Réponse D** ★★★★☆ **1 min. – 3 min** **Fiches 113/114**

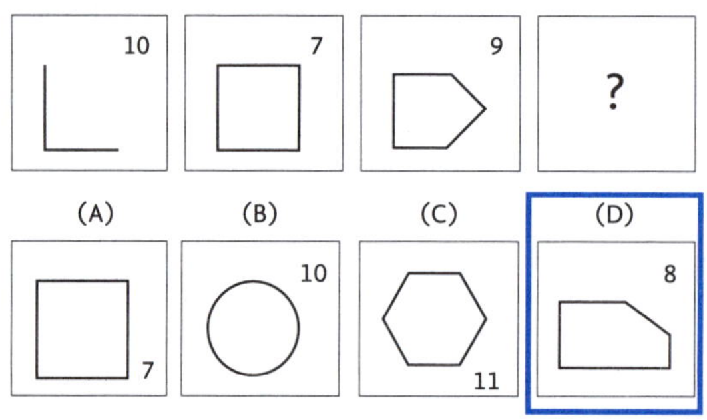

Logique 1 : Nombre d'angles droits de la figure + le chiffre en haut à droite = 11.

Logique 2 : Le chiffre est toujours situé en haut à droite du cadre.

Question 64 **Réponse B** ★★★★☆ **30 sec. – 2 min.** **Fiche 116**

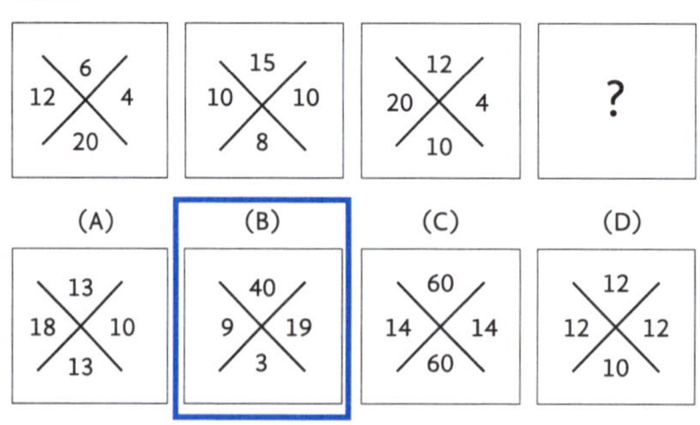

Logique 1 : Le produit des 2 nombres verticaux est égal à 120 ($6 \times 20 = 15 \times 8 = 120$; etc.)
Logique 2 : La somme des 2 nombres horizontaux est croissante avec un écart constant de +4 : $12 + 4 = 16$; $10 + 10 = 20$; $20 + 4 = 24$ → Somme égale à 28.

Question 65 Réponse C ★★★★☆ **45 sec. – 2 min.** **Fiche 105**

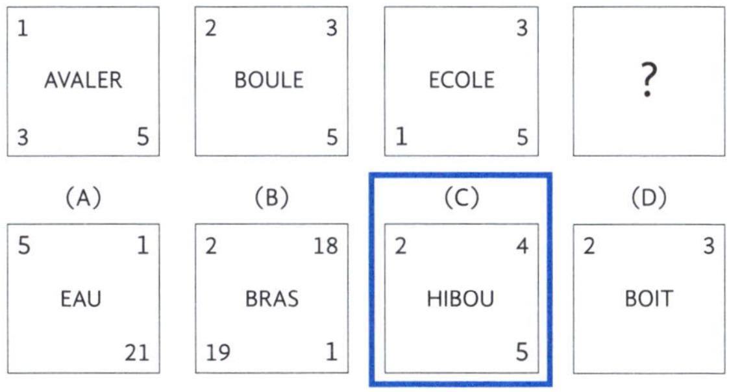

Logique 1 : Il y a toujours 3 voyelles dans le mot.
Logique 2 : Les chiffres indiquent les positions des voyelles dans le mot (AVALER = 135 car les voyelles sont en position 1, 3 et 5 ; etc.).

Question 66 Réponse D ★★★☆☆ **30 sec. – 1 min.** **Fiches 106/114**

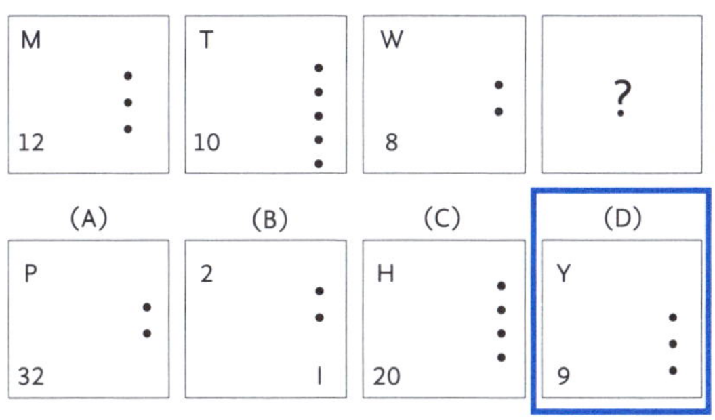

Logique 1 : La lettre est toujours en haut à gauche.
Logique 2 : Le nombre de barres de la lettre × le nombre de points noirs = le nombre en bas à gauche.

Question 67 Réponse C ★★☆☆☆ 30 sec. – 1 min. Fiche 114

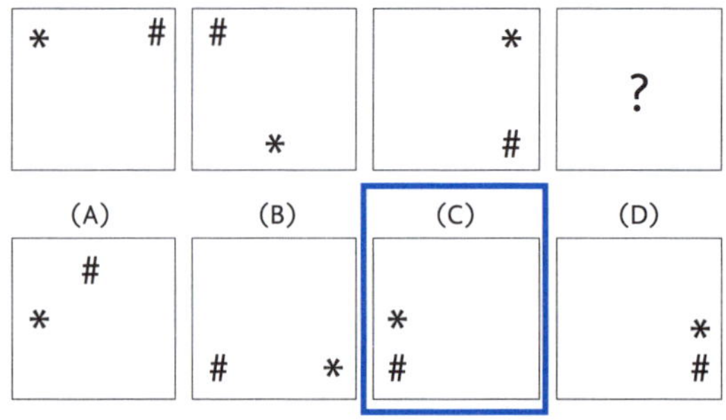

Logique 1 : L'étoile se déplace de 1 côté et demi dans le sens anti-horaire (sens inverse des aiguilles d'une montre).

Logique 2 : Le dièse se déplace de 1, puis 2, puis 3 coins dans le sens anti-horaire (sens inverse des aiguilles d'une montre).

Question 68 Réponse A ★★☆☆☆ 30 sec. – 1 min. Fiche 116

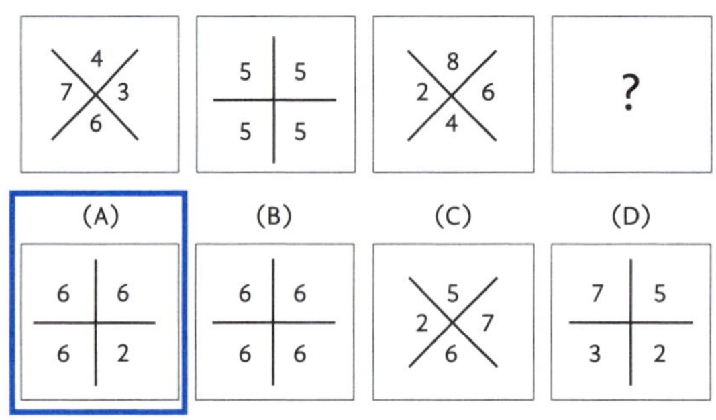

Logique 1 : Alternance croix penchée, croix droite, croix penchée → Croix droite.

Logique 2 : La somme des 4 éléments est toujours égale à 20.

Question 69 Réponse B ★★★★☆ 45 sec. – 2 min. Fiches 117/118

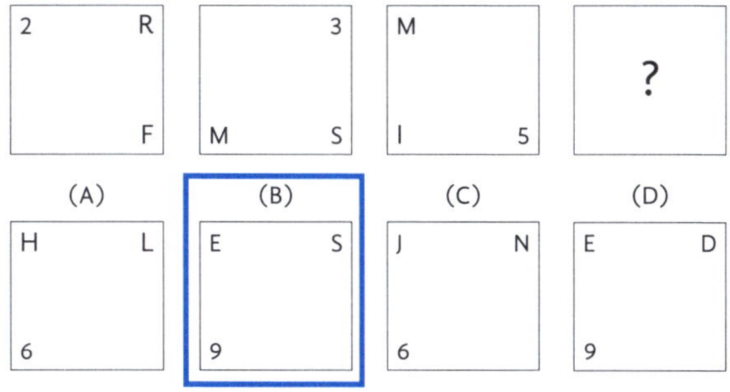

Logique 1 : Le chiffre indique le numéro du mois (2 = Février ; 3 = Mars ; 5 = Mai ; etc.).
Logique 2 : Les lettres se déplacent et indiquent la première et la dernière lettre du mois (**Exemple :** FR = **F**évrie**r** ; MS = **M**ar**s** ; MI = **M**a**i** ; etc.).

Question 70 Réponse C ★★★★☆ 45 sec. – 2 min. Fiche 105

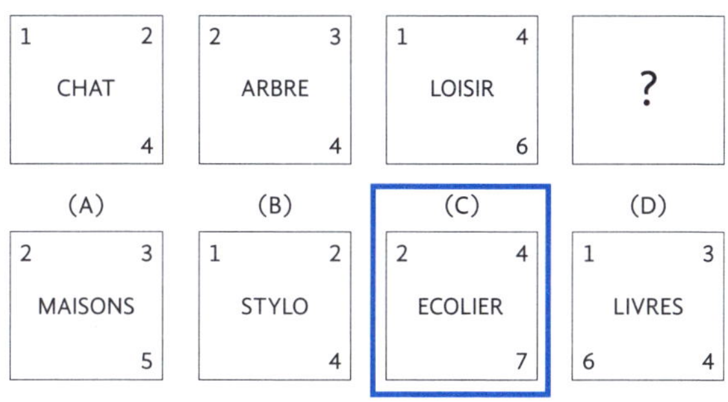

Logique 1 : Le nombre de lettres du mot augmente de + 1 : 4, 5, 6 → 7 lettres.
Logique 2 : Les chiffres indiquent le positionnement des consonnes dans le mot (**Exemple :** CHAT = 124 car les consonnes sont en position 1, 2 et 4 ; etc.).

TAGE 2® N° 2

6 LOGIQUE (6)

CONSIGNES			
10 questions	10 minutes	Calculatrice interdite	Chronomètre recommandé

BARÈME		
Bonne réponse : + 3 points	Aucune réponse : 0 point	Mauvaise réponse : – 1 point

Question 61.

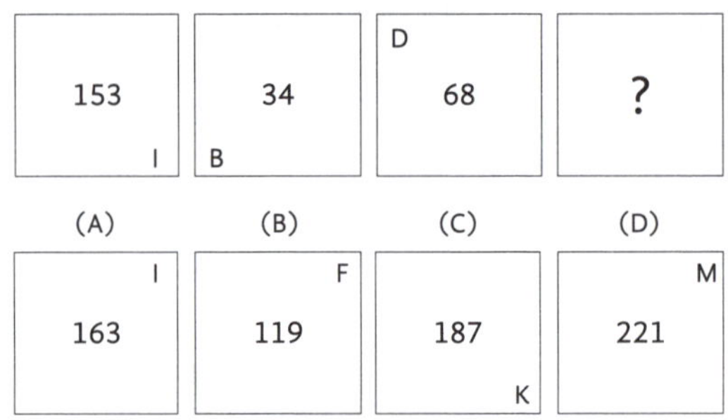

Question 62.

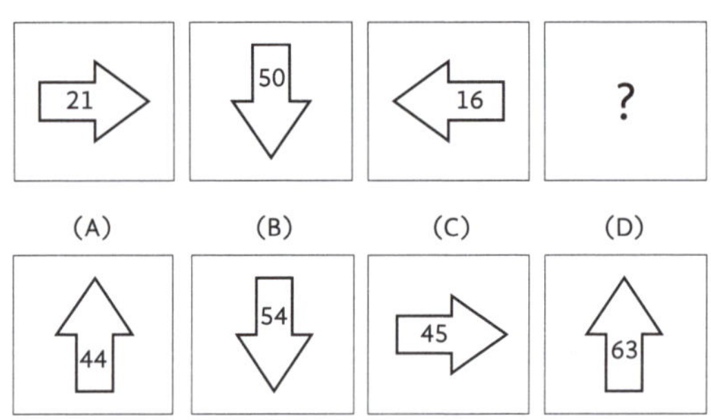

Question 63.

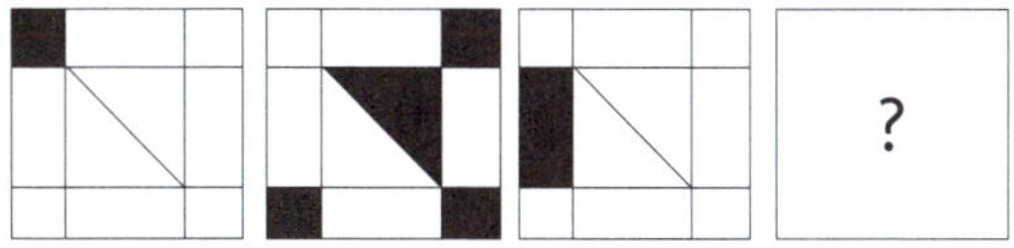

(A) (B) (C) (D)

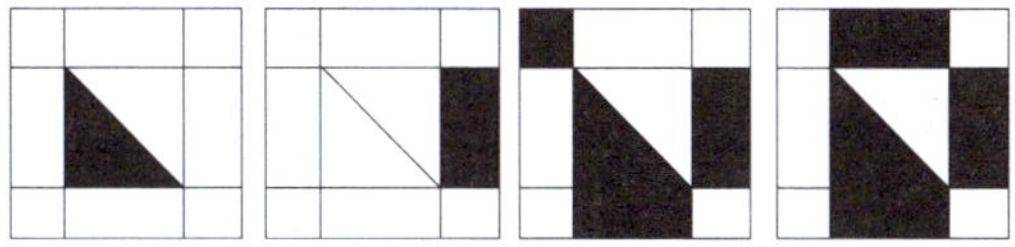

Question 64.

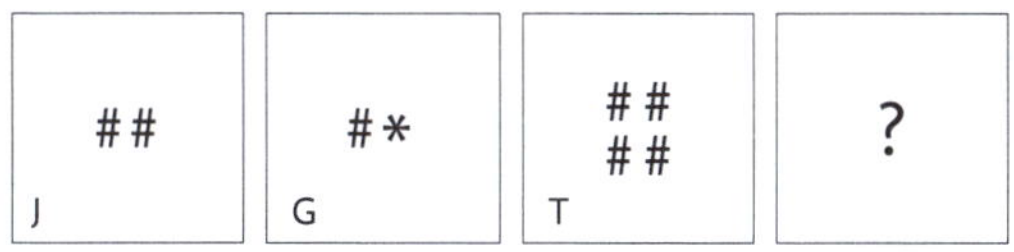

(A) (B) (C) (D)

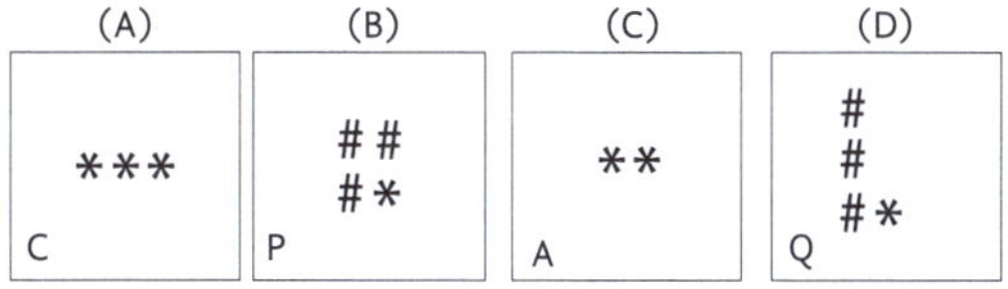

Question 65.

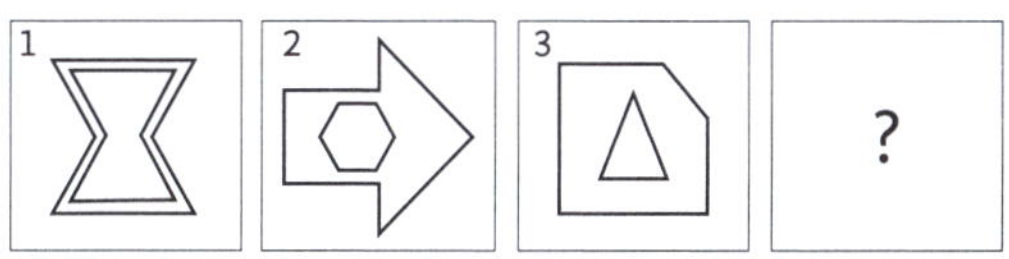

(A) (B) (C) (D)

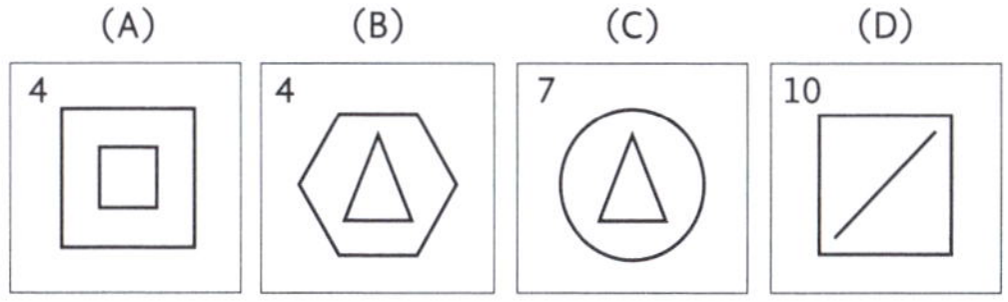

Question 66.

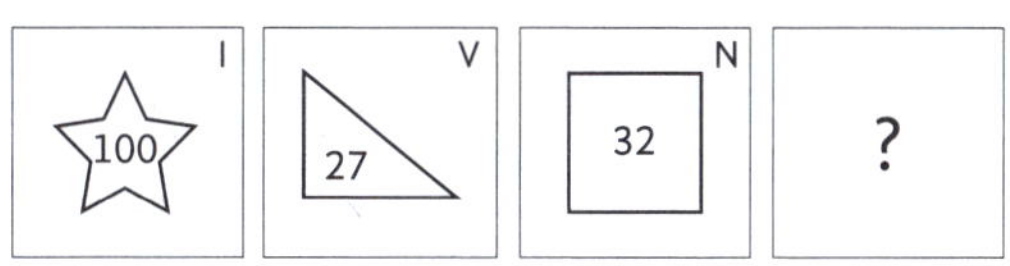

(A) (B) (C) (D)

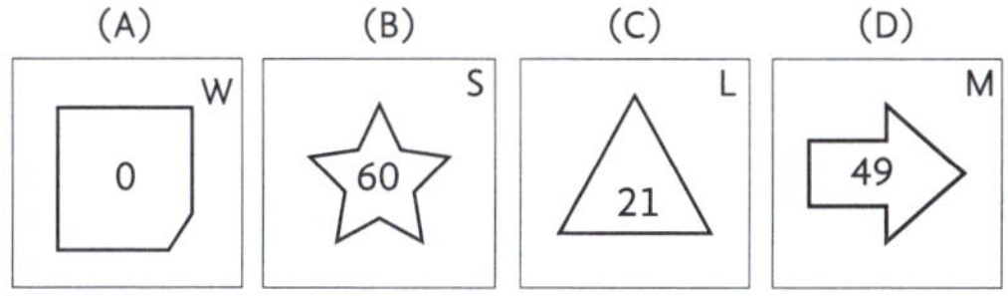

Question 67.

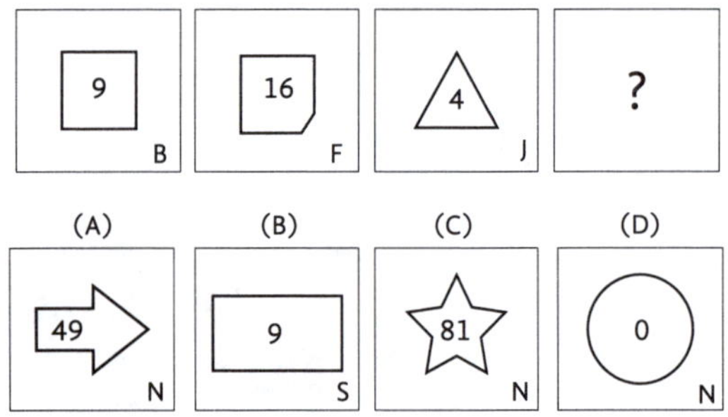

Question 68.

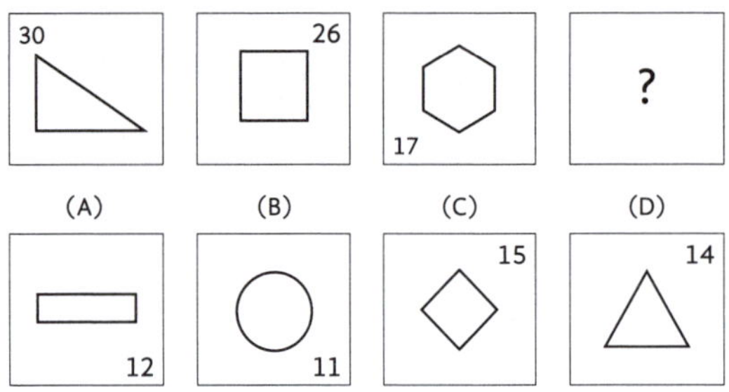

Question 69.

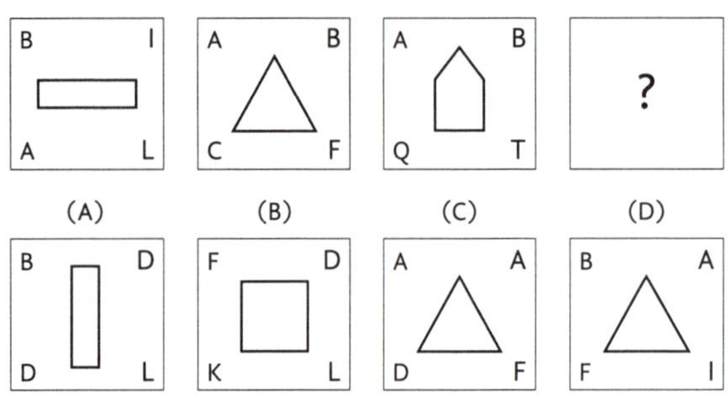

Question 70.

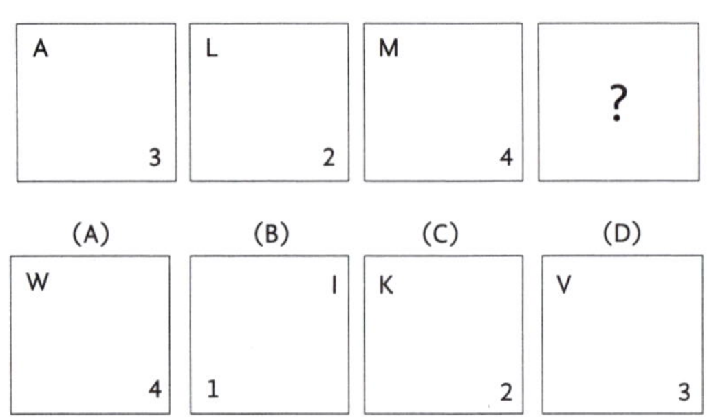

Difficulté	NORMAL									
Question	61	62	63	64	65	66	67	68	69	70
Réponse	D	D	D	D	B	D	C	B	C	A

Toutes les questions sont corrigées en vidéo dans votre espace **E-LEARNING sur www.monsieur-tage-2.com**

Posez toutes vos questions (concours, écoles, dossiers, TAGE 2®, etc.) au sein des **communautés d'entraide Facebook et Instagram « Monsieur TAGE 2 »** et **« Monsieur Ecoles de commerce » (+ de 20 000 membres).**

Question 61 Réponse D ★★☆☆☆ **15 sec. – 1 min.** **Fiches 114/115**

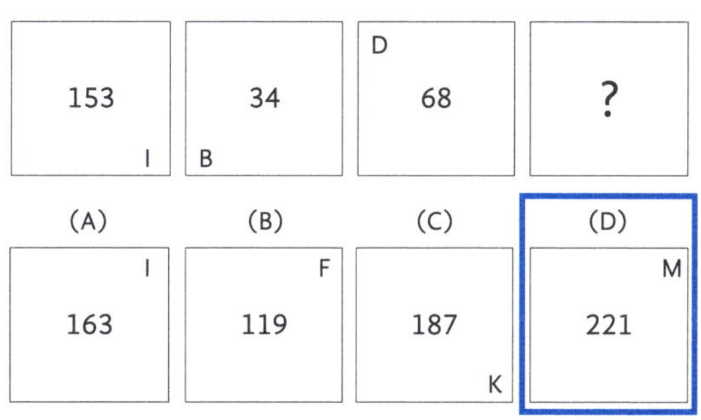

Logique 1 : La lettre se déplace de 1 coin à chaque cadre (sens des aiguilles d'une montre) → Lettre en haut à droite.

Logique 2 : Le nombre correspond au rang de la lettre × 17 (153 = 17 × 9 car I est la 9e lettre, etc.).

Question 62 Réponse D ★★☆☆☆ **15 sec. – 1 min.** **Fiches 112/114**

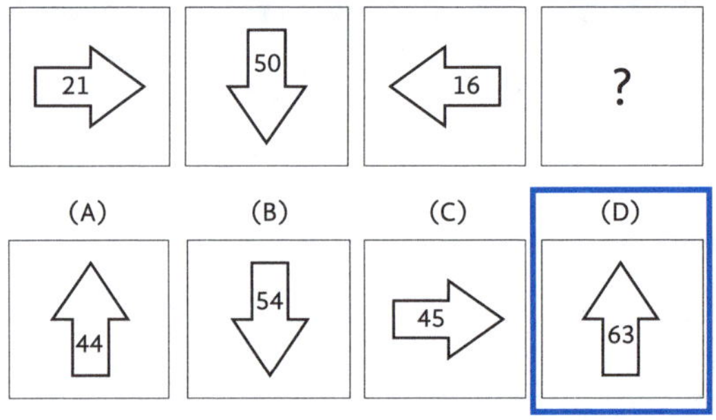

Logique 1 : L'orientation de la flèche évolue d'un quart de tour à chaque cadre (orientation vers la droite, le bas, la gauche → Flèche vers le haut.

Logique 2 : La somme des 2 chiffres vaut 3, puis 5, puis 7 → Somme égale à 9.

Question 63 Réponse D ★★★☆☆ **30 sec. – 2 min.** **Fiche 118**

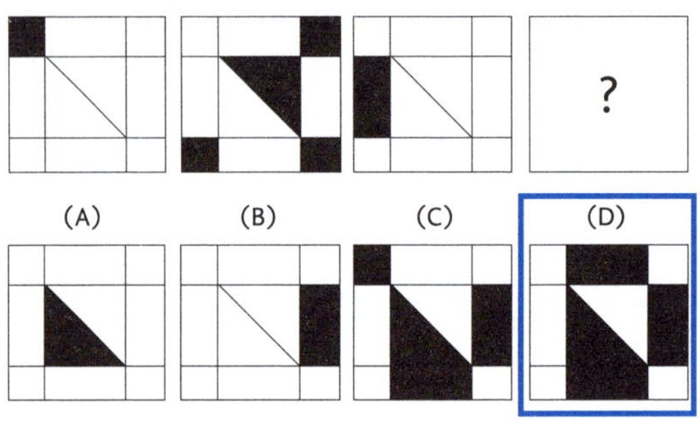

Logique : En superposant les carrés, on obtient un carré plein (méthode du damier).

Question 64 Réponse D ★★★☆☆ **30 sec. – 2 min.** **Fiche 118**

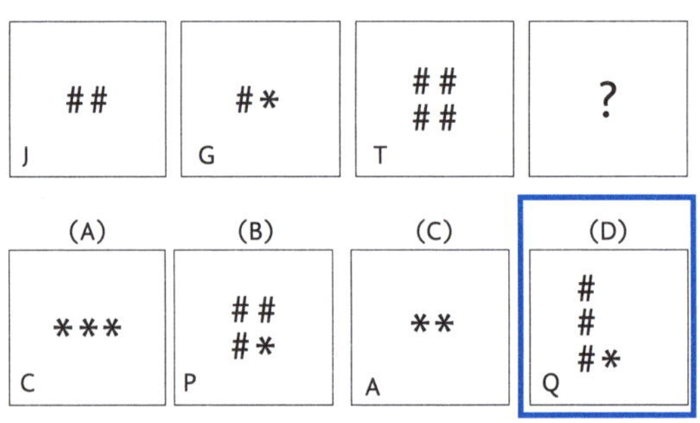

Logique : L'addition de la valeur numérique de chaque symbole = le rang de la lettre : # = 5 et * = 2 (J = 10 = # + # ; G = 7 = # + * ; T = 20 = # + # + # + #).

Question 65 Réponse B ★★★★☆ 45 sec. – 3 min. Fiches 112/115

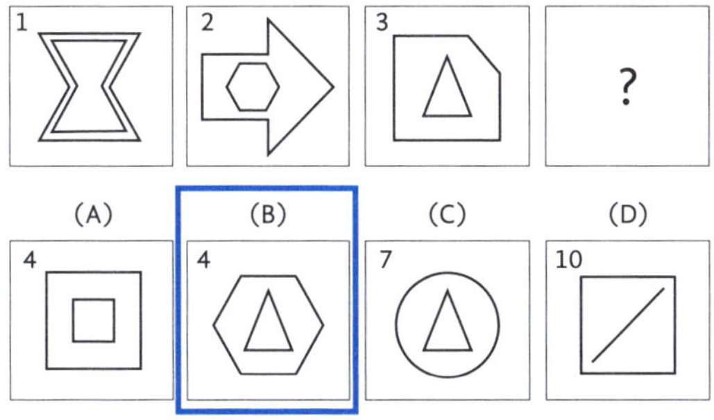

Logique 1 : Le chiffre en haut à gauche augmente de +1 (1, puis 2, puis 3 → 4).

Logique 2 : La différence entre le nombre de côtés de la figure extérieure et le nombre de côtés de la figure intérieure vaut : 0, puis 1, puis 2 → La différence est égale à 3.

Question 66 Réponse D ★★★★☆ 45 sec. – 3 min. Fiches 106/115

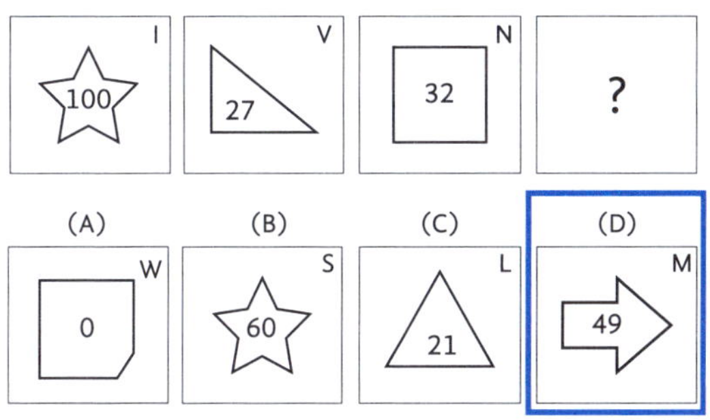

Logique 1 : Le nombre de barres de la lettre augmente de +1 (1 barre, puis 2, puis 3 → 4 barres).

Logique 2 : Le nombre = le nombre de côtés de la figure × 10, puis × 9, puis × 8 → Nombre = Nombre de côtés × 7.

Question 67 Réponse C ★★★☆☆ 30 sec. – 2 min. Fiches 112/115

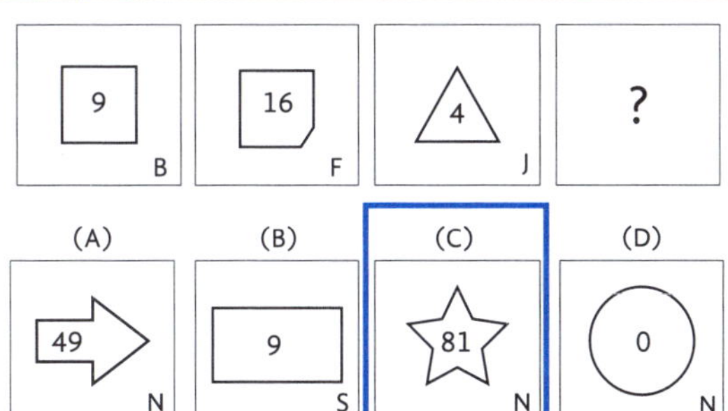

Logique 1 : Le rang de la lettre augmente de +4 : B, F, J → N.

Logique 2 : Le nombre vaut : (Nombre de côtés de la figure – 1)^2. Ici, $(10 - 1)^2 = 9^2 = 81$.

Question 68 — Réponse B — ★★☆☆☆ — 30 sec. – 2 min. — Fiche 114

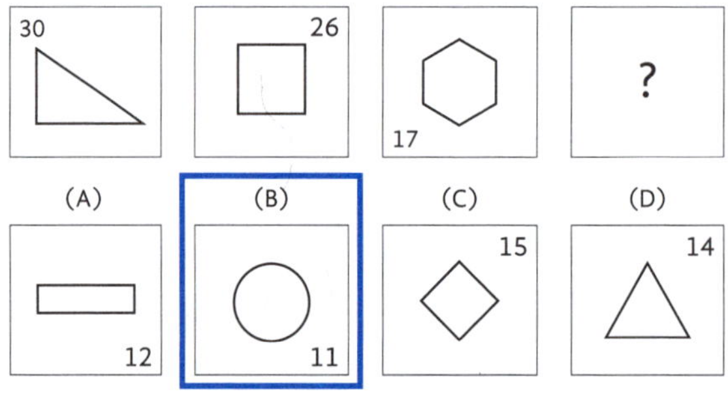

Logique 1 : Le nombre se déplace de 1 puis 2 coins → Le nombre se déplace de 3 coins.

Logique 2 : La différence entre les 2 chiffres du nombre est égale au nombre de côtés de la figure : 3 – 0 = 3 = 3 côtés ; 6 – 2 = 4 = 4 côtés ; 7 – 1 = 6 = 6 côtés.

Question 69 — Réponse C — ★★☆☆☆ — 30 sec. – 2 min. — Fiches 112/115

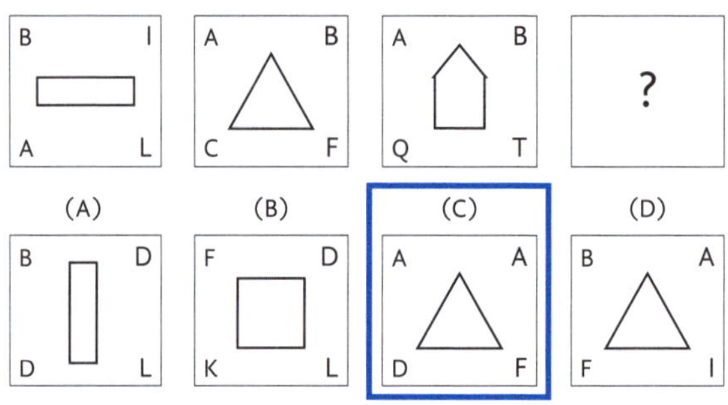

Logique 1 : La somme des rangs des 3 plus petites lettres = rang de la lettre en bas à droite.

Logique 2 : Nombre de côtés × (Nombre de côtés – 1) = rang de la lettre en bas à droite.

Question 70 — Réponse A — ★★☆☆☆ — 30 sec. – 2 min. — Fiche 106

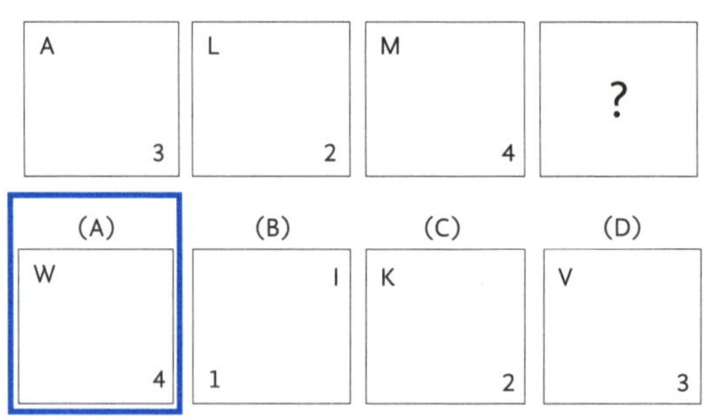

Logique 1 : Les lettres et chiffres sont toujours à la même position.

Logique 2 : Le chiffre indique le nombre de barres de la lettre.

TAGE 2® N° 3

6 LOGIQUE (6)

CONSIGNES

10 questions	10 minutes	Calculatrice interdite	Chronomètre recommandé

BARÈME

Bonne réponse : + 3 points	Aucune réponse : 0 point	Mauvaise réponse : – 1 point

Question 61.

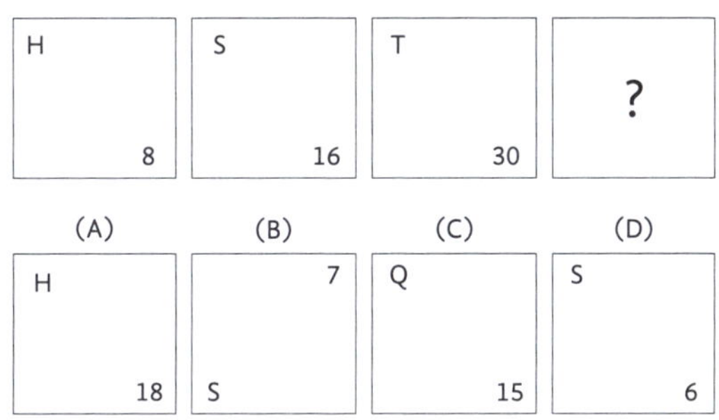

Question 62.

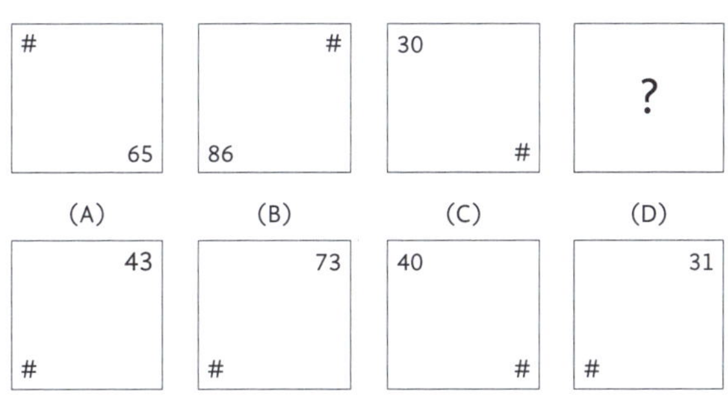

Question 63.

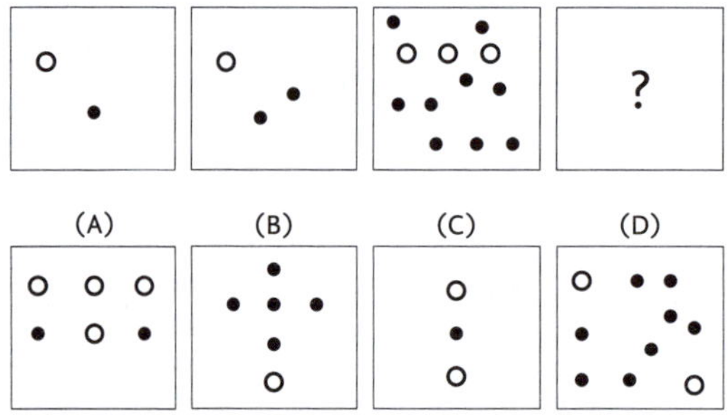

Question 64.

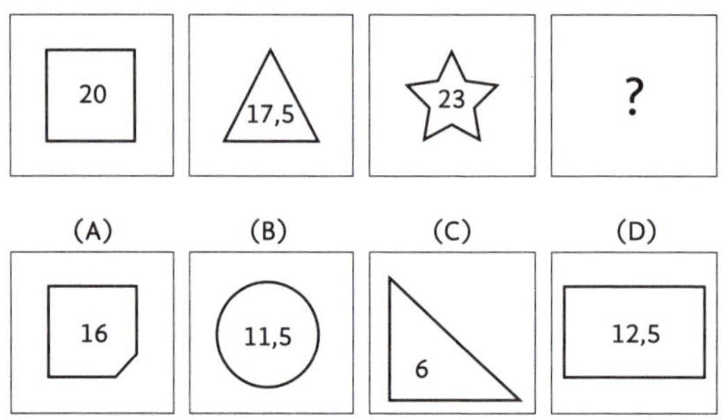

Question 65.

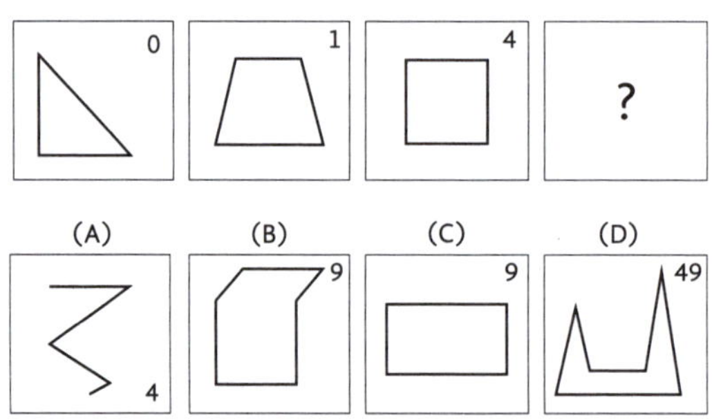

Question 66.

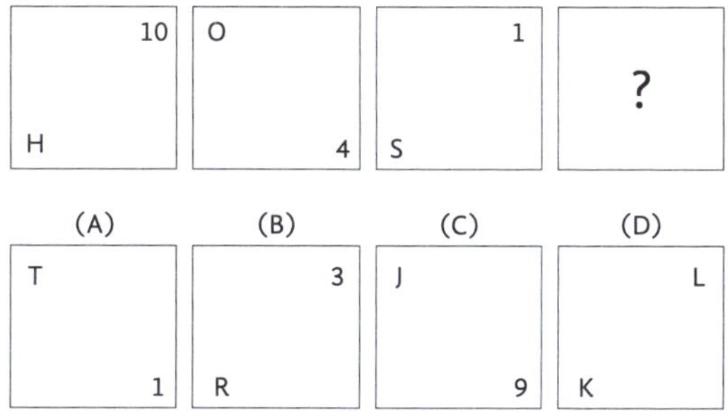

Question 67.

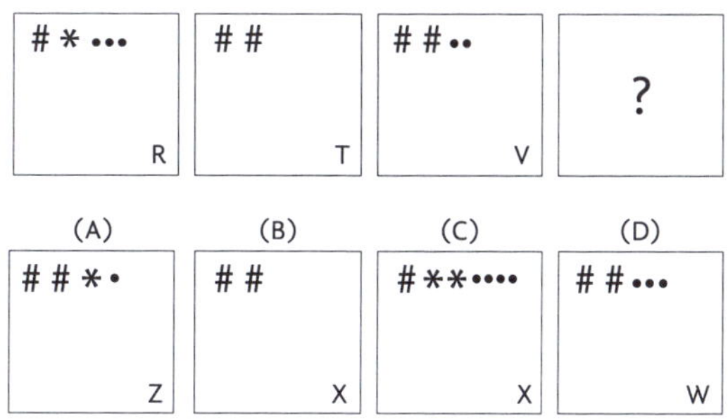

Question 68.

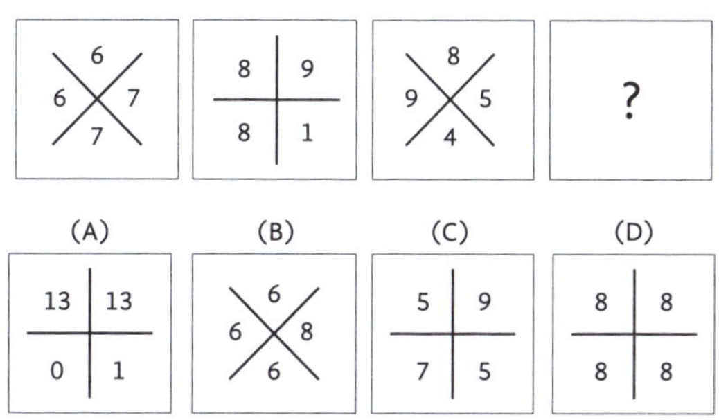

Question 69.

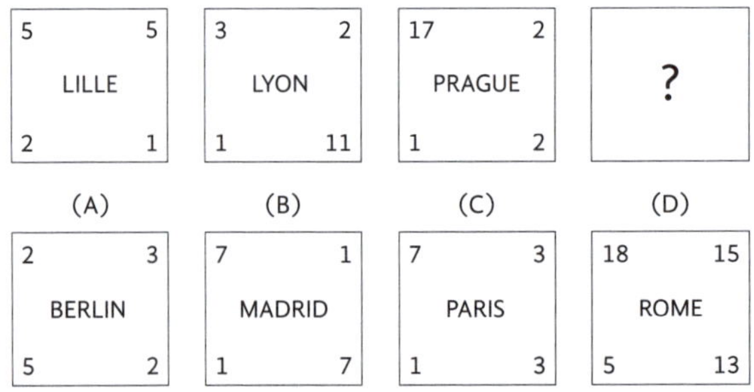

Question 70.

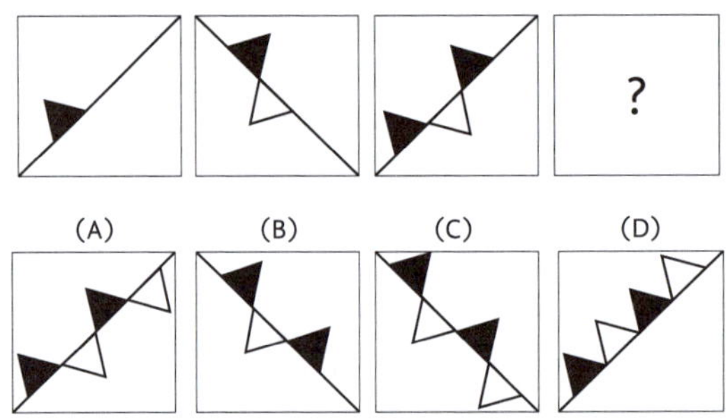

TAGE 2® N° 3

6 CORRIGÉ « LOGIQUE (6) »

Difficulté	NORMAL								
Question	61	62	63	64	65	66	67	68	69	70
Réponse	D	B	D	B	B	A	C	C	A	C

Toutes les questions sont corrigées en vidéo dans votre espace **E-LEARNING sur www.monsieur-tage-2.com**

Posez toutes vos questions (concours, écoles, dossiers, TAGE 2®, etc.) au sein des **communautés d'entraide Facebook et Instagram « Monsieur TAGE 2 »** et **« Monsieur Ecoles de commerce » (+ de 20 000 membres).**

Question 61 Réponse D ★★★☆☆ **30 sec. – 2 min.** **Fiches 112/117**

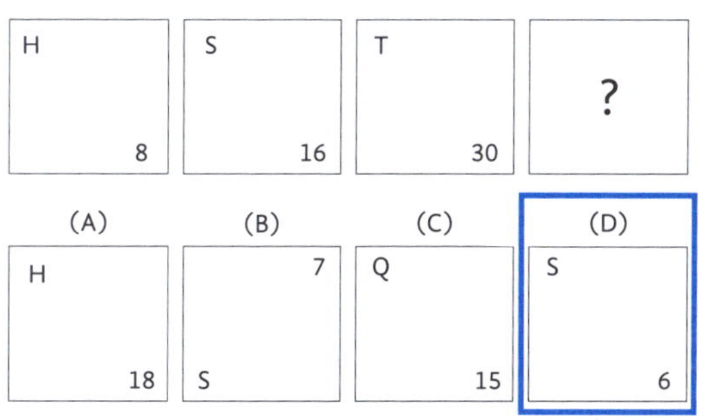

Logique 1 : Le nombre en bas à droite est pair.

Logique 2 : La lettre en haut à gauche est l'initiale du chiffre (H = Huit = 8 ; etc.).

Question 62 **Réponse B** ★★☆☆☆ **15 sec. – 1 min.** **Fiches 112/114**

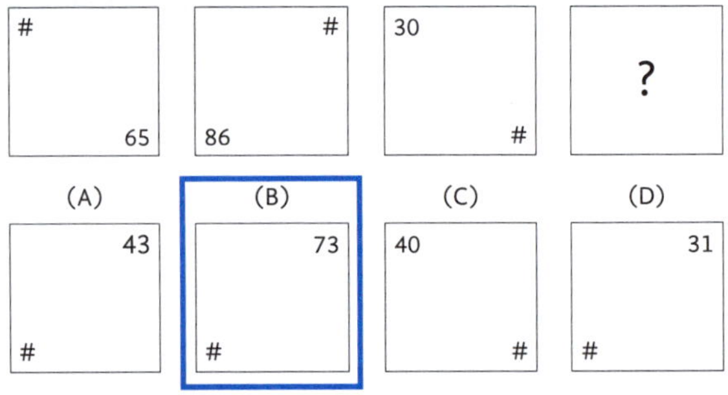

Logique 1 : Déplacement d'un coin des nombres et des # dans le sens horaire.

Logique 2 : L'écart entre les 2 chiffres est égal à : 1, 2, 3 → 4.

Question 63 **Réponse D** ★★☆☆☆ **30 sec. – 2 min.** **Fiche 115**

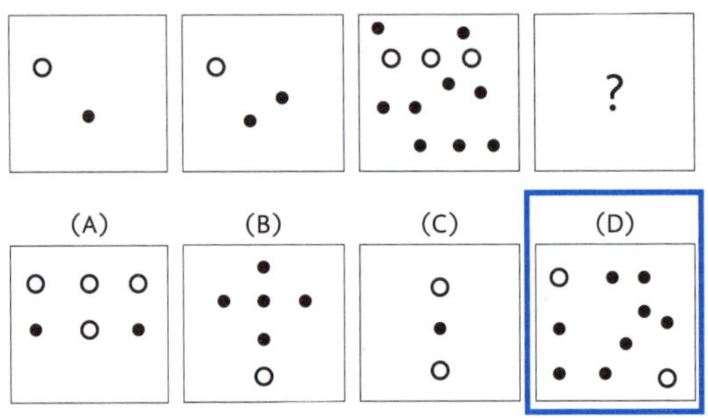

Logique : Le nombre de boules noires vaut : 1 × le nombre de boules blanches, puis 2 × puis 3 × → Le nombre de boules noires vaut : 4 × le nombre de boules blanches.

Question 64 **Réponse B** ★★★★☆ **45 sec. – 3 min.** **Fiche 115**

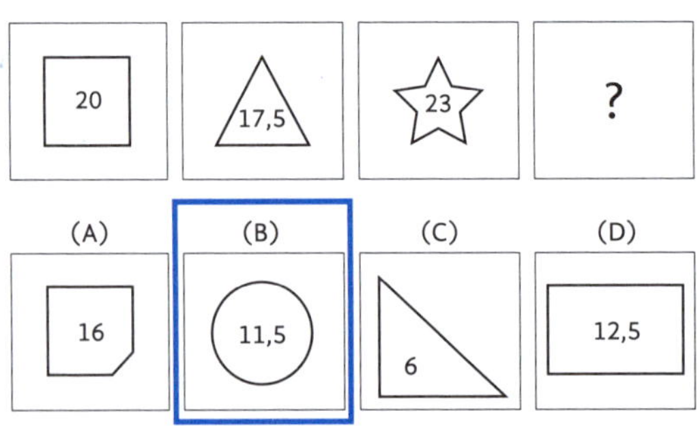

Logique : La différence entre le nombre et le nombre de côtés de la figure forme une suite décroissante de raison 1,5 : 20 – 4 = **16** ; 17,5 – 3 = **14,5** ; 23 – 10 = **13** → Le résultat de la différence vaut 11,5 dans la réponse.

Question 65 Réponse B ★★★★☆ 45 sec. – 3 min. Fiches 112/113

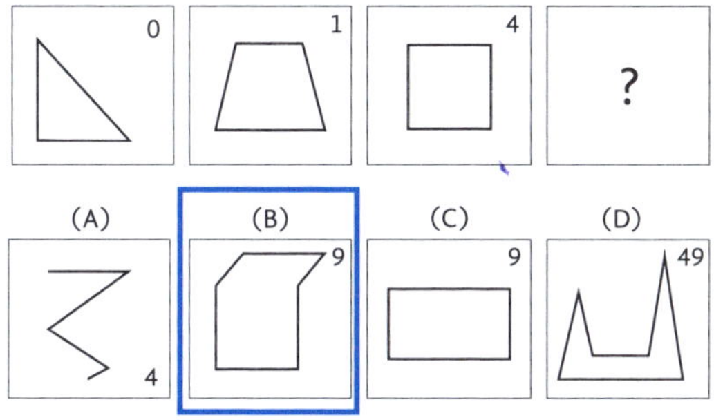

Logique 1 : Le chiffre en haut à droite est un carré croissant consécutif : 0, 1, 4 → 9.

Logique 2 : Il y a 0 paire de côtés parallèles, puis 1, puis 2 → 3 paires de côtés parallèles.

Question 66 Réponse A ★★★★☆ 45 sec. – 3 min. Fiche 112

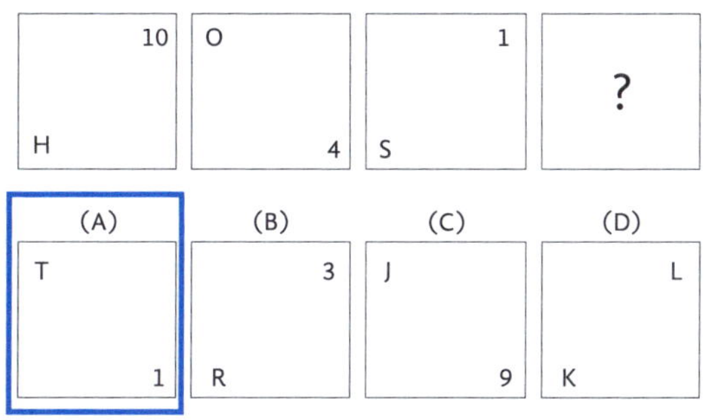

Logique 1 : Alternance diagonale droite-gauche et diagonale gauche-droite.

Logique 2 : La somme du rang de la lettre et du nombre forme une suite croissante de + 1 : H + 10 = **18** ; O + 4 = **19** ; S + 1 = **20** → La somme est égale à 21.

Question 67 Réponse C ★★★☆☆ 30 sec. – 2 min. Fiches 112/118

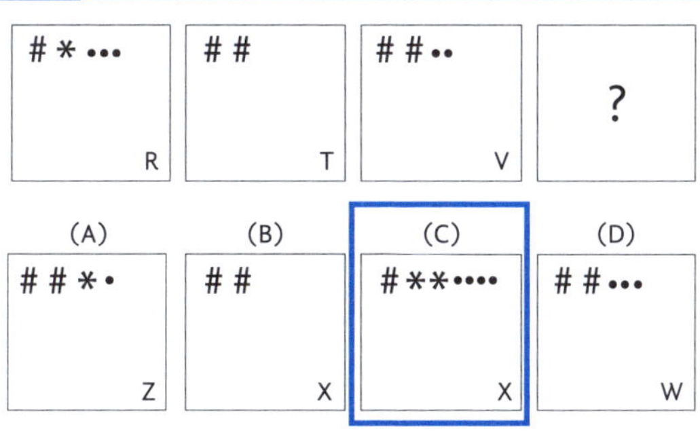

Logique 1 : Le rang de la lettre augmente de + 2 : R, T, V → X.

Logique 2 : Les symboles indiquent le rang de la lettre : # = 10 ; * = 5 et • = 1 (R = 18 = # + * + ••• ; etc.).

Question 68 **Réponse C** ★★★☆☆ **30 sec. – 2 min.** **Fiche 116**

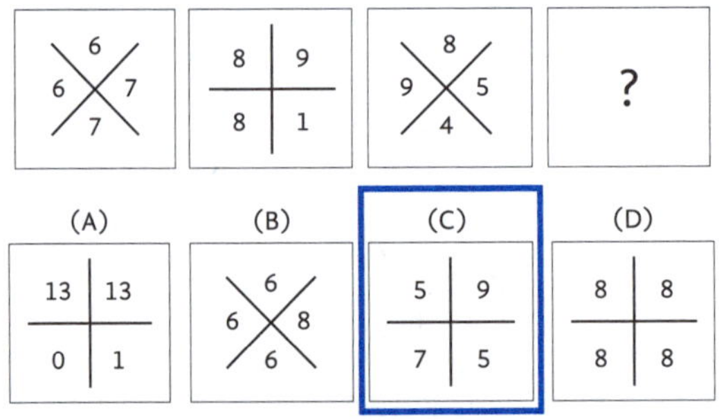

Logique 1 : Alternance croix penchée, croix droite, croix penchée → Croix droite.

Logique 2 : La somme des 4 éléments est toujours égale à 26.

Question 69 **Réponse A** ★★★★★ **45 sec. – 3 min.** **Fiches 96/101**

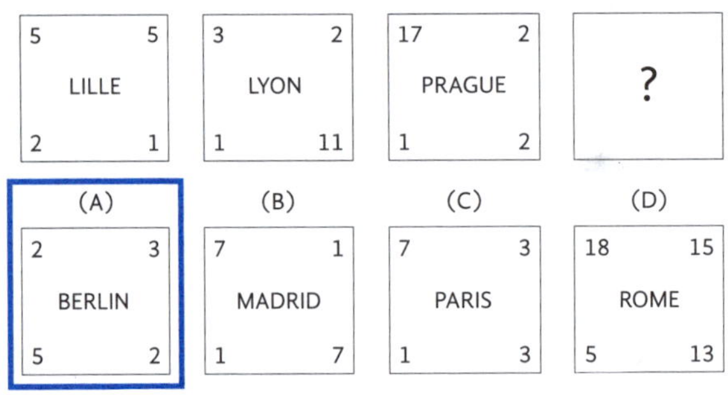

Logique 1 : La somme des rangs alphabétiques des lettres est égale au produit des chiffres.

Logique 2 : Le résultat de la somme et du produit est pair.

Question 70 **Réponse C** ★★☆☆☆ **30 sec. – 2 min.** **Fiche 113**

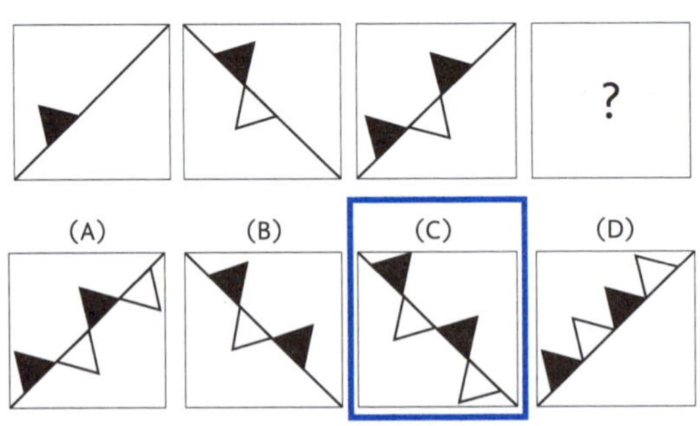

Logique 1 : Le trait change de sens : gauche-droite/droite-gauche/gauche-droite → Droite-gauche.

Logique 2 : Alternance triangle noir sur le trait/triangle blanc sous le trait. On ajoute un triangle à chaque fois.

LEXIPHRASE & PARATEXTE 120

CORRIGÉ « LEXIPHRASE & PARATEXTE »

Posez toutes vos questions (concours, écoles, dossiers, TAGE 2®, etc.) au sein des **communautés d'entraide Facebook et Instagram « Monsieur TAGE 2 »** et **« Monsieur Ecoles de commerce » (+ de 20 000 membres).**

Toutes les questions sont corrigées en vidéo dans votre espace **E-LEARNING sur www.monsieur-tage-2.com**

RDV individuel (gratuit) avec un expert de la prépa leader Admissions Parallèles !
Chaque **lecteur du Manuel du TAGE 2®** bénéficie d'un **RDV individuel gratuit (présentiel ou téléphonique)** pour **être conseillé(e) dans sa préparation aux concours** sur www.rendez-vous-monsieur-tage-2.com

FICHE 15

Question 1 — Réponse A ★★★☆☆ 15 sec. – 1 min.

« **Flegmatique** » est un adjectif qui renvoie à un comportement calme. **Réponse A.**
Synonymes : Calme, impassible, posé, serein.

Question 2 — Réponse A ★★★★☆ 15 sec. – 1 min.

« **Aigrelette** » signifie légèrement aigre, c'est-à-dire d'une acidité désagréable, au goût piquant. **Réponse A.**

FICHE 18

Application 1 — Réponse A ★★★☆☆ 30 sec. – 2 min.

« **Avoir l'esprit de l'escalier** » : Penser à ce qu'on aurait pu répondre si on avait eu de la répartie. Cette expression vient de Diderot. **Réponse A.**

« **Avoir de l'esprit** » : Avoir de la répartie.

« Tomber de Charybde en Scylla » : Tomber dans un mal plus grand que celui qu'on voulait éviter.
« Passer du coq à l'âne » : Changer brutalement de sujet.
« Voir midi à sa porte » : Considérer un problème sous son propre angle de vue.

Application 2 Réponse C ★★☆☆☆ 15 sec. – 1 min.

« Tu es belle comme le jour » est une **comparaison**, et non une métaphore. **Réponse C.**

> **REMARQUE** La différence entre la métaphore et la comparaison tient en la non utilisation, dans le cas de la métaphore, de comparant (ici « comme »).

Application 3 Réponse D ★★☆☆☆ 15 sec. – 1 min.

« La bave du crapaud n'atteint pas la blanche colombe » : Les critiques n'atteignent pas ceux qui n'ont rien à se reprocher. **Réponse D.**

Question 1 Réponse D ★★★☆☆ 30 sec. – 2 min.

Le proverbe qui illustre le mieux ce comportement est « **Un homme averti en vaut deux** ». Cela signifie qu'une personne qui est prévenue change son comportement pour lever les soupçons, alors qu'en réalité elle n'a pas vraiment changé. **Réponse D.**

Question 2 Réponse B ★★★☆☆ 30 sec. – 2 min.

L'expression qui illustre le mieux ce passage est « **C'est l'arroseur arrosé** » qui signifie « **Tel est pris qui croyait prendre** ». **Réponse B.**

FICHE 21

Question 1 Réponse D ★★★☆☆ 30 sec. – 2 min.

« La **neige** **(A)** fait au **Nord** **(B)** ce qu'au **Sud** **(A)** fait le **sable** **(B)** » de Victor Hugo est un **chiasme** : croisement d'éléments (modèle AB // BA). **Réponse D.**

FICHE 24

Question 1 Réponse A ★★★☆☆ **30 sec. – 2 min.**

- **Rappel de cours** **« sensé »** = dôté de bon sens ≠ **« censé »** = supposé.

« Si je ne fais plus de **cauchemars**, c'est parce que ma maman laisse toujours la lumière allumée quand je m'endors. Ce n'est qu'une fois que je dors profondément, qu'elle entre à pas de loups dans ma chambre pour éteindre ma veilleuse. J'**espère** ne plus avoir besoin de lumière pour dormir d'ici l'année prochaine. Les adultes sont censés s'endormir dans le noir. »

Le passage contient **2 fautes. Réponse A.**

FICHE 25

Question 1 Réponse C ★★★☆☆ **30 sec. – 2 min.**

- **Rappels de cours**

  1) **« sensé »** = dôté de bon sens ≠ **« censé »** = supposé.

  2) **« Davantage »** = « plus ». **« D'avantage »** = « de profit ».

« La **rationalité** des individus est **censée** amener à **davantage** de respect entre les gens. Cela reste **à** démontrer. »

Le passage contient **4 fautes. Réponse C.**

Question 2 Réponse C ★★★☆☆ **30 sec. – 2 min.**

Espéré – voilà – **déjà** – **Circonflexe** – **effet** – **fête** – Hôpital

Le passage contient **4 fautes. Réponse C.**

FICHE 29

Question 1 Réponse A ★★★☆☆ **30 sec. – 2 min.**

« L'enfant méditerranéen recueilli présentait des capacités mystérieuses et **intéressantes**, notamment en ce qui concernait son **langage** ».

Le passage contient **2 fautes. Réponse A.**

120 CALCUL

CORRIGÉ « CALCUL »

Posez toutes vos questions (concours, écoles, dossiers, TAGE 2®, etc.) au sein des **communautés d'entraide Facebook et Instagram « Monsieur TAGE 2 »** et **« Monsieur Ecoles de commerce » (+ de 20 000 membres).**

Toutes les questions sont corrigées en vidéo dans votre espace **E-LEARNING sur www.monsieur-tage-2.com**

RDV individuel (gratuit) avec un expert de la prépa leader Admissions Parallèles ! Chaque **lecteur du Manuel du TAGE 2®** bénéficie d'un **RDV individuel gratuit (présentiel ou téléphonique)** pour **être conseillé(e) dans sa préparation aux concours** sur www.rendez-vous-monsieur-tage-2.com

FICHE 46

27 + 33 = **60**	31 + 47 = **78**	62 + 64 = **126**
14 + 29 = **43**	57 + 96 = **153**	65 + 67 = **132**
37 + 16 = **53**	90 + 79 = **169**	56 + 95 = **151**
67 + 52 = **119**	82 + 100 = **182**	61 + 77 = **138**
43 + 28 = **71**	69 + 86 = **155**	62 + 63 = **125**

34 – 26 = **8**	49 – 67 = **–18**	97 – 61 = **36**
43 – 12 = **31**	17 – 76 = **–59**	70 – 50 = **20**
46 – 32 = **14**	77 – 70 = **7**	9 – 60 = **–51**
32 – 17 = **15**	58 – 17 = **41**	96 – 87 = **9**
24 – 18 = **6**	8 – 57 = **–49**	38 – 29 = **9**
10 × 6 = **60**	7 × 7 = **49**	19 × 14 = **266**

$8 \times 7 =$ **56**	$6 \times 9 =$ **54**	$11 \times 19 =$ **209**
$6 \times 4 =$ **24**	$11 \times 17 =$ **187**	$18 \times 19 =$ **342**
$18 \times 12 =$ **216**	$12 \times 16 =$ **192**	$15 \times 14 =$ **210**
$19 \times 16 =$ **304**	$17 \times 17 =$ **289**	$16 \times 16 =$ **256**

$16 \div 8 =$ **2**	$270 \div 15 =$ **18**	$272 \div 16 =$ **17**
$24 \div 4 =$ **6**	$280 \div 14 =$ **20**	$247 \div 13 =$ **19**
$30 \div 6 =$ **5**	$204 \div 12 =$ **17**	$132 \div 11 =$ **12**
$64 \div 8 =$ **8**	$208 \div 16 =$ **13**	$220 \div 20 =$ **11**
$72 \div 9 =$ **8**	$288 \div 18 =$ **16**	$324 \div 18 =$ **18**

(1) Rappel de cours $\left(\sqrt{a}\right)^2 = a$

Le carré de la racine carrée de 16 est 16. Or, la racine carrée de 16 est **4. Réponse B.**

(2) $1^2 + 2^2 - 3^2 + 4^2 = 1 + 4 - 9 + 16 =$ **12. Réponse D.**

(3) Rappel de cours : $a^2 - b^2 = (a - b) \times (a + b)$

$21^2 - 19^2 = (21 - 19) \times (21 + 19) = 2 \times 40 =$ **80. Réponse B.**

$1{,}6 \times 8 =$ **12,8**	$2{,}7 \div 15 =$ **0,18**
$2{,}4 \times 4{,}2 =$ **10,08**	$2{,}8 \div 1{,}4 =$ **2**
$30 \times 6{,}4 =$ **192**	$200 \times 1{,}2 =$ **240**
$6{,}4 \div 0{,}8 =$ **8**	$28 \div 1{,}6 =$ **17,5**
$72 \times 5 =$ **360**	$28{,}8 \div 1{,}8 =$ **16**

FICHE 47

MULTIPLICATIONS (AVEC VIRGULE(S))

$3{,}2 \times 18{,}1 =$ **57,92**	$0{,}8 \times 5{,}2 =$ **4,16**	$5{,}9 \times 7{,}8 =$ **46,02**
$2{,}2 \times 4{,}8 =$ **10,56**	$1{,}9 \times 3{,}2 =$ **6,08**	$2{,}4 \times 3{,}4 =$ **8,16**
$5{,}9 \times 1{,}6 =$ **9,44**	$1{,}1 \times 2{,}2 =$ **2,42**	$1{,}1 \times 1{,}1 =$ **1,21**
$3{,}8 \times 4{,}05 =$ **15,39**	$1{,}9 \times 3{,}8 =$ **7,22**	$2{,}4 \times 6{,}9 =$ **16,56**
$6{,}9 \times 1{,}1 =$ **7,59**	$4{,}9 \times 0{,}6 =$ **2,94**	$12{,}4 \times 2{,}8 =$ **34,72**

Question 1	Réponce C	★★★★☆	1 min. – 3 min.

1 livre sterling = 1,32 euro. Donc 3,25 livres sterling × 1,32 = **4,29 €. Réponse C.**

DIVISIONS (AVEC VIRGULE(S))

Question 1	Réponse B	★★★☆☆	45 sec. – 1 min.

12,3 kilos valent 19,6 euros, donc 1 kilo vaut : 19,6 ÷ 12,3 = 196 ÷ 123 = **1,59 €. Réponse B.**

Question 2	Réponse D	★★★★☆	45 sec. – 3 min.

ATTENTION On vous demande le taux de change euro/dollar et non dollar/euro. Autrement dit, on veut savoir combien de dollars on peut obtenir avec 1 euro.

Avec 125 euros on a 132,78 dollars donc avec 1 euro, on a : 132,78 ÷ 125 = **1,06 dollar. Réponse D.**

FICHE 49

$25^2 = \mathbf{625}$

$35^2 = \mathbf{1\ 225}$

$95^2 = \mathbf{9\ 025}$

$45^2 = \mathbf{2\ 025}$

$65^2 = \mathbf{4\ 225}$

$75^2 = \mathbf{5\ 625}$

23×27
$= (25 - 2) \times (25 + 2)$
$= 25^2 - 2^2 = 625 - 4 = \mathbf{621}$

11×19
$= 11 \times (20 - 1)$
$= 11 \times 20 - 11 \times 1$
$= 220 - 11 = \mathbf{209}$

18×22
$= (20 - 2) \times (20 + 2)$
$= 20^2 - 2^2 = 400 - 4$
$= \mathbf{396}$

15×17
$= (16 - 1) \times (16 + 1)$
$= 16^2 - 1^2 = 256 - 1 = \mathbf{255}$

21×25
$= (20 + 1) \times 25$
$= 20 \times 25 + 1 \times 25$
$= 500 + 25 = \mathbf{525}$

16×22
$= (19 - 3) \times (19 + 3)$
$= 19^2 - 3^2 = 361 - 9$
$= \mathbf{352}$

Question 1	Réponse C	★★☆☆☆	30 sec. – 1 min.

- **Rappel de cours** Quand une valeur **augmente de $\frac{1}{N}$**, alors on doit **diminuer le résultat de $\frac{1}{N+1}$** pour retrouver la valeur de départ.

Étape 1 Modélisons la situation.

Le poids de Pierre a augmenté de 25 % soit de $\frac{1}{4}$, soit encore de $\frac{1}{N}$, avec N = 4.

Étape 2 Concluons.

Pour retrouver sa valeur initiale, son poids devra donc diminuer de $\frac{1}{N+1} = \frac{1}{5} = \mathbf{20\ \%}$.
Réponse C.

REMARQUE Autre méthode : On aurait pu partir d'un poids initial de 100 kg (base 100). Après une augmentation de 25 %, le poids serait de 125 kg. Puis, pour passer de 125 kg à 100 kg, il faudrait diminuer de 20 % (0,2 × 125 = 25).

FICHE 50

Question 1 ★★★☆☆ 1 min. – 3 min.

Méthode : On soustrait 2 fois le nombre des unités au nombre de dizaines et on regarde si le résultat est un multiple de 7.

Réponses en gras : 14 – 45 – 54 – 32 – 123 – **280** – **98** – 143 – **1 134** – 115 – 444

Question 2 ★★★★☆ 1 min. – 3 min.

Réponses en gras : 1 134 – 2 133 – **2 079** – 77 – 33 – 21 – **462**

Question 3 Réponse D ★★☆☆☆ 15 sec. – 1 min.

Étape 1 Modélisons la situation.

On parle de **tiers** du total des enfants, donc le nombre d'enfants est **divisible par 3**.
On parle de **quart** du total des enfants, donc le nombre d'enfants est **divisible par 4**.

Étape 2 Concluons.

Parmi les réponses proposées, plusieurs solutions sont possibles car plusieurs sont divisibles par 3 et par 4 (12, 24 et 36). **Réponse D.**

Question 4 Réponse D ★★★★☆ 45 sec. – 2 min.

- **Rappels de cours**

1) La somme de 3 nombres consécutifs est forcément un multiple de 3 car : $X+(X+1)+(X+2)=3X+3=3(X+1)$.

2) Un nombre est multiple de 3 si et seulement si la somme de ses chiffres est divisible par 3.

Étape 1 Modélisons la situation.

On cherche le nombre qui n'est pas un multiple de 3 parmi les réponses proposées.

Étape 2 Concluons.

3 027 : 3 + 0 + 2 + 7 = 12 (multiple de 3) donc 3 027 est bien multiple de 3.

3 636 : 3 + 6 + 3 + 6 = 18 (multiple de 3) donc 3 636 est bien multiple de 3.

3 366 : 3 + 3 + 6 + 6 = 18 (multiple de 3) donc 3 366 est bien multiple de 3.

3 313 : 3 + 3 + 1 + 3 = 10 (**pas** multiple de 3) donc 3 313 n'est **pas** un multiple de 3. Il n'est donc pas la somme de 3 nombres consécutifs. **Réponse D.**

FICHE 51

Question 1 — Réponse C — ★★★☆☆ — 30 sec. – 2 min.

Étape 1 Décomposons 96 et 40 en produits de facteurs premiers.

96 = $2 \times 2 \times 2 \times 2 \times 2 \times 3 = 2^5 \times 3$

40 = $2 \times 2 \times 2 \times 5 = 2^3 \times 5$

Étape 2 Déterminons leur PGCD.

Le seul facteur commun est 2. On l'affecte au plus petit exposant (3).

PGCD (96,40) = 2^3 = **8. Réponse C.**

Question 2 — Réponse B — ★★★★☆ — 1 min. – 3 min.

Étape 1 Interprétons l'énoncé.

La longueur du côté d'un carreau en décimètres doit être un diviseur de 70 et de 60.

La longueur maximale possible du côté d'un carreau est donc le PGCD de 60 et 70.

Étape 2 Décomposons 60 et 70 en produits de facteurs premiers.

60 = $2 \times 2 \times 3 \times 5 = 2^2 \times 3 \times 5$

70 = $2 \times 5 \times 7$

Étape 3 Déterminons le PGCD de 60 et 70.

Le PGCD est le produit des facteurs communs de 60 et 70, soit $2 \times 5 = 10$ décimètres.

Les carreaux utilisés pour la terrasse auront donc au plus un côté de 10 décimètres, soit **1 mètre. Réponse B.**

FICHE 54

Question 1 ★★★☆☆ **2 min. – 4 min.**

a	b	$\sqrt{a}$	$\sqrt{b}$	$a \times b$	$\sqrt{a \times b}$	$\sqrt{a} \times \sqrt{b}$	$a \div b$	$\sqrt{\frac{a}{b}}$	$\frac{\sqrt{a}}{\sqrt{b}}$
9	16	3	4	144	12	12	0,5625	0,75	0,75
25	4	5	2	100	10	10	6,25	2,5	2,5
36	64	6	8	2 304	48	48	0,5625	0,75	0,75
49	81	7	9	3 969	63	63	0,6	0,77	0,77

FICHE 56

Question 1 Réponse A ★★☆☆☆ **45 sec. – 2 min.**

Utilisons la formule des intérêts simples : Pauline a placé 4 500 euros à 2 % donc chaque année elle gagne 2 % de 4 500 euros soit 90 euros.

On a la formule : $K_{10} = 4\,500 \times (1 + 10 \times 2\ \%) = 4\,500 \times 1{,}2 =$ **5 400 euros. Réponse A.**

Question 2 Réponse C ★★★★☆ **1 min. – 3 min.**

Étape 1 Calculons la valeur du placement A après 3 ans.

$6\,000 \times 6\ \% = 360 \rightarrow 360 \times 3 = 1\,080$ €.

S'il investit 6 000 € sur le placement A, il aura ainsi 6 000 + 1 080 = **7 080 € après 3 ans.**

Étape 2 Calculons la valeur du placement B après 3 ans.

$6\,000 \times 1{,}06^3 \approx 7\,146$ €.

S'il investit 6 000 € sur le placement B, il aura ainsi **7 146 € après 3 ans.**

Étape 3 Calculons la différence entre les 2 placements.

La différence entre les deux placements est donc de : 7 146 – 7 080 = **66 € après 3 ans. Réponse C.**

Question 3 Réponse B ★★★★☆ **1 min. – 3 min.**

Étape 1 Calculons le montant investi dans l'assurance-vie.

Soit X le montant investi dans l'assurance-vie. Il place donc (40 000 – X) sur le compte. On a :

$$1\,800 = X \times \frac{8}{100} + (40\,000 - X) \times \frac{3}{100}$$

$\Leftrightarrow$ 180 000 = 8X + 120 000 – 3X (on a multiplié par 100 pour simplifier les calculs)

$\Leftrightarrow$ 60 000 = 5X $\Leftrightarrow$ X = $\frac{60\,000}{5}$ = 12 000. **12 000 €** ont donc été placés sur l'assurance vie.

Étape 2 Calculons la proportion que représente ce montant.

$\frac{12\,000}{40\,000} = \frac{6\,000}{20\,000} = \frac{3\,000}{10\,000} = \frac{30}{100}$ = **30 %. Réponse B.**

FICHE 57

Question 1 Réponse C ★★☆☆☆ 15 sec. – 1 min.

Étape 1 Synthétisons les données de l'énoncé dans un tableau.

	Camille	Maxime
Nombre de chocolats	25	X
Prix (€)	15	21

Étape 2 Calculons l'inconnue à l'aide du produit en croix.

Avec la formule du produit en croix, on a : X = $\frac{25 \times 21}{15}$ = **35 chocolats. Réponse C.**

Question 2 Réponse B ★★★☆☆ 30 sec. – 1 min.

Étape 1 Modélisons la situation.

	Superficie	Places
Classe 1	28	21
Classe 2	X	36

Étape 2 Appliquons le produit en croix.

On a : X × 21 = 28 × 36 $\Leftrightarrow$ X = $\frac{28 \times 36}{21} = \frac{4 \times 7 \times 3 \times 12}{7 \times 3}$ = 4 × 12 = **48 m^2. Réponse B.**

FICHE 59

Question 1 Réponse C ★★☆☆☆ 30 sec. – 2 min.

Étape 1 Interprétons l'énoncé.

Martin a accumulé 200 points lors des deux premières épreuves sur les 400 points auxquels il pouvait prétendre.

Étape 2 Calculons le score que doit obtenir Martin lors de la 3e épreuve.

Il manque 200 points à Martin pour que son total soit égal à 400 donc il doit obtenir **200/200** à la dernière épreuve. **Réponse C.**

Question 2 Réponse B ★★☆☆☆ **30 sec. – 2 min.**

Étape 1 Identifions un cas d'utilisation de la moyenne arithmétique.

Les valeurs numériques des poussées de croissance de Baptiste ne sont pas affectées d'un coefficient, donc on utilise la formule de la moyenne arithmétique.

Étape 2 Calculons la croissance moyenne de Baptiste sur ces années.

Croissance moyenne $= \frac{8 + 10 + 18}{3} = \frac{36}{3}$ = **12 cm/an.**

Baptiste a grandi de **12 cm par an en moyenne** entre ses 14 ans et ses 16 ans. **Réponse B.**

Question 3 Réponse C ★★★★☆ **1 min. – 3 min.**

Étape 1 Posons l'équation de la moyenne pondérée.

Soit n = la note d'économie et c = coefficient de cette note.

Si c est le coefficient de la note d'économie, alors ((30 – 20) – c) = (10 – c) est le coefficient de la note de comptabilité.

Alors, on a :

$$\frac{20 \times 12 + n \times c + 14 \times (10 - c)}{30} = 13$$

Étape 2 Simplifions l'équation.

$$\frac{20 \times 12 + n \times c + 14 \times (10 - c)}{30} = 13 \quad \Leftrightarrow \quad 240 + n \times c + 140 - 14\,c = 390$$

$$\Leftrightarrow \quad (n - 14) \times c = 10$$

Étape 3 Testons les solutions.

Seul le couple (16,5 ; 4) fonctionne : (16,5 – 14) × 4 = 10.

Il a donc obtenu **16,5 coefficient 4. Réponse C.**

FICHE 60

Question 1 Réponse D ★★★★☆ **30 sec. – 3 min.**

Étape 1 Schématisons les données de l'énoncé.

Étape 2 Calculons la proportion de filles (les filles sont l'effectif de la moyenne maxi = 2).

$$\frac{\text{Moyenne générale} - \text{Moyenne mini}}{\text{Moyenne maxi} - \text{Moyenne mini}} = \frac{1{,}4 - 1}{2 - 1} = \frac{0{,}4}{1} = \frac{4}{10}$$

REMARQUE 4 est bien le nombre de filles car la moyenne générale est plus proche de celle des garçons que de celle des filles. Il y a donc plus de garçons à la fête (6 garçons contre 4 filles).

Étape 3 Calculons le nombre de filles.

Proportion obtenue (4/10) × effectif total (10) = **4 filles à la fête de Victor. Réponse D.**

Question 2	Réponse D	★★★★☆	30 sec. – 2 min.

- **Rappels de cours** Plus un groupe est important (de nombreux membres), plus il « tire » la moyenne (générale) vers sa moyenne.

Étape 1 Modélisons la situation.

ASTUCE Les hommes sont 3 fois plus nombreux, donc ils sont 3 fois plus proches de la moyenne générale (hommes et femmes) que les femmes. Ainsi, si on découpe l'écart entre les 2 bornes en 4, alors il faut 3 espaces entre les femmes et la moyenne contre 1 espace entre les hommes et la moyenne.

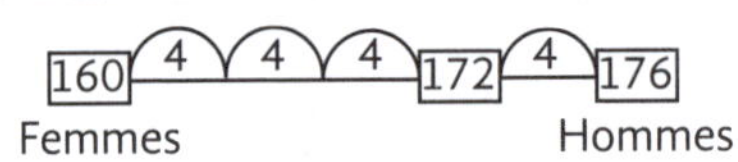

Étape 2 Concluons.

La taille moyenne des employés de l'entreprise est donc de **172 cm** (schéma). **Réponse D.**

REMARQUE On aurait pu appliquer la méthode de la moyenne pondérée avec un « coefficient 3 » pour les hommes et un « coefficient 1 » pour les femmes. On aurait alors :

$$\frac{3H+1F}{4} = \frac{3\times176+1\times160}{4} = \frac{528+160}{4} = \frac{688}{4}$$ = **172 cm. Réponse D.**

FICHE 62

Question 1	Réponse D	★★★☆☆	30 sec. – 2 min.

On sait que Z > 2 mais on ne connaît pas la valeur de Z.

→ **Cas où 3 > Z > 2.** Dans ce cas, Z étant inférieur à 3, il est forcément inférieur à Y (car Y > 3). Donc, on a : X > Y > Z.

→ **Cas où Z > 3.** Dans ce cas, on ne peut pas savoir qui de Z ou de X ou de Y est le plus élevé. Par exemple, on peut avoir :

Solution 1 : Z = 100, X = 80 et Y = 70 (et ainsi Z > X > Y) ;
Solution 2 : Z = 75, X = 80 et Y = 70 (et ainsi X > Z > Y) ;
Solution 3 : Z = 65, X = 80 et Y = 70 (et ainsi X > Y > Z).

On ne peut rien conclure. Réponse D.

FICHE 64

Question 1 Réponse A ★★☆☆☆ 30 sec. – 1 min.

Soit X le nombre cherché. L'énoncé indique que :

$X + \frac{1}{4}X = 20 \Leftrightarrow \frac{5}{4}X = 20 \Leftrightarrow X = \frac{80}{5} = \mathbf{16}$. **Réponse A.**

Question 2 Réponse B ★★★☆☆ 30 sec. – 2 min.

Étape 1 Calculons la différence entre les quatre cinquièmes et la moitié de l'âge du père.

$$\left(\frac{4}{5}-\frac{1}{2}\right) \times 50 = \left(\frac{4}{5}\times 50\right) - \left(\frac{1}{2}\times 50\right) = 40 - 25 = \mathbf{15}.$$

Étape 2 Calculons le tiers du résultat ci-dessus.

$$\frac{1}{3} \times 15 = \mathbf{5}.$$

Étape 3 Concluons. Marie est donc âgée de 5 ans. Réponse B.

Question 3 Réponse C ★★★★☆ 45 sec. – 3 min.

Étape 1 Calculons le nombre de litres de whisky contenus dans la cuve.

$$\frac{3}{4} \times 1\,000 = \mathbf{750\ litres}.$$

Étape 2 Calculons le nombre de litres de whisky dans la cuve au bout de 3 ans.

750 × (1 – 0,25) = 750 × 0,75 = **562,5 litres.**

Au bout de 3 ans, la cuve contient 562,5 litres, soit **56 250 centilitres**.

Étape 3 Calculons le nombre de bouteilles qu'Andrew peut remplir.

$$\frac{56\,250}{25} = \mathbf{2\,250\ bouteilles}.$$

Andrew MacDonald pourra remplir **2 250 bouteilles** de whisky de 25 cL. **Réponse C.**

FICHE 65

Question 1 Réponse D ★★★☆☆ 30 sec. – 1 min.

Étape 1 Convertissons les minutes en heures.

45 minutes correspondent à 3/4 d'heure soit 0,75 heure.

Étape 2 Calculons sa vitesse moyenne en utilisant la formule $V = \frac{D}{T}$.

$$V = \frac{D}{T} \Leftrightarrow V = \frac{40}{\frac{3}{4}} = 40 \times \frac{4}{3} = \frac{160}{3} \approx \mathbf{53\ km/h}.$$ **Réponse D.**

Question 2 Réponse B ★★★★☆ 45 sec. – 3 min.

Étape 1 Calculons D_1 et D_2 pour appliquer la formule du changement de vitesses.

Avec une vitesse de 120 km/h, Arnaud parcourt 10 km, donc $D_1 = 10$ km.

Avec une vitesse de 60 km/h, Arnaud parcourt 2 + 12 = 14 km, donc $D_2 = 14$ km.

Étape 2 Calculons la vitesse moyenne du trajet d'Arnaud.

$$V = \frac{D_1 + D_2}{\frac{D_1}{V1} + \frac{D_2}{V2}} = \frac{10 + 14}{\frac{10}{120} + \frac{14}{60}} = \frac{24}{\frac{10}{120} + \frac{28}{120}} = \frac{24}{\frac{38}{120}} = 24 \times \frac{120}{38} = \mathbf{75{,}8\ km/h}.$$ **Réponse B.**

FICHE 67

Question 1 Réponse B ★★★☆☆ 30 sec. – 2 min.

- **Rappel de cours** Temps de rattrapage = $\frac{\text{Distance d'avance du poursuivi}}{\text{Écart des vitesses}}$

Étape 1 Modélisons la situation.

a) Distance d'avance du poursuivant sur le poursuivi = 800 m = 0,8 km (1 tour d'avance = le cycliste rapide a 1 tour d'avance sur le cycliste lent).

b) Écart des vitesses : 4 km/h (énoncé).

Étape 2 Appliquons la formule (en faisant attention aux unités).

$$\text{Temps de rattrapage} = \frac{0{,}8\text{ km}}{4\text{ km / h}} = \frac{8}{40}\text{h} = \frac{1}{5}\text{h} = \mathbf{12\ min}.$$ **Réponse B.**

Question 2 Réponse D ★★★★☆ 30 sec. – 2 min.

- **Rappels de cours**

1) $\text{Vitesse} = \frac{\text{Distance}}{\text{Temps}} \Leftrightarrow \text{Temps} = \frac{\text{Distance}}{\text{Vitesse}} \Leftrightarrow \text{Distance} = \text{Vitesse} \times \text{Temps}$

2) $\text{Temps de rattrapage} = \frac{\text{Distance d'avance du poursuivi}}{\text{Écart des vitesses}}$

Étape 1 Modélisons la situation.

Distance d'avance du poursuivi = 1/4 h × 12 km/h = **3 km** (avance de Paul = 15 minutes à 12 km/h = **3 km**).

Temps de rattrapage = 10h45 – 10h15 = **1/2 heure** = 30 minutes.

Écart des vitesses : valeur cherchée (inconnue).

Étape 2 Appliquons la formule pour trouver l'écart des vitesses (en faisant attention aux unités).

$$\text{Temps de rattrapage} = \frac{\text{Distance d'avance}}{\text{Écart des vitesses}} \Leftrightarrow \frac{1}{2}\text{ h} = \frac{3\text{ km}}{\text{Écart des vitesses}}$$

⇔ **Écart des vitesses** = 3 km × 2 = **6 km/h** (produit en croix).

Étape 3 Concluons.

Marianne va donc 6 km/h plus vite que Paul, soit 12 + 6 = **18 km/h. Réponse D.**

FICHE 68

Question 1 Réponse B ★★★☆☆ 30 sec. – 2 min.

■ **Rappel de cours** **Temps avant croisement =** $\dfrac{\textbf{Distance totale}}{\textbf{Somme des vitesses}}$

Étape 1 Modélisons la situation.

Temps avant croisement = 3/4 h = 45 minutes.

Somme des vitesses = 220 km/h =100 km/h + 120 km/h (20 % de plus).

Distance totale = valeur cherchée (inconnue).

Étape 2 Appliquons la formule (en faisant attention aux unités).

$$\text{Temps avant croisement} = \frac{\text{Distance totale}}{\text{Somme vitesses}} \Leftrightarrow \frac{3}{4} = \frac{\text{Distance totale}}{220}$$

⇔ Distance totale = $\frac{3}{4}$ × 220 = **165 km. Réponse B.**

Question 2 Réponse D ★★★☆☆ 30 sec. – 2 min.

■ **Rappel de cours** $D_1 = \dfrac{V_1}{(V_1+V_2)}$ **× Distance Totale**

Étape 1 Modélisons la situation.

Soit D_1 la distance parcourue par la voiture partie de A. On sait que D_1 = 80 km et D_{totale} = 320 km. On cherche $\dfrac{V_1}{V_2}$.

Étape 2 Appliquons la formule (en faisant attention aux unités).

$$D_1 = \frac{V_1}{(V_1+V_2)} \times \text{Distance Totale} \Leftrightarrow \frac{D_1}{D_{totale}} = \frac{V_1}{(V_1+V_2)} \Leftrightarrow \frac{80}{320} = \frac{V_1}{(V_1+V_2)}$$

CORRIGÉ « CALCUL »

FICHE 120

$\Leftrightarrow \frac{1}{4} = \frac{V_1}{(V_1+V_2)}$

$\Leftrightarrow V_1 + V_2 = 4 \times V_1$ (produit en croix) $\Leftrightarrow V_2 = 3 \times V_1 \Leftrightarrow \mathbf{V_1 = 1/3 \times V_2}$. **Réponse D.**

ASTUCE On aurait pu schématiser l'énoncé et voir que la voiture partie de A parcourt **80 km**, soit 3 fois moins que celle partie de B : 320 – 80 = **240 km**. Ainsi, la voiture partie de A va 3 fois moins vite que la voiture partie de B.

FICHE 69

Question 1 Réponse B ★★★☆☆ **30 sec – 2 min.**

- **Rappel de cours** Distance = Vitesse × Temps.

Étape 1 Calculons la distance parcourue par le 1er marcheur (quand le 2ème est encore à l'arrêt).

Le 1er randonneur marche à 4 km/h pendant 1 heure, donc il parcourt 4 km avant le départ du 2e. Au moment du départ du 2e, la distance séparant les 2 promeneurs n'est donc plus que de 18 – 4 = 14 km.

Étape 2 Appliquons la formule du temps de croisement en cas de départ différé et concluons.

Temps avant croisement = $\frac{\text{Distance totale restante}}{\text{Somme des vitesses}} = \frac{14 \text{ km}}{10 \text{ km / h}}$ = 1,4 heure = 1h + 0,4h = 1h24.

Étape 3 Concluons.

Ainsi, il s'écoule 1h24 après le départ du second randonneur soit 10h00 + 1h24 = **11h24. Réponse B.**

Question 2 Réponse B ★★★★☆ **30 sec – 2 min.**

- **Rappel de cours** Distance = Vitesse × Temps.

Étape 1 Modélisons la situation.

La voiture parcourt 300 km en 3 heures soit une vitesse de 100 km/h. Le train, qui roule 25 % plus vite se déplace donc à 125 km/h. La distance initiale totale entre les 2 véhicules est de 300 km.

Étape 2 Calculons la distance parcourue par la voiture (quand le train est encore à l'arrêt).

La voiture roule 3/4 d'heure (45 minutes) à la vitesse de 100 km/h avant le départ du train. Elle avance donc de : 3/4 × 100 = 75 km. Au moment du départ du train, la distance séparant les 2 véhicules n'est donc plus que de 300 – 75 = 225 km.

Étape 3 **Appliquons la formule du temps de croisement en cas de départ différé et concluons.**

Temps avant croisement = $\frac{\text{Distance totale restante}}{\text{Somme des vitesses}} = \frac{\mathbf{225\ km}}{\mathbf{225\ km / h}}$ **= 1 heure.**

Les 2 véhicules rouleront 1 heure chacun. Pendant cette heure, le train parti de B parcourt 125 km (1 heure à 125 km/h). Le train parcourt donc 125 km depuis B donc les 2 véhicules se croiseront à 125 km de B. **Réponse B.**

FICHE 71

SUITE ARITHMÉTIQUE

Question 1 **Réponse D** ★☆☆☆☆ **15 sec. – 1 min.**

Étape 1 **Reconnaissons une suite arithmétique.**

On reconnaît une suite arithmétique de raison 3 et de premier terme 3.

Étape 2 **Appliquons la formule de la somme des termes d'une suite arithmétique.**

$S = \frac{1}{2} \times$ nombre de termes $\times$ (1er terme + dernier terme) $= \frac{1}{2} \times 7 \times (3 + 21) = \mathbf{84}$. **Réponse D.**

Question 2 **Réponse C** ★★★☆☆ **30 sec. – 2 min.**

- **Rappel** Il y a **B – A + 1** éléments compris entre A et B.

Étape 1 **Appliquons la formule à l'exemple.**

1) De la page 122 à la page 157, il y a donc 157 – 122 + 1 = 35 + 1 = **36 pages.**

2) De la page 168 à la page à la page 185, il y a donc 185 – 168 + 1 = 17 + 1 = **18 pages.**

Le professeur a donc donné **36 + 18 = 54 pages à lire**.

Étape 2 **Concluons.**

Comme les élèves n'ont lu qu'un tiers des pages, ils ont lu : 54/3 = **18 pages. Réponse C.**

Question 3 **Réponse D** ★★★☆☆ **30 sec. – 2 min.**

Étape 1 **Interprétons l'énoncé.**

Posons X le premier nombre de la suite. Les nombres étant consécutifs on note le dernier terme X + 4.

Selon l'énoncé, $\frac{X + (X + 4)}{2} = 36$ ($\Leftrightarrow$ $2X + 4 = 72$ $\Leftrightarrow$ $2X = 68$ $\Leftrightarrow$ $\mathbf{X = 34}$).

Étape 2 **Calculons la somme en tant que somme de termes d'une suite arithmétique de raison 1.**

$S = \frac{1}{2} \times$ nombre de termes $\times$ (1er terme + dernier terme) $= 5 \times \frac{X + (X + 4)}{2} = 5 \times 36 = \mathbf{180}$.

Réponse D.

SUITE GÉOMÉTRIQUE

Question 1 Réponse C ★★☆☆☆ **30 sec. – 1 min.**

Étape 1 Reconnaissons une suite géométrique.

On reconnaît une suite géométrique de raison 2 et de premier terme 3. On part bien de 3 et on multiplie par 2 pour passer d'un terme au suivant.

Étape 2 Appliquons la formule de la somme des termes d'une suite géométrique.

$1^{er}\text{ terme} \times \dfrac{\left(q^{\text{nombre de termes}} - 1\right)}{q-1} = 3 \times \dfrac{2^7 - 1}{2-1} = 3 \times 127 = \mathbf{381}$**. Réponse C.**

Question 2 Réponse C ★★★★☆ **1 min. – 3 min.**

Étape 1 Calculons le nombre de participants.

Le nombre de participants doit être une puissance de 2 pour réussir à avoir 2 équipes à la fin de la compétition. En effet, on divise successivement le nombre de participants par 2 et il en reste finalement 2. Le nombre de participants est donc bien une puissance de 2.

Le nombre de participants doit également être compris entre 60 et 120. Il n'existe qu'un seul cas : $\mathbf{2^6 = 64}$.

Ainsi, la compétition compte **6 phases de sélection** et **64 équipes initialement**.

Étape 2 Calculons le nombre d'équipes en compétition à la troisième phase.

On remarque que le nombre d'équipes à chaque phase est une suite géométrique de raison $q = 1/2$ et de premier terme $U_1 = 64$.

Ainsi, à la troisième phase de la compétition, le nombre d'équipes est de :

$U_3 = U_1 \times q^{3-1} = 64 \times \left(\dfrac{1}{2}\right) \times \left(\dfrac{1}{2}\right) = 64 \times \dfrac{1}{4} = \mathbf{16}$**. Réponse C.**

FICHE 72

Question 1 Réponse C ★★☆☆☆ **15 sec. – 1 min.**

Progression arithmétique avec écart croissant : écart de +5 / +6 / +7 / +8 / +9

8 – 13 – 19 – 26 – 34 – **43. Réponse C.**

Question 2 Réponse D ★★★☆☆ **30 sec. – 2 min.**

On a : $1^3 = 1$ puis $(-2)^3 = (-8)$ puis $(-11)^3 = (-1331)$.

Il s'agit d'une suite de la forme $a - a^3 - b - b^3 - c - c^3$.

4 – 12 – 9 – 27 – 24 – **72. Réponse D.**

Question 3 Réponse A ★★★★☆ **30 sec. – 3 min.**

Mix de plusieurs suites : puissance 3/– 3 / puissance 3/– 3 / puissance 3

1 – 1 – (– 2) – (– 8) – (– 11) – **(– 1331). Réponse A.**

FICHE 77

THÉORÈME DE PYTHAGORE

Question 1 Réponse D ★★☆☆☆ 15 sec. – 45 sec.

Étape 1 Interprétons l'énoncé.

On note a = 17 cm, b = 8 cm et c l'inconnue.

Étape 2 Calculons la longueur de l'hypoténuse.

Le triangle est rectangle donc, d'après le théorème de Pythagore :

$a^2 = b^2 + c^2 \Leftrightarrow c^2 = a^2 - b^2 \Leftrightarrow c^2 = 17^2 - 8^2 = 225 \; (= 15^2) \Leftrightarrow c = \sqrt{225} = \mathbf{15\ cm.}$

Réponse D.

Astuce : Le triangle 8, 15, 17 est un triangle pythagoricien.

Question 2 Réponse D ★★☆☆☆ 15 sec. – 45 sec.

Étape 1 Interprétons l'énoncé.

Soit X la longueur du côté manquant. On sait que X est compris entre 6 et 10 cm.

Étape 2 Calculons la longueur du dernier côté.

Le triangle est rectangle donc, d'après le théorème de Pythagore, on a :

$6^2 + X^2 = 10^2 \Leftrightarrow X^2 = 10^2 - 6^2 = 100 - 36 = 64 \Leftrightarrow \mathbf{X = 8\ cm.}$

Donc, le troisième côté mesure **8 cm. Réponse D.**

Astuce : Le triangle 6, 8, 10 est un triangle pythagoricien.

Question 3 Réponse D ★★★☆☆ 30 sec. – 2 min.

- **Indice** Commencez par trouver la longueur et la largeur du studio puis utilisez le théorème de Pythagore.

Étape 1 Interprétons l'énoncé.

Soit X la longueur du studio. La largeur du studio est donc $\frac{3}{4}X$ mètres.

On a l'équation suivante : $X \times \frac{3}{4}X = 48$.

Étape 2 Résolvons l'équation.

$X \times \frac{3}{4}X = 48 \Leftrightarrow \frac{3}{4}X^2 = 48 \Leftrightarrow X^2 = 48 \times \frac{4}{3} = 64 \Leftrightarrow \mathbf{X = 8\ m.}$

Le studio mesure donc **6 mètres de large** et **8 mètres de long**.

Étape 3 Calculons la longueur de la diagonale du studio.

On schématise le studio avec un rectangle ABCD où AB = 6 et BC = 8.

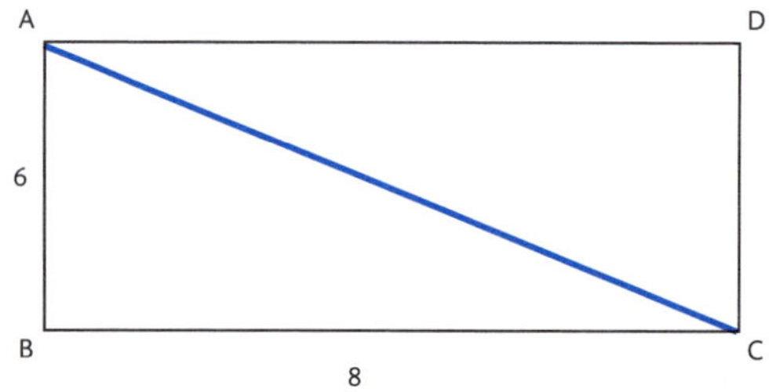

On cherche à déterminer la longueur de AC.

On applique le théorème de Pythagore dans le triangle ABC rectangle en B :

$AC^2 = AB^2 + BC^2 \Leftrightarrow AC^2 = 6^2 + 8^2 \Leftrightarrow AC^2 = 100 \Leftrightarrow$ **AC = 10 m.**

Étape 4 Concluons.

La diagonale du studio de Ferdinand mesure **10 mètres. Réponse D.**

THÉORÈME DE THALÈS

Question 1 Réponse C ★★★★☆ 1 min. – 3 min.

Étape 1 Reconnaissons le cas du « nœud papillon » du théorème de Thalès.

L'énoncé indique que AB est parallèle à EF. On peut donc utiliser le théorème de Thalès.

Étape 2 Calculons la longueur CF grâce au théorème de Thalès.

$$\frac{CF}{CA}=\frac{CE}{CB}=\frac{EF}{AB} \Leftrightarrow \frac{CF}{19}=\frac{\left(\frac{4}{20}\times BC\right)}{BC} \Leftrightarrow \frac{CF}{19}=\frac{4}{20} \Leftrightarrow CF = 19\times\frac{4}{20}=\frac{76}{20}=\frac{38}{10}$$

$\Leftrightarrow$ CF = **3,8 cm. Réponse C.**

FICHE 79

Question 1 Réponse D ★★★☆☆ 30 sec. – 2 min.

- **Rappels de cours :**

  1) Probabilité d'un événement : $\mathbf{p(A)=1-p(\overline{A})}$.

  2) Si A et B sont **indépendants**, alors on a : $\mathbf{p(A\cap B)=p(A)\times p(B)}$.

Étape 1 Modélisons la situation.

Soit A l'événement : « Au moins 1 des enfants est une fille ». Ainsi, on a l'événement $\overline{A}$: « Aucun enfant n'est une fille » = « Les 4 enfants sont des garçons ».

Ainsi, comme il est facile de trouver $\mathbf{p(\overline{A})}$, on va calculer $\mathbf{1-p(\overline{A})}$ pour trouver p(A).

Étape 2 Calculons la probabilité de n'avoir que des garçons $\left(= p(\overline{A})\right)$.

Probabilité d'obtenir uniquement des garçons $= p(\overline{A}) = p(G, G, G, G) = \frac{1}{2} \times \frac{1}{2} \times \frac{1}{2} \times \frac{1}{2} = \frac{1}{16}$

(événements indépendants : le fait d'avoir eu un garçon en 1er n'influe pas sur la probabilité d'en avoir en 2e).

Étape 3 Concluons quant à la probabilité d'avoir au moins 1 fille sur les 4 enfants (= p(A)).

Probabilité d'obtenir au moins une fille $= 1 - p(\overline{A}) = 1 - \frac{1}{16} = \frac{16}{16} - \frac{1}{16} = \frac{15}{16}$. **Réponse D.**

> **REMARQUE Autre méthode :** On aurait pu lister les cas favorables pour utliser la formule :
>
> **Probabilité de l'événement de l'énoncé** $= \frac{(1)\ \text{Nombre de cas correspondants}}{(2)\ \text{Nombre total de cas}}$.

Question 2 Réponse C ★★★☆☆ **30 sec. – 2 min.**

Probabilité de l'événement de l'énoncé $= \frac{(1)\ \text{Nombre de cas correspondants}}{(2)\ \text{Nombre total de cas}}$

Étape 1 Modélisons la situation.

Les jetons sont numérotés de 1 à 40. Il y en a 40 au total.

Les jetons qui portent un nombre premier sont : 2, 3, 5, 7, 11, 13, 17, 19, 23, 29, 31 et 37, soit **12 possibilités.**

Étape 2 Concluons.

Probabilité de l'événement $= \frac{\text{Nombre de cas correspondants}}{\text{Nombre total de cas}} = \frac{12}{40} = \frac{3}{10} = 30\,\%$. **Réponse C.**

Question 3 Réponse C ★★★★☆ **45 sec. – 3 min.**

Probabilité de l'événement de l'énoncé $= \frac{(1)\ \text{Nombre de cas correspondants}}{(2)\ \text{Nombre total de cas}}$

Étape 1 Modélisons la situation.

Les boules sont numérotées de 0 à 5. Au total, on dénombre 15 possibilités, parmi lesquelles 11 (surlignées en bleu) correspondent à l'énoncé (somme des 2 boules inférieure ou égale à 6).

(0,1), (0,2), (0,3), (0,4), (0,5) : **5 possibilités.**

(1,2), (1,3), (1,4), (1,5) : **4 possibilités.**

(2,3), (2,4), (2,5) : **3 possibilités.**

(3,4), (3,5) : **2 possibilités.**

(4,5) : **1 possibilité.**

Étape 2 Concluons.

Probabilité de l'événement $= \frac{\text{Nombre de cas correspondants}}{\text{Nombre total de cas}} = \frac{11}{15}$. **Réponse C.**

FICHE 80

Question 1 Réponse B ★★★★★ 45 sec. – 3 min.

Probabilité de l'événement de l'énoncé = $\frac{\text{(1) Nombre de cas correspondants}}{\text{(2) Nombre total de cas}}$

Étape 1 Modélisons la situation en affectant à chaque face un poids (= coeff.) différent.

L'énoncé indique que la face 6 tombe 6 fois plus que la face 1, la face 5 tombe 5 fois plus que la face 1, etc.

	Face N° 1	Face N° 2	Face N° 3	Face N° 4	Face N° 5	Face N° 6	TOTAL (= somme)
Coefficient	**1**	**2**	**3**	**4**	**5**	**6**	**21**
Probabilité	$\frac{1}{21}$	$\frac{2}{21}$	$\frac{3}{21}$	$\frac{4}{21}$	$\frac{5}{21}$	$\frac{6}{21}$	$\frac{21}{21}$

Étape 2 Concluons.

La probabilité que la face 2 « tombe » est de $\frac{2}{21}$.

Ainsi, en extrapolant, on peut dire que la face 2 tombe 2 fois tous les 21 lancers, soit **4 fois tous les 42 lancers. Réponse B.**

FICHE 81

Question 1 Réponse C ★★☆☆☆ 30 sec. – 1 min.

Étape 1 Analysons la situation.

On est dans le cas d'un championnat aller - retour entre N équipes.

Il faut donc utiliser la formule : $\mathbf{N \times (N - 1)}$

Étape 2 Calculons le nombre de matchs.

Il y a 12 équipes dans le championnat. Il y a donc :

12 × 11 = **132 matchs. Réponse C.**

Question 2 Réponse A ★★★☆☆ 30 sec. – 1 min.

Étape 1 Analysons la situation.

On est dans le cas d'un nombre de salutations entre N personnes.

Il faut donc utiliser la formule : $\frac{\mathbf{N \times (N-1)}}{\mathbf{2}}$

Étape 2 Calculons le nombre de joueurs.

On sait que : $\frac{\mathbf{N \times (N-1)}}{\mathbf{2}} = 66 \Leftrightarrow N \times (N - 1) = 132 \Leftrightarrow \mathbf{N = 12}$.

Il y a donc 12 joueurs au total qui se sont serré la main. Chaque équipe est donc composée de **6 joueurs. Réponse A.**

CORRIGÉ « LOGIQUE »

FICHE 88

Question 1 **Réponse C** ★★★☆☆ 30 sec. – 2 min.

	A**B**C				
	E**C**G				
	F**D**D				
RS**L**	?**??**	SF**N**	FS**O**	OP**P**	
	I**F**S				

(A) E**E**T
(B) AM**M**
(C) S**EM**
(D) DA**M**

V : Écart constant de + 1 sur la 2e lettre : B – C – D – **E** – F.

H : Écart constant de + 1 sur la 3e lettre : L – **M** – N – O – P.

Question 2	Réponse B	★★★★★	45 sec. – 3 min.

Vertical : 645 – 795 – ??? – 984 – 866

Horizontal : 343 – 793 – 390 – ??? – 345

(A) 754
(B) 723
(C) 333
(D) 721

V : Diagonale 1er chiffre – 3e chiffre avec écart progressif négatif/positif :
6 (– 1) = **5** (+ 2) = **7** (– 3) = **4** (+ 4) = **8**.
H : Redondance du chiffre 3 en diagonale : **3**XX – XX**3** – **3**XX – XX**3** – **3**XX.

Question 3	Réponse D	★★★★★	45 sec. – 3 min.

Vertical : 532 – 221 – 598 – ??? – 523

Horizontal : 939 – 056 – 931 – ??? – 443

(A) 101
(B) 345
(C) 208
(D) 201

V : Diagonale 1er chiffre – 3e chiffre avec écart constant négatif/positif de – 4/+ 4 :
5XX – XX**1** – **5**XX – XX**1** – **5**XX.
H : Diagonale 3e chiffre – 1er chiffre avec un écart constant de + 1 et une circularité numérique (après 9, il y a 0) : XX**9** – **0**XX – XX**1** – **2**XX – XX**3**.

FICHE 91

Question 1	Réponse C	★★★☆☆	30 sec. – 2 min.

Vertical : 134 – 175 – 201 – ??? – 749

Horizontal : 730 – ??? – 759 – 761 – 876

(A) 466
(B) 540
(C) 442
(D) 245

V : Écart progressif sur le 1er chiffre : + 0, + 1, + 2, + 3 : 1 – 1 – 2 – **4** – 7.
H : Écart constant sur le 2e chiffre de + 1 : 3 – **4** – 5 – 6 – 7.

Question 2	Réponse A	★★★★☆	45 sec. – 3 min.

Horizontal : 133 – 140 – 729 – ??? – 111

Vertical : ??? – 046 – 547 – 348 – 609

(A) 855
(B) 445
(C) 453
(D) 335

V : Écart constant sur le 3e chiffre de + 1 : **5** – 6 – 7 – 8 – 9.

H : Écart progressif positif/négatif sur le 2e chiffre : +1, −2, +3, −4 : 3 − 4 − 2 − **5** − 1.

FICHE 92

Question 1 — Réponse A ★★★★☆ 45 sec. – 3 min.

		176			(A)	**365**
		380			(B)	256
		591			(C)	688
234	456	???	769	345	(D)	140
		798				

V : Écart dégressif de +6, +5, +4, +3, +2 entre le 1er et le 2e chiffre.

1 − 7 (+6), 3 − 8 (+5), 5 − 9 (+4), ? − ? (+3), 7 − 9 (+2).

H : Écart constant de +2 entre le 1er et le 3e chiffre.

2 − 4 (+2), 4 − 6 (+2), 7 − 9 (+2), 3 − 5 (+2).

FICHE 93

Question 1 — Réponse B ★★☆☆☆ 15 sec. – 1 min.

	104				(A)	981
	172				(B)	**314**
	301				(C)	544
432	???	744	579	876	(D)	316
	599					

V : Diagonale 1er chiffre – dernier chiffre avec un écart constant de +1 :

1XX – XX**2** – **3**XX – XX**4** – **5**XX.

H : Diagonale dernier chiffre – 1er chiffre avec un écart constant de +1 :

XX**2** – **3**XX – XX**4** – **5**XX – XX**6**.

Question 2 — Réponse C ★★★★☆ 45 sec. – 3 min.

CGF	EKU	LCD	???	FVB	(A)	ABA
			CRY		(B)	CUT
			FHG		(C)	**CRA**
			MPO		(D)	CUN
			CPU			

V : Diagonale dernière lettre – 1re lettre avec écarts progressifs de +2, +4, +6, +8 :

XX**A** – **C**XX – XX**G** – **M**XX – XX**U**.

H : Diagonale dernière lettre – 1re lettre avec un écart constant de −1 :

XX**F** – **E**XX – XX**D** – **C**XX – XX**B**.

Question 3	Réponse C	★★★★☆	45 sec. – 3 min.

		11**6**			(A)	14**6**
95**8**	**7**37	**???**	**5**64	98**4**	(B)	**6**21
		34**5**			**(C)**	**636**
		763			(D)	**6**67
		44**4**				

V : Diagonale dernier chiffre – 1er chiffre avec écarts progressifs positif/négatif de + 0, – 1, + 2, – 3 : XX**6** – **6**XX – XX**5** – **7**XX – XX**4**.

H : Diagonale dernier chiffre – 1er chiffre avec un écart constant de – 1 :
XX**8** – **7**XX – XX**6** – **5**XX– XX**4**.

FICHE 94

Question 1	Réponse D	★★★☆☆	30 sec. – 2 min.

	106				(A)	1**4**9
	1**2**7				(B)	474
	80**3**				(C)	5**4**4
7**7**0	?**??**	1**5**2	**4**93	2**3**3	**(D)**	**746**
	506					

V : Diagonale moyenne (départ à gauche) entre le 1er, puis 2e, puis 3e, puis 2e, puis 1er chiffre avec un écart constant de + 1 : 1 – 2 – 3 – **4** – 5.

H : Diagonale moyenne (départ au centre - droite) entre le 2e, puis 3e puis 2e, puis 1er puis 2e chiffre avec un écart constant de – 1 : 7 – **6** – 5 – 4 – 3.

FICHE 95

Question 1	Réponse B	★★☆☆☆	15 sec. – 1 min.

		106			(A)	1**4**9
		1**2**7			**(B)**	**145**
		318			(C)	6**4**4
94**7**	4**6**5	?**??**	2**4**7	12**3**	(D)	955
		567				

V : Petite diagonale 1er chiffre – 2e chiffre avec écart constant de + 1 : 1 – 2 – 3 – **4** – 5.

H : Petite diagonale 3e chiffre – 2e chiffre avec écart constant de – 1 : 7 – 6 – **5** – 4 – 3.

FICHE 96

Question 1 **Réponse D** ★★★★☆ 45 sec. – 3 min.

		BCO			(A)	ZFC
		JJE			(B)	SOA
		ZBB			(C)	WLH
EPD	SMG	???	ZOE	PFN	**(D)**	**OJJ**
		ZJD				

V : La somme globale des rangs alphabétiques est progressive égale à : 20, 25, 30, 35, 40.

H : La somme des rangs des 2 dernières lettres est constante égale à 20.

Question 2 **Réponse D** ★★★★☆ 45 sec. – 3 min.

		721			(A)	563
		840			(B)	369
		474			(C)	266
904	812	???	275	639	**(D)**	**187**
		543				

V : La somme du 1er chiffre et du dernier chiffre est égale à 8.

H : La somme des 2 premiers chiffres vaut 9.

FICHE 98

Question 1 **Réponse A** ★★★★☆ 45 sec. – 3 min.

	945				**(A)**	**763**
	859				(B)	492
	765				(C)	675
545	???	446	278	327	(D)	991
	853					

V : 1er chiffre + 2^{e} chiffre = 13.

H : 1er chiffre + 3^{e} chiffre = 10.

Question 2 **Réponse C** ★★★★☆ 45 sec. – 3 min.

			583		(A)	479
			099		(B)	242
366	255	684	???	039	**(C)**	**891**
			462		(D)	636
			572			

V : 1er chiffre + 3^{e} chiffre = 2^{e} chiffre

H : $(2^{e}\text{ chiffre})^2$ = Nombre formé par les 1er et 3e chiffres.

FICHE 99

Question 1 **Réponse A** ★★★★☆ **45 sec. – 3 min.**

	IBR			
	CDL			
	EEY			
AOF	???	BTE	HUA	DDI
	GCU			

- **(A) CBF**
- (B) HCA
- (C) JRB
- (D) PAP

V : 1re lettre × 2e lettre = 3e lettre. I × B = R ⇔ $2 \times 9 = 18$.

H : Le nombre formé par les 1re et dernières lettres est un carré (Suppression lettre du milieu). AOF. Suppression de O ⇔ A F = 1 6 = carré.

Question 2 **Réponse D** ★★★★☆ **45 sec. – 3 min.**

			JJT	
			MMZ	
CIR	DLT	BFE	?	HXI
			OAP	
			BCE	

- (A) ACO
- (B) DEI
- (C) SEX
- **(D) EOT**

V : Rang 1re lettre + Rang 2e lettre = Rang 3e lettre. **Exemple :** J + J = T ⇔ $10 + 10 = 20$.

H : 1re lettre × 3 = 2e lettre. **Exemple :** C × 3 = I ⇔ $3 \times 3 = 9$.

FICHE 101

Question 1 **Réponse C** ★★★★★ **1 min. – 3 min.**

		DAF		
TAX	JBF	???	EDR	DES
		LGB		
		BCF		
		PKB		

- (A) EDE
- (B) PAJ
- **(C) BJA**
- (D) MBE

V : Le produit des rangs alphabétiques des 2 dernières lettres est croissant avec un écart constant de +4 : 6, **10**, 14, 18, 22.

H : Le produit des rangs alphabétiques des 2 premières lettres est constant et égal à 20.

Question 2 **Réponse B** ★★★★★ **1 min. – 3 min.**

		345		
		2235		
		265		
343	862	???	534	926
		543		

- (A) 443
- **(B) 562**
- (C) 5223
- (D) 675

V : Le produit des 3 ou 4 chiffres de chaque élément est constant et égal à 60.

H : Le produit des rangs des 2 derniers chiffres est constant et égal à 12.

FICHE 102

Question 1 — Réponse A — ★★☆☆☆ — 15 sec. – 1 min.

		343		
		125		
		27		
49	81	???	36	25
		512		

(A) 64
(B) 16
(C) 729
(D) 04

V : Ce sont des cubes.

H : Ce sont des carrés.

FICHE 103

Question 1 — Réponse D — ★★★☆☆ — 30 sec. – 2 min.

		51		
		85		
		153		
		136		
143	130	???	39	91

(A) 169
(B) 65
(C) 34
(D) 221

V : Ce sont des multiples de 17.

H : Ce sont des multiples de 13.

Question 2 — Réponse B — ★★★☆☆ — 30 sec. – 2 min.

	11			
	97			
	59			
	43			
70	??	749	56	91

(A) 89
(B) 07
(C) 63
(D) 83

V : Ce sont des nombres premiers.

H : Ce sont des multiples de 7.

FICHE 104

Question 1 — Réponse D — ★★★☆☆ — 30 sec. – 2 min.

	136				(A)	414
	325				(B)	238
	481				(C)	664
040	???	329	101	111	**(D)**	**181**
	649					

V : Le nombre formé par le 2e chiffre et le 3e chiffre est un carré : 36 – 25 – 81 – 49.

H : Le 1er chiffre à la puissance du 2e chiffre = 3^e chiffre ($0^4 = 0$, $3^2 = 9$, $1^0 = 1$, $1^1 = 1$).

Question 2 — Réponse A — ★★★★★ — 1 min. – 3 min.

ABA	BCH	CBI	???	BDP	**(A)**	**HAH**
			BEZ		(B)	FDF
			AFQ		(C)	DBP
			CFT		(D)	PAL
			DIO			

V : Le nombre formé par les rangs alphabétiques des 1re et 2e lettres = un carré.
BE = 25, AF = 16, CF = 36, DI = 49.

H : Rang alphabétique de la 1re lettre à la puissance du rang alphabétique de la 2e lettre = Rang alphabétique de la 3e lettre. ABA = $1^2 = 1$, BCH = $2^3 = 8$, CBI = $3^2 = 9$, etc.

Question 3 — Réponse C — ★★★★★ — 1 min. – 3 min.

			FCF		(A)	HFD
			DAF		(B)	ARF
			EBE		**(C)**	**IHA**
			GDI		(D)	JJP
ABD	DCH	PBI	???	YDP		

V : Le carré du rang alphabétique de la 1re lettre donne le nombre formé par les rangs alphabétiques de la 2e et de la 3e lettre : FCF = 636 : $6^2 = 36$, etc.

H : Le rang alphabétique de la 1re lettre est un carré : A = 1, D = 4, P = 16, Y = 25.

FICHE 105

Question 1 **Réponse D** ★★★☆☆ 30 sec. – 2 min.

			AR		(A)	TU
			ES		(B)	AV
			UZ		(C)	RY
EP	RI	EO	??	UX	**(D)**	**AE**
			IO			

V : 1re lettre = voyelle.

H : Diagonale 1re – 2e lettre de voyelles.

Question 2 **Réponse D** ★★★★☆ 45 sec. – 3 min.

MZI	FVP	KKL	QZX	???	(A)	ZOO
				PLA	(B)	BVP
				AOA	(C)	PAA
				IXE	**(D)**	**XDE**
				TRU		

V : 3e lettre = voyelle.

H : Les 2 premières lettres = consonnes.

Question 3 **Réponse A** ★★★★☆ 45 sec. – 3 min.

MZI	OLE	LPA	QZX	???	**(A)**	**KTE**
				EKD	(B)	KLO
				POE	(C)	RAE
				ETG	(D)	LKP
				AXE		

V : Redondance en diagonale de la lettre E.

H : 2e lettre = consonne.

FICHE 106

NOMBRE DE BARRES

Question 1 — Réponse A ★★★★☆ 45 sec. – 3 min.

			KKL		**(A)**	**WLT**
			WNI		(B)	EIA
			AKV		(C)	FXA
LLL	CSV	CCX	???	MNT	(D)	JLK
			EZI			

V : Chaque élément comporte 8 barres : KKL (8 barres), WNI (8 barres), etc.

H : La 3e lettre comporte 2 barres : L – V – X – T (= 2 barres).

NOMBRE D'ARRONDIS

Question 1 — Réponse D ★★★★★ 1 min. – 3 min.

			AQ		(A)	MB
			ES		(B)	OC
			TO		(C)	FJ
EL	CL	CC	??	BS	**(D)**	**CB**
			IB			

V : La 2e lettre a 2 arrondis.

H : La somme du nombre d'arrondis des lettres de chaque élément est croissant : 0, 1, 2, <u>3</u>, 4.

FICHE 107

Question 1 — Réponse D ★★★★☆ 45 sec. – 3 min.

		BMO			(A)	PWS
		JWZ			(B)	PKI
		ZOT			(C)	KTZ
KIL	ZXD	???	PKM	ZEL	**(D)**	**PIL**
		ZTD				

V : La lettre centrale est symétrique verticalement.

H : La lettre centrale est symétrique horizontalement.

FICHE 109

Question 1 — Réponse A — ★★★★☆ — 45 sec. – 3 min.

			FMI		
			OMC		
CRI	DUR	CAR	???	CRU	
			BIT		
			BCE		

- **(A) SPA**
- (B) POT
- (C) ONU
- (D) ROT

V : Ce sont des **acronymes :** FMI (Fonds Monétaire International), OMC (Organisation Mondiale du Commerce), BIT (Bureau International du Travail), BCE (Banque Centrale Européenne), SPA (Société de Protection des Animaux).

H : Ce sont des mots de 3 lettres.

Question 2 — Réponse A — ★★★★★ — 1 min. – 3 min.

	JAN			
	DEC			
	FEV			
CLF	???	RXV	DVV	TID
	MAI			

- **(A) AVR**
- (B) VVV
- (C) SEP
- (D) FLM

V : Les 3 lettres sont les 3 premières lettres du mois de l'année.

JAN = Janvier, DEC = Décembre, FEV = Février, etc.

H : La 2e lettre est un chiffre romain.

FICHE 111

Question 1 — Réponse C — ★★★☆☆ — 30 sec. – 2 min.

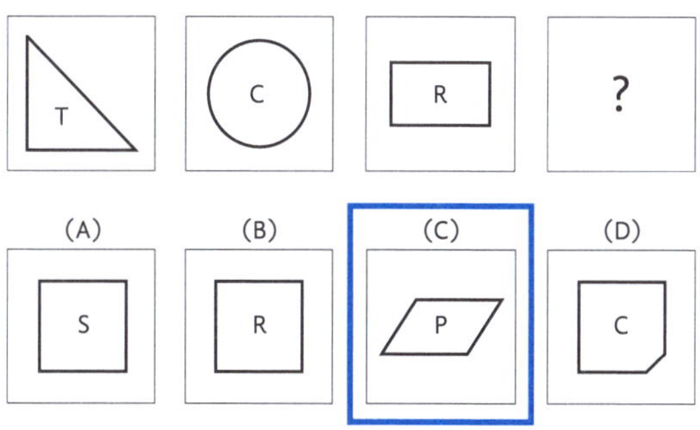

Logique : La lettre est l'initiale de la figure. Dans la réponse, P = Parallélogramme.

FICHE 112

SUITE DE CHIFFRES

Question 1 **Réponse C** ★★★☆☆ **30 sec. – 2 min.**

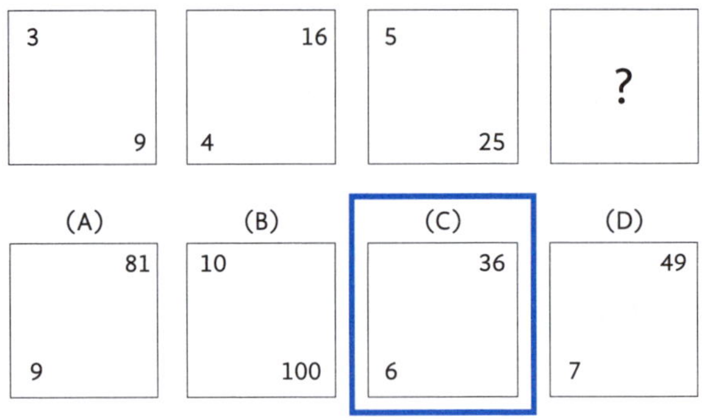

Logique 1 : Alternance diagonale gauche/droite – droite/gauche.

Logique 2 : Le petit nombre mis au carré vaut le grand nombre.

Logique 3 : Le petit nombre vaut 3, 4, 5 → 6.

SUITE DE LETTRES

Question 1 **Réponse C** ★★★☆☆ **30 sec. – 2 min.**

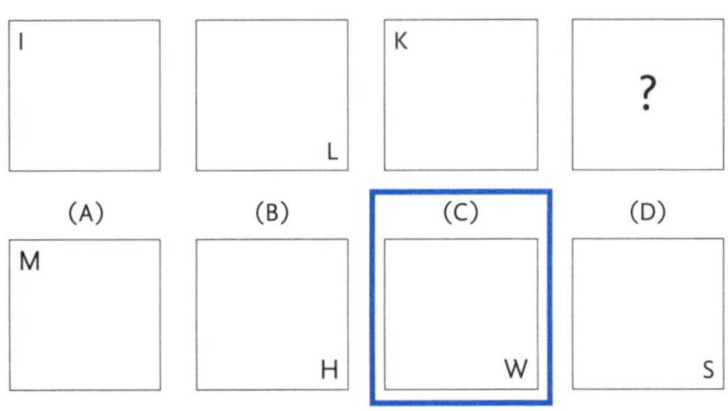

Logique 1 : Déplacement des lettres en diagonale → Lettre en bas à droite.

Logique 2 : Le nombre de barres de la lettre augmente de +1 : I = 1 barre, L = 2 barres, K = 3 barres → W = 4 barres.

FICHE 113

Question 1 **Réponse B** ★★★☆☆ 30 sec. – 2 min.

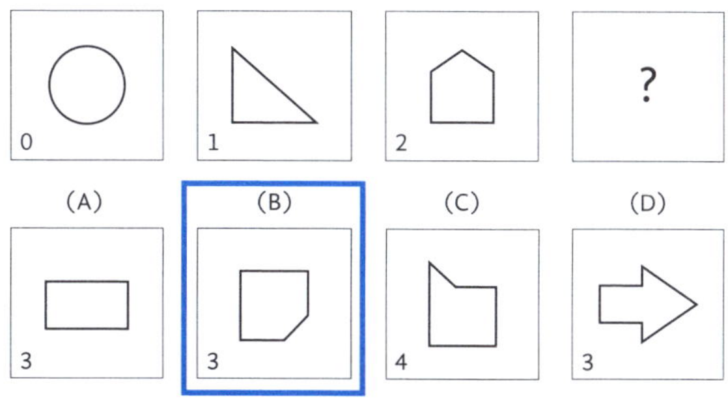

Logique 1 : Le nombre d'angles droits de la figures augmente de +1 → 3 angles droits.
Logique 2 : Le nombre en bas à gauche correspond au nombre d'angles droits → 3 en bas à gauche.

FICHE 115

Question 1 **Réponse C** ★★★☆☆ 45 sec. – 2 min.

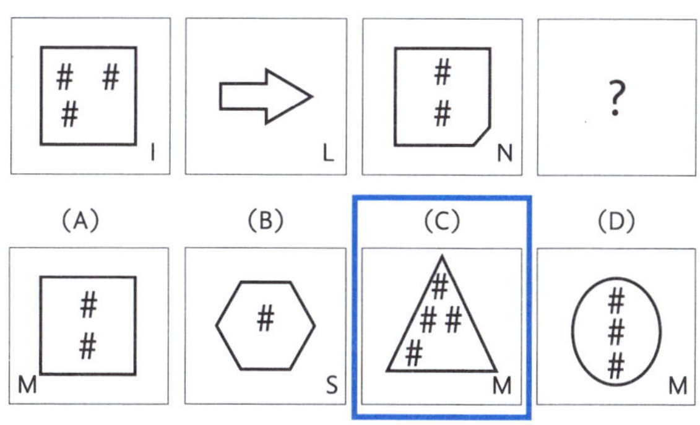

Logique 1 : Le nombre de # + le nombre de côtés de la figure est égal à 7.
Logique 2 : La lettre en bas a droite a 1 barre, puis 2, puis 3 → 4 barres.

Question 2 **Réponse C** ★★★★☆ **45 sec. – 3 min.**

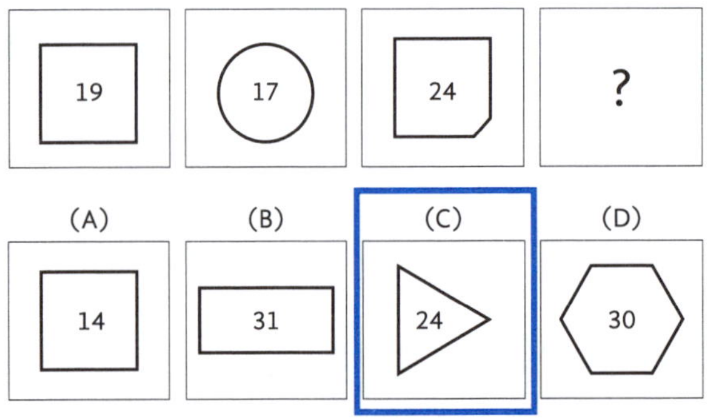

Logique : Le nombre dans la figure – le nombre de côtés de la figure est égal à 15, 17, 19 → 21.

Question 3 **Réponse D** ★★★★☆ **45 sec. – 3 min.**

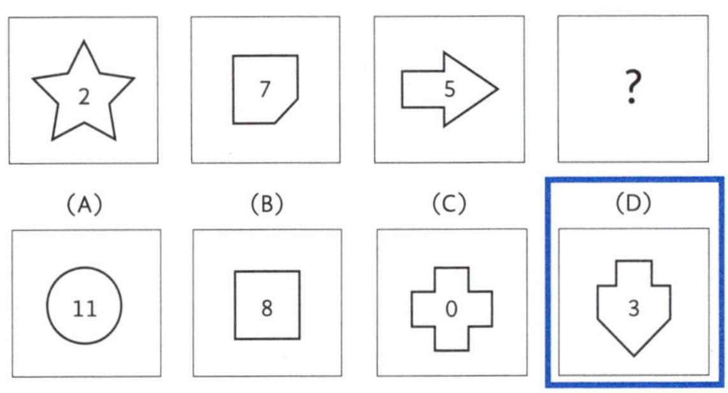

Logique 1 : La somme nombre de côtés de la figure + le nombre à l'intérieur = 12.

Logique 2 : Le nombre à l'intérieur de la figure est un nombre premier.

FICHE 116

Question 1 **Réponse B** ★★★☆☆ **30 sec. – 2 min.**

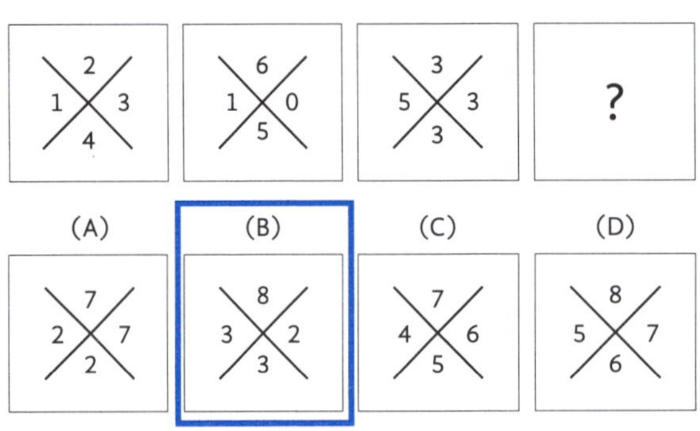

Logique : La somme des 4 chiffres augmente de +2 : 10, 12, 14 → 16.

Question 2 **Réponse D** ★★★☆☆ **30 sec. – 2 min.**

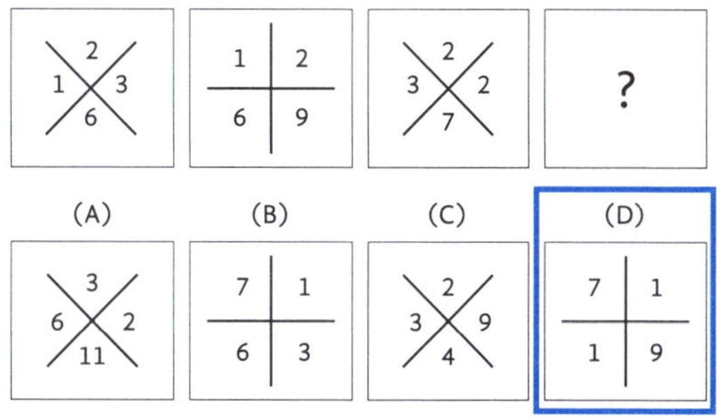

Logique 1 : La croix est alternativement penchée et droite → Croix droite.

Logique 2 : La somme des 3 plus petits nombres est égal au nombre le plus élevé.

FICHE 117

Question 1 **Réponse C** ★★★☆☆ **30 sec. – 2 min.**

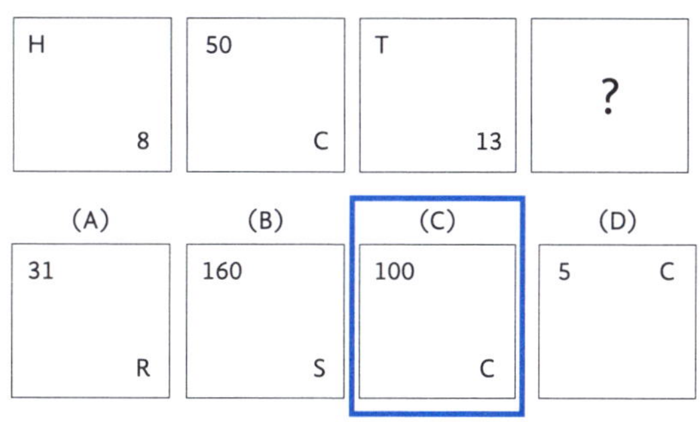

Logique 1 : Inversion des positions lettre/nombre → Lettre en bas à droite, nombre en haut à gauche.

Logique 2 : La lettre indique l'initiale du nombre (H = <u>**H**</u>uit, etc.).

Question 2 **Réponse D** ★★★☆☆ **30 sec. – 2 min.**

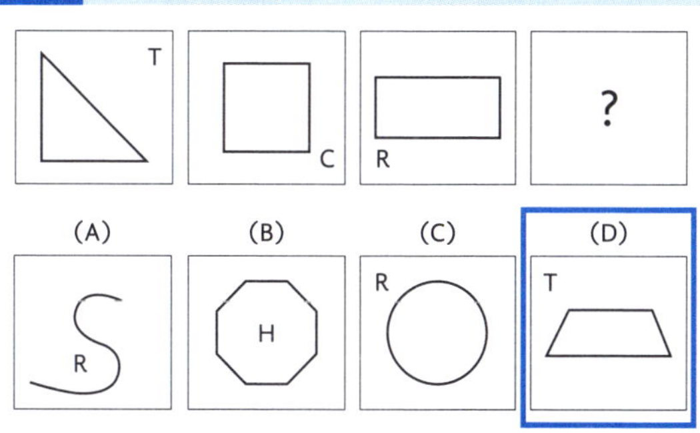

Logique 1 : Mouvement dans le sens horaire de la lettre → Lettre en haut à gauche.

Logique 2 : La lettre indique l'initiale de la figure (T = <u>**T**</u>riangle, etc.).

Question 3	Réponse B	★★★★☆	45 sec. – 3 min.

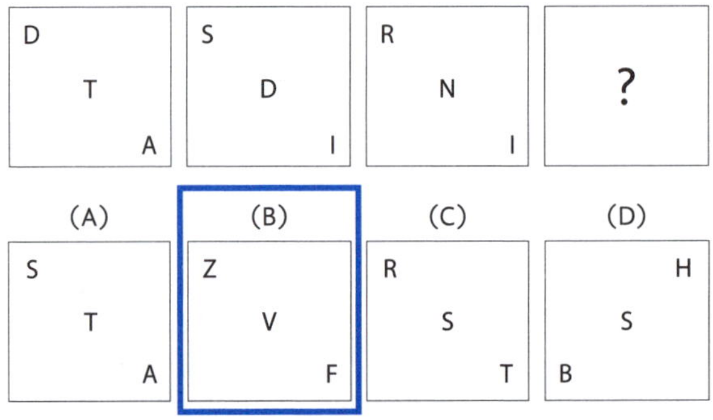

Logique 1 : La lettre centrale est l'initiale du résultat de la différence entre le rang des 2 lettres extérieures (D – A = 4 – 1 = 3 = Trois ; etc.).

Logique 2 : Les lettres sont toujours aux mêmes positions.

FICHE 118

Question 1	Réponse C	★★★★☆	45 sec. – 3 min.

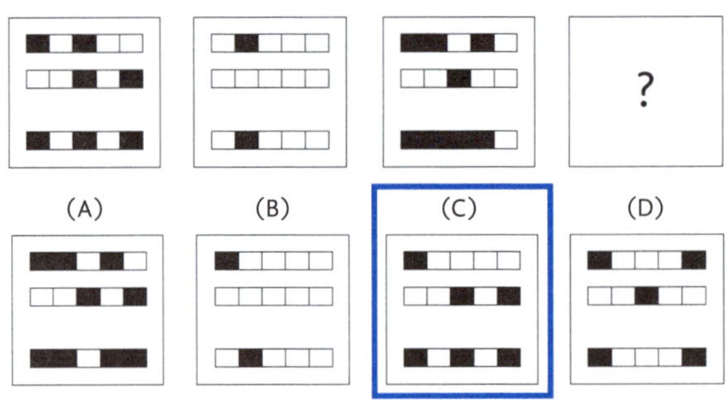

Logique : La 3e ligne correspond à l' « addition » des 2 premières lignes. Si un élément est coloré dans 1 des 2 premières lignes, alors il doit être coloré dans la dernière.

TAGE 2® BLANCS
N° 4 à 10

Posez toutes vos questions (concours, écoles, dossiers, TAGE 2®, etc.) au sein des **communautés d'entraide Facebook et Instagram « Monsieur TAGE 2 »** et **« Monsieur Ecoles de commerce » (+ de 20 000 membres).**

Suivez l'actualité des concours et des écoles de commerce sur **www.monsieur-ecoles-de-commerce.com** et rejoignez nos **communautés d'entraide « Monsieur TAGE 2 »** et **« Monsieur Ecoles de commerce » sur Facebook / Instagram / Youtube / Linkedin / Twitter (+ de 30 000 membres – Communauté N° 1 des candidats AST).**

RDV individuel (gratuit) avec un expert de la prépa leader Admissions Parallèles ! Chaque **lecteur du Manuel du TAGE 2®** bénéficie d'un **RDV individuel gratuit (présentiel ou téléphonique)** pour être conseillé(e) dans sa préparation aux **concours** sur www.rendez-vous-monsieur-tage-2.com

TAGE 2® N° 4

GRILLE DE RÉPONSES TAGE 2® N° 4

LEXIPHRASE	Question	1	2	3	4	5	6	7	8	9	10	11	12	13	14	15
	Réponse															
	SCORE : ....../45			Nombre BR : .../15					Nombre MR : .../15							
CALCUL (2)	Question	16	17	18	19	20	21	22	23	24	25					
	Réponse															
	SCORE : ....../30			Nombre BR : .../10					Nombre MR : .../10							
LOGIQUE (3)	Question	26	27	28	29	30	31	32	33	34	35					
	Réponse															
	SCORE : ....../30			Nombre BR : .../10					Nombre MR : .../10							
PARATEXTE	Question	36	37	38	39	40	41	42	43	44	45	46	47	48	49	50
	Réponse															
	SCORE : ....../45			Nombre BR : .../15					Nombre MR : .../15							
CALCUL (5)	Question	51	52	53	54	55	56	57	58	59	60					
	Réponse															
	SCORE : ....../30			Nombre BR : .../10					Nombre MR : .../10							
LOGIQUE (6)	Question	61	62	63	64	65	66	67	68	69						
	Réponse															
	SCORE : ....../30			Nombre BR : .../10					Nombre MR : .../10							
T2 N° 4	SCORE :....../210			BR = Bonne Réponse = + 3 points. MR = Mauvaise Réponse = – 1 point.												

TAGE 2® N° 4

1 LEXIPHRASE

CONSIGNES

15 questions	15 minutes	Calculatrice interdite	Chronomètre recommandé

BARÈME

Bonne réponse : + 3 points	Aucune réponse : 0 point	Mauvaise réponse : – 1 point

DÉFINITIONS & SYNONYMES

Question 1. Abhorrer quelque chose, c'est [...] :

(A) Adorer cette chose.
(B) Détester cette chose.
(C) Être indifférent à cette chose.
(D) Éviter de parler de cette chose.

Question 2. « Trier sur le volet » signifie :

(A) Sélectionner rapidement.
(B) Choisir le premier venu.
(C) Se dépêcher de terminer une action.
(D) Sélectionner avec le plus grand soin.

Question 3. Choisissez les mots dont le sens se rapproche le plus des mots soulignés.

L'asymptote de cette courbe est <u>peu ou prou</u> sa tangente. Sa forme <u>concave</u> est surprenante.

(A)	Plus commune que	Orientée vers le bas
(B)	Grosso modo	Orientée vers le haut
(C)	Plus ou moins	Tournée vers le bas
(D)	À peu près	Ondulée

Question 4. Choisissez les reformulations dont le sens se rapproche le plus des passages soulignés.

« Vos propos me choquent et sont, de toute évidence, diffamatoires ! Je n'exclus pas de vous poursuivre en justice et je compte bien être dédommagé. »

(A) Calomniateurs	Assigner	Indemnisé
(B) Médisants	Traduire	Rémunéré
(C) Dénué de fondements	Attaquer	Remboursé
(D) Absurdes	Attaquer	Compensé

ANTONYMES

Question 5. On lui reprochait fréquemment son caractère besogneux.

(A) Travailleur
(B) Fainéant
(C) Altruiste
(D) Pédagogue

Question 6. Malgré tout, ses promesses restaient affriolantes.

(A) Séduisantes
(B) Intenables
(C) Inintéressantes
(D) Tentantes

INTRUS

Question 7. Quel est l'intrus ?

(A) Le football.
(B) La course à pied.
(C) Le tennis.
(D) Le volleyball.

Question 8. Quel est l'intrus ?

(A) Nous t'attendons pour un dernier verre.
(B) On devine au loin les voiles qui gagnent le large.
(C) Les cuivres animèrent le concert.
(D) Autour de nous, c'est un vacarme assourdissant.

Question 9. Quel est l'intrus ?

(A) Camille
(B) Pierre
(C) Claude
(D) Maxime

ANALOGIES

Question 10. L'agoraphobie est à la foule, ce que :

(A) L'arachnophobie est aux insectes.
(B) La claustrophobie est à l'espace.
(C) Squalophobie est aux baleines.
(D) La pyrophobie est au feu.

CORRECTION

Question 11. Parmi les phrases suivantes, laquelle est grammaticalement incorrecte ?

(A) Cette voiture appartient à cet homme assis près du lampadaire.
(B) Ce manteau n'est pas prêt d'être porté par Caroline.
(C) Le vent souffle et siffle entre les branches du platane de ce jardin.
(D) Les ténèbres sont promises à celui qui n'écoute pas la parole sacrée.

Question 12. Laquelle de ces propositions est bien orthographiée ?

(A) Neuf cents millions trois cent quatre-vingt mille sept cent euro.
(B) Neuf cent millions trois cent quatre-vingt mille sept cents euros.
(C) Neuf cents millions trois cents quatre-vingts mille sept cents euros.
(D) Neuf cent millions trois cent quatre-vingt mille sept cent euros.

COHÉRENCE TEXTUELLE

Question 13. Les cours du pétrole se sont [...], le baril évoluant à présent sous les quarante dollars, un niveau [...] atteint depuis près de six ans.

(A)	Contractés	Toujours
(B)	Envolés	Constant
(C)	Repliés	Jamais
(D)	Baissés	Tantôt

Question 14. Durant les dernières années, la prévalence du paludisme a considérablement [...] en Afrique centrale, [...] milliers de moustiquaires envoyées par l'ONU.

(A)	Augmenté	Grâce aux
(B)	Augmenté	À cause des
(C)	Diminué	Malgré les
(D)	Diminué	Grâce aux

Question 15. Elle pouvait s'imaginer avoir d'aussi bons résultats, et cela [...] qu'elle avait durement travaillé toute l'année.

(A) D'autant moins.
(B) D'au temps moins.
(C) D'autant plus.
(D) Autant plus.

TAGE 2® N° 4

2 CALCUL (2)

CONSIGNES

10 questions	30 minutes	Calculatrice interdite	Chronomètre recommandé

BARÈME

Bonne réponse : +3 points	Aucune réponse : 0 point	Mauvaise réponse : – 1 point

Question 16. Un orchestre composé de jeunes de 14 à 18 ans interprète en concert la *Symphonie du nouveau monde* de Berlioz. Par manque de pratique, 10 % des notes jouées sont fausses. Lors de la répétition générale, le chef d'orchestre a fait jouer séparément les instruments à cordes et les vents pour découvrir que les cordes jouent 25 % de notes fausses contre 5 % pour les vents. Sachant qu'il n'y a que deux types d'instruments dans cet orchestre, laquelle des affirmations suivantes est certaine ?

(A) Il y a deux fois plus de cordes que de vents.
(B) Il y a deux fois plus de vents que de cordes.
(C) Il y a trois fois plus de cordes que de vents.
(D) Il y a trois fois plus de vents que de cordes.

Question 17. En juillet, l'agence de voyage Gogovoyages a vendu 10 guides de voyage de plus que le mois précédent et trois fois plus de guides qu'au mois de mai.
Étant donné que le nombre de guides de voyage vendus les 3 derniers mois est 60, quel est le nombre de guides vendus en juillet ?

(A) 30
(B) 44
(C) 47
(D) 53

Question 18. Un rectangle ABCD est découpé en 4 rectangles comme le montre la figure. Les périmètres de 3 de ces rectangles sont 11, 16 et 19 cm.
Sachant que le quatrième rectangle n'est ni le plus petit ni le plus grand, quel est le périmètre de ABCD ?

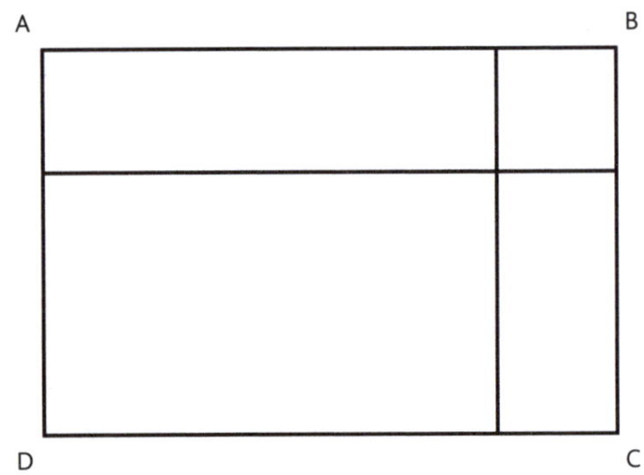

(A) 28 cm
(B) 30 cm
(C) 32 cm
(D) 34 cm

Question 19. Paul lave sa voiture en 30 minutes. Manon est capable de la laver en 20 minutes. Combien de temps mettraient Paul et Manon ensemble pour laver la voiture ?

(A) ≈ 7 minutes
(B) 8 minutes
(C) 10 minutes
(D) 12 minutes

Question 20. Stéphane reçoit un cadeau dont le paquet, de forme cubique, s'ouvre sous la forme du patron d'un cube. Le patron a une aire de 54 dm^2. Quel est son périmètre ?

(A) 42 dm
(B) 40 dm
(C) 38 dm
(D) 36 dm

Question 21. La somme des âges de Bernard, Adrien et Guillaume est de 72. Adrien a 10 ans de plus que Bernard et Bernard a 4 ans de plus que Guillaume. Quel est l'âge de Guillaume ?

(A) 16 ans
(B) 18 ans
(C) 20 ans
(D) 22 ans

Question 22. Deux parents héritent de 84 000 euros et souhaitent en faire profiter leurs deux enfants de 15 et 16 ans. Ils placent chacune des deux parts au même taux annuel composé de 10 %.

Sachant que les parents ne veulent pas faire de jaloux et souhaitent que chacun des enfants reçoive exactement la même somme à l'âge de 18 ans, quelle est la différence entre la part de l'enfant de 15 ans et la part de l'enfant de 16 ans ?

(A) 3 000 euros
(B) 3 500 euros
(C) 3 800 euros
(D) 4 000 euros

Question 23. Je suis assis sur une table ronde. Félicie est 5e à ma droite et 7e à ma gauche. Combien sommes-nous à table ?

(A) 14
(B) 13
(C) 12
(D) 11

Question 24. Jean part en vacances avec Caroline. Leur voiture de sport dispose d'un réservoir de 60 litres, grâce auquel ils peuvent parcourir 400 kilomètres en roulant à 120 km/h de moyenne. En arrêtant la climatisation, ils réduisent leur consommation d'essence d'un cinquième. Si le réservoir n'est rempli qu'aux trois cinquièmes, combien de kilomètres peuvent-ils parcourir en roulant à 120 km/h de moyenne sans la climatisation ?

(A) 250 km
(B) 280 km
(C) 300 km
(D) 330 km

Question 25. L'énergie du Tagistan provient à 45 % du charbon, à 40 % du gaz et le reste de 450 moulins à vent. Les experts estiment que la demande d'énergie va augmenter de 20 % l'année prochaine. Cependant, l'année prochaine, la production de charbon va baisser de 20 % et la production de gaz va baisser de 10 %.
Combien faudra-t-il construire de moulins à vent pour satisfaire les besoins énergétiques du Tagistan ?

(A) 512
(B) 624
(C) 990
(D) 1 440

TAGE 2® N° 4

3 LOGIQUE (3)

CONSIGNES

10 questions	15 minutes	Calculatrice interdite	Chronomètre recommandé

BARÈME

Bonne réponse : + 3 points	Aucune réponse : 0 point	Mauvaise réponse : – 1 point

Question 26.

		66		
		84		
		93		
35	46	?	79	24
		75		

(A) 13 (B) 68 (C) 84 (D) 57

Question 27.

		AB		
EU	MU	?	DU	VU
		CF		
		VZ		
		JO		

(A) SU (B) DF (C) BU (D) XZ

Question 28.

		40		
		90		
82	28	?	19	37
		61		
		18		

(A) 46 (B) 91 (C) 37 (D) 63

Question 29.

EE
GD
MJ LI ? JG ID
KB
CK

(A) JB (B) KA (C) IC (D) KC

Question 30.

VA
IF
GE
OJ
SI FV ? BZ JR

(A) YD (B) NO (C) NN (D) GU

Question 31.

92
73
11 42 ? 64 35
35
18

(A) 58 (B) 43 (C) 53 (D) 56

Question 32.

BDF
JLN
PRT
? CGH DIE JAG MBC
MOQ

(A) EGI (B) DFH (C) SUW (D) ABO

Question 33.

		225		
		196		
120	60	?	180	30
		729		
		343		

(A) 90 (B) 900 (C) 300 (D) 125

Question 34.

		DG		
		GJ		
AU	UE	?	UT	MU
		PS		
		UX		

(A) KU (B) RU (C) FI (D) UF

Question 35.

		39		
		13		
		32		
54	27	?	90	81
		35		

(A) 43 (B) 72 (C) 63 (D) 18

CONSIGNES			
15 questions	15 minutes	Calculatrice interdite	Chronomètre recommandé

BARÈME		
Bonne réponse : + 3 points	Aucune réponse : 0 point	Mauvaise réponse : – 1 point

PARAGRAPHE

Question 36. La fréquentation dans les cinémas de [...] a baissé de 1,4 % en 2015 par rapport à 2014, restant [...] au-dessus de la barre des 200 millions de spectateurs.

(A) L'Hexagone — Cependant
(B) Pays — Toutefois
(C) France — Quand même
(D) L'entreprise — Malgré tout

Question 37. Après [...] 2014 particulièrement bon, la part de marché des films français a nettement baissé en 2015 à 46 %.

(A) Un bond
(B) Une année
(C) Un revers
(D) Un cru

Question 38. Les films américains ont eux élevé leur [...] à plus de 54 %.

(A) Rentabilité
(B) Croissance
(C) Part de marché
(D) Taux de croissance

Question 39. [...], les pouvoirs publics français ont décidé de lancer des opérations de communication en faveur du cinéma français.

(A) Ainsi
(B) Par conséquent
(C) Toutefois
(D) C'est pourquoi

Question 40. Toute la question est de savoir si le [...] sera [...].

(A)	Plan de communication	Utilisé
(B)	Rôle de l'État	Efficace
(C)	Plan des pouvoirs publics	Utilisé
(D)	Retour sur investissement	Positif ou négatif

TEXTE

Question 41. L'accélérateur French Accelerator Los Angeles entend convaincre les start-up françaises qui veulent [...] de [...] la Silicon Valley de San Francisco et la Silicon Alley de New York pour la Silicon Beach de Los Angeles.

(A)	S'expatrier	D'abandonner
(B)	Se développer	Choisir
(C)	S'internationaliser	Délaisser
(D)	Croître	Sélectionner

Question 42. Principale raison : les prix de l'immobilier et le coût des ingénieurs sont [...].

(A) Plus élevés.
(B) D'un niveau comparable.
(C) Moins onéreux.
(D) Plus abordables.

Question 43. Tout le monde connaît la Silicon Valley de San Francisco, le [...] de l'innovation mondiale.

(A) Cerveau
(B) Poumon
(C) Poing
(D) Pied

La plupart des géants des nouvelles technologies y sont nés et y prospèrent, de Google à Twitter, en passant par Microsoft, Facebook et Amazon. On ne présente plus non plus la Silicon Alley de New York, deuxième écosystème au monde, particulièrement attractif pour les adtech et les martech (les technologies autour de la publicité et du marketing).
En revanche, la Silicon Beach de Los Angeles souffre d'un manque flagrant de notoriété. Dans l'imaginaire collectif, la cité des Anges reste la ville d'Hollywood, des surfeurs et de la douceur de vivre.
Los Angeles présente les avantages du marché américain sans les inconvénients de la Silicon Valley et de New York. Effectivement, tous les plus grands investisseurs y ont des bureaux. Le coût d'un ingénieur à l'année y est de « *80.000 dollars environ, contre 200.000 dans la Silicon Valley* », ajoute-t-il. Le marché y est aussi moins tendu et les talents, nombreux et plus fidèles qu'à San Francisco, où le mercato est permanent.
De plus, Los Angeles est un pôle économique puissant. Son PIB de 860 milliards de dollars place la ville au troisième rang mondial en terme de revenus, derrière Tokyo et New York. Enfin, la présence d'Hollywood en fait une place de choix pour les startups spécialisées dans le divertissement et la consommation.

Question 44. Que signifie le terme « mercato » à la fin du 3e paragraphe ?

(A) Marché des transferts de professionnels.
(B) Marché des rachats et des reventes de start-up.
(C) Marché d'échanges d'innovations technologiques.
(D) Marché d'échanges de bases de données de clients.

Question 45. Quels sont les différents pôles économiques cités dans le texte ?

1. Silicon Valley
2. Silicon Alvay
3. Silicon Beach
4. Silicon Alley
5. Silicon Bay

(A) 1 + 2 + 3
(B) 1 + 2 + 4
(C) 1 + 3 + 5
(D) 1 + 3 + 4

Question 46. Selon l'auteur, quels avantages une start-up a-t-elle à s'installer à Los Angeles ?

1. Un prix de l'immobilier abordable.
2. Une stabilité de la main d'œuvre.
3. Un pôle économique important.
4. Une main d'œuvre qualifiée relativement peu coûteuse.
5. Une forte présence de potentiels investisseurs.

(A) 1 + 2 + 3 + 4
(B) 1 + 2 + 3 + 4 + 5
(C) 1 + 3 + 4
(D) 1 + 3 + 4 + 5

Question 47. Quel semble être le message de l'auteur au travers de ce texte ?

(A) La Silicon Valley est un pôle économique en déclin.
(B) Le nouveau berceau des start-up dans un avenir proche est la Silicon Beach.
(C) La Silicon Beach est une alternative à la Silicon Valey pour les start-up.
(D) La Silicon Beach est le 3e accélérateur de start-up après la Silicon Valley et la Silicon Alley.

Question 48. Quelle conclusion pourrait-on ajouter à la suite de ce texte ?

(A) En résumé, les start-up de la Silicon Valley et de la Silicon Alley devraient se méfier des start-up de la Silicon Beach.
(B) En résumé, la Silicon Beach a de nombreux atouts pour attirer de nombreuses start-up.
(C) En définitive, les start-up implantées en Silicon Beach se développeront plus facilement qu'en Silicon Valley ou en Silicon Alley
(D) En conclusion, malgré quelques désavantages, la Silicon Beach est plus avantageuse que la Silicon Alley.

Question 49. À qui s'adresse ce texte ?

(A) Aux start-up françaises.
(B) Aux start-up américaines.
(C) Aux start-up spécialisées dans le divertissement et la consommation.
(D) Aux start-up qui veulent s'implanter sur le marché américain.

Question 50. Selon le texte, à cause de quoi la Sillicon Beach ne se développe-t-elle pas ?

(A) Une circulation difficile.
(B) Le climat.
(C) Le coût des transports.
(D) Un manque de notoriété.

TAGE 2® N° 4

5 CALCUL (5)

CONSIGNES			
10 questions	30 minutes	Calculatrice interdite	Chronomètre recommandé

BARÈME		
Bonne réponse : + 3 points	Aucune réponse : 0 point	Mauvaise réponse : – 1 point

Question 51. Baptiste adore aller au cinéma. Il a le choix entre payer un ticket d'entrée de 6,5 € à chaque fois ou prendre un abonnement annuel illimité de 240 €.
À partir de combien d'entrées par an l'abonnement devient-il financièrement plus intéressant pour Baptiste ?

(A) 30
(B) 32
(C) 36
(D) 37

Question 52. On considère le rectangle ci-dessous d'aire 16 cm^2.

Que vaut l'aire de la partie bleue ?

(A) 6 cm^2
(B) 7,25 cm^2
(C) 7,75 cm^2
(D) 8 cm^2

Question 53. Quel est le volume de mon réservoir sachant que quand il est à 30 % vide, il est 12 litres plus rempli que quand il est 30 % plein ?

(A) 60 L
(B) 50 L
(C) 40 L
(D) 30 L

Question 54. Deux affluents se jettent dans un fleuve au même niveau à un débit de respectivement 30 m^3/s et 10 m^3/s.
En combien de temps les deux affluents auront-ils charrié 0,1 hm^3 d'eau dans le fleuve ?

(A) 30 minutes et 50 secondes.
(B) 41 minutes et 40 secondes.
(C) 56 minutes et 30 secondes.
(D) 1 h 23 minutes et 20 secondes.

Question 55. Dans une classe de 25 élèves, la moyenne générale en mathématiques est de 12/20. La moyenne des filles est de 15/20. La moyenne des garçons est de 10/20.
Combien de garçons y a-t-il dans la classe ?

(A) 15
(B) 12
(C) 10
(D) 9

Question 56. Un train part de Berlin vers Paris à 11h00 et roule à 200 km/h. À la même heure, un train part de Paris vers Berlin et roule à 200 km/h.

Sachant que les 2 villes sont éloignées de 600 km, à quelle distance de Berlin les trains vont-ils se croiser ?

(A) 100 km
(B) 200 km
(C) 300 km
(D) 400 km

Question 57. Si 12 personnes privatisent un bateau, chaque personne doit payer 10 euros. Si N personnes ne viennent pas, alors chacun devra payer 15 euros pour compenser et atteindre la somme demandée. Que vaut N ?

(A) 3
(B) 4
(C) 5
(D) 6

Question 58. On prend un nombre à 3 chiffres et on lui soustrait la somme de ses chiffres. Laquelle des réponses suivantes est possible pour cette opération ?

(A) Il manque des informations.
(B) 579
(C) 569
(D) 549

Question 59. On réalise 3 tirages dans une urne qui contient 5 boules numérotées de 1 à 5. Sachant que le tirage est sans remise, quelle est la probabilité de tirer dans l'ordre les boules numérotées 1, puis 2, puis 3 ?

(A) 1/40
(B) 1/50
(C) 1/60
(D) 1/70

Question 60. Deux Formule 1 participent à une course. Elles s'élancent du même point, à quelques secondes d'intervalle, en ligne droite. La Formule 1 qui part en premier roule à 300 km/h. L'autre Formule 1, partie en 2e, roule à 360 km/h. Elle rattrape rapidement la Formule 1 partie en premier. Au bout de combien de temps la deuxième Formule 1 aura-t-elle 300 mètres d'avance sur la première Formule 1 ?

(A) 20 secondes.
(B) 1 minute et 12 secondes.
(C) 28 secondes.
(D) 18 secondes.

TAGE 2® N° 4

6 LOGIQUE (6)

CONSIGNES

10 questions	10 minutes	Calculatrice interdite	Chronomètre recommandé

BARÈME

Bonne réponse : + 3 points	Aucune réponse : 0 point	Mauvaise réponse : – 1 point

Question 61.

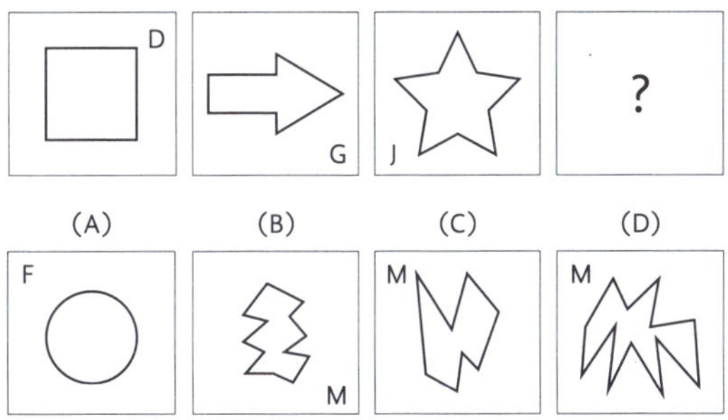

Question 62.

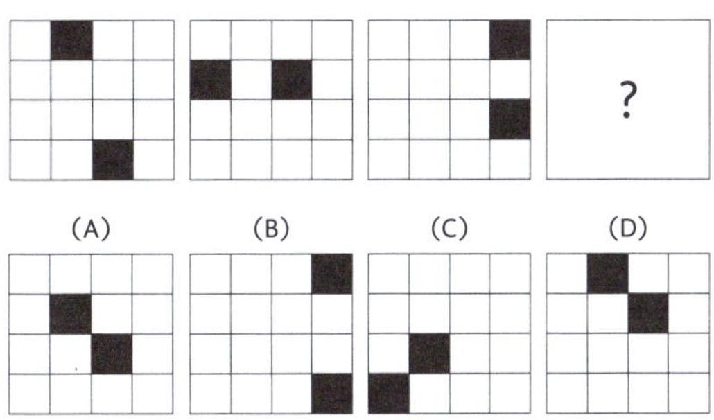

Question 63.

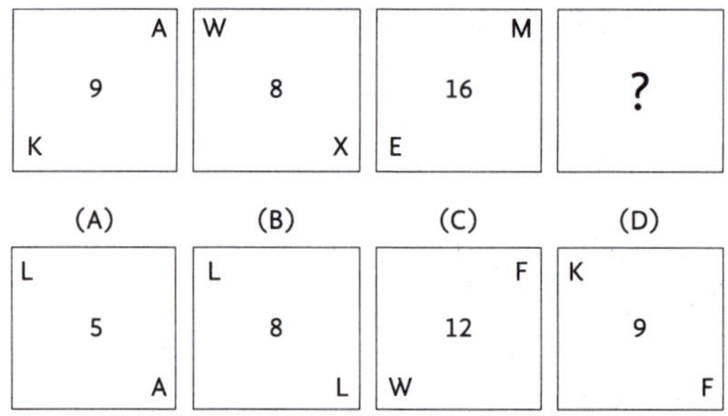

Question 64.

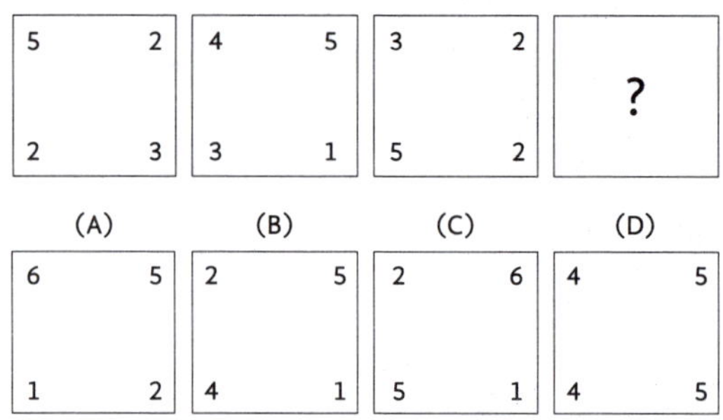

Question 65.

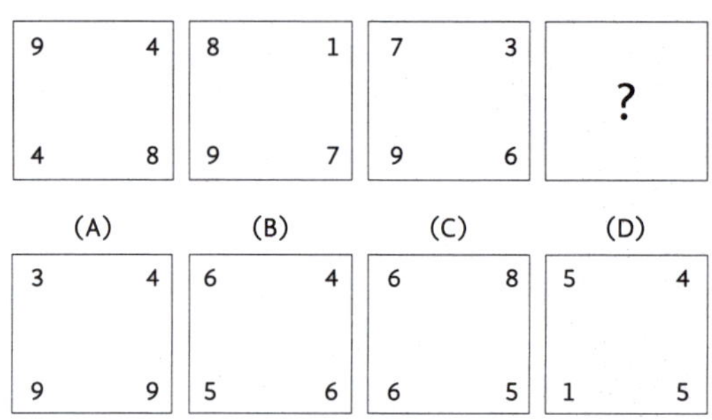

Question 66.

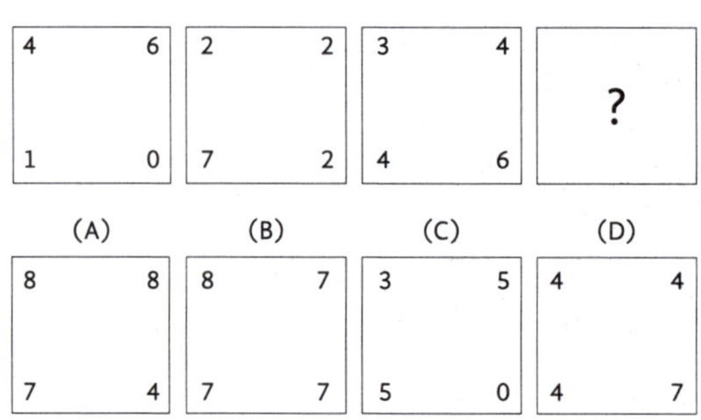

Question 67.

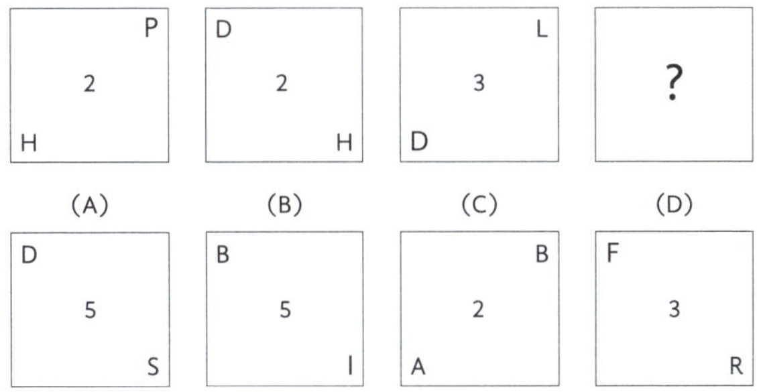

Question 68.

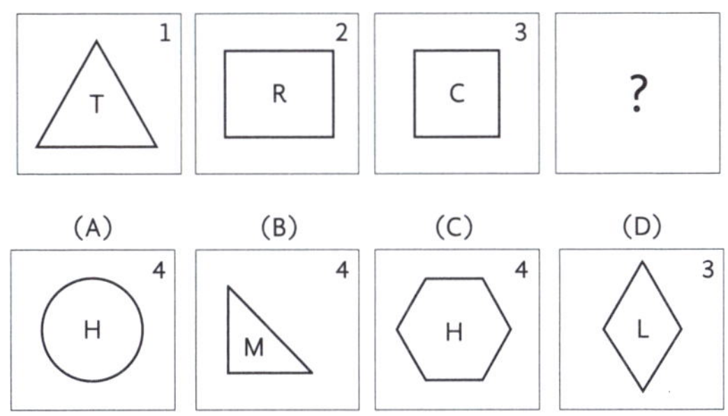

Question 69.

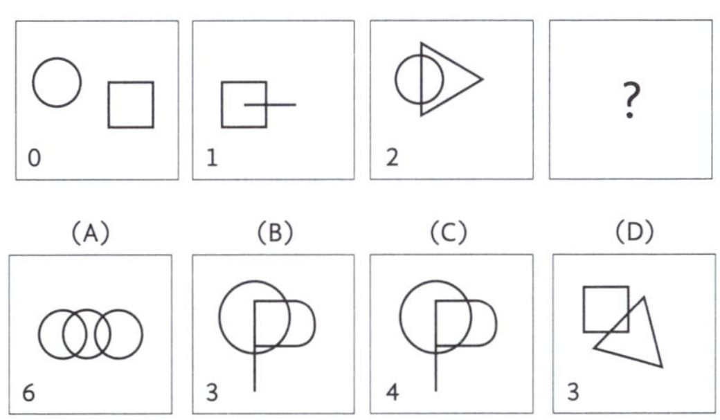

Question 70.

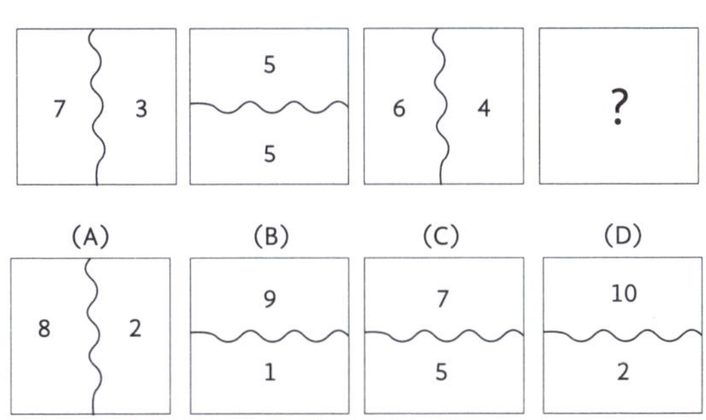

CORRIGÉ TAGE 2® N° 4

GRILLE DE RÉPONSES TAGE 2® N° 4

Difficulté du TAGE 2® N° 4 : NORMAL

LEXI.	Question	1	2	3	4	5	6	7	8	9	10	11	12	13	14	15
	Réponse	B	D	C	A	B	C	B	D	B	D	B	B	C	D	C

CALCUL	Question	16	17	18	19	20	21	22	23	24	25
	Réponse	D	A	B	D	A	B	D	C	C	C

LOG.	Question	26	27	28	29	30	31	32	33	34	35
	Réponse	D	A	A	B	D	C	B	B	B	C

PARA	Question	36	37	38	39	40	41	42	43	44	45	46	47	48	49	50
	Réponse	A	D	C	B	D	C	D	B	A	D	B	C	B	A	D

CALCUL	Question	51	52	53	54	55	56	57	58	59	60
	Réponse	D	D	D	B	A	C	B	D	C	D

LOG.	Question	61	62	63	64	65	66	67	68	69	70
	Réponse	D	C	D	C	C	D	D	C	B	B

Toutes les questions sont corrigées en vidéo dans votre espace **E-LEARNING sur www.monsieur-tage-2.com**

TAGE 2® N° 4

1 CORRIGÉ « LEXIPHRASE »

Difficulté	NORMAL														
Question	1	2	3	4	5	6	7	8	9	10	11	12	13	14	15
Réponse	B	D	C	A	B	C	B	D	B	D	B	B	C	D	C

Toutes les questions sont corrigées en vidéo dans votre espace **E-LEARNING sur www.monsieur-tage-2.com**

Posez toutes vos questions (concours, écoles, dossiers, TAGE 2®, etc.) au sein des **communautés d'entraide Facebook et Instagram « Monsieur TAGE 2 »** et **« Monsieur Ecoles de commerce » (+ de 20 000 membres).**

Question 1 — Réponse B — ★★★☆☆ — 30 sec. – 2 min. — Fiches 15/16

« **Abhorrer** » une chose, c'est la détester au plus haut point, la honnir. **Réponse B.**

Question 2 — Réponse D — ★★★☆☆ — 30 sec. – 2 min. — Fiches 15/16

« **Trier sur le volet** », c'est sélectionner avec le plus grand soin, selon des critères très précis, de façon à ne conserver que les meilleurs éléments. **Réponse D.**

Question 3 — Réponse C — ★★★☆☆ — 30 sec. – 2 min. — Fiches 15/16

« **Peu ou prou** » signifie « plus ou moins ».
« **Concave** » signifie « orientée/tournée vers le bas ».

1re colonne **On garde les réponses B, C et D.**

Les synonymes de « **Peu ou prou** » sont : « Grosso modo », « Plus ou moins » et « À peu près ». On garde donc les réponses B, C et D.

2e colonne **On choisit la réponse C.**

Les synonymes de « **Concave** » sont « Tournée vers le bas » et « Orientée vers le bas ».
On choisit donc la **réponse C.**

Question 4 | Réponse A | ★★★☆☆ | 30 sec. – 2 min. | Fiches 15/16

Un propos « **diffamatoire** » est un propos qui accuse injustement.
« **Poursuivre** » en justice c'est intenter une action en justice, demander un procès.
Être « **dédommagé** » c'est recevoir une compensation matérielle en réparation d'une perte ou d'un dommage subi.

1re colonne On garde les réponses A, B et C.

Les synonymes de « **Diffamatoires** » sont : « Calomniateurs », « Médisants », « Dénué de fondements ». On garde donc les réponses A, B, et C.

2e colonne On garde les réponses A, B et C.

Les réponses « Assigner », « Traduire » et « Attaquer » en justice sont synonymes de « **Poursuivre** » en justice donc on conserve les réponses A, B, et C.

3e colonne On choisit la réponse A.

Le synonyme de « **Dédommagé** » est « Indemnisé ».

REMARQUE « Remboursé » ne peut pas s'appliquer au cas d'un dédommagement. Le remboursement est le fait de rendre de l'argent à quelqu'un qui en a dépensé. Le dédommagement est le fait de donner de l'argent à une victime pour compenser un préjudice subi. Même raisonnement pour « Rémunéré » qui s'applique à la compensation financière d'un travail. On choisit donc la **réponse A.**

Question 5 | Réponse B | ★★★★☆ | 45 sec. – 3 min. | Fiche 17

« **Être besogneux** » c'est abattre une grande quantité de travail, ne pas avoir peur face à la tâche. On peut reprocher au besogneux la qualité de son travail, mais en aucun cas le trouver « fainéant ». **Réponse B.**

Question 6 | Réponse C | ★★★☆☆ | 30 sec. – 2 min. | Fiche 17

Des promesses « **affriolantes** » sont des promesses qui suscitent le désir, qui séduisent et attirent. Elles ne sont donc pas « inintéressantes ». **Réponse C.**

Question 7 | Réponse B | ★★★☆☆ | 30 sec. – 2 min. | Fiche 23

Intrus : Réponse B : La course à pied.
Critère : Le sens des mots.

« Le football », « Le tennis » et « Le volleyball » sont des sports qui se pratiquent avec un ballon ou une balle.
L'intrus est « La course à pied » car elle se pratique sans balle ou ballon. **Réponse B.**

Question 8	Réponse D	★★★☆☆	30 sec. – 2 min.	Fiches 22/23

Intrus : Réponse D : Autour de nous, c'est un vacarme assourdissant.
Critère : Les figures de style.

- **Rappel de cours** La **métonymie** consiste à utiliser un terme à la place d'un autre, les deux termes entretenant une relation nécessaire. Ici, on comprend bien que l'on ne boit pas le verre, mais bien ce qui est dedans.

« Nous t'attendons pour un dernier **verre** », « On devine au loin les **voiles** qui gagnent le large » et « Les **cuivres** animèrent le concert » contiennent chacune une métonymie.
L'intrus est « Autour de nous, c'est un vacarme assourdissant » car elle ne contient pas de métonymie. **Réponse D.**

Question 9	Réponse B	★★★☆☆	30 sec. – 2 min.	Fiche 23

Intrus : Réponse B : Pierre.
Critère : Les prénoms mixtes.

« Camille », « Claude » et « Maxime » sont des prénoms mixtes, c'est-à-dire qu'ils désignent indifféremment un gaçon ou une fille.
L'intrus est « Pierre » car c'est le seul prénom exclusivement masculin. **Réponse B.**

Question 10	Réponse D	★★★★☆	30 sec. – 1 min.	Fiche 15

Étape 1 Lions les 2 mots de l'énoncé par une phrase.
L'agoraphobie est la peur de la foule et des lieux publics très fréquentés. On cherche donc, dans la réponse, une peur associée à l'objet de la peur.

Étape 2 Sélectionnons la bonne réponse.
La **« pyrophobie »** est bien la peur du feu. On reconnaît bien le préfixe « pyro » qui fait référence au feu : pyromane, pyrotechnique, etc. **Réponse D.**

ATTENTION
- L'arachnophobie est la peur des araignées, pas des insectes.
- La claustrophobie est la peur de l'enfermement, pas de l'espace.
- La squalophobie est la peur des requins (des squales), pas des baleines.

Question 11 Réponse B ★★★★☆ 45 sec. – 3 min. Fiches 25/31

- **Rappel de cours**
  - On dit : « Être **près** de faire quelque chose ».
  - Le mot **« ténèbres »** est féminin.

Ce manteau n'est pas **près** d'être porté par Caroline. **Réponse B.**
Les autres phrases sont correctement orthographiées.

Question 12 Réponse B ★★★★★ 45 sec. – 3 min. Fiches 25/31

- **Rappel de cours** **Cent/Cents :** « Cent » prend un « s » quand il est multiplié par un autre nombre ET qu'il n'est pas suivi d'un autre chiffre (200 = deux cents, mais 203 = deux cent trois). Il en est de même pour **« Vingt ».**

Neuf **cent** millions trois **cent** quatre-**vingt** mille sept **cents** euros. **Réponse B.**

Question 13 Réponse C ★★★☆☆ 30 sec. – 2 min. Fiche 34

Les cours du pétrole se sont **repliés**, la baril évoluant à présent sous les quarante dollars, un niveau **jamais** atteint depuis près de six ans. **Réponse C.**

On comprend que les cours du pétrole ont atteint leur niveau le plus bas depuis 6 ans.

Question 14 Réponse D ★★★☆☆ 30 sec. – 2 min. Fiche 34

Durant les dernières années, la prévalence du paludisme a considérablement **diminué** en Afrique centrale, **grâce aux** milliers de moustiquaires envoyées par l'ONU. **Réponse D.**

C'est bien grâce aux moustiquaires que le paludisme (transmis par le moustique) a pu reculer en Afrique.

Question 15 Réponse C ★★★★☆ 45 sec. – 3 min. Fiche 34

Elle pouvait s'imaginer avoir d'aussi bons résultats, et cela **d'autant plus** qu'elle avait durement travaillé toute l'année. **Réponse C.**

Le travail qu'elle avait fourni la poussait à l'optimisme quant à ses résultats.

TAGE 2® N° 4

2 CORRIGÉ « CALCUL (2) »

Difficulté	DIFFICILE									
Question	16	17	18	19	20	21	22	23	24	25
Réponse	D	A	B	D	A	B	D	C	C	C

Toutes les questions sont corrigées en vidéo dans votre espace **E-LEARNING sur www.monsieur-tage-2.com**

Posez toutes vos questions (concours, écoles, dossiers, TAGE 2®, etc.) au sein des **communautés d'entraide Facebook et Instagram « Monsieur TAGE 2 »** et **« Monsieur Ecoles de commerce » (+ de 20 000 membres).**

Question 16 Réponse D ★★★★☆ **45 sec. – 3 min.** **Fiche 59**

- **Rappel de cours** La formule du barycentre permet de trouver les proportions relatives de 2 ensembles :

$$\frac{\textbf{Moyenne générale} - \textbf{Moyenne mini}}{\textbf{Moyenne maxi} - \textbf{Moyenne mini}}$$

Étape 1 Réalisons un schéma avec les différentes moyennes de l'énoncé.

Grâce au schéma, on comprend qu'il y a plus de vents que de cordes car la moyenne générale (10) est plus proche de celle des vents (5) que de celle des cordes (25).

Étape 2 Calculons la proportion d'un des 2 types d'instruments.

$$\frac{\text{Moyenne générale} - \text{Moyenne mini}}{\text{Moyenne maxi} - \text{Moyenne mini}} = \frac{10 - 5}{25 - 5} = \frac{1}{4}$$

1/4 correspond ici à la proportion des cordes car c'est le groupe le moins nombreux.

Étape 3 Calculons le nombre d'instruments à cordes.

Les cordes représentent 1/4 du total, donc les vents représentent : 1 – 1/4 = 3/4 du total. Il y a donc 3 fois plus d'instruments à vent que d'instruments à cordes. **Réponse D.**

Question 17 Réponse A ★★★☆☆ 30 sec. – 2 min. Fiche 62

Étape 1 Interprétons l'énoncé.

Soit X le volume des ventes de juillet. Selon l'énoncé, les ventes du mois de juin sont de X – 10 et les ventes du mois de mai sont de X/3.

Étape 2 Posons l'équation explicitée dans l'énoncé.

$$\text{Ventes (Juillet)} + \text{Ventes (Juin)} + \text{Ventes (Mai)} = X + X - 10 + \frac{X}{3} = 60.$$

$$\Leftrightarrow\ 2X + \frac{X}{3} = 70 \ \Leftrightarrow\ \frac{7\,X}{3} = 70 \ \Leftrightarrow\ 7X = 210 \ \Leftrightarrow\ X = 30.$$

Ainsi, l'agence a vendu **30 guides en juillet. Réponse A.**

Question 18 Réponse B ★★★★☆ 45 sec. – 3 min. Fiche 75

■ **Rappel de cours** Le périmètre d'un rectangle est égal à : **P = 2 × (Longueur + largeur)**

Étape 1 Modélisons la situation.

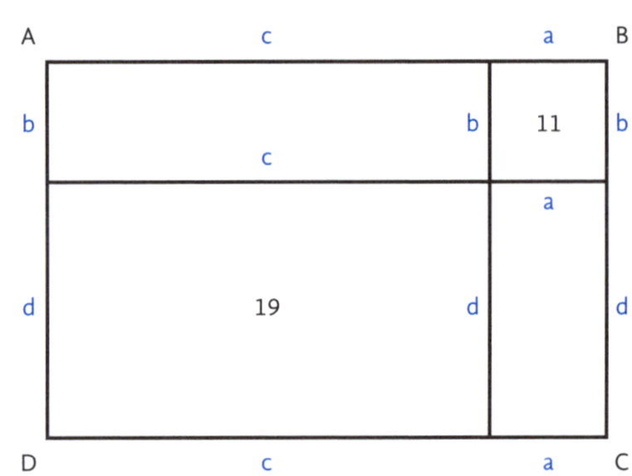

On appelle a, b, c et d les longueurs des « côtés », comme indiqué sur le schéma.
Comme le petit rectangle a pour périmètre 11 cm, on peut écrire que : 2a + 2b = 11, soit a + b = 5,5 **(1)** et comme le grand rectangle a pour périmètre 19 cm, on peut écrire : 2c + 2d = 19, soit c + d = 9,5 **(2)**.

Étape 2 Calculons le périmètre du rectangle.

Ainsi, en additionnant **(1)** et **(2)**, on obtient : a + b + c + d = 9,5 + 5,5 = 15 cm.
En observant que : AB = a + c et BC = b + d, on a :
a + c + b + d = 15 cm ⇔ AB + BC = 15 cm.

Ainsi, la moitié du périmètre du rectangle mesure 15 cm, donc le périmètre total du rectangle mesure : 2 × 15 = **30 cm. Réponse B.**

Question 19 Réponse D	★★☆☆☆	15 sec. – 1 min.	Fiche 66

- **Rappel de cours** Pour connaître le temps T que vont mettre N personnes ensemble pour réaliser un travail, appliquez la formule :

$$\frac{1}{T}=\frac{1}{T_1}+\frac{1}{T_2}+\ldots+\frac{1}{T_N}$$

Calculons le temps que Paul et Manon mettent ensemble.

Soit T le temps de travail mis par Paul et Manon pour laver la voiture ensemble, T_1 le temps mis par Paul uniquement et T_2 le temps mis par Manon uniquement.

On a alors l'égalité : $\frac{1}{T}=\frac{1}{T_1}+\frac{1}{T_2}=\frac{1}{30}+\frac{1}{20}=\frac{5}{60} \Leftrightarrow T=\frac{60}{5}$ **= 12 minutes.**

Paul et Manon mettront ensemble **12 minutes** pour laver la voiture de Paul. **Réponse D.**

Question 20 Réponse A	★★★☆☆	30 sec. – 2 min.	Fiche 75

- **Rappel de cours** L'aire d'un carré A de côté c est $\mathbf{A = c^2}$.

Étape 1 Calculons la longueur du côté d'un carré.

On note A l'aire du patron, P son périmètre et c le côté d'un carré.

Un patron de cube est représenté par 6 carrés identiques (comme ci-dessous) donc :

$A = 6 \times c^2 \Leftrightarrow 54 = 6 \times c^2 \Leftrightarrow c^2 = 9 \Leftrightarrow$ **c = 3 dm.**

Étape 2 Déduisons-en le périmètre du patron.

Le patron d'un cube est en forme de croix latine.

Le périmètre est composé de 14 côtés d'un carré, donc :

P = 14 × c = 14 × 3 = **42 dm. Réponse A.**

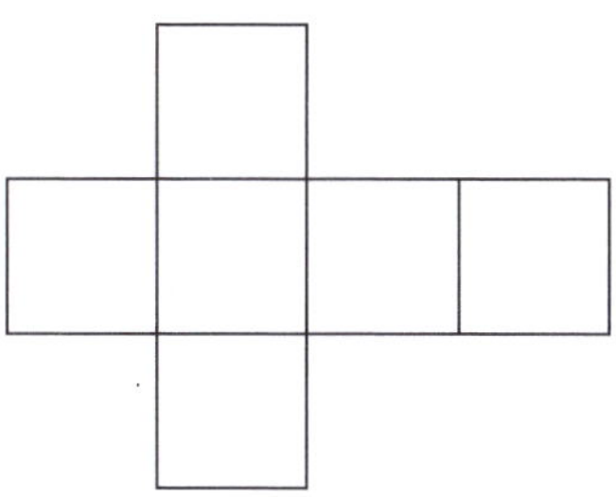

Question 21 Réponse B	★★★☆☆	30 sec. – 2 min.	Fiche 83

- **Rappel de cours** La technique du backsolving consiste à tester la réponse du milieu, puis à tester les réponses au dessus ou en dessous, en fonction du résultat de la première étape.

Étape 1 Testons la réponse du milieu (réponse C).

Supposons que Guillaume ait 20 ans. Bernard a alors 24 ans et Adrien 34 ans.

Mais $20 + 24 + 34 = 78 > 72$. Donc, on élimine la réponse C ainsi que la réponse D, qui a un résultat supérieur.

Étape 2 Testons la réponse A.

Supposons que Guillaume ait 16 ans. Bernard a alors 20 ans et Adrien 30 ans.

Mais $16 + 20 + 30 = 66 < 72$.

Donc, on élimine la réponse A et on retient la réponse B qui est correcte (par élimination). (**Vérification :** $18 + 22 + 32 = 72$). Guillaume a donc **18 ans. Réponse B.**

REMARQUE On aurait également pu poser un système d'équations : $\begin{cases} A+B+G=72 & (1) \\ A=B+10 & (2) \\ B=G+4 & (3) \end{cases}$

Question 22 Réponse D	★★★★☆	45 sec. – 3 min.	Fiches 56/61

- **Rappel de cours** Soit K_0 le capital initial, K_n le capital après n années de placement à intérêts composés, et **r** le taux d'intérêt auquel le capital est placé.

  On a : **Formule des intérêts composés :** $K_n = K_0 \times (1 + r)^n$.

Étape 1 Modélisons la situation.

Soit A la somme donnée à l'enfant de 15 ans et B celle donnée à l'enfant de 16 ans.

On sait que $A + B = 84\,000$ **(1).**

Comme l'enfant de 15 ans va toucher des intérêts de 10 % pendant 3 ans, il aura au final : $A \times (1{,}1)^3 = 1{,}331 \times A$. L'enfant de 16 ans ne touchera des intérêts que pendant 2 ans. Il aura donc au final : $B \times (1{,}1)^2 = 1{,}21 \times B$.

Or, les parents ne souhaitent pas faire de jaloux donc il faut que :

$$1{,}331 \times A = 1{,}21 \times B \iff B = \frac{1{,}331}{1{,}21} \times A \iff B = 1{,}1 \times A \ \textbf{(2)}.$$

Étape 2 Résolvons le système formé par (1) et (2).

(1) $\iff B = 84\,000 - A$. En insérant **(1)** dans **(2),** on a :

$84\,000 - A = 1{,}1\,A \iff 2{,}1 \times A = 84\,000 \iff A = 40\,000$ euros.

On conclut donc que le plus jeune reçoit 40 000 euros et l'autre reçoit $84\,000 - 40\,000 = 44\,000$ euros, soit **4 000 euros de différence. Réponse D.**

Question 23 Réponse C ★★★☆☆ 30 sec. – 2 min. Fiche 82

Étape 1 Interprétons l'énoncé.

Si Félicie est 5e à ma droite, c'est qu'il y a 4 personnes entre elle et moi, par la droite.

Si Félicie est 7e à ma gauche, c'est qu'il y a 6 personnes entre elle et moi, par la gauche.

Étape 2 Concluons.

Autour de la table il y a donc : Félicie (1) + moi (1) + 4 personnes à droite + 6 personnes à gauche = 1 + 1 + 4 + 6 = **12 personnes. Réponse C.**

REMARQUE N'hésitez pas à schématiser la situation.

Question 24 Réponse C ★★★★☆ 30 sec. – 2 min. Fiche 63

- **Rappel de cours** $\frac{a}{b} \times c = \frac{a \times c}{b}$ et $\frac{a}{b} \times \frac{c}{d} = \frac{a \times c}{b \times d}$

Étape 1 Calculons la consommation de la voiture avec la climatisation.

$\frac{60}{400} \times 100 = 0{,}15 \times 100 =$ **15 L aux 100 kilomètres.**

Ainsi, la voiture consomme **15 litres pour parcourir 100 kilomètres** avec la climatisation.

Étape 2 Calculons la consommation de la voiture sans la climatisation.

$15 - 15 \times \frac{1}{5} = 15 - 3 =$ **12 L aux 100 kilomètres.**

La voiture consomme ainsi **12 litres pour parcourir 100 kilomètres** sans la climatisation.

Étape 3 Calculons le volume d'essence embarqué afin de déterminer la distance qui peut être parcourue sans la climatisation.

Le réservoir de la voiture est rempli aux 3/5 donc il contient : $\frac{3}{5} \times 60 = 36$ L.

Sans la climatisation, cette dernière consomme 12 litres pour parcourir 100 kilomètres.

Jean et Caroline peuvent donc parcourir $\frac{36}{12} \times 100 =$ **300 kilomètres. Réponse C.**

Question 25 Réponse C ★★★★★ 1 min. – 3 min. Fiche 61

- **Rappel de cours** **Nouveau total = Ancien total × (1 ± Variation en %)**

Étape 1 Calculons la production d'un moulin à vent.

Considérons que la production de l'année en cours est de 100 unités d'électricité :

40 unités sont fournies par le gaz, 45 par le charbon et donc 15 par 450 moulins à vent.

Il faut donc $\frac{450}{15} =$ **30 moulins à vent pour produire 1 unité d'électricité.**

Étape 2 Calculons la production provenant des moulins à vent l'an prochain.

Selon l'énoncé, la demande de l'année prochaine augmentera de 20 % (et passera donc à 120 unités).

L'utilisation du charbon diminuera de 20 % et celle du gaz diminuera de 10 %.

Nouvelle production de charbon = 45 × (1 – 20 %) = 36 unités.
Nouvelle production de gaz = 40 × (1 – 10 %) = 36 unités.

Sachant que les besoins énergétiques sont maintenant de 120 unités, il faut produire :
120 – 36 – 36 = **48 unités d'énergie à l'aide des moulins à vent.**

Étape 3 Concluons.

Il faut 30 moulins à vent pour produire 1 unité d'énergie.

Il faudra donc au total 30 × 48 = 1 440 moulins à vent au total pour produire les 48 unités restantes.

Le Tagistan a déjà en sa possession 450 moulins à vent et devra donc construire :
1 440 – 450 = **990 moulins à vent. Réponse C.**

3 CORRIGÉ « LOGIQUE (3) »

Difficulté	FACILE									
Question	26	27	28	29	30	31	32	33	34	35
Réponse	D	A	A	B	D	C	B	B	B	C

Toutes les questions sont corrigées en vidéo dans votre espace **E-LEARNING sur www.monsieur-tage-2.com**

Posez toutes vos questions (concours, écoles, dossiers, TAGE 2®, etc.) au sein des **communautés d'entraide Facebook et Instagram « Monsieur TAGE 2 »** et **« Monsieur Ecoles de commerce » (+ de 20 000 membres).**

Question 26 Réponse D ★★☆☆☆ 15 sec. – 1 min. Fiches 92/96

		66		
		84		
		93		
35	46	??	79	24
		75		

(A) 13 (B) 68 (C) 84 **(D) 57**

V : Somme constante 1er chiffre + 2e chiffre = 12.

H : 1er chiffre + 2 = 2e chiffre.

Question 27	Réponse A	★★★☆☆	30 sec. – 2 min.	Fiches 91/92

		AB		
EU	MU	??	DU	VU
		CF		
		VZ		
		JO		

(A) SU (B) DF (C) BU (D) XZ

V : Écart croissant entre la 1re et la 2e lettre de + 1, + 2, + 3, + 4, + 5.
H : Lettre « U » en 2e position.

Question 28	Réponse A	★★★☆☆	30 sec. – 2 min.	Fiches 96/100

		40		
		90		
82	28	??	19	37
		61		
		18		

(A) 46 (B) 91 (C) 37 (D) 63

V : Carrés à l'envers : 40 → 04, 90 → 09, 61 → 16, 18 → 81.
H : Somme constante égale à 10.

Question 29	Réponse B	★★★☆☆	30 sec. – 2 min.	Fiches 91/96

		EE		
		GD		
MJ	LI	??	JG	ID
		KB		
		CK		

(A) JB **(B) KA** (C) IC (D) KC

V : Somme progressive des rangs alphabétiques de + 1 : E + E = 10, G + D = 11, **? + ? = 12**, etc.
H : Écart de – 1 sur la 1re lettre : M – L – **K** – J – I.
Leurre vertical : Petite diagonale : E – D – C – B – A ; aucune proposition ne correspond.

Question 30	Réponse D	★★★★☆	30 sec. – 2 min.	Fiches 96/105

		VA		
		IF		
		GE		
		OJ		
SI	FV	??	BZ	JR

(A) YD (B) NO (C) NN **(D) GU**

V : Diagonale 2e lettre – 1re lettre de voyelles : A – I – E – O.

H : Rang alphabétique de la 1re lettre + rang alphabétique de la 2e lettre = 28.

Question 31	Réponse C	★★☆☆☆	15 sec. – 1 min.	Fiche 91

		92		
		73		
11	42	??	64	35
		35		
		18		

(A) 58 (B) 43 **(C) 53** (D) 56

V : Écart de –2 sur le 1er chiffre : 9 – 7 – **5** – 3 – 1.

H : Écart de +1 sur le 2e chiffre : 1 – 2 – **3** – 4 – 5.

Question 32	Réponse B	★★★★☆	45 sec. – 3 min.	Fiches 92/96

BDF				
JLN				
PRT				
???	CGH	DIE	JAG	MBC
MOQ				

(A) EGI **(B) DFH** (C) SUW (D) ABO

V : 1re lettre + 2 = 2e lettre et 2e lettre + 2 = 3e lettre.

H : Somme des rangs alphabétiques des 3 lettres = 18.

Question 33	Réponse B	★☆☆☆☆	15 sec. – 1 min.	Fiches 102/103

		225		
		196		
120	60	???	180	30
		729		
		343		

(A) 90 **(B) 900** (C) 300 (D) 125

V : Carrés ou cubes.

H : Multiples de 30.

Question 34	Réponse B	★★★☆☆	30 sec. – 2 min.	Fiches 92/95

		DG		
		GJ		
A**U**	**U**E	?**?**	**U**T	M**U**
		PS		
		UX		

(A) KU **(B) RU** (C) FI (D) UF

V : Écart constant de +3 entre la 1re et la 2e lettre.

H : Diagonale droite – gauche de la lettre « U » : XU – UX – XU – UX – XU.

Question 35	Réponse C	★★★☆☆	30 sec. – 2 min.	Fiches 95/96

		39		
		1**3**		
		32		
54	27	?**?**	90	81
		35		

(A) 43 (B) 72 **(C) 63** (D) 18

V : Diagonale gauche – droite de « 3 » : **3**X – X**3** – **3**X – X**3** – **3**X.

H : Somme constante égale à 9.

4 CORRIGÉ « PARATEXTE »

Difficulté	NORMAL														
Question	36	37	38	39	40	41	42	43	44	45	46	47	48	49	50
Réponse	A	D	C	B	D	C	D	B	A	D	B	C	B	A	D

Toutes les questions sont corrigées en vidéo dans votre espace **E-LEARNING sur www.monsieur-tage-2.com**

Posez toutes vos questions (concours, écoles, dossiers, TAGE 2®, etc.) au sein des **communautés d'entraide Facebook et Instagram « Monsieur TAGE 2 »** et **« Monsieur Ecoles de commerce » (+ de 20 000 membres).**

Question 36 Réponse A ★★☆☆☆ **15 sec. – 1 min.** **Fiche 40**

La fréquentation dans les cinémas de **l'Hexagone** a baissé de 1,4 % en 2015 par rapport à 2014, restant **cependant** au-dessus de la barre des 200 millions de spectateurs.

1re colonne On garde les réponses A et C.

La réponse B (« Pays ») est fausse car incorrecte syntaxiquement. La réponse D (« L'entreprise ») n'est pas la bonne réponse car le sens de la phrase est incorrect. On garde donc les réponses A (« L'Hexagone ») et C (« France »).

2e colonne On choisit la réponse A.

On choisit la réponse A « Cependant » qui est plus adaptée que la réponse C « Quand même ».
Réponse A.

Question 37 Réponse D ★★★☆☆ **15 sec. – 1 min.** **Fiche 40**

Après **un cru** 2014 particulièrement bon, la part de marché des films français a nettement baissé en 2015 à 46 %.

La réponse A est fausse. L'expression « Un bond 2014 » est incorrecte. La réponse B est fausse car « une année 2014 particulièrement bon » est incorrecte. La réponse C est fausse car « un revers particulièrement bon » est incorrecte. On choisit donc la réponse D : « Un cru 2014 ». **Réponse D.**

Question 38 Réponse C ★★★☆☆ **15 sec. – 1 min.** **Fiche 40**

Les films américains ont eux élevé leur **part de marché** à plus de 54 %.

Dans la continuité de la question précédente, la bonne réponse est C : « part de marché ». **Réponse C.**

Question 39 Réponse B ★★★☆☆ **15 sec. – 1 min.** **Fiche 40**

Par conséquent, les pouvoirs publics français ont décidé de lancer des opérations de communication en faveur du cinéma français.

En conséquence des mauvais résultats du cinéma français (Question 37), les pouvoirs publics ont décidé de mettre en place un plan. **Réponse B.**

Question 40 Réponse D ★★★☆☆ **15 sec. – 1 min.** **Fiche 40**

Toute la question est de savoir si le **retour sur investissement** sera **positif** ou **négatif**.

1re colonne On garde les réponses A, B, C et D.

On ne peut supprimer aucune réponse. Toutes les réponses peuvent convenir.

2e colonne On choisit la réponse D.

La réponse la plus appropriée est la réponse D. En effet, la réponse A est inappropriée : « Si le plan de communication sera utilisé. ». « Si le rôle de l'État sera efficace » (réponse B) est une réponse inadéquate également. La réponse C : « Le plan des pouvoirs publics sera utilisé » est hors-sujet.

On choisit donc: « Si le retour sur investissement sera positif ou négatif. ». **Réponse D.**

Question 41 **Réponse C** ★★★☆☆ 15 sec. – 1 min. Fiche 40

L'accélérateur French Accelerator Los Angeles entend convaincre les startups françaises qui veulent **s'internationaliser** de **délaisser** la Silicon Valley de San Francisco et la Silicon Alley de New York pour la Silicon Beach de Los Angeles.

1re colonne **On garde les réponses B, C et D.**

On élimine la réponse A. Il n'est pas correct d'affirmer « Une start-up s'expatrie ». On utilise le mot « expatrier » pour des individus, pas des entreprises. On garde donc les réponses B, C et D.

2e colonne **On choisit la réponse C.**

La bonne réponse est la réponse C : « Délaisser ». En lisant la fin de la phrase, on se rend compte qu'on ne peut choisir la réponse B ou D (cohérence textuelle). **Réponse C.**

Question 42 **Réponse D** ★★☆☆☆ 30 sec. – 2 min. Fiche 40

Principale raison : les prix de l'immobilier et le coût des ingénieurs sont **plus abordables**.

On élimine directement les réponses A et B (contre-sens). Puis, on hésite entre « moins onéreux » et « plus abordables ». La bonne réponse est « plus abordables » d'un point de vue stylistique. **Réponse D.**

Question 43 **Réponse B** ★★☆☆☆ 15 sec. – 1 min. Fiche 40

Tout le monde connaît la Silicon Valley de San Francisco, le **poumon** de l'innovation mondiale. **Réponse B.**

Question 44 **Réponse A** ★★★☆☆ 15 sec. – 1 min. Fiche 41

Le **« mercato »** est le marché des transferts de professionnels, les ingénieurs en l'occurrence. **Réponse A.**

Question 45 **Réponse D** ★★☆☆☆ 15 sec. – 1 min. Fiche 41

Les différents pôles cités dans le texte sont la Silicon Valley (San Francisco), la Silicon Beach (Los Angeles) et la Silicon Alley (New York).

Réponse D : 1 + 3 + 4.

Question 46 Réponse B ★★★☆☆ **15 sec. – 1 min.** **Fiche 41**

Les avantages qu'a une start-up à s'installer à Los Angeles sont :

1 – Un prix de l'immobilier abordable : **Vrai.** « Principale raison : les prix de l'immobilier et le coût des ingénieurs sont plus abordables ».

2 – Une stabilité de la main d'œuvre : **Vrai.** « Le marché y est aussi moins tendu et les talents, nombreux et plus fidèles qu'à San Francisco ».

3 – Un pôle économique important : **Vrai.** « Son PIB de 860 milliards de dollars place la ville au troisième rang mondial en terme de revenus ».

4 – Une main d'œuvre relativement peu coûteuse : **Vrai.** « Le coût d'un ingénieur à l'année y est de 80.000 dollars environ, contre 200.000 dans la Silicon Valley ».

5 – Une forte présence de potentiels investisseurs : **Vrai.** « Tous les plus grands investisseurs y ont des bureaux ».

Réponse B : 1 + 2 + 3 + 4 + 5.

Question 47 Réponse C ★★★☆☆ **30 sec. – 2 min.** **Fiche 41**

(A) La Silicon Valley est un pôle économique en déclin. **Réponse fausse.**

(B) Le nouveau berceau des start-up dans un avenir proche est la Silicon Beach. **Réponse extrême.**

(C) La Silicon Beach est une alternative à la Silicon Valley pour les start-up. **Bonne réponse.**

(D) La Silicon Beach est le 3e accélérateur de start-up après la Silicon Valley et la Silicon Alley. **Réponse extrême.**

Bonne réponse : C. L'auteur explique en effet les raisons qui font que la Silicon Beach est une alternative crédible à la Silicon Valley ou à la Silicon Alley.

Hésitations possibles : B et D. Aucun élément ne nous permet d'affirmer que le nouveau pôle des start-up sera la Silicon Beach, tout comme le fait que ce soit le 3e accélérateur de start-up. L'auteur compare juste ces 3 pôles économiques.

Autre réponse : **A.** Aucun élément ne nous permet d'affirmer que la Silicon Valley est en déclin.

Question 48 Réponse B ★★★☆☆ **15 sec. – 1 min.** **Fiche 41**

(A) En résumé, les start-up de la Silicon Valley et de la Silicon Alley devraient se méfier des start-up de la Silicon Beach. **Réponse extrême.**

(B) En résumé, la Silicon Beach a de nombreux atouts pour attirer de nombreuses start-up. **Conclusion. Bonne réponse.**

(C) En définitive, les start-up implantées en Silicon Beach se développeront plus facilement qu'en Silicon Valley ou en Silicon Alley. **Réponse fausse.**

(D) En conclusion, malgré quelques désavantages, la Silicon Beach est plus avantageuse que la Silicon Alley. **Réponse fausse.**

Bonne réponse : B. Le texte présente les différents atouts de la Silicon Beach pour attirer les start-up.

Hésitation possible : D. Le texte ne compare pas l'ensemble des critères d'évaluation d'un accélérateur de start-up. Ainsi, il est présomptueux d'affirmer que la Silicon Beach est plus avantageuse que la Silicon Valley.

Autres réponses : A et C. Le texte ne compare pas les start-up des 2 pôles économiques mais les 2 pôles économiques en eux-mêmes. Donc, on élimine les réponses A et C qui parlent de start-up et non de pôles économiques.

Question 49 | Réponse A | ★★★☆☆ | 15 sec. – 1 min. | Fiche 41

Comme indiqué dans la 1re phrase du texte : « L'accélérateur French Accelerator Los Angeles entend convaincre **les start-up françaises.** ». **Réponse A.**

Question 50 | Réponse D | ★★★☆☆ | 15 sec. – 1 min. | Fiche 41

Comme indiqué dans le texte : « La Silicon Beach de Los Angeles souffre d'un **manque flagrant de notoriété.** ». **Réponse D.**

5 CORRIGÉ « CALCUL (5) »

Difficulté	DIFFICILE								
Question	51	52	53	54	55	56	57	58	59	60
Réponse	D	D	D	B	A	C	B	D	C	D

Toutes les questions sont corrigées en vidéo dans votre espace **E-LEARNING sur www.monsieur-tage-2.com**

Posez toutes vos questions (concours, écoles, dossiers, TAGE 2®, etc.) au sein des **communautés d'entraide Facebook et Instagram « Monsieur TAGE 2 »** et **« Monsieur Ecoles de commerce » (+ de 20 000 membres).**

Question 51 Réponse D ★★★☆☆ 30 sec. – 2 min. Fiche 61

Étape 1 Calculons le nombre d'entrées pour lequel l'abonnement est aussi coûteux que le tarif normal.

X = nombre d'entrées au cinéma par an.

On pose ainsi l'équation : 6,5 X = 240 ⇔ X = 240/6,5 = **36,9.**

Étape 2 Interprétons le résultat de l'équation.

Si Baptiste va 36 fois ou moins au cinéma dans l'année, payer un ticket à chaque séance est plus intéressant financièrement.

Si Baptiste va 37 fois ou plus au cinéma, l'abonnement est plus intéressant financièrement.

Ainsi, un abonnement est plus intéressant financièrement que des tickets d'entrée à l'unité **à partir de 37 entrées par an. Réponse D.**

Question 52 Réponse D ★★★☆☆ 30 sec. – 2 min Fiche 75

- **Rappel de cours** Quand un triangle est « inscrit » dans un rectangle, l'aire du triangle est égale à la moitié de l'aire du rectangle.

Étape 1 Modélisons la situation.

On peut découper le rectangle initial en 3 rectangles de sorte que le 1er triangle soit inscrit dans le 1er rectangle, le 2e triangle dans le 2e rectangle et le 3e triangle dans le 3e rectangle. Dans ce cas, on sait que l'aire de chacun des 3 triangles est égale à la moitié de l'aire de chacun des 3 rectangles. Ainsi, au global, l'aire des 3 triangles est égale à la moitié de l'aire des 3 rectangles, soit la moitié de l'aire du rectangle initial.

Étape 2 Concluons.

L'aire du rectangle initial est égale à 16 cm^2. Donc l'aire des 3 triangles est égale à 8 cm^2 et donc la partie bleue a également pour aire **8 cm^2. Réponse D.**

Question 53 Réponse D ★★☆☆☆ 30 sec. – 1 min. Fiche 62

- **Rappel de cours** **Nouveau total = Ancien total × (1 ± Variation en %).**

Étape 1 Modélisons la situation.

Soit X la capacité du réservoir. On apprend que : $0{,}7 \times X = 0{,}3 \times X + 12$.

Étape 2 Résolvons l'équation.

$0{,}7 \times X = 0{,}3 \times X + 12 \Leftrightarrow 0{,}7 \times X - 0{,}3 \times X = 12 \Leftrightarrow 0{,}4 \times X = 12 \Leftrightarrow X = \frac{12}{0{,}4} = \frac{120}{4}$

$\Leftrightarrow$ **X = 30 L. Réponse D.**

Question 54	Réponse B	★★★☆☆	30 sec. – 2 min.	Fiche 60

■ **Rappels de cours**

- **1 hm³ = 10⁶ m³** (« la virgule se déplace 3 fois plus en mètres cubes qu'en mètres »).
- Pour calculer un temps de remplissage, on a la formule :

$$\textbf{Temps} = \frac{\textbf{Volume}\left(\textbf{m}^3\right)}{\textbf{Débit}\left(\textbf{m}^3/\textbf{s}\right)}$$

Étape 1 Calculons le débit total.

Le débit total est de : $30 + 10 = \mathbf{40\ m^3/s}$.

Étape 2 Calculons le temps nécessaire pour charrier 0,1 hm³ au rythme de 40 m³/s.

$0{,}1\ hm^3 = 100\ dm^3 = 100\,000\ m^3$ (on décale la virgule de 3 crans car l'unité est à la puissance 3), donc :

$$T = \frac{\text{Volume}\left(m^3\right)}{\text{Débit}\left(m^3/s\right)} = \frac{100\,000}{40} = \mathbf{2\,500\ secondes.}$$

Étape 3 Convertissons les secondes en minutes.

$$\frac{2\,500}{60} = \frac{250}{6} = \frac{240+6+4}{6} = \frac{240}{6} + \frac{6}{6} + \frac{4}{6} = 40\text{ min} + 1\text{ min} + 40\text{ sec} = \mathbf{41\ minutes}$$

et 40 secondes. Réponse B.

Question 55	Réponse A	★★★☆☆	30 sec. – 2 min.	Fiche 59

■ **Rappel de cours** La formule du barycentre permet de trouver les proportions relatives de deux ensembles :

$$\frac{\textbf{Moyenne générale} - \textbf{Moyenne mini}}{\textbf{Moyenne maxi} - \textbf{Moyenne mini}}$$

Étape 1 Schématisons la situation.

Étape 2 Calculons la proportion d'un des 2 groupes.

$$\frac{\text{Moyenne générale} - \text{Moyenne mini}}{\text{Moyenne maxi} - \text{Moyenne mini}} = \frac{2}{5}$$

Un des 2 groupes représente 2/5 du total et donc l'autre groupe représente le reste, soit 3/5 du total. La moyenne générale est plus proche de la moyenne des garçons que de la moyenne des filles. Ainsi, les filles sont moins nombreuses que les garçons. On comprend que ce sont donc les filles qui représentent 2/5 du total et les garçons 3/5 du total.

Étape 3 Calculons le nombre de garçons.

Proportion garçons × Effectif total = Nombre de garçons. Ici : **3/5 × 25 = 15.**

Il y a donc **15 garçons. Réponse A.**

Question 56	Réponse C	★★☆☆☆	15 sec. – 1 min.	Fiche 68

Puisque les deux trains roulent à la même vitesse et partent à la même heure, ils se rencontrent à mi-chemin, c'est-à-dire à 300 kilomètres de Berlin. **Réponse C.**

Question 57	Réponse B	★★★☆☆	30 sec. – 2 min.	Fiche 61

Étape 1 Calculons la somme totale qui devra être payée pour privatiser le bateau.

10 personnes doivent payer 12 euros chacune donc : 12 × 10 = 120 euros.

La privatisation du bateau coûte donc **120 euros.**

Étape 2 Calculons la somme cumulée par les (12 – N) personnes présentes.

Si N personnes ne viennent pas, alors il y a : (12 – N) personnes qui payent chacune 15 euros pour atteindre les 120 euros nécessaires. Ces 12 – N personnes payent donc au total : (12 – N) × 15 = **120.**

Étape 3 Concluons.

On a : (12 – N) × 15 = 120 ⇔ 180 – 15 N = 120 ⇔ 15 N = 60 ⇔ **N = 4. Réponse B.**

Vérification : Si N = 4 (c'est-à-dire si 4 personnes ne viennent pas), alors 8 personnes (12 – 4) devront payer 15 euros chacune : 8 × 15 = 120 euros. Ainsi, on récolte bien les 120 euros nécessaires à la privatisation du bateau.

REMARQUE On aurait pu utiliser la méthode du backsolving.

Question 58	Réponse D	★★★★☆	45 sec. – 3 min.	Fiche 61

- **Rappel de cours** Un nombre CDU est égal : (100 × C) + (10 × D) + U.

  Exemple : 936 = (100 × 9) + (10 × 3) + 6.

Étape 1 Modélisons la situation.

Soit CDU un nombre à 3 chiffres. Ce nombre CDU est égal à (100 × C) + (10 × D) + U.

La somme de ses chiffres est donc égale à C + D + U.

Si on retranche la somme de ses chiffres à ce nombre, cela donne :

(100 × C) + (10 × D) + U – (C + D + U) = 99 × C + 9 × D = 9 × ((11 × C) + D).

Étape 2 Concluons.

Le résultat de cette opération est donc égal à un multiple de 9. Ainsi, parmi les résultats proposés, la seule réponse possible est **549. Réponse D.**

Question 59 Réponse C ★★★☆☆ 30 sec. – 2 min. Fiche 79

Attention : Le tirage s'effectue sans remise.

Étape 1 Calculons les probabilités tirage par tirage.

La probabilité de tirer la boule 1 au 1er tirage est : $\mathbf{P_1 = 1/5}$.

La probabilité de tirer la boule 2 au 2e tirage est : $\mathbf{P_2 = 1/4}$.

La probabilité de tirer la boule 3 au 3e tirage est : $\mathbf{P_3 = 1/3}$.

Étape 2 Calculons la probabilité cherchée.

La probabilité de tirer la boule 1 puis la boule 2 puis la boule 3 est donc :

$$P(P_1 \cap P_2 \cap P_3) = \frac{1}{5} \times \frac{1}{4} \times \frac{1}{3} = \mathbf{\frac{1}{60}}.$$ **Réponse C.**

Question 60 Réponse D ★★★★☆ 45 sec. – 2 min. Fiche 64

- **Rappel de cours** $\text{Vitesse} = \dfrac{\text{Distance}}{\text{Temps}}$

Étape 1 Modélisons la situation.

La voiture rapide (celle qui part en deuxième) se déplace à 360 km/h alors que la voiture partie en premier se déplace « seulement » à 300 km/h.

À partir du moment où la voiture rapide a rattrapé la voiture lente, l'écart se creuse donc de 60 kilomètres chaque heure.

Étape 2 Calculons au bout de combien de temps la voiture rapide aura 300 mètres d'avance sur la voiture lente.

Chaque heure, l'écart se creuse de 60 kilomètres.

Pour calculer au bout de combien de temps l'écart sera de 300 mètres (= 0,3 kilomètre), on utilise la formule du produit en croix :

L'écart se creuse de :	En :
60 km	1 heure
0,3 km	X

D'après la formule du produit en croix, on a :

$X \times 60 = 1 \times 0{,}3 \Leftrightarrow X = \frac{0{,}3}{60}\text{ h} = \frac{0{,}3}{60} \times 60\text{ min} = 0{,}3\text{ min} = 0{,}3 \times 60\text{ sec} =$ **18 secondes.**

Réponse D.

TAGE 2® N° 4

6 CORRIGÉ « LOGIQUE »

Difficulté	NORMAL									
Question	61	62	63	64	65	66	67	68	69	70
Réponse	D	C	D	C	C	D	D	C	B	B

Toutes les questions sont corrigées en vidéo dans votre espace **E-LEARNING sur www.monsieur-tage-2.com**

Posez toutes vos questions (concours, écoles, dossiers, TAGE 2®, etc.) au sein des **communautés d'entraide Facebook et Instagram « Monsieur TAGE 2 »** et **« Monsieur Ecoles de commerce » (+ de 20 000 membres).**

Question 61 Réponse D ★★☆☆☆ 15 sec. – 1 min. Fiches 113/115

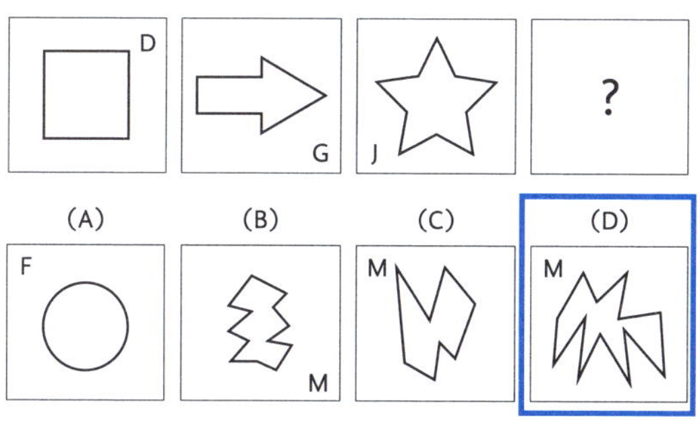

Logique 1 : Le rang de la lettre = nombre de côtés de la figure.

Logique 2 : Le nombre de côtés de la figure augmente de +3 : 4, 7, 10 → 13.

Question 62 Réponse C ★★★☆☆ 30 sec. – 2 min. Fiche 118

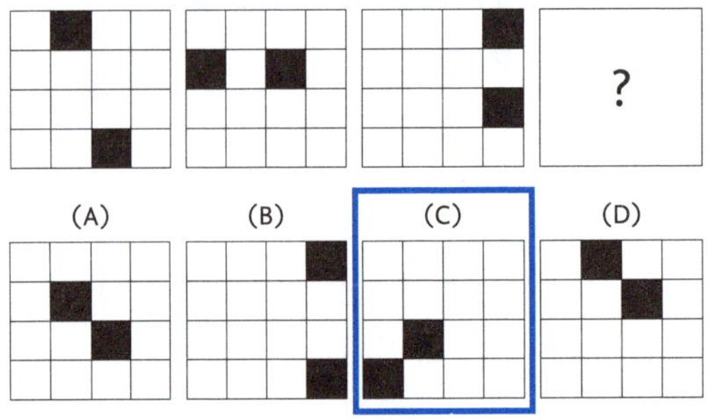

Logique : En superposant les carrés, on obtient un damier (une case noire, une case blanche). Méthode du damier.

Question 63 Réponse D ★★★★☆ 45 sec. – 3 min. Fiche 106

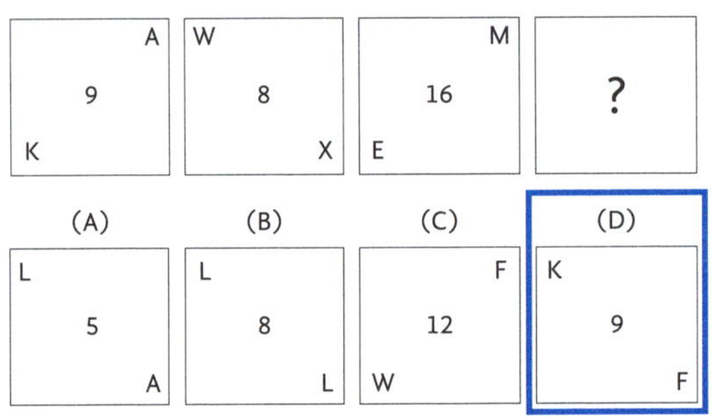

Logique 1 : Alternance diagonale gauche-droite et droite-gauche → Diagonale droite-gauche.
Logique 2 : Le produit du nombre de barres des lettres = nombre au centre (3 × 3 = 9 ; etc.).

Question 64 Réponse C ★★★★★ 30 sec. – 2 min. Fiche 116

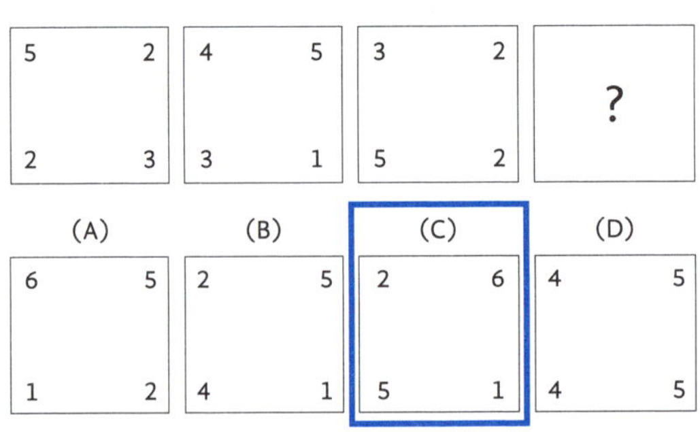

Logique 1 : Le chiffre en haut à gauche diminue de – 1 : 5, 4, 3 → 2.
Logique 2 : Le produit des 4 nombres vaut 60.

Question 65 Réponse C ★★★★☆ 45 sec. – 3 min. Fiche 116

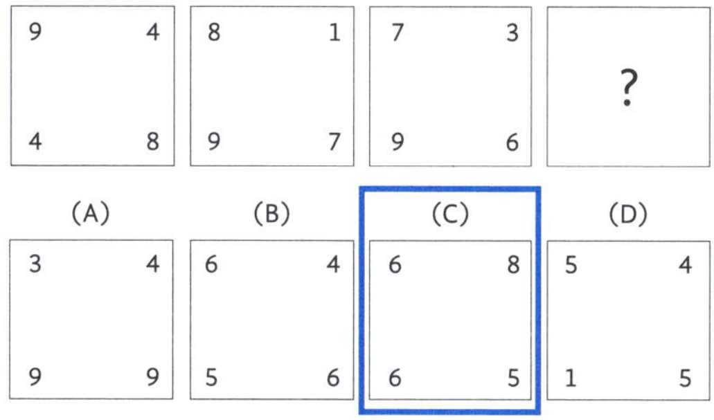

Logique 1 : La somme de tous les chiffres est identique (égale à 25).

Logique 2 : Le chiffre en haut à gauche diminue de – 1 : 9, 8, 7 → 6.

Question 66 Réponse D ★★★☆☆ 30 sec. – 2 min. Fiches 112/116

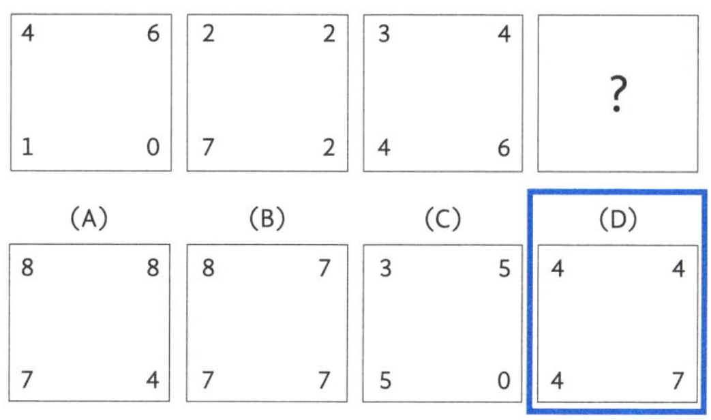

Logique : La somme des 4 chiffres vaut un nombre premier consécutif (11, 13, 17 → 19).

Question 67 Réponse D ★★★☆☆ 30 sec. – 2 min. Fiches 112/114

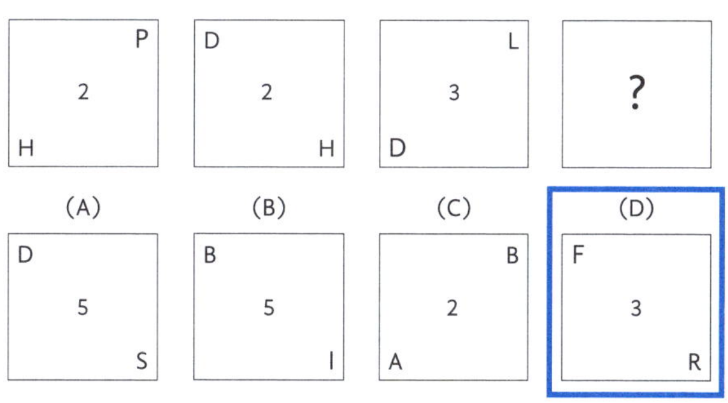

Logique 1 : Déplacement des éléments en diagonale → Diagonale haut gauche – bas droite.

Logique 2 : Le produit du rang de la lettre par le chiffre est égal au rang de l'autre lettre : $8 \times 2 = 16$; $4 \times 2 = 8$; $4 \times 3 = 12$.

Question 68 Réponse C ★★★☆☆ 30 sec. – 2 min. Fiches 112/117

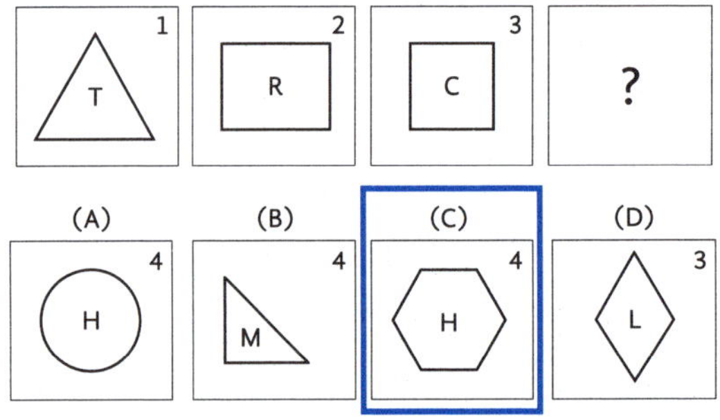

Logique 1 : Le nombre en haut à droite augmente de 1 : 1, 2, 3 → 4.

Logique 2 : La lettre est l'initiale du nom de la figure (T = Triangle, R = Rectangle, etc.).

Question 69 Réponse B ★★☆☆☆ 30 sec. – 2 min. Fiches 112/113

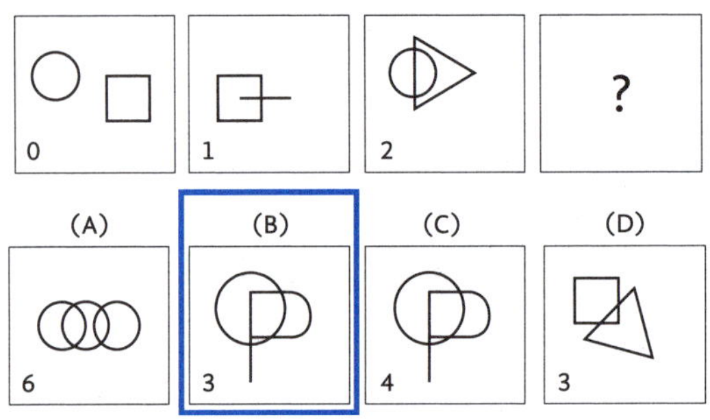

Logique 1 : Le nombre en bas à gauche augmente de + 1 : 0, 1, 2 → 3.

Logique 2 : Le nombre en bas à gauche correspond au nombres de points d'intersections entre les figures → 3 intersections.

Question 70 Réponse B ★★☆☆☆ 30 sec. – 2 min. Fiches 112/114

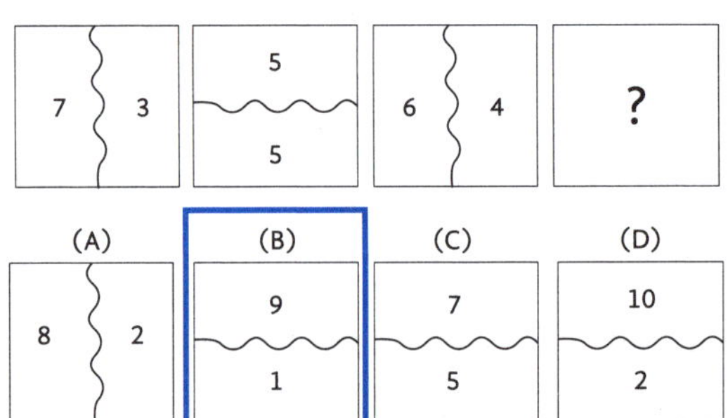

Logique 1 : Le trait de séparation est vertical, puis horizontal, puis vertical → Horizontal.

Logique 2 : La somme des 2 nombres est constante égale à 10.

TAGE 2® N° 5

GRILLE DE RÉPONSES TAGE 2® N° 5

LEXIPHRASE	Question	1	2	3	4	5	6	7	8	9	10	11	12	13	14	15
	Réponse															
	SCORE : ....../45			**Nombre BR : .../15**					**Nombre MR : .../15**							
CALCUL (2)	Question	16	17	18	19	20	21	22	23	24	25					
	Réponse															
	SCORE : ....../60			**Nombre BR : .../10**					**Nombre MR : .../10**							
LOGIQUE (3)	Question	26	27	28	29	30	31	32	33	34	35					
	Réponse															
	SCORE : ....../30			**Nombre BR : .../10**					**Nombre MR : .../10**							
PARATEXTE	Question	36	37	38	39	40	41	42	43	44	45	46	47	48	49	50
	Réponse															
	SCORE : ....../45			**Nombre BR : .../15**					**Nombre MR : .../15**							
CALCUL (5)	Question	51	52	53	54	55	56	57	58	59	60					
	Réponse															
	SCORE : ....../30			**Nombre BR : .../10**					**Nombre MR : .../10**							
LOGIQUE (6)	Question	61	62	63	64	65	66	67	68	69	70					
	Réponse															
	SCORE : ....../30			**Nombre BR : .../10**					**Nombre MR : .../10**							
T2 N°5	**SCORE : ....../210**			BR = Bonne Réponse = +3 points. MR = Mauvaise Réponse = –1 point.												

TAGE 2® N° 5

1 LEXIPHRASE

CONSIGNES

15 questions	15 minutes	Calculatrice interdite	Chronomètre recommandé

BARÈME

Bonne réponse : + 3 points	Aucune réponse : 0 point	Mauvaise réponse : – 1 point

DÉFINITIONS & SYNONYMES

Question 1. Cet objet est caduc, il est [...] :

(A) Inutilisable
(B) Trop compliqué
(C) Dépassé
(D) En plastique

Question 2. Estelle parle beaucoup et avec aisance, elle est [...] :

(A) Alerte
(B) Dynamique
(C) Intuitive
(D) Volubile

Question 3. La table qu'il proposait à la vente n'était pas piquée des hannetons, ce qui la rendait encore plus singulière.

(A) Était en bon état	Belle
(B) Avait appartenu à un noble	Rare
(C) Était originale	Chère
(D) N'était pas abimée	Unique

Question 4. Quels sont les synonymes des groupes de mots soulignés ?

Face aux railleries dont il était victime, il est monté sur ses grands chevaux pour répondre à ses détracteurs : « J'ai le bras long ».

(A)	Moqueries	S'est emporté	Contempteurs	Je peux avoir votre peau
(B)	Quolibets	A commencé à crier	Thuriféraires	J'ai des amis influents
(C)	Taquineries	A choisi le ton de la colère	Adversaires	Je connais du monde
(D)	Persiflages	S'est offusqué avec virulence	Accusateurs	J'ai du pouvoir

ANTONYMES

Question 5. Son anecdote n'était finalement pas si anecdotique.

(A) Essentielle
(B) Dérisoire
(C) Insignifiante
(D) Intéressante

Question 6. Pour réussir, il faut faire preuve d'ascèse.

(A) De lâcher-prise
(B) De discipline
(C) D'austérité
(D) D'intelligence

INTRUS

Question 7. Quel est l'intrus ?

(A) Livre
(B) Manche
(C) Voile
(D) Agrume

Question 8. Quel est l'intrus ?

(A) Canin
(B) Crottin
(C) Patin
(D) Mannequin

Question 9. Quel est l'intrus ?

(A) Échauffourée
(B) Rixe
(C) Algarade
(D) Bataille

ANALOGIES

Question 10.

Coup : douleur Passage : ?

(A) Marche
(B) Traces
(C) Rue
(D) Élément

CORRECTION

Question 11. Combien de fautes d'orthographe et/ou de grammaire le passage suivant contient-il ?

Il avait eu à faire à un soit-disant médecin qui n'était en fait qu'un charlatan. Sa mésaventure n'était pas terminée car il devait poursuivre ses soins ailleurs. Devant le cout exhorbitant des soins et la lenteur de la procédure, il réfléchissait de plus en plus sérieusement a quitter le pays. Cette maladie ne le lacherait pas, c'était maintenant une certitude. À quoi bon rester ici ?

(A) 4
(B) 5
(C) 6
(D) 7

Question 12. Parmi les propositions suivantes, laquelle correspond à la conjugaison du verbe « accepter » à la deuxième personne du pluriel du plus-que-parfait ?

(A) Vous auriez accepté.
(B) Vous acceptez.
(C) Vous aviez accepté.
(D) Vous acceptâtes.

COHÉRENCE TEXTUELLE

Question 13. [...] les hommes consomment les énergies fossiles et [...] la planète se réchauffe. Le XXIe siècle sera ainsi le siècle le plus chaud de l'Humanité. Mais plus les réserves [...], et moins l'avenir énergétique de la planète semble certain.

(A)	Plus	Plus	Diminuent
(B)	Moins	Plus	Baissent
(C)	Plus	Moins	Baissent
(D)	Moins	Moins	Augmentent

Question 14. David Cameron peut [...] espérer une attitude conciliante de l'Allemagne. [...] notre voisin d'outre-Rhin n'est pas prêt à céder sur les acquis fondamentaux, il souhaite clairement œuvrer au maintien du Royaume-Uni dans l'Union. Et pour cela, il n'exclut pas a priori une renégociation des traités. [...] si cela peut permettre une consolidation de l'union monétaire et un surcroît d'intégration budgétaire.

(A)	Or	En effet	Donc
(B)	En effet	Néanmoins	Or
(C)	Surtout	Nonobstant	Or
(D)	Néanmoins	Si	Surtout

Question 15. Les batteries domestiques Tesla utilisent une [...] au lithium-ion. Elles doivent permettre de [...] de l'énergie le jour pour l'utiliser lorsque la nuit arrive.

(A)	Technologie	Stocker
(B)	Recette	Consommer
(C)	Technique	Consommer
(D)	Démarche	Stocker

CONSIGNES

10 questions	30 minutes	Calculatrice interdite	Chronomètre recommandé

BARÈME

Bonne réponse : + 3 points	Aucune réponse : 0 point	Mauvaise réponse : – 1 point

Question 16. Un groupe hôtelier propose 2 formules pour un séjour en Normandie : une formule haut de gamme et une formule moyenne gamme. Ensuite, les clients ont le choix entre 3 options : la demi-pension, la pension complète ou aucune pension.

70 % des clients optent pour la formule haut de gamme. Parmi eux, la moitié choisit la pension complète et le septième choisit la demi-pension. Le reste choisit de ne pas prendre de pension. Au total, 25 % des clients n'ont pas choisi de pension et 22 % des clients ont choisi la demi-pension. Ainsi, parmi les clients qui ont choisi la formule moyenne gamme, quelle est la proportion de demi-pensions ?

(A) 6/15
(B) 9/15
(C) 12/100
(D) 22/100

Question 17. Soient BCA et ADE des triangles équilatéraux identiques. L'angle $\widehat{CAD}$ est égal à 20°. Quel est, au dixième près, le tiers de la valeur de l'angle $\widehat{BCD}$?

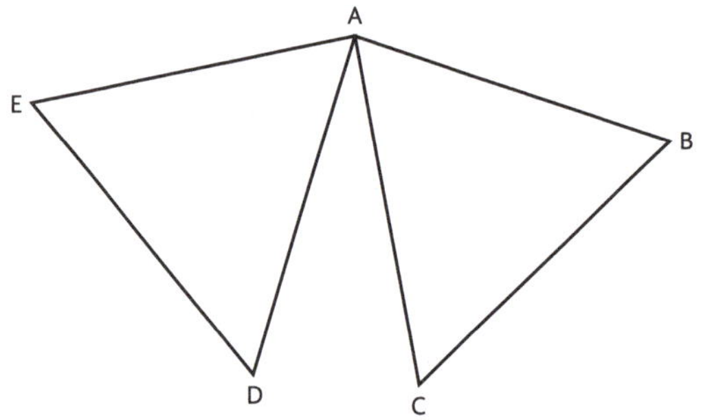

(A) 46°
(B) 46,7°
(C) 47,7°
(D) 47°

Question 18. Andrea nourrit son poisson rouge deux fois par jour. Elle verse une cuillère de 5 grammes de nourriture à chaque fois dans l'aquarium. Andrea compte acheter 3 poissons supplémentaires.
Quelle sera alors la quantité de nourriture nécessaire pour ses poissons par semaine ?

(A) 40 grammes.
(B) 150 grammes.
(C) 140 grammes.
(D) 280 grammes.

Question 19. Trouvez l'élément manquant qui respecte la suite logique suivante.

11 – 12 – 14 – 15 – 17 – 19 – 20 – ? ? ?

(A) 25
(B) 24
(C) 23
(D) 22

Question 20. Justine et Nicolas partent du même point en voiture dans une direction opposée. Justine roule à la vitesse de 120 km/h. Après 3 heures de route, ils sont séparés de 900 kilomètres.
Quel est (en %) l'écart entre les vitesses de Justine et Nicolas ?

(A) 45 %
(B) 50 %
(C) 55 %
(D) 60 %

Question 21. Giovanni et Marc partent courir dans la forêt à une vitesse constante de 10 km/h. À 10 h, Marc s'arrête pour téléphoner et recommence à courir à 11h.
Sachant que Giovanni a continué à courir à 10 km/h, à quelle vitesse Marc doit courir s'il veut rattraper Giovanni à 13h00 ?

(A) 11 km/h.
(B) 13 km/h.
(C) 14 km/h.
(D) 15 km/h.

Question 22. En début d'année, Albert a investi 2 000 € en actions Renault et Peugeot. Il dispose aujourd'hui de 2 400 € d'actions grâce à une hausse de 50 % du cours des actions Renault et malgré une baisse du cours des actions Peugeot de 30 %.

Quelle part de ses 2 000 € avait-il investie en actions Peugeot ?

(A) 30 %
(B) 32,5 %
(C) 35 %
(D) 37,5 %

Question 23. Charles fête son anniversaire avec ses deux parents, son frère et ses deux sœurs. Le gâteau doit être découpé en six parts égales, une part par personne. Finalement, Charles prend la part de sa petite sœur Eugénie. De plus, son petit frère Clément part jouer au football avant le dessert et ne mange donc pas de gâteau. Le gâteau est alors partagé en cinq parts égales.
De combien la part de Charles a-t-elle augmenté entre le début et la fin du repas ?

(A) 120 %
(B) 140 %
(C) 145 %
(D) 160 %

Question 24. Pendant les soldes, Hervé a payé 900 € un produit qui avait été soldé une première fois à –20 % et une deuxième fois à –30 %.
Quel était le prix initial (avant les 2 démarques) du produit ? (arrondi à l'euro près).

(A) 1 607 €
(B) 2 345 €
(C) 1 456 €
(D) 3 347 €

Question 25. La hauteur d'un cylindre, d'une aire latérale d'environ 168 cm^2, est trois fois plus grande que son rayon. Quelle est la hauteur du cylindre ?

(A) 3 cm
(B) 5 cm
(C) 7 cm
(D) 9 cm

TAGE 2® N° 5

3 LOGIQUE (1)

CONSIGNES

10 questions	15 minutes	Calculatrice interdite	Chronomètre recommandé

BARÈME

Bonne réponse : + 3 points	Aucune réponse : 0 point	Mauvaise réponse : – 1 point

Question 26.

		73		
		46		
		55		
91	74	?	67	95
		36		

(A) 84 (B) 24 (C) 42 (D) 66

Question 27.

	AD			
	HF			
ND	?	ME	JH	OC
	LK			
	YJ			

(A) HJ (B) EL (C) NV (D) JE

Question 28.

		39		
		14		
		59		
14	25	?	47	69
		73		

(A) 58 (B) 03 (C) 36 (D) 56

Question 29.

		33		
102	85	?	170	34
		42		
		60		
		24		

(A) 119 (B) 15 (C) 51 (D) 68

Question 30.

		TR		
		NP		
BT	DJ	?	HP	JO
		EG		
		YW		

(A) CV (B) FD (C) FL (D) KI

Question 31.

		356		
		707		
		338		
528	437	?	346	225
		239		

(A) 167 (B) 336 (C) 275 (D) 629

Question 32.

		FTI		
		CIK		
		IOM		
NRV	BFJ	?	RVZ	HLP
		NLI		

(A) MIP (B) IMQ (C) EIM (D) AIC

Question 33.

			224	
			802	
			642	
114	171	38	?	209
			871	

(A) 392 (B) 57 (C) 304 (D) 95

Question 34.

		36		
		16		
343	125	?	512	27
		81		
		64		

(A) 25 (B) 49 (C) 01 (D) 08

Question 35.

		KN		
		HF		
OI	FJ	?	PL	XM
		AY		
		ZA		

(A) NZ (B) DK (C) HK (D) BK

CONSIGNES

15 questions	15 minutes	Calculatrice interdite	Chronomètre recommandé

BARÈME

Bonne réponse : + 3 points	Aucune réponse : 0 point	Mauvaise réponse : – 1 point

PARAGRAPHE

Question 36. Les hyper-riches deviennent encore plus [...].

(A) Fortunés
(B) Riches
(C) Pauvres
(D) Nombreux

Question 37. Le patrimoine cumulé des [...] a ainsi dépassé en 2015 celui des [...].

(A)	50 % les plus riches	50 % les plus pauvres
(B)	90 % les plus riches	20 % les plus pauvres
(C)	10 % les plus pauvres	90 % les plus riches
(D)	1 % les plus riches	99 % les plus pauvres

Question 38. C'est ce qu'a annoncé l'ONG IDLM à l'approche [...] de New York où de nombreux intervenants vont [...] ce sujet.

(A)	Du forum	Débattre de
(B)	De la réunion	Aborder
(C)	Du débat	Parler
(D)	Du conseil de sécurité	Traiter

Question 39. L'ONG appelle donc les [...] participant à cet événement à [...].

(A)	Hommes politiques	Agir
(B)	Chefs d'entreprise	Investir
(C)	Gouvernements	Entreprendre
(D)	Femmes et hommes	Se réveiller

Question 40. [...], l'ONG IDLM a un espoir que des changements aient lieu dans les années à venir.

(A) Puis
(B) En résumé
(C) Finalement
(D) Ensuite

TEXTE

Question 41. Dans le monde entier, [...], des dizaines de milliers d'astronomes amateurs observent le ciel nocturne.

(A) 24 heures sur 24.
(B) Chaque heure de chaque jour.
(C) À n'importe quelle heure du jour.
(D) Quelle que soit l'heure du jour.

Question 42. Leurs cibles favorites ? Les planètes du système solaire, que leurs télescopes et les prodiges de l'opto-électronique permettent aujourd'hui de [...] avec la même précision que les télescopes d'observatoires professionnels il y a un quart de siècle.

(A) Analyser
(B) Voir
(C) Contempler
(D) Décrypter

Question 43. [...], la planète Jupiter est au plus près de la Terre, et ses nuées changeantes, le ballet de ses satellites, attirent tous les astronomes amateurs.

(A) Actuellement
(B) De nos jours
(C) À l'heure actuelle
(D) Au XXIe siècle

Depuis quelques années, la technique de prise de vues des planètes a changé : il ne s'agit plus, comme au XXe siècle, de « prendre un cliché » de l'astre observé, mais de le filmer, plusieurs minutes durant. Le film, pris à très haute vitesse, enregistre à la fois l'image de la planète et les fluctuations atmosphériques qui la déforment et la rendent floue. Puis, l'astronome amateur analyse cette vidéo avec un logiciel spécialisé, comme Autostakker ou Registax, par exemple, et ce logiciel sélectionne les meilleures images, sur les milliers que la vidéo a enregistré.

Enfin, le logiciel additionne ces centaines d'images sélectionnées, éliminant le « bruit » c'est à dire les défauts de chacune d'entre elles en faisant ainsi émerger le « signal » c'est à dire l'image de la planète, laquelle apparaît pratiquement débarrassée du flou atmosphérique... Cette technique s'apparente à l'optique adaptative utilisée par les astronomes professionnels, mais elle est infiniment moins coûteuse et tout aussi efficace pour les télescopes d'amateurs, dont le diamètre n'excède pas 400 millimètres...
Et c'est en filmant ainsi Jupiter que deux astronomes amateurs, John Mc Keon et Gerrit Kernbauer, le premier en Irlande, le second en Autriche, ont observé par hasard l'impact d'un astre – comète ou astéroïde – sur Jupiter ! Le flash, correspondant à l'embrasement de l'objet dans l'atmosphère de la planète géante, n'a duré qu'une seconde, mais il signe probablement la chute d'un objet de plusieurs centaines de mètres...

Question 44. Dans ce texte, quelle est la relation entre le « bruit » et le « signal » ?

(A) Les « bruits » sont des éléments autour du « signal ».
(B) Les « bruits » sont des imperfections qui rendent le « signal » flou.
(C) Les « bruits » et les « signaux » sont indépendants les uns des autres.
(D) Les « signaux » et les « bruits » sont des éléments descriptibles d'une planète.

Question 45. Selon l'auteur, quel est le fait le plus surprenant ?

(A) Que l'on puisse observer Jupiter avec des télescopes d'amateurs.
(B) Qu'un astéroïde se soit écrasé sur Jupiter.
(C) Que des amateurs aient observé la chute d'un astéroïde sur Jupiter.
(D) Que la technologie d'observation spatiale évolue si rapidement.

Question 46. Quelle méthode est utilisée par les astronomes pour l'observation de Jupiter ?

(A) Méthode de vérification empirique.
(B) Méthode d'analyse théorique.
(C) Méthode d'observation indirecte.
(D) Méthode analogique.

Question 47. Quel(s) appareil(s) ou logiciel(s) est/sont utilisé(s) par les astronomes ?

1. Périscope
2. Autostakker
3. Télescope
4. Kernbauer

(A) 1 + 2
(B) 1 + 2 + 3
(C) 2 + 3
(D) 3 + 4

Question 48. Quel serait le meilleur titre pour ce texte ?

(A) Démocratisation de l'espace.

(B) Deux amateurs observent Jupiter via un télescope.

(C) Crash d'un astéroïde sur Jupiter.

(D) Jupiter : planète observable par tous depuis la Terre.

Question 49. De quel type de texte s'agit-il ?

(A) Explicatif

(B) Argumentatif

(C) Engagé

(D) Descriptif

Question 50. À quel public ce texte est-il destiné ?

(A) À des scientifiques et experts.

(B) À des collégiens ou lycéens.

(C) À des ethnologues.

(D) À des lecteurs de journaux.

CALCUL (2)

CONSIGNES

10 questions	30 minutes	Calculatrice interdite	Chronomètre recommandé

BARÈME

Bonne réponse : +3 points	Aucune réponse : 0 point	Mauvaise réponse : – 1 point

Question 51. On a un triangle équilatéral ABC. [BI] et [CJ] sont les hauteurs respectives de [CA] et [AB]. O est le point d'intersections des hauteurs. Quel est le pourcentage de l'aire AJOI par rapport au triangle ABC ?

(A) 3/5

(B) 1/3

(C) 1/4

(D) 1/5

Question 52. Clémence et Axelle sont au casino et jouent aux machines à sous. Elles commencent avec la même somme. Après dix minutes de jeu, Clémence a gagné 6 euros et Axelle a perdu la moitié de sa mise. Après dix nouvelles minutes de jeu, Clémence perd la moitié de son argent et Axelle en gagne autant. Clémence dispose alors des deux tiers de la somme d'Axelle.

Quelle est la mise de départ de Clémence et Axelle ?

(A) 2 €

(B) 4 €

(C) 5 €

(D) 6 €

Question 53. Sylvain oublie toujours son code de carte bleue. Il note donc chaque nouveau code sur un papier. Sur les 5 codes notés, 3 sont faux et 2 fonctionnent. Sachant que le premier code essayé est faux, quelle est la probabilité que les 2 codes suivants qu'il va tester soient tous les deux faux ?

(A) 1/3

(B) 2/3

(C) 1/2

(D) 1/6

Question 54. Alfred, Jean et Paula sont en train de récolter des champignons. Alfred a 3 fois plus de champignons que Jean qui a trois fois plus de champignons que Paula.
Sachant qu'ils ont 26 champignons en tout, combien de champignons Paula a-t-elle ?

(A) 6
(B) 2
(C) 24
(D) 30

Question 55. Une boutique de vêtements vend 52 chemises en une journée. Les chemises bleues sont vendues 18 € l'unité, les chemises rouges 25 € l'unité. Les recettes de la journée s'élèvent à 1 055 €. Combien de chemises rouges ont été vendues ?

(A) 17
(B) 19
(C) 23
(D) 27

Question 56. Soit ABC un triangle inscrit dans un cercle C. Les points A, B et C sont situés sur le cercle et le centre du cercle, O, appartient au segment AB.
Sachant que le diamètre du cercle est de 5 cm et que le segment BC mesure 3 cm, quelle est la longueur du segment AC ?

(A) 3 cm
(B) 4 cm
(C) 5 cm
(D) 6 cm

Question 57. Les dimensions d'un rectangle sont a et b. Si on augmente a de 3 cm et b de 2 cm, l'aire du rectangle augmente de 37 cm^2. Si on diminue a de 2 cm et b de 1 cm, l'aire du rectangle diminue de 16 cm^2.

Quelles sont les valeurs de a et b ?

(A) a = 21 et b = 7.
(B) a = 1 et b = 4.
(C) a = 8 et b = 5.
(D) a = 6 et b = 1.

Question 58. Théo achète 4 pains au chocolat et 2 baguettes de pain. Il paye le tout 7,5 €. Théo a également remarqué qu'un pain au chocolat vaut 2,25 € moins le prix d'une baguette. Quels sont les prix unitaires d'un pain au chocolat et d'une baguette de pain ?

(A) 1 € le pain au chocolat et 1,25 € la baguette de pain.

(B) 2 € le pain au chocolat et 1,5 € la baguette de pain.

(C) 1,25 € le pain au chocolat et 0,75 € la baguette de pain.

(D) 1,5 € le pain au chocolat et 0,75 € la baguette de pain.

Question 59. Deux cyclistes tournent à vitesse constante sur la piste circulaire d'un vélodrome de 200 mètres en partant du même point. S'ils roulent en sens contraire, ils se croisent toutes les 10 secondes. S'ils roulent dans le même sens, le plus rapide double l'autre toutes les 90 secondes.

Quelle est la vitesse du cycliste le plus rapide ?

(A) 42 km/h

(B) 40 km/h

(C) 38 km/h

(D) 32 km/h

Question 60. Que vaut Y dans le produit $Y8 \times Y9 = 342$?

(A) 1

(B) 2

(C) 3

(D) 4

TAGE 2® N° 5

6 LOGIQUE (6)

CONSIGNES			
10 questions	10 minutes	Calculatrice interdite	Chronomètre recommandé

BARÈME		
Bonne réponse : + 3 points	Aucune réponse : 0 point	Mauvaise réponse : – 1 point

Question 61.

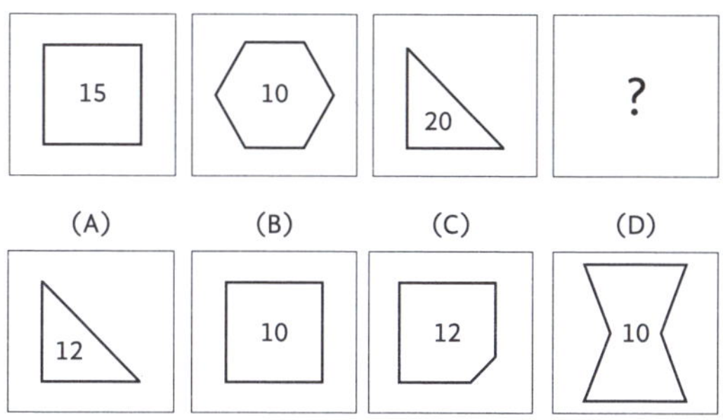

Question 62.

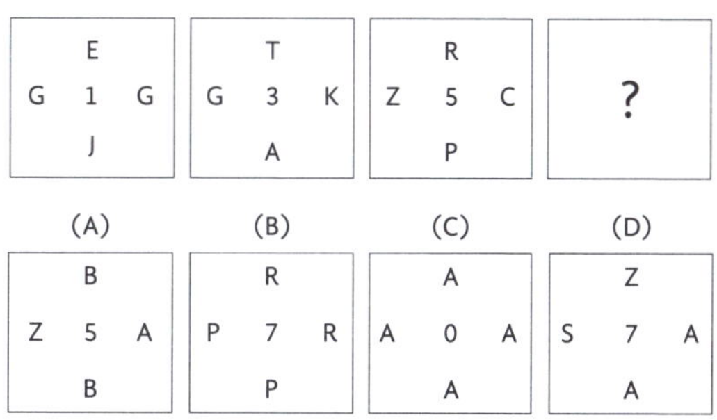

Question 63.

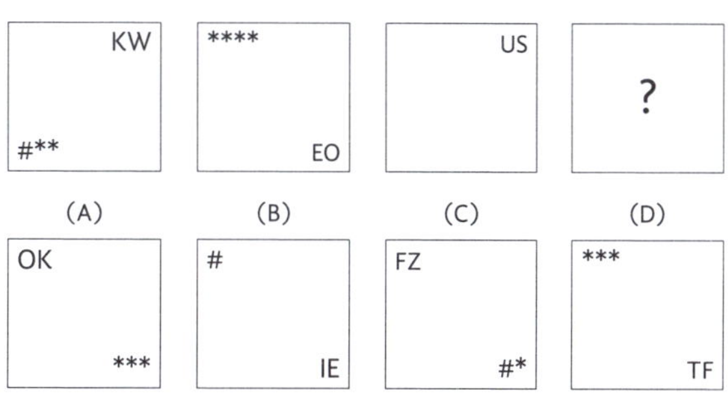

Question 64.

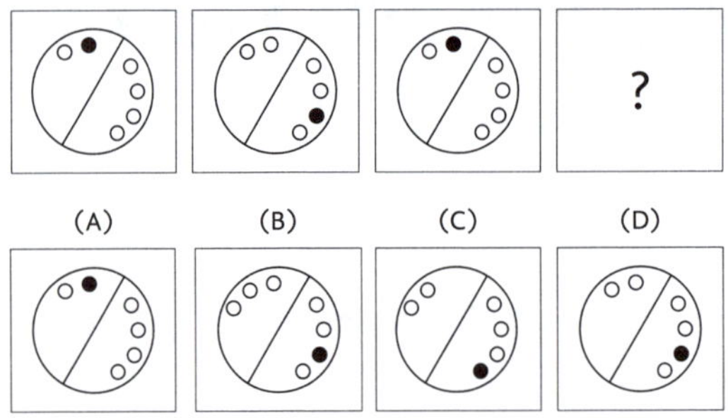

Question 65.

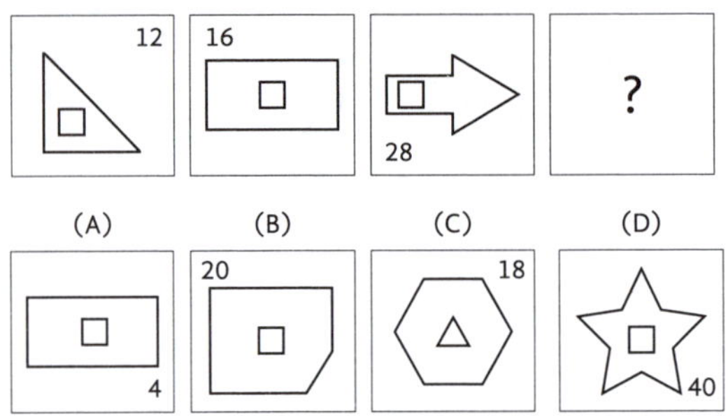

Question 66.

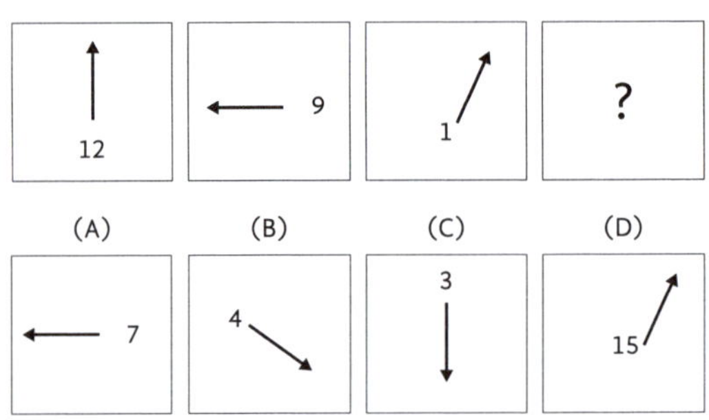

Question 67.

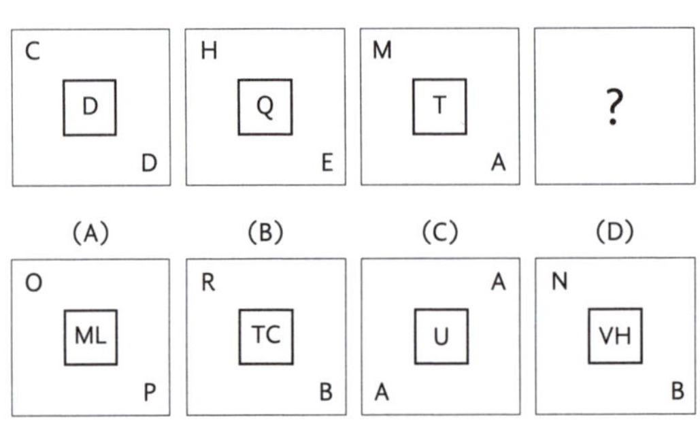

Question 68.

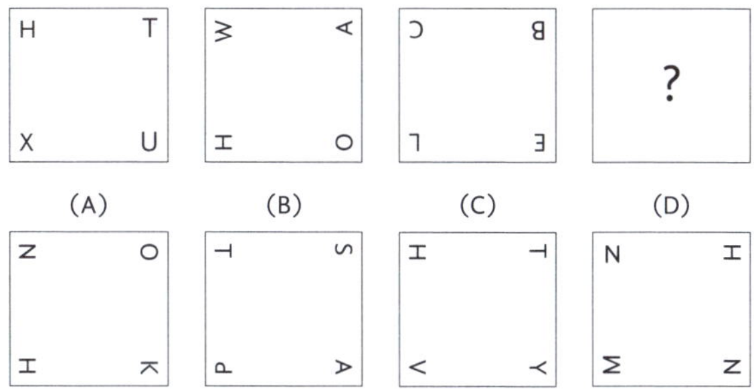

Question 69.

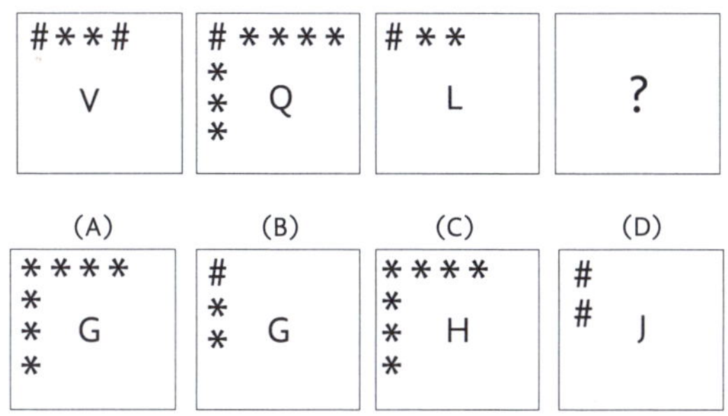

Question 70.

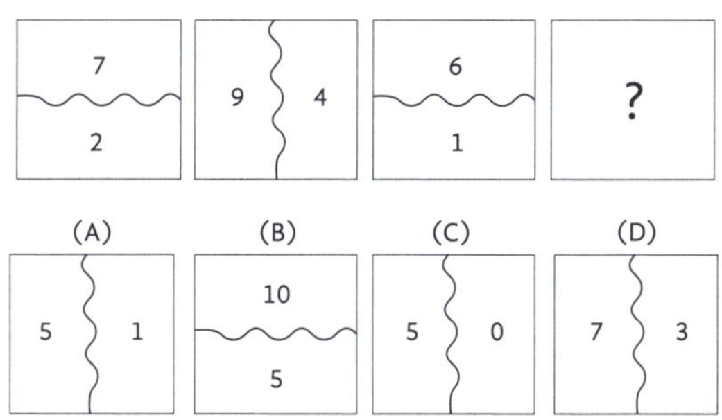

CORRIGÉ TAGE 2® N° 5

GRILLE DE RÉPONSES TAGE 2® N° 5

Difficulté du TAGE 2® N° 5 : NORMAL

LEXI.	**Question**	1	2	3	4	5	6	7	8	9	10	11	12	13	14	15
	Réponse	C	D	D	D	A	A	D	A	C	B	C	C	A	D	A
CALCUL	**Question**	16	17	18	19	20	21	22	23	24	25					
	Réponse	A	B	D	B	B	D	D	B	A	D					
LOG.	**Question**	26	27	28	29	30	31	32	33	34	35					
	Réponse	A	A	C	C	B	C	C	D	C	C					
PARA	**Question**	36	37	38	39	40	41	42	43	44	45	46	47	48	49	50
	Réponse	B	D	A	A	C	A	C	A	B	C	C	C	D	A	D
CALCUL	**Question**	51	52	53	54	55	56	57	58	59	60					
	Réponse	B	D	D	B	A	B	C	D	B	A					
LOG.	**Question**	61	62	63	64	65	66	67	68	69	70					
	Réponse	D	D	B	D	D	B	D	C	A	C					

Toutes les questions sont corrigées en vidéo dans votre espace **E-LEARNING sur www.monsieur-tage-2.com**

TAGE 2® N° 5

1 CORRIGÉ « LEXIPHRASE »

Difficulté	NORMAL														
Question	1	2	3	4	5	6	7	8	9	10	11	12	13	14	15
Réponse	C	D	D	D	A	A	D	A	C	B	C	C	A	D	A

Toutes les questions sont corrigées en vidéo dans votre espace **E-LEARNING sur www.monsieur-tage-2.com**

Posez toutes vos questions (concours, écoles, dossiers, TAGE 2®, etc.) au sein des **communautés d'entraide Facebook et Instagram « Monsieur TAGE 2 »** et **« Monsieur Ecoles de commerce »** (**+ de 20 000 membres**).

Question 1 Réponse C ★★★☆☆ 30 sec. – 2 min. Fiches 15/16

« **Caduc** » signifie **dépassé**, périmé, désuet. Son féminin est « **caduque** ». **Réponse C.**

Question 2 Réponse D ★★★☆☆ 30 sec. – 2 min. Fiches 15/16

Une personne « **volubile** » est une personne qui **parle beaucoup**, vite et avec facilité. C'est ici le cas d'Estelle. **Réponse D.**

Une personne « **alerte** » est une personne réactive, prête à réagir.
Une personne « **dynamique** » est quelqu'un qui manifeste de l'énergie.
Une personne « **intuitive** » fait appel à son intuition pour prendre des décisions.

Question 3 Réponse D ★★★★☆ 30 sec. – 1 min. Fiches 15/16

Le hanneton est un insecte qui s'attaque aux champs de céréales. « **Pas piqué des hannetons** » ou « **Pas piqué des vers** » signifie donc « pas attaqué, préservé, en bon état ». Ici, on comprend que la table a résisté aux aléas du temps.
« **Singulier/ère** » signifie : remarquable, qui sort de l'ordinaire.

1re colonne **On garde les réponses A et D.**

Les synonymes de **« N'était pas piquée des hannetons »** sont : « Était en bon état » et « N'était pas abimée ». On garde donc les réponses A et D.

2e colonne **On choisit la réponse D.**

Les synonymes de **« Singulière »** sont : « Rare » et « Unique »
On choisit donc la **réponse D.**

Question 4	Réponse D	★★★★☆	30 sec. – 2 min.	Fiches 15/16

« Les railleries » sont des moqueries utilisées pour dénoncer un aspect ridicule ou déprécier un point de vue contraire au nôtre sous couvert de sarcasmes.
« Monter sur ses grands chevaux » signifie s'emporter rapidement, sans prendre de recul.
« Des détracteurs » sont des personnes qui critiquent.
« Avoir le bras long » c'est avoir de l'influence (soit directement soit via des connaissances).

1re colonne **On garde les réponses A, B, C et D.**

Les synonymes de **« Railleries »** sont : « Moqueries », « Quolibets », « Taquineries » et « Persiflages ».On garde donc les réponses A, B, C et D.

2e colonne **On garde les réponses A, B et D.**

Les synonymes de **« Est monté sur ses grands chevaux »** sont : « S'est emporté », « A commencé à crier » et « S'est offusqué avec virulence ». On garde donc les réponses A, B et D.

3e colonne **On garde les réponses A et D.**

Les synonymes de **« Détracteurs »** sont : « Contempteurs », « Adversaires » et « Accusateurs ». On garde donc les réponses A et D.

> **REMARQUE** Un « thuriféraire » est un personnage flatteur, manquant de sincérité.

4e colonne **On choisit la réponse D.**

Les synonymes de **« J'ai le bras long »** sont : « J'ai des amis influents », « Je connais du monde », « J'ai du pouvoir ». On choisit donc la **réponse D.**

Question 5	Réponse A	★★★☆☆	30 sec. – 2 min.	Fiche 17

« Être anecdotique » c'est être d'un intérêt minime, ne pas toucher à l'essentiel, être secondaire. C'est donc l'inverse d' **« essentielle »**, qui revêt une importance toute particulière. **Réponse A.**

Question 6 **Réponse A** ★★★★☆ 45 sec. – 3 min. Fiche 17

« **L'ascèse** » est une discipline intellectuelle et physique à laquelle s'astreint une personne en vue d'atteindre la perfection. On dit qu'elle a un comportement **« ascétique »** : elle refuse toute source de plaisir, afin de mener sa vie dans une certaine austérité. C'est donc l'inverse du **« lâcher-prise »** qui consiste à se laisser aller à ses envies. **Réponse A.**

Question 7 **Réponse D** ★★★☆☆ 30 sec. – 2 min. Fiches 23/28

Intrus : Réponse D : Agrume.
Critère : Le genre des mots (masculin/féminin).

Les mots « Livre », « Manche » et « Voile » sont du genre masculin ou féminin selon le sens utilisé. Par exemple, un livre (= un ouvrage) ≠ une livre (= unité de mesure de la masse). L'intrus est donc « Agrume » qui est uniquement masculin. **Réponse D.**

Question 8 **Réponse A** ★★★☆☆ 30 sec. – 2 min. Fiche 23

Intrus : Réponse A : Canin.
Critère : La nature des mots (noms/adjectifs).

Les mots « Crottin », « Patin » et « Mannequin » sont des noms communs.
L'intrus est donc « Canin » (= relatif aux chiens) qui n'est pas un nom mais un adjectif. **Réponse A.**

Question 9 **Réponse C** ★★★☆☆ 30 sec. – 2 min. Fiche 23

Intrus : Réponse C : Algarade.
Critère : Le sens des mots.

Les mots « Échauffourée », « Rixe » et « Bataille » relatent des affrontements physiques.
L'intrus est donc « Algarade » (= dispute éclatante) qui ne renvoie pas à la violence physique mais verbale uniquement. **Réponse C.**

Question 10 **Réponse B** ★★★☆☆ 30 sec. – 2 min.

Critère : La douleur est la conséquence d'un coup. **Les traces** sont les conséquence du passage. **Réponse B.**

Question 11	Réponse C	★★★★☆	30 sec. – 2 min.	Fiches 24/30

- **Rappels de cours**
  - **« Avoir à faire »** = Avoir du pain sur la planche mais **« Avoir affaire à quelqu'un »** = Devoir se confronter à quelqu'un.
  - **A/À :** On écrit « a » quand on peut le remplacer par « avait/avais » (verbe avoir). On écrit « à » quand on ne peut pas dire « avait », c'est alors une préposition.

Il avait eu **affaire** à un **soi**-disant médecin qui n'était en fait qu'un charlatan. Sa mésaventure n'était pas terminée car il devait poursuivre ses soins ailleurs. Devant le **coût** **exorbitant** des soins et la lenteur de la procédure, il réfléchissait de plus en plus sérieusement **à** quitter le pays. Cette maladie ne le **lâcherait** pas, c'était maintenant une certitude. À quoi bon rester ici ?

Le passage contient **6 fautes. Réponse C.**

Question 12	Réponse C	★★★☆☆	30 sec. – 2 min.	Fiches 25/31

À la deuxième personne du pluriel du plus-que-parfait, « accepter » est : « Vous aviez accepté ». **Réponse C.**

Question 13	Réponse A	★★★★☆	45 sec. – 3 min.	Fiche 34

Plus les hommes consomment les énergies fossiles et **plus** la planète se réchauffe. Le XXIe siècle sera ainsi le siècle le plus chaud de l'Humanité. Mais plus les réserves **diminuent**, et moins l'avenir énergétique de la planète semble certain. **Réponse A.**

Question 14	Réponse D	★★★☆☆	30 sec. – 2 min.	Fiche 34

David Cameron peut **néanmoins** espérer une attitude conciliante de l'Allemagne. **Si** notre voisin d'outre-Rhin n'est pas prêt à céder sur les acquis fondamentaux, il souhaite clairement œuvrer au maintien du Royaume-Uni dans l'Union. Et pour cela, il n'exclut pas a priori une renégociation des traités. **Surtout** si cela peut permettre une consolidation de l'union monétaire et un surcroît d'intégration budgétaire. **Réponse D.**

Question 15	Réponse A	★★★☆☆	30 sec. – 2 min.	Fiche 34

Les batteries domestiques Tesla utilisent une **technologie** au lithium-ion. Elles doivent permettre de **stocker** de l'énergie le jour pour l'utiliser lorsque la nuit arrive. **Réponse A.**

Difficulté	DIFFICILE									
Question	16	17	18	19	20	21	22	23	24	25
Réponse	A	B	D	B	B	D	D	B	A	D

Toutes les questions sont corrigées en vidéo dans votre espace **E-LEARNING sur www.monsieur-tage-2.com**

Posez toutes vos questions (concours, écoles, dossiers, TAGE 2®, etc.) au sein des **communautés d'entraide Facebook et Instagram « Monsieur TAGE 2 »** et **« Monsieur Ecoles de commerce » (+ de 20 000 membres).**

Question 16 Réponse A ★★★★☆ **45 sec. – 2 min.** **Fiche 55**

Étape 1 Modélisons la situation dans un tableau.

	Demi-Pension	Pension complète	Pas de pension	Total
Haut de gamme				
Moyenne gamme				
Total				**100**

Étape 2 Insérons les informations dans le tableau.

	Demi-Pension	Pension complète	Pas de pension	Total
Haut de gamme	10	35	25	70
Moyenne gamme	**12**	18	0	30
Total	22	53	25	**100**

70 % des clients (soit 70 clients) optent pour la formule de haut de gamme.

On comprend donc que les 30 % restants (soit 30 clients) ont choisi la formule moyenne gamme.

La moitié de ces 70 clients haut de gamme (= 35 clients) choisit la pension complète et le septième (= 10 clients) choisit la demi-pension. On comprend que **les 25 clients restants** (70 – 35 – 10 = 25 clients) **n'ont pris aucune des 2 pensions proposées (= pas de pension).** Étant donné qu'au total il y a 25 clients qui ne prennent pas de pension, on en déduit qu'aucun client qui a choisi la formule moyenne gamme n'a pas pris de pension (c'est-à-dire que tous les clients de la formule moyenne gamme ont pris une pension (demi-pension ou pension complète)).
Étant donné qu'au total il y a 22 clients qui prennent la demi-pension, on comprend que parmi eux, 22 – 10 = 12 sont en moyenne gamme. On en conclut que 30 – 0 – 12 = 18 clients ont choisi la pension complète.

Étape 3 Concluons.
Parmi les 30 clients qui ont choisi la formule moyenne gamme, 12 (= 22 – 10) ont choisi la demi-pension. Leur proportion est donc : 12/30 = **6/15. Réponse A.**

Question 17 Réponse B	★★★★☆	45 sec. – 3 min.	Fiche 74

- **Rappels de cours**
  - La somme des angles d'un triangle est 180°.
  - Un triangle isocèle possède 2 côtés égaux et 2 angles égaux.

Étape 1 Traduisons l'énoncé.

On cherche $\widehat{BCD}$. Or, $\widehat{BCD} = \widehat{BCA} + \widehat{ACD}$.

Étape 2 Exploitons le fait que les triangles sont équilatéraux et égaux.
AC et AD sont des côtés de 2 triangles équilatéraux égaux donc AC = AD et donc ACD est isocèle en A.

Dès lors, $\widehat{ACD} = \widehat{ADC}$, et $\widehat{CAD} = 20°$. Ainsi : $2\,\widehat{ACD} = 180° - 20°$ soit : $\widehat{ACD} = \mathbf{80°}$.
(Les 2 angles restants sont égaux car le triangle est isocèle).

Étape 3 Concluons.
En sachant que $\widehat{BCA} = 60°$ (car BCA est un triangle équilatéral), calculons le tiers de $\widehat{BCD}$:

$$\frac{\widehat{BCD}}{3} = \frac{\widehat{BCA} + \widehat{ACD}}{3} = \frac{60° + 80°}{3} \approx \mathbf{46{,}7\ °.\ Réponse\ B.}$$

Question 18 Réponse D ★★☆☆☆ 15 sec. – 1 min. Fiche 57

- **Rappel de cours** La proportionnalité simple se résout avec la méthode du produit en croix ou de la règle de trois.

Calculons la quantité de nourriture pour 4 poissons.

Andrea donne 5 grammes à son poisson deux fois par jour, soit $2 \times 5 = 10$ grammes par jour.
Chaque poisson consomme donc : $10 \times 7 = 70$ grammes par semaine.
Si Andréa avait 3 poissons de plus, elle aurait 4 poissons et aurait donc besoin de :

$4 \times 70 =$ **280 grammes par semaine. Réponse D..**

Question 19 Réponse B ★★★★☆ 30 sec. – 2 min Fiche 72

Étape 1 Identifions la 1re suite logique.

Écart constant de +3 tous les 2 nombres : 11, 14, 17, 20.

Étape 2 Identifions la 2e suite logique.

Écart progressif de +3, +4, **+5** tous les 2 nombres : 12, 15, 19 et **24. Réponse B.**

Question 20 Réponse B ★★★☆☆ 30 sec. – 2 min. Fiche 64

Étape 1 Modélisons la situation.

En 3 heures, l'écart s'est creusé de 900 km. On peut donc en déduire que l'écart entre Justine et Nicolas se creuse de 300 kilomètres par heure ($\frac{900}{3} = 300$).

Cela revient à dire qu'au bout d'une heure, en additionnant la distance parcourue par chacun, on aura atteint 300 kilomètres.

En effet, chaque heure, l'écart qui les sépare augmente de : **Vitesse Justine + Vitesse Nicolas.**

Étape 2 Déduisons-en la vitesse de Nicolas.

On sait que chaque heure l'écart se creuse de 300 km, donc :
Vitesse J + Vitesse N = 300 km ⇔ 120 + Vitesse N = 300 ⇔ **Vitesse N = 180 km/h.**

Étape 3 Concluons.

Nicolas se déplace à 180 km/h, soit **50 % de plus que Justine** ($120 \times 1{,}5 = 180$). **Réponse B.**

Question 21 Réponse D ★★★☆☆ 30 sec. – 2 min. Fiche 64

- **Rappel de cours** $\text{Vitesse} = \dfrac{\text{Distance}}{\text{Temps}}$

Étape 1 Calculons la distance que Giovanni a parcouru entre 10h et 13h.

Sachant que Giovanni court à 10 km/h, il a donc parcouru 30 km entre 10 h et 13 h (en 3 heures).

Étape 2 Calculons la vitesse que Marc doit adopter.

Marc recommence à courir à 11h. Pour rattraper Giovanni à 13h il doit parcourir 30 km entre 11h et 13h.

$$V = \frac{D}{T} \Leftrightarrow V = \frac{30}{2} = \mathbf{15\ km/h.\ Réponse\ D.}$$

Question 22	Réponse D	★★★★☆	30 sec. – 2 min.	Fiche 61

■ **Rappel de cours** **Nouveau total = Ancien total × (1 ± Variation en %).**

Étape 1 Modélisons la situation.

Soit R la somme initiale des actions Renault et P la somme initiale des actions Peugeot.

On sait que : R + P = 2 000.

Puis, suite aux variations des prix des actions, la valeur des actions Renault a augmenté de 50 % (elle est passée de R à 1,5 R) et la valeur des actions Peugeot a baissé de 30 % (elle est passée de P à 0,7 P). On a donc : 1,5 R + 0,7 P = 2 400.

Étape 2 Résolvons le système d'équations pour calculer le montant initial des actions Peugeot.

On a : $\begin{cases} R + P = 2000 & (1) \\ 1{,}5R + 0{,}7P = 2400 & (2) \end{cases} \Leftrightarrow \begin{cases} R = 2000 - P & (1) \\ 1{,}5R + 0{,}7P = 2400 & (2) \end{cases}$

En insérant **(1)** dans **(2),** on obtient :

$1{,}5 \times (2\,000 - P) + 0{,}7\,P = 2\,400 \Leftrightarrow 3\,000 - 1{,}5\,P + 0{,}7\,P = 2\,400 \Leftrightarrow 0{,}8\,P = 600$

$$\Leftrightarrow P = \frac{600}{0{,}8} = \frac{6000}{8} = \frac{3000}{4} = \frac{1500}{2} = \mathbf{750\ euros.}$$

Initialement, sur les 2 000 euros investis, Albert avait investi **750 euros** en actions Peugeot.

Étape 3 Concluons.

La part des 2 000 € investie en actions Peugeot est donc : $\frac{750}{2000} = \frac{375}{1000} = \frac{37{,}5}{100} = \mathbf{37,\ 5\ \%}$.

Réponse D.

Question 23	Réponse B	★★★★☆	45 sec. – 3 min.	Fiche 55

■ **Rappel de cours** $\textbf{Variation en \%} = \dfrac{(\text{Valeur}_{\text{arrivée}} - \text{Valeur}_{\text{départ}})}{\text{Valeur}_{\text{départ}}} \times 100$

Étape 1 Calculons la proportion du gâteau dont dispose Charles au début du repas.

Au début, 6 personnes assistent au repas. Charles dispose ainsi d'un sixième du gâteau.

Étape 2 Identifions la proportion du gâteau dont dispose Charles à la fin du repas.

À la fin du repas, Charles reçoit la part de sa sœur Eugénie. Il dispose alors de deux parts sur les six du gâteau. Mais comme son frère Clément ne prend pas de gâteau, Charles dispose en fait de deux parts sur les cinq du gâteau.

Étape 3 Calculons la hausse en pourcentage de 1/6 à 2/5.

Selon la formule de variation en %, on a :

$$\left(\frac{\frac{2}{5}-\frac{1}{6}}{\frac{1}{6}}\right) \times 100 = \left(\frac{\frac{12-5}{30}}{\frac{1}{6}}\right) \times 100 = (\frac{7}{30} \times 6) \times 100 = \frac{7}{5} \times 100 = \mathbf{140}\ \%.$$

La hausse entre le début et la fin du repas est donc de **140 %. Réponse B.**

Question 24 Réponse A	★★★★☆	30 sec. – 2 min.	Fiche 55

- **Rappel de cours** **Nouveau total = Ancien total × (1 ± Variation en %).**

Étape 1 Interprétons l'énoncé.

Soit $P_{initial}$ le prix initial de ce produit.

Soit $P_{intermédiaire}$ son prix après la première réduction.

Soit P_{final} son prix après les 2 réductions (= 900 euros).

Étape 2 Calculons le prix initial.

$P_{final} = 0{,}7 \times P_{intermédiaire}$ (appliquer une réduction de 30 % équivaut à multiplier par 0,7).

Or, $P_{intermédiaire} = 0{,}8 \times P_{initial}$

Donc, $P_{final} = 0{,}7 \times 0{,}8 \times P_{initial} = 0{,}56 \times P_{initial}$

$$\mathbf{P_{initial}} = \frac{P_{final}}{0{,}56} = \frac{900}{0{,}56} = \frac{90\,000}{56} = \frac{45\,000}{28} = \frac{22\,500}{14} = \frac{11\,250}{7}$$ **= 1 607 €. Réponse A.**

Question 25 Réponse D	★★★☆☆	30 sec. – 2 min.	Fiche 73

- **Rappel de cours** L'aire latérale d'un cylindre est : **A = 2 × π × rayon × hauteur**.

Étape 1 Calculons l'aire latérale d'un cylindre.

Posons la formule pour calculer l'aire latérale d'un cylindre : $A = 2 \times \pi \times r \times h = 168$.

Étape 2 Calculons le rayon du cylindre.

Remplaçons la hauteur par sa valeur (3 fois le rayon) :

$2 \times \pi \times r \times 3r = 168 \Leftrightarrow \pi \times 6r^2 = 168 \Leftrightarrow \pi \times r^2 = 28 \Leftrightarrow r^2 \approx 9 \Leftrightarrow r \approx 3$

Étape 3 Calculons la hauteur du cylindre.

Ainsi la hauteur du cylindre est : $h = 3r =$ **9 cm. Réponse D.**

Difficulté	NORMAL									
Question	26	27	28	29	30	31	32	33	34	35
Réponse	A	A	C	C	B	C	C	D	C	C

Toutes les questions sont corrigées en vidéo dans votre espace **E-LEARNING sur www.monsieur-tage-2.com**

Posez toutes vos questions (concours, écoles, dossiers, TAGE 2®, etc.) au sein des **communautés d'entraide Facebook et Instagram « Monsieur TAGE 2 »** et **« Monsieur Ecoles de commerce » (+ de 20 000 membres).**

Question 26 Réponse A ★★☆☆☆ 15 sec. – 1 min. Fiches 95/96

		73		
		46		
		55		
91	74	??	67	95
		36		

(A) 84 (B) 24 (C) 42 (D) 66

V : Diagonale gauche – droite avec écart constant de – 1 : 7 – 6 – 5 – **4** – 3.

H : Somme progressive de + 1 : 9 + 1 = **10**, 7 + 4 = **11**, **? + ? = 12**, etc.

Question 27 **Réponse A** ★★★★☆ **45 sec. – 3 min.** **Fiches 96/106**

	AD			
	H**F**			
ND	**?**?	ME	JH	OC
	L**K**			
	YJ			

(A) HJ (B) EL (C) NV (D) JE

V : Diagonale de lettres de 3 barres.

H : Somme des rangs alphabétiques = 18.

Question 28 **Réponse C** ★★★☆☆ **30 sec. – 2 min.** **Fiches 92/95**

		39		
		1**4**		
		59		
14	25	?**?**	47	69
		73		

(A) 58 (B) 03 **(C) 36** (D) 56

V : Diagonale gauche – droite avec écart constant de +1 : 3 – 4 – 5 – **6** – 7.

H : 1er chiffre + 3 = 2^{e} chiffre.

Question 29 **Réponse C** ★★★☆☆ **30 sec. – 2 min.** **Fiches 96/103**

		33		
102	85	??	170	34
		42		
		60		
		24		

(A) 119 (B) 15 **(C) 51** (D) 68

V : Somme constante égale à 6.

H : Multiples de 17.

Question 30	Réponse B	★★★☆☆	30 sec. – 2 min.	Fiches 91/92

		TR		
		NP		
BT	DJ	??	HP	JO
		EG		
		YW		

(A) CV   **(B) FD**   (C) FL   (D) KI

V : Écart négatif/positif de –2/+2 entre la 1re et la 2e lettre : TR (–2), NP (+2), **?? (–2)**, etc.

H : La 1re lettre augmente de 2 : B – D – **F** – H – J.

Question 31	Réponse C	★★★☆☆	30 sec. – 2 min.	Fiches 92/96

		356		
		707		
		338		
528	437	???	346	225
		239		

(A) 167   (B) 336   **(C) 275**   (D) 629

V : Somme des 3 chiffres = 14.

H : Écart de +3 entre le 1er et le 3e chiffre.

Question 32	Réponse C	★★★☆☆	30 sec. – 2 min.	Fiches 92/94

		FTI		
		CIK		
		IOM		
NRV	BFJ	???	RVZ	HLP
		NLI		

(A) MIP   (B) IMQ   **(C) EIM**   (D) AIC

V : Diagonale moyenne du « I » : XXI – XIX – IXX – XIX – XXI.

H : 1re lettre + 4 = 2^e^ lettre et 2e lettre + 4 = 3^e^ lettre.

Question 33	Réponse D	★★★★☆	30 sec. – 2 min.	Fiches 96/103

			224	
			802	
			642	
114	171	38	???	209
			871	

(A) 392 (B) 57 (C) 304 **(D) 95**

V : Somme croissante de +2 : 2 + 2 + 4 = 8 ; 8 + 0 + 2 = 10 ; 6 + 4 + 2 = 12 ; ? = **14** ; etc.)

H : Multiples de 19.

Question 34	Réponse C	★★☆☆☆	30 sec. – 2 min.	Fiche 102

		36		
		16		
343	125	??	512	27
		81		
		64		

(A) 25 (B) 49 **(C) 01** (D) 08

V : Ce sont des carrés.

H : Ce sont des cubes.

Question 35	Réponse C	★★★☆☆	30 sec. – 2 min.	Fiches 92/106

		KN		
		HF		
OI	FJ	**??**	PL	XM
		AY		
		ZA		

(A) NZ (B) DK **(C) HK** (D) BK

V : Ce sont des lettres à 3 barres chacune.

H : Écart de +1 sur la 2e lettre : I - J - **K** - L - M.

CORRIGÉ « PARATEXTE »

Difficulté	FACILE													
Question	36	37	38	39	40	41	42	43	44	45	46	47	48	49	50
Réponse	B	D	A	A	C	A	C	A	B	C	C	C	D	A	D

Toutes les questions sont corrigées en vidéo dans votre espace **E-LEARNING sur www.monsieur-tage-2.com**

Posez toutes vos questions (concours, écoles, dossiers, TAGE 2®, etc.) au sein des **communautés d'entraide Facebook et Instagram « Monsieur TAGE 2 »** et **« Monsieur Ecoles de commerce » (+ de 20 000 membres).**

Question 36 Réponse B ★★★☆☆ 15 sec. – 1 min. Fiche 40

Les hyper-riches deviennent encore plus **riches**.

L'auteur insiste sur le mot « riche » pour créer une répétition et marquer le lecteur. **Réponse B.**

Question 37 Réponse D ★★☆☆☆ 15 sec. – 1 min. Fiche 40

Le patrimoine cumulé des **1 % les plus riches** a ainsi dépassé en 2015 celui des **99 % les plus pauvres**.

C'est l'opposition qui la plus de sens.

Les réponses A, B et C sont des contresens ou des évidences. **Réponse D.**

Question 38 Réponse A ★★★☆☆ 15 sec. – 1 min. Fiche 40

C'est ce qu'a annoncé l'ONG IDLM à l'approche **du forum** de New York où de nombreux intervenants vont **débattre de** ce sujet.

Le mot « forum » correspond parfaitement à la notion de « débat organisé, colloque ». Les autres réponses sont moins précises, trop générales. **Réponse A.**

Question 39 Réponse A ★★★☆☆ 15 sec. – 1 min. Fiche 40

L'ONG appelle donc les **hommes politiques** participant au forum à **agir**.

La bonne réponse est la réponse A. C'est celle qui correspond le mieux. La réponse B est hors-sujet. La réponse C n'est pas logique. La réponse D est mal formulée. **Réponse A.**

Question 40 Réponse C ★★★☆☆ 15 sec. – 1 min. Fiche 40

Finalement, l'ONG IDLM a un espoir que des changements aient lieu dans les années à venir.

On élimine les réponses A et D. La phrase à compléter est un constat. On choisit donc la réponse C : « Finalement ». **Réponse C.**

Question 41 Réponse A ★★☆☆☆ 15 sec. – 1 min. Fiche 40

Dans le monde entier, **24 heures sur 24**, des dizaines de milliers d'astronomes amateurs observent le ciel nocturne.

La bonne réponse est A : « 24 heures sur 24 ». C'est la réponse la plus appropriée d'un point de vue stylistique. **Réponse A.**

Question 42 Réponse C ★★☆☆☆ 15 sec. – 1 min. Fiche 40

Leurs cibles favorites ? Les planètes du système solaire, que leurs télescopes et les prodiges de l'opto-électronique permettent aujourd'hui de **contempler** avec la même précision que les télescopes d'observatoires professionnels il y a un quart de siècle.

La bonne réponse est C : « Contempler ». C'est la réponse la plus appropriée du point de vue du style et du sens. **Réponse C.**

Question 43 Réponse A ★★☆☆☆ 15 sec. – 1 min. Fiche 41

La bonne réponse est A : « Actuellement ». C'est la réponse la plus appropriée du point de vue du style et du sens. **Réponse A.**

Question 44 Réponse B ★★☆☆☆ 15 sec. – 1 min. Fiche 41

(A) Les « bruits » sont des éléments autour du « signal ». **Réponse vague.**

(B) Les « bruits » sont des imperfections qui rendent le « signal » flou. **Bonne réponse.**

(C) Les « bruits » et les « signaux » sont indépendants l'un de l'autre. **Réponse fausse.**

(D) Les « signaux » et les « bruits » sont des éléments descriptibles d'une planète. **Réponse fausse.**

Bonne réponse : B. Selon le texte, les « bruits » sont des imperfections (« les défauts ») d'images sélectionnées de la planète Jupiter (« le signal » dans ce texte).

Hésitations possibles : A et D. Réponse A : les « bruits » (l'atmosphère floue) ne sont pas forcément **autour** du « signal » (la planète) sur chaque image. Ils peuvent être situés **sur** le signal. Réponse D : Les « signaux » et les « bruits » sont des termes généraux qui peuvent s'appliquer à d'autres domaines. Il ne s'agit donc pas de termes spécifiques pour décrire une planète.

Autre réponse : C. Les « bruits » et les « signaux » ne sont pas indépendants les uns des autres. En effet, les « bruits » masquent « les signaux ».

Question 45 Réponse C ★★★☆☆ 30 sec. – 2 min. Fiche 41

(A) Que l'on puisse observer Jupiter avec des télescopes d'amateurs. **Réponse partielle.**

(B) Qu'un astéroïde se soit écrasé contre Jupiter. **Réponse partielle.**

(C) Que des amateurs aient observé la chute d'un astéroïde sur Jupiter. **Bonne réponse.**

(D) Que la technologie d'observation spatiale évolue si rapidement. **Réponse fausse.**

Bonne réponse : C. L'auteur est surpris par le fait que des astronomes amateurs aient pu observer avec leurs télescopes la chute d'un astéroïde sur Jupiter. (« Ont observé par hasard l'impact d'un astre – comète ou astéroïde – sur Jupiter **!** »). Sa surprise est matérialisée par un point d'exclamation.

Hésitations possibles : A et B. Les réponses A et B sont des mauvaises réponses. En effet, qu'un astéroïde se soit écrasé sur Jupiter ou que des amateurs observent Jupiter ne sont pas les faits les plus surprenants. Chaque réponse est donc partielle.

Autre réponse : D. L'auteur n'est pas très surpris par l'évolution rapide de la technologie.

Question 46 Réponse C ★★★☆☆ 15 sec. – 1 min. Fiche 41

(A) Méthode de vérification empirique. **Mauvaise réponse.**
(B) Méthode d'analyse théorique. **Mauvaise réponse.**
(C) Méthode d'observation indirecte. **Bonne réponse.**
(D) Méthode analogique. **Mauvaise réponse.**

Bonne réponse : C. En regardant Jupiter à travers un télescope, les astronomes **observent de manière indirecte** la chute de la météorite.

Autres réponses : A, B et D. La réponse A « méthode de vérification empirique » est fausse. Cela signifie « vérification à travers une expérience ». On élimine également la réponse B « méthode d'analyse théorique » et « méthode analogique » (réponse D).

Question 47 Réponse C ★★★☆☆ 15 sec. – 1 min. Fiche 41

La bonne réponse est la **réponse C : 2 + 3** : Autostakker (logiciel d'analyse vidéo) et un télescope. **Réponse C.**

Question 48 Réponse D ★★★☆☆ 15 sec. – 1 min. Fiche 41

(A) Démocratisation de l'espace. **Trop vague.**
(B) Deux amateurs observent Jupiter via un télescope. **Trop précis.**
(C) Crash d'un astéroïde sur Jupiter. **Mauvaise réponse.**
(D) Jupiter : planète observable par tous depuis la Terre. **Bonne réponse.**

Bonne réponse : D. La bonne réponse est D. En effet, avec cette histoire anecdotique, l'auteur confirme que Jupiter est observable par tous depuis la Terre.

Hésitation possible : B. Certes, il s'agit de deux amateurs qui observent Jupiter via un télescope. Cette réponse est trop précise. Le message de l'auteur consiste plutôt à montrer à quel point pouvoir observer Jupiter depuis la Terre est incroyable.

Autres réponses : A et C. La réponse A est trop vague. Deux exemples ne peuvent pas permettre une démocratisation de l'espace dans son ensemble. La réponse C reprend un exemple du texte mais n'est pas la meilleure réponse. Le sujet du texte est l'observation de Jupiter depuis la Terre par deux amateurs.

Question 49 Réponse A ★★★☆☆ 30 sec. – 2 min. Fiche 41

Texte explicatif : Bonne réponse. Le but est de répondre à différentes questions que peut se poser le lecteur. Le discours est centré sur l'information. L'auteur informe en effet le lecteur sur l'état actuel des techniques permettant l'observation du ciel. **Réponse A.**

Texte argumentatif : Exprime une opinion défendue par l'auteur. **Réponse fausse.** L'auteur est objectif et n'exprime pas son point de vue.

Texte engagé : Lorsque l'auteur prend parti pour telle ou telle opinion. **Réponse fausse.** L'auteur est objectif.

Texte descriptif : Décrit un évènement, un fait, un paysage. **Réponse fausse.** L'auteur explique, il ne se contente pas de décrire.

Question 50 Réponse D ★★★☆☆ **30 sec. – 2 min.** **Fiche 41**

Il s'agit d'un fait divers, d'une anecdote, le vocabulaire scientifique est expliqué. Il est donc fort probable que l'auteur s'adresse à des **lecteurs de journaux.**

Il est moins probable qu'il s'agisse de collégiens/lycéens, d'experts ou encore d'ethnologues. **Réponse D.**

TAGE 2® N° 5

5 CORRIGÉ « CALCUL (5) »

Difficulté	NORMAL									
Question	51	52	53	54	55	56	57	58	59	60
Réponse	B	D	D	B	A	B	C	D	B	A

Toutes les questions sont corrigées en vidéo dans votre espace **E-LEARNING sur www.monsieur-tage-2.com**

Posez toutes vos questions (concours, écoles, dossiers, TAGE 2®, etc.) au sein des **communautés d'entraide Facebook et Instagram « Monsieur TAGE 2 »** et **« Monsieur Ecoles de commerce » (+ de 20 000 membres).**

Question 51 Réponse B ★★★★☆ **30 sec. – 1 min.** **Fiche 74**

- **Rappel de cours** Dans un triangle équilatéral, la hauteur coupe le côté opposé en son milieu.

Étape 1 Modélisons la situation.

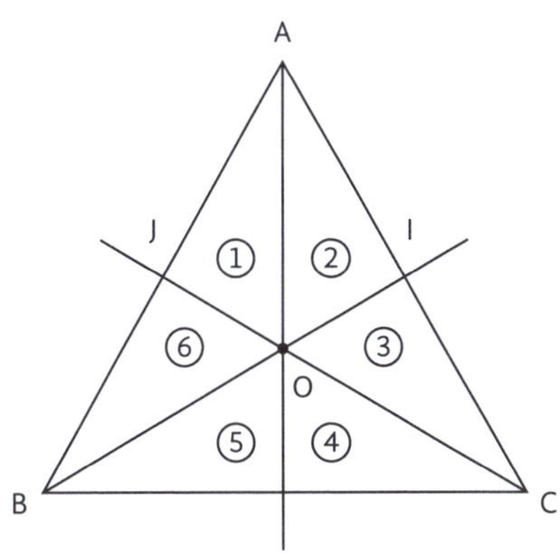

ASTUCE Tracez la hauteur issue de A même si elle n'est pas mentionnée dans l'énoncé.

On dessine la figure et on numérote les 6 zones ainsi créées. On cherche à évaluer la part occupée par les zones 1 et 2 sur le total (voir figure).

Étape 2 Identifions la part occupée par les zones 1 et 2.

Propriété géométrique : En observant 2 zones, par exemple la 2 et la 3, on observe qu'elles font la même taille. Par construction, AI = IC (voir rappel de cours) et IO est un côté commun aux 2 zones. Ainsi, les 2 triangles sont identiques (2 côtés identiques donc le troisième aussi forcément).

On peut démontrer comme cela que : **Zone 1 = Zone 2 = Zone 3 = Zone 4 = Zone 5 = Zone 6.**

Étape 3 Concluons.

Ainsi, la part de AJOI est : $\frac{2 \text{ zones}}{6 \text{ zones}} = \frac{2}{6}$ du total = $\mathbf{\frac{1}{3}}$ **du total. Réponse B.**

Question 52 Réponse D ★★★★☆ 45 sec. – 3 min. Fiche 61

Étape 1 Effectuons un tableau récapitulant les étapes de jeu.

X = somme initiale mise en jeu.

	Clémence	Axelle
Début	X	X
+ 10 minutes	X + 6	$\frac{X}{2}$
+ 20 minutes	$\frac{X+6}{2} = \frac{X}{2} + 3$	$\frac{X}{2} + \frac{X+6}{2} = X + 3$
Fin	$\frac{X}{2} + 3 = \frac{2}{3} \times (X + 3)$ car on sait que Clémence possède 2/3 de ce que possède Axelle.	

Étape 2 Calculons X.

$$\frac{X}{2} + 3 = \frac{2}{3}(X + 3) \Leftrightarrow 1 = \frac{2}{3}X - \frac{1}{2}X \Leftrightarrow 1 = \frac{4}{6}X - \frac{3}{6}X = \frac{1}{6}X \Leftrightarrow \mathbf{X = 6}$$

Donc leur mise de départ est de **6 euros. Réponse D.**

Question 53 Réponse D ★★★☆☆ **30 sec. – 1 min.** **Fiche 78**

- **Rappel de cours : Probabilité d'un événement =** $\dfrac{\text{Nombre de cas favorables}}{\text{Nombre de cas possibles}}$

Étape 1 Modélisons la situation.

5 codes sont possibles en tout. 3 faux et 2 corrects. Sylvain essaye un code qui s'avère faux. Il reste donc en main 4 codes : 2 faux et 2 corrects. On cherche donc la probabilité que les 2 prochains codes testés soient faux, ce qui correspond à la situation : « Le code testé en 2e est faux » et « Le code testé en 3e est faux ».

Étape 2 Calculons les probabilités associées.

Probabilité que le 2e code testé soit faux : 2 codes faux sur 4 restants ; P = 2/4 = **1/2**.
Probabilité que le 3e code testé soit faux : 1 code faux sur 3 restants ; P = **1/3** (il ne reste plus que 3 codes puisque l'on a éliminé le code faux testé en 2e).
Probabilité que les 2 prochains codes testés soient faux : 1/2 × 1/3 = 1/6. Réponse D.

REMARQUE On multiplie les probabilités car on veut A **et** B.

Question 54 Réponse B ★★★☆☆ **30 sec. – 2 min.** **Fiche 61**

Étape 1 Exprimons toutes les quantités en fonction de celle de Paula.

Si A est le nombre de champignons que possède Alfred, J celui de Jean et P celui de Paula. Alors, A = 9 P ; J = 3 P et P = P.

Étape 2 Exploitons le fait que la somme des 3 vaut 26.

$A + J + P = 26 \Leftrightarrow 9P + 3P + P = 26 \Leftrightarrow 13P = 26 \Leftrightarrow P = 2.$

Paula a donc **2 champignons. Réponse B.**

Question 55 Réponse A ★★★☆☆ **30 sec. – 2 min.** **Fiche 83**

- **Rappel de cours** La technique du backsolving consiste à tester la réponse du milieu, puis à tester les réponses à l'extrême au dessus ou en dessous, en fonction du résultat de la première étape.

Étape 1 Testons la réponse C.

$29 \times 18 + 23 \times 25 = 1\,097 > 1\,055.$

On élimine la réponse C ainsi que la réponse D.

Étape 2 Testons la réponse A.

$35 \times 18 + 17 \times 25 = 1\,055.$

La réponse A est donc correcte. **Réponse A.**

REMARQUE Autre méthode possible.

Soit R le nombre de chemises rouges et B le nombre de bleues.

$$\begin{cases} R+B=52 \\ 18\,B+25\,R=1055 \end{cases} \Leftrightarrow \begin{cases} B=52-R \\ 18\times(52-R)+25\,R=1055 \end{cases} \Leftrightarrow \begin{cases} R=17 \\ B=35 \end{cases}$$

Elle a donc vendu **17** chemises rouges.

Question 56 Réponse B ★★★☆☆ 30 sec. – 2 min. Fiche 77

- **Rappel de cours** Tout triangle inscrit dans un cercle dont les sommets se situent sur ce cercle et dont un des côtés est le diamètre est un **triangle rectangle.**

Étape 1 Reconnaissons un triangle rectangle.

ABC est inscrit dans le cercle. A, B et C sont sur le cercle et O est un point de AB.

On peut donc conclure que AB est un diamètre du cercle.

Ainsi, par propriété, ABC est un triangle rectangle en C.

Étape 2 Utilisons le théorème de Pythagore dans ce triangle.

On peut donc utiliser le théorème de Pythagore :

$AC^2 + BC^2 = AB^2 \Leftrightarrow AC^2 + 9 = 25 \Leftrightarrow AC^2 = 16 \Leftrightarrow$ **AC = 4 cm. Réponse B.**

REMARQUE On reconnaît le triangle pythagoricien : 3, 4, 5.

Question 57 Réponse C ★★★★☆ 45 sec. – 3 min. Fiche 75

- **Rappel de cours** **Aire rectangle = Longueur × largeur**

Étape 1 Modélisons la situation.

Soit $a \times b$ l'aire du rectangle.

Étape 2 Exploitons la 1re information.

On a : $(a + 3) \times (b + 2) = a \times b + 37$.

Étape 3 Exploitons la 2e information.

On a : $(a - 2) \times (b - 1) = a \times b - 16$.

Étape 4 Rassemblons les 2 informations pour créer un système d'équations.

On a : $\begin{cases} (a+3)\times(b+2)=a\times b+37 \\ (a-2)\times(b-1)=a\times b-16 \end{cases}$

$\Leftrightarrow \begin{cases} a\times b+2a+3b+6=a\times b+37 \\ a\times b-a-2b+2=a\times b-16 \end{cases}$

$$\Leftrightarrow \begin{cases} 2a+3b+6=37 \\ -a-2b+2=-16 \end{cases} \text{(on a supprimé les } a \times b \text{ des 2 côtés).}$$

$$\Leftrightarrow \begin{cases} 2a+3b=31 \\ -a-2b=-18 \end{cases}$$

$$\Leftrightarrow \begin{cases} 2a+3b=31 \\ a+2b=18 \end{cases}$$

$$\Leftrightarrow \begin{cases} 2a+3b=31 \\ a=18-2b \end{cases}$$

$$\Leftrightarrow \begin{cases} 2 \times (18-2b)+3b=31 \\ a=18-2b \end{cases}$$

$$\Leftrightarrow \begin{cases} b=5 \\ a=8 \end{cases}$$. **Réponse C.**

Question 58 Réponse D ★★★☆☆ **30 sec. – 2 min.** **Fiche 62**

Étape 1 Posons le système d'équations.

Soit p le prix d'un pain au chocolat et b le prix d'une baguette. On a alors :

$$\begin{cases} 4p+2b=7{,}5 & \mathbf{(1)} \\ p=2{,}25-b & \mathbf{(2)} \end{cases}$$

Étape 2 Résolvons le système.

En insérant **(2)** dans **(1)**, on a :

$$\begin{cases} 4p+2b=7{,}5 \\ p=2{,}25-b \end{cases} \Leftrightarrow \begin{cases} 4 \times (2{,}25-b)+2b=7{,}5 \\ p=2{,}25-b \end{cases} \Leftrightarrow \begin{cases} 9-2b=7{,}5 \\ p=2{,}25-b \end{cases} \Leftrightarrow \begin{cases} 2b=1{,}5 \\ p=2{,}25-b \end{cases}$$

$$\Leftrightarrow \begin{cases} b=0{,}75 \\ p=1{,}5 \end{cases}$$

Étape 3 Concluons.

Un pain au chocolat coûte donc 1,5 € et une baguette 0,75 €. **Réponse D.**

Question 59 Réponse B ★★★★★ 45 sec. – 2 min. Fiches 67/68

■ **Rappels de cours** $T_{croisement} = \dfrac{\text{Distance d'écart}}{\text{Somme des vitesses}}$ et $T_{rattrapage} = \dfrac{\text{Distance d'avance}}{\text{Écart des vitesses}}$

Étape 1 Exploitons l'information n° 1 : « S'ils roulent en sens contraire, ils se croisent toutes les 10 secondes ».

S'ils roulent en sens contraire en partant du même point, ils sont séparés de 200 mètres, soit 0,2 km. Ils se croisent en 10 secondes soit 1/6 min soit 1/360 h.

$$\text{Temps de croisement} = \frac{\text{Distance d'écart}}{\text{Somme des vitesses}} \Leftrightarrow \frac{1}{360}\text{ h} = \frac{0{,}2\text{ km}}{\text{Somme des vitesses}}$$

⇔ (produit en croix) Somme des vitesses = 0,2 × 360 = 2 × 36 = **72 km/h (1).**

Étape 2 Exploitons l'information n° 2 : « S'ils roulent dans le même sens, le plus rapide double l'autre toutes les 90 secondes ».

S'ils roulent dans le même sens en partant du même point, doubler l'autre correspond à prendre 200 mètres d'avance, soit une avance de 0,2 km. Ils se croisent en 90 secondes, soit 1,5 min soit 1,5/60 h.

$$\text{Temps de rattrapage} = \frac{\text{Distance d'avance}}{\text{Écart des vitesses}} \Leftrightarrow \frac{1{,}5}{60}\text{ h} = \frac{0{,}2\text{ km}}{\text{Écart des vitesses}}$$

⇔ (produit en croix) 1,5 × Écart vitesses = 0,2 × 60 ⇔ Écart vitesses = $\dfrac{12}{1{,}5} = \dfrac{120}{15}$ = **8 km/h (2).**

Étape 3 Résolvons le système formé par (1) et (2).

$\begin{cases} V_{rapide} + V_{lent} = 72 \ (\mathbf{1}) \\ V_{rapide} - V_{lent} = 8 \quad (\mathbf{2}) \end{cases}$, soit en additionnant **(1)** et **(2)** : 2 × V_{rapide} = 80, soit $\mathbf{V_{rapide}}$ **= 40 km/h.**

Réponse B.

Question 60 Réponse A ★★☆☆☆ 15 sec. – 1 min. Fiche 83

Étape 1 Éliminons les réponses impossibles.

On remarque que 39 × 10 = 390 et 49 × 10 = 490 : les réponses C et D sont donc éliminées d'office (car elles sont trop élevées).

Idem pour la réponse B.

Étape 2 Concluons.

Par élimination, il s'agit donc de 18 × 19 = 342 et donc Y = 1. **Réponse A.**

Difficulté	DIFFICILE								
Question	61	62	63	64	65	66	67	68	69	70
Réponse	D	D	B	D	D	B	D	C	A	C

Question 61 Réponse D ★★★☆☆ **30 sec. – 2 min.** **Fiches 112/115**

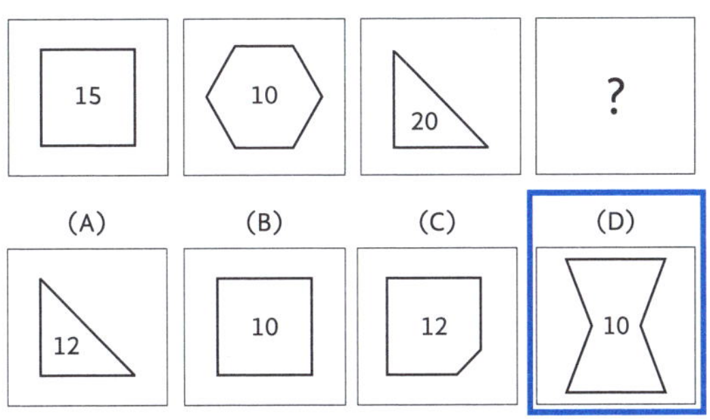

Logique 1 : Le nombre est un multiple de 5.

Logique 2 : Nombre de côtés de la figure × nombre = 60.

Question 62	Réponse D	★★★★☆	45 sec. – 3 min.	Fiches 112/115

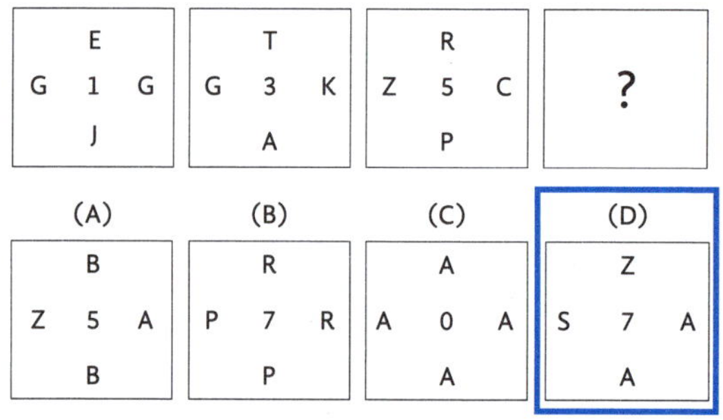

Logique 1 : Le nombre augmente de +2 : 1, 3, 5 → 7.

Logique 2 : Somme des rangs des lettres verticales – Somme des rangs des lettres verticales = nombre central.

Question 63	Réponse B	★★★★★	45 sec. – 3 min.	Fiches 106/115

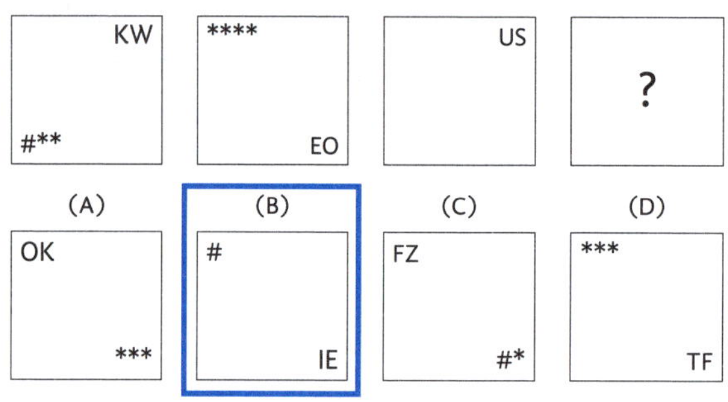

Logique 1 : Déplacement des lettres à droite → Lettres en bas à droite.

Logique 2 : La somme des barres des 2 lettres est indiquée par l'addition de la valeur numérique de chaque symbole (# = 5 et * = 1) : K + W = 3 + 4 = 7 = # + * + * = 7 ; etc.

Question 64	Réponse D	★★☆☆☆	15 sec. – 1 min.	Fiche 114

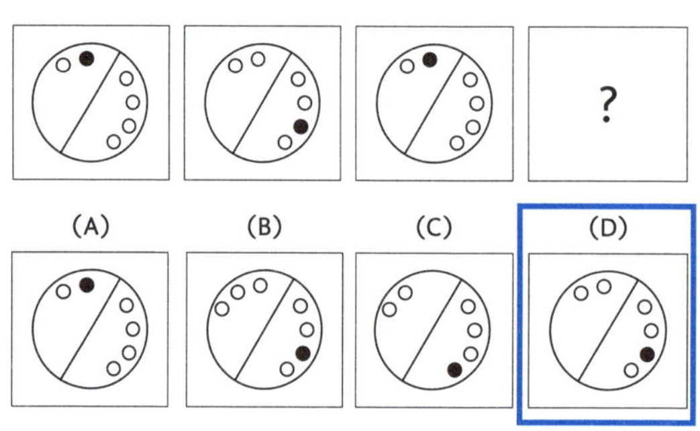

Logique : Le point noir se déplace de 3 crans dans le sens inverse des aiguilles d'une montre.

> **ATTENTION** La réponse B est un piège.

Question 65 Réponse D ★★★☆☆ 30 sec. – 2 min. Fiches 114/115

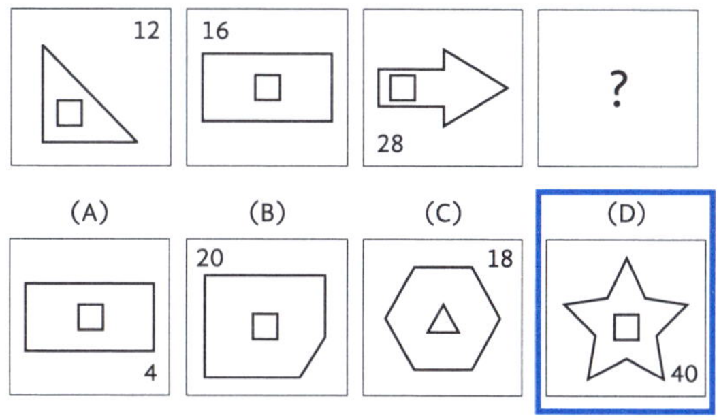

Logique 1 : Le nombre se déplace de coin en coin dans le sens anti-horaire → En bas à droite.
Logique 2 : Nombre de côtés de la figure × Nombre de côtés de la figure à l'intérieur = le nombre indiqué.

Question 66 Réponse B ★★☆☆☆ 15 sec. – 1 min. Fiche 118

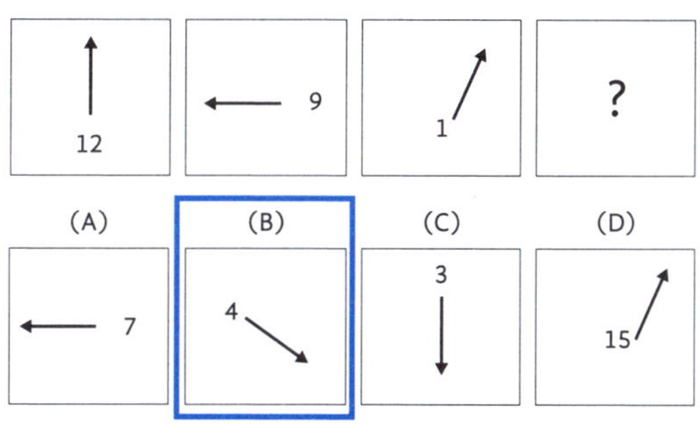

Logique : La flèche et le nombre indiquent l'heure sur un cadran de montre.

Question 67 Réponse D ★★★★☆ 45 sec. – 3 min. Fiches 114/117

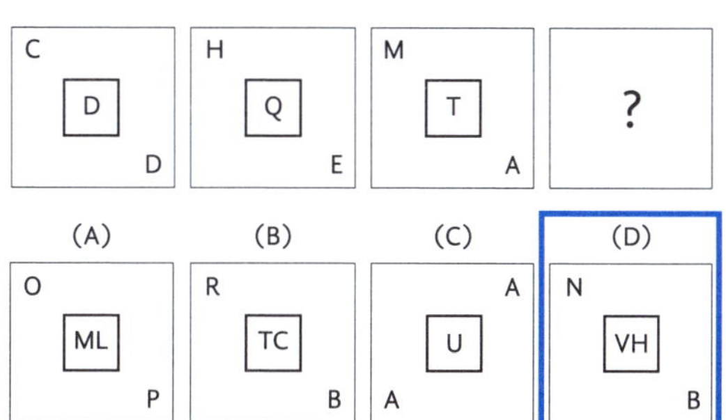

Logique 1 : Les lettres sont toujours placées au même endroit.
Logique 2 : La lettre centrale est l'initiale du résultat du produit du rang des lettres en haut à gauche et en bas à droite (C × D = 3 × 4 = Douze ; etc.).

Question 68 **Réponse C** ★★☆☆☆ **30 sec. – 2 min.** **Fiches 112/118**

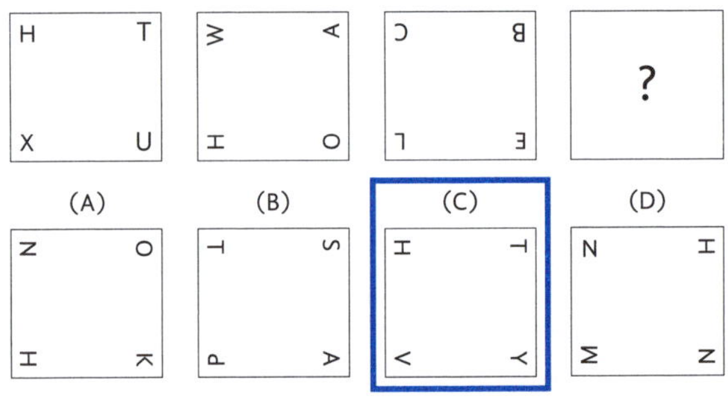

Logique 1 : Les lettres tournent sur elles-mêmes d'1/4 de tour dans le sens inverse des aiguilles d'une montre.
Logique 2 : La lettre en bas à droite est toujours une voyelle.

Question 69 **Réponse A** ★★★☆☆ **30 sec. – 2 min.** **Fiches 112/114**

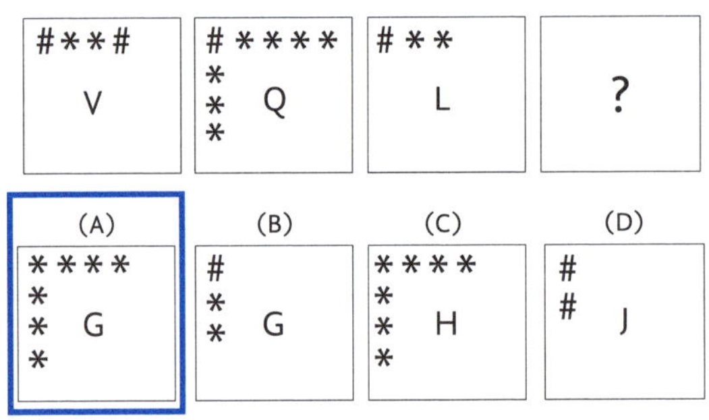

Logique 1 : Le rang de la lettre augmente de 5 : V, Q, L → G.
Logique 2 : Les symboles indiquent le rang de la lettre : # = 10 et * = 1 (G = 7 = * + * + * + * + * + * + *).

Question 70 **Réponse C** ★★★☆☆ **30 sec. – 2 min.** **Fiches 112/114**

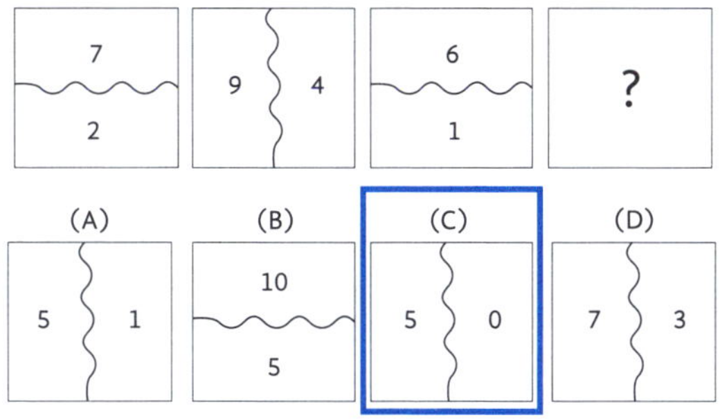

Logique 1 : Le trait de séparation est horizontal, puis vertical, puis horizontal → Vertical.
Logique 2 : La différence entre les 2 nombres est constante égale à 5 (7 – 2 = 5 ; 9 – 4 = 5 ; etc.).

TAGE 2® N° 6

GRILLE DE RÉPONSES TAGE 2® N° 6																
LEXIPHRASE	Question	1	2	3	4	5	6	7	8	9	10	11	12	13	14	15
	Réponse															
	SCORE : ....../45		**Nombre BR : .../15**					**Nombre MR : .../15**								
CALCUL (2)	Question	16	17	18	19	20	21	22	23	24	25					
	Réponse															
	SCORE : ....../30		**Nombre BR : .../10**					**Nombre MR : .../10**								
LOGIQUE (3)	Question	26	27	28	29	30	31	32	33	34	35					
	Réponse															
	SCORE : ....../30		**Nombre BR : .../10**					**Nombre MR : .../10**								
PARATEXTE	Question	36	37	38	39	40	41	42	43	44	45	46	47	48	49	50
	Réponse															
	SCORE : ....../45		**Nombre BR : .../15**					**Nombre MR : .../15**								
CALCUL (5)	Question	51	52	53	54	55	56	57	58	59	60					
	Réponse															
	SCORE : ....../30		**Nombre BR : .../10**					**Nombre MR : .../10**								
LOGIQUE (6)	Question	61	62	63	64	65	66	67	68	69						
	Réponse															
	SCORE : ....../30		**Nombre BR : .../10**					**Nombre MR : .../10**								
T2 N° 6	**SCORE : ....../210**		BR = Bonne Réponse = +3 points. MR = Mauvaise Réponse = −1 point.													

TAGE 2® N° 6

1 LEXIPHRASE

CONSIGNES

15 questions	15 minutes	Calculatrice interdite	Chronomètre recommandé

BARÈME

Bonne réponse : +3 points	Aucune réponse : 0 point	Mauvaise réponse : –1 point

DÉFINITIONS & SYNONYMES

Question 1. Être la lanterne rouge, c'est [...] :

(A) Être premier.
(B) Être rouge.
(C) Être dernier.
(D) Être avant-dernier.

Question 2. Son discours motive, il est [...] :

(A) Lénifiant
(B) Soporifique
(C) Stimulant
(D) Hypnotique

Question 3. Choisissez les mots dont le sens se rapproche le plus des mots soulignés.

Il a réalisé cette œuvre <u>en partant de rien</u> et <u>intégralement</u>.

(A)	Ad hominem	In abstracto
(B)	In extenso	Nolens, volens
(C)	Urbi et orbi	Ex nihilo
(D)	Ex nihilo	In extenso

Question 4. Choisissez la reformulation dont le sens se rapproche le plus des mots soulignés.

L'enquête a <u>révélé</u> de nombreuses <u>déficiences</u> des services de renseignement.

(A)	Mis au jour	Défaillances
(B)	Mis en lumière	Qualités
(C)	Souligné	Dysfonctionnements
(D)	Mis à jour	Difficultés

ANTONYMES

Question 5. Il fallait voir cet épisode comme une <u>aubaine</u>.

(A) Une chance
(B) Une opportunité
(C) Un pépin
(D) Une extrémité

Question 6. Marie se sentait comme une <u>autochtone</u>.

(A) Une native
(B) Une locale
(C) Une sœur
(D) Une étrangère

INTRUS

Question 7. Quel est l'intrus ?

(A) Un Soleil froid.
(B) Une neige brûlante.
(C) Une grande beauté.
(D) Une obscure clarté.

Question 8. Quel est l'intrus ?

(A) Brillamment
(B) Éperdument
(C) Prudemment
(D) Ardamment

Question 9. Quel est l'intrus ?

(A) Un tiens vaut mieux que deux tu l'auras.

(B) Mieux vaut tenir que courir.

(C) Il ne faut pas lâcher la proie pour l'ombre.

(D) Voir midi à sa porte.

ANALOGIES

Question 10.

Effervescence : calme Embouteillé : ?

(A) Bouché

(B) Seul

(C) Fluide

(D) Rond

CORRECTION

Question 11. Combien de fautes d'orthographe et/ou de grammaire ce passage contient-il ?

Dans cinq minutes, le train entreras en gare de Menton. Joseph se lève d'un bond, enfile son chandail noir à losange sur sa veste de pyjamas encore tiède de la nuit et ouvre la porte-fenêtre du balcon. La fraîcheur du matin le saisis, pique son visage et ses yeux.

(A) 1

(B) 2

(C) 3

(D) 4

Question 12. Combien de fautes d'orthographe, de grammaire et d'usage le paragraphe suivant contient-il ?

Dans mon quartier, les traficants de drogue ont la main mise sur les forces de police grâce à de substantiels pots-de-vins. L'augmentation des effectifs et des patrouilles ne changera pas la donne tant que les mentalités resteront inchangées. Il faut une politique de long-terme pour éradiquer ce fléaux. Sans cela, la vie de quartier ne sera jamais tranquille et le risque est que la majorité abandonnent le quartier.

(A) 3

(B) 4

(C) 5

(D) 6

COHÉRENCE TEXTUELLE

Question 13. Depuis sa [...], Jean [...] courir ; pourtant il a toujours été un passionné [...].

(A) Blessure	N'a plus envie de	D'athlétisme
(B) Défaite	S'est remis à	Fou
(C) Démission	S'est remis à	De son travail
(D) Naissance	Ne pense qu'à	D'informatique

Question 14. Je n'ai pas décroché ce poste [...] mon manque d'expérience et [...] mes qualifications. Si on m'avait dit, un jour, que faire des études supérieures aurait pu me nuire.

(A) En dépit de	Grâce à
(B) En raison de	Au profit
(C) Grâce à	De par
(D) À cause de	Malgré

Question 15. [...] la qualité de votre dossier, [...] de vous notifier [...] de votre candidature.

(A) En dépit de	Nous avons le regret	Le rejet
(B) Malgré	Nous regrettons	L'acceptation
(C) Parallèlement à	Nous avons le plaisir	La sélection
(D) Du fait de	Nous sommes heureux	La qualité

TAGE 2® N° 6

2 CALCUL (2)

CONSIGNES

10 questions	30 minutes	Calculatrice interdite	Chronomètre recommandé

BARÈME

Bonne réponse : + 3 points	Aucune réponse : 0 point	Mauvaise réponse : – 1 point

Question 16. Un terrain carré mesure 82,8 mètres de côté. On le partage entre 4 carrés égaux par 2 allées perpendiculaires qui mesurent 1,8 mètre de large chacune.

Sachant que chaque carré est cultivable sur 80 % de sa surface, quelle est la surface cultivable de chaque carré ?

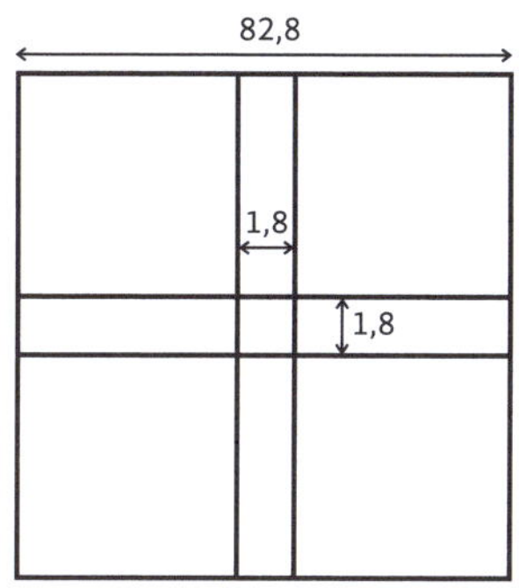

(A) 1 640,25 m^2

(B) 1 430,4 m^2

(C) 1 410,5 m^2

(D) 1 312,2 m^2

Question 17. Sachant que $27^n + 27^n + 27^n = 3^{2026}$, combien vaut n ?

(A) 2 025

(B) 2 024

(C) 675

(D) 905

Question 18. Complétez la suite : 11 – 13 – 17 – 25 – 32 – ?

(A) 33
(B) 37
(C) 39
(D) 40

Question 19. À la cour du Roi de France, les femmes se saluent entre elles par une légère révérence et les hommes se saluent par un mouvement de tête. Lors d'une soirée, il y a deux fois plus d'hommes que de femmes et l'on compte 12 350 mouvements de tête et révérences. Combien y a-t-il d'hommes à cette soirée ?

(A) 50
(B) 100
(C) 150
(D) 200

Question 20. On considère le carré suivant. Sachant que la somme des périmètres des 8 rectangles découpés est égale à 240 cm, quelle est l'aire du carré initial ?

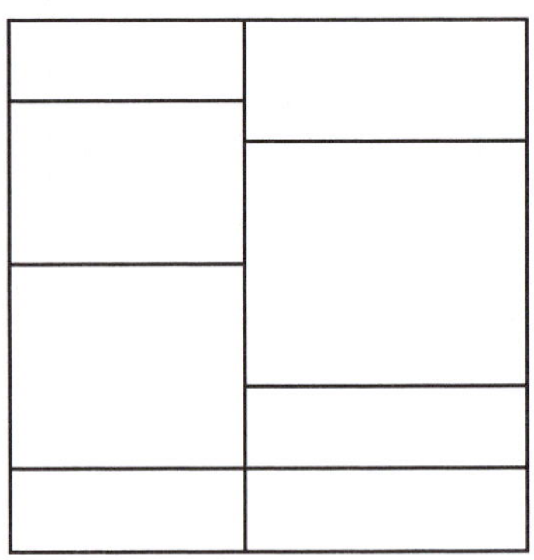

(A) 240 cm^2
(B) 400 cm^2
(C) 480 cm^2
(D) 820 cm^2

Question 21. Jules a assez d'argent pour acheter deux chewing-gums et quatre sucettes ou dix dragées et deux nougats. Lucie, elle, a assez d'argent pour acheter quatre nougats ou un chewing-gum et deux sucettes.

Combien de dragées valent trois chewing-gums et six sucettes ?

(A) 12
(B) 14
(C) 16
(D) 20

Question 22. L'entreprise RickRack réalise une étude sur la moyenne des salaires de ses 540 employés composés d'ouvriers et de cadres. Après calculs, la moyenne générale des salaires est de 2 000 euros, celle des cadres de 2 800 euros et celle des ouvriers de 1 800 euros. Combien y a-t-il de cadres dans l'entreprise ?

(A) 100
(B) 104
(C) 108
(D) 112

Question 23. Que vaut 6X + 1,5Y sachant que le produit des nombres à trois chiffres 31X et 24Y est égal à 77 688 et que X < Y ?

(A) 10,5
(B) 16
(C) 25,5
(D) 22

Question 24. Je passe une soirée avec mes amis. Chacun met son nom sur un papier et on pioche un papier au hasard. Combien y a-t-il de filles à la soirée sachant que nous sommes moins de 10 et que la probabilité de piocher un nom de garçon est de 2/5 ?

(A) 6
(B) 3 ou 6
(C) 2
(D) 3

Question 25. Les Delacroix font des travaux pour agrandir leur piscine, qui mesurait initialement 6 mètres de long, 4 mètres de large et 15 décimètres de profondeur. Après travaux, la piscine est allongée de 5 mètres et n'est pas élargie. La nature du sol ne permet d'augmenter la profondeur de la piscine que sur la longueur nouvellement construite.
Pour que la piscine atteigne un volume de 0,08 dam^3, quel doit être l'écart entre la profondeur de la partie initiale de la piscine et la profondeur de sa partie nouvellement construite ?

(A) 27 dm

(B) 22 dm

(C) 7 dm

(D) 12 dm

TAGE 2® N° 6

3 LOGIQUE (3)

CONSIGNES

10 questions	15 minutes	Calculatrice interdite	Chronomètre recommandé

BARÈME

Bonne réponse : +3 points	Aucune réponse : 0 point	Mauvaise réponse : – 1 point

Question 26.

		62		
		08		
		17		
		35		
16	64	?	48	40

(A) 80 (B) 24 (C) 32 (D) 71

Question 27.

			GHI	
ZAN	HJR	YSK	?	FBH
			LOR	
			PTX	
			BDF	

(A) XYZ (B) FSC (C) KSJ (D) NPR

Question 28.

			97	
			35	
37	91	82	?	46
			79	
			42	

(A) 73 (B) 64 (C) 55 (D) 86

Question 29.

BJ ? JP QV HL
RH
CZ
BK
AY

(A) GN (B) NB (C) OV (D) DF

Question 30.

JC
EI
HB RJ ? GN PR
KE
GJ

(A) LD (B) LC (C) NA (D) CL

Question 31.

MM
WF
AZ HG ? JI DC
NT
LL

(A) WT (B) NM (C) WV (D) EY

Question 32.

66
53
31 75 ? 42 97
34
72

(A) 54 (B) 16 (C) 20 (D) 64

Question 33.

371	568	?	344	137
		312		
		862		
		514		
		936		

(A) 555 (B) 541 (C) 450 (D) 550

Question 34.

		AF		
		UP		
FO	EN	?	SL	ZK
		ER		
		ID		

(A) YR (B) CM (C) PF (D) OM

Question 35.

			12	
			16	
13	17	19	?	23
			32	
			10	

(A) 29 (B) 53 (C) 02 (D) 42

TAGE 2® N° 6

4 PARATEXTE

CONSIGNES

15 questions	15 minutes	Calculatrice interdite	Chronomètre recommandé

BARÈME

Bonne réponse : +3 points	Aucune réponse : 0 point	Mauvaise réponse : –1 point

PARAGRAPHE

Question 36. Amazon est revenu dans [...], n'a jamais [...] autant [...] et a remporté [...].

(A)	Le vert	Gagné	D'argent	La bataille des ventes à Noël
(B)	Le rouge	Perdu	D'argent	Le prix du plus gros krach boursier
(C)	Le noir	Accumulé	De pertes	De nouveaux clients
(D)	L'orange	Accumulé	D'argent	La course à la consommation de masse

Question 37. Mais [...] en attendaient plus, et cela suffit à faire chuter [...].

(A)	Les clients	Le taux de satisfaction
(B)	Les actionnaires	Les revenus
(C)	Les investisseurs	L'action
(D)	Les dirigeants	Les salaires

Question 38. Amazon continue d'améliorer sa [...], aidé par [...], mais trop [...] au goût de Wall Street.

(A)	Marque	Son développement international	Rapidement
(B)	Croissance	Ses concurrents	Lentement
(C)	Part de marché	Son site Internet	Rapidement
(D)	Rentabilité	Sa filiale de services aux entreprises	Lentement

Question 39. L'action du groupe avait (....) 8,91 % en séance grâce aux [...] suscités par les performances durant les fêtes de fin d'année.

(A) Explosé de	Attentes
(B) Augmenté de	Prévisions
(C) Dégringolé de	Espoirs
(D) Gagné	Espoirs

Question 40. La [...] des résultats l'a fait [...] de plus de 13 % dans les échanges suivant la clôture.

(A) Diminution	Stagner
(B) Publication	Rechuter
(C) Communication	Augmenter
(D) Mise en ligne	Dégringoler

TEXTE

Question 41. C'est, [...], une façon pour l'organisme de [...] dans la réalité au sortir du sommeil.

(A) Bien entendu	S'approprier
(B) De toute évidence	Se morfondre
(C) De toute façon	Se réapproprier
(D) À l'évidence	Reprendre pied

Question 42. [...] les scientifiques ne disposent pas d'une, mais de deux explications pour justifier ce comportement.

(A) Bien que
(B) Sauf que
(C) Alors que
(D) Étant donné que

Question 43. [...] « pandiculation », cet étirement généralisé des muscles, le plus souvent assorti de bâillements, concerne presque tous les vertébrés.

(A) Baptisé
(B) Surnommé
(C) Bien nommé
(D) Étiqueté

Or, en se contractant, tous les muscles qui permettent de se tenir debout provoquent une vraie dépense énergétique pour l'organisme : aussi, ce mécanisme doit-il nécessairement être utile pour avoir été retenu par l'évolution… Mais, comme l'avoue Olivier Walusinski, médecin généraliste et spécialiste du bâillement, *« il n'y a pas de consensus »*. La pandiculation, qui apparaît chez le fœtus vers la douzième semaine de grossesse, semble d'abord répondre à la raideur des membres après une immobilité prolongée.

Stimulées par ces contractions, les enveloppes de tissu conjonctif autour des muscles conserveraient ainsi toute leur souplesse, garantissant ampleur et flexibilité aux mouvements. Mais ces étirements stimulent aussi l'intéroception, c'est-à-dire la perception que nous avons de notre propre corps via l'activation d'une zone du cerveau appelée insula.

« Cette puissante contraction musculaire nous fait percevoir notre schéma corporel de manière plus intense, explique Olivier Walusinski. *On se sent mieux.* » On sait par ailleurs que le bâillement accélère la circulation du liquide céphalo-rachidien qui baigne le cerveau, et où s'accumulent des substances induisant le sommeil.

Bâiller pourrait donc hâter l'élimination de ces substances et éloigner le sommeil. De quoi accentuer, là aussi, l'état d'éveil. S'étirer le matin permettrait de se préparer à l'action en assurant le fonctionnement optimal du système musculo-squelettique, mais aussi la vivacité du système nerveux.

Question 44. Que signifie le terme « pandiculation » ?

(A) Bâillement qui apparaît après 12 semaines de grossesse.
(B) Perception qu'un individu a de son propre corps.
(C) Étirement généralisé des muscles.
(D) Action qui assure le fonctionnement optimal du système musculo-squelettique.

Question 45. Quels domaines du corps humain sont évoqués dans le texte ?

1. Domaine cérébral
2. Domaine musculaire
3. Domaine articulaire
4. Domaine sanguin

(A) 1 + 2 + 3 + 4
(B) 1 + 2
(C) 1 + 2 + 3
(D) 2 + 3

Question 46. Que signifie le terme « insula » ?

(A) Verbe qui signifie s'étirer la mâchoire.
(B) Partie du cerveau.
(C) Processus biologique du sommeil.
(D) Nom du liquide céphalo-rachidien qui baigne le cerveau.

Question 47. Quelle perception le lecteur a-t-il du « bâillement » après avoir lu ce texte ?

(A) La bâillement est néfaste pour la santé.
(B) Le bâillement et signe que l'individu est en bonne santé.
(C) Le bâillement est positif et utile pour l'être humain.
(D) Le bâillement n'a aucun impact réel sur la santé d'un être humain.

Question 48. Quelle pourrait être la source du texte ?

(A) Un journal quotidien.
(B) Un extrait d'ouvrage.
(C) Un magazine spécialisé.
(D) Un ouvrage scolaire.

Question 49. Quel titre conviendrait le mieux pour ce texte ?

(A) Pourquoi rêvons-nous la nuit ?
(B) Pourquoi avons-nous besoin de dormir ?
(C) Effets bénéfiques du réveil.
(D) Pourquoi s'étire-t-on au réveil ?

Question 50. Quel résumé conviendrait le plus à ce texte ?

(A) Selon l'avis de plusieurs experts, s'étirer permettrait de stimuler l'activité de notre système nerveux. Cela permettrait ainsi d'être plus fort et moins fatigué.
(B) Plusieurs explications peuvent expliquer l'étirement et le bâillement. D'une part, cela permet de déraidir ses membres. D'autre part, cela permet de repousser le sommeil.
(C) Il n'existe pas de consensus au sujet des conséquences corporelles des étirements et du bâillement. Toutefois, des observations empiriques ont pu être constatées, en particulier sur le système nerveux.
(D) Les spécialistes recommandent de s'étirer et de bailler le plus possible afin de stimuler notre système nerveux et de déraidir nos muscles.

TAGE 2® N° 6

CALCUL (5)

CONSIGNES

10 questions	30 minutes	Calculatrice interdite	Chronomètre recommandé

BARÈME

Bonne réponse : + 3 points	Aucune réponse : 0 point	Mauvaise réponse : – 1 point

Question 51. Michel effectue le trajet Paris – Bordeaux (600 km) en voiture. Il part à 11h08 et roule à 100 km/h. Sébastien effectue le trajet inverse mais part 1 heure après et roule à la même vitesse que Michel. À quelle distance de Paris vont-ils se croiser ?

(A) 150 km
(B) 250 km
(C) 350 km
(D) 400 km

Question 52. Cette année, il y a 30 participants à une course. L'année prochaine, il y aura 4 hommes de plus et 2 femmes de plus. L'année prochaine, il y aura autant d'hommes que de femmes. Combien y a-t-il eu d'hommes cette année ?

(A) 12
(B) 13
(C) 14
(D) 15

Question 53. Giovanni prépare une soirée, il a prévu 12 petits fours par personne. 14 convives ne viennent pas, chaque invité peut donc manger 16 petits fours.
Combien de convives étaient initialement invités ?

(A) 42
(B) 46
(C) 50
(D) 56

Question 54. Pascal prend son scooter pour aller faire des courses. À l'aller, il roule à 40 km/h et au retour (sur le même chemin), il roule à 60 km/h.

Sachant qu'il a mis 1h45 pour faire l'aller-retour, quelle est la distance du trajet aller ?

(A) 84 km

(B) 42 km

(C) 40 km

(D) 38 km

Question 55. Que vaut $\sum_{6}^{9}(3x-4)$?

(A) 76

(B) 74

(C) 72

(D) 70

Question 56. Dans l'entreprise Alpha, le salaire mensuel de tous les employés est composé d'une part fixe de 2 000 € et d'une part variable, proportionnelle au nombre de mois complets passés dans l'entreprise. Patrick travaille depuis 1 an et 4 mois dans l'entreprise et touche un salaire mensuel de 2 400 €. Astrid a commencé à travailler dans cette entreprise le 1er mars 2014. Quel salaire touchera-t-elle le 31 décembre 2015 ?

(A) 2 535 €

(B) 2 540 €

(C) 2 545 €

(D) 2 550 €

Question 57. Xavier, collectionneur de timbres, décide de vendre ses 150 timbres, dont 100 sont rares et 50 sont très rares, ces derniers coûtant 10 fois plus que les premiers. Il vend le tout pour 18 000 €. Françoise, une autre collectionneuse, vend ses 260 timbres, dont 70 % sont rares et les autres très rares. Combien a-t-elle gagné ?

(A) 19 960 €

(B) 21 540 €

(C) 25 650 €

(D) 28 860 €

Question 58. Si l'on augmente de 25 % la longueur d'un rectangle, de combien doit-on diminuer sa largeur pour que son aire reste inchangée ?

(A) 20 %
(B) 15 %
(C) 25 %
(D) 30 %

Question 59. Dans un club de retraités, les inscrits pratiquent tous deux activités parmi la couture, le tricot et la belote. Sachant que 45 % des inscrits pratiquent la couture et que 65 % pratiquent le tricot, combien de retraités pratiquent à la fois la couture et le tricot ?

(A) 25 %
(B) 20 %
(C) 15 %
(D) 10 %

Question 60. Albert, boulanger de père en fils, coupe une même baguette à cinq reprises. À la fin, il obtient des morceaux de 12 cm et moitié moins de morceaux réduits d'un quart. Quelle est la taille de la baguette ?

(A) 66 cm
(B) 60 cm
(C) 54 cm
(D) 48 cm

TAGE 2® N° 6

6 LOGIQUE (6)

CONSIGNES

10 questions	10 minutes	Calculatrice interdite	Chronomètre recommandé

BARÈME

Bonne réponse : + 3 points	Aucune réponse : 0 point	Mauvaise réponse : – 1 point

Question 61.

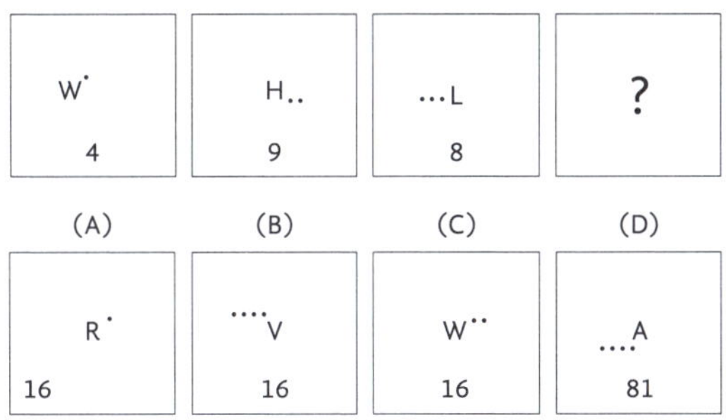

Question 62.

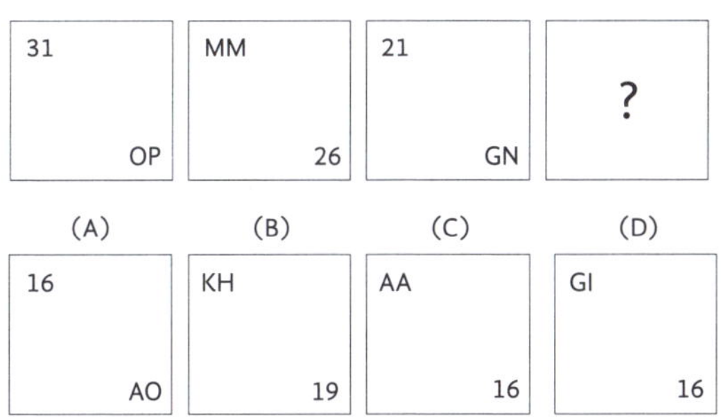

Question 63.

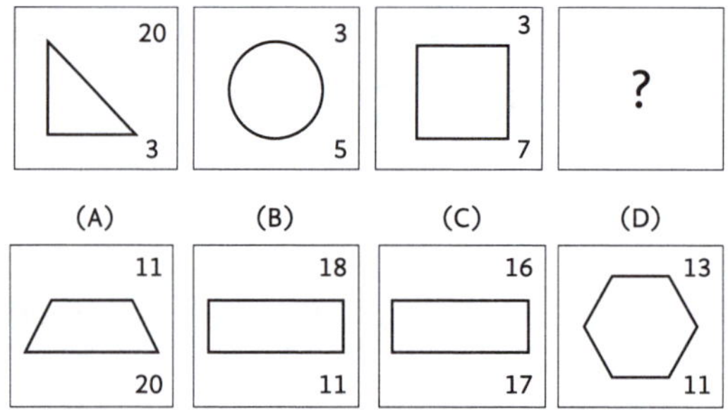

Question 64.

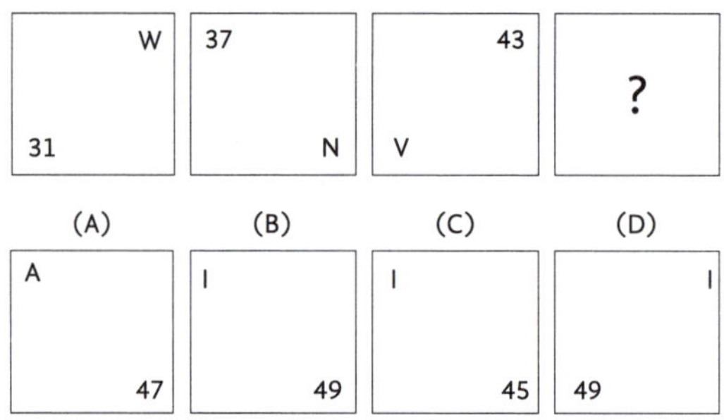

Question 65.

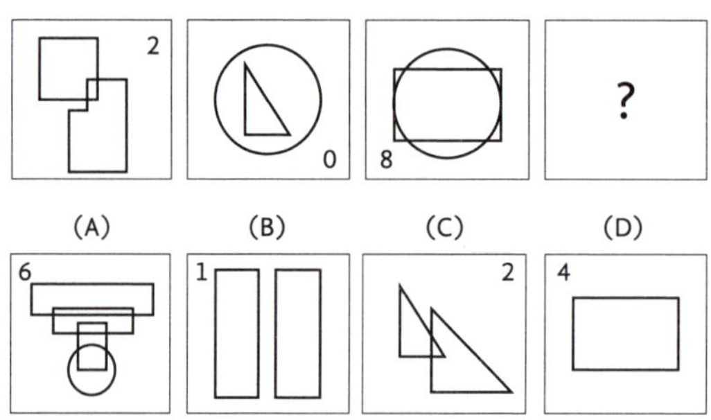

Question 66.

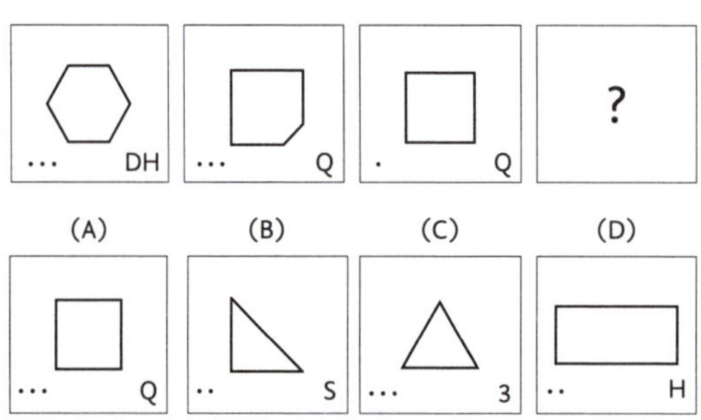

Question 67.

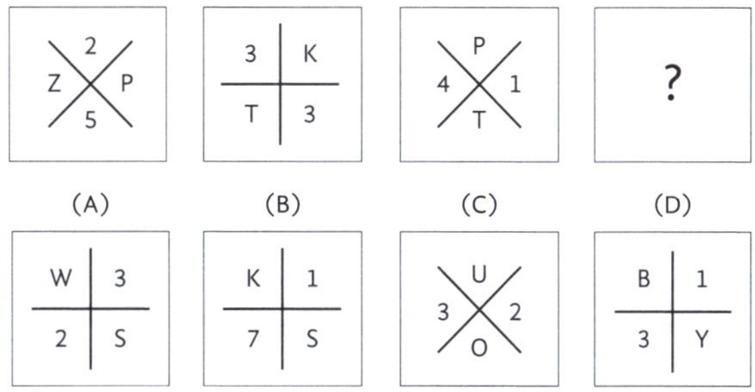

Question 68.

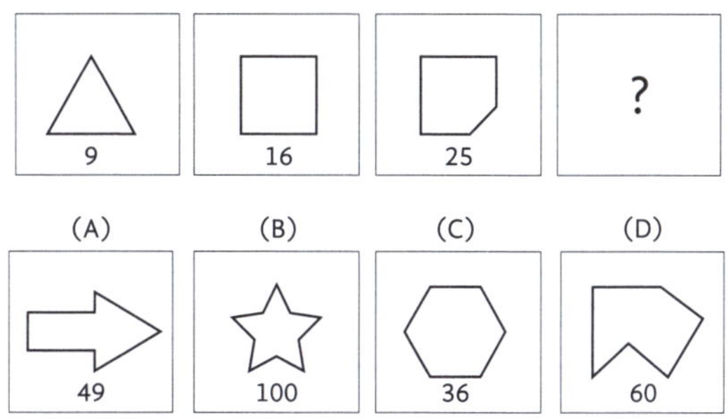

Question 69.

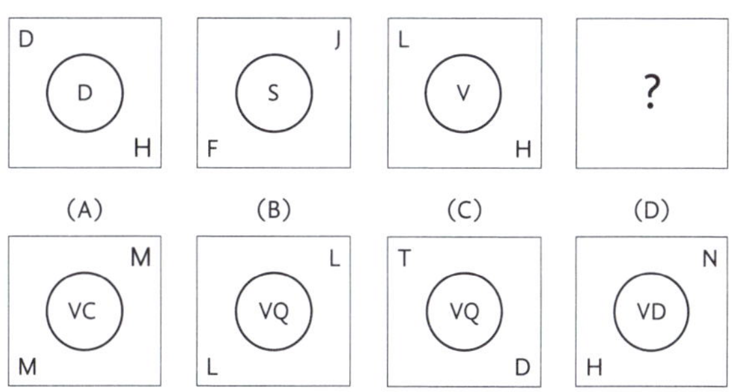

Question 70.

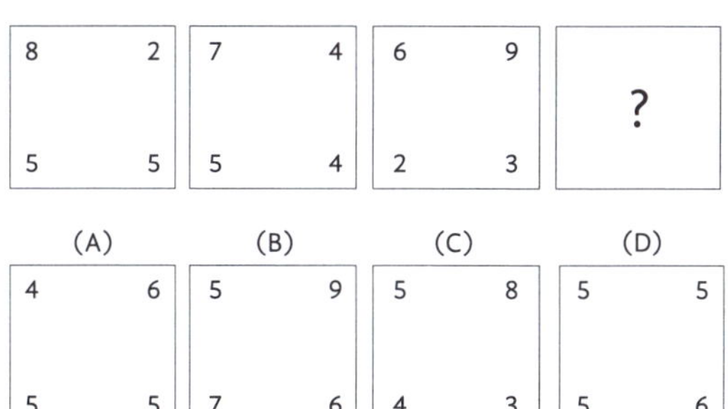

CORRIGÉ TAGE 2® N° 6

GRILLE DE RÉPONSES TAGE 2® N° 6

Difficulté du TAGE 2® N° 6 : NORMAL

LEXI.																
	Question	1	2	3	4	5	6	7	8	9	10	11	12	13	14	15
	Réponse	C	C	D	A	C	D	C	D	D	C	D	D	A	D	A

CALCUL											
	Question	16	17	18	19	20	21	22	23	24	25
	Réponse	D	C	B	B	B	D	C	C	D	C

LOG.											
	Question	26	27	28	29	30	31	32	33	34	35
	Réponse	A	D	B	A	B	C	D	D	D	C

PARA																
	Question	36	37	38	39	40	41	42	43	44	45	46	47	48	49	50
	Réponse	A	C	D	D	B	D	B	A	C	B	B	C	C	D	B

CALCUL											
	Question	51	52	53	54	55	56	57	58	59	60
	Réponse	C	C	D	B	B	D	D	A	D	A

LOG.											
	Question	61	62	63	64	65	66	67	68	69	70
	Réponse	B	D	B	B	A	B	D	C	B	C

Toutes les questions sont corrigées en vidéo dans votre espace **E-LEARNING sur www.monsieur-tage-2.com**

TAGE 2® N° 6

1 CORRIGÉ « LEXIPHRASE »

Difficulté	NORMAL														
Question	1	2	3	4	5	6	7	8	9	10	11	12	13	14	15
Réponse	C	C	D	A	C	D	C	D	D	C	D	D	A	D	A

Toutes les questions sont corrigées en vidéo dans votre espace **E-LEARNING sur www.monsieur-tage-2.com**

Posez toutes vos questions (concours, écoles, dossiers, TAGE 2®, etc.) au sein des **communautés d'entraide Facebook et Instagram « Monsieur TAGE 2 »** et **« Monsieur Ecoles de commerce » (+ de 20 000 membres).**

Question 1 Réponse C ★★★☆☆ 30 sec. – 2 min. Fiches 15/16

« **Être la lanterne rouge** » signifie être le **dernier** (d'une course, par exemple). **Réponse C.**

Question 2 Réponse C ★★☆☆☆ 15 sec. – 1 min. Fiches 15/16

Un discours motivant est un discours « stimulant ». **Réponse C.**

« **Lénifiant** », « **Soporifique** » et « **Hypnotique** » font référence à des éléments qui endorment.

Question 3 Réponse D ★★★☆☆ 30 sec. – 2 min. Fiches 15/16

« **Ex nihilo** » signifie en partant de rien, en partant de zéro.
« **In extenso** » signifie en intégralité, entièrement.

Il a réalisé cette œuvre **ex nihilo** et **in extenso**. **Réponse D.**

Question 4 Réponse A ★★★☆☆ 30 sec. – 2 min. Fiches 15/16

« **Révéler** » une chose c'est la porter à la connaissance du public.
Une « **déficience** » est une défaillance (physique ou intellectuelle).

1re colonne On garde les réponses A, B et C.

Les synonymes de **« Révélé »** sont : « Mis au jour », « Mis en lumière » et « Souligné ».
On garde donc les réponses A, B et C.

> **REMARQUE** Ne confondez pas « Mettre au jour » (= révéler) et « Mettre à jour » (= actualiser).

2e colonne On choisit la réponse A.

Les synonymes de **« Déficiences »** sont : « Défaillances », « Dysfonctionnements » et « Difficultés ».

> **REMARQUE** « Dysfonctionnement » est masculin, donc ne peut pas être placé après « Nombreuses ». On choisit donc la **réponse A.**

Question 5 Réponse C ★★★☆☆ 30 sec. – 2 min. Fiche 17

« **Une aubaine** » c'est une chance, une opportunité inespérée. C'est donc l'inverse d'un **« pépin ». Réponse C.**

Question 6 Réponse D ★★★★☆ 45 sec. – 3 min. Fiche 17

« **Un autochtone** » est une personne originaire du pays dans lequel elle vit. C'est donc une native, une locale. C'est l'inverse d'une **« étrangère ». Réponse D.**

Question 7 Réponse C ★★★☆☆ 30 sec. – 2 min. Fiches 22/23

Intrus : Réponse C : Une grande beauté.
Critère : Figures de style.

- **Rappel de cours** L'**oxymore** consiste à rapprocher 2 termes que leur sens devraient éloigner, dans une formule en apparence contradictoire.

« Un **Soleil froid** », « Une **neige brûlante** » et « Une **obscure clarté** » contiennent chacune un oxymore.
L'intrus est « Une grande beauté » car elle ne contient pas d'oxymore. **Réponse C.**

Question 8	Réponse D	★★★☆☆	30 sec. – 2 min.	Fiches 23/25

Intrus : Réponse D : Ardamment.

Critère : Orthographe, terminaison des adverbes en –ment.

- **Rappel de cours**

  1) Si l'adverbe correspond à un adjectif se terminant par -ent (prudent), on écrira l'adverbe avec -emment (prudemment).

  2) Si l'adverbe correspond à un adjectif se terminant par -ant (élégant), on écrira l'adverbe avec -amment (élégamment).

  3) Sinon, on termine l'adverbe avec -ment après avoir mis l'adjectif au féminin. : manifestement, faussement, silencieusement.

  4) Exceptions : Vraiment, précisément, gentiment, crûment, brièvement, précipitamment.

Les adverbes « Brillamment », « Éperdument » et « Prudemment » sont des averbes en –ment bien orthographiés.

L'intrus est donc « Ardamment », mal orthographié. Ardent → Ardemment. **Réponse D.**

Question 9	Réponse D	3/5	30 sec. – 2 min.	Fiches 19/23

Intrus : Réponse D : Voir midi à sa porte.

Critère : Le sens des expressions.

Les expressions « Un tiens vaut mieux que deux tu l'auras », « Mieux vaut tenir que courir » et « Il ne faut pas lâcher la proie pour l'ombre » sont des proverbes qui incitent à la mesure et à la prudence.

L'intrus est donc « Voir midi à sa porte » (= Voir une chose selon son propre point de vue) qui ne renvoie pas au même sens que les 3 autres proverbes. **Réponse D.**

Question 10	Réponse C	★★★☆☆	30 sec. – 2 min.

Critère : Effervescence est l'antonyme de calme. **Fluide** est l'antonyme d'embouteillé (sur la route par exemple). **Réponse C.**

Question 11	Réponse D	★★★★☆	45 sec. – 3 min.	Fiches 25/31

Dans cinq minutes, le train **entrera** en gare de Menton. Joseph se lève d'un bond, enfile son chandail noir à **losanges** sur sa veste de **pyjama** encore tiède de la nuit et ouvre la porte-fenêtre du balcon. La fraîcheur du matin le **saisit**, pique son visage et ses yeux.

Le passage contient **4 fautes. Réponse D.**

Question 12	Réponse D	★★★★☆	30 sec. – 2 min.	Fiches 24/30

Dans mon quartier, les **trafiquants** de drogue ont la **mainmise** sur les forces de police grâce à de substantiels **pots-de-vin**. L'augmentation des effectifs et des patrouilles ne changera pas la donne tant que les mentalités resteront inchangées. Il faut une politique de **long terme** pour éradiquer ce **fléau**. Sans cela, la vie de quartier ne sera jamais tranquille et le risque est que la majorité **abandonne** **(la majorité)** le quartier.

Le passage contient **6 fautes. Réponse D.**

Question 13	Réponse A	★★★☆☆	30 sec. – 2 min.	Fiche 34

Depuis sa **blessure**, Jean **n'a plus envie de** courir ; pourtant il a toujours été un passionné **d'athlétisme**. **Réponse A.**

Question 14	Réponse D	★★★☆☆	30 sec. – 2 min.	Fiche 34

Je n'ai pas décroché ce poste **à cause de** mon manque d'expérience et **malgré** mes qualifications. Si on m'avait dit, un jour, que faire des études supérieures aurait pu me nuire.
Son manque d'expérience est une cause du refus de l'embaucher, d'où « à cause de ».
La deuxième phrase suggère qu'il est trop qualifié pour obtenir ce travail, donc « malgré » ses diplômes, il n'a pas obtenu le poste. **Réponse D.**

Question 15	Réponse A	★★★☆☆	30 sec. – 2 min.	Fiche 34

En dépit de la qualité de votre dossier, **nous avons le regret** de vous notifier **le rejet** de votre candidature.

La qualité de son dossier laissait présager qu'il serait retenu, d'où « en dépit de ».
Réponse A.

TAGE 2® N° 6

2 CORRIGÉ « CALCUL (2) »

Difficulté	NORMAL									
Question	16	17	18	19	20	21	22	23	24	25
Réponse	D	C	B	B	B	D	C	C	D	C

Toutes les questions sont corrigées en vidéo dans votre espace **E-LEARNING sur www.monsieur-tage-2.com**

Posez toutes vos questions (concours, écoles, dossiers, TAGE 2®, etc.) au sein des **communautés d'entraide Facebook et Instagram « Monsieur TAGE 2 »** et **« Monsieur Ecoles de commerce » (+ de 20 000 membres).**

Question 16 Réponse D ★★★★★ **45 sec. – 3 min.** **Fiche 75**

- **Rappel de cours** L'aire d'un carré de côté C est : $\mathbf{A = C^2}$

Étape 1 Schématisons la situation.

Le terrain carré a un côté de 82,8 mètres. On retranche à ces 82,8 mètres les 1,8 mètres correspondant à la largeur des allées créées. Il reste donc 82,8 – 1,8 = **81 mètres de terrain sur chacun des 4 côtés du carré initial.**

Ainsi, cela forme 4 carrés de côté : $\frac{81}{2}$ = **40,5 mètres.**

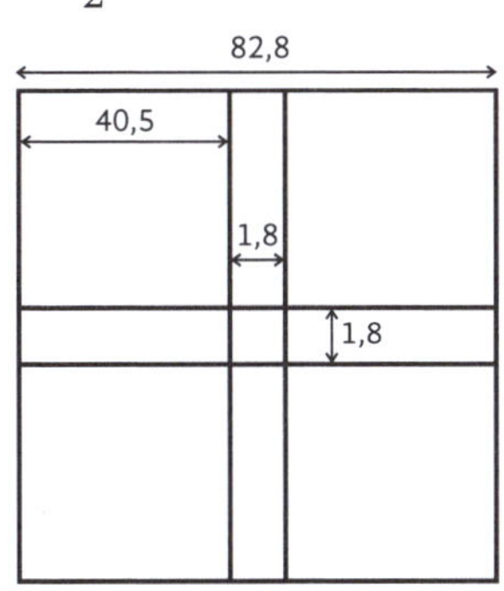

Étape 2 Calculons la surface d'un petit carré.

La surface d'un carré de côté 40,5 mètres est égale à : 40,5 × 40,5 = **1 640,25 m²**.

Étape 3 Calculons la surface cultivable d'un petit carré.

80 % de la surface d'un carré est cultivable, soit : 0,8 × 1640,25 = **1 312,2 m². Réponse D.**

Question 17 Réponse C ★★★★☆ 45 sec. – 3 min. Fiche 54

- **Rappels de cours**

$a^b = a^c \Leftrightarrow b = c$

$a^b \times a^c = a^{b+c}$

$(a^b)^c = a^{b \times c}$

$$27^n + 27^n + 27^n = 3 \times 27^n = 3 \times (3^3)^n = 3 \times 3^{3n} = 3^{3n+1}$$

Ainsi, $3^{3n+1} = 3^{2026} \Leftrightarrow 3n + 1 = 2\,026 \Leftrightarrow$ **n = 675. Réponse C.**

Question 18 Réponse B ★★★☆☆ 30 sec. – 2 min. Fiche 72

Étape 1 Calculons les écarts entre les éléments.

Éléments	11 – 13	13 – 17	17 – 25	25 – 32
Écart	+ 2	+ 4	+ 8	+ 7

Étape 2 Identifions le lien logique.

Éléments	**11** – 13	**13** – 17	**17** – 25	**25** – 32
Écart	+ 2	+ 4	+ 8	+ 7
Lien	+ 2 car **1** + **1** = 2	+ 4 car **1** + **3** = 4	+ 8 car **1** + **7** = 8	+ 7 car **2** + **5** = 7

Chaque fois, on ajoute la somme des 2 chiffres de l'élément précédent. Par exemple, de 11 à 13, on ajoute 2, qui correspond bien à la somme des chiffres de 11 (1 + 1 = 2). Pour passer de 13 à 17, on ajoute 4 qui correspond bien à la somme des chiffres de 13 (1 + 3 = 4), etc.

Étape 3 Concluons.

Ainsi, pour passer de 32 au terme suivant, il faudra ajouter 3 + 2 = 5.

L'élément final est donc 32 + 5 = 37. Réponse B.

Question 19 Réponse B ★★★★☆ 45 sec. – 3 min. Fiche 81

- **Rappel de cours** La formule pour le nombre de poignées de mains au cours d'une soirée entre N personnes est : $\frac{\mathbf{N \times (N-1)}}{\mathbf{2}}$.

Étape 1 Interprétons l'énoncé.

Attention :

Chacun des 2 hommes fait un mouvement de tête donc il faudra multiplier le résultat par 2.
Chacune des 2 femmes fait une révérence donc il faudra aussi multiplier le résultat par 2.

Étape 2 Testons la réponse C.

Calculons le nombre de salutations entre 2 hommes avec la formule :

$\frac{N \times (N-1)}{2} \times 2$ (voir interprétation de l'énoncé).

$\left(\frac{150 \times 149}{2}\right) \times 2 = 150 \times 149 = 22\ 350$ mouvements de tête.

Ce résultat est trop élevé par rapport aux 12 350 mouvements de têtes et révérences évoqués dans l'énoncé. On élimine donc les réponses C et D.

Étape 3 Testons la réponse B.

De même : $\left(\frac{100 \times 99}{2}\right) \times 2 = 100 \times 99 =$ **9 900 mouvements de tête.**

Calculons alors le nombre de révérences :
S'il y a 100 hommes, alors il y a 50 femmes (car il y a 2 fois plus d'hommes que de femmes).

Il y a donc : $\left(\frac{50 \times 49}{2}\right) \times 2 = 2\ 450$ révérences.

9 900 + 2 450 = **12 350 révérences et mouvements de tête.**
Il y a donc **100 hommes. Réponse B.**

Question 20 Réponse B ★★★★☆ 45 sec. – 3 min. Fiche 75

- **Rappel de cours** L'aire d'un carré de côté C est **Aire = C^2.**

Étape 1 Exprimons toutes les longueurs en fonction d'un côté du carré initial.

La ligne verticale mesure exactement un côté du carré. De plus, chaque paire de demi-lignes horizontales mesure exactement un côté du carré quand elles sont juxtaposées.

> **ATTENTION** Chacune des demi-lignes est comptée 2 fois à chaque fois (une fois pour le rectangle du dessus et une fois pour le rectangle du dessous). C'est également le cas de la ligne verticale (une fois pour le rectangle de droite et une fois pour le rectangle de gauche).

Ainsi, il y a au total 6 demi-lignes, soit 3 côtés (comptabilisés 2 fois, ce qui donne 6 côtés) + la ligne verticale (comptabilisée 2 fois, soit 2 côtés) + les 4 côtés extérieurs (comptabilisés 1 seule fois).
Au total, la somme des périmètres est de : 6 + 2 + 4 = 12 côtés = **240 cm.**

Donc 1 côté = 240/12 = **20 cm.**

Étape 2 Calculons l'aire du carré.

Chaque côté est de 20 cm, donc l'aire du carré initial est de 20^2 = **400 cm². Réponse B.**

Question 21 Réponse D ★★★★☆ 45 sec. – 3 min. Fiche 62

Étape 1 Posons le système d'équations.

$$\begin{cases} 2c+4s=10d+2n & (1) \\ 4n=c+2s & (2) \end{cases}$$

Étape 2 Isolons les « d » dans la première équation.

$$\begin{cases} 2c+4s-2n=10d & (1) \\ 4n=c+2s & (2) \end{cases}$$

Étape 3 Faisons apparaître 3c + 6s dans la première ligne.

Multiplions la 1re ligne par 2 puis remplaçons les 4n du membre de gauche par la deuxième ligne :

$$\begin{cases} 4c+8s-4n=20d \\ 4n=c+2s \end{cases} \Leftrightarrow \begin{cases} 4c+8s-(c+2s)=20d \\ 4n=c+2s \end{cases} \Leftrightarrow \begin{cases} 3c+6s=20d \\ 4n=c+2s \end{cases}$$

Étape 4 Concluons.

3 chewing-gums et 6 sucettes valent donc **20 dragées. Réponse D.**

Question 22 Réponse C ★★★☆☆ 30 sec. – 2 min. Fiche 58

- **Rappel de cours** Soit $X_1, X_2, ..., X_n$ une suite de n termes auxquels sont associés les coefficients $P_1, P_2, ..., P_n$.

  Moyenne pondérée = $\dfrac{X_1 \times P_1 + X_2 \times P_2 + ... + X_n \times P_n}{P_1 + P_2 + ... + P_n}$

Étape 1 Posons l'équation de la moyenne pondérée avec O le nombre d'ouvriers et C le nombre de cadres.

L'énoncé donne : $\dfrac{(1800 \times O) + (2800 \times C)}{540} = 2\,000$

On sait également que : O + C = 540 ⇔ O = 540 – C

Étape 2 Développons pour trouver C.

$$\Leftrightarrow \frac{(1\,800 \times (540 - C)) + (2\,800 \times C)}{540} = 2\,000 \Leftrightarrow \frac{972\,000 + 1\,000\,C}{540} = 2\,000$$

⇔ 972 000 + 1 000 C = 1 080 000 ⇔ 1 000 C = 1 080 000 ⇔ C = 108.

Il y a donc **108 cadres** dans l'entreprise. **Réponse C.**

REMARQUE On aurait pu utiliser la méthode du barycentre.

Question 23 Réponse C ★★★☆☆ 30 sec. – 2 min. Fiche 53

- **Rappel de cours** Le dernier chiffre du produit de deux nombres est identique au dernier chiffre du produit des derniers chiffres des deux nombres en question.

Étape 1 Interprétons l'énoncé.

D'après la technique du dernier chiffre, il faut que X × Y = un nombre qui se termine par 8.

Étape 2 Listons les différentes possibilités.

X	Y	X × Y	6 X + 1,5 Y
1	8	8	18
2	4	8	18
2	**9**	**18**	**25,5**
3	6	18	27
4	7	28	34,5
6	8	48	48

La seule des possibilités qui se trouve dans la liste des réponses proposées est 25,5.
Ainsi 6X + 1,5Y = **25,5. Réponse C.**

Question 24 Réponse D ★★★☆☆ 30 sec. – 1 min. Fiche 78

- **Rappel de cours** Probabilité d'un événement = $\frac{\text{Nombre de cas favorables}}{\text{Nombre de cas possibles}}$

Étape 1 Interprétons l'énoncé.

Si la probabilité est en « cinquièmes » (/5), c'est forcément que le nombre de personnes du groupe est un multiple de 5. En effet, imaginez, par exemple, qu'ils soient 7. Alors 2/5 × 7 = 2,8 (ce qui est impossible). Le nombre de personnes est forcément entier (pas décimal). Ainsi, comme le nombre de personnes est forcément un multiple de 5 et inférieur à 10, il y a 5 personnes à la soirée.

Étape 2 Concluons.

Ainsi, si la probabilité de piocher un garçon est de 2/5, c'est bien qu'il y a 2 garçons sur les 5 amis. Donc le reste = **3 filles. Réponse D.**

Question 25 Réponse C ★★★★☆ **30 sec. – 2 min.** **Fiches 70/75**

- **Rappel de cours** **1 dm = 0,1 m** et **1 dam³ = 10³ m³ = 1 000 m³.**

  Volume d'un parallélépipède rectangle : **V = L × l × h**

Étape 1 Convertissons les données en mètres.

0,08 dam³ = 0,08 × 1 000 = 80 m³ et 15 dm = 1,5 m.

Étape 2 Calculons le volume de la piscine avant travaux.

V = 4 × 1,5 × 6 = 24 × 1,5 = **36 m³.**

Étape 3 Calculons le volume qu'il faut ajouter à la piscine pour atteindre 80 m³.

80 m³ – 36 m³ = **44 m³.**

Ainsi, il faut que la partie nouvellement construite ait un volume de 44 m³.

Étape 4 Calculons la hauteur qu'il faut avoir pour atteindre un volume de 44 m³.

Posons la formule du volume d'un parallélépipède rectangle où h est l'inconnue : la hauteur.

ATTENTION Seule la partie nouvellement construite peut être creusée, donc la longueur vaut 5 m.

$44 = L \times l \times h = 5 \times 4 \times h \Leftrightarrow 44 = 20 \times h \Leftrightarrow h = 44/20 =$ **2,2 m.**

Donc, il faut que la nouvelle hauteur soit de 2,2 m, c'est-à-dire qu'il faut augmenter la hauteur actuelle de 2,2 m – 1,5 m = 0,7 m = **7 dm. Réponse C.**

3 CORRIGÉ « LOGIQUE (3) »

Difficulté	NORMAL									
Question	26	27	28	29	30	31	32	33	34	35
Réponse	A	D	B	A	B	C	D	D	D	C

Toutes les questions sont corrigées en vidéo dans votre espace **E-LEARNING sur www.monsieur-tage-2.com**

Question 26 Réponse A ★★★☆☆ 30 sec. – 2 min. Fiches 96/103

		62		
		08		
		17		
		35		
16	64	??	48	40

(A) 80 (B) 24 (C) 32 (D) 71

V : Somme constante égale à 8.

H : Multiples de 8.

Question 27	Réponse D	★★★☆☆	30 sec. – 2 min.	Fiches 92/106

			GHI	
ZAN	**H**JR	**Y**SK	**?**??	**F**BH
			LOR	
			PTX	
			BDF	

(A) XYZ (B) FSC (C) KSJ **(D) NPR**

V : Écart identique entre la 1re et la 2e lettre et la 2e et la 3e lettre.

H : La 1re lettre est formée de 3 barres.

Question 28	Réponse B	★★★☆☆	30 sec. – 2 min.	Fiches 92/96

			97	
			35	
37	91	82	??	46
			79	
			42	

(A) 73 **(B) 64** (C) 55 (D) 86

V : Écart positif/négatif de $-2/+2/-2/+2$ entre le 1er et le 2e chiffre.

H : Somme constante égale à 10.

Question 29	Réponse A	★★★☆☆	30 sec. – 2 min.	Fiches 92/106

BJ	?**?**	JP	QV	HL
	R**H**			
	C**Z**			
	B**K**			
	A**Y**			

(A) GN (B) NB (C) OV (D) DF

V : La 2e lettre est formée de 3 barres.

H : Écart dégressif de $+8/+\mathbf{7}/+6/+5/+4$ entre la 1re et la 2e lettre.

Question 30 **Réponse B** ★★★☆☆ **30 sec. – 2 min.** **Fiches 95/96**

		JC		
		EI		
HB	R**J**	**?**?	G**N**	**P**R
		KE		
		GJ		

(A) LD (B) **LC** (C) NA (D) CL

V : La somme des rangs alphabétiques augmente de +1 : J + C = 13, E + I = 14, **? + ? = 15**, etc.
H : Petite diagonale gauche – droite de +2 : H – J – **L** – N – P.

Question 31 **Réponse C** ★★★☆☆ **30 sec. – 2 min.** **Fiches 92/106**

		MM		
		WF		
AZ	HG	??	JI	DC
		NT		
		LL		

(A) WT (B) NM (C) **WV** (D) EY

V : La somme des barres des 2 lettres diminue de 1 : MM (8 barres), WF (7 barres), ?? (6 barres), NT (5 barres), LL (4 barres).
H : Écart de –1 entre la 1re lettre et la 2e lettre (circularité alphabétique).

Question 32 **Réponse D** ★★☆☆☆ **15 sec. – 1 min.** **Fiches 92/95**

		6**6**		
		53		
31	75	?**?**	42	97
		34		
		7**2**		

(A) 54 (B) 16 (C) 20 (D) **64**

V : Diagonale droite – gauche de –1 : 6 – 5 – **4** – 3 – 2.
H : Écart de –2 entre le 1er et le 2e chiffre.

Question 33	Réponse D	★★☆☆☆	15 sec. – 1 min.	Fiches 91/98

		???		
		312		
371	568	862	344	137
		514		
		936		

(A) 555 (B) 541 (C) 450 **(D) 550**

V : 1er chiffre = 2e chiffre + 3e chiffre.

H : Écart de – 1 sur le 2e chiffre : 7 – 6 – **5** – 4 – 3.

Question 34	Réponse D	★★★☆☆	30 sec. – 2 min.	Fiches 91/105

		AF		
		UP		
FO	EN	??	SL	ZK
		ER		
		ID		

(A) YR (B) CM (C) PF **(D) OM**

V : La 1re lettre est une voyelle.

H : Écart constant de – 1 sur la 2e lettre : O – N – **M** – L – K.

Question 35	Réponse C	★★★☆☆	30 sec. – 2 min.	Fiche 103

			12	
			16	
13	17	19	??	23
			32	
			10	

(A) 29 (B) 53 **(C) 02** (D) 42

V : Le nombre est pair.

H : Ce sont des nombres premiers.

ATTENTION Seul 2 est à la fois un nombre pair et premier.

4 CORRIGÉ « PARATEXTE »

Difficulté	NORMAL														
Question	36	37	38	39	40	41	42	43	44	45	46	47	48	49	50
Réponse	A	C	D	D	B	D	B	A	C	B	B	C	C	D	B

Toutes les questions sont corrigées en vidéo dans votre espace **E-LEARNING sur www.monsieur-tage-2.com**

Posez toutes vos questions (concours, écoles, dossiers, TAGE 2®, etc.) au sein des **communautés d'entraide Facebook et Instagram « Monsieur TAGE 2 »** et **« Monsieur Ecoles de commerce »** (**+ de 20 000 membres**).

Question 36 Réponse A ★★★★☆ 15 sec. – 1 min. Fiche 40

Amazon est revenu dans le **vert**, n'a jamais **gagné** autant **d'argent** et a remporté **la bataille des ventes à Noël**.

1re colonne On garde les réponses A et B.

Les expressions « revenir dans le noir » ou « revenir dans l'orange » n'existent pas. On garde donc les réponses A et B.

2e colonne On garde les réponses A et B.

On ne peut éliminer aucune réponse. « vert = gagné » et « rouge = perdu ». On garde donc les réponses A et B.

3e colonne On garde les réponses A et B.

Deux fois le mot « D'argent ». On garde donc les réponses A et B.

4e colonne On choisit la réponse A.

La bonne réponse est la **réponse A** : « la bataille des ventes à Noël ». **Réponse A.**

REMARQUE « Le prix du plus gros krash boursier » n'est pas français.

Question 37 Réponse C ★★★☆☆ **15 sec. – 1 min.** **Fiche 40**

Mais **les investisseurs** en attendaient plus, et cela suffit à faire chuter **l'action**.

1re colonne On garde les réponses A, B, C et D.

Toutes les réponses sont possibles.

2e colonne On choisit la réponse C.

L'extrait mentionne les bons résultats d'Amazon. La bonne réponse est donc la **réponse C** : les investisseurs/l'action. C'est la réponse la plus probable par élimination. **Réponse C.**

Question 38 Réponse D ★★★☆☆ **15 sec. – 1 min.** **Fiche 40**

Amazon continue d'améliorer sa **rentabilité**, aidé par **sa filiale de services aux entreprises**, mais trop **lentement** au goût de **Wall Street**.

1re colonne On garde les réponses B, C et D.

« Améliorer sa marque » (réponse A) n'est pas correct. On garde donc les réponses B, C et D.

2e colonne On garde les réponses C et D.

« Améliorer sa croissance, aidé par ses concurrents » est illogique.
On garde donc les réponses C et D.

3e colonne On garde les réponses C et D.

Toutes les réponses pourraient convenir. Tout dépend du dernier élément.

4e colonne On choisit la réponse D.

La réponse C est n'est pas très logique. Il est peu probable que Wall Street considère qu'une entreprise croît « trop rapidement ». On garde donc la **réponse D.**

Question 39 Réponse D ★★★☆☆ **15 sec. – 1 min.** **Fiche 40**

L'action du groupe avait **gagné** 8,91 % en séance grâce aux **espoirs** suscités par les performances durant les fêtes de fin d'année.

1re colonne On garde les réponses B, C et D.

« L'action du groupe avait explosé » (réponse A) n'est pas correct d'un point de vue stylistique. Cela ne se dit pas vraiment. On garde donc les réponses B, C, et D.

2e colonne On choisit la réponse D.

Le mot précédant « suscit**és** » est nécessairement masculin pluriel. On élimine « prévisions » (réponse B) et on garde « espoirs suscités » (réponses C et D).
Donc, on peut en déduire que l'action du groupe avait « gagné 8,91 % » (réponse D) et non « dégringolé de 8,91 % » (réponse C) sinon cela n'aurait pas suscité des « espoirs ».
Réponse D.

Question 40 Réponse B ★★★☆☆ **15 sec. – 1 min.** **Fiche 40**

La **publication** des résultats l'a fait **rechuter** de plus de 13 % dans les échanges suivant la clôture.

1re colonne On garde les réponses B et C.

On élimine les réponses A (« Diminution ») et D (« Mise en ligne ») car ces réponses ne correspondent pas au contexte du paragraphe.

2e colonne On choisit la réponse B.

On choisit la réponse B. En effet, les investisseurs de Wall Street étant déçus des résultats d'Amazon (bien qu'ils soient bons), le cours de l'action a donc « rechuté ». **Réponse B.**

Question 41 Réponse D ★★★☆☆ **15 sec. – 1 min.** **Fiche 40**

C'est, **à l'évidence**, une façon pour l'organisme de **reprend pied** dans la réalité au sortir du sommeil.

1re colonne On garde les réponses B et D.

On élimine les réponses A (« Bien entendu ») et C (« De toute façon ») qui ne conviennent pas d'un point de vue stylistique (langage courant). On garde donc les réponses B et D.

2e colonne On choisit la réponse D.

La bonne réponse est D : « Reprendre pied ». Il s'agit de la réponse la plus appropriée. **Réponse D.**

Question 42 Réponse B ★★☆☆☆ **15 sec. – 1 min.** **Fiche 40**

Sauf que les scientifiques ne disposent pas d'une, mais de deux explications pour justifier ce comportement.

Afin de souligner le fait que les scientifiques ne disposent pas d'une mais de deux explications sur les étirements (thème du texte), la réponse la plus appropriée est : « Sauf que ». **Réponse B.**

Question 43 Réponse A ★★★☆☆ **15 sec. – 1 min.** **Fiche 40**

Baptisé « pandiculation », cet étirement généralisé des muscles, le plus souvent assorti de bâillements, concerne presque tous les vertébrés.

La bonne réponse est la moins mauvaise des réponses. On choisit donc la **réponse A** : « Baptisé ».

Question 44 Réponse C ★★☆☆☆ 15 sec. – 1 min. Fiche 41

La « **pandiculation** » est un **étirement généralisé des muscles** : « La pandiculation, qui apparaît chez le fœtus vers la douzième semaine de grossesse, semble d'abord répondre à la raideur des membres après une immobilité prolongée. ». **Réponse C.**

Question 45 Réponse B ★★☆☆☆ 15 sec. – 1 min. Fiche 41

Les domaines du corps humain évoqués dans le texte sont le domaine **cérébral** (« Via l'activation d'une zone du cerveau appelée insula ») et le domaine **musculaire** (« L'action en assurant le fonctionnement optimal du système musculo-squelettique »). **Réponse B.**

Question 46 Réponse B ★★☆☆☆ 15 sec. – 1 min. Fiche 41

Le terme **« insula »** est une partie du cerveau : « Via l'activation d'une zone du cerveau appelée insula ». **Réponse B.**

Question 47 Réponse C ★★★☆☆ 30 sec. – 2 min. Fiche 41

Après avoir lu le texte, le lecteur a une image positive du bâillement et considère que c'est utile pour l'être humain et que cela a des effets sur sa santé.
En effet, de nombreux termes mélioratifs sont utilisés : « **Stimulées** par ces contractions », « conserveraient ainsi toute leur **souplesse** », « nous fait percevoir notre schéma corporel de manière **plus intense** », « **accélère la circulation** du liquide céphalo-rachidien », etc. **Réponse C.**

Question 48 Réponse C ★★☆☆☆ 15 sec. – 1 min. Fiche 41

Procédons par élimination. Il ne s'agit pas d'un journal quotidien (réponse A) ou d'un ouvrage scolaire (réponse D) car le jargon employé est trop précis et scientifique. Il ne s'agit pas non plus d'un extrait d'ouvrage. Le texte est synthétique. On choisit donc « un magazine spécialisé ». **Réponse C.**

Question 49 Réponse D ★★★☆☆ 15 sec. – 1 min. Fiche 41

(A) Pourquoi rêvons-nous la nuit ? **Hors-sujet.**
(B) Pourquoi avons-nous besoin de dormir ? **Hors-sujet.**
(C) Effets bénéfiques du réveil. **Hors-sujet.**
(D) Pourquoi s'étire-t-on au réveil ? **Titre. Bonne réponse.**

Bonne réponse : D. Le texte explique les raisons de nos étirements au réveil et ses conséquences positives sur notre santé.

Autres réponses : A, B et C. Les réponses A, B et C sont hors-sujet car elles traitent des rêves, du sommeil ou encore du réveil (et non des étirements ou des bâillements).

Question 50	Réponse B	★★★☆☆	30 sec. – 2 min.	Fiche 41

(A) Selon l'avis de plusieurs experts, s'étirer permettrait de stimuler l'activité de notre système nerveux. Cela permettrait ainsi d'être plus fort et moins fatigué. **Mauvaise réponse.**

(B) Plusieurs explications peuvent expliquer l'étirement et le bâillement. D'une part, cela permet de déraidir ses membres. D'autre part, cela permet de repousser le sommeil. **Résumé. Bonne réponse.**

(C) Il n'existe pas de consensus au sujet des conséquences corporelles des étirements et du bâillement. Toutefois, des observations empiriques ont pu être constatées, en particulier sur le système nerveux. **Trop général.**

(D) Les spécialistes recommandent de s'étirer et de bailler le plus possible afin de stimuler notre système nerveux et de déraidir nos muscles. **Mauvaise réponse.**

Bonne réponse : B. En effet, le texte se divise en 2 parties. Une première partie où l'auteur explique la pandiculation. Une seconde partie où l'auteur explique l'intéroception.

Hésitation possible : C. La réponse C ne reprend pas la structure du texte. C'est la raison pour laquelle on choisit la réponse B.

Autres réponses : A et D. Aucun élément ne nous permet d'affirmer que s'étirer permet d'être plus fort (réponse A). Aucun élément ne nous permet d'affirmer que les spécialistes recommandent de s'étirer et de bâiller (réponse D).

CORRIGÉ « CALCUL (5) »

Difficulté	DIFFICILE									
Question	51	52	53	54	55	56	57	58	59	60
Réponse	C	C	D	B	B	D	D	A	D	A

Toutes les questions sont corrigées en vidéo dans votre espace **E-LEARNING sur www.monsieur-tage-2.com**

Posez toutes vos questions (concours, écoles, dossiers, TAGE 2®, etc.) au sein des **communautés d'entraide Facebook et Instagram « Monsieur TAGE 2 »** et **« Monsieur Ecoles de commerce » (+ de 20 000 membres).**

Question 51 Réponse C ★★★★☆ 45 sec. – 3 min. Fiche 69

- **Rappel de cours** Pour trouver le moment du croisement, on a : $\mathbf{m} = \dfrac{\textbf{Distance totale}}{\textbf{Somme des vitesses}}$

Étape 1 Calculons la distance parcourue par Michel pendant que Sébastien ne roule pas.

Michel roule 1 heure seul à 100 km/h. Il parcourt donc : D = V × T = 100 × 1 = **100 km.**

Étape 2 Calculons le moment du croisement.

Au moment du départ de Sébastien, la distance qui sépare les 2 n'est plus que de 500 km (car Michel en a déjà parcouru 100).

Ils vont donc se croiser dans : $m = \dfrac{\text{Distance totale}}{\text{Somme des vitesses}} = \dfrac{500}{100+100} = \dfrac{500}{200} = \dfrac{5}{2}\text{ h} = \mathbf{2h30}.$

Étape 3 Calculons la distance parcourue par Michel.

> **ATTENTION** Michel aura roulé en tout : 1 h (seul) et 2h30 (en même temps que Sébastien) soit **3h30 = 3,5h.**

Il aura donc parcouru : D = V × T = 100 × 3,5 = **350 km.**

C'est bien la valeur cherchée. Ils se croisent donc à 350 km de Paris (c'est-à-dire à 250 km de Bordeaux). **Réponse C.**

Question 52	Réponse C	★★★☆☆	30 sec. – 1 min.	Fiche 63

Étape 1 Modélisons la situation.

Soit H et F respectivement le nombre d'hommes et de femmes cette année.

On apprend que : $\begin{cases} H+F=30 & \textbf{(1)} \\ H+4=F+2 & \textbf{(2)} \end{cases}$

Étape 2 Concluons.

$\begin{cases} H+F=30 & \textbf{(1)} \\ H+4=F+2 & \textbf{(2)} \end{cases} \Leftrightarrow \begin{cases} H+F=30 & \textbf{(1)} \\ H=F-2 & \textbf{(2)} \end{cases} \Leftrightarrow$ F – 2 + F = 30 (en insérant **(2)** dans **(1)**)

$\Leftrightarrow$ 2 × F = 32 $\Leftrightarrow$ F = 16. On en déduit que : **H = 14. Réponse C.**

Question 53	Réponse D	★★★★☆	45 sec. – 3 min.	Fiche 61

Étape 1 Interprétons l'énoncé.

Notons F le nombre de petits fours qui étaient prévus au total et C le nombre de convives prévus. Selon l'énoncé, F = 12 × C.

Étape 2 Exploitons le fait que 14 convives ne sont pas venus.

14 invités ne sont pas venus et les convives présents ont dégusté 16 petits fours chacun :
Donc, F = 12 × C = 16 × (C – 14) $\Leftrightarrow$ 12 C = 16 C – 224 $\Leftrightarrow$ 4C = 224 $\Leftrightarrow$ C = 56.

Étape 3 Concluons.

Giovanni avait donc invité **56 personnes. Réponse D.**

Question 54	Réponse B	★★★★☆	30 sec. – 2 min.	Fiche 64

- **Rappel de cours** Vitesse moyenne A/R (ou $D_1 = D_2$) = $\dfrac{2 \times V_{Aller} \times V_{Retour}}{V_{Aller} + V_{Retour}}$

Étape 1 Calculons la vitesse moyenne de Pascal avec la formule de la vitesse moyenne pour un cas A/R (ou $D_1 = D_2$).

Vitesse moyenne A/R = $\dfrac{2 \times 40 \times 60}{40 + 60} = \dfrac{4800}{100}$ = 48 km/h.

Pascal a donc roulé à la vitesse moyenne de 48 km/h sur l'aller-retour.

Étape 2 Calculons la distance totale parcourue (aller – retour).

Temps : Pascal a roulé pendant 1h45 soit 1 heure + $\dfrac{3}{4}$ heure = $\dfrac{7}{4}$ heure.

Vitesse : Pascal a roulé en moyenne à la vitesse de 48 km/h.

En utilisant la formule : D = V × T = $\dfrac{7}{4}$ × 48 = 7 × 12 = **84 km.**

Étape 3 Calculons la longueur du trajet aller.

Le trajet aller-retour mesure 84 km. L'aller est donc long de $\dfrac{84}{2}$ = **42 km. Réponse B.**

Question 55 Réponse B ★★★★☆ 30 sec. – 1 min. Fiche 82

Étape 1 Modélisons la situation.

$\sum_{6}^{9}(3x-4)$ se lit : « la somme, pour X allant de 6 à 9, de (3x – 4) ».

Concrètement cela correspond à : $(3 \times 6 - 4) + (3 \times 7 - 4) + (3 \times 8 - 4) + (3 \times 9 - 4)$.

Étape 2 Calculons.

On calcule : $(3 \times 6 - 4) + (3 \times 7 - 4) + (3 \times 8 - 4) + (3 \times 9 - 4) = 18 - 4 + 21 - 4 + 24 - 4 + 27 - 4$
$= 14 + 17 + 20 + 23 =$ **74. Réponse B.**

Question 56 Réponse D ★★★☆☆ 30 sec. – 2 min. Fiche 57

■ **Rappel de cours**

Unité 1	Unité 2	
a	b	On a : **a × d = b × c**
c	d	

Étape 1 Construisons un tableau avec les données de l'énoncé

Astrid est restée 22 mois dans l'entreprise. On a donc :

	Patrick	Astrid
Nombre de mois dans l'entreprise	16	22
Part variable totale	400 €	X

Étape 2 Calculons le salaire d'Astrid fin 2015.

Grâce à la formule du produit en croix, on a : $X = \frac{400 \times 22}{16} =$ **550 €.**

Astrid touchera donc un salaire de **2 550 €** le 31 décembre 2015. **Réponse D.**

Question 57 Réponse D ★★★☆☆ 30 sec. – 2 min. Fiche 62

Étape 1 Traduisons l'énoncé.

Soit R le prix d'un timbre rare et TR le prix d'un timbre très rare.

$$\text{On a :} \begin{cases} 100\ R + 50\ TR = 18\ 000 & (1) \\ 1\ TR = 10\ R & (2) \end{cases}$$

Étape 2 Insérons (2) dans (1).

On a :

$$\begin{cases} 100\ R + 500\ R = 18\ 000 & (1) \\ 1\ TR = 10\ R & (2) \end{cases} \Leftrightarrow \begin{cases} 600\ R = 18\ 000 & (1) \\ 1\ TR = 10\ R & (2) \end{cases} \Leftrightarrow \begin{cases} 1\ R = \frac{18\ 000}{600} = 30 & (1) \\ 1\ TR = 300 & (2) \end{cases}$$

Un timbre rare vaut donc 30 euros et un timbre très rare vaut donc 300 euros.

Étape 3 Adaptons au cas de Françoise.

$(0{,}7 \times 260) \times R + (0{,}3 \times 260) \times TR = 182 \times 30\ € + 78 \times 300\ € =$ **28 860 €. Réponse D.**

Question 58 Réponse A ★★★★☆ 30 sec. – 2 min. Fiches 61/75

- **Rappels de cours**

  Aire d'un rectangle = Longueur × largeur

  Nouveau total = Ancien total × (1 ± Variation en %).

Étape 1 Modélisons la situation.

L'aire initiale du rectangle de longueur L et de largeur l est : $L \times l$.

Après augmentation de 25 %, la nouvelle longueur mesure donc $1{,}25 \times L$.

Après diminution de X %, la nouvelle largeur mesure donc $(1 - X) \times l$

Pour que l'aire reste inchangée, il faut que : Nouvelle longueur × Nouvelle largeur = $L \times l$.

Étape 2 Résolvons l'équation.

Nouvelle longueur × Nouvelle largeur = $L \times l$

$\Leftrightarrow\ 1{,}25 \times L \times (1 - X) \times l = L \times l$

$\Leftrightarrow\ 1{,}25 \times (1 - X) = 1$ (on a supprimé $L \times l$ des 2 côtés)

$\Leftrightarrow\ 1 - X = \dfrac{1}{1{,}25} = \dfrac{100}{125} = \dfrac{4}{5} = \dfrac{80}{100}$

$\Leftrightarrow$ **X = 20 %.**

Ainsi, pour compenser une hausse de la longueur de 25 %, il faut que la largeur diminue de 20 %. **Réponse A.**

ATTENTION Il ne fallait pas répondre 25 % en se précipitant.

Question 59 Réponse D ★★★★☆ 30 sec. – 2 min. Fiche 55

Étape 1 Exploitons la 1re information : « 45 % des inscrits pratiquent la couture ».

Si 45 % des inscrits pratiquent la couture, cela signifie que 55 % des inscrits ne pratiquent pas cette activité. Comme on sait que tous les inscrits pratiquent 2 activités, cela signifie que 55 % des inscrits pratiquent le tricot et la belote.

Étape 2 Exploitons la 1re information : « 65 % pratiquent le tricot ».

Si 65 % des inscrits pratiquent le tricot, cela signifie que 35 % des inscrits ne pratiquent pas cette activité. Comme on sait que tous les inscrits pratiquent 2 activités, cela signifie que 35 % des inscrits pratiquent la couture et la belote.

Étape 3 Concluons.

55 % des inscrits pratiquent le tricot et la belote. 35 % des inscrits pratiquent la couture et la belote. **Les 10 % restants** (100 % – 55 % – 35 % = 10 %) **pratiquent donc la couture et le tricot. Réponse D.**

Question 60 Réponse A ★★★★☆ **30 sec. – 2 min.** **Fiche 61**

Étape 1 Modélisons l'énoncé.

Le boulanger coupe sa baguette à 5 reprises. Cela signifie qu'il coupe sa baguette en 6 parties. Sur ces 6 parties, il en obtient 4 de 12 cm et 2 (« moitié moins ») de 9 cm (« réduits d'un quart).

Étape 2 Concluons.

Ainsi, la taille de la baguette est : (4 × 12) + (2 × 9) = 48 + 18 = **66 cm. Réponse A.**

6 CORRIGÉ « LOGIQUE (6) »

Difficulté	DIFFICILE								
Question	61	62	63	64	65	66	67	68	69	70
Réponse	B	D	B	B	A	B	D	C	B	C

Toutes les questions sont corrigées en vidéo dans votre espace **E-LEARNING sur www.monsieur-tage-2.com**

Posez toutes vos questions (concours, écoles, dossiers, TAGE 2®, etc.) au sein des **communautés d'entraide Facebook et Instagram « Monsieur TAGE 2 »** et **« Monsieur Ecoles de commerce » (+ de 20 000 membres)**.

Question 61 Réponse B ★★★★☆ **45 sec. – 3 min.** **Fiches 114/115**

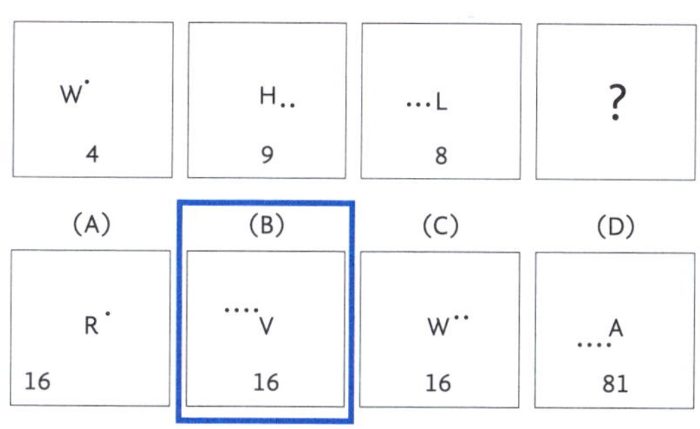

Logique 1 : Les • se déplacent autour de la lettre → • en haut à gauche.

Logique 2 : Le nombre de barres de la lettre à la puissance du nombre de • est égal au chiffre (W • = 4^1 = 4 ; H •• = 3^2 = 9 ; etc.).

Leurre : Le nombre de barres de la lettre vaut 4, 3, 2 → 1 (pas de réponse correspondante).

Question 62 Réponse D ★★★★☆ **30 sec. – 2 min.** **Fiches 112/114**

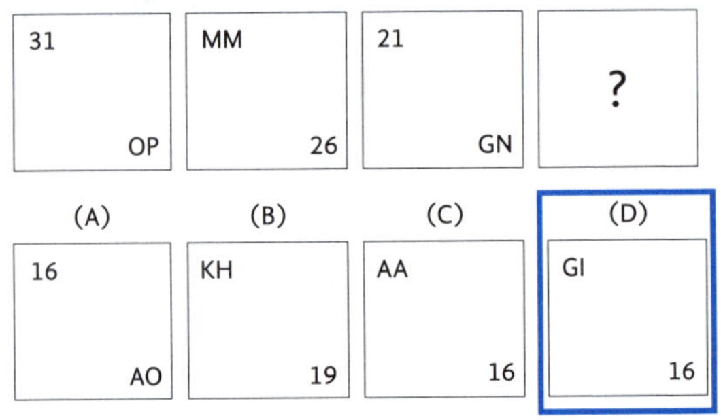

Logique 1 : Alternance dans la diagonale de la position des chiffres et des lettres.

Logique 2 : La somme des rangs des lettres est égale au nombre et le nombre diminue de 5 : 31, 26, 21 → 16.

Question 63 Réponse B ★★★★☆ **30 sec. – 2 min.** **Fiches 112/117**

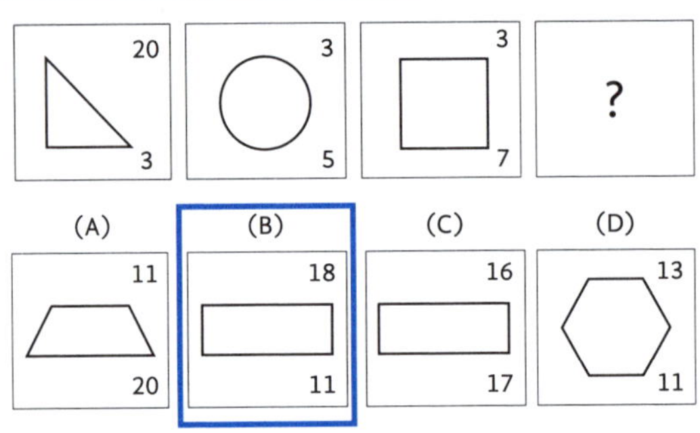

Logique 1 : Le chiffre du bas est un nombre premier consécutif : 3, 5, 7 → 11.

Logique 2 : Le nombre du haut est le rang de l'initiale de la figure (20 = T = Triangle ; etc.).

Question 64 Réponse B ★★★★☆ **30 sec. – 2 min.** **Fiches 106/112**

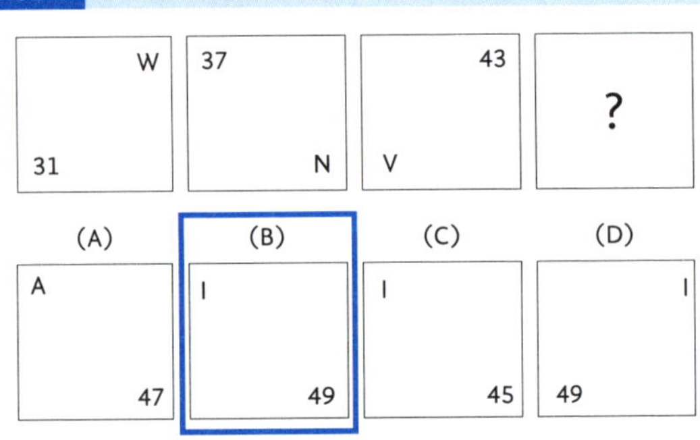

Logique 1 : Alternance de diagonale gauche-droite puis droite-gauche.

Logique 2 : Le chiffre augmente de +6 : 31, 37, 43 → 49.
Logique 3 : Le nombre de barres de la lettre diminue de –1 : 4 barres, puis 3, puis 2 → 1 barre.

Question 65 Réponse A ★★★☆☆ **30 sec. – 2 min.** **Fiches 113/114**

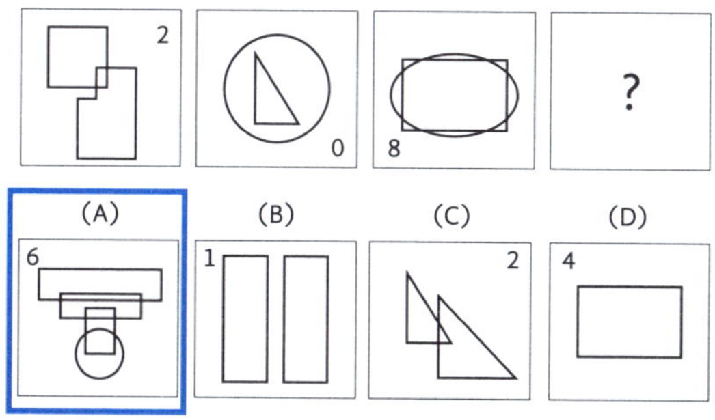

Logique 1 : Le nombre se déplace d'un coin à chaque cadre → Nombre en haut à gauche.
Logique 2 : Le chiffre = nombre de points d'intersection entre les figures.

Question 66 Réponse B ★★★★☆ **45 sec. – 3 min.** **Fiches 113/117**

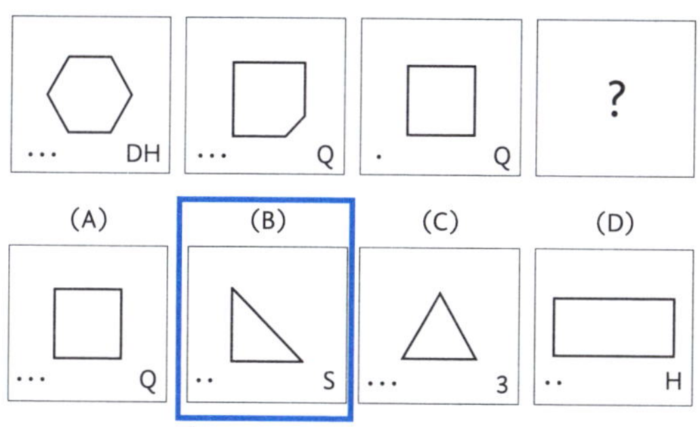

Logique 1 : Le nombre de côtés diminue de –1 : 6 côtés, puis 5, puis 4 → 3 côtés.
Logique 2 : Les lettres sont les initiales du résultat du produit du nombre de côtés de la figure par le nombre de • (6 côtés × 3 points = DH = Dix-Huit ; etc.).

Question 67 **Réponse D** ★★★★☆ **45 sec. – 2 min.** **Fiche 116**

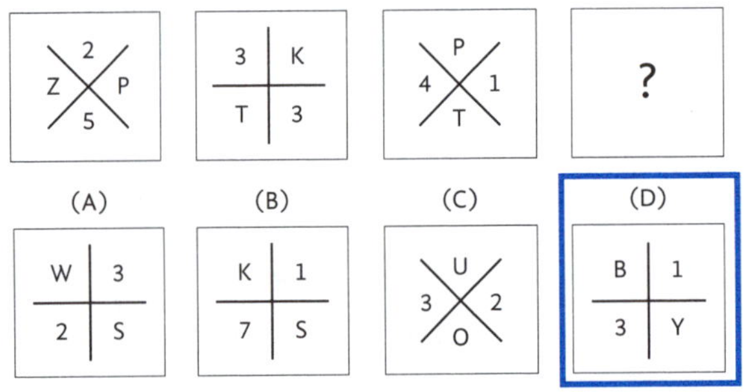

Logique 1 : Alternance croix penchée, croix droite, croix penchée → Croix droite.
Logique 2 : La différence entre les rangs des 2 lettres est égal au produit des 2 chiffres : Z – P = 10 = 2 × 5 ; T – K = 9 = 3 × 3 ; T – P = 4 = 4 × 1.

ATTENTION Entre B et Y il y a 3 rangs d'écart (circularité alphabétique).

Question 68 **Réponse C** ★★☆☆☆ **15 sec. – 1 min.** **Fiches 113/115**

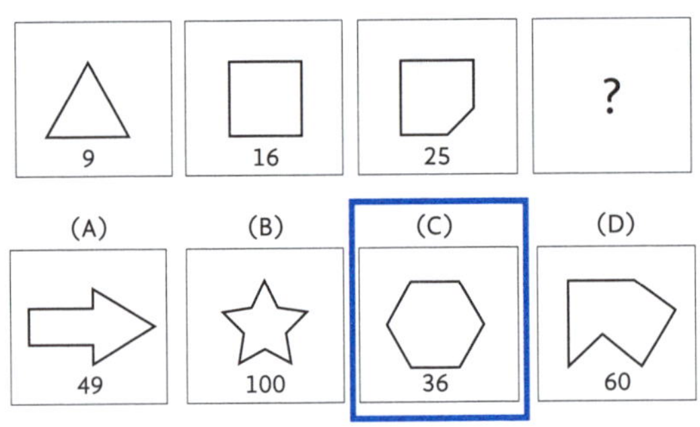

Logique 1 : Le nombre de côtés de la figure augmente de + 1 : 3 côtés, puis 4, puis 5 → 6 côtés.
Logique 2 : Le nombre est égal au nombre de côtés de la figure, au carré.

Question 69 **Réponse B** ★★★★☆ **45 sec. – 2 min.** **Fiches 112/117**

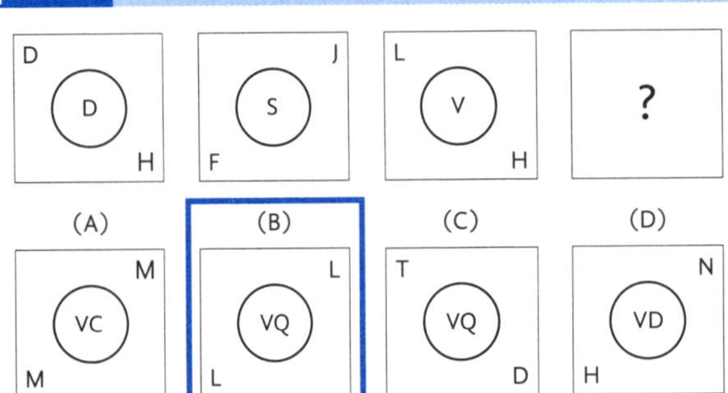

Logique 1 : Déplacement des éléments en diagonale → Diagonale bas gauche – haut droite.
Logique 2 : La lettre centrale correspond à l'initiale du résultat de l'addition des rangs des 2 autres lettres (D + H = 4 + 8 = Douze ; F + J = 6 + 10 = Seize ; L + H = 12 + 8 = Vingt).
Logique 3 : La somme des rangs des 2 lettres augmente de + 4 : 12, 16, 20 → 24.

Question 70 Réponse C ★★☆☆☆ 15 sec. – 1 min. Fiche 116

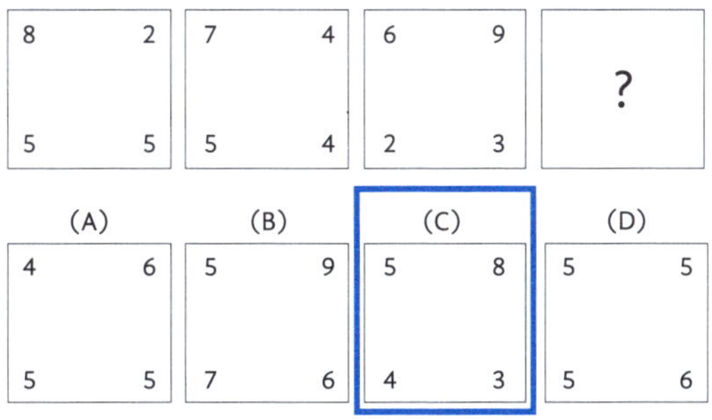

Logique 1 : La somme des 4 chiffres est constante égale à 20.
Logique 2 : Le chiffre en haut à gauche diminue de 1 : 8, 7, 6 → 5 en haut à gauche.

TAGE 2® N° 7

GRILLE DE RÉPONSES TAGE 2® N° 7																
LEXIPHRASE	Question	1	2	3	4	5	6	7	8	9	10	11	12	13	14	15
	Réponse															
	SCORE : ....../45			Nombre BR : .../15					Nombre MR : .../15							
CALCUL (2)	Question	16	17	18	19	20	21	22	23	24	25					
	Réponse															
	SCORE : ....../30			Nombre BR : .../10					Nombre MR : .../10							
LOGIQUE (3)	Question	26	27	28	29	30	31	32	33	34	35					
	Réponse															
	SCORE : ....../30			Nombre BR : .../10					Nombre MR : .../10							
PARATEXTE	Question	36	37	38	39	40	41	42	43	44	45	46	47	48	49	50
	Réponse															
	SCORE : ....../45			Nombre BR : .../15					Nombre MR : .../15							
CALCUL (5)	Question	51	52	53	54	55	56	57	58	59						
	Réponse															
	SCORE : ....../30			Nombre BR : .../10					Nombre MR : .../10							
LOGIQUE (6)	Question	60	61	62	63	64	65	66	67	68	69	70				
	Réponse															
	SCORE : ....../30			Nombre BR : .../10					Nombre MR : .../10							
T2 N°7	SCORE : ....../210			BR = Bonne Réponse = + 3 points. MR = Mauvaise Réponse = - 1 point.												

TAGE 2® N° 7

1 LEXIPHRASE

CONSIGNES

15 questions	15 minutes	Calculatrice interdite	Chronomètre recommandé

BARÈME

Bonne réponse : + 3 points	Aucune réponse : 0 point	Mauvaise réponse : – 1 point

DÉFINITIONS & SYNONYMES

Question 1. Cette maison vétuste est à vendre.

(A) Ancienne mais en bon état.
(B) Récente mais en mauvaise état.
(C) Ancienne et en mauvais état.
(D) Récente et en bon état.

Question 2. Procrastiner c'est [...] :

(A) Parler élégamment.
(B) Remettre au lendemain.
(C) Entretenir son corps.
(D) Déambuler dans les rues.

Question 3. Quels sont les synonymes des groupes de mots soulignés ?

Thomas abhorre ce qu'il fait ; pourtant il travaille avec ardeur.

(A)	Exècre	Sans relâche
(B)	Déteste	Avec soin
(C)	Adore	Sans arrêt
(D)	Aime	Avec acharnement

Question 4. Choisissez les mots dont le sens se rapproche le plus des mots soulignés.

Il a, comme d'habitude, trouvé une solution idoine et sans équivoque au problème.

(A) Parfaite	Sans problème
(B) Dangereuse	Claire
(C) Idéale	Sans explication
(D) Adaptée	Catégorique

ANTONYMES

Question 5. Cet animateur télé était réputé pour sa grandiloquence.

(A) Sa pédanterie
(B) Son emphase
(C) Sa bienveillance
(D) Son naturel

Question 6. Sa domination était hégémonique.

(A) Partielle
(B) Totale
(C) Incontestée
(D) Militaire

INTRUS

Question 7. Quel est l'intrus ?

(A) Une diatribe
(B) Un plaidoyer
(C) Un pamphlet
(D) Une accusation

Question 8. Quel est l'intrus ?

(A) Ignifugé
(B) Incendié
(C) Cheminée
(D) Maison

Question 9. Quel est l'intrus ?

(A) Au jour d'aujourd'hui, tout va bien.
(B) La réunion a été reportée à une date ultérieure.
(C) Sa patronne lui a fait comprendre la nécessité d'aller plus vite.
(D) La marche à pied est le sport le plus naturel.

ANALOGIES

Question 10.

Siège : cuir Maison : ?

(A) Brique
(B) Toit
(C) Sol
(D) Peinture

CORRECTION

Question 11. Parmi ces cinq phrases, lesquelles ne contiennent aucune faute d'orthographe ?

1 – Cette dicté comporte plusieurs fautes qu'il faut corriger.
2 – Au bord de la rivière, caché sous les arbres, les enfants jouent à cache-cache.
3 – Quelqu'un aurait aperçu des canars et des oies dans la forêt.
4 – Equipés de puissantes jumelles, les hommes scrutaient l'horizon.
5 – Assis seul dans sa chambre, il ne peut s'empêcher de penser à son amour perdu.

(A) 2 + 5
(B) 1 + 2 + 3
(C) 4 + 5
(D) 3 + 4

Question 12. Combien de fautes d'orthographe, de grammaire et d'usage le passage suivant contient-il ?

Après qu'il est arrivé en France, il a rapidement trouvé un travail et a put résoudre ses difficultés pécunières. Ce travail de serveur ne le passionne pas plus que cela, mais c'est un gagne pain comme un autre. Après tout, cela lui permet de faire des rencontres et de mieux développer sa maîtrise de la langue Française. Dans quelque temps, il pourra s'exprimer parfaitement dans la langue de Shakespeare. Le temps aura comblé ses lacunes initiales.

(A) 2
(B) 1
(C) 3
(D) 5

COHÉRENCE TEXTUELLE

Question 13. Il en est des manières et de la façon de vivre comme des modes : les Français changent de mœurs selon l'âge de leur roi. Le monarque pourrait même parvenir à rendre la nation grave, s'il l'avait entrepris. Le prince imprime le caractère de son esprit à la cour, la cour à la ville, la ville aux provinces. [...]

(A) Le roi est sans aucun doute l'homme le mieux habillé du royaume.
(B) L'âme du souverain est un moule qui donne la forme à toutes les autres.
(C) Son pouvoir est tel qu'il peut décider ce que devront porter ses sujets.
(D) Le roi est bien le personnage préféré des Français.

Question 14. C'est quand tout va bien que les risques se prennent. Ainsi s'exprime le fameux « paradoxe de la tranquillité » exprimé par l'économiste Hyman Minsky dans les années 1980 sur l'instabilité financière. [...].

(A) Le système financier est donc capable de s'autoréguler.
(B) Une crise financière est le résultat du comportement irrationnel des agents.
(C) Les crises se préparent dans les phases hautes des cycles économiques.
(D) Les rumeurs circulant sur les marchés sont la causes des crises financières.

Question 15. Le niveau des candidats au concours en Anglais semble, fâcheusement, être d'autant plus [...] que le revenu des parents est [...]. Sans doute ont-ils davantage l'occasion de partir en voyage linguistique.

(A)	Mauvais	Élevé
(B)	Élevé	Bas
(C)	Aisé	Cher
(D)	Élevé	Conséquent

CONSIGNES

10 questions	30 minutes	Calculatrice interdite	Chronomètre recommandé

BARÈME

Bonne réponse : + 3 points	Aucune réponse : 0 point	Mauvaise réponse : –1 point

Question 16. Arthur, Bernard, Christophe et Damien sont 4 amis. La moyenne de leurs âges est 19 ans. Sans Damien, la moyenne tombe à 18 ans. Quel âge a Damien ?

(A) 18 ans
(B) 20 ans
(C) 22 ans
(D) 24 ans

Question 17. Un hôtel de la Côte d'Azur propose des tarifs différents selon les saisons. En automne et au printemps, l'hôtel applique le tarif « classique ». En été, le tarif est majoré de 35 % et en hiver, le tarif est minoré de 40 %.
Combien payerait un client qui souhaiterait passer 5 nuits en hiver, sachant qu'un séjour de 3 nuits en été lui a coûté 526,5 euros ?

(A) 370 euros
(B) 380 euros
(C) 390 euros
(D) 400 euros

Question 18. Pour terminer un puzzle de taille standard, Jean met 4 fois moins de temps que son père, qui met 2 heures.
Combien de temps mettraient-ils ensemble pour terminer un puzzle 10 fois plus grand ?

(A) 2 heures
(B) 3 heures
(C) 4 heures
(D) 5 heures

Question 19. Deux jarres pleines d'eau pèsent 7 kg ensemble. La deuxième jarre contient 10 cL de plus que la première. Ensemble, les 2 jarres vides pèsent 1,1 kg.
Quelle est la capacité de la première jarre ?

(A) 2,6 kg
(B) 2,7 kg
(C) 2,8 kg
(D) 2,9 kg

Question 20. Mathilde a un sac de billes qui contient 3 billes rouges et 2 billes jaunes. Elle tire une bille puis la remet dans le sac. Elle en tire ensuite une deuxième.
Quelle est la probabilité que Mathilde ait tiré une bille rouge et une bille jaune ?

(A) 1/4
(B) 1/5
(C) 6/25
(D) 12/25

Question 21. John est allé au casino trois fois cette semaine. Il a gagné 20 € la première fois, perdu 50 € la deuxième fois et est reparti avec sa mise la troisième fois. Il prévoit d'y retourner une dernière fois ce week-end, avec pour objectif d'avoir un gain moyen par soirée au casino d'au moins 10 € sur les 4 soirs.
Combien doit-il gagner au minimum ce week-end pour remplir cet objectif ?

(A) 40 €
(B) 50 €
(C) 60 €
(D) 70 €

Question 22. Une entreprise commercialise trois types d'emballages. Au début de l'année, elle dispose d'un stock de 100 emballages de chaque type. À la fin de l'année, elle fait l'inventaire des emballages et trouve que ceux de type A sont numérotés de 176 à 203, ceux de type B sont numérotés de 74 à 112 et ceux de type C sont numérotés de 99 à 110.
Combien d'emballages ont-été vendus cette année ?

(A) 221
(B) 223
(C) 225
(D) 227

Question 23. Guillaume est étudiant en médecine. En janvier 2010, il hérite d'une somme d'argent s'élevant à 50 000 euros. Il décide de placer l'argent en banque à un taux d'intérêt annuel de 20 %. En janvier 2012, il récupère la moitié de la somme (capital et intérêts) pour acheter une voiture. Quelle somme pourra t-il récupérer sur son compte en janvier 2014 ?

(A) 48 400 €
(B) 50 250 €
(C) 51 840 €
(D) 53 660 €

Question 24. Anaïs fête son anniversaire avec 35 de ses camarades. Il y a deux fois plus de filles que de garçons. Anaïs décide de faire un jeu avec des équipes de deux personnes. Combien d'équipes entièrement masculines différentes est-il possible de former ?

(A) 56
(B) 66
(C) 76
(D) 86

Question 25. Guillaume achète 8 kilos de bananes et 3 kilos de cerises pour un total de 15 euros. Sachant que le prix d'un kilogramme de bananes est le quart du prix d'un kilogramme de cerises, quel est le prix d'un kilogramme de cerises ?

(A) 1 euro
(B) 2 euros
(C) 3 euros
(D) 4 euros

TAGE 2® N° 7

3 LOGIQUE (3)

CONSIGNES

10 questions	15 minutes	Calculatrice interdite	Chronomètre recommandé

BARÈME

Bonne réponse : + 3 points	Aucune réponse : 0 point	Mauvaise réponse : – 1 point

Question 26.

		31		
		53		
		61		
		71		
74	56	?	65	92

(A) 83 (B) 23 (C) 89 (D) 56

Question 27.

		81		
		36		
58	74	?	41	14
		16		
		09		

(A) 25 (B) 69 (C) 49 (D) 03

Question 28.

AE	FJ	?	NR	JN
		CI		
		DF		
		EK		
		FB		

(A) BA (B) BF (C) KO (D) ZV

Question 29.

		AJ		
		CO		
AZ	ML	?	QP	FE
		GB		
		IL		

(A) RQ (B) ED (C) RM (D) EP

Question 30.

		812		
		649		
182	451	?	391	193
		258		
		367		

(A) 121 (B) 123 (C) 168 (D) 098

Question 31.

		374		
		495		
		253		
		396		
292	178	?	113	431

(A) 134 (B) 143 (C) 257 (D) 198

Question 32.

				NWX
				IUS
				GSA
				MQO
MAQ	TNS	HRO	BPQ	?

(A) QAB (B) QTU (C) MON (D) QOR

Question 33.

				GST
				OUH
DTR	ZSF	ERR	SQP	?
				POJ
				KGH

(A) IUF (B) ISZ (C) PPM (D) IPE

Question 34.

		ABA		
		RXR		
		CDC		
		EBE		
KLM	EMP	?	POL	ZPA

(A) LHL (B) DNI (C) SNS (D) MPM

Question 35.

		20		
		42		
64	91	?	82	73
		72		
		26		

(A) 55 (B) 28 (C) 22 (D) 23

TAGE 2® N° 7

PARATEXTE

CONSIGNES

15 questions	15 minutes	Calculatrice interdite	Chronomètre recommandé

BARÈME

Bonne réponse : + 3 points	Aucune réponse : 0 point	Mauvaise réponse : – 1 point

PARAGRAPHE

Question 36. Très rapidement, au lendemain de la Seconde Guerre mondiale, [...] entre les vainqueurs est rompue et les deux blocs [...].

(A)	La coopération	Sociétaux
(B)	L'alliance	Militaires et idéologiques
(C)	La collaboration	Regroupant de nombreux pays
(D)	Les échanges	De pays vainqueurs

Question 37. Les alliances se constituent autour des États-Unis [...] et de l'Union Soviétique [...].

(A)	D'une part	D'autre part
(B)	Tout d'abord	Ensuite
(C)	Aussi bien	Également
(D)	Principalement	Aussi

Question 38. [...], les relations internationales vont se concevoir dans une logique [...], les autres pays devant choisir un camp.

(A)	Ainsi	Bipartisane
(B)	Puis	Tripolaire
(C)	À l'avenir	De domination
(D)	Dorénavant	Bipolaire

Question 39. [...], c'est quand les relations entre les deux [...] évoluent vers moins de tensions que chaque superpuissance commence à être contestée dans son camp.

(A)	Bizarrement	Puissances
(B)	Toutefois	Continents
(C)	Paradoxalement	Grands
(D)	Cependant	Superpuissances

Question 40. Mais dans quelle mesure ces contestations remettent-elles en cause la logique [...] née au début de [...] ?

(A)	Bipartisane	La Seconde Guerre mondiale
(B)	De paix	L'après-guerre
(C)	De guerre	1939 - 1945
(D)	Bipolaire	La Guerre Froide

TEXTE

Question 41. Les petits écrans [...] le sommeil des enfants, à la fois en quantité et en qualité.

(A) Endommagent
(B) Affectent
(C) Améliorent
(D) Canalisent

Question 42. Les enfants qui possèdent dans leur chambre à coucher un smartphone ou une tablette dorment [...] 21 minutes de moins par jour que ceux qui s'endorment loin de tout écran.

(A) En moyenne
(B) En général
(C) Plus de
(D) Environ

Question 43. Les petits écrans [...] une [...] de sommeil encore plus [...] que le grand écran : la présence de la télévision dans la chambre réduit, elle, de 18 minutes le sommeil quotidien des enfants.

(A)	Augmentent	Période	Négligée
(B)	Diminuent	Durée	Importante
(C)	Entraînent	Réduction	Abondante
(D)	Engendrent	Privation	Accentuée

Par contre, même les enfants qui regardent énormément la télévision ne déclarent pas avoir des difficultés à s'endormir ou se réveiller la nuit, alors que les enfants qui emmènent tablettes et téléphones dans leur lit sont 40 % plus nombreux à souffrir de ce genre de troubles du sommeil.
La lumière bleue émise par les écrans à LED des dispositifs électroniques est la principale incriminée. Par rapport à la lumière blanche, elle réduit de manière plus forte la production de mélatonine (hormone du sommeil) par le cerveau. Or, de plus en plus d'écrans incorporent cette technologie, en raison du bon rendu des couleurs et de la bonne définition qu'elle offre, tout en étant économe en énergie.
Une autre étude avait conclu que lire un e-book sur une tablette rétroéclairée dans les heures avant le coucher perturbe le sommeil, de la même manière que semblent le faire smartphones et tablettes. Par rapport à la lecture d'un livre en papier, les participants voyaient leur rythme circadien prendre du retard, leur sécrétion de mélatonine chuter, et leur attention le lendemain se détériorer.
Plus inquiétant, l'Institut de la vision a observé un effet délétère des longueurs d'ondes bleues de la lumière sur les cellules de la rétine de porc : elles provoquent l'accumulation dans les cellules pigmentaires d'un composé appelé lipofuscine, responsable d'une maladie appelée DMLA (Dégénérescence Maculaire Liée à l'Âge) qui provoque une forte baisse de la vision, et ce dès la première utilisation. Cette lumière bleue peut aller jusqu'à provoquer la mort des cellules, d'après l'Institut de la vision. Mais des études supplémentaires restent nécessaires avant d'affirmer qu'elle rend aveugle.
[...]
D'autant que selon les auteurs de l'étude américaine, il est possible, et simple, de se prémunir contre les dégâts des écrans sur le sommeil : par exemple, en arrêtant de les utiliser au moins une demi-heure avant d'aller se coucher, et en les retirant des chambres des enfants.

Question 44. Quelles sont les conséquences des smartphones sur la santé ?

1. Perturbation du sommeil.
2. Diminution de l'attention.
3. Diminution de la vision.
4. Réduction du sommeil.
5. Augmentation du risque de maladies.

(A) 1 + 2 + 3 + 4
(B) 1 + 2 + 3 + 4 + 5
(C) 2 + 3 + 4 + 5
(D) 2 + 3 + 4

Question 45. Selon le texte, quelles sont les principales victimes des smartphones ?

1 – Les actifs

2 – Les personnes âgées

3 – Les personnes aux yeux bleus

4 – Les enfants

(A) 1 + 2 + 3

(B) 1 + 4

(C) 2 + 4

(D) Uniquement 4

Question 46. Selon le texte, quels biens technologiques sont nocifs pour le sommeil des enfants ?

(A) Uniquement les smartphones.

(B) Les smartphones, la télévision et les tablettes.

(C) Les smartphones et les tablettes.

(D) La télévision et les smartphones.

Question 47. Quel est le titre le plus approprié pour ce texte ?

(A) Les smartphones réduisent le temps et la qualité de sommeil des enfants.

(B) Les NTIC sont nuisibles pour la vue.

(C) Dangers et conseils d'utilisation des smartphones et des tablettes.

(D) Les dangers de la lumière bleue émise par les petits et grands écrans.

Question 48. Que peuvent faire les adultes afin de se prémunir contre les dégâts des écrans sur la vue ?

(A) Le meilleur moyen est de contrôler l'usage des smartphones et des tablettes selon la période de la journée.

(B) Les adultes doivent réduire leur utilisation d'objets technologiques composés d'écran à LED.

(C) Rien. Les dégâts des écrans sont présents dès la première minute d'utilisation, en particulier sur les yeux.

(D) Le meilleur moyen est de porter des lunettes adaptées à l'émission de lumière bleue des écrans de smartphones et tablettes.

Question 49. Que véhicule l'auteur au sujet des smartphones ?

(A) De la confiance

(B) De la méfiance

(C) De la défiance

(D) Une mise en garde

Question 50. Quelle serait la meilleure conclusion pour ce texte ?

(A) Ainsi, la routine de l'endormissement du soir ne subit pas d'interférences, et la qualité du sommeil s'en retrouve préservée.

(B) En effet, les enfants sont les principaux responsables de l'utilisation de smartphones. Ils doivent donc être contrôlés par leurs parents pour limiter les dégâts.

(C) Ainsi, en appliquant ces mesures, on privilégie la santé des enfants plutôt que leur habileté avec les NTIC.

(D) Pour conclure, l'utilisation des NTIC est à bannir dans la chambre des enfants, d'autant plus lorsqu'il s'agit d'écrans avec lumière bleue.

TAGE 2® N° 7

CALCUL (5)

CONSIGNES

10 questions	30 minutes	Calculatrice interdite	Chronomètre recommandé

BARÈME

Bonne réponse : + 3 points	Aucune réponse : 0 point	Mauvaise réponse : – 1 point

Question 51. Au 1er janvier 2018, le gouvernement français a décidé d'augmenter le taux de TVA de 20 % à 25 %. Sachant que le prix TTC d'un bien de consommation était de 54 euros en 2017, quel sera le prix de ce bien en 2018 ?

(A) 55,75 euros
(B) 56 euros
(C) 56,25 euros
(D) 57,50 euros

Question 52. Mon salaire se compose d'une part fixe et d'une part variable. Ce mois-ci, j'ai reçu 3 800 euros tout compris. Sachant que le montant de ma part fixe a été supérieur de 1 900 euros au montant de ma part variable, quel est le montant de la part fixe de mon salaire ?

(A) 1 900 euros
(B) 2 350 euros
(C) 2 550 euros
(D) 2 850 euros

Question 53. Sara part en voiture de Paris vers Cannes à 13 heures à la vitesse de 90 km/h.
Claude part de Paris à 10 heures en direction de Cannes à la vitesse de 60 km/h.
À quelle heure Sara va-t-elle rattraper Claude ?

(A) 15h45
(B) 16h30
(C) 18h30
(D) 19h

Question 54. Que vaut X + Y sachant que le produit des nombres à trois chiffres 31X et 24Y est égal à 78 368 ?

(A) 10,5

(B) 3

(C) 8

(D) 14

Question 55. Un rectangle est inscrit dans un cercle de rayon égal à 2,5 cm. La largeur du rectangle vaut 3 cm. Quelle est la surface du rectangle ?

(A) 8 cm^2

(B) 10 cm^2

(C) 12 cm^2

(D) 14 cm^2

Question 56. Si Marie devait vivre jusqu'à ses 99 ans, alors le temps qu'il lui resterait à vivre représenterait sept quarts de son âge actuel. Quel est l'âge de Marie ?

(A) 36 ans

(B) 42 ans

(C) 46 ans

(D) 52 ans

Question 57. Que vaut Z dans l'expression : $Z^2 + 7Z - 144 = 0$

(A) 9 ou 11

(B) -9

(C) $\sqrt{9}$

(D) -16 ou 9

Question 58. On lance un dé pipé tel que la probabilité d'obtenir 1 est égale à 0,5 et que la probabilité d'obtenir chacune des autres valeurs est égale. Quelle est la probabilité que le dé tombe sur la face « 2 » ?

(A) 0,3

(B) 0,2

(C) 0,1

(D) 0,05

Question 59. Thierry reçoit son assistant Arthur pour négocier ses primes des 6 prochaines années. À la fin des négociations, Thierry propose 4 choix différents de rémunération à Arthur. Quelle proposition est la plus avantageuse pour Arthur sachant qu'il n'y a pas d'inflation et qu'il ne peut placer son argent ?

(A) Toucher 6 fois 15 % de son salaire annuel actuel en année 1.

(B) Toucher chaque semestre durant 6 ans une prime correspondant à 7,5 % de son salaire annuel actuel.

(C) Toucher annuellement durant 5 ans une prime correspondant à 35 % de 55 % de son salaire annuel actuel.

(D) Toucher trimestriellement durant 6 ans une prime correspondant à 8 % de 50 % de son salaire annuel actuel.

Question 60. Soient 2 trains séparés de 380 kilomètres. L'un des trains se déplace à la vitesse de 67 km/h et l'autre se déplace à la vitesse de 33 km/h.
Au bout de combien de temps vont-ils se croiser ?

(A) 3 heures.

(B) 3 heures et 12 minutes.

(C) 3 heures et 36 minutes.

(D) 3 heures et 48 minutes.

CONSIGNES

10 questions	10 minutes	Calculatrice interdite	Chronomètre recommandé

BARÈME

Bonne réponse : + 3 points	Aucune réponse : 0 point	Mauvaise réponse : – 1 point

Question 61.

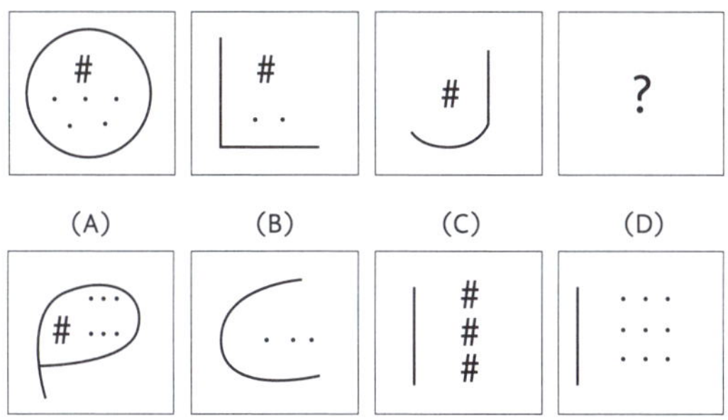

Question 62.

1 AXA 8	0 IFI 3	2 HYA 7	?

(A)	(B)	(C)	(D)
3 EVE 2	1 AHT 8	4 AME 6	6 AIL 8

Question 63.

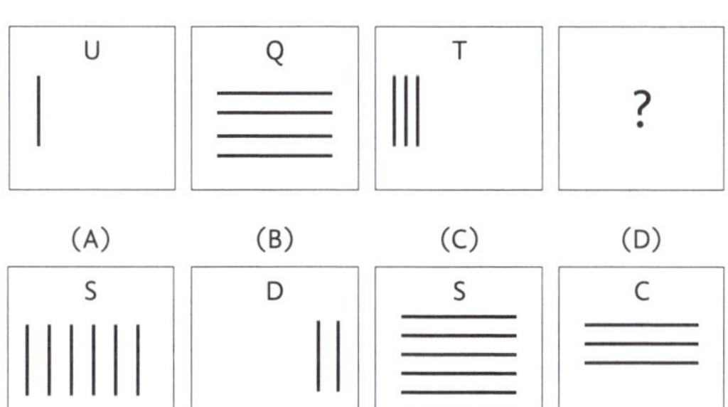

Question 64.

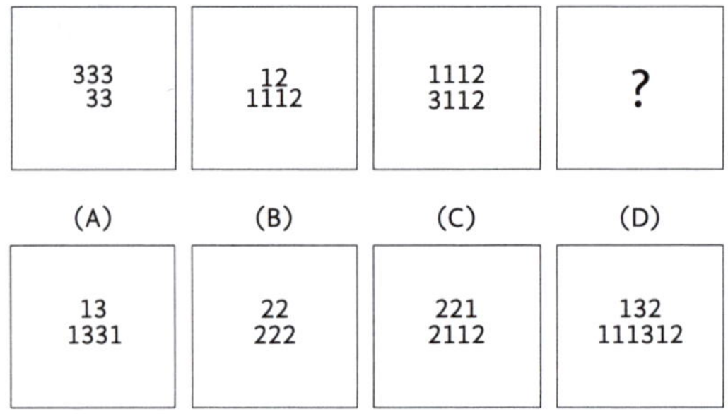

Question 65.

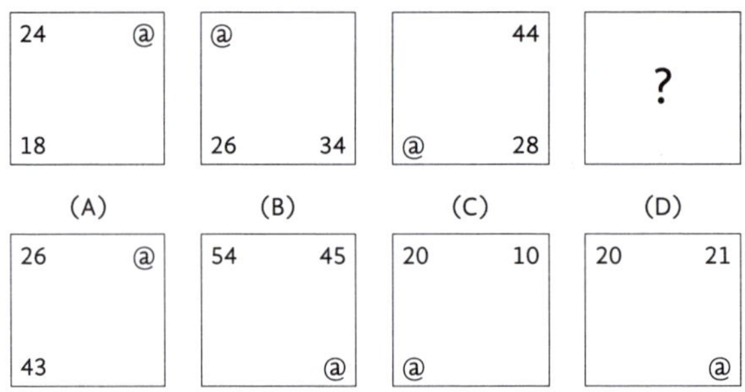

Question 66.

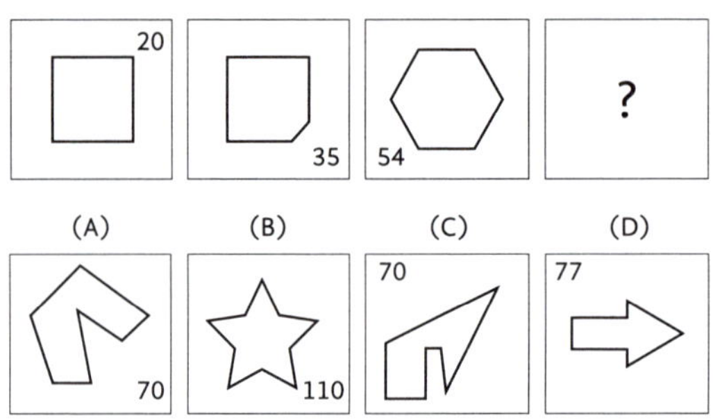

Question 67.

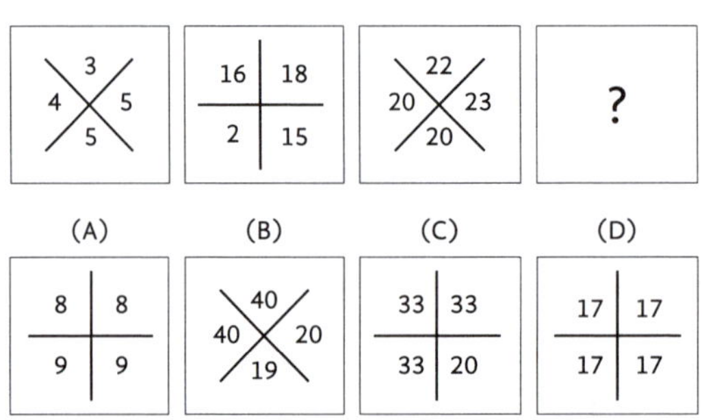

Question 68.

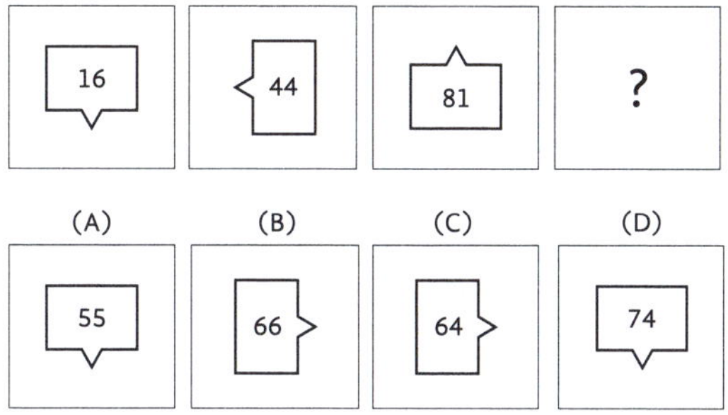

Question 69.

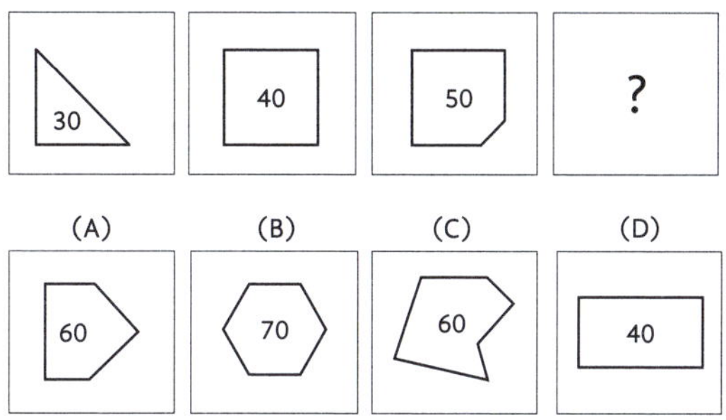

Question 70.

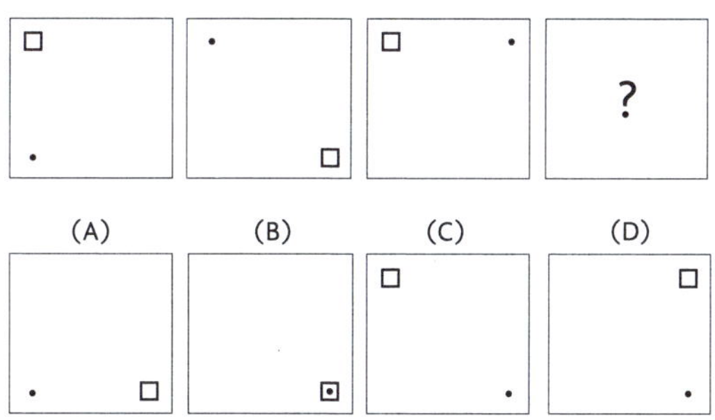

CORRIGÉ TAGE 2® N° 7

GRILLE DE RÉPONSES TAGE 2® N° 7

Difficulté du TAGE 2® N° 7 : NORMAL

LEXI.	**Question**	1	2	3	4	5	6	7	8	9	10	11	12	13	14	15
LEXI.	**Réponse**	C	B	A	D	D	A	B	D	C	A	C	D	B	C	D
CALCUL	**Question**	16	17	18	19	20	21	22	23	24	25					
CALCUL	**Réponse**	C	C	C	D	D	D	A	C	B	C					
LOG.	**Question**	26	27	28	29	30	31	32	33	34	35					
LOG.	**Réponse**	A	A	B	B	C	D	D	D	C	B					
PARA	**Question**	36	37	38	39	40	41	42	43	44	45	46	47	48	49	50
PARA	**Réponse**	B	A	D	C	D	B	A	D	B	D	B	A	C	D	A
CALCUL	**Question**	51	52	53	54	55	56	57	58	59	60					
CALCUL	**Réponse**	C	D	D	D	C	A	D	C	C	D					
LOG.	**Question**	61	62	63	64	65	66	67	68	69	70					
LOG.	**Réponse**	D	A	C	D	B	D	C	C	C	B					

Toutes les questions sont corrigées en vidéo dans votre espace **E-LEARNING sur www.monsieur-tage-2.com**

TAGE 2® N° 7

1 CORRIGÉ « LEXIPHRASE »

Difficulté	NORMAL														
Question	1	2	3	4	5	6	7	8	9	10	11	12	13	14	15
Réponse	C	B	A	D	D	A	B	D	C	A	C	D	B	C	D

Toutes les questions sont corrigées en vidéo dans votre espace **E-LEARNING sur www.monsieur-tage-2.com**

Posez toutes vos questions (concours, écoles, dossiers, TAGE 2®, etc.) au sein des **communautés d'entraide Facebook et Instagram « Monsieur TAGE 2 »** et **« Monsieur Ecoles de commerce » (+ de 20 000 membres).**

Question 1 **Réponse C** ★★★☆☆ 30 sec. – 2 min. Fiches 15/16

« **Vétuste** » signifie vieux et détérioré par le temps. C'est un mot péjoratif, pour désigner un objet qui est en très mauvais état, du fait de son ancienneté. **Réponse C.**

Question 2 **Réponse B** ★★☆☆☆ 15 sec. – 1 min. Fiches 15/16

« **Procrastiner** » c'est remettre à plus tard ce qu'on ne souhaite pas faire aujourd'hui, par paresse ou par manque de motivation. **Réponse B.**

Question 3 **Réponse A** ★★★☆☆ 30 sec. – 2 min. Fiches 15/16

« **Abhorrer** » signifie détester, haïr.
« **L'ardeur** » fait référence à l'acharnement, au fait de ne rien lâcher.

1re colonne **On garde les réponses A et B.**

Les synonymes de « **Abhorre** » sont : « Exècre » et « Déteste ».
On garde donc les réponses A et B.

2e colonne On choisit la réponse A.

Les synonymes de **« Avec ardeur »** sont : « Sans relâche », « Sans arrêt » et « Avec acharnement ». On choisit donc la **réponse A.**

Question 4	Réponse D	★★★☆☆	30 sec. – 2 min.	Fiches 15/16

« Idoine » veut dire « qui convient » ou « adéquat ».
« Sans équivoque » signifie incontestable, sans ambiguïté, clair.

1re colonne On garde les réponses A, C et D.

Les synonymes de **« Idoine »** sont : « Parfaite », « Idéale » et « Adaptée ».
On garde donc les réponses A, C et D.

2e colonne On choisit la réponse D.

Les synonymes de **« Sans équivoque »** sont : « Claire » et « Catégorique ».
On choisit donc la **réponse D.**

Question 5	Réponse D	★★★☆☆	30 sec. – 2 min.	Fiche 17

« La grandiloquence » est le fait de s'exprimer de manière pompeuse, emphatique, pédante. C'est donc l'inverse de « simplicité », **« naturel ». Réponse D.**

Question 6	Réponse A	★★★☆☆	30 sec. – 2 min.	Fiche 17

« L'hégémonie » est une suprématie, une domination incontestable. Une domination est donc dite **« hégémonique »** quand elle est totale, incontestée. C'est donc l'inverse d'une domination **« partielle ». Réponse A.**

Question 7	Réponse B	★★★☆☆	30 sec. – 2 min.	Fiche 23

Intrus : Réponse B : Un plaidoyer.
Critère : Le sens des mots.

Les mots **« Diatribe »**, **« Pamphlet »** et **« Accusation »** sont des mots qui décrivent une critique forte, acerbe.
L'intrus est donc **« Plaidoyer »** (= discours qui défend une personne ou une cause) qui ne renvoie pas à un sens négatif de critique mais à un sens positif de défense. **Réponse B.**

Question 8 Réponse D ★★★☆☆ **30 sec. – 2 min.** **Fiche 23**

Intrus : Réponse D : Maison.
Critère : Le champ lexical des mots.

Les mots « Ignifugé », « Incendié » et « Cheminée » ont un rapport avec le feu.
L'intrus est donc « Maison » qui ne renvoie pas au feu. **Réponse D.**

Question 9 Réponse C ★★★☆☆ **30 sec. – 2 min.** **Fiches 22/23**

Intrus : Réponse C : Sa patronne lui a fait comprendre la nécessité d'aller plus vite.
Critère : Figures de style.

- **Rappel de cours** Un **pléonasme** est la répétition, volontaire ou non, de termes ou expressions ayant le même sens.

Les phrases « **Au jour d'aujourd'hui,** tout va bien », « La réunion a été **reportée à une date ultérieure** » et « La **marche à pied** est le sport le plus naturel » contiennent chacune un pléonasme.
L'intrus est donc « Sa patronne lui a fait comprendre la nécessité d'aller plus vite » qui ne contient pas de pléonasme. **Réponse C.**

Question 10 Réponse A ★★★☆☆ **30 sec. – 2 min.**

Critère : Un siège peut être en cuir. Une maison peut être en **brique. Réponse A.**

Question 11 Réponse C ★★★★☆ **45 sec. – 3 min.** **Fiches 25/31**

- **Rappels de cours**

  1) La plupart des mots en « –té » ne prennent pas de « –e » final, mais **dictée** fait partie de la liste d'exceptions.
  2) Avec l'auxiliaire « être », le participe passé s'accorde.
  3) Le participe passé s'accorde avec l'auxiliaire « avoir » uniquement si le COD est placé avant l'auxiliaire.

1 – Cette **dictée** comporte plusieurs fautes qu'il faut corriger.
2 – Au bord de la rivière, **cachés** sous les arbres, les enfants jouent à cache-cache.
3 – Quelqu'un aurait aperçu des **canards** et des oies dans la forêt.

Les phrases bien orthographiées sont les **phrases 4 et 5. Réponse C.**

Question 12 Réponse D	★★★★☆	45 sec. – 3 min.	Fiches 25/31

- **Rappel de cours**
  - **Après que + Subjonctif :** Quand l'action n'est pas encore réalisée
    → Je t'appellerai après que tu sois arrivé.
  - **Après que + Indicatif :** Quand l'action est réalisée
    → Je t'ai appelé après que tu es arrivé.
  - **Pas de majuscule** à « français » lorsqu'il s'agit d'un adjectif. On met une majuscule quand il s'agit d'un nom. **Exemple :** les Français sont cultivés.

Après qu'il est arrivé en France, il a rapidement trouvé un travail et a **pu** résoudre ses difficultés **pécuniaires**. Ce travail de serveur ne le passionne pas plus que cela, mais c'est un **gagne-pain** comme un autre. Après tout, cela lui permet de faire des rencontres et de mieux développer sa maîtrise de la langue **française**. Dans quelque temps, il pourra s'exprimer parfaitement dans la langue de **Molière** (**Faute d'usage :** la langue de Shakespeare est la langue anglaise). Le temps aura comblé ses lacunes initiales.

Le passage contient **5 fautes. Réponse D.**

Question 13 Réponse B	★★★☆☆	30 sec. – 2 min.	Fiche 34

Il en est des manières et de la façon de vivre comme des modes : les Français changent de mœurs selon l'âge de leur roi. Le monarque pourrait même parvenir à rendre la nation grave, s'il l'avait entrepris. Le prince imprime le caractère de son esprit à la cour, la cour à la ville, la ville aux provinces. **L'âme du souverain est un moule qui donne la forme à toutes les autres.**

Par élimination, seule la réponse B est possible.
Les autres réponses sont hors-sujet ou sont en contradiction avec le texte. **Réponse B.**

Question 14 Réponse C	★★★★☆	45 sec. – 3 min.	Fiche 34

C'est quand tout va bien que les risques se prennent. Ainsi s'exprime le fameux « paradoxe de la tranquillité » exprimé par l'économiste Hyman Minsky dans les années 1980 sur l'instabilité financière. **Les crises se préparent dans les phases hautes des cycles économiques.**

L'auteur déclare : « C'est quand tout va bien que les risques se prennent ».
Dans ce cas, c'est dans les phases hautes des cycles économiques que les agents se sentent suffisamment en sécurité pour investir. C'est à partir de ce moment précis que les crises apparaissent.
Pour Minsky, le système financier est intrinsèquement instable. Autrement dit, une crise financière n'est pas le résultat d'un choc extérieur subit, mais le fruit du fonctionnement même du système financier. **Réponse C.**

Question 15 **Réponse D** ★★★☆☆ 30 sec. – 2 min. Fiche 34

Le niveau des candidats en Anglais au concours semble, fâcheusement, être d'autant plus **élevé** que le revenu des parents est **conséquent**. Sans doute ont-ils davantage l'occasion de partir en voyage linguistique.

Généralement, le budget dépensé pour les vacances ou séjours à l'étranger croît avec le revenu des ménages. **Réponse D.**

Difficulté	NORMAL									
Question	16	17	18	19	20	21	22	23	24	25
Réponse	C	C	C	D	D	D	A	C	B	C

Toutes les questions sont corrigées en vidéo dans votre espace **E-LEARNING sur www.monsieur-tage-2.com**

Posez toutes vos questions (concours, écoles, dossiers, TAGE 2®, etc.) au sein des **communautés d'entraide Facebook et Instagram « Monsieur TAGE 2 »** et **« Monsieur Ecoles de commerce » (+ de 20 000 membres).**

Question 16 Réponse C ★★★☆☆ **30 sec. – 2 min.** **Fiche 58**

- **Rappel de cours** Lorsque les coefficients sont tous les mêmes, on a :

$$\text{Moyenne} = \frac{\text{Somme des termes}}{\text{Nombre de termes}}$$

Étape 1 Calculons le total des âges des 4 amis.

$$\frac{A + B + C + D}{4} = 19 \Leftrightarrow A + B + C + D = 19 \times 4 = 76$$

Étape 2 Calculons le total des âges des 3 amis (sans Damien).

$$\frac{A + B + C}{3} = 18 \Leftrightarrow A + B + C = 18 \times 3 = 54$$

Étape 3 Combinons les 2 informations.

$$\text{On sait que : } \begin{cases} A + B + C + D = 76 & \textbf{(1)} \\ A + B + C = 54 & \textbf{(2)} \end{cases}$$

En insérant **(2)** dans **(1)**, on obtient : $54 + D = 76 \Leftrightarrow D = 76 - 54 =$ **22 ans.**

Damien a donc **22 ans. Réponse C.**

Question 17 Réponse C ★★★★☆ **45 sec. – 2 min.** **Fiche 55**

- **Rappel de cours** Nouveau total = Ancien total × (1 ± Variation en %).

Étape 1 Modélisons la situation.

Soit N le tarif normal, H le tarif hiver et E le tarif été.

On sait que : E = 1,35 × N et que H = 0,6 × N (0,6 car 1 – 0,4).

Étape 2 Calculons le prix payé pour une nuit en été (E).

On sait qu'un séjour de 3 nuits en été coûte 526,5 euros.

Donc, une nuit en été coûte : $E = \frac{526,5}{3} = \mathbf{175,5}$ **euros.**

Étape 3 Déduisons-en le prix d'une nuit au tarif classique.

On sait que : E = 175,5 euros. Or, E = 1,35 N (car le tarif été correspond à 35 % de plus que le tarif classique).

On a donc : $1,35\ N = 175,5 \Leftrightarrow N = \frac{175,5}{1,35} = \frac{17550}{135}$ (× 100 « en haut et en bas »).

En posant la division, on obtient N = 130 euros. **Le tarif classique est donc de 130 euros/nuit.**

Étape 4 Calculons le prix d'une nuit au tarif hiver (H) et concluons quant au prix du séjour de 5 nuits en hiver.

Le prix hiver est égal au prix classique diminué de 40 %, soit H = 0,6 × N.

Or, **N = 130**. Donc : H = 0,6 × 130 = 6 × 13 = **78 euros.**

Une nuit en hiver coûte 78 euros. Ainsi, le prix d'un séjour de 5 nuits en hiver coûte :

5 × 78 = **390 euros. Réponse C.**

Question 18 Réponse C ★★★☆☆ **15 sec. – 1 min.** **Fiche 66**

- **Rappel de cours** Pour connaître le temps T que mettent N personnes ensemble pour réaliser un travail, appliquez la formule :

$$\frac{1}{T} = \frac{1}{T_1} + \frac{1}{T_2} + \ldots + \frac{1}{T_N}$$

Étape 1 Calculons le temps qu'ils mettraient ensemble pour terminer un puzzle standard.

Pour un puzzle standard, le père met TF = 2 heures et le fils met TF = 1/2 heure. On a donc :

$$\frac{1}{T_{standard}} = \frac{1}{T_F} + \frac{1}{T_P} = \frac{1}{2} + \frac{1}{\frac{1}{2}} = 2 + \frac{1}{2} = \frac{5}{2} \Leftrightarrow T_{standard} = \frac{2}{5}\ \textbf{heures.}$$

Étape 2 Calculons le temps qu'ils mettraient ensemble pour un puzzle 10 fois plus grand.

Ils mettraient 10 fois plus de temps soit : $10 \times \frac{2}{5}\ h = \mathbf{4}$ **heures.**

Ensemble, ils mettraient **4 heures** à terminer un puzzle 10 fois plus grand. **Réponse C.**

Question 19 Réponse D ★★★★★ 30 sec. – 2 min. Fiche 62

- **Rappel de cours** Pour résoudre un système d'équations, il est possible d'additionner, de soustraire, de multiplier ou de diviser les 2 équations.

Étape 1 Modélisons la situation.

Soit J_1 la contenance de la première jarre et P_1 son poids.
Soit J_2 la contenance de la deuxième jarre et P_2 son poids.

Étape 2 Posons un système d'équations.

On apprend que : $\begin{cases} P_1+J_1+P_2+J_2=7 & (1) \\ J_2 = J_1 + 0{,}1 & (2) \\ P_1 + P_2 = 1{,}1 & (3) \end{cases}$

En insérant **(3)** dans **(1)**, on obtient : $J_1 + J_2 + 1{,}1 = 7 \Leftrightarrow J_1 + J_2 = 5{,}9$.

On a donc : $\begin{cases} J_1+J_2=5{,}9 & (1) \\ J_2 = J_1 + 0{,}1 & (2) \end{cases}$

En insérant **(2)** dans **(1)**, on obtient : $2\,J_1 + 0{,}1 = 5{,}9 \Leftrightarrow 2\,J_1 = 5{,}8 \Leftrightarrow$ $\mathbf{J_1 = 2{,}9}$. **Réponse D.**

Question 20 Réponse D ★★★★☆ 30 sec. – 2 min. Fiche 78

- **Rappel de cours** La probabilité de la réunion de 2 événements est :

  $\mathbf{P(X \cup Y) = p(X) + p(Y) - p(X \cap Y)}$

Interprétons l'énoncé.

Il y a deux possibilités d'obtenir 1 boule rouge (R) **et** 1 boule jaune (J) : J puis R **ou** R puis J. Soient P(RJ) la probabilité d'obtenir une bille rouge puis une bille jaune et P(JR) la probabilité d'obtenir une bille jaune puis une bille rouge.
On cherche donc : P((RJ) ∪ (JR)).

Étape 1 Calculons la probabilité d'obtenir une bille rouge puis une bille jaune : P(RJ)

Multiplions les probabilités associées aux événements « Obtenir une bille rouge à la première pioche » et « Obtenir une bille jaune à la seconde pioche » : $P(RJ) = \frac{3}{5} \times \frac{2}{5} = \mathbf{\frac{6}{25}}$.

Étape 2 Calculons la probabilité d'obtenir une bille jaune puis une bille rouge : P(JR)

Multiplions les probabilités associées aux événements « Obtenir une bille jaune à la première pioche » et « Obtenir une bille rouge à la seconde pioche » :

$P(JR) = \frac{2}{5} \times \frac{3}{5} = \mathbf{\frac{6}{25}}$

Étape 3 Calculons la probabilité finale d'obtenir une bille rouge et une bille jaune P((RJ) ∪ (JR)).

Étant donné que l'événement « RJ **et** JR » est impossible, la probabilité de l'intersection de ces événements est nulle (P(JR) ∩ (RJ) = 0).

$$\mathbf{P((RJ) \cup (JR)} = P(RJ) + P(JR) - P((JR) \cap (RJ)) = \frac{6}{25} + \frac{6}{25} - 0 = \frac{12}{25}.$$ **Réponse D.**

Question 21	Réponse D	★★☆☆☆	45 sec. – 3 min.	Fiche 58

- **Rappel de cours** Lorsque les coefficients sont identiques :

$$\text{Moyenne} = \frac{\text{Somme des termes}}{\text{Nombre de termes}}$$

Interprétons l'énoncé.

John va 4 fois au casino dans la semaine.

Étape 1 Calculons le gain total à obtenir pour obtenir un gain moyen de 10 €.

Gain total = gain moyen par soirée × nombre de soirées au casino = 10 × 4 = 40 €.

Il lui faut donc cumuler 40 € de gains s'il souhaite avoir 10 € par soir en moyenne.

Étape 2 Calculons le gain de la dernière soirée au casino qui permet d'obtenir un gain total de 40 €.

Sur les trois premières soirées, les gains de John sont de – 30 €.

Il doit donc gagner 40 – (– 30) = **70 €** pour remplir son objectif.

Étape 3 Concluons.

John doit gagner au moins 70 € lors de sa dernière soirée au casino pour que son gain moyen par soirée au casino atteigne 10 € sur la semaine. **Réponse D.**

Question 22	Réponse A	★★★★☆	45 sec. – 3 min.	Fiche 71

- **Rappel de cours** Pour calculer le nombre de termes entre A et B compris, on a la formule : **B – A + 1** où B est le plus grand nombre et A le plus petit nombre.

Étape 1 Calculons le nombre d'emballages en stock à la fin de l'exercice pour chaque type.

Type A : 203 – 176 + 1 = 28.

Type B : 112 – 74 + 1 = 39.

Type C : 110 – 99 + 1 = 12.

Ainsi, le nombre total d'emballages en stock est de 28 + 39 + 12 = 79.

Étape 2 Calculons le nombre d'emballages vendus durant l'année.

Il y a 300 emballages en stock au début de l'année (100 emballages de chaque type).

Il en reste 79 à la fin de l'année. Ainsi, le nombre d'emballages vendus est : 300 – 79 = **221**.

L'entreprise a vendu **221 emballages** durant l'année. **Réponse A.**

Question 23	Réponse C	★★★★☆	45 sec. – 3 min.	Fiche 56

- **Rappel de cours** Soit K_0 le capital initial, K_n le capital après **n** années de placement à intérêts composés, et **r** le taux d'intérêt auquel le capital est placé.

  On a : **Formule des intérêts composés :** $K_n = K_0 \times (1 + r)^n$.

Étape 1 Calculons le montant du placement en janvier 2012, juste avant que Guillaume ne retire la moitié de la somme d'argent.

$50\,000 \times (1 + 20\,\%)^2 = 50\,000 \times (1{,}2)^2 = 50\,000 \times 1{,}44 = 72\,000$ €.

Après avoir placé 50 000 euros à 20 % pendant 2 ans, il a 72 000 euros sur son compte.

Étape 2 Calculons le nouveau montant en banque après que Guillaume a retiré l'argent.

Il retire la moitié, donc il lui reste : 72 000/2 = 36 000 €.

Étape 3 Calculons la somme que pourra récupérer Guillaume en janvier 2014.

$36\,000 \times (1 + 20\,\%)^2 = 36\,000 \times (1{,}2)^2 = 36\,000 \times 1{,}44 = \mathbf{51\,840}$ **€.**

En janvier 2014, Guillaume pourra récupérer la somme de **51 840 euros. Réponse C.**

Question 24 Réponse B ★★★☆☆ 30 sec. – 2 min. Fiche 81

- **Rappel de cours** La formule du nombre de poignées de mains entre N personnes est :

$$\frac{N \times (N-1)}{2}$$

On utilise aussi cette formule pour calculer le **nombre de couples** qu'il est possible de former **entre N personnes.**

Étape 1 Calculons le nombre de filles et de garçons présents.

Il y a 36 personnes présentes (Anaïs + 35 camarades), dont 1/3 de garçons et 2/3 de filles puisqu'il y a deux fois plus de filles que de garçons.
Ainsi, il y a 36/3 = 12 garçons, et donc 36 – 12 = **24 filles présentes.**

Étape 2 Calculons le nombre d'équipes garçon-garçon différentes qui pourraient être formées.

Utilisons la formule avec N = 12 (nombre de garçons) :

$$\frac{N \times (N-1)}{2} = \frac{12 \times 11}{2} = 6 \times 11 = \mathbf{66}\text{. **Réponse B.**}$$

Question 25 Réponse C ★★☆☆☆ 15 sec. – 1 min. Fiche 62

- **Rappel de cours** Pour résoudre un système d'équations, il est possible **d'additionner, de soustraire, de multiplier ou de diviser** les 2 équations.

Étape 1 Posons un système d'équations.

On note « c » le prix d'un kilogramme de cerises et « b » le prix d'un kilogramme de bananes.

On a alors le système d'équations suivant : $\begin{cases} 3c + 8b = 15 & (1) \\ b = \dfrac{1}{4} \times c & (2) \end{cases}$

Étape 2 Résolvons le système posé.

En insérant **(2)** dans **(1)**, on obtient :

$$\begin{cases} 3c + 8 \times \left(\dfrac{1}{4}c\right) = 15 & \textbf{(1)} \\ b = \dfrac{1}{4} \times c & \textbf{(2)} \end{cases} \Leftrightarrow \begin{cases} 5c = 15 & \textbf{(1)} \\ b = \dfrac{1}{4} \times c & \textbf{(2)} \end{cases} \Leftrightarrow \begin{cases} c = 3 \\ b = \dfrac{3}{4} \end{cases}$$

Étape 3 Concluons.

1 kilogramme de cerises coûte donc **3 euros. Réponse C.**

3 CORRIGÉ « LOGIQUE (3) »

Difficulté	FACILE									
Question	26	27	28	29	30	31	32	33	34	35
Réponse	A	A	B	B	C	D	D	D	C	B

Toutes les questions sont corrigées en vidéo dans votre espace **E-LEARNING sur www.monsieur-tage-2.com**

Posez toutes vos questions (concours, écoles, dossiers, TAGE 2®, etc.) au sein des **communautés d'entraide Facebook et Instagram « Monsieur TAGE 2 »** et **« Monsieur Ecoles de commerce » (+ de 20 000 membres).**

Question 26 Réponse A ★★☆☆☆ **15 sec. – 1 min.** **Fiches 96/103**

		31		
		53		
		61		
		71		
74	56	??	65	92

(A) 83 (B) 23 (C) 89 (D) 56

V : Nombres premiers.

H : Somme constante égale à 11.

Question 27	Réponse A	★★☆☆☆	30 sec. – 2 min.	Fiches 92/102

		81		
		36		
58	74	??	41	14
		16		
		09		

(A) 25 (B) 69 (C) 49 (D) 03

V : Ce sont des carrés.

H : Écart positif/négatif de +3/–3/+3/–3 entre le 1er et le 2e chiffre.

Question 28	Réponse B	★★★☆☆	30 sec. – 2 min.	Fiches 91/92

AE	FJ	??	NR	JN
		CI		
		DF		
		EK		
		FB		

(A) BA **(B) BF** (C) KO (D) ZV

V : Le rang alphabétique de la 1re lettre augmente de + 1 : **B** – C – D – E – F.

H : Écart de + 4 entre la 1re lettre et la 2e lettre.

Question 29	Réponse B	★★☆☆☆	15 sec. – 1 min.	Fiches 91/92

		AJ		
		CO		
AZ	ML	??	QP	FE
		GB		
		IL		

(A) RQ **(B) ED** (C) RM (D) EP

V : Le rang alphabétique de la 1re lettre augmente de +2 : A – C – **E** – G – I.

H : Écart de –1 entre la 1re et la 2e lettre (circularité alphabétique).

Question 30 Réponse C ★★★☆☆ 30 sec. – 2 min. Fiches 93/102

		812		
		649		
182	45**1**	**?**??	39**1**	**1**93
		258		
		367		

(A) 121 (B) 123 **(C) 168** (D) 098

V : Les deux premiers chiffres forment un carré.

H : Grande diagonale gauche - droite de 1 : **1**XX – XX**1** – **1**XX – XX**1** – **1**XX.

Question 31 Réponse D ★★★★☆ 30 sec. – 2 min. Fiches 98/103

		374		
		495		
		253		
		396		
292	178	???	113	431

(A) 134 (B) 143 (C) 257 **(D) 198**

V : 1er chiffre + 3^{e} chiffre = 2^{e} chiffre.

H : Les deux premiers chiffres forment un nombre premier.

Question 32 Réponse D ★★☆☆☆ 15 sec. – 1 min. Fiches 91/94

				N**W**X
				I**U**S
				G**S**A
				M**Q**O
MAQ	T**N**S	HR**O**	B**P**Q	**??**?

(A) QAB (B) QTU (C) MON **(D) QOR**

V : Écart de –2 sur la 2e lettre : W – U – S – Q – **O.**

H : Diagonale moyenne avec écart constant de +1 : **M**XX – X**N**X – XX**O** – X**P**X – **Q**XX.

Question 33	Réponse D	★★☆☆☆	15 sec. – 1 min.	Fiches 91/93

GST
OUH
???
POJ
KGH

DTR ZSF ERR SQP

(A) IUF (B) ISZ (C) PPM **(D) IPE**

V : Grande diagonale gauche – droite de + 1 : G – H – I – J – K.
H : Écart de – 1 sur la 2e lettre : T – S – R – Q – **P.**

Question 34	Réponse C	★★★☆☆	30 sec. – 2 min.	Fiches 91/92

ABA
RXR
CDC
EBE
KLM EMP ??? POL ZPA

(A) LHL (B) DNI **(C) SNS** (D) MPM

V : La 1re et la 3e lettres sont identiques.
H : Écart constant de + 1 sur la lettre centrale : L – M – **N** – O – P.

Question 35	Réponse B	★★☆☆☆	15 sec. – 1 min.	Fiches 95/96

20
42
64 91 ?? 82 73
72
26

(A) 55 **(B) 28** (C) 22 (D) 23

V : Diagonale gauche – droite de « 2 » : 2X – X2 – **2**X – X2 – 2X.
H : Somme constante égale à 10.

4 CORRIGÉ « PARATEXTE »

Difficulté	NORMAL														
Question	36	37	38	39	40	41	42	43	44	45	46	47	48	49	50
Réponse	B	A	D	C	D	B	A	D	B	D	B	A	C	D	A

Toutes les questions sont corrigées en vidéo dans votre espace **E-LEARNING sur www.monsieur-tage-2.com**

Posez toutes vos questions (concours, écoles, dossiers, TAGE 2®, etc.) au sein des **communautés d'entraide Facebook et Instagram « Monsieur TAGE 2 »** et **« Monsieur Ecoles de commerce » (+ de 20 000 membres).**

Question 36 Réponse B ★★★★☆ **15 sec. – 1 min.** **Fiche 40**

Très rapidement, au lendemain de la Seconde Guerre mondiale, **l'alliance** entre les vainqueurs est rompue et les deux blocs **militaires et idéologiques.**

1re colonne On garde les réponses A, B et C.

Tout d'abord, on s'aperçoit que le mot manquant est féminin du fait de la présence du mot « rompue ». Donc, on élimine la réponse D. On garde donc les réponses A, B et C.

2e colonne On choisit la réponse B.

Les vainqueurs ont constitué deux blocs **militaires et idéologiques**. Les réponses A et C ne sont pas adéquates. On choisit donc la **réponse B.**

Question 37 Réponse A ★★★★☆ **15 sec. – 1 min.** **Fiche 40**

Les alliances se constituent autour des États-Unis **d'une part** et de l'Union Soviétique **d'autre part**.

La réponse la plus adaptée est la réponse A. Deux blocs s'opposent. D'un côté, les États-Unis. De l'autre côté, l'Union Soviétique.

Ainsi, la bonne réponse est « D'une part » et « D'autre part ». **Réponse A.**

Question 38 Réponse D ★★★★☆ **15 sec. – 1 min.** **Fiche 40**

Dorénavant, les relations internationales vont se concevoir dans une logique **bipolaire**, les autres pays devant choisir un camp. **Réponse D.**

1re colonne On garde les réponses C et D.

« Ainsi » est un terme connecteur de « conclusion ». « Puis » est un terme connecteur de succession. Ici, il s'agit de distinguer le passé du futur. Donc, on garde « À l'avenir » (réponse C) et « Dorénavant » (réponse D).

2e colonne On choisit la réponse D.

Il s'agit d'une opposition États-Unis/Union Soviétique, donc d'une logique bipolaire. Aucun élément ne nous indique qu'il s'agit d'une logique de domination ou d'affrontement. **Attention** à ne pas être influencé par votre connaissance du sujet. **Réponse D.**

Question 39 Réponse C ★★★★☆ **15 sec. – 1 min.** **Fiche 40**

Paradoxalement, c'est quand les relations entre les deux **Grands** évoluent vers moins de tensions que chaque superpuissance commence à être contestée dans son camp.

1re colonne On garde les réponses B, C et D.

L'auteur nous indique un fait atypique de l'Histoire. La réponse A est inappropriée. « Bizarrement » ne correspond pas au contexte. On garde les réponses B, C et D.

2e colonne On choisit la réponse C.

On choisit la réponse C : « Grands ». Pourquoi ? Il ne s'agit pas de continents (réponse B). Ensuite, on choisit la réponse C car le mot « superpuissance » (réponse D) est déjà cité quelques mots auparavant. Donc, on souhaite éviter un effet de répétition. **Réponse C.**

Question 40 Réponse D ★★★★☆ **15 sec. – 1 min.** **Fiche 40**

Mais dans quelle mesure ces contestations remettent-elles en cause la logique **bipolaire** née au début de **la Guerre Froide** ?

1re colonne On garde les réponses A et D.

Aucun élément ne nous indique qu'il s'agit de paix (réponse B) ou de guerre (réponse C). On garde les réponses A et D.

2e colonne On choisit la réponse D.

On choisit la réponse D. En effet, dans cet extrait, l'auteur évoque l'**après** Seconde Guerre mondiale. Donc, **réponse D :** la Guerre Froide.

Question 41 **Réponse B** ★★☆☆☆ 15 sec. – 1 min. Fiche 40

Les petits écrans **affectent** le sommeil des enfants, à la fois en quantité et en qualité.

La réponse la plus adéquate du point de vue du sens et du style est « affectent ». **Réponse B.**

Question 42 **Réponse A** ★★☆☆☆ 15 sec. – 1 min. Fiche 40

Les enfants qui possèdent dans leur chambre à coucher un smartphone ou une tablette dorment **en moyenne** 21 minutes de moins par jour que ceux qui s'endorment loin de tout écran.

On élimine la réponse C (« plus de ») qui est incorrecte d'un point de vue linguistique. On élimine la réponse D (« environ »). Si c'est 21 minutes de moins, le terme « environ » ne correspond pas. On hésite entre la réponse A et B. On choisit finalement la réponse A « En moyenne » qui est plus appropriée que la réponse B « En général » (langage courant). **Réponse A.**

Question 43 **Réponse D** ★★★☆☆ 15 sec. – 1 min. Fiche 40

Les petits écrans **engendrent** une **privation** de sommeil encore plus **accentuée** que le grand écran : la présence de la télévision dans la chambre réduit, elle, de 18 minutes le sommeil quotidien des enfants.

1re colonne **On garde les réponses A, B, C et D.**

On ne peut éliminer aucune réponse dans la 1re colonne. On garde donc les réponses A, B, C et D.

2e colonne **On garde les réponses C et D.**

On élimine les réponses A et B qui sont incorrectes d'un point de vue stylistique. Réponse A : « Augmentent une période de sommeil ». Réponse B : « Diminuent une durée de sommeil ». On garde les réponses C et D.

3e colonne **On choisit la réponse D.**

On choisit : « Accentuée » (réponse D) et non « Abondante » (réponse C). **Réponse D.**

Question 44 **Réponse B** ★★★★☆ 15 sec. – 1 min. Fiche 41

1. Perturbation du sommeil : **Vrai.** « Sont 40 % plus nombreux à souffrir de ce genre de troubles du sommeil ».
2. Diminution de l'attention : **Vrai.** « Voient leur attention le lendemain se détériorer ».
3. Diminution de la vision : **Vrai.** « Qui provoque une forte baisse de la vision ».
4. Réduction du sommeil : **Vrai.** « Un smartphone ou une tablette dorment en moyenne 21 minutes de moins par jour ».
5. Augmentation du risque de maladies : **Vrai.** « Responsable d'une maladie appelée DMLA ».

La bonne réponse est la réponse B : 1 + 2 + 3 + 4 + 5.

Question 45 Réponse D ★★☆☆☆ 15 sec. – 1 min. Fiche 41

Selon le texte, les principales victimes des petits écrans (smartphones + tablettes) sont **les enfants.**

La bonne réponse est la réponse D : Uniquement 4.

Question 46 Réponse B ★★★☆☆ 15 sec. – 1 min. Fiche 41

Selon le texte, la bonne réponse est la réponse B (smartphone, télévision et tablette) : « Les **petits écrans** engendrent une privation de sommeil encore plus accentuée que le **grand écran** : la présence de la télévision dans la chambre réduit, elle, de 18 minutes le sommeil quotidien des enfants. ». La télévision est présentée comme moins nocive, mais elle reste mauvaise pour le sommeil. **Réponse B.**

Question 47 Réponse A ★★★☆☆ 30 sec. – 2 min. Fiche 41

(A) Les smartphones réduisent le temps et la qualité de sommeil des enfants. **Titre. Bonne réponse.**

(B) Les NTIC sont nuisibles pour la vue. **Mauvaise réponse.**

(C) Dangers et conseils d'utilisation des smartphones et des tablettes. **Trop précis.**

(D) Les dangers de la lumière bleue émise par les petits et grands écrans. **Trop général.**

Bonne réponse : A. Le texte traite en effet de la réduction de la qualité et de la quantité du sommeil des enfants à cause des smartphones, tablettes et télévisions.

Hésitations possibles : C et D. Les réponses C et D ne mentionnent pas les enfants, qui sont un point essentiel du texte.

Autre réponse : B. Les NTIC (Nouvelles Technologies de l'Information et de la Communication) regroupent de nombreux types d'appareils, avec ou sans écran. Il est donc faux d'affirmer que les NTIC sont nuisibles pour la vue.

Question 48 Réponse C ★★★★☆ 30 sec. – 2 min. Fiche 41

(A) Le meilleur moyen est de contrôler l'usage des smartphones et des tablettes selon la période de la journée. **Mauvaise réponse.**

(B) Les adultes doivent réduire leur utilisation d'objets technologiques composés d'écrans à LED. **Mauvaise réponse.**

(C) Rien. Les dégâts des écrans sont présents dès la première minute d'utilisation, en particulier sur les yeux. **Bonne réponse.**

(D) Le meilleur moyen est de porter des lunettes adaptées à l'émission de lumière bleue des écrans de smartphones et tablettes. **Hors-sujet.**

Bonne réponse : C. En effet, selon le texte, les écrans des smartphones et tablettes « provoquent l'accumulation dans les cellules pigmentaires d'un composé appelé lipofuscine, responsable d'une maladie appelée DMLA qui provoque une forte baisse de la vision et ce **dès la première utilisation** ». La seule solution serait de ne pas utiliser ces appareils.

Hésitations possibles : A et B. Les réponses A et B sont fausses. En effet, ne pas utiliser un smartphone une demi-heure avant de se coucher est bénéfique. Toutefois, la période d'utilisation ne change rien sur les dégâts sur la vue dus à la lumière bleue. Il en va de même pour la réduction de l'utilisation.

Autre réponse : D. Les lunettes de protection ne sont pas évoquées dans le texte.

Question 49 Réponse D ★★★☆☆ 15 sec. – 1 min. Fiche 41

L'auteur souhaite adresser une mise en garde concernant l'utilisation des smartphones, particulièrement pour les enfants.
En procédant par élimination, on élimine directement la réponse A. Puis, les réponses B et C qui sont trop explicites/radicales. **Réponse D.**

Question 50 Réponse A ★★★☆☆ 15 sec. – 1 min. Fiche 41

(A) Ainsi, la routine de l'endormissement du soir ne subit pas d'interférences, et la qualité du sommeil s'en retrouve préservée. **Conclusion. Bonne réponse.**

(B) En effet, les enfants sont les principaux responsables de l'utilisation de smartphones. Ils doivent donc être contrôlés par leurs parents pour limiter les dégâts. **Réponse extrême.**

(C) Ainsi, en appliquant ces mesures, on privilégie la santé des enfants plutôt que leur habileté avec les NTIC. **Hors-sujet.**

(D) Pour conclure, l'utilisation des NTIC est à bannir dans la chambre des enfants, d'autant plus lorsqu'il s'agit d'écrans avec lumière bleue. **Hors-sujet.**

Bonne réponse : A. En effet, en n'utilisant pas les smartphones la dernière demi-heure avant le sommeil, la qualité du sommeil n'est pas perturbée.

Hésitation possible : B. Affirmer que les enfants sont les principaux responsables est un peu extrême.

Autres réponses possibles : C et D. Le texte n'aborde ni l'habileté des enfants avec les NTIC (réponse C), ni les NTIC (réponse D). Le texte traite seulement du cas des smartphones, tablettes et télévisions. Ces 2 réponses sont donc hors-sujet.

Difficulté	NORMAL								
Question	51	52	53	54	55	56	57	58	59	60
Réponse	C	D	D	D	C	A	D	C	C	D

Toutes les questions sont corrigées en vidéo dans votre espace **E-LEARNING sur www.monsieur-tage-2.com**

Posez toutes vos questions (concours, écoles, dossiers, TAGE 2®, etc.) au sein des **communautés d'entraide Facebook et Instagram « Monsieur TAGE 2 »** et **« Monsieur Ecoles de commerce » (+ de 20 000 membres).**

Question 51 Réponse C ★★★★☆ 30 sec. – 2 min. Fiche 55

- **Rappel de cours** Nouveau total = Ancien total × (1 ± Variation en %).

Étape 1 Calculons le prix hors taxes du produit.

En 2017, le produit coûte 54 euros, dont 20 % de taxes.

Si P est le prix hors taxes, on peut donc écrire que $1,2 \times P = 54 \Leftrightarrow P = \frac{54}{1,2} = 45$ euros.

Le prix hors taxes en 2017 est donc de **45 euros.**

Étape 2 Calculons le prix en 2018 du produit.

En 2018, il faudra appliquer une taxe de 25 % à ce prix de 45 euros.

Ce prix en 2018 sera donc : $45 \times 1,25 =$ **56,25 euros. Réponse C.**

Question 52 Réponse D ★★★★☆ 30 sec. – 2 min. Fiche 62

Étape 1 Modélisons la situation.

Soit S mon salaire fixe, et V ma part variable.

On sait que S + V = 3 800 **(1)** et que S = V + 1 900 **(2).**

Étape 2 Résolvons le système.

En insérant **(2)** dans **(1),** on obtient :

V + 1 900 + V = 3 800 ⇔ 2 × V = 1 900 ⇔ V = 950 euros.

On conclut que S = **2 850 euros. Réponse D.**

Question 53 Réponse D ★★★☆☆ 30 sec. – 2 min. Fiche 67

- **Rappel de cours** **Cas de rattrapage :** Pour déterminer le temps que met un poursuivant à rattraper un poursuivi, on procède en 3 étapes :

  Étape 1 : Calculez la distance d'avance du poursuivi au moment du départ du poursuivant.
  Étape 2 : Calculez l'écart de vitesses entre le poursuivant et le poursuivi.
  Étape 3 : Divisez le résultat obtenu en étape 1 par celui obtenu en étape 2 (les unités doivent être les mêmes).

Étape 1 Calculons la distance d'avance du poursuivi au moment du départ du poursuivant.

Au moment du départ de Sara, Claude aura roulé 3 heures à la vitesse de 60 km/h. Il aura donc parcouru : 3 × 60 = **180 km.**

Étape 2 Calculons l'écart de vitesses entre le poursuivant et le poursuivi.

$$V_{SARA} - V_{CLAUDE} = 90 \text{ km/h} - 60 \text{ km/h} = \mathbf{30 \text{ km/h}}.$$

Étape 3 Divisons le résultat obtenu en étape 1 par celui obtenu en étape 2.

$$\frac{180 \text{ km}}{30 \text{ km/h}} = 6 \text{ h}.$$

Il faudra donc 6 heures à Sara pour rattraper Claude.

Sara est partie à 13 h, elle rattrapera donc Claude à : 13 + 6 = **19 h. Réponse D.**

Question 54 Réponse D ★★★★☆ 45 sec. – 3 min. Fiche 53

- **Rappel de cours** Le dernier chiffre du produit (ou de la somme) de 2 nombres est égal au dernier chiffre du produit (ou de la somme) des 2 derniers chiffres de ces nombres.

Étape 1 Appliquons la technique du dernier chiffre.

D'après la technique du dernier chiffre, comme le produit 31X × 24Y se termine par un 8, on sait que X × Y = un nombre qui se termine par 8.

Étape 2 Listons les différentes possibilités pour X et Y.

X	Y	X × Y
1	8	8
2	4	8
2	9	18
3	6	18
4	7	28
6	8	48

Étape 3 Calculons X + Y pour chacun des cas listés ci-dessus.

X	Y	X × Y	X + Y
1	8	8	9
2	4	8	6
2	9	18	11
3	6	18	9
4	7	28	11
6	8	48	**14**

Étape 4 Concluons.

La seule des possibilités qui se trouve dans la liste des réponses proposées est 14.
Ainsi, X = 6 et Y = 8 et donc : X + Y = **14. Réponse D.**

Question 55 Réponse C ★★★★☆ 45 sec. – 3 min. Fiche 77

- **Rappels de cours**

Si un rectangle est inscrit dans un cercle, alors ses diagonales se coupent au centre du cercle et chaque diagonale correspond donc à un diamètre du cercle.
D'après le théorème de Pythagore, dans un triangle rectangle, le carré de l'hypoténuse est égal à la somme des carrés des deux autres côtés de ce triangle.
L'aire d'un rectangle est égale à : **Longueur × largeur.**

Étape 1 Interprétons l'énoncé.

Si le rayon du cercle mesure 2,5 cm, alors son diamètre ainsi que la diagonale du rectangle inscrit mesurent 5 cm.
En isolant le triangle rectangle formé par la largeur du rectangle, sa longueur et sa diagonale, on pourra utiliser le théorème de Pythagore.

Étape 2 Appliquons le théorème de Pythagore.

En appliquant le théorème de Pythagore sur le triangle rectangle considéré, on obtient :
$\text{Diagonale}^2 = \text{largeur}^2 + \text{Longueur}^2 \Leftrightarrow \text{Longueur}^2 = \text{Diagonale}^2 - \text{largeur}^2$
$\Leftrightarrow \text{Longueur}^2 = 25 - 9 = 16 \Leftrightarrow \text{Longueur} = 4 \text{ cm}.$
La longueur du rectangle est donc de **4 centimètres**.

Étape 3 Calculons la surface du rectangle.

Maintenant que nous connaissons la largeur et la longueur du rectangle, on peut calculer son aire. L'aire du rectangle est donc : $3 \times 4 =$ **$12\ cm^2$. Réponse C.**

Question 56 Réponse A ★★★★☆ **45 sec. – 3 min.** **Fiche 61**

Étape 1 Modélisons la situation.

Soit M : l'âge actuel de Marie. Si Marie devait vivre jusqu'à ses 99 ans, il lui resterait donc : (99 – M) ans à vivre.

(Par exemple, si elle a 50 ans, il lui reste bien : 99 – 50 = 49 ans à vivre).

Étape 2 Résolvons l'équation.

On a :

$$99 - M = \frac{7}{4} \times M \Leftrightarrow 99 = \frac{7}{4} \times M + M \Leftrightarrow 99 = \frac{7}{4} \times M + \frac{4}{4} \times M \Leftrightarrow 99 = \frac{11}{4} \times M$$

$$\Leftrightarrow M = 99 \times \frac{4}{11} \Leftrightarrow M = 9 \times 4 = \mathbf{36\ ans.}$$

Étape 3 Concluons.

Marie a donc actuellement **36 ans. Réponse A.**

Question 57 Réponse D ★★★☆☆ **45 sec. – 2 min.** **Fiche 61**

- **Rappels de cours** Soit une équation du type $aX^2 + bX + C = 0$.

  Le discriminant Δ est : $\mathbf{b^2 - 4 \times a \times c}$

  Si $\Delta < 0$, alors l'équation n'admet pas de solution.

  Si $\Delta > 0$, alors l'équation a 2 solutions : $X_1 = \dfrac{-b - \sqrt{\Delta}}{2a}$ **et** $X_2 = \dfrac{-b + \sqrt{\Delta}}{2a}$

  Si $\Delta = 0$, alors l'équation admet une unique solution : $X = \dfrac{-b}{2a}$

Étape 1 Identifions une équation du 2nd degré.

$Z^2 + 7Z - 144 = 0$ est bien une équation type $aZ^2 + bZ + c = 0$ avec : $a = 1$, $b = 7$ et $c = -144$

Étape 2 Calculons le discriminant Δ et les solutions de l'équation.

$\Delta = b^2 - 4 \times a \times c = 7^2 - 4 \times ((1) \times (-144)) = 49 + 576 = 625 = 25^2$.

$\Delta > 0$, donc l'équation admet 2 solutions. Les 2 solutions de l'équation sont :

$$Z_1 = \frac{-b - \sqrt{\Delta}}{2a} = \frac{-7 - 25}{2} = \mathbf{-16} \text{ et } Z_2 = \frac{-b + \sqrt{\Delta}}{2a} = \frac{-7 + 25}{2} = \mathbf{9}$$

Étape 3 Concluons.

L'équation $Z^2 + 7Z - 144 = 0$ admet donc **2 solutions : – 16 et 9. Réponse D.**

Question 58	Réponse C	★★★☆☆	30 sec. – 1 min.	Fiche 59

■ **Rappel de cours** Somme des probabilités = 1.

Étape 1 Modélisons la situation sous forme d'un tableau.

Soit p(1), p(2), p(3), p(4), p(5) et p(6) la probabilité que le dé affiche respectivement « 1 », « 2 », « 3 », « 4 », « 5 » ou « 6 ».

On sait que : p(1) + p(2) + p(3) + p(4) + p(5) + p(6) = 1 et que p(1) = 0,5.

Ainsi, on déduit que : p(2) + p(3) + p(4) + p(5) + p(6) = 1 – 0,5 = **0,5**. Et comme p(2) = p(3) = p(4) = p(5) = p(6), on en déduit que p(2) = p(3) = p(4) = p(5) = p(6) = **0,1** (= 0,5/5).

	N° 1	N° 2	N° 3	N° 4	N° 5	N° 6	TOTAL (= somme)
Probabilité	0,5	0,1	0,1	0,1	0,1	0,1	= 1

Étape 2 Concluons.

Ainsi, **p(2) = 0,1. Réponse C.**

Question 59	Réponse C	★★★☆☆	45 sec. – 3 min.	Fiche 37

Étape 1 Calculons les différentes primes pour chacune des propositions.

Proposition	Salaire actuel	Augmentation en %	Augmentation
(A)	100	6 × 15 % = 90 %	90
(B)		6 × 2 × 7,5 % = 90 %	90
(C)		5 × 35 % × 55 % = 96,25 %	96,25
(D)		6 × 4 × 8 % × 50 % = 96 %	96

Étape 2 Concluons.

La proposition la plus avantageuse pour Thierry est la **proposition C. Réponse C.**

Question 60	Réponse D	★★★☆☆	15 sec. – 2 min.	Fiche 68

■ **Rappel de cours** Pour trouver le moment du croisement, on a : $\mathbf{m} = \dfrac{\textbf{Distance totale}}{\textbf{Somme des vitesses}}$

Calculons le moment du croisement.

La distance totale à parcourir (celle qui sépare les 2 trains) est de 380 kilomètres.

La somme des vitesses des 2 trains est : 67 km/h + 33 km/h = 100 km/h.

Au final, le croisement a lieu au bout de :

$m = \dfrac{380 \text{ km}}{100 \text{ km/h}} = 3{,}8\text{h} = 3\text{h} + (0{,}8 \times 60) \text{ minutes} = $ **3h et 48 minutes. Réponse D.**

Difficulté	NORMAL									
Question	61	62	63	64	65	66	67	68	69	70
Réponse	D	A	C	D	B	D	C	C	C	B

Toutes les questions sont corrigées en vidéo dans votre espace **E-LEARNING sur www.monsieur-tage-2.com**

Posez toutes vos questions (concours, écoles, dossiers, TAGE 2®, etc.) au sein des **communautés d'entraide Facebook et Instagram « Monsieur TAGE 2 »** et **« Monsieur Ecoles de commerce » (+ de 20 000 membres).**

Question 61 Réponse D ★★★☆☆ 30 sec. – 2 min. Fiches 112/118

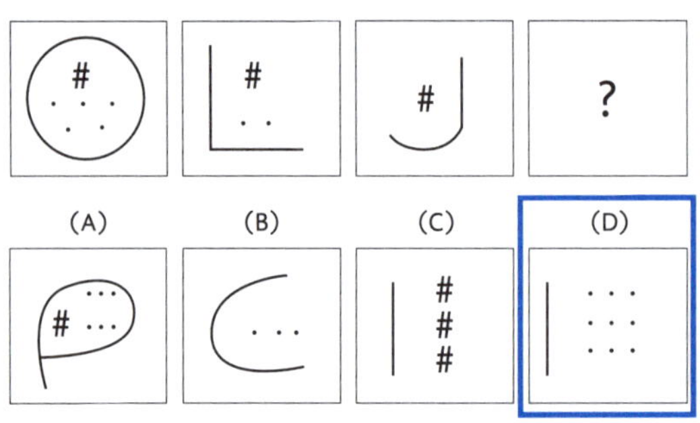

Logique 1 : Le rang de la lettre diminue de 3 puis de 2 puis de 1 : O, L, J → I.

Logique 2 : Les symboles indiquent le rang de la lettre : # = 10 et • = 1.

Question 62 Réponse A ★★★☆☆ 30 sec. – 2 min. Fiches 105/115

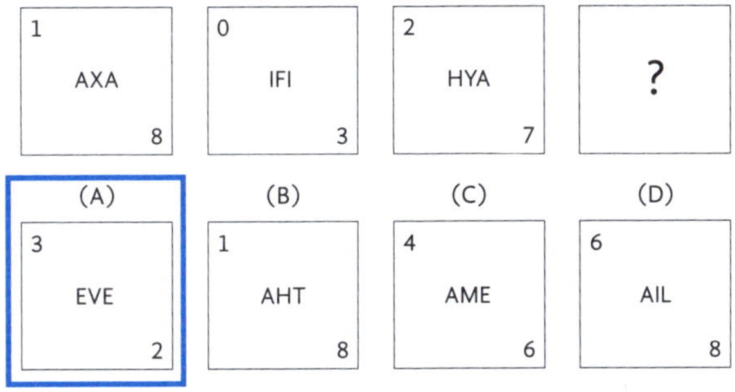

Logique 1 : Il y a toujours 2 voyelles et 1 consonne.

Logique 2 : Le produit du nombre de barres des lettres est égal au nombre formé par les 2 chiffres (**Exemple :** A × X × A = 3 × 2 × 3 = 18 ; etc.).

Question 63 Réponse C ★★★☆☆ 30 sec. – 2 min. Fiches 114/117

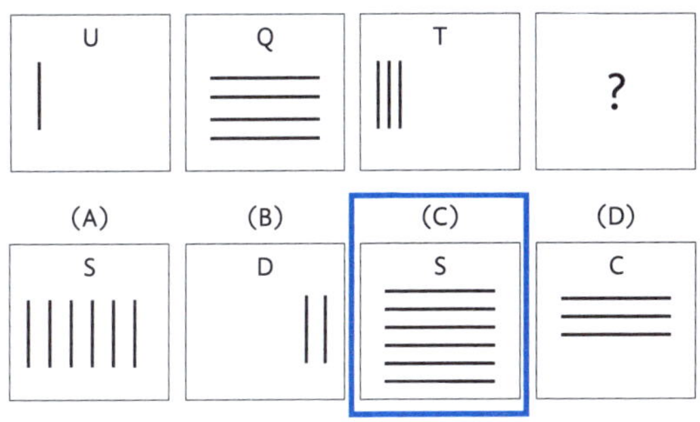

Logique 1 : Les traits sont verticaux puis horizontaux puis verticaux → Traits horizontaux.

Logique 2 : La lettre est l'initiale du nombre de traits (U = Un = 1 trait ; etc.).

Question 64 Réponse D ★★★★★ 1 min. – 3 min. Fiche 118

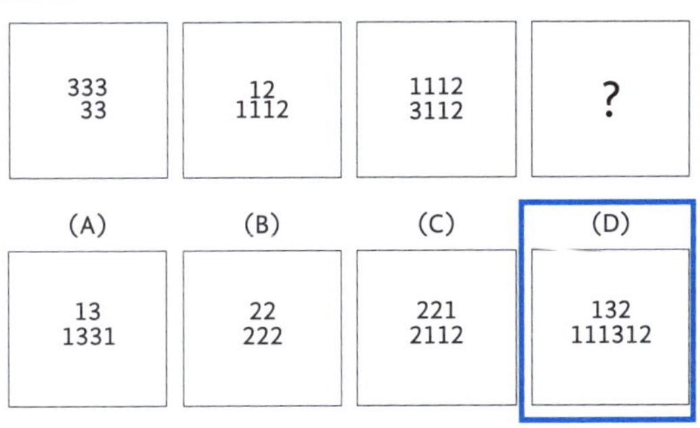

Logique : La 2e ligne, lue à voix haute, est une description de la 1re ligne.

(Dans le 1er cadre, il y a bien **trois** « **3** ». Dans le 2e cadre, il y a **un** « **1** » et **un** « **2** », etc.).

Question 65 Réponse B ★★☆☆☆ 15 sec. – 1 min. Fiches 112/114

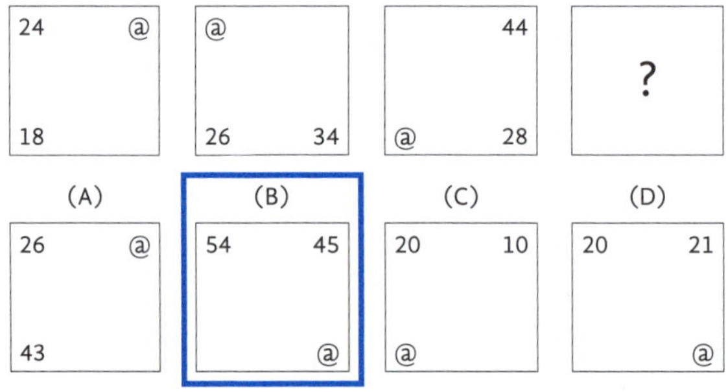

Logique 1 : Déplacement du @ de coin en coin → @ en bas à droite.

Logique 2 : Le produit des 2 chiffres des nombres est égal : 2 × 4 = 1 × 8 ; 2 × 6 = 3 × 4 ; etc.

Question 66 Réponse D ★★★★☆ 45 sec. – 2 min. Fiches 114/115

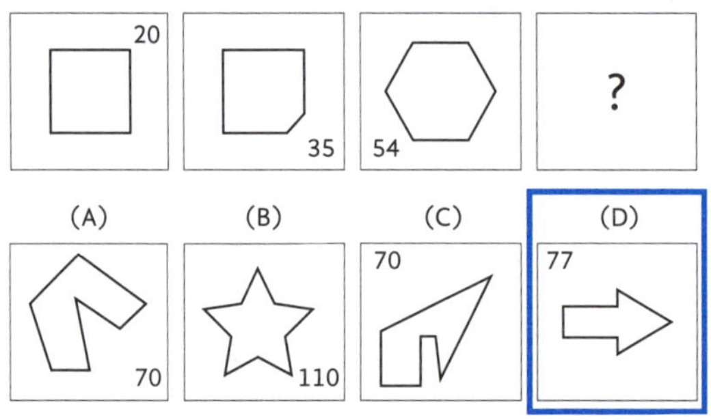

Logique 1 : Le nombre se déplace d'un coin dans le sens horaire → En haut à gauche.

Logique 2 : Le nombre est égal au produit du nombre de côtés par 5, puis 7, puis 9 → par 11. (7 côtés × 11 = 77 ; etc.).

Question 67 Réponse C ★★★★☆ 30 sec. – 2 min. Fiche 116

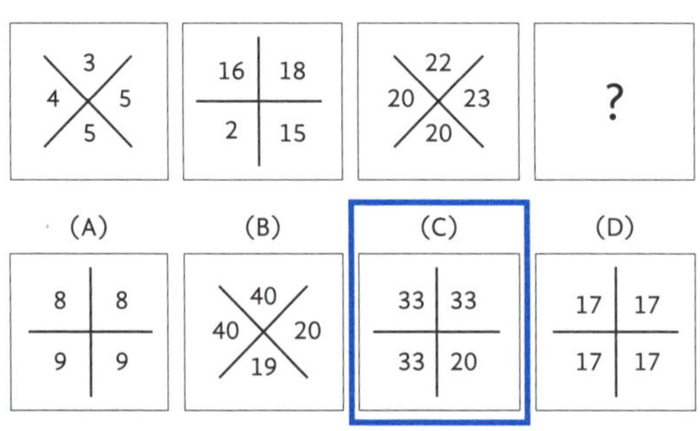

Logique 1 : La croix est alternativement penchée puis droite → Croix droite.

Logique 2 : La somme des 4 chiffres est égale à un multiple de 17 : 17 × 1 (= 17), puis 17 × 3 (= 51), puis 17 × 5 (= 85) → 17 × 7 (= 119).

Question 68 Réponse C ★★☆☆☆ **15 sec. – 1 min.** **Fiches 112/114**

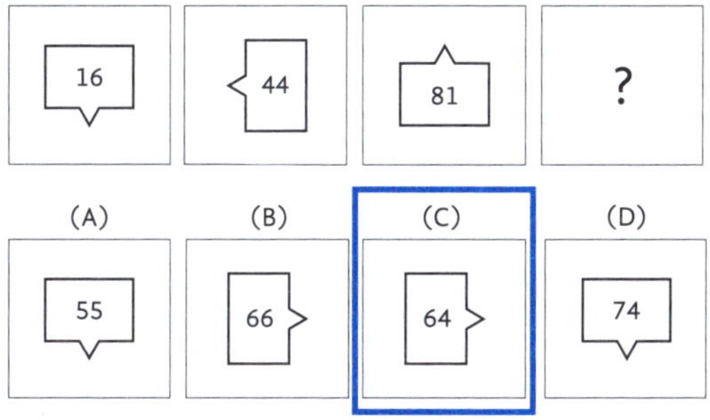

Logique 1 : La flèche est en bas, puis à gauche, puis en haut → Flèche à droite.

Logique 2 : La somme des chiffres est égale à 7, puis 8, puis 9 → Somme égale à 10.

Question 69 Réponse C ★★☆☆☆ **15 sec. – 1 min.** **Fiches 113/115**

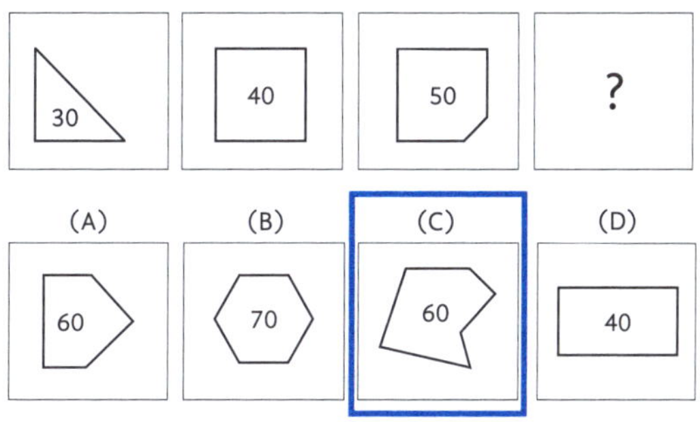

Logique 1 : Le nombre de côtés augmente de + 1 : 3 côtés, puis 4, puis 5 → 6 côtés.

Logique 2 : Le nombre est égal au nombre de côtés × 10.

Question 70 Réponse B ★★☆☆☆ **15 sec. – 1 min.** **Fiche 114**

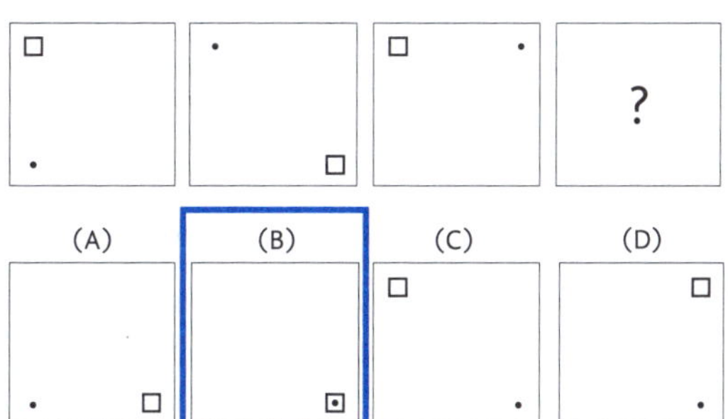

Logique 1 : Le carré blanc est en haut à gauche, puis en bas à droite, puis en haut à gauche → Carré blanc en bas à droite.

Logique 2 : Le rond noir se déplace d'1 coin dans le sens horaire → Rond noir en bas à droite.

TAGE 2® N° 8

GRILLE DE RÉPONSES TAGE 2® N° 8																
LEXIPHRASE	Question	1	2	3	4	5	6	7	8	9	10	11	12	13	14	15
	Réponse															
	SCORE : ....../45			**Nombre BR : .../15**					**Nombre MR : .../15**							
CALCUL (2)	Question	16	17	18	19	20	21	22	23	24	25					
	Réponse															
	SCORE : ....../30			**Nombre BR : .../10**					**Nombre MR : .../10**							
LOGIQUE (3)	Question	26	27	28	29	30	31	32	33	34	35					
	Réponse															
	SCORE : ....../30			**Nombre BR : .../10**					**Nombre MR : .../10**							
PARATEXTE	Question	36	37	38	39	40	41	42	43	44	45	46	47	48	49	50
	Réponse															
	SCORE : ....../45			**Nombre BR : .../15**					**Nombre MR : .../15**							
CALCUL (5)	Question	51	52	53	54	55	56	57	58	59	60					
	Réponse															
	SCORE : ....../30			**Nombre BR : .../10**					**Nombre MR : .../10**							
LOGIQUE (6)	Question	61	62	63	64	65	66	67	68	69	70					
	Réponse															
	SCORE : ....../30			**Nombre BR : .../10**					**Nombre MR : .../10**							
T2 N° 8	**SCORE : ....../210**			BR = Bonne Réponse = + 3 points. MR = Mauvaise Réponse = – 1 point.												

TAGE 2® N° 8

1 LEXIPHRASE

CONSIGNES

15 questions	15 minutes	Calculatrice interdite	Chronomètre recommandé

BARÈME

Bonne réponse : +3 points	Aucune réponse : 0 point	Mauvaise réponse : −1 point

DÉFINITIONS & SYNONYMES

Question 1. Ce chat a les yeux vairons.

(A) Clairs
(B) De tailles différentes
(C) De couleurs différentes
(D) Noirs

Question 2. Le match au Parc des Princes s'est joué à guichets fermés.

(A) À huis-clos.
(B) En période de grève des guichetiers.
(C) Devant très peu de public.
(D) Devant un stade rempli au maximum.

Question 3. Me réveiller tous les matins et prendre mon café est devenu mon assuétude dont je ne peux me passer.

(A) Mon quotidien
(B) Mon addiction
(C) Ma routine
(D) Ma dépendance

Question 4. Son stratagème était cousu de fil blanc.

(A) Évident
(B) Dissimulé
(C) Astucieux
(D) Imparable

ANTONYMES

Question 5. Cet économiste, iconoclaste, n'était pas apprécié de tous.

(A) Hétérodoxe
(B) Conservateur
(C) Avant-gardiste
(D) Américain

Question 6. L'inertie de ses élèves l'affligeait.

(A) Le mouvement
(B) La fusion
(C) L'atonie
(D) L'immobilité

INTRUS

Question 7. Quel est l'intrus ?

(A) Squelette
(B) Omelette
(C) Cagette
(D) Pirouette

Question 8. Quel est l'intrus ?

(A) Tirer sur l'ambulance.
(B) Vouer aux gémonies.
(C) Clouer au pilori.
(D) Porter aux nues.

Question 9. Quel est l'intrus ?

(A) Fidèlement
(B) Scrupuleusement
(C) Précisément
(D) Vaguement

ANALOGIES

Question 10.

Arbre : forêt		Pavé : ?

(A) Brique
(B) Route
(C) Péage
(D) Dos d'âne

CORRECTION

Question 11. Laquelle des phrases suivantes comporte le plus de fautes d'orthographe ou de grammaire ?

(1) Plus il vieilissait, plus il réalisait a quel point il était seul.
(2) La maison avait été laissée sens dessus dessous car ils pensaient que leur parent ne rentrerait que la semaine suivante.
(3) Les pirates avaient apercu au loin une frégate ennemie. Ils allaient a sa rencontre pour enqueter.
(4) Assurrément, cette montagne était dificile a aperçevoir.

(A) La phrase 2.
(B) La phrase 4.
(C) La phrase 3.
(D) La phrase 1.

Question 12. [...], les murs [...] de l'institut le rendent sombre et austère.

(A) En l'occurrence		Bleu clair
(B) En l'occurence		Bleu nuit
(C) En l'occurrence		Bleu roi
(D) En l'occurrence		Bleus marine

COHÉRENCE TEXTUELLE

Question 13. Plus l'armée étasunienne sera [...] au Moyen-Orient, plus l'image des États-Unis sera [...] aux yeux des populations locales [...] à l'interventionnisme et à l'ingérence des puissances étrangères.

(A) Disparate	Mauvaise	Opposées
(B) Ubiquitaire	Dégradée	Hostiles
(C) Dense	Rassurante	Défavorables
(D) Absente	Bonne	Favorables

Question 14. Après avoir considéré cette [...], je crois que la forme [...] qu'elle a prise me met dans de mauvaises dispositions pour notre prochaine [...].

(A) Semaine	Étrange	Réunion
(B) Voiture	Allongée	Visite
(C) Corbeille de fruits	Soignée	Soirée
(D) Réponse	Abrupte	Entrevue

Question 15. À la suite de l'annonce d'une [...] levée de fonds, l'action de l'entreprise a [...].

(A) Décevante	Doublé
(B) Importante	Notablement augmenté
(C) Inespérée	Chuté
(D) Substantielle	Été divisée par quatre

TAGE 2® N° 8

2 CALCUL (2)

CONSIGNES

10 questions	30 minutes	Calculatrice interdite	Chronomètre recommandé

BARÈME

Bonne réponse : + 3 points	Aucune réponse : 0 point	Mauvaise réponse : – 1 point

Question 16. La taille moyenne d'un groupe de touristes finlandais en voyage à Paris est de 180 cm. La taille moyenne des 14 filles est de 176 cm, celle des garçons de 187 cm.
Combien y a-t-il de garçons dans ce groupe ?

(A) 7
(B) 8
(C) 10
(D) 12

Question 17. Alex, Brice et Cindy accueillent N participants pour le championnat de France amateur de construction de châteaux de sable. Alex souhaite constituer 64 équipes. Cindy, elle, veut en constituer 81. Quelle que soit l'option choisie, le nombre de membres par équipe est toujours identique. Brice se demande s'il est possible de trouver un compromis entre Alex et Cindy, en respectant la contrainte que chaque équipe soit de taille identique.
Combien d'équipes seraient ainsi formées ?

(A) 70
(B) 72
(C) 74
(D) 76

Question 18. Des joueurs s'inscrivent pour participer à un tournoi de rugby. L'organisateur se rend compte qu'en formant des équipes de 13, 11 ou 7, il reste toujours 3 joueurs sur la touche. Sachant que le nombre de joueurs est compris entre 2 000 et 3 000, combien de joueurs se sont inscrits au tournoi ?

(A) 2 068
(B) 2 005
(C) 2 002
(D) 2 001

Question 19. Quel est le nombre total de rectangles dans cette figure ?

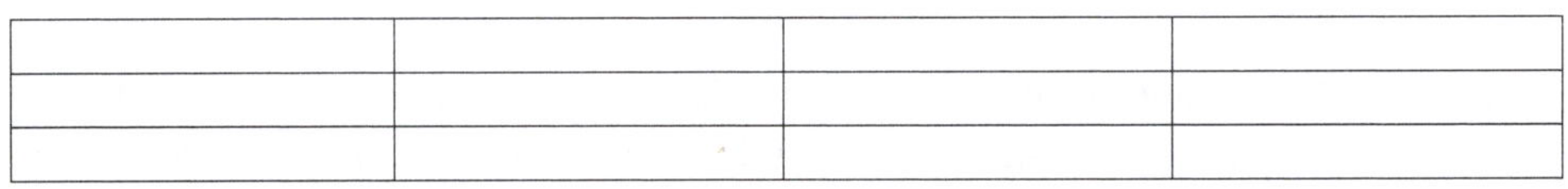

(A) 18
(B) 24
(C) 36
(D) 60

Question 20. Mario, un célèbre plombier italien, décide d'investir les pièces qu'il possède afin de pouvoir acheter un kart. Il possède 1 500 pièces et choisit d'investir dans la ToadCo qui lui promet un rendement de 10 % avec une capitalisation annuelle des intérêts composés. Sachant que le kart coûte 1 996 pièces, à partir de combien de temps Mario sera-t-il en mesure de s'acheter ce kart ?

(A) 1 an
(B) 1 an et demi
(C) 2 ans
(D) 3 ans

Question 21. Soit un cube de volume 512 cm^3. Soit « d » la diagonale d'une des faces du cube. Combien vaut $\frac{3d^2}{4}$?

(A) 96 cm
(B) 48 cm
(C) 12 cm
(D) 24 cm

Question 22. Le père Jeannot veut louer un champ pour sa vache Marguerite. Le propriétaire du champ adjacent à sa propriété lui propose de lui louer le sien gratuitement, un terrain rectangulaire de 50 mètres sur 30 mètres, s'il paye l'installation de la clôture.
Sachant que le mètre de clôture coûte 20 € sur la première moitié de la clôture et 15 euros sur la seconde moitié, quelle somme dépensera le père Jeannot pour clôturer le champ ?

(A) 1 500 euros
(B) 2 400 euros
(C) 2 600 euros
(D) 2 800 euros

Question 23. Si je multiplie ce nombre entier naturel par 16, j'obtiens son cube. Quel est ce nombre ?

(A) 4
(B) 5
(C) 6
(D) Plusieurs nombres sont possibles.

Question 24. On définit une nouvelle fonction @ telle que X @ Y = $4 \times Y^2 - 3 \times X + X + Y$.
Que vaut $\frac{3@4}{4@3}$?

(A) On ne peut pas savoir.
(B) 1
(C) 2
(D) 3

Question 25. Quel nombre faut-il mettre à la place de X ?

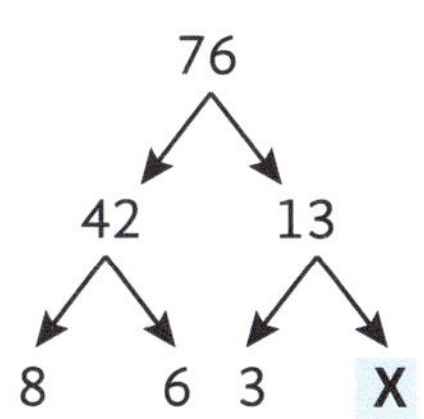

(A) 5
(B) 4
(C) 3
(D) 2

TAGE 2® N° 8

3 LOGIQUE (3)

CONSIGNES

10 questions	15 minutes	Calculatrice interdite	Chronomètre recommandé

BARÈME

Bonne réponse : + 3 points	Aucune réponse : 0 point	Mauvaise réponse : – 1 point

Question 26.

	81			
	36			
59	?	36	24	11
	16			
	25			

(A) 49 (B) 68 (C) 64 (D) 41

Question 27.

		90		
		52		
76	94	?	58	67
		63		
		18		

(A) 61 (B) 04 (C) 85 (D) 94

Question 28.

		53		
		34		
24	48	?	80	15
		13		
		79		

(A) 35 (B) 66 (C) 22 (D) 63

Question 29.

NDZ				
CGT				
XJN				
?	CFT	PAY	PAL	HUM
JIB				

(A) XJN (B) YMH (C) FAZ (D) XMH

Question 30.

			DGD	
			HUH	
BHD	DDA	CLD	?	EJB
			LML	
			GVG	

(A) CUG (B) FAF (C) CIC (D) LOL

Question 31.

			0331	
6455	6345	2240	?	5133
			3691	
			5324	
			6634	

(A) 2121 (B) 3471 (C) 1955 (D) 2222

Question 32.

	361			
	400			
	169			
	225			
370	?	561	846	720

(A) 216 (B) 121 (C) 974 (D) 144

Question 33.

		DBE		
MQX	LSC	?	JDM	IIZ
		NEE		
		IHB		
		DLR		

(A) ACC (B) KCB (C) KAA (D) KRV

Question 34.

		53		
		44		
24	48	?	72	08
		71		
		62		

(A) 26 (B) 32 (C) 17 (D) 80

Question 35.

		AL		
		PV		
ZI	HG	?	FP	NO
		DT		
		SX		

(A) KP (B) AK (C) CV (D) ZV

CONSIGNES

15 questions	15 minutes	Calculatrice interdite	Chronomètre recommandé

BARÈME

Bonne réponse : + 3 points	Aucune réponse : 0 point	Mauvaise réponse : – 1 point

PARAGRAPHE

Question 36. Comme chaque année, l'hôtellerie-restauration embauche des saisonniers, [...] des serveurs.

(A) Particulièrement
(B) Probablement
(C) Tels des
(D) À titre d'exemple

Question 37. Les opportunités sont [...] sur les régions touristiques [...] l'Ile-de-France, la région PACA, la côte atlantique ou la région Rhône-Alpes.

(A)	Présentes	Comme par exemple
(B)	Localisées	À l'exemple de
(C)	Trouvables	Telles
(D)	Concentrées	Comme

Question 38. Autre gros [...] d'emploi : le commerce de détail. Les boutiques de vêtements ou les supermarchés ont besoin de [...].

(A)	Bassin	Main-d'œuvre
(B)	Vivier	Bras
(C)	Pourvoyeur	Femmes et d'hommes
(D)	Marché	Salariés

Question 39. [...], pour décrocher un job d'été, il est recommandé de s'y prendre à l'avance.

(A) Seulement
(B) Toutefois
(C) Parfois
(D) En tout cas

Question 40. [...] un candidat se prépare [...], [...] il a de chances d'être recruté.

(A) Bien qu'	À l'avance	Plus
(B) Moins	En aval	Moins
(C) Plus	En amont	Plus
(D) Moins	Auparavant	Plus

TEXTE

Question 41. Pour un enfant d'âge préscolaire, faire la sieste aurait un effet [...] sur sa mémoire.

(A) Bénéfique
(B) Avantageux
(C) Non négligeable
(D) Conséquent

Question 42. Tel est en tout cas le [...] dressé par une étude publiée dans Proceedings of the National Academy of Sciences (PNAS).

(A) Résultat
(B) Constat
(C) Processus
(D) Bilan

Question 43. Un résultat qui concerne [...] la France, puisque les enfants des écoles maternelles ne font plus la sieste dès la moyenne section.

(A) En tout premier
(B) Bien particulièrement
(C) Au premier chef
(D) Toutefois

Pour obtenir ce résultat, Rebecca Spencer et ses collègues de l'université de Massachusetts Amherst (États-Unis) ont soumis un groupe de 40 enfants issus de six écoles maternelles différentes à une expérience qui s'est étalée sur un jour et demi. La matinée du premier jour, les scientifiques américains ont demandé aux enfants de jouer au Memory, ce célèbre jeu consistant à mémoriser l'emplacement de différentes cartes à jouer. Pendant que les enfants jouaient, les résultats de chacun étaient soigneusement notés par les scientifiques.
Puis, dans l'après-midi, deux groupes ont été formés : certains enfants ont eu la possibilité de faire la sieste, tandis que les autres devaient rester éveillés. Une fois les enfants appartenant au groupe « sieste » tous réveillés, les chercheurs américains ont à nouveau demandé aux enfants des deux groupes (ceux qui avaient fait la sieste et ceux qui étaient restés éveillés) de jouer au Memory.
Résultat ? Les enfants qui avaient fait la sieste ont fait montre de bien meilleures performances. Et pour cause, puisque leur taux de réussite était de 75 %, alors que celui des enfants n'ayant pas fait la sieste n'était que de 65 %.
Et ce n'est pas tout. Le lendemain matin, Rebecca Spencer et ses collègues ont demandé aux 40 enfants de jouer à nouveau au Memory. Verdict : le décalage de performance qui avait été mesuré la veille était bel et bien toujours présent...
Un résultat qui confirme le rôle important de la sieste sur nos capacités cognitives, lequel avait déjà été mis en évidence par une autre étude menée sur des adultes, et dont les conclusions s'étaient révélées similaires.

Question 44. Quel est le thème du texte ?

(A) La sieste à l'école.
(B) La mémoire des enfants.
(C) La sieste et la mémoire.
(D) La sieste et les enfants.

Question 45. Quelle pourrait-être la source du texte ?

(A) Un journal quotidien.
(B) Une revue spécialisée.
(C) Un extrait d'ouvrage.
(D) Un magazine spécialisé.

Question 46. Quel pourrait-être le titre de ce texte ?

(A) Le sommeil des plus jeunes favoriserait la mémoire.
(B) Corrélation entre heures de sommeil et mémoire.
(C) Améliorez votre mémoire en réalisant des siestes.
(D) La sieste améliorerait la mémoire des jeunes enfants.

Question 47. Quelle(s) réserve(s) pourrait-on émettre concernant l'étude menée par Rebecca Spencer ?

1. Le nombre d'individus testés est trop faible.
2. La période testée est trop courte.
3. L'âge des individus est inapproprié pour une étude sur la mémoire.
4. La localisation de l'expérience est inappropriée.
5. Le jeu utilisé pour l'expérience est inadéquat.

(A) Uniquement 3

(B) 1 + 2

(C) 1 + 2 + 3 + 4 + 5

(D) 2 + 5

Question 48. Quelle recommandation pourrait-on faire aux directeurs d'école ?

(A) Favoriser les jeux de mémoire pour favoriser la sieste.

(B) Favoriser la sieste des enfants car elle est bénéfique.

(C) Étendre la sieste à l'ensemble des classes sociales.

(D) Aucune de ces réponses ne convient.

Question 49. Pour quelle raison Rebecca Spencer refait-elle le test le lendemain ?

(A) Les enfants ont des états d'éveil et de concentration variables selon le jour. L'expérience a donc été à nouveau réalisée le lendemain.

(B) Les scientifiques ont voulu vérifier si les résultats obtenus la veille était véritablement valables. Ils ont donc de nouveau réalisé l'expérience le jour suivant.

(C) Les scientifiques ont voulu vérifier si une nuit de sommeil pouvait supprimer les décalages de performance observées la veille.

(D) Aucune de ces réponses ne convient.

Question 50. Les résultats constatés par Rebecca Spencer sont-ils applicables pour les adultes ?

(A) Non, car les individus testés sont trop différents.

(B) Oui, les conclusions sont très semblables.

(C) Non, car les conditions de réalisation de l'étude sont différentes.

(D) Impossible de savoir. Aucune étude sur les adultes n'a encore testé le lien mémoire – sieste.

TAGE 2® N° 8

5 CALCUL (5)

CONSIGNES

10 questions	30 minutes	Calculatrice interdite	Chronomètre recommandé

BARÈME

Bonne réponse : + 3 points	Aucune réponse : 0 point	Mauvaise réponse : – 1 point

Question 51. Quel est le nombre de carrés différents dans la figure ci-dessous ?

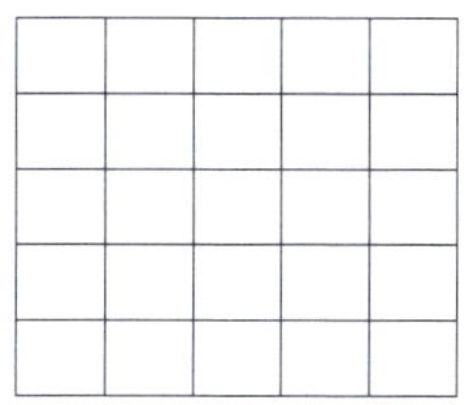

(A) 55 carrés
(B) 60 carrés
(C) 65 carrés
(D) 45 carrés

Question 52. Un bidon d'essence plein pèse 110 kilogrammes. Le même bidon d'essence pèse 60 kilogrammes quand il est à moitié plein.
Combien pèse le bidon d'essence quand il est vide ?

(A) 5 kilogrammes
(B) 10 kilogrammes
(C) 15 kilogrammes
(D) 20 kilogrammes

Question 53. Une fourmi cherche à grimper en haut d'une butte haute de 50 mètres de haut. Chaque jour, elle monte de 10 mètres, mais chaque nuit elle redescend de 5 mètres.
Au bout de combien de jours aura-t-elle atteint le haut de la butte ?

(A) 8 jours
(B) 9 jours
(C) 10 jours
(D) 11 jours

Question 54. J'ai payé 230,88 euros une télévision soldée à –26 %.
Quel était le prix initial de cette télévision ?

(A) 289 euros
(B) 300 euros
(C) 312 euros
(D) 324 euros

Question 55. Le benjamin d'une famille a les 5/7 de l'âge du cadet, qui a aujourd'hui 28 ans.
Quel âge aura le benjamin quand le cadet aura 84 ans ?

(A) 60 ans
(B) 66 ans
(C) 72 ans
(D) 76 ans

Question 56. Antoine et Nathalie comparent leurs résultats. Antoine, qui a obtenu 14 en physique et 11 en mathématiques, a la même moyenne que Nathalie, qui a obtenu 12 en physique et 16 en mathématiques. Sachant que la somme des deux coefficients est de 14, quel est le coefficient pour la matière « mathématiques » ?

(A) 10
(B) 6
(C) 8
(D) 4

Question 57. Deux coureurs autour d'une piste circulaire partent du même point et dans la même direction. L'un fait un tour en 56 secondes et l'autre en 84 secondes. Au bout de combien de temps le plus rapide aura-t-il exactement un tour d'avance sur le coureur lent ?

(A) 2 minutes et 24 secondes.
(B) 2 minutes et 48 secondes.
(C) 1 minute et 24 secondes.
(D) 1 minute et 48 secondes.

Question 58. 2 cyclistes partent d'un même point de départ mais se dirigent dans des directions opposées : l'un part vers le Nord, l'autre vers le Sud.
Sachant que celui qui va vers le Nord roule à la vitesse de 28 km et que celui qui va vers le Sud se déplace à la vitesse de 22 km, au bout de combien de temps seront-ils séparés de 625 km ?

(A) 12,5 heures
(B) 13 heures
(C) 13,5 heures
(D) 14 heures

Question 59. Julie parcourt 54 kilomètres en 36 minutes quand elle est en voiture. Si elle roulait moitié plus vite, combien de temps mettrait-elle pour effectuer 189 km ?

(A) 2h12

(B) 1h54

(C) 1h40

(D) 1h24

Question 60. Une boîte cubique contient exactement 18 cubes identiques.
Combien de ces cubes peut-on placer dans une boîte dont les arêtes sont 4 fois plus grandes que celles de la première boîte ?

(A) 72

(B) 288

(C) 886

(D) 1 152

TAGE 2® N° 8

6 LOGIQUE (6)

CONSIGNES

10 questions	10 minutes	Calculatrice interdite	Chronomètre recommandé

BARÈME

Bonne réponse : + 3 points	Aucune réponse : 0 point	Mauvaise réponse : – 1 point

Question 61.

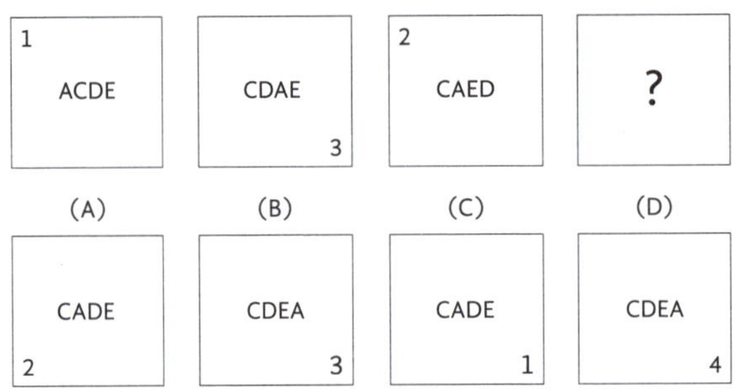

Question 62.

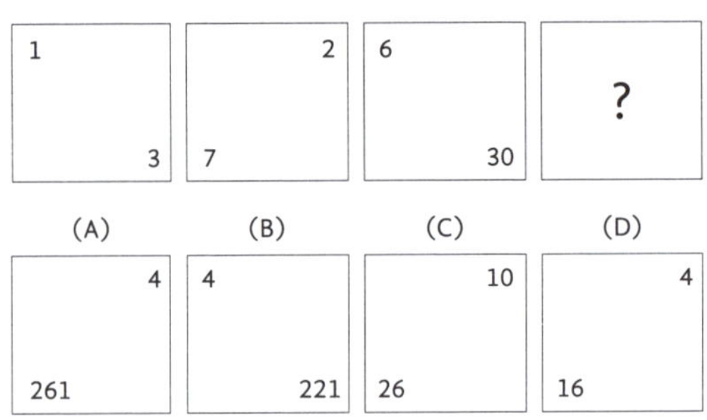

Question 63.

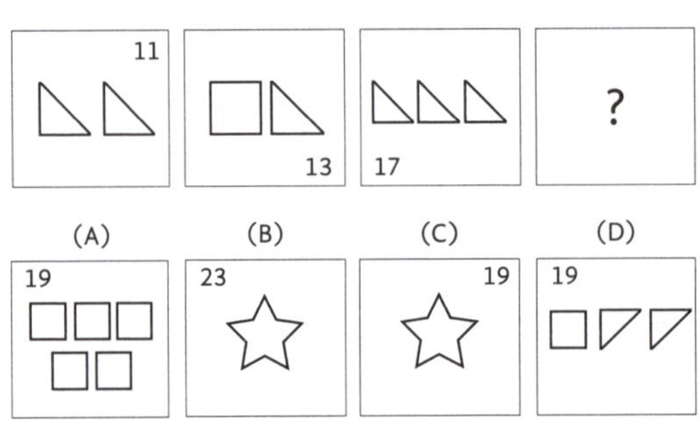

Question 64.

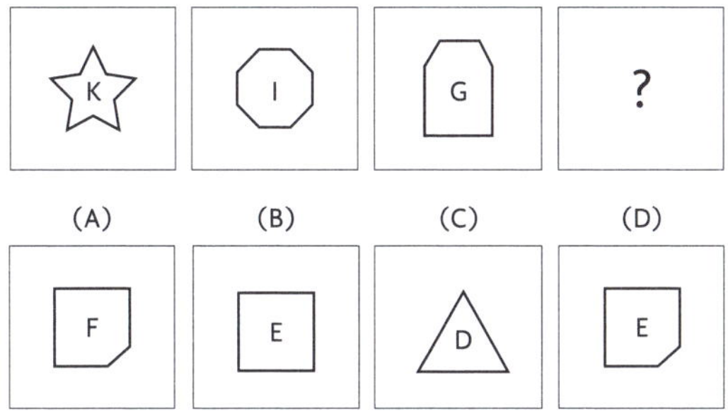

Question 65.

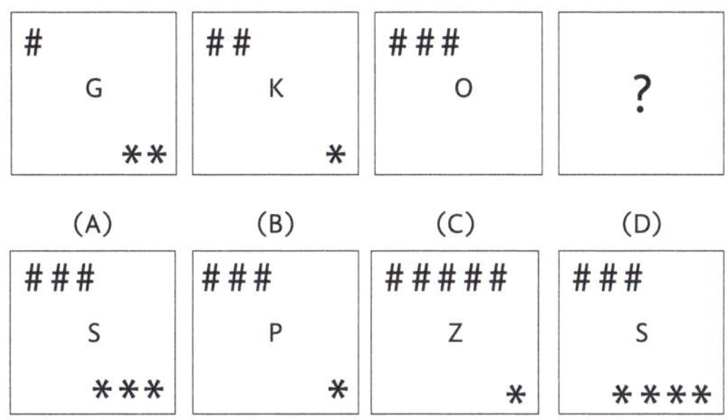

Question 66.

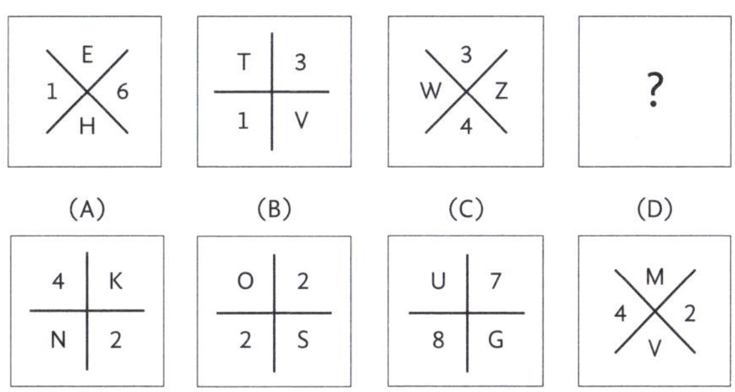

Question 67.

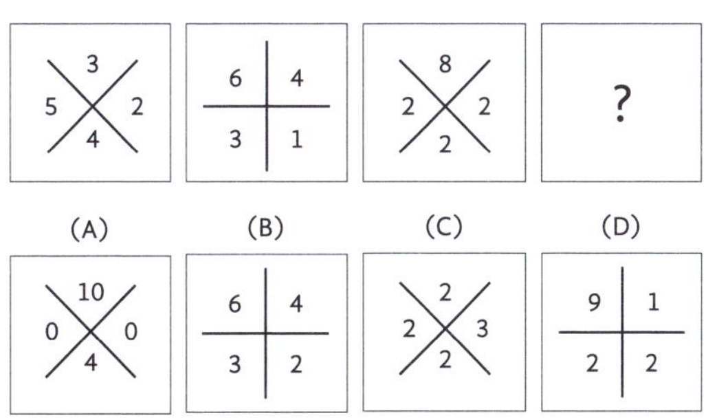

Question 68.

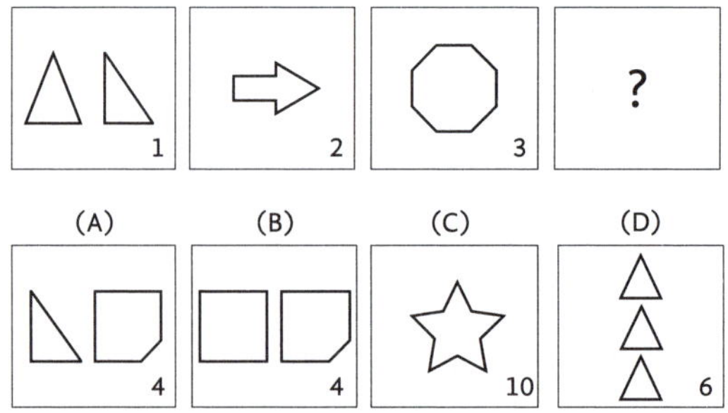

Question 69.

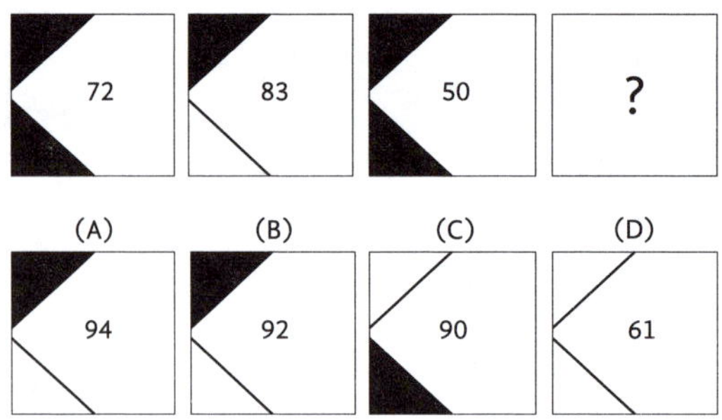

Question 70.

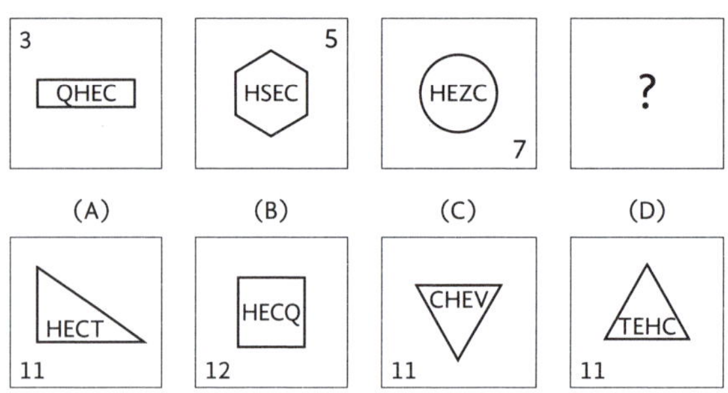

Corrigé TAGE 2®
N° 8/9/10

www.monsieur-tage-2.com

Pour des **raisons techniques**, il est **impossible** à l'heure actuelle pour les éditeurs **d'imprimer un livre de plus de 800 pages – en couleur – à un prix abordable.**

Nous avons donc fait le choix de vous transmettre **les CORRIGÉS des TAGE 2® N° 8/9/10 par téléchargement** sur le site **www.monsieur-tage-2.com.**

Les **CORRIGÉS des TAGE 2® N° 8/9/10 sont téléchargeables** sur :
www.monsieur-tage-2.com
Rubrique « Espace E-Learning » → « Le Grand Manuel du TAGE 2 »

Nous espérons sincèrement que vous comprenez et partagez notre décision.

Bonnes révisions !

Joachim Pinto (HEC Paris) & Arnaud Sévigné (HEC Paris)
Auteurs du Manuel du TAGE MAGE® – N° 1 des VENTES.
Fondateurs des communautés d'entraide « Monsieur TAGE 2 » et « Monsieur Ecoles de commerce » sur Facebook / Instagram / Youtube / Linkedin / Twitter (+ de 30 000 membres - N° 1 des AST & MS).
Professeurs à la prépa N° 1 « Admissions Parallèles » depuis 10 ans.
Fondateurs du média étudiant Monsieur Ecoles de commerce.

www.monsieur-ecoles-de-commerce.com

TAGE 2® N° 9

GRILLE DE RÉPONSES TAGE 2® N° 9																
LEXIPHRASE	Question	1	2	3	4	5	6	7	8	9	10	11	12	13	14	15
	Réponse															
	SCORE : ....../45		Nombre BR : .../15					Nombre MR : .../15								
CALCUL (2)	Question	16	17	18	19	20	21	22	23	24	25					
	Réponse															
	SCORE : ....../30		Nombre BR : .../10					Nombre MR : .../10								
LOGIQUE (3)	Question	26	27	28	29	30	31	32	33	34	35					
	Réponse															
	SCORE : ....../30		Nombre BR : .../10					Nombre MR : .../10								
PARATEXTE	Question	36	37	38	39	40	41	42	43	44	45	46	47	48	49	50
	Réponse															
	SCORE : ....../45		Nombre BR : .../15					Nombre MR : .../15								
CALCUL (5)	Question	51	52	53	54	55	56	57	58	59	60					
	Réponse															
	SCORE : ....../30		Nombre BR : .../10					Nombre MR : .../10								
LOGIQUE (6)	Question	61	62	63	64	65	66	67	68	69	70					
	Réponse															
	SCORE : ....../30		Nombre BR : .../10					Nombre MR : .../10								
T2 N° 9	SCORE : ....../210		BR = Bonne Réponse = +3 points. MR = Mauvaise Réponse = −1 point.													

TAGE 2® N° 9

1 LEXIPHRASE

CONSIGNES

15 questions	15 minutes	Calculatrice interdite	Chronomètre recommandé

BARÈME

Bonne réponse : + 3 points	Aucune réponse : 0 point	Mauvaise réponse : – 1 point

DÉFINITIONS & SYNONYMES

Question 1. Choisissez les mots dont le sens se rapproche le plus des mots soulignés.

La concomitance de ces deux incartades est surprenante.

(A)	La simultanéité	Écarts de conduite
(B)	L'accomplissement	Frasques
(C)	Le synchronisme	Engueulades
(D)	La coïncidence	Décisions

Question 2. Le Président de la République a demandé à son Premier Ministre de trouver une solution pour le financement des universités dans un contexte de difficulté budgétaire. Plus tard, le Ministre présente sa solution : « Nous allons piocher dans le budget des collèges pour trouver de l'argent pour les universités ».

Quel proverbe résume le mieux ces lignes ?

(A) À cœur vaillant, rien d'impossible.
(B) Découvrir Pierre pour habiller Paul.
(C) Un tiens vaut mieux que deux tu l'auras.
(D) Il ne faut pas mettre tous ses œufs dans le même panier.

Question 3. Quels sont les synonymes des mots soulignés ?

Les mesures prises par ce précepteur sont draconiennes.

(A)	Maître	Rigoureuses
(B)	Perturbateur	Strictes
(C)	Professeur	Inefficaces
(D)	Sportif	Contraignantes

Question 4. Choisissez la reformulation dont le sens se rapproche le plus des passages soulignés.

Il devrait vraiment arrêter d'aduler ce sportif aux accointances plus que douteuses.

(A) De suivre	Fréquentations
(B) De vénérer	Connaissances
(C) D'admirer	Décisions
(D) D'idolâtrer	Décisions

ANTONYMES

Question 5. La végétation était luxuriante.

(A) Luxueuse
(B) Développée
(C) Absente
(D) Abondante

Question 6. Sa prestation était onéreuse.

(A) Chère
(B) Correcte
(C) Attendue
(D) Abordable

INTRUS

Question 7. Quel est l'intrus ?

(A) Râteau
(B) Abonnement
(C) Coma
(D) Iguane

Question 8. Quel est l'intrus ?

(A) Va dans ta chambre.
(B) Mange tes légumes.
(C) Écoutez votre professeur.
(D) Il faut qu'il soit sage.

Question 9. Quel est l'intrus ?

(A) Le Pays aux 300 fromages.

(B) L'Hexagone.

(C) Le Pays des droits de l'Homme.

(D) Le Rocher.

ANALOGIES

Question 10.

Cyclone : vent Tsunami : ?

(A) Feu

(B) Eau

(C) Vent

(D) Terre

CORRECTION

Question 11. Combien de fautes d'orthographe et de grammaire la phrase contient-elle ?
Lors du déjeuné, Marie et Pierre ont longuement remis en cause la rationnalité des choix de leur supérieur hiérarchique. En effet, ce dernier leurs demande sans cesse d'effectuer des taches inintéressantes et sans valeur ajoutée pour l'entreprise.

(A) 2

(B) 3

(C) 4

(D) 5

Question 12. Combien de fautes d'orthographe le passage suivant contient-il ?
Antoine a pris une belle photo de sa fille, de plain pied, mais malgrés ses efforts la photo est gâchée par le fouilli de la chambre que l'on peut aperçevoir.

(A) 1

(B) 2

(C) 3

(D) 4

COHÉRENCE TEXTUELLE

Question 13. « Il est démontré, disait-il, que les choses ne peuvent être autrement : car, tout étant fait pour une fin, tout est nécessairement pour la meilleure fin. Remarquez bien que les nez ont été faits pour porter des lunettes, aussi avons-nous des lunettes. Les jambes sont visiblement instituées pour être chaussées, et nous avons des chausses.
Par conséquent, ceux qui ont avancé que tout est bien ont dit une sottise, [...] ».

(A) Il fallait dire que tout est en désordre.
(B) Il fallait dire que le monde est beau.
(C) Il fallait dire que le porc est un mets délicieux.
(D) Il fallait dire que tout est au mieux.

Question 14. En parcourant la Charte européenne des langues régionales ou minoritaires, on n'y décèle rien qui soit de nature à déclencher une guerre de tranchées, [...] notre pays, justement riche de cette diversité que cette charte entend faire vivre.

(A) Exception faite de.
(B) Éventuellement dans.
(C) A fortiori dans.
(D) Ce n'est pas le cas dans.

Question 15. Les sautes d'humeur d'Emma ont causé [...] de dégâts que je ne l'aurais imaginé. Ses amis se sont détournés d'elle, [...] sa famille a espacé ses visites, [...] ses parents, pourtant très compréhensifs.

(A)	Moins	Même	Sauf
(B)	Plus	Mais	Y compris
(C)	Moins	Mais	Y compris
(D)	Plus	Même	Y compris

TAGE 2® N° 9

2 CALCUL (2)

CONSIGNES			
10 questions	30 minutes	Calculatrice interdite	Chronomètre recommandé

BARÈME		
Bonne réponse : +3 points	Aucune réponse : 0 point	Mauvaise réponse : – 1 point

Question 16. Combien vaut 28 en base 2 ?

(A) 1100

(B) 10100

(C) 10101

(D) 11100

Question 17. Soit un carré de côté 5 cm et 2 cercles qui ont respectivement pour centre A et B, comme le montre le schéma ci-dessous. Que vaut la distance AB ?

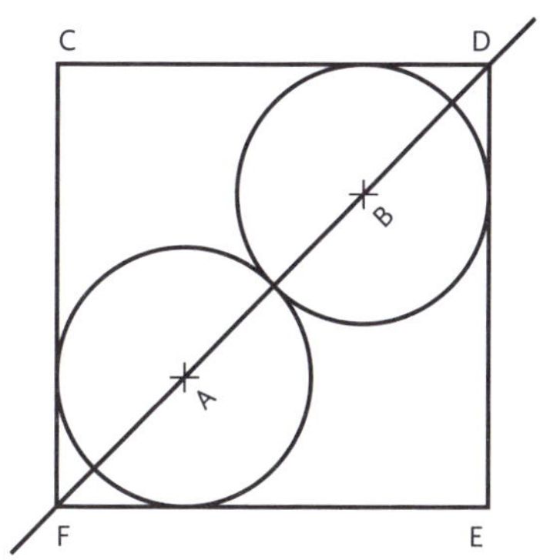

(A) $10 + \sqrt{2}$

(B) $5 + \sqrt{2}$

(C) $10/(2 + \sqrt{2})$

(D) $20/(2 + \sqrt{2})$

Question 18. La gérante d'un centre commercial dresse le bilan de la journée.

Sachant qu'un homme dépense 3 fois plus qu'une femme et que 60 % des clients sont des femmes, quelle a été la part des dépenses réalisée par les hommes aujourd'hui ?

(A) 1/4
(B) 1/3
(C) 3/5
(D) 2/3

Question 19. En 2012, Tesla, un constructeur de voitures électriques, a vendu 1 000 unités en Europe. Parmi ces ventes, 40 % concernaient le modèle Roadster. Le reste concerne le modèle S. En 2013, les ventes du Roadster ont [...]. En 2014, les ventes de ce modèle ont [...]. Finalement, fin 2014, les ventes du Roadster atteignent 432 unités.

(A)	Augmenté de 10 %	Diminué de 15 %
(B)	Augmenté de 15 %	Diminué de 5 %
(C)	Diminué de 5 %	Diminué de 15 %
(D)	Diminué de 10 %	Augmenté de 20 %

Question 20. Le réservoir d'une petite voiture a une contenance d'un tiers de 100 litres. Il est plein aux trois cinquièmes. Lors d'un trajet, 8 litres sont consommés.
Quelle quantité d'essence reste-t-il dans le réservoir ?

(A) 10 litres
(B) 12 litres
(C) 15 litres
(D) 18 litres

Question 21. Une montre avance de 4 minutes par heure. La montre est exactement à la bonne heure à midi. Quelle heure sera-t-il dans la réalité lorsque la montre affichera exactement 18h24 ?

(A) 17h52
(B) 17h56
(C) 17h58
(D) 18h00

Question 22. Coline va faire des courses dans la ville voisine, distante de 10 km. Elle fait l'aller à une vitesse moyenne de 50 km/h. Au retour, elle s'arrête à mi-chemin pour acheter du pain, après avoir conduit 3 minutes. Enfin, elle rentre chez elle à une vitesse moyenne de 30 km/h.
Quelle est la vitesse moyenne du trajet de Coline ?

(A) 34 km/h
(B) 38 km/h
(C) 42 km/h
(D) 48 km/h

Question 23. Paul fait pousser 140 pastèques transgéniques, de deux types différents A et B. Les pastèques pèsent en moyenne 22 kilos, les pastèques A pèsent en moyenne 30 kilos et les pastèques B pèsent en moyenne 16 kilos. Combien y a-t-il de pastèques B ?

(A) 50
(B) 60
(C) 70
(D) 80

Question 24. Corentin et Ryan jouent au poker à 2. Au début de la partie, ils possèdent le même nombre de jetons. Après 4 tours de jeu, Corentin a 30 jetons de plus que Ryan. Toutefois, au cinquième et dernier tour de jeu, Corentin perd le tiers de ses jetons et Ryan a alors le même nombre de jetons que Corentin. Combien y a-t-il de jetons dans le jeu ?

(A) 60
(B) 80
(C) 100
(D) 120

Question 25. Si on augmente le côté d'un carré de 3 cm, sa surface est multipliée par 4. Quelle est sa surface après augmentation ?

(A) 36 cm^2
(B) 25 cm^2
(C) 20 cm^2
(D) 16 cm^2

CONSIGNES

10 questions	15 minutes	Calculatrice interdite	Chronomètre recommandé

BARÈME

Bonne réponse : +3 points	Aucune réponse : 0 point	Mauvaise réponse : – 1 point

Question 26.

		54		
		35		
62	59	?	32	20
		77		
		18		

(A) 46 (B) 24 (C) 42 (D) 16

Question 27.

		BA		
		CV		
TM	NR	?	PN	LK
		DL		
		MG		

(A) PR (B) KP (C) PQ (D) VQ

Question 28.

		VC		
		EW		
JH	CA	?	QO	RP
		IY		
		AK		

(A) IG (B) AB (C) KI (D) EG

Question 29.

		59		
		36		
35	44	?	26	17
		78		
		94		

(A) 78 (B) 53 (C) 71 (D) 08

Question 30.

				232
				565
852	555	960	249	?
				414
				898

(A) 676 (B) 181 (C) 717 (D) 681

Question 31.

123	356	?	578	612
		548		
		379		
		241		
		641		

(A) 634 (B) 454 (C) 523 (D) 423

Question 32.

				HRJ
				ARQ
				GRK
				PRB
AZA	EDE	HPH	ITI	?

(A) IRI (B) URU (C) ARQ (D) LTF

Question 33.

		FCR		
		QDL		
CNV	PLU	?	IZS	JDR
		GFG		
		PGP		

(A) RET (B) IZT (C) FRT (D) TEB

Question 34.

		12		
		36		
15	20	?	45	65
		48		
		96		

(A) 24 (B) 35 (C) 60 (D) 25

Question 35.

		AD		
		BV		
DZ	SY	?	PW	HV
		DS		
		ET		

(A) CS (B) CX (C) AX (D) CG

CONSIGNES

15 questions	15 minutes	Calculatrice interdite	Chronomètre recommandé

BARÈME

Bonne réponse : + 3 points	Aucune réponse : 0 point	Mauvaise réponse : – 1 point

PARAGRAPHE

Question 36. Le faible taux de diplômés en Allemagne ou en Autriche n'est pas [...] aux mêmes causes qu'en Italie ou Roumanie.

(A) Imputable
(B) Imparable
(C) Immuable
(D) Immatriculable

Question 37. Si pour les premiers, il s'explique [...] par la concurrence des filières professionnelles qui ne délivrent pas de diplôme reconnu internationalement, dans d'autres États ces chiffres [...] plutôt un retard dans la poursuite d'études.

(A)	Essentiellement	Infirment
(B)	Surtout	Trahissent
(C)	Aucunement	Confirment
(D)	Nullement	Dénotent

Question 38. [...], une forte [...] de diplômés provient de l'immigration d'actifs très qualifiés.

(A)	Enfin	Majorité
(B)	De plus	Part
(C)	Par ailleurs	Proportion
(D)	Bien évidemment	Minorité

Question 39. Point commun des pays européens, la [...] des femmes parmi les diplômés.

(A) Proximité
(B) Prééminence
(C) Proéminence
(D) Prédominance

Question 40. Dans tous les pays de l'Union Européenne, la proportion de jeunes femmes [...] est plus [...] que celle des jeunes hommes.

(A)	Obtenant un diplôme	Grande
(B)	Avec ou sans diplôme	Importante
(C)	De l'enseignement	Grosse
(D)	Diplômées du supérieur	Élevée

TEXTE

Question 41. [...] 12 jours de débats, les représentants de 195 États regroupés ont finalement réussi à trouver un accord pour tenter de stabiliser le climat.

(A) À la fin de
(B) Après
(C) Au bout de
(D) Au terme de

Question 42. Cet accord devrait rentrer en vigueur en 2020 après un [...] qui semble acquis.

(A) Procédé d'approbation
(B) Protocole de signature
(C) Processus de ratification
(D) Protocole d'accord

Question 43. Quel [...] tirer de cet évènement sur lequel étaient [...] du monde entier ?

(A)	Bilan	Braqués les yeux
(B)	Résultat	Orientés les projecteurs
(C)	Conclusion	Fixé le futur
(D)	Compte-rendu	Projetés les espoirs

Tout d'abord, la science a triomphé. Alors que bien des réunions internationales précédentes avaient fait l'objet d'offensives « climatosceptiques », rien de tel n'a eu lieu cette fois-ci. La science du climat, telle qu'elle a été expertisée et résumée par le travail du GIEC (Groupe

d'Experts Intergouvernemental sur l'Évolution du Climat), a servi de base à l'ensemble des travaux et n'a été contestée par aucun des 195 États présents.
Qu'il s'agisse de la nécessité de rester « nettement en dessous de 2°C » de réchauffement, du risque d'atteindre un réchauffement global de 4 à 5°C en l'absence d'action, de la probabilité d'une hausse du niveau marin de l'ordre du mètre à la fin du siècle, des différents risques climatiques... tout ce qui a été évoqué repose sur l'état actuel du savoir scientifique. Les participants ont même reconnu l'insuffisance, au regard de la science, des engagements qu'ils ont pris – engagements qui sont pour l'instant trop modestes pour atteindre l'objectif visé, puisqu'en l'absence d'améliorations ultérieures ils se traduisent par un réchauffement probablement proche de 3°C.
Toutefois, à Paris, les États se sont donné un objectif commun de 2°C, ont reconnu une responsabilité « partagée » quoique « différenciée », promis des efforts, des fonds et de la transparence. La délivrance d'un tel message, endossé par les chefs des États les plus puissants de la planète, de Vladimir Poutine à Barack Obama, en passant par Xi Jinping, est un acquis énorme. Mais chacun sait que la pression du court terme et la tentation d'oublier les promesses seront fortes. Une politique environnementale qui occupera les prochaines décennies, et qui ne pourra pas être gagnée sans continuer à développer, et sans écouter davantage, une science vivante et dynamique, indispensable aussi bien pour affiner les diagnostics que pour inventer les solutions.

Question 44. Si aucune nouvelle mesure n'est prise, quelle serait l'augmentation de température d'ici un siècle ?

(A) 2°C
(B) 3°C
(C) 4 à 5°C
(D) Plus de 5°C

Question 45. Selon vous, à quoi peut-on comparer la lutte contre le réchauffement climatique ?

(A) Un combat de boxe
(B) Un marathon
(C) Un match de football
(D) Une partie d'échecs

Question 46. Que ressent l'auteur à la suite de l'accord signé par les 195 États ?

(A) Scepticisme et joie
(B) Optimisme et scepticisme
(C) Satisfaction et attentisme
(D) Soulagement et doute

Question 47. Pourquoi l'auteur précise cette phrase « Tout d'abord, la science a triomphé » en début de texte ?

(A) L'auteur de ce texte est très probablement un scientifique.
(B) La science n'a pas toujours triomphé lors des sommets sur le climat.
(C) Les scientifiques ont eu davantage d'impact que les politiques.
(D) La science est la solution pour lutter contre le réchauffement climatique.

Question 48. Quelles ont été les promesses faites par les chefs d'État durant ce sommet ?

1. Une réduction de la température de l'atmosphère de 2°C.
2. Une augmentation de la coopération scientifique entre États.
3. Une augmentation des fonds alloués à la lutte contre le réchauffement climatique.

(A) 1 + 2 + 3
(B) 2 + 3
(C) Uniquement 3
(D) Uniquement 1

Question 49. Quel pourrait-être le titre de ce texte ?

(A) Sommet climatique : des promesses et des engagements.
(B) Réunion entre États : l'avenir du climat.
(C) Sommet du climat : espoirs et optimisme.
(D) Sommet du climat : une victoire de la science.

Question 50. Quel résumé correspondrait le plus à ce texte ?

(A) Les chefs d'État et les scientifiques du monde entier ont signé un accord approuvant la limitation de hausse du réchauffement climatique grâce à une série de mesures. La question se pose à présent de savoir si cela sera suffisant.
(B) Grâce aux études scientifiques, les États ont pris conscience du dérèglement climatique et ont signé un accord qui s'engage à limiter le réchauffement climatique. Reste à présent à mettre en pratique les promesses tenues.
(C) En signant un accord contraignant sur le réchauffement climatique, les États s'engagent sur l'avenir de la planète. Les scientifiques ont donc à présent la mission de proposer des mesures aux responsables politiques.
(D) Avec cet accord signé par 195 États, l'avenir climatique de la planète est assuré. Les scientifiques ont constaté les dégâts causés par la hausse de la température. Les chefs d'État ont donc pris leurs responsabilités et ont acté un certain nombre d'engagements.

CONSIGNES

10 questions	30 minutes	Calculatrice interdite	Chronomètre recommandé

BARÈME

Bonne réponse : +3 points	Aucune réponse : 0 point	Mauvaise réponse : –1 point

Question 51. Alexandre, Bruno et Claire ont 17 ans de moyenne à eux trois.
Quelle est la nouvelle moyenne d'âge si on ajoute Damien qui a 13 ans ?

(A) 13 ans et demi
(B) 14 ans
(C) 15 ans et demi
(D) 16 ans

Question 52. Dans une famille, il y a un pot de bonbons. Chacun des 2 fils ainsi que le père prennent 3 bonbons par jour. La mère prend 1 bonbon par jour. Le pot dure 30 jours.
Combien de jours durerait le pot si la mère prenait 3 bonbons par jour également ?

(A) 27
(B) 26
(C) 25
(D) 24

Question 53. Soit un tapis roulant de 400 mètres de long. En marchant dans le sens du tapis, un homme traverse le tapis en 2 minutes. Puis, il le prend à contresens et met 6 minutes pour le traverser à nouveau.

Quelle est la vitesse du tapis roulant ?

(A) 3 km/h
(B) 4 km/h
(C) 6 km/h
(D) 8 km/h

Question 54. À 9 heures, un motard part de Paris vers Lille, à 90 km/h. Plus tard, un autre motard part de Lille en direction de Paris, à 120 km/h. Ils se rencontrent à mi-chemin entre les 2 villes à 10h20. À quelle heure le 2e motard est-il parti ?

(A) 9h
(B) 9h10
(C) 9h20
(D) 9h30

Question 55. Un smartphone et sa coque de protection pèsent ensemble 610 grammes. Le smartphone pèse 600 grammes de plus que la coque. Quel est le poids de la coque ?

(A) 20 grammes
(B) 15 grammes
(C) 10 grammes
(D) 5 grammes

Question 56. J'ai 4 pièces dans ma poche de 1 euro, 2 euros, 20 centimes et 10 centimes.

Quelle est la probabilité d'avoir moins de 2,4 euros en tirant 3 pièces au hasard parmi les 4 que j'ai ?

(A) 1/3
(B) 3/4
(C) 1/2
(D) 2/3

Question 57. Le professeur de mathématiques de Romain lui demande de construire un triangle en respectant les instructions suivantes. Le plus petit angle est 3 fois plus petit que le plus grand angle, qui est lui-même 1,5 fois plus grand que l'angle moyen.
On peut dire que ce triangle est :

(A) Isocèle
(B) Équilatéral
(C) Quelconque
(D) Rectangle

Question 58. Dans une entreprise, 2 réunions ont lieu en même temps. Dans la première salle de réunion, la moyenne d'âge des 8 employés est 25 ans. Dans la deuxième salle de réunion, la moyenne d'âge des 12 employés est 35 ans.

Quelle serait la moyenne d'âge si l'on fusionnait les 2 salles ?

(A) 28 ans
(B) 29 ans
(C) 30 ans
(D) 31 ans

Question 59. Un cinéma propose 2 types de formules. Une formule A, dans laquelle chaque spectateur paye 8,5 euros par place et une formule B, dans laquelle le spectateur paye un abonnement de 45 euros et paye alors chaque place à 5 euros.
À partir de combien de films, le tarif avec abonnement devient-il plus intéressant ?

(A) 10
(B) 11
(C) 12
(D) 13

Question 60. Aimery joue aux dés avec Benjamin. Si le dé tombe sur un chiffre qui est un carré, Aimery reçoit 42 euros de Benjamin, sinon il lui donne 12 euros. Après 25 lancers, Aimery réalise qu'il a gagné 402 euros. Ainsi, combien de lancers qui ont été des carrés a-t-il réalisés ?

(A) 15
(B) 14
(C) 13
(D) 12

TAGE 2® N° 9

6 LOGIQUE (6)

CONSIGNES

10 questions	10 minutes	Calculatrice interdite	Chronomètre recommandé

BARÈME

Bonne réponse : + 3 points	Aucune réponse : 0 point	Mauvaise réponse : – 1 point

Question 61.

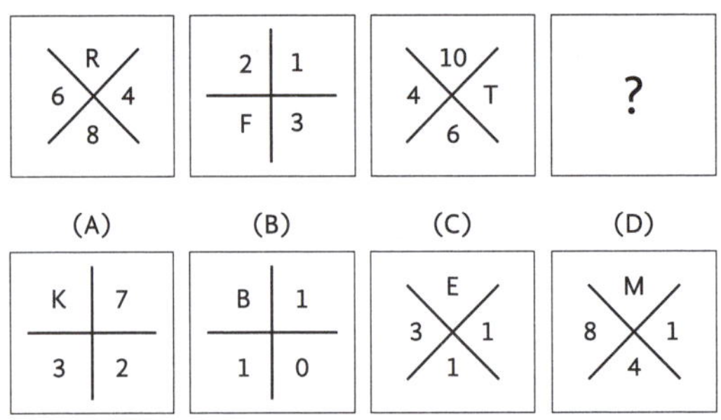

Question 62.

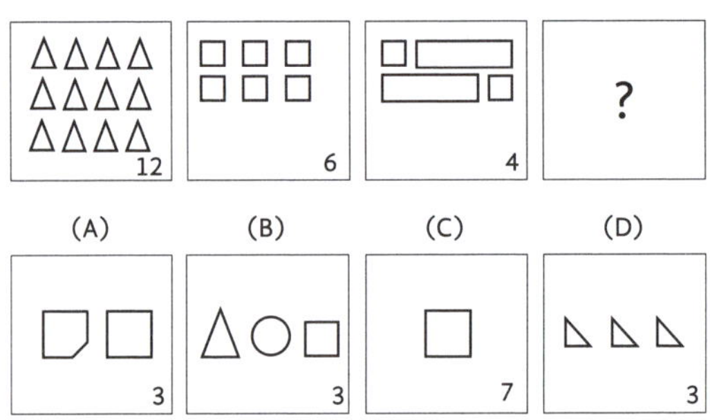

Question 63.

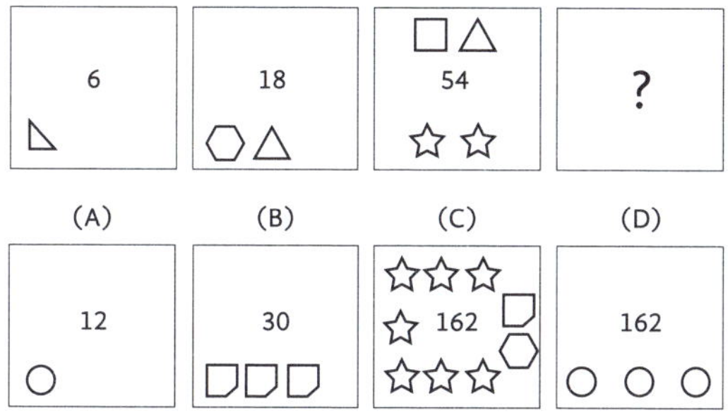

Question 64.

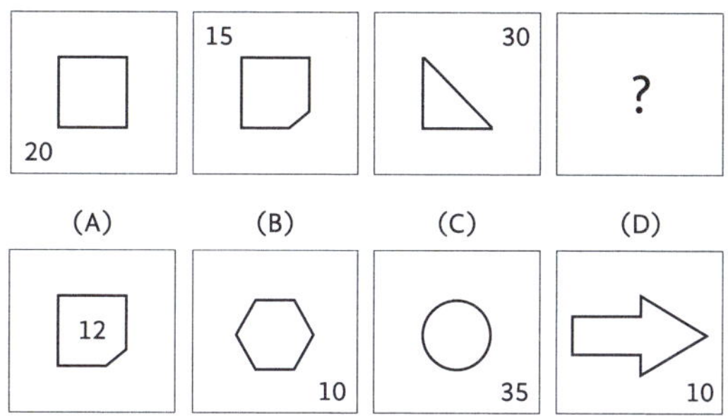

Question 65.

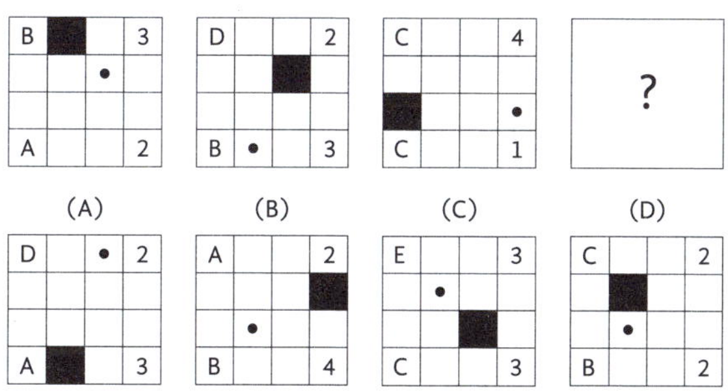

Question 66.

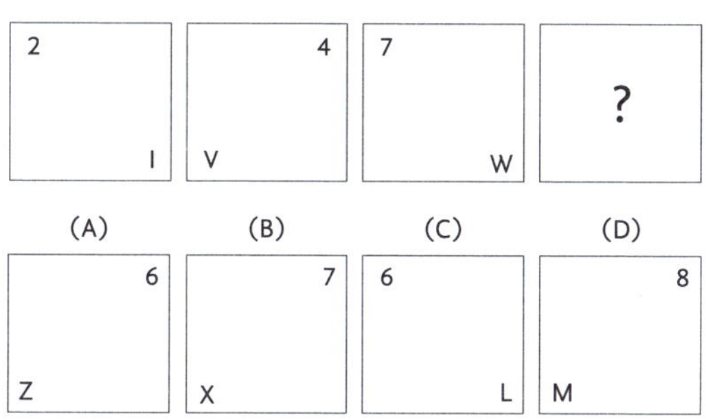

Question 67.

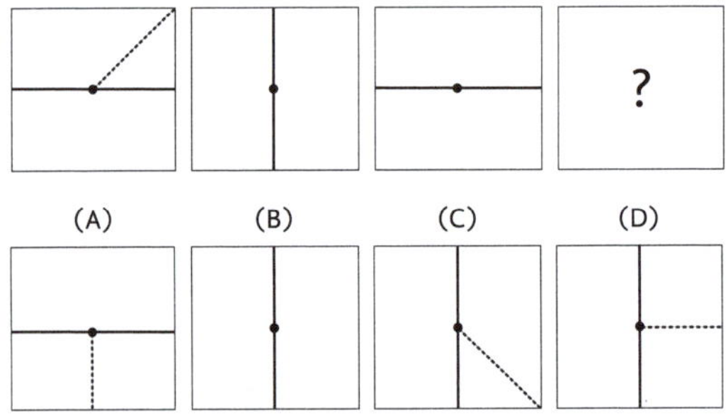

Question 68.

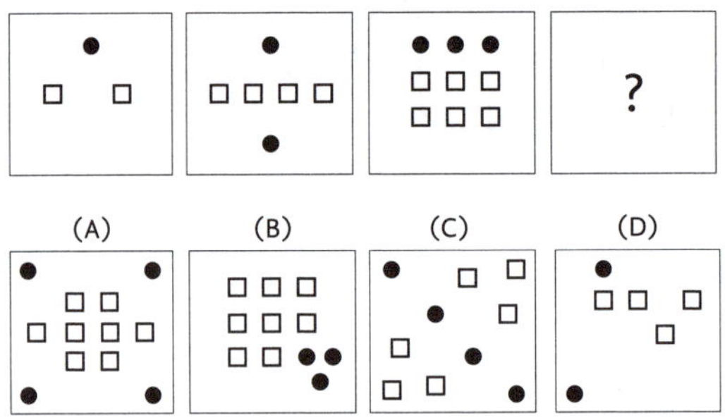

Question 69.

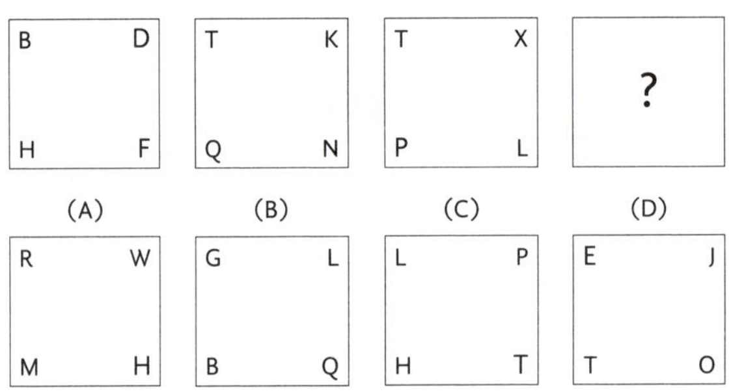

Question 70.

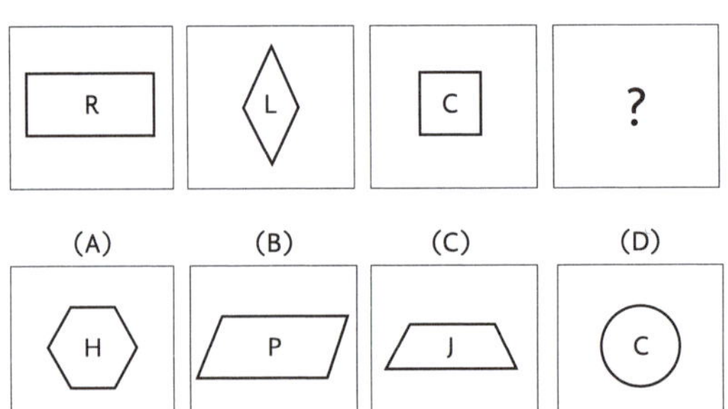

Corrigé TAGE 2®
N° 8/9/10

www.monsieur-tage-2.com

Pour des **raisons techniques**, il est **impossible** à l'heure actuelle pour les éditeurs **d'imprimer un livre de plus de 800 pages – en couleur – à un prix abordable.**

Nous avons donc fait le choix de vous transmettre **les CORRIGÉS des TAGE 2® N° 8/9/10 par téléchargement** sur le site **www.monsieur-tage-2.com.**

Les **CORRIGÉS des TAGE 2® N° 8/9/10 sont téléchargeables** sur :
www.monsieur-tage-2.com
Rubrique « Espace E-Learning » → « Le Grand Manuel du TAGE 2 »

Nous espérons sincèrement que vous comprenez et partagez notre décision.

Bonnes révisions !

Joachim Pinto (HEC Paris) & Arnaud Sévigné (HEC Paris)
Auteurs du Manuel du TAGE MAGE® – N° 1 des VENTES.
Fondateurs des communautés d'entraide « Monsieur TAGE 2 » et « Monsieur Ecoles de commerce » sur Facebook / Instagram / Youtube / Linkedin / Twitter (+ de 30 000 membres - N° 1 des AST & MS).
Professeurs à la prépa N° 1 « Admissions Parallèles » depuis 10 ans.
Fondateurs du média étudiant Monsieur Ecoles de commerce.

www.monsieur-ecoles-de-commerce.com

TAGE 2® N° 10

GRILLE DE RÉPONSES TAGE 2® N° 10

LEXIPHRASE	Question	1	2	3	4	5	6	7	8	9	10	11	12	13	14	15
	Réponse															
	SCORE : ....../45			Nombre BR : .../15					Nombre MR : .../15							
CALCUL (2)	Question	16	17	18	19	20	21	22	23	24	25					
	Réponse															
	SCORE : ....../30			Nombre BR : .../10					Nombre MR : .../10							
LOGIQUE (3)	Question	26	27	28	29	30	31	32	33	34	35					
	Réponse															
	SCORE : ....../30			Nombre BR : .../10					Nombre MR : .../10							
PARATEXTE	Question	36	37	38	39	40	41	42	43	44	45	46	47	48	49	50
	Réponse															
	SCORE : ....../45			Nombre BR : .../15					Nombre MR : .../15							
CALCUL (5)	Question	51	52	53	54	55	56	57	58	59	60					
	Réponse															
	SCORE : ....../30			Nombre BR : .../10					Nombre MR : .../10							
LOGIQUE (6)	Question	61	62	63	64	65	66	67	68	69	70					
	Réponse															
	SCORE : ....../30			Nombre BR : .../10					Nombre MR : .../10							
T2 N° 10	SCORE : ....../210			BR = Bonne Réponse = + 3 points. MR = Mauvaise Réponse = – 1 point.												

TAGE 2® N° 10

1 LEXIPHRASE

CONSIGNES

15 questions	15 minutes	Calculatrice interdite	Chronomètre recommandé

BARÈME

Bonne réponse : +3 points	Aucune réponse : 0 point	Mauvaise réponse : –1 point

DÉFINITIONS & SYNONYMES

Question 1. Justine était gracile, ce qui la rendait particulièrement jolie.

(A) Grande
(B) Gracieuse et fragile
(C) Petite et forte
(D) Souriante

Question 2. Choisissez les mots dont le sens se rapproche le plus des mots soulignés.

« Pour nous rendre à Genève, nous suivions consciencieusement la route goudronnée, poursuivis par le vieux Jo, le fourgon cacochyme de la colonie, qui soufflait plus que nous dans les lacets de Septmoncel » (Jean-Baptiste Harang, Nos coeurs vaillants, 2010).

(A)	Brusquement	Ravagé
(B)	Scrupuleusement	Grisâtre
(C)	Méticuleusement	Délabré
(D)	Soigneusement	Surchargé

Question 3. Choisissez les mots dont le sens se rapproche le plus des mots soulignés.

Aucun concurrent ne s'est perdu. Il faut dire que le parcours à suivre est bien indiqué par des rubalises.

(A) Mascottes publicitaires.
(B) Flèches lumineuses.
(C) Étiquettes noires et blanches.
(D) Rubans rouges et blancs.

Question 4. Une fois de plus, les parents accueillaient le retour de l'enfant <u>prodigue</u>.

(A) Sage
(B) Dépensier
(C) Prodigieux
(D) Banni

ANTONYMES

Question 5. Sa présentation était <u>saccadée</u>.

(A) Fluide
(B) Entrecoupée
(C) Discontinue
(D) Pertinente

Question 6. Qui aurait pu croire qu'elle serait <u>nécessiteuse</u> ?

(A) Pauvre
(B) Aisée
(C) Faible
(D) Miséreuse

INTRUS

Question 7. Quel est l'intrus ?

(A) Dépensier
(B) Prodigue
(C) Dispendieux
(D) Pingre

Question 8. Quel est l'intrus ?

(A) Apologie
(B) Pamphlet
(C) Éloge
(D) Panégyrique

Question 9. Quel est l'intrus ?

(A) Des écrous
(B) Des cailloux
(C) Des sous
(D) Des gnoux

ANALOGIES

Question 10.

Football : ballon Badminton : ?

(A) Balle
(B) Bille
(C) Volant
(D) Plume

CORRECTION

Question 11. Parmi les propositions suivantes, laquelle est fausse d'un point de vue grammatical ou syntaxique ?

(A) Ce jour-là, elle distribua des cadeaux à l'envi.
(B) Si tu continues, tu vas avoir affaire à moi !
(C) Maxime fut fatigant toute la journée : nous n'en pouvions plus.
(D) Quel que soit tes choix, tu sais que ton père te soutiendra.

Question 12. Parmi les phrases suivantes, combien contiennent au moins deux fautes ?

(1) Le fourgon cacochyme de la compagnie nous suivait à la traces.
(2) Quel que soit tes choix, il faut que tu les assumes.
(3) Il ne faut pas vendre la peau de l'ours avant de l'avoir tuée.
(4) Plus un enfant apprend seule, et plus il progresse rapidement.
(5) L'exaspération des syndicats a atteint son paroxysme. La grève est pour bientot.

(A) 0
(B) 1
(C) 2
(D) 3

COHÉRENCE TEXTUELLE

Question 13. [...] Charlie est très différent. [...] il cherche [...] à se faire des amis parmi ses camarades d'école [...] se sent terriblement seul.

(A) Heureusement que	Sinon	Surtout	Alors qu'il
(B) Bien que	Toutefois	Malgré tout	Car il
(C) C'est vrai,	Cependant	Quand même	Parce qu'il
(D) Il est vrai que	Mais	Toujours	Bien que

Question 14. C'est grâce à notre mémoire que nous pouvons développer certains [...] qui nous permettent d'effectuer des actions sans même réfléchir à nos gestes.

(A) Souvenirs
(B) Habitudes
(C) Automatismes
(D) Règles

Question 15. Au niveau national, et [...] l'hostilité de la population nippone, la relance du nucléaire est promue par le gouvernement. Le redémarrage du réacteur Sendai en préfigure d'autres, à la centrale d'Ikata et à celle de Takahama, [...] les principales mesures de sûreté ont été approuvées par l'ARN [...] qui ont encore plusieurs étapes à franchir pour une éventuelle remise en exploitation.

(A) Malgré	Pourtant	Cependant
(B) Dont	Or	Pourtant
(C) Nonobstant	Dont	Mais
(D) Nonobstant	Malgré	Mais

TAGE 2® N° 10

2 CALCUL (2)

CONSIGNES

10 questions	30 minutes	Calculatrice interdite	Chronomètre recommandé

BARÈME

Bonne réponse : + 3 points	Aucune réponse : 0 point	Mauvaise réponse : – 1 point

Question 16. Dans une prestigieuse école de commerce, 80 % des étudiants de 1re et 2e année pratiquent un sport. Ce taux monte à 90 % pour les étudiants de deuxième année, qui représentent deux cinquièmes du total des étudiants.

Quelle est la probabilité qu'un étudiant soit en deuxième année, sachant qu'il ne pratique pas de sport ?

(A) 4 %
(B) 16 %
(C) 20 %
(D) 36 %

Question 17. Une urne contient 6 boules : 3 boules rouges, 2 boules bleues et 1 boule rose. Marc tire successivement deux boules avec remise.
Quelle est la probabilité que Marc ait tiré une boule rouge et une boule bleue ?

(A) 1/2
(B) 1/3
(C) 1/4
(D) 1/5

Question 18. Le nombre de recherches effectuées sur le moteur de recherche Gogol a connu une très forte hausse récemment. Les actions Gogol achetées 50 dollars par Steve il y a 2 ans valent actuellement 112 dollars après deux années de hausse successives.
Sachant que le prix des actions a gagné 12 % la seconde année, quelle a été la hausse des prix l'année précédente ?

(A) 60 %
(B) 66 %
(C) 77 %
(D) 100 %

Question 19. L'entreprise Charlie produit 1 ordinateur en 40 minutes. En deux mois, l'entreprise Tango produit 450 ordinateurs. Les deux entreprises produisent 24 jours par mois, 6 heures par jour. Combien d'heures de travail supplémentaires par mois faudrait-il à l'entreprise Charlie pour rattraper la production mensuelle de l'entreprise Tango ?

(A) 6

(B) 7

(C) 8

(D) 9

Question 20. Un couple a 2 enfants. Sachant qu'un des enfants n'est pas une fille, quelle est la probabilité que l'autre enfant ne soit pas une fille non plus ?

(A) 1/4

(B) 1/3

(C) 2/3

(D) 1/2

Question 21. Soit un rectangle ABCD dans lequel on a dessiné 2 triangles ADE et BCE avec E le milieu de DC. Sachant que l'aire du rectangle ABCD est de 36 cm^2, quelle est l'aire du triangle AEF, avec F le milieu de AB ?

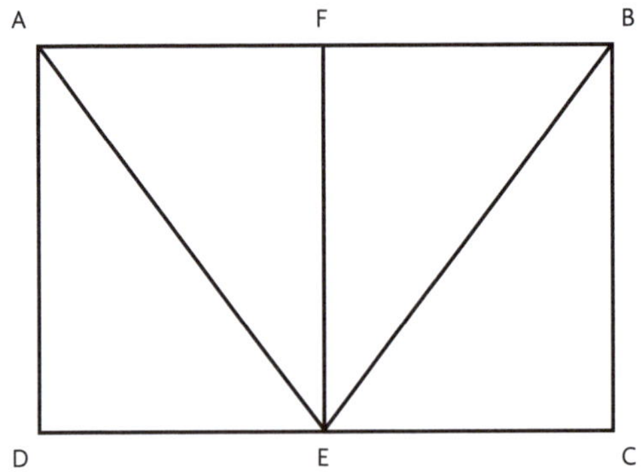

(A) 6 cm^2

(B) 7 cm^2

(C) 8 cm^2

(D) 9 cm^2

Question 22. Deux lapins et trois mulots coûtent 24 euros. Trois lapins et deux mulots coûtent 28 euros. Quel est le prix d'un lapin en euros ?

(A) 3,2 euros

(B) 8 euros

(C) 4,8 euros

(D) 7,2 euros

Question 23. Mélodie dispose d'un capital de 2 500 euros. Deux cinquièmes de cette somme sont placés sur un compte au taux d'intérêt composé de 1 % et les trois cinquièmes restants sont investis dans un produit financier rémunéré en intérêts simples annuels de 10 %.

Quel sera le montant du capital de Mélodie au bout de deux ans ?

(A) 2 500,5 euros

(B) 2 750,1 euros

(C) 2 820,1 euros

(D) 2 950 euros

Question 24. Un capital K rapporte 160€ d'intérêts en année 1 et 164€ d'intérêts en année 2 (intérêts composés). Quel est le montant du capital initialement investi ?

(A) 5 800 €

(B) 6 000 €

(C) 6 200 €

(D) 6 400 €

Question 25. Un policier prend un voleur en filature en attente du flagrant délit. Il reste 100 mètres en retrait. Au moment du vol, le policier décide d'interpeller Franck, le voleur. Franck voit le policier et se met à courir au même moment.
Au bout de combien de temps le policier aura-t-il rattrapé Franck sachant que le policier court 1 km/h plus vite que Franck ?

(A) 3 minutes

(B) 5 minutes

(C) 6 minutes

(D) 8 minutes

TAGE 2® N° 10

3 LOGIQUE (3)

CONSIGNES

10 questions	15 minutes	Calculatrice interdite	Chronomètre recommandé

BARÈME

Bonne réponse : + 3 points	Aucune réponse : 0 point	Mauvaise réponse : – 1 point

Question 26.

			6265	
			9428	
			2831	
1270	3612	3836	?	9671
			7126	

(A) 6161 (B) 3854 (C) 2721 (D) 3492

Question 27.

731				
516				
?	746	655	391	673
604				
369				

(A) 164 (B) 541 (C) 550 (D) 555

Question 28.

	NIC			
	FSN			
DFE	?	DHG	TUD	DOP
	ZRN			
	NGX			

(A) MDN (B) KDD (C) NOD (D) NNF

Question 29.

		51		
61	52	?	70	25
		64		
		33		
		75		

(A) 64 (B) 34 (C) 61 (D) 28

Question 30.

		OT		
		NJ		
		TW		
HT	KL	?	MT	XC
		HI		

(A) TR (B) RT (C) PN (D) PT

Question 31.

		XK		
AF	KP	?	MR	XC
		PL		
		RL		
		HK		

(A) OT (B) NF (C) AF (D) AT

Question 32.

		12		
		36		
		40		
41	32	?	52	34
		88		

(A) 42 (B) 24 (C) 26 (D) 44

Question 33.

AASS
EROS
IAFE
BCQJ ABRB ? STBN EFGF
EALE

(A) ABCI (B) AQCB (C) TUEL (D) POER

Question 34.

66
77
121
30 99 ? 108 102
132

(A) 55 (B) 33 (C) 88 (D) 24

Question 35.

AC
PO OA ? OI RO
BD
CE
XZ

(A) FH (B) SO (C) MO (D) LO

TAGE 2® N° 10

PARATEXTE

CONSIGNES

15 questions	15 minutes	Calculatrice interdite	Chronomètre recommandé

BARÈME

Bonne réponse : + 3 points	Aucune réponse : 0 point	Mauvaise réponse : – 1 point

PARAGRAPHE

Question 36. Dans ses prévisions, l'INSEE [...] une croissance soutenue cette année, [...] + 1,82 % du PIB.

(A) Voyait	Soit de
(B) Prévoyait	À
(C) Tablait sur	De l'ordre de
(D) Envisageait	D'environ

Question 37. Derrière leur grande stabilité apparente, les enquêtes de l'INSEE sont [...] d'enseignements.

(A) Riches
(B) Pleines
(C) Bourrées
(D) Fournies

Question 38. Du côté des nouvelles rassurantes, elles témoignent d'une certaine solidité de l'activité. Les patrons interrogés semblent donc valider [...] d'une croissance [...] robuste.

(A) L'hypothèse	Plutôt
(B) Les études	Assez
(C) La prévision	Vraiment
(D) Le scénario	Relativement

Question 39. Mais ces mêmes enquêtes ont leurs [...], car les chefs d'entreprise regardent aussi l'avenir avec plus d'inquiétudes [...].

(A) Revers	Qu'auparavant
(B) Défauts	Que dans le passé
(C) Nouvelles inquiétantes	Qu'avant
(D) Points positifs	Que par le passé

Question 40. [...], les enquêtes sont révélatrices des incertitudes ou du manque de visibilité auxquels font face les dirigeants.

(A) De l'ombre à la lumière
(B) Parfois au soleil, parfois à l'ombre
(C) Entre le verre à moitié plein et le verre à moitié vide
(D) Parfois pile-gagnant, parfois face-perdant

TEXTE

Question 41. Plus de deux cents ans après sa création, le baccalauréat reste une des [...] napoléoniennes à laquelle les Français sont le plus attachés.

(A) Héritages
(B) Mesures
(C) Institutions
(D) Décisions

Question 42. Il suffit de voir les réactions qu'entraîne toute proposition de suppression de cet examen, qui continue à être [...] soit vers la vie active soit vers l'enseignement supérieur.

(A) Une porte d'entrée
(B) Un pont-levis
(C) Un point d'ancrage
(D) Une voie d'accès

Question 43. [...], le baccalauréat a beaucoup évolué.

(A) Bien que
(B) Néanmoins
(C) En effet
(D) Pourtant

En 2015, plus de 585 000 Français ont été reçus à cet examen qui se décline désormais en de multiples variantes. En 1813, ils étaient 1 656 à être reçus bacheliers en lettres, année la plus faste de l'Empire. La nature de l'examen a changé, mais hier comme aujourd'hui, il reste le premier grade de l'Université. Reste à comprendre comment il a été créé et comment les lycéens se préparaient à l'examen à la fin de l'Empire.
Napoléon a entrepris en 1806 une profonde réforme de l'enseignement en donnant naissance à l'Université, institution regroupant l'ensemble des formations dispensées en France, de l'enseignement primaire jusqu'à l'enseignement supérieur. De fait, l'Université obtient le monopole de l'enseignement, lequel est donc donné au nom de l'État. En 1808, plusieurs décrets d'application entrent dans le détail de son organisation. Parmi eux, un décret crée le baccalauréat, considéré comme le premier grade de l'enseignement supérieur. C'était une nécessité pour marquer la fin des études secondaires. En 1802, lorsqu'avaient été créés les lycées, rien n'avait été prévu pour sanctionner les études qui y étaient dispensées. Une partie des élèves devaient passer dans les écoles spéciales, notamment l'école spéciale militaire créée par la même loi, les autres devant se contenter d'un simple certificat d'études délivré par le lycée.

Question 44. En quelle année a été créé le baccalauréat ?

(A) 1802
(B) 1806
(C) 1813
(D) Aucune de ces réponses.

Question 45. Selon le texte, pourquoi le baccalauréat a-t-il été créé ?

(A) Pour évaluer les connaissances des lycéens.
(B) Pour être plus facilement embauché dans une entreprise d'État.
(C) Pour valider l'entrée dans un établissement d'enseignement supérieur.
(D) Pour donner une reconnaissance juridique aux lycéens.

Question 46. Que signifie l'expression « année la plus faste de l'Empire » ?

(A) Année où l'Empire Napoléonien était le plus étendu.
(B) Année où le nombre de bacheliers était le plus important.
(C) Année où l'Empire Napoléonien était le plus riche.
(D) Année avec les plus grands changements dans l'Empire Napoléonien.

Question 47. Par quel moyen a été créé le baccalauréat ?

(A) Par décret.
(B) Par vote du parlement.
(C) Par directive de Napoléon.
(D) Aucune de ces réponses ne convient.

Question 48. Quel serait le meilleur titre pour ce texte ?

(A) Napoléon, fondateur du baccalauréat.
(B) Le baccalauréat d'hier et d'aujourd'hui.
(C) Évolutions du baccalauréat depuis Napoléon.
(D) Napoléon, le Français et le baccalauréat.

Question 49. Quel rapport ont les Français au baccalauréat ?

(A) Ils souhaitant sa suppression.
(B) Ils souhaitent son évolution.
(C) Ils y sont fortement attachés.
(D) Ils souhaitent sa modification.

Question 50. Quel pourrait être le profil de l'auteur de ce texte ?

(A) Un historien.
(B) Un admirateur de Napoléon.
(C) Un journaliste.
(D) Aucune de ces réponses.

TAGE 2® N° 10

5 CALCUL (5)

CONSIGNES

10 questions	30 minutes	Calculatrice interdite	Chronomètre recommandé

BARÈME

Bonne réponse : + 3 points	Aucune réponse : 0 point	Mauvaise réponse : – 1 point

Question 51. Pierre est puni. Son professeur lui demande d'écrire sur une feuille tous les nombres de 1 à 1 253. Combien de chiffres Pierre doit-il écrire ?

(A) 3 905
(B) 1 253
(C) 1 254
(D) 2 986

Question 52. Arnaud et Jean comparent leur fortune respective. Ils remarquent qu'Arnaud a 200 euros de plus que Jean. Ils observent également que si Jean dépense 400 euros, alors Arnaud a 4 fois plus d'argent que Jean.
Combien Jean possède-t-il ?

(A) 600 euros
(B) 700 euros
(C) 800 euros
(D) 900 euros

Question 53. Complétez la suite suivante : 60 – 61 – 57 – 66 – 50 – ? ?

(A) 75
(B) 76
(C) 81
(D) 84

Question 54. Une conserve de haricots verts est composée d'eau à hauteur de 2/7 de son poids. Combien de kilos de haricots en conserve doit-on acheter pour obtenir 6 kilogrammes de haricots égouttés ?

(A) 7,8 kilos
(B) 8 kilos
(C) 8,2 kilos
(D) 8,4 kilos

Question 55. Dans une usine automobile, on pèse les pièces nécessaires à la réalisation de l'aile d'une voiture. Il y a 5 pièces. On les pèse 2 par 2, en pesant toutes les combinaisons possibles et on obtient : 200 grammes, 600 grammes, 700 grammes, 800 grammes, 1,2 kilogrammes, 1,4 kilogrammes, 2 kilogrammes, 2,5 kilogrammes, 3 kilogrammes et 3,7 kilogrammes.
Quel est le poids cumulé des 5 pièces en question ?

(A) 3 000 grammes
(B) 3 220 grammes
(C) 4 025 grammes
(D) 16 100 grammes

Question 56. 2 élèves travaillent sur des exercices de logique. Ils commencent en même temps. L'élève le plus expérimenté met 12 minutes par question, alors que l'élève débutant met 19 minutes par question.
Quand auront-ils terminé un exercice en même temps pour la première fois ?

(A) Quand le 2e aura terminé son 4e exercice.
(B) Quand le 1er aura terminé son 6e exercice.
(C) Au bout de 3 heures et 48 minutes.
(D) Au bout de 4 heures et 18 minutes.

Question 57. Le panneau routier ci-dessous est un cercle de rayon 10 cm. Chacune des zones noires représente un quart d'un même disque et la somme des aires noires est égale à l'aire de la zone claire.

Quel est le rayon du disque noir ?

(A) $5\sqrt{2}$ cm

(B) $\sqrt{10}$ cm

(C) $5 \times (\pi - 2)$ cm

(D) π^2 cm

Question 58. Les chefs d'État de 15 pays exportateurs de pétrole décident d'intensifier leurs relations. Pour cela ils décident d'installer une ligne téléphonique directe reliant tous les chefs d'État entre eux, de sorte que chaque chef d'État a une ligne directe avec chacun de ses 14 homologues. Combien de lignes faut-il installer ?

(A) 15

(B) 30

(C) 90

(D) 105

Question 59. Dans une réunion de 30 employés (ouvriers et cadres) assis par 2, exactement un tiers des ouvriers sont assis à côté d'un cadre et exactement la moitié des cadres sont assis à côté d'un ouvrier. Combien y a-t-il d'ouvriers à cette réunion ?

(A) 12

(B) 15

(C) 18

(D) 20

Question 60. À la mi-temps d'un match, 12 amis se rendent à la buvette. 2 d'entre eux ne prennent que de l'eau, alors que les autres prennent 1 ou 2 bières chacun. En moyenne, le groupe a consommé 1 bière et demi par personne.
Combien d'amis ont pris seulement 1 bière ?

(A) 2

(B) 3

(C) 4

(D) 5

6 LOGIQUE (6)

CONSIGNES

10 questions	10 minutes	Calculatrice interdite	Chronomètre recommandé

BARÈME

Bonne réponse : + 3 points	Aucune réponse : 0 point	Mauvaise réponse : – 1 point

Question 61.

(A) (B) (C) (D)

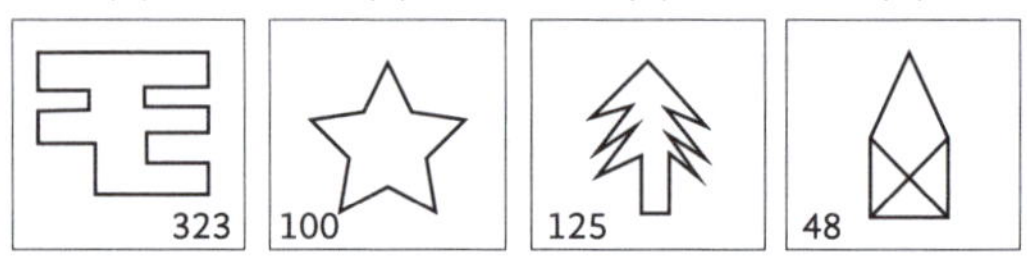

Question 62.

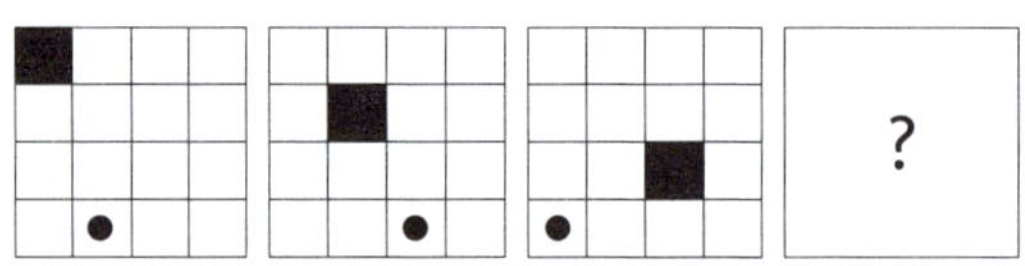

(A) (B) (C) (D)

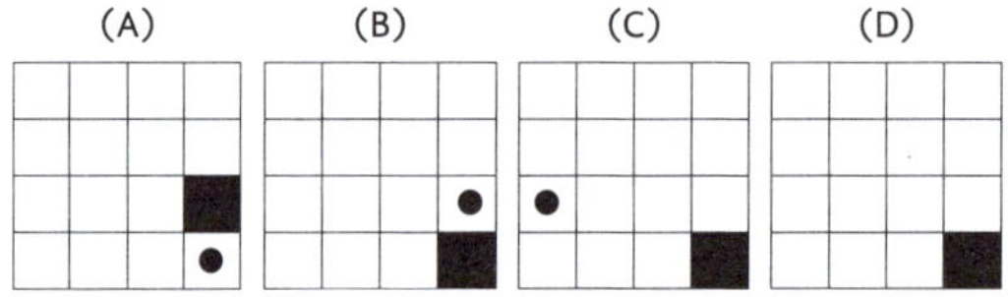

Question 63.

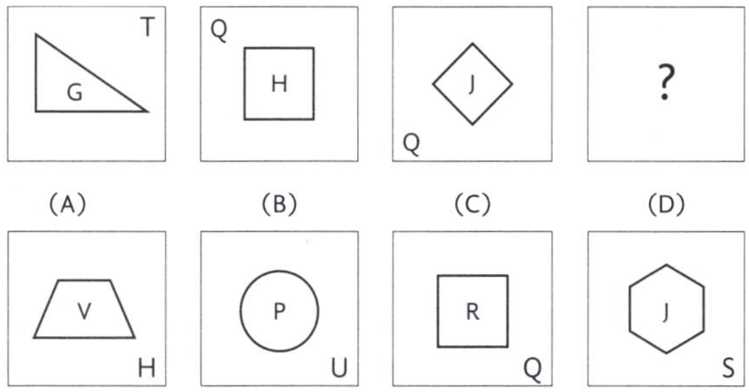

Question 64.

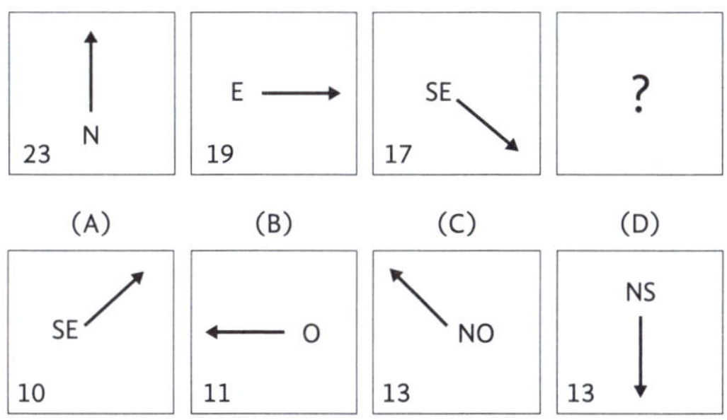

Question 65.

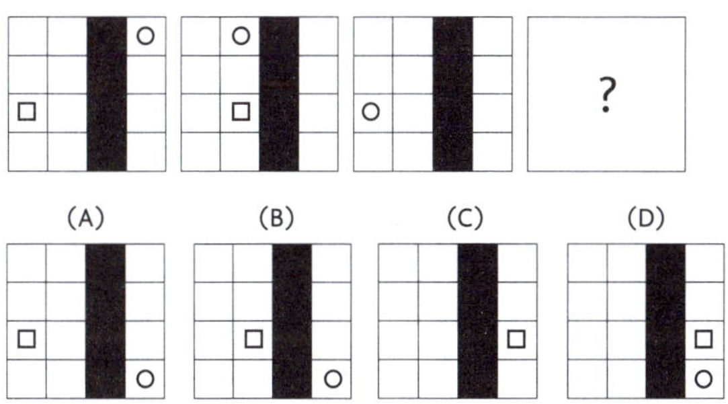

Question 66.

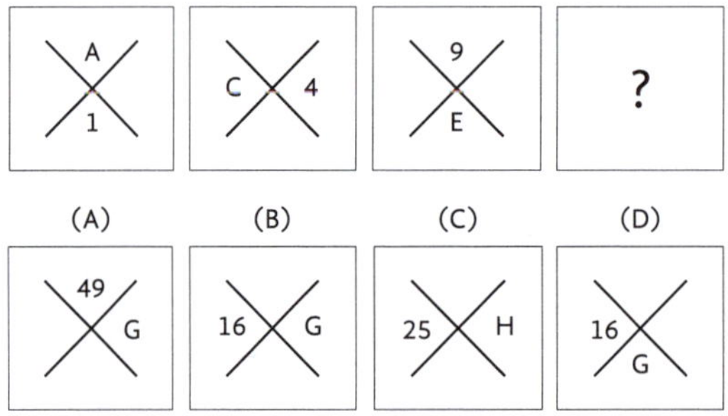

Question 67.

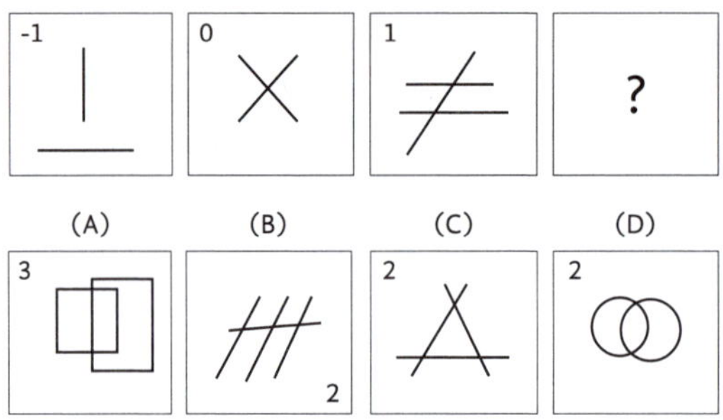

Question 68.

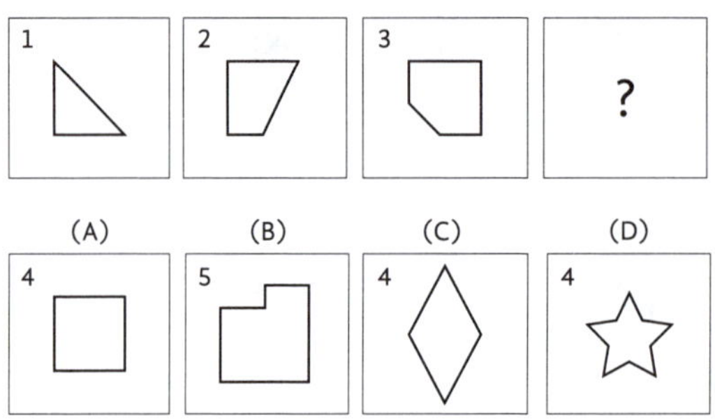

Question 69.

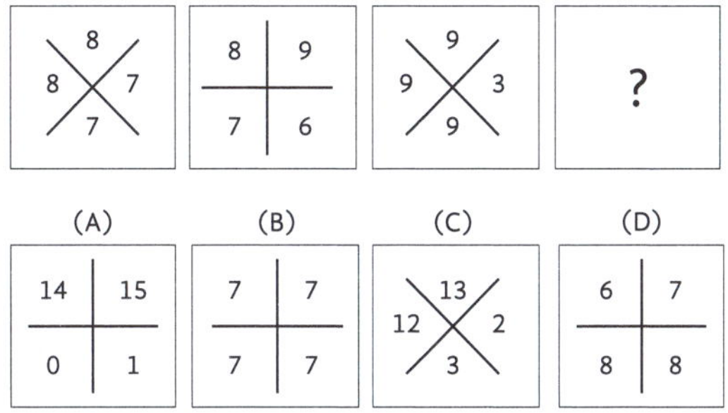

Question 70.

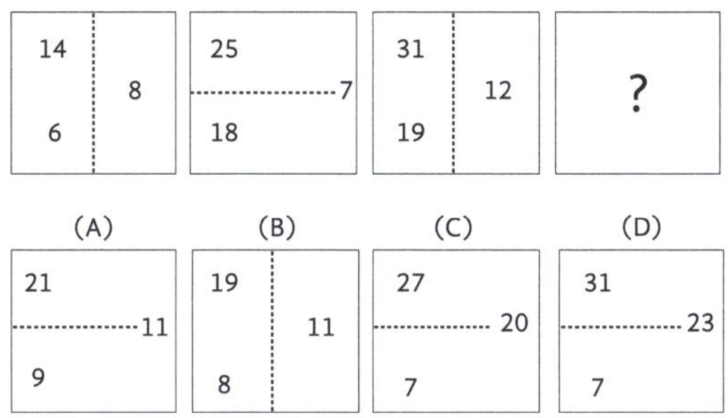

Corrigé TAGE 2®
N° 8/9/10

www.monsieur-tage-2.com

Pour des **raisons techniques**, il est **impossible** à l'heure actuelle pour les éditeurs **d'imprimer un livre de plus de 800 pages – en couleur – à un prix abordable.**

Nous avons donc fait le choix de vous transmettre **les CORRIGÉS des TAGE 2® N° 8/9/10 par téléchargement** sur le site **www.monsieur-tage-2.com.**

Les **CORRIGÉS des TAGE 2® N° 8/9/10 sont téléchargeables** sur :
www.monsieur-tage-2.com
Rubrique « Espace E-Learning » → « Le Grand Manuel du TAGE 2 »

Nous espérons sincèrement que vous comprenez et partagez notre décision.

Bonnes révisions !

Joachim Pinto (HEC Paris) & Arnaud Sévigné (HEC Paris)
Auteurs du Manuel du TAGE MAGE® – N° 1 des VENTES.
Fondateurs des communautés d'entraide « Monsieur TAGE 2 » et « Monsieur Ecoles de commerce » sur Facebook / Instagram / Youtube / Linkedin / Twitter (+ de 30 000 membres - N° 1 des AST & MS).
Professeurs à la prépa N° 1 « Admissions Parallèles » depuis 10 ans.
Fondateurs du média étudiant Monsieur Ecoles de commerce.

www.monsieur-ecoles-de-commerce.com

Imprimé en Italie par «La Tipografica Varese Srl» Varese

Réviser son bac avec Le Monde

HISTOIRE

Une réalisation de rue des écoles

À télécharger
et à écouter :
les podcasts des cours
+
Une carte mentale
pour bien retenir

Avec la collaboration de :
Didier Giorgini
Elsa Paris

En partenariat avec MAIF

Depuis plus de soixante ans, le journal *Le Monde* analyse les grands événements et les grandes évolutions du monde contemporain. Ses articles, rédigés par les meilleurs spécialistes, constituent une formidable ressource pour les historiens, les étudiants, mais aussi pour les candidats au baccalauréat ! Dans cet ouvrage, vous trouverez toutes les clés de la réussite. Tout d'abord, de quoi réviser toute l'année : pour chaque chapitre, une synthèse du cours tel que les nouveaux programmes le définissent. Ensuite, des sujets corrigés, qui vous permettront de vous entraîner en appliquant les conseils prodigués dans les pages de méthodologie. Enfin, les articles constituent l'une des richesses de cet ouvrage et vous permettent une mise en perspective du cours : ils l'approfondissent, en éclairent certains points, mobilisent les acquis en les illustrant à travers un texte stimulant et pertinent. Et ils amènent un questionnement très formateur pour apprendre à rédiger une problématique. Dans vos copies, vous pourrez ainsi exploiter les connaissances et les exemples, différents de ceux du cours, tirés des articles. Par ailleurs, le style de leur rédaction vous permet de vous familiariser avec une langue écrite riche et précise, celle-là même que vous devez utiliser dans vos copies.

Le cours d'histoire en terminale se focalise sur les grands enjeux du monde contemporain. Plusieurs questions sont proposées pour chacun des thèmes définis par le nouveau programme. Elles permettent de solliciter les acquis des années précédentes pour mieux questionner l'histoire et comprendre le temps présent.

D. G.

Message à destination des auteurs des textes figurant dans cet ouvrage ou de leurs ayants-droit : si malgré nos efforts, nous n'avons pas été en mesure de vous contacter afin de formaliser la cession des droits d'exploitation de votre œuvre, nous vous invitons à bien vouloir nous contacter à l'adresse bucquet@lemonde.fr.